Das Bistum Münster und
Clemens August von Galen
im Ersten Weltkrieg

Kirche & Weltkrieg
Band 13

Das Bistum Münster und Clemens August von Galen im Ersten Weltkrieg

Forschungen – Quellen

Herausgegeben von
Peter Bürger und Ron Hellfritzsch

edition *kirche & weltkrieg*

Herausgegeben in Kooperation mit
pax christi – im Bistum Münster

Verlagseinstellung und Belegexemplare der Druckausgabe
dieses Werkes wurden dankenswerter Weise gefördert
von Prof. Dr. Egon Spiegel (Universität Vechta)

Umschlagmotiv:
Gruppenbild mit Offizieren, irgendwo im deutsch besetzten
Litauen. Zweiter von links: Leutnant Friedrich Swart. Dritter von
links: Markus Glaser. Im Hintergrund in der Mitte (mit Hut):
Clemens August von Galen. Dritter von rechts: Prälat Lorenz Werthmann.
Foto: Archiv des Deutschen Caritasverbandes (ADCV) LWAV 0064

© 2022

Peter Bürger – Ron Hellfritzsch (Hg.)
Das Bistum Münster und Clemens August
von Galen im Ersten Weltkrieg
Forschungen – Quellen

Kirche & Weltkrieg, Band 13
(Buchreihe zur Digitalbibliothek
https://kircheundweltkrieg.wordpress.com)

Redaktion, Satz & Buchgestaltung: Peter Bürger

Herstellung & Verlag: BoD – Books on Demand, Norderstedt
ISBN: 978-3-7562-2428-9

Inhalt

EINLEITUNG
Anlage und Abteilungen dieses Bandes 11
Peter Bürger

1. Das Bistum Münster im Ersten Weltkrieg 12
2. Katholische Mundartdichter im Dienst der Kriegsapparatur 20
3. Clemens August von Galen in der Zeit von Kaiserreich
   und Weimarer Republik 25

A. Erkundungen – Forschung

I.
DIE HALTUNG DER KATHOLISCHEN KIRCHE IN WESTFALEN
ZUM UND WÄHREND DES ERSTEN WELTKRIEG
Das Bistum Münster in den Jahren 1914–1918 35
Johann Stoffers

1. Einleitung 35
2. Verhältnis der katholischen Kirche zum Staat vor
   dem Ersten Weltkrieg 37
3. Das Bistum Münster im Ersten Weltkrieg 41
4. Wie unterstützt die katholische Kirche die staatlichen
   Kriegsanstrengungen? 49
   4.1 Die Rolle der Müttervereine 49
   4.2 Die Seelsorge in der Heimat als patriotischer Dienst 52
   4.3 Heimatseelsorge und Trauerbegleitung 53
   4.4 Seelsorge und Predigt an der Front 56
   4.5 Inhalt von Kriegspredigten 57

4.6 Feldpredigten von Domprediger Adolf Donders	59
4.7 Kriegerverehrungen	63
5. Stützen die geleisteten Anstrengungen die katholische Kirche wie erhofft? – Statistik der Kirchenbesuche	65
6. Schluss	66
7. Quellen und Literaturverzeichnis	71

II.
DIE WIEDERGEWINNUNG DER ALTEN „TERRA MARIANA"
Clemens August von Galens baltischer Siedlungsplan
1916–1919   73

Ron Hellfritzsch

1. Ländliche Siedlung, eine Antwort auf die Veränderungen der Moderne	78
2. Der Einfluss der „baltischen Propaganda"	82
3. Der Siedlungsplan	91
4. Sammlung von Unterstützern für das Siedlungsprojekt	95
5. Die Erkundungsreise ins Baltikum und ihre Folgen	105
6. Fazit	116

III.
HASS UND DEUTSCHE KRIEGSTHEOLOGIE
Zu Mundartdichtungen des münsterländischen
Rechtskatholiken Karl Wagenfeld (1869-1939)   119

Peter Bürger

1. Plattdeutsche Propagandagedichte zum Ersten Weltkrieg	121
2. Plattdeutsche Feldbriefe „An'n Herd" (1915-1917)	135
3. „Usse Vader – Vater unser" (1918): Ein Gebet wider den eigenen Hass oder eine vorsorgliche Selbstrechtfertigung?	158
4. Drei weitere religiöse Versdichtungen: „Metaphysische Verschwörung" und irdische Abgründe	170

„Daud un Düwel" (1911/1912): Die sieben Todsünden und ein gottwohlgefälliges Land mit blauen Herrscheraugen	171
„De Antichrist" (1916): Satans Sohn an der Spitze von Türken, Juden und anderem unchristlichen Volk	181
„Luzifer" (1920): Wider den Materialismus der Moderne	187
„De Här" (1924), oder: Der letzte Mensch	196
5. „Krieg und Stammesart" (1919): Wagenfelds Entscheidungen an der Weggabelung	201

IV.
„DAT GANZE VOLK STEIHT HAND IN HAND"
Kriegsdichtungen des münsterländischen Priesters
Augustin Wibbelt (1862-1947)   211

Peter Bürger

1. Die plattdeutsche Kriegslyrik (1914/15)   213
2. Die plattdeutschen Feldpostbriefe (1916/17)   220
3. Der Mundartroman „Ut de feldgraoe Tied" (1918)   233
4. Und der „hochdeutsche Wibbelt"?   253

B. Quellenteil – Dokumentation

V.
MÜNSTERISCHE KRIEGSHIRTENWORTE 1914–1918   261

Bischof Johannes Poggenburg

1. An die Ehrwürdige Geistlichkeit und die Gläubigen (03.08.1914)   261
2. Opferkraft (17. November 1914)   265
3. Über die Leiden (Fastenhirtenbrief 1915)   269
4. Der Rosenkranz unser geistliches Schwert (Hirtenbrief, 23.09.1915)   278
5. An die Ehrwürdige Geistlichkeit und die Gläubigen der Diözese (21.11.1915)   282

6. Trost und Segen der katholischen Religion im Kriege
   (Fastenhirtenbrief 1916) 284
7. Licht und Trost in der Kriegszeit (Fastenhirtenbrief 1917) 293
8. Der Krieg fordert Werke der Nächstenliebe
   (Fastenhirtenbrief 1918) 302

VI.
VOM GERECHTEN KRIEGE UND SEINEN WIRKUNGEN
Zeitgemäße Gedanken (1914) 312

Joseph Mausbach, Münster

VII.
DAS SCHWERT DES GEISTES (1917)

das habe ich nicht gelesen

Kriegsworte von Münsters Domprediger Dr. Adolf Donders 329

1. Weihnachtsvorbereitung 329
2. Weihnachten: Die Freudenbotschaft der heiligen Nacht 333
3. Erster Sonntag nach Dreikönig: Ein Evangelium des Gehorsams (Luk. 2, 41-52) 337
4. Passionssonntag: Das verhüllte und das enthüllte Kreuz 342
5. Ostern: Lumen Christi 346
6. Dritter Sonntag nach Ostern: Trauer und Freude 351
7. Christi Himmelfahrt: Die Erstürmer des Himmelreiches 355
8. Dreifaltigkeitssonntag: Das Taufgelübde, der Fahneneid des Christen 359
9. Rosenkranzfest: Der Rosenkranz, ein Zeichen des Sieges 364
10. Schutzengelfest: Ehre deinem Schutzengel! 370
11. Allerheiligen: Zwei Allerheiligenfragen 372
12. Letzter Sonntag nach Pfingsten: Die Welt oder die Seele? 376
13. Der Glaube macht alles neu 382
14. Christus unser Retter in aller Not 385
15. Um das Kreuz geschart 390
16. Drei Soldatentugenden 392

17. An den Erfolg glauben!	398
18. Der Heilige Geist im Bußsakramente	402
19. Sündenvergebung durch vollkommene Reue	407
20. Von Gottes Gnaden: Zum Kaisertag	413
21. Christus und die Kranken	416
22. Christus trauert mit uns am Grabe	418
23. Christus betet mit uns am Grabe	420
24. Christus der Sieger über den Tod	423
25. Getreu bis in den Tod	425
26. Im Herrn sterben	428

VIII.
„DIE GROßE VOLKSMISSION"
Kriegstexte eines münsterländischen Dichterpriesters — 431

Augustin Wibbelt

1. „Im bunten Rock" – aus Wibbelts Tagebüchern 1884/85	431
2. Die große Volksmission Gottes (1914, Auszüge)	434
3. Weihnachtsbrief an die Soldaten im Felde (1914, Auszüge)	444
4. Kriegsbrief an das deutsche Volk (1915)	446
5. Des deutschen Volkes Schutzpatron (1915)	452
6. Kriegsgedichte in münsterländischer Mundart (1915)	454

IX.
VERTRAULICHE DENKSCHRIFT ZUR ANSIEDLUNG IN KURLAND
Berlin im Mai 1916 — 465

Von Graf Clemens August von Galen

X.
REFERAT ÜBER ANSIEDLUNG IM OSTEN NACH DEM KRIEGE
(Versammlung des Vereins katholischer Edelleute, 30.11.1916) — 480

Von Graf Clemens August von Galen

XI.
FELDBRIEF FÜR DIE KOLPINGSÖHNE AN DER FRONT
Cöln, im Mai 1916   493

Clemens August von Galen, Präses des Gesellenvereins Berlin

XII.
WO LIEGT DIE SCHULD?
Gedanken über Deutschlands Niederbruch und Aufbau (1919)   516

Von Clemens Graf von Galen, Kurat in Berlin

XIII.
DIE „PEST DES LAIZISMUS" UND IHRE ERSCHEINUNGSFORMEN
Erwägungen und Besorgnisse eines Seelsorgers über die religiös-sittliche Lage der deutschen Katholiken (1932)   535

Von Graf Clemens von Galen, Pfarrer in Münster

Vorwort	535
Der Laizismus und seine Erscheinungsformen	540
Anhang: Aus dem Schreiben Sr. Eminenz des Kardinals Karl Joseph Schulte, Erzbischof von Köln	581
Katholische Leitsätze und Weisungen zu verschiedenen modernen Sittlichkeitsfragen	582
[Zitierte Schriften]	587

C. Anhang

Literaturverzeichnis (mit Kurztiteln)   591

Die Herausgeber   606

Einleitung

Anlage und Abteilungen dieses Bandes

Peter Bürger

Im Vorausblick auf das 80. Jahresgedenken des Überfalls der deutschen Wehrmacht auf die Sowjetunion wurde das Editionsprojekt „Kirche & Weltkrieg"[1] ins Werk gesetzt. Die Erschließung von Forschungsbeiträgen und Dokumentationen soll – unter Berücksichtigung von Entwicklungen in der zweiten Hälfte des 19. Jahrhunderts – dazu beitragen, in einer angestrebten Gesamtschau die Haltung der deutschen Kirchen in zwei Weltkriegen besser verstehen zu können.[2]

Zunächst sind im Rahmen unserer Reihe schon die beiden Publikationen *„Protestantismus und Erster Weltkrieg"* (2020) und *„Katholizismus und Erster Weltkrieg"* (2021) erschienen.[3] Mit dem vorliegenden 13. Band wird nun der Versuch unternommen, durch eine Sammlung von ausgewählten Aufsätzen und bedeutsamen Quellensegmenten die ‚deutsche katholische Kriegsassistenz 1914-1918' in einer westfälischen Diözese näher zu beleuchten. Dies ist dank der Mitarbeit des Historikers Ron Hellfritzsch zugleich verbunden mit neuen Erkundigungen zu frühen ‚Kriegsvoten' des aus Dinklage stammenden Pfarrers Clemens August Graf von Galen, der später das Bistum Münster von 1933 bis zu seinem Tod im Jahr 1946 leiten wird und wohl der bekannteste deutsche Kirchenführer aus der Zeit des ‚Dritten Reiches' ist.

---

[1] https://kircheundweltkrieg.wordpress.com/
[2] Gemessen an der Bedeutsamkeit der beiden historischen Schauplätze mit jeweils 17 und über 70 Millionen Kriegsopfern fällt der Kreis der kirchengeschichtlichen Darstellungen zu diesem Themenkomplex hierzulande noch immer bescheiden aus.
[3] K&W02 und K&W04; vgl. außerdem in unserer Reihe noch folgende Bände: „Frieden im Niemandsland' über die Minderheit der christlichen Botschafter im Ersten Weltkrieg (K&W03); „Franziskus Maria Stratmann OP: Weltkirche und Weltfriede, 1924" (K&W05); „Adolf von Harnack: Schriften über Krieg und Frieden" (K&W06). – Für alle Abteilungen dieses Bandes, in denen die Fußnoten *Kurztitel* aufweisen, gibt es am Schluss der Publikation ein gemeinsames „Literaturverzeichnis (mit Kurztiteln)".

1.
DAS BISTUM MÜNSTER
IM ERSTEN WELTKRIEG

Für katholische Teile Westfalens sind preußenkritische und antimilitaristische ‚Mentalitäten' bis ins späte 19. Jahrhundert belegt.[4] Die Nationalfeier eines blutigen Schlachtendatums im Kaiserreich konnte als Geschmacklosigkeit empfunden und als „Sankt-Sedanstag" verlästert werden. Erst um etwa 1900 ist die in den 1870er Jahren besonders dramatisch hervorgetretene Frontstellung zwischen Kirche und Staat weitgehend überwunden.[5] „Nach Beilegung des Kulturkampfes [...] war unverkennbar, daß der politische Aktionsausschuß der Katholiken, das Zentrum, allmählich näher an die national-konservativen Kräfte heranrückte und sich mit dem Nationalstaat versöhnte. Viele Katholiken sahen ihn nun nicht mehr als fremde Macht, die die regionale Autonomie bedrohte, sondern als ein Feld, auf dem man auch Karriere machen konnte. Selbst im [Münsterischen] Pastoralblatt regte nun ein Autor, der sich selbst noch daran erinnerte, daß es beim Militärdienst seines Bruders ‚ein Weinen in der Familie (gab), als wenn jemand gestorben wäre', dazu an, junge Katholiken wegen der verbesserten beruflichen

---

[4] Entsprechende Hinweise in der Geschichte des Bistums Münster: DAMBERG 1998, S. 21-22, 27, 30, 38, 57, 59, 72-73, 122, 124, 135, 143, 145. – Für das Sauerland vgl. auch BÜRGER 2012b, S. 102-136, 160-170 und BÜRGER 2016; zum ‚katholischen Antimilitarismus' in der zweiten Hälfte des 19. Jahrhunderts: K&W01 („Katholische Diskurse über Krieg und Frieden vor 1914"). – ‚Katholisch' ist nachfolgend nur *Konfessionsbezeichnung* (röm.-kath.).

[5] NÜBEL 2008*, S. 24-25 schreibt über die Bischofsstadt Münster (Zeit um 1900): „Als besonders prägend erwies sich das katholische Moment, vor allem in Hinsicht auf die politische Struktur der Stadt und das Verhältnis ihrer Einwohner zu Preußen und zum Reich. Die Mehrheit der Stadtbevölkerung war katholisch (ca. 82%, 17% Protestanten). Dieses stark ausgeprägte Milieu führte auch zur Dominanz der Zentrumspartei, die regelmäßig die Mehrheit in den politischen Gremien der Stadt innehatte und sogar Kandidaten anderer Konfession aufstellte, um ihre Repräsentation zu gewährleisten und politischen Ausgleich zu schaffen. Diese von den Zeiten des Kulturkampfes abweichende Praxis verweist darauf, dass der konfessionelle Frieden um die Jahrhundertwende weitgehend wieder hergestellt war, was auch ein verbessertes Verhältnis der Stadtbewohner zum protestantisch geprägten Preußen und zum Reich einschloss. Zuvor war der Kulturkampf im kollektiven Gedächtnis Münsters äußerst präsent gewesen, politische Angriffe hatten zudem die Erinnerung an die Ereignisse aktualisiert."

Aufstiegschancen verstärkt zu freiwillig verlängerter Dienstzeit im Militär zu ermutigen."[6] Die lange mit mannigfachen Minderwertigkeitskomplexen behaftete katholische Minderheit im Reich versuchte schließlich, mit besonderem patriotischen Eifer ihre staatliche bzw. vaterländische Zuverlässigkeit unter Beweis zu stellen.

Ein markanter ‚Meilenstein' auf dem neuen Weg war der Besuch des deutschen Kaisers 1907 in Münster.[7] Wilhelm II. veranlasste gar die Stiftung eines Glasgemäldes für den Westgiebel des Domes: „Es zeigt das Zusammentreffen Karls des Großen mit Papst Leo III. und Liudger, dem späteren Gründer des Bistums Münster, 799 bei Paderborn"; indem sich Wilhelm II. darauf als Ritter „im Gefolge des Papstes portraitieren lässt, ist er nicht übermächtiger Schutz der Kirche, was im katholischen Münster sicher negativ aufgenommen worden wäre. Vielmehr tritt er als Ritter im Geleit des Papstes auf, als sein Gefolgsmann und bewaffneter Schutz zugleich."[8] Auf einem Festbankett im Landesmuseum Münster am 31. August 1907 lobte der Kaiser die vorbildliche Provinz: „Westfalen bietet ein schönes Bild dafür, daß es wohl möglich ist, historische, konfessionelle und wirtschaftliche Gegensätze in versöhnlicher Weise zu einen in der Liebe und Treue zum gemeinsamen Vaterlande. […] Wie ich keinen Unterschied mache zwischen alten und neuen Landesteilen [Preußens], so mache ich auch keinen Unterschied zwischen Untertanen katholischer und protestantischer Konfession."[9]

Wilhelm Damberg konstatiert: „Am Vorabend des Ersten Weltkrieges hatten die Katholiken im Bistum Münster mit dem Nationalstaat des Deutschen Reiches ihren Frieden gemacht. Dessen Gründung hatte nur wenig Begeisterung auslösen können, weil die kulturelle Identität der Mehrzahl der Bewohner der Region um 1870 nach wie vor von ihrem religiösen Lebensmuster bestimmt war. Um 1900 zeichnete sich aber ein Modus vivendi ab, der darauf beruhte, daß die Katholiken in diesem Staatswesen gerade im Bistum Münster ein hohes Maß an organisatorischer und kultureller Autonomie aufgebaut hatten, zunächst

---

[6] DAMBERG 1998, S. 185.
[7] STADTARCHIV MÜNSTER 1990; NÜBEL 2008*, S. 25-29.
[8] NÜBEL 2008*, S. 26 (daraus auch der erklärende Einschub in eckigen Klammern).
[9] Zitiert nach: NÜBEL 2008*, S. 28. – Vgl. zum ‚Katholizismus unter Wilhelm II' auch die Ausführungen in: CHAOUI 2013, S. 30-33.

gegen den Staat, dann mit staatlicher Förderung, und umgekehrt begannen, auch die Nation und ihr Wohl und Wehe als Teil ihrer Identität zu begreifen. [...] Bei Kriegsausbruch hatte sich [...] eine neue Generation weit von der Mentalität der Reichsgründungs- und Kulturkampfepoche entfernt. Die nationale Begeisterung im Sommer 1914 schlug jetzt auch unter den Katholiken hohe Wellen."[10]

Der kurze Überblick zu den nachfolgenden Jahren in der Münsterischen Bistumsgeschichte enthält Hinweise auf ‚typische Entwicklungen', wie sie auch aus anderen Diözesen bekannt sind[11]: Die Bistumsleitung will wissen, dass der protestantische Kaiser die „Gerechtigkeit unserer Sache" verbürgt und ein Gebet der um den Altar Versammelten „für den Sieg unserer Waffen" angesagt ist. Die Kriegstheologen finden offenbar nichts Anrüchiges daran, den Abgrund des modernen Krieges Gott in die Schuhe zu schieben; der ‚Allmächtige' wolle die Völker über den Krieg als ‚Lehrmeister' erziehen oder strafen usw. Anfangs herrscht Euphorie ob eines Aufschwungs im kirchlichen Leben, der sich nicht zuletzt in der Statistik des Sakramenten-Empfangs niederschlägt. Doch schon 1916 kann der Krieg auch mit ‚großen Gefahren für das religiös-sittliche Leben' in Verbindung gebracht werden. Bei Kriegsende kehren die Frontsoldaten aus der Hölle des gemachten Massensterbens zurück; diesen Männern wird man nicht mehr mit Drohpredigten oder „harten Schreckensworten" kommen können.

Eine Darstellung zur Haltung der katholischen Kirche im Ersten Weltkrieg, die Johann Stoffers unter Auswertung des ‚Kirchlichen Amtsblatts der Diözese Münster' und des ‚Münsterischen Pastoral-Blattes' als ‚Student im Alter' im Jahr 2014 erarbeitet hat, eröffnet den vorliegenden Band. Diesem Beitrag haben wir im Quellenteil drei umfangreiche Abteilungen zugeordnet. Zunächst werden insgesamt acht Kriegshirtenworte 1914-1918 von Bischof *Johannes Poggenburg*[12] (1862-1933) im

---

[10] DAMBERG 1998, S. 196 (= Geschichte des Bistums Münster, Band V).
[11] DAMBERG 1998, S. 196-200. – Zur Forderung des Gehorsams gegenüber der Kriegsobrigkeit vgl. auch: K&W04, S. 94 (u. a. Verweis auf: Katholischer Katechismus für das Bistum Münster, 1903).
[12] Zu ihm schreibt SCHEIDGEN 1991, S. 40-41: „Johannes Poggenburg wurde am 12. Mai 1862 in Ostbevern bei Münster geboren und entstammte einer alteingesessenen Bauernfamilie. Am 15. Juni 1889 fand seine Priesterweihe statt. Bereits auf seiner ersten Seelsor-

Wortlaut dokumentiert (→V). Mitunter versuchte dieser Kirchenführer auf eine sehr eigenwillige Weise, die Trauernden zu trösten: Er „wies die Ansicht zurück, daß der Krieg negative Auswirkungen habe. Viele, die für die höchsten [!] Güter des Vaterlandes gefallen seien und von dort aus den Weg zur himmlischen Heimat gefunden hätten, wären vielleicht in der behaglichen Ruhe des Friedens irre gegangen."[13]

Der Münsteraner Moraltheologe Prof. *Joseph Mausbach*[14] (1861-1931) ist heute vor allem noch bekannt wegen seiner ‚katholischen Apologie' der Verfassung von Weimar, an deren Ausarbeitung er als Mitglied der Nationalversammlung 1919/1920 selbst mitgewirkt hat. Während des Weltkrieges ist dieser Priester und Zentrumspolitiker u.a. als Leiter eines ‚Arbeitsausschusses zur Verteidigung deutscher und katholischer Interessen' sowie als Mitherausgeber des populären Kriegs-Volksbuches *„Sankt Michael"*[15] hervorgetreten. Vollständig dargeboten wird in der vorliegenden Sammlung sein 1914 veröffentlichter Propaganda-Traktat *„Vom gerechten Kriege und seinen Wirkungen"* (→VI):

„Wie überall in Zeiten falschen, faulen Friedens hatte sich die feige Liebe zum Leben, die Vergötterung des langen, schmerzlosen Erdendaseins in die Volksseele eingeschlichen; schnöder Mißbrauch der Ehe und Versündigung am Kindesleben, um das eigene zu schonen, das war die naturgemäße, naturzerstörende Folge. Nun schwingt der Krieg seine Geißel, nun zerreißt er das Lügengewebe der Eigenliebe und das Schreckgespenst der Übervölkerung! Nun zeigt er die Unerbittlichkeit und den Adel des Todes und mahnt uns

---

gestelle als Kaplan in Bocholt beteiligte er sich aktiv im katholischen Vereinswesen. Im Jahr 1902 wurde er Diözesanpräses der Jugendvereine. Bischof Hartmann ernannte den bewährten Seelsorger 1911 zu seinem Generalvikar. Als Hartmann 1913 als Erzbischof nach Köln transferiert wurde, wählte das Domkapitel Poggenburg am 7. Mai 1913 zum neuen Bischof von Münster. Poggenburgs besonderes Interesse galt weiterhin dem kirchlichen Vereinswesen." – Über fünfzig Pfarreien wurde unter J. Poggenburg neu gegründet. Vgl. zu ihm auch NÜBEL 2008*, S. 64, 100, 102, 126, 135.

[13] SCHEIDGEN 1991, S. 81.
[14] Literatur zu J. Mausbach: BAADTE 1993; FUCHS 2004 (siehe Register); NÜBEL 2008*, S. 14, 55, 61-64, 67, 70, 96, 101, 111 (Erster Weltkrieg).
[15] SANKT MICHAEL [1917/1919]; SANKT MICHAEL 1918.

an die Pflicht, das Leben nicht als der Güter höchstes zu betrachten, sondern es mutig hinzugeben, wo immer es gilt, Heiligeres zu schirmen, im Kampfe oder im Frieden. […] Das Glück verweichlicht nicht bloß die menschlichen Sitten, es verblendet auch die für Gott bestimmte Seele, daß sie den Zug zum Ewigen vergißt und sich im Irdischen heimisch macht". – „Die Kreuzzugsstimmung: ‚Gott will es' ist heute noch viel wuchtiger zum Durchbruch gekommen"; die deutsch-österreichische Volkseinmütigkeit im Krieg sei „zuverlässiger und heiliger als das Votum eines internationalen Schiedsgerichts".

Mausbach zeigt sich zum Abschluss seiner Ausführungen begeistert von der „alle Gaue und Stämme, alle Konfessionen und Stände umspannenden und versöhnenden Einheit". Alle sagen ‚Ja' zum Krieg.

Die umfangreichste Quellenabteilung (→VII) enthält insgesamt 26 Kriegsworte von Münsters Domprediger Dr. *Adolf Donders*[16] (1877-1944), die allesamt aus dem federführend von Bischof Michael v. Faulhaber herausgegebenen Militärseelsorge-Predigtband „Das Schwert des Geistes" (1917) stammen: „Das Gesetz über alles! Dem Gesetze getreu! Kameraden! Wo das Gesetz spricht, ruft, gebietet, da sind auch wir zur Stelle. Wir geben ‚dem Kaiser, was des Kaisers ist', weil wir ‚Gott geben, was Gottes ist'. […] auf dem Gehorsam beruht die ganze Weltordnung" (→VII.3). – „Unsere toten Brüder, die als Helden für Volk und Vaterland gestorben sind, haben heute, am Ostertag im Kriegsjahre 1916, ein doppeltes Anrecht auf seinen Ostergruß: ‚Der Friede sei mit euch!' und auf seinen Ostersegen, denn sie sind ‚Tote, die im Herrn starben' (Offb. 14, 13); sie sind darum auch Tote, die im Herrn leben" (→VII.5). – „Wenn wir der Tage gedenken, da wir ins Feld hinauszogen, um draußen für Volk und Vaterland zu kämpfen, da wir mutig und begeistert den Fahnen folgten, da wir uns den Hunderttausenden in unsern großen, siegreichen Armeen anschlossen, ja da lebte nur ein Hochgefühl der Freude, des Opfermutes, der Hingabe für die Brüder, der Begeisterung für die heilige, gerechte Sache in uns, und es machte

---

[16] Vgl. zu Adolf Donders: NÜBEL 2008*, S. 103-104, 122, 131-135 (1. Weltkrieg); SCHWARTE 2015 (mit Übersicht zur Sekundärliteratur).

uns glücklich und riß uns alle mit fort." (→VII.6) – „Ein Feigling der Kamerad, der den Soldateneid, den Eid auf die Fahne des Regiments nicht hält: verachtet von allen andern." (→VII.8) – „Nichts ist unmöglich, was wir ernstlich wollen. Der Wille kann, was er will. Mein Geheimnis ist es, an nichts Unmögliches zu glauben. Lernet das von den Luftfahrern und den Tauchbootführern, von der ganzen Technik unseres Krieges!" (→VII.11) – „Der eine große Opferaltar steht ja seit Kriegsanfang in unserer Mitte [...]. Ein Volk ist niemals größer, und eines Volkes Opferflamme flammt niemals heller auf, als wenn zusammen gestorben sein muß: nicht, wenn zusammen gekämpft wird, nein, wenn zusammen gestorben sein muß. Dann ist der Opfergeist auf seiner höchsten Höhe." (→VII.16) – „[E]s wird mein Blut nicht vergeblich geflossen sein; es wird auch mein hingeopfertes junges Leben und mein Name mithineingehören in den Sieg der Zukunft, und mein Blut wird ein heiliger, fester Kitt im Tempelbau des zukünftigen Deutschlands sein. Darum sterbe ich gern. Darum bringe ich willig mein Leben zum Opfer." (→VII.17) – „So erweckt sie oft, diese vollkommene Reue: an jedem Abend in jeder Gefahr, vor jedem Kampf, so oft es in Stellung geht, erweckt sie ernst und innerlich [...]. Dann seid ihr allzeit gerüstet, dann seid ihr stets bereit, vor Gott zu erscheinen" (→VII.19). – „Deutschlands Söhne waren von jeher ‚die Mannen der Heerbanntreue': wenn bei den alten Germanen der durch Gotteslos zum Führer für den Krieg bestellte Herzog seinen ‚Heerbann' ausrief, dann kamen sie alle herbei. Jeder setzte sein Höchstes und Bestes ein. Oft deckten ihre Leiber im Tode noch den toten Führer: sie waren ‚seine Getreuen' geblieben. Der Wille ihres Herzogs erschien ihnen als Gottes Wille. Diese Auffassung durchzieht unsere ganze Geschichte. Sie ist uns heilig als Deutschen. Sie ist uns heilig als Soldaten. Sie ist uns heilig als Katholiken" (→VII.20).

Zu erkunden bliebe u.a. noch, wie sich die im Bistum Münster ansässigen Orden mit Missionstätigkeit in den deutschen Kolonien während des Ersten Weltkrieges an Bewerbung und Stützung des Militärapparatur beteiligt haben.

Der alten kaiserlichen Kriegsobrigkeit wird man in der Diözese noch lange die Treue bekunden. Im Jahr 1925 erscheint mit einem Vorwort des Bischofs eine erweiterte Neuauflage der *„Sammlung Kirchlicher*

Erlasse, Verordnungen und Bekanntmachungen für die Diözese Münster". Der Bearbeiter dokumentiert darin sieben Jahre nach Kriegsende ausgerechnet den monarchistischen, demokratiefeindlichen und gegen als treulos bewertete Friedensangebote gerichteten Allerheiligen-Hirtenbrief der Bischöfe Deutschlands vom 1. November 1917 (in voller Länge als verbindlichen Lehramtstext für die Seelsorger):

„Je ernster wir es nehmen mit dem ersten Teil des großen Gebotes: Gebet Gott, was Gottes ist, desto gewissenhafter werden wir den zweiten erfüllen: Gebet dem Kaiser, was des Kaisers ist. Je eifriger wir den religiösen Pflichten nachkommen, desto bessere Staatsbürger werden wir sein, treu dem Kaiser und dem Landesfürsten, gehorsam jeder rechtmäßigen Obrigkeit, nicht der Strafe wegen, sondern aus Gewissensgründen, nicht aus Menschenrücksichten, sondern um Gottes willen (Röm. 13,5). Wir wissen ja, daß es keine obrigkeitliche Gewalt gibt außer von Gott und daß jeder, der sich der obrigkeitlichen Gewalt widersetzt, sich der Anordnung Gottes entgegenstellt, und die sich dieser entgegenstellen, ziehen sich selber die Verdammnis zu (Röm. 13,1f.). – Mit unerschütterlicher Treue und opferfreudiger Hingebung stehen wir daher zu unseren Herrschern von Gottes Gnaden, dem Kaiser und den Landesfürsten. In ihre Hand hat Gott im Laufe einer Entwicklung von Jahrhunderten den Herrscherstab gelegt. Ihnen haben unsere heldenmütigen Krieger den Eid der Treue geschworen und ihren Schwur mit ihrem Blut besiegelt. Der Krieg hat in Deutschland den alten heiligen Bund zwischen Volk und Fürst nicht gelockert, sondern ihn im gemeinsamen Leiden und Streiten noch fester geschmiedet. Wir haben es als brennende Schmach empfunden, daß man es wagte, uns den Frieden anzubieten als Judaslohn für Treubruch und Verrat am Kaiser. Seiner ganzen Vergangenheit getreu, wird das katholische Volk alles zurückweisen, was auf einen Angriff gegen unsere Herrscherhäuser und unsere monarchische Staatsverfassung hinausläuft. Wir werden stets bereit sein, wie den Altar so auch den Thron zu schützen gegen äußere und innere Feinde, gegen Mächte des Umsturzes, die auf den Trümmern der bestehenden Gesellschaftsordnung einen erträumten Zukunftsstaat aufrichten wollen, gegen jene geheimen

Gesellschaften, die dem Altar und dem Thron den Untergang geschworen haben. Welch unheilvolle Rolle haben gerade diese im Weltkrieg gespielt, und wie steht unsere Kirche gerechtfertigt da, die immer vor ihnen warnte und den Katholiken den Beitritt strengstens verbot! – Wir geben dem Kaiser, was des Kaisers ist, wir geben auch dem Staat, was des Staates ist. In der Achtung vor der rechtmäßigen staatlichen Obrigkeit und im Gehorsam gegen ihre Gesetze werden wir gegen niemand zurückstehen. – Aber denen können wir nicht beitreten, die den Staat als den Urquell allen Rechtes ansehen und ihm eine unumschränkte Machtvollkommenheit zusprechen. Ebensowenig stimmen wir denen zu, denen das Volk in seiner Gesamtheit als Urheber und Inhaber der staatlichen Gewalt, der Wille des Volkes als letzte Quelle des Rechts und der Macht gilt; diese erregen und betören dann die Massen mit den Schlagworten von der Gleichberechtigung aller, von der Gleichheit aller Stände und suchen mit Gewalt eine Volksherrschaft zu begründen, die doch nur zu neuen Formen von Ungleichheit und Unfreiheit, von Vergewaltigung und Tyrannei führen würde."[17]

der 1. Weltkrieg
1914 Mord an dem Vester. –
Deutschl. soll Bündnis Luster
überfall auf Belgien u.
Frankreich Verdun
später Kämpfe in Ostpreußen
dann enden (nahe b. Wolfsschanze)

---

[17] Text nach KLEYBOLDT 1925*, S. 57-73 (hier das Treuebekenntnis zur Monarchie und ein Votum wider die ‚Volkssouveränität' aus S. 60-61). – Vgl. aber zur gewandelten Haltung von Bischof J. Poggenburg nach Kriegsende auch: NÜBEL 2008*, S. 134-135; eine knappe Darstellung ‚Die Revolution 1918/19 und das Verhältnis zur Weimarer Republik' in der Bistumsgeschichte: DAMBERG 1998, S. 201-210.

2.
KATHOLISCHE MUNDARTDICHTER
IM DIENST DER KRIEGSAPPARATUR

Idealerweise wäre in einer Geschichtsschreibung des Bistums Münster unter der Überschrift „*Moderne und Milieu*" der Blick auf die Akteure in der oberen Leitungsebene 1914-1918 zu ergänzen durch Erkundungen in einer ‚Kirche von unten': in den Kommunen[18], Pfarreien, Vereinen ... Möglicherweise sind Tagespresse, Pfarrchroniken, erhaltene Feldpost-Sammlungen oder örtliche Druckwerke der Heimat zum Versand an die Front in lokalen Forschungswerkstätten zur 100. Wiederkehr des Kriegsbeginns schon in beträchtlichem Umfang herangezogen worden.

Maren Chaoui hat den Postaustausch der Jahre 1914-1916 zwischen den Brochtebecker Soldaten und ihrem Heimatpfarrer Heinrich Hegemann ausgewertet und ihre Studie 2013 in einer Reihe zur Geschichte des Bistums Münsters veröffentlicht. Die Herausgeber lenken in einem Vorwort den Blick auf folgende Beobachtungen: *„Wie kann Gott die Schrecken des Krieges zulassen? Wann ist ein Krieg gerecht? Welche Aufgabe hat die Kirche im Krieg? Wie kann der Soldat an der Front sein Seelenheil retten? Alle diese großen Fragen lassen sich in den Feldpostbriefen und -karten aus dem Ersten Weltkrieg wiederfinden, die Soldaten aus dem kleinen Brochterbeck am Teutoburger Wald an ihren Pfarrer schrieben. […] Spannend zu lesen ist beispielsweise, wie viele Aufgaben der Pfarrer für die Soldaten übernahm: Er berichtete aus der Heimat, erledigte Behördengänge und übermittelte Neuigkeiten von der Front an die Angehörigen im Dorf – nicht selten Todesnachrichten. Soldaten wandten sich auch an ihn, weil sie sich um ihr Seelenheil sorgten – weniger wegen der Grausamkeiten des Krieges, sondern weil sie an der Front nicht immer regelmäßig an der Heiligen Messe teilnehmen konnten. Der Pfarrer versuchte, ihnen die Angst vor Tod und ewiger Verdammnis zu nehmen, und er forderte die Soldaten auf, zu beten und auf die Hilfe Gottes und der Heiligen zu vertrauen. Auch der Priester in der Heimat leistete damit ein Stück Militärseelsorge. In ihren Auswirkungen ist diese sicherlich kritisch zu diskutieren, aber sicherlich kam sie den Bedürfnissen*

---

[18] Vgl. für die Stadt Münster selbst viele Hinweise auf kirchliche (konfessionelle) Vorgänge während des Ersten Weltkriegs in: NÜBEL 2008*.

vieler Soldaten entgegen: Maren Chaoui legt überzeugend dar, wie die Frontkämpfer auch und gerade unter den extremen Bedingungen des Krieges auf vertraute Frömmigkeitspraktiken nicht verzichten wollten. Sie verdeutlicht aber auch den Stimmungswandel, den die Frontkämpfer durchmachten: Nach dem oftmals optimistischen Anfangsmonaten war angesichts des Massensterbens und Massentötens nicht mehr Heldenmut, sondern nur noch Durchhalten gefordert."[19]

Zwei Studien zur niederdeutschen Literatur (Wagenfeld, Wibbelt), die im vorliegenden Band mit allen nötigen Rücksichten auf Leser*innen ohne plattdeutsche Sprachkompetenzen dargeboten werden, vermitteln zumindest Einblicke in populäre – breitenwirksame – Kultursortimente der katholischen Landschaft. Westfalen war im Bereich der selbständigen plattdeutschen Kriegsveröffentlichungen[20] 1914-1918 kräftig vertreten, wobei das Münsterland eindeutig eine *Führungsrolle*[21] einnahm (die Befunde im ehedem kurkölnischen Sauerland fielen z.B. vergleichsweise sehr spärlich aus[22]). Das erscheint erklärungsbedürftig. Hatte sich hier möglicherweise besonders früh und nachhaltig eine

---

[19] Thomas Flammer und Hubert Wolf in: CHAOUI 2013, S. IV-V.

[20] Mit einiger Wahrscheinlichkeit ist der größte Teil der kriegssubventionierenden Mundarttexte nicht in eigenständiger Buchform, sondern in plattdeutschen Organen und in regionalen oder lokalen Zeitungen, Heimatblättern, Kalendern, Jahrbüchern, periodischen Feldpost-Drucken usw. erschienen. Deshalb liegt kein zuverlässiger Gesamtüberblick zur plattdeutschen Kriegsdichtung zwischen 1914 und 1918 vor. Soweit es allerdings die – viel leichter greifbaren – *selbständigen Veröffentlichungen* betrifft, lässt sich bereits anhand der von Peter Hansen bearbeiteten Internetdatenbank zur plattdeutschen Bibliographie (HANSEN-DATENBANK NIEDERDEUTSCH*) eine gute Übersicht für 1914-1918 gewinnen.

[21] In der „Bücherei Westmünsterland" erschienen z.B. die Werke „*Mät Hiätt un Hand füört Vaderland – Kriegsgedichte ut Westfaolen*" (Bocholt 1915) von Marie Findeklee und „*Bröckskes ut Kriegs- un Friedenstied – Plattdeutsche Gedichte und Erzählungen*" (Bocholt 1915) von Johannes Pesch. Der Küster und Organist Bernhard Holtmann veröffentlichte „*Trü un graut in Naut un Daut – Kriegsgedichte un Geschichten up mönsterlänsk Platt*" (Lüdinghausen 1915), „*Usse Kattrinken – En Vetellselken ut't Mönsterland*" (Münster 1916) als Heft 5 der Feldpostreihe „Van't Mönsterland in'n Unnerstand" und „*De Süntejansbröers – Ne Schützenfestgeschichte ut 't Mönsterland*" (Münster 1918) als Heft 10 der gleichen Feldpostreihe. Außerdem ist Holtmann beteiligt am Heft 1 der Reihe „Van't Mönsterland in'n Unnerstand", das unter dem Titel „*Ein Stück Heimat in't Feld*" (Münster 1916) erscheint und u.a. „Breffe von Vader Flaßkamp" enthält. Weltkriegsbezüge weist der Quickborn-Rezension zufolge auch das Buch „*Wat sick 't Duorp vertellt*" (Bocholt 1916) von August Vollmer auf.

[22] Vgl. BÜRGER 2012b, S. 423-552.

nationalistische Aufladung des ehedem eher militärkritischen konfessionellen Milieus vollzogen?

Einen pfiffigen Text des Münsterischen Mundartautors Ferdinand Zumbrook (1817-1890) noch „aus der Friedenszeit zwischen den antinapoleonischen Befreiungskriegen von 1813 bis 1815 und dem Deutsch-Dänischen Krieg von 1864" charakterisiert Ulrich Weber als „ein nahezu pazifistisches Gedicht"[23]:

De kloke Jann

„Jann!" sagg Giärd,
„Du häst doch kin Soldaoten-Hiärt,
Es de erste Kuegel quamm
Gaffst du di ant laupen an!"
„Ja!" sagg Jann, „man liäwt doch nich to lange;
Du sattst hier gued, haddst nix kin Naud;
Biätter is't, se sägget Jann is bange,
Es dat se sägget: Jann is daud!"

[*Der kluge Jan*

„Jan!" sagte Gerd,
„Du hast doch kein Soldatenherz,
Als die erste Kugel kam,
Begabst du dich ans Laufen!"
„Ja!" sagte Jan, „man lebt doch nicht zu lange;
Du saßest hier gut, hattest keine Not;
Besser ist es, sie sagen ‚Jan ist bange',
Als dass sie sagen: Jan ist tot!"]

Karl Wagenfeld (1869-1939), ein gutes halbes Jahrhundert nach F. Zumbrook geboren und in Drensteinfurt aufgewachsen, weiß als Kind zumindest noch, dass die Münsterländer eine Art „Muss-Preußen" sind – allerdings ohne zu ahnen, dass einst „zur Niederlage ‚unseres alten Fritz' im benachbarten Münster die Freudenglocken geläutet hatten"; doch in seiner Generation berauscht man sich bereits zum Sedans-Tag

---

[23] WEBER 1991, S 63; Text des Gedichtes: ebd., S. 63-64.

„an dem Siegesstolz der Deutschen von 1870/71, zu denen auch unsere Väter gehörten, und an der Größe des neuen Deutschlands – auf der Landkarte"[24]. Wagenfelds literarische Beiträge zum Ersten Weltkrieg (→III) stehen zweifellos für ein anderes Westfalen als das der alten „Muss-Preußen". In ihnen begegnen uns u.a. eine kriegsfreundliche Weltanschauung, in deren Mittelpunkt der von überzeitlichen Kämpfen zur Sünde getriebene Mensch steht, und eine bereits völkisch eingefärbte Heimatideologie. 1936 wird der im rechten katholischen Lager beheimatete und überregional bekannte Dichter (NSDAP-Mitglied ab April 1933) von sich schreiben: „So trag ich Soldaten- und Bauerblut"[25].

Der römisch-katholische ‚Dichterpriester' Augustin Wibbelt (1862-1947), bis heute als Leitgestalt des Münsterlandes überaus bekannt, beteiligte sich 1914-1918 ebenfalls rege an der Produktion kriegsdienlicher Mundarttexte (→IV). Bei ihm finden wir jedoch nicht jenen extrem unversöhnlichen Nationalismus, der Landsleute wie Wagenfeld bis hin zu Hass-Bekenntnissen und einer *expliziten* Distanzierung vom Friedensaufruf des Papstes geführt hat. Von Belang ist für unser Thema der Umstand, dass A. Wibbelt in einem 1918 veröffentlichten zweiteiligen Mundartroman (→IV.3) die Geschichte eines katholischen Dorfes seit Kriegsbeginn erzählt; das Werk kann trotz seines fiktiven Charakters vielleicht auch als typische ‚Milieugeschichte' der Kriegsjahre gelesen werden (nahezu einstimmig stützen die Menschen den Kriegskurs; Laien werden im Zusammenhang mit der U-Boot-Debatte zu Waffenexperten; kriegskritische Abweichler erfahren die ‚verdiente Ausgrenzung'). Augustin Wibbelt, der die eigene Militärzeit (1884/85) ein Leben lang gerühmt hat, war Vertreter einer deutschen, nationalen Kriegstheologie und lehnte einen katholischen Pazifismus ab. Davon zeugt auch sein hochdeutsches Schrifttum zum Ersten Weltkrieg, das ich auszugsweise im Quellenteil des vorliegenden Bandes dokumentiere (VIII.1-5). Nation, Staatstreue und Opfertod predigte dieser Münsterländer den Gläubigen als hohe Werte: „Das Soldatenwesen ist ein Jungbrunnen für die Volkskraft." *„Ohne Gehorsam kann die Welt nicht bestehen"*! (→VIII.1)

Nicht wenige andere Katholiken steuerten mit der Schreibfeder et-

---

[24] WAGENFELD 1992, S. 10 (Eigenaussagen des Dichters).
[25] WAGENFELD 1992, S. 6.

was zur frommen Kriegsbeihilfe bei, so auch der Olfener Erzähler *Bernhard Holtmann* (1872-1947). Über ihn schrieb hundert Jahre später ein Enkel: „,Usse Härguott un de Krieg' [*Unser Herrgott und der Krieg*]. Als Bernhard Holtmann seine kleine Erzählung schrieb und sie ‚Van't Mönsterland in'n Unnerstand' an deutsche Soldaten verbreiten ließ, ist er als tiefgläubiger katholischer Küster und Organist seinem Heiligen Vater (Papst Benedikt XV.) nicht gehorsam gefolgt, nicht anders als die meisten Katholiken, Laien und Priester, bis hin zu den Bischöfen, die, trotz des päpstlichen ‚Friedensgebets' (1915), mit Kriegsandachten den Gläubigen Rippenstöße versetzten und Siegesmeldungen per Glockengeläut verkündeten [...]. Man folgte nicht dem ‚Apostolischen Mahnschreiben' des Papstes ‚an die kriegführenden Völker und ihre Staatsoberhäupter' (‚Allorche fummo chiamati') vom 28. Juli 1915. [...] Im Italienischen, der Muttersprache des Papstes, ist von ‚orrenda carneficina' die Rede, in der englischen Fassung von ‚horrible slaughter' und in der französischen von ‚horrible boucherie'. Aus der ‚grauenhaften Schlächterei' hat der deutsche [...] Übersetzer, den Text verfälschend, einen ‚entsetzlichen Kampf' gemacht [...]. Bernhard Holtmann hat den Soldaten, die sich den ‚grauenhaften Schlächtereien' nicht entziehen konnten, von der sicheren münsterländischen Heimatfront aus mit selbstverständlicher Gelassenheit und Siegeszuversicht, die den Herrgott in die Pflicht nahm, eine Geschichte erzählt von der Notwendigkeit dieses ‚Kampfes'."[26] Dergleichen war zu 99,9 Prozent die inhaltliche Norm der deutschen ‚katholischen' Kriegsliteratur.

Wer das kirchengeschichtliche ‚Weltkriegskapitel 1914-1918' für eine größere Region oder gar für den gesamten deutschsprachigen Raum bearbeiten will, sollte eine gehörige Portion Demut mitbringen. Allein um die Flut des im Kaiserreich verbreiteten Schriftgutes mit entsprechendem konfessionellen Bezug zu bewältigen, müsste ein einzelner Autor ein mehrjähriges Studium einplanen.[27]

---

[26] HOLTMANN 2014*.

[27] Das beim katholischen Volksverein in Mönchengladbach angesiedelte ‚Sekretariat Sozialer Studentenarbeit', eine unter hunderten Redaktionsstellen, veröffentlichte im genannten Zeitraum z.B. eine Reihe ‚Der Weltkrieg', in der allein insgesamt mehr als hundert Heftnummern erschienen! Auch von zahllosen Pfarreien oder Dekanaten wurden eigene Feldpost-Druckwerke für die Kriegsfront vertrieben. – Vgl. auch BRAKELMANN 2015.

3.
CLEMENS AUGUST VON GALEN IN DER ZEIT
VON KAISERREICH UND WEIMARER REPUBLIK

*„Ich freue mich, dass Du Soldat bist; wenn du es nicht wärst,
müsstest Du es heute werden in diesem Kampf für unsere Existenz."*
Clemens August von Galen: Schreiben
an seinen Bruder Franz vom 7. August 1914[28]

Von 1906 bis 1929 wirkte Clemens August Graf von Galen (1878-1946) fern seiner Herkunftslandschaft als Seelsorger in der Großstadt Berlin. Dass ihm ein nennenswerter Teil dieser Publikation gewidmet ist, muss angesichts der großen Bedeutung dieses Mannes für die spätere Geschichte seines Heimatbistums Münster (und der Kirche in Deutschland insgesamt) nicht eigens ‚gerechtfertigt' werden.

Zählte der standesbewusste und (geo-)politisch durchaus sehr regsame Geistliche aus einer namhaften westfälischen Adelsfamilie während des Ersten Weltkrieges zu den ‚Annexionisten'? Dieser Frage geht im Kontext von Vorgängen, mit denen bislang nur vergleichsweise wenige Fachleute vertraut sind, Ron Hellfritzsch in seinem Forschungsbeitrag über ‚*Clemens August von Galens baltischen Siedlungsplan 1916–1919*' nach (→II). Zwei in der dokumentarischen Abteilung des vorliegenden Bandes dargebotene Primärquellen sind dieser Arbeit zugeordnet: Eine vertrauliche *Denkschrift des Grafen zur Ansiedlung in Kurland* vom Mai 1916 (→IX) und Galens *„Referat über Ansiedlung im Osten nach dem Kriege"* in einer Versammlung des Vereins katholischer Edelleute vom November 1916 (→X).

Zur sachgerechten Einordnung dieses Komplexes müssen wir uns vor Augen halten, wie weit sich vor hundert Jahren in Deutschland manche Kriegsdiskurse katholischer Politiker und moderner ‚Moraltheologen' schon zugunsten einer deutschen Großmachtpolitik vom tradierten (welt-)kirchlichen Standort entfernt hatten.[29] Ausgerechnet der im Kriegsverlauf später zum Botschafter des Friedens gewandelte

---

[28] Zitiert nach: WOLF 2006, S. 127.
[29] Vgl. K&W01 („Katholische Diskurse über Krieg und Frieden vor 1914").

Matthias Erzberger forderte in einer nach Kriegsende bekanntgewordenen Denkschrift vom 2. September 1914 an Reichskanzler Theobald von Bethmann Hollweg:

in der Übergangszeit

„Ziel des gegenwärtigen Weltkrieges ist nach der wiederholt ausgesprochenen Absicht der Gegner Deutschlands die Zertrümmerung des Deutschen Reiches und die Auflösung von Österreich-Ungarn. Die deutschen Siege haben bereits das eine Resultat gezeigt, dass dieses Ziel nicht erreicht werden wird. Das blutige Ringen des deutschen Volkes in Verbindung mit den Anstrengungen Österreichs erheischt die dringende Pflicht, die Folgen des Sieges so auszunützen, dass Deutschlands militärische Oberhoheit auf dem Kontinent für alle Zeiten gesichert ist, dass das deutsche Volk sich mindestens hundert Jahre ungestört friedlicher Entwicklung erfreuen kann. Nur wenn dieses Ziel erreicht wird, sind die großen Opfer des Krieges gerechtfertigt, und nur hierdurch wird den Wünschen des Volkes entsprochen. Von diesem Gesichtspunkt aus sind beim Friedensschluss alle Forderungen und Bedingungen zu beurteilen. [...] C. *Russland*. Das schwierigsten Problem für den Friedensschluss ist zweifelsohne die Gestaltung im Osten. Schwierig gegen unsere inneren politischen Verhältnisse, schwierig, weil Deutschland hier allein nicht entscheiden kann, sondern sich mit Österreich ins Einvernehmen zu setzen hat. Das Ziel dürfte sein: Befreiung der nichtrussischen Völkerschaften vom Joch des Moskowitertums und Schaffung von Selbstverwaltung im Inneren der einzelnen Völkerschaften. Alles dies unter militärischer Oberhoheit Deutschlands, vielleicht aber in einer Zollunion. Ein selbständiges unabhängiges Polen dürfte berechtigten deutschen Interessen widerstreben und könnte im Laufe der Jahre leicht zu einem polnischen Serbien sich auswachsen, das dann Deutschland und Österreich große Schwierigkeiten bereiten müsste. Die russischen Ostprovinzen [sic! (*Ostseeprovinzen* ?)] mit ihren kräftigen Völkern können teilweise Preußen angegliedert werden oder selbstständige Staaten mit militärischer deutscher Oberhoheit werden; dasselbe gilt von Litauen. Wird ein unter deutscher Oberhoheit stehendes Königreich Polen geschaffen, so ist absolut notwendig, ihm eine eigene Dynastie zu geben, welche nach

Lage der Verhältnisse dem katholischen Religionsbekenntnisse anzugehören hätte. Wie Österreich in der Ukraine und Rumänien in Bessarabien sich ausdehnen müssen, braucht hier nicht weiter dargelegt zu werden. Das Ziel dürfte nur sein: Russland sowohl von der Ostsee wie vom Schwarzen Meer abzuschließen. Je eher dies erreicht wird, umso schneller der Friede."[30]

Ron Hellfritzsch geht es – fern von jeder polemischen Skandalisierung – „um eine differenzierte, quellenbasierte Darstellung". Durch seine Verbindung mit der 1916 nach einer Initiative des Alldeutschen Verbandes gegründeten „Vereinigung für deutsche Siedlung und Wanderung" (VfdSW) befand sich Clemens August von Galen – als Anwalt von Adelsinteressen – in bedenklicher Gesellschaft. Er folgte zunächst offenbar naiv der ‚baltischen Propaganda', die die abstruse Möglichkeit einer ganz und gar „friedlichen Kolonisation" im Osten suggerierte, hielt jedoch – in Abgrenzung zu radikalen Forderungen der Alldeutschen – „an seiner grundsätzlichen Ablehnung von Enteignungen und Zwangsumsiedlungen" fest. Zum Fazit gehört gleichwohl folgende Feststellung von R. Hellfritzsch: „Die Suche nach Unterstützung für sein Siedlungsprojekt ließ von Galen letztlich an Vorhaben und Strukturen mitwirken, die tatsächlich als Vorboten späterer nationalsozialistischer Lebensraum-Planungen betrachtet werden können."

Ein im Mai 1916 überregional verbreiteter Berliner *„Feldbrief für die Kolpingsöhne an der Front"* aus Galens Feder (→XI) enthält unter Berufung auf die Bibel ganz gegensätzliche Weisungen, was aber vom Verfasser selbst keineswegs als Widerspruch empfunden wird. Einerseits beharrt der adelige Gesellen-Präses darauf, dass Jesus unter dem mächtigen Regime der Römer in keiner Weise auf eine Umwälzung der irdischen Machtverhältnisse oder Gewaltanwendung zum Sturz der Besat-

---

[30] Vgl. dazu die Neubearbeitung und Erweiterung eines ‚Klassikers' über das „Annexionistische Deutschland 1914-1918" durch Helmut Donat u. a.: GRUMBACH 2018, S. 534, S. 628-634 (Text der Erzberger-Denkschrift vom 02.09.1914) und S. 655-656. – Der modernistisch ambitionierte Rechtskatholik Martin Spahn (1875-1945) verfolgte vor allem „in seinem Kriegszielprogramm im *Westen*" eine rabiate Linie; er gehörte aber „zu den wenigen Ausnahmen unter den Annexionisten, die in Rußland nicht den Hauptfeind sahen und einer antirussischen Kulturpropaganda entgegentraten" (CLEMENS 1983, S. 54).

zer gezielt habe. Aus der vorbildlichen *passiven* Duldung von Ungerechtigkeit wird alsbald – so proklamieren es Galen zufolge schon Petrus und Paulus – die Pflicht, den König zu ehren und ihm zu gehorchen: Denn „die wahren Anhänger Christi haben niemals Revolution gemacht"; „die Apostel und Jünger [...] sind nicht grollend und verbittert übergegangen in das Lager der Feinde der bestehenden Staatsordnung"[31]. Der Verzicht auf Gewalt (und Besitzstandsmehrung) gilt aber offenbar nur in ‚Christi Reich, das nicht von dieser Welt' ist, und im besetzten Land der Juden zur *Zeit Jesu*. In der irdischen Weltordnung zur *Zeit des Deutschen Reiches* hingegen sollen die Soldaten – angeblich gemäß Gottes Willen – nach einem entsprechenden Ruf der staatlichen Obrigkeit doch *aktiv* tödliche Gewalt anwenden – ringen, kämpfen und siegen, „um das irdische Glück, den Wohlstand [!] und die Ehre des Vaterlandes und euerer Volksgenossen zu erhalten und zu vermehren". „Ehre und Wohlfahrt des Vaterlandes" gelten Galen zufolge auch „im Lichte des Christentums" als hohe Werte: Es kämpfen „christliche Helden" unter Einsatz des Lebens „für den Bestand und die Sicherheit und die Mehrung und die Erhöhung der Ehre und des Besitzes des Vaterlandes, des Glückes und der Wohlfahrt euerer Volksgenossen". – Das Drama der vom Krieg heimgesuchten menschlichen Gattung deutet der Graf aus dem Münsterland – ähnlich wie der Dichter Karl Wagenfeld (vgl. →III) – so: „Die menschliche Gesellschaft ist krank, – wer wollte es leugnen, – seitdem die erste Sünde im Paradiese den Giftkeim der bösen Lust, der Augenlust, Fleischeslust, Hoffahrt, dem Urstamm des Menschengeschlechtes einpflanzte." Als Lösung kommt keine Veränderung der äußeren Verhältnissen in Frage (Bezug: Gewerkschaftsbewegung, Parlamentarismus, Sozialismus), sondern nur eine *ethische* „*Reform der Einzelnen*", die einfach ihre Gesinnung ändern. Das Hauptanliegen der Moralpredigt scheint darin zu liegen, vor „*Volksbeglückern und Weltverbesserern*" zu warnen: „Mit frechem Geschrei streifen sie über die Straße, die das edle deutsche Volk in ernster, treuer Pflichterfüllung, im Glanze siegreicher Waffen, dahinschreitet [...]. Unzufrie-

---

[31] Solche abenteuerliche Bibelauslegung des Grafen drängt uns zur Frage: Haben Jesus und hernach die Apostel also die Römer doch irgendwie als ‚rechtmäßige Obrigkeit' im Heiligen Land anerkannt?

denheit, Widerwillen, Auflehnung wird ausgesät. [...] nach dem Kriege, so hoffen sie, da wird ihr Weizen blühen, und herrliche Frucht tragen." Im Frühjahr 1916 sollen also die Kolpingbrüder bereits immunisiert werden gegen eine bei Kriegsende möglicherweise drohende Revolution zur Umwälzung der bestehenden Ordnung. Heil bringen nicht *„die glänzenden Phrasen von Humanität und Menschheitsverbrüderung und Volkssouveränität"*, auch nicht Eingriffe wider die herkömmlichen, privilegierten Eliten der Mächtigen und Besitzenden: *„Weltverbesserung durch Selbstverbesserung; das ist Christi göttlicher Erlöserplan."*

Clemens August von Galen zählte *im* Zentrum, der einstmals stark vom Adel dominierten Partei seines Vaters, zum äußerst rechten Flügel und wurde in seiner Umgebung öfters sogar als zentrumsferner Rechtskatholik eingeordnet. War er nur ein Kritiker, aber *kein* Gegner der Weimarer Republik?[32] Beruhte sein vorübergehendes Arrangement mit der parlamentarischen Demokratie, die in seinen Augen definitiv nicht in Einklang stand mit einer authentischen ‚christlichen Staatsphilosophie', auf Loyalität oder lediglich auf strategischen Überlegungen (u.a. Interessensvertretung des Adels, Besitzstandwahrung, Möglichkeit der konfessionellen Einflussnahme)? Eine neue Basis zur Beantwortung solcher Fragen bietet u.a. eine Monographie über den ihm eng verbundenen Bruder Franz Graf von Galen (1879-1961), die Josephine von Weyhe vor zwei Jahren vorgelegt hat.[33] Zu wünschen bleibt in diesem Zusammenhang, dass die verdienstvolle, von Peter Löffler bearbeitete Galen-Edition[34] für die Jahre 1933-1946 gemäß einem Vorschlag von Rudolf Morsey[35] ergänzt wird durch einen Band mit zurückliegenden Galen-Texten aus der Zeit von Kaiserreich und Weimarer Republik.

---

[32] Stefan Gerber lässt der Sache nach keinen Zweifel daran, dass Galen die Demokratie und namentlich Artikel 1 der Weimarer Verfassung ablehnte (vgl. GERBER 2007, S. 110), schreibt aber gleichwohl: „Clemens August Graf von Galen war ein Kritiker, aber kein Gegner der Weimarer Reichsverfassung" (GERBER 2007, S. 113). Vgl. MORSEY 2007.
[33] Zweite, erweiterte Auflage (zwei Bände mit zusammenhängender Paginierung; gegenüber der Erstausgabe von 1988 vermehrt): LÖFFLER 1996.
[34] VON WEYHE 2020, hier bes. S. 101-261. – Franz Graf von Galen, dem u.a. die Aufgabe einer Zähmung der Rechtsaußen-Kräfte im Verein katholischer Edelleute zukam, hat während der Weimarer Republik seinen Standort als *Antidemokrat* denkbar deutlich dokumentiert.
[35] MORSEY 2007, S. 123.

Einen bedeutsamen Kreis weiterer Primärtexte für den Zeitraum 1918-1933 enthält bereits der von Joachim Kuropka herausgegebene Forschungsband „Streitfall Galen" (2007). Zwei Veröffentlichungen Galens, die aus meiner Sicht außerdem noch zwingend heranzuziehen sind, haben wir – neben dem Feldbrief und den (gleichermaßen adelspolitischen wie geostrategischen) ‚Siedlungsvoten' – in den vorliegenden Band aufgenommen: 1919 legt der Graf unter der Hauptüberschrift „*Wo liegt die Schuld?*"[36] seine „Gedanken über Deutschlands Niederbruch und Aufbau" vor (→XII): „Das [...] unbesiegte deutsche Volk wurde besiegt, als ihm die Revolution die Waffen aus der Hand schlug [...]. Daß wir besiegt wurden im November 1918, daß wir einen Schmachfrieden unterzeichnen mußten im Juni 1919, das ist tatsächlich eine Folge der Revolution [...]. Schmach und Schande und die Verachtung aller kommenden Geschlechter ist eine zu geringe Strafe für Männer, die für den Judaslohn feindlicher Bestechungsgelder, um des eigenen Vorteils willen das Vaterland in seiner höchsten Not verraten, die Treue und Vaterlandsliebe im Heere untergraben, die glimmende Unzufriedenheit eines leidenden Volkes zur zerstörenden Glut hell lodernden Aufruhrs angeblasen haben." Galen ist erklärter Parteigänger des letzten Kaisertums ‚von Gottes Gnaden' und verbreitet die ‚Dolchstoß'-Legende. Zum Abschluss seines hochpolitischen Textes wünscht er 1919, das Volk möge den „allgewaltigen, unbeschränkt mächtigen, niemand verpflichteten Staat" totschlagen. Das ist wohl – trotz der Hinweise auf ‚staatssozialistische Tendenzen' im gemeinsamen Kriegshirtenwort der deutschen Bischöfe vom November 1917 – kaum auf die faktische Militärdiktatur der zurückliegenden Jahre unter General Ludendorff und Generalfeldmarschall von Hindenburg gemünzt![37]

---

[36] Vgl. zu dieser Nachkriegsschrift auch die Ausführungen von Stefan Gerber (GERBER 2007, S. 99-100).

[37] C. A. v. Galens Tuchfühlung mit einer für die Kulturkampfzeit kennzeichnenden relativen ‚Staatsferne' des Ultramontanismus wird man als einen der Hintergründe seines öffentlichen Protest gegen die „Euthanasie"-Morde im NS-Staat mitbedenken dürfen. Doch bezogen auf seine *Haltung zu zwei Weltkriegen* steht unzweifelhaft die Überzeugung im Vordergrund, der *Gehorsam* gegenüber dem (starken) kriegführenden Staat sei von Gott befohlen. Das ist für antipazifistische Kirchenhistoriker keine große Sache, aus friedenstheologischer Sicht aber ein schwergewichtiges Problem. – Nur schwer kann Galen 1919 seine Hauptangst verbergen: es droht eine Demokratie im Dienste der Besitzlosen.

Im Jahr 1932, als die tödliche Bedrohung der Weimarer Republik jedem halbwegs Verständigen bewusst ist, lässt Clemens August Graf von Galen seine Schrift „*Die ‚Pest des Laizismus' und ihre Erscheinungsformen*" (→XIII) drucken. Diese „Erwägungen und Besorgnisse eines Seelsorgers über die religiös-sittliche Lage der deutschen Katholiken" in einem dem demokratischen Prinzip der ‚Volkssouveränität' verpflichteten Staatswesen sind mitnichten rein pastoraler Natur (Themenfelder: 1. Kultur / Sittlichkeit; 2. Eigentumsordnung / Sozialgesetzgebung; 3. säkularer Staat / Demokratie). Vielmehr ist auch der ‚katholische Sittlichkeitsdiskurs', wie ihn der Verfasser ins Zentrum seiner Kritik an ‚Verweltlichung' und Liberalität stellt, eine hochpolitische Angelegenheit.[38] Die Weimarer Republik – im Anschluss an eine Wendung Ketelers als „*Staat von Menschengnaden*" betrachtet – wird mit einem zu optimistischen Menschenbild („angeblich unverdorbene Güte der Menschennatur") sowie einer „*Subjektivierung*" der sittlichen Normen"[39] in Verbindung gesetzt. Auch im katholischen Lager will der Verfasser Tendenzen einer Aufweichung der Garantien für eine „Unantastbarkeit des *Privateigentums*" und einer „Erziehung zum sozialistischen Menschen" erkennen. – Die letzte Abteilung des vorliegenden Bandes gewährleistet eine leichte Greifbarkeit des Traktates über die „*Pest des Laizismus*" ohne Kürzungen. In jeder sachgerechten Interpretation ist C. A. von Galens eigene Bezugnahme auf diesen Text in seiner Recklinghausener Bischofsansprache vom 23. September 1934 mit heranzuziehen:

---

[38] Der vor allem auch für die *Bindung der Kirchenglieder* an den mit Beichtvollmacht ausgestatteten Klerus bedeutsame ‚Sittlichkeitsdiskurs' wird – bis heute – in Kriegs- und Krisenzeiten von der religiösen Rechten regelmäßig im Dienste von ‚antiliberaler Systemkritik' instrumentalisiert; zudem verstellt er kirchlichen Akteuren in der Geschichte immer wieder den Blick auf brandgefährliche gesellschaftliche Entwicklungen, die mit Sexualpraxis, Bademoden, schlüpfrigen Literatursortimenten usw. rein gar nichts zu tun haben. – Am 1. Mai 1933 wird Galen über die Regierung Adolf Hitlers sagen: „Wir begrüßen freudig ihren Kampf gegen Liberalismus, Marxismus, Gottlosigkeit, öffentliche Unsittlichkeit usw." (Vgl. auch MORSEY 2007, S. 126 und 128.)

[39] Dies formuliert Galen mit Blick auf das von ihm kritisierte freiheitliche, *demokratische* Gemeinwesen; man sollte die entsprechenden Ausführungen von 1932 deshalb nicht unvermittelt – in apologetischer Absicht – mit seinem späteren Protest gegen die „Euthanasie"-Morde in der NS-*Diktatur* in Verbindung setzen!

„Weder das deutsche Kaiserreich noch die Weimarer Republik entsprachen dem Ideal gottgewollter Staatsordnung, das die christliche Staatsphilosophie uns vorzeichnet. [...] Und oft bestanden die Erfolge der Vertrauensleute des katholischen Volkes nur darin, daß sie unter zwei drohenden Übeln dem kleineren zum Siege verhalfen, um so das größere Übel zurückzudrängen, ohne dabei zu verkennen, daß das Erreichte nicht vollkommen, ja vielfach ein bedauerliches Übel war. – Ich selbst habe vor zwei Jahren in einer Schrift über die ‚Pest des Laizismus' als katholischer Priester und deutscher Mann offen einen Teil der Sorgen ausgesprochen, welche mich bewegten angesichts der Vorherrschaft liberaler und sozialistischer Ideen in unserem öffentlichen Leben und der Gefahren, welche daraus dem einzelnen und der Gesamtheit unseres Volkes erwuchsen. Und viele deutsche Bischöfe haben damals dem Pfarrer von St. Lamberti in Münster ihre Zustimmung zu seinen Ausführungen ausgesprochen. Sollte nicht eigentlich diese Feststellung schon allein genügen, um uns vor dem unwahren und verletzenden Vorwurf zu schützen, daß wir Bischöfe, daß wir Katholiken aus Anhänglichkeit an die Zustände zur Zeit der Weimarer Republik und in der stillen Hoffnung, daß sie wiederkehren möchten, jetzt gegen den Staat, gegen die neue Obrigkeit in verneinender Opposition ständen?! – Nein, wir stehen nicht in verneinender Opposition gegen den Staat, gegen die jetzige Staatsgewalt! [...] Darum haben die deutschen Bischöfe unmittelbar nach der Umwälzung des Jahres 1933 in ihrer gemeinsamen Verlautbarung vom 28. März 1933 ausgesprochen: ‚Für die katholischen Christen, denen die Stimme der Kirche heilig ist, bedarf es auch im gegenwärtigen Zeitpunkt keiner besonderen Mahnung zur Treue gegenüber der rechtmäßigen Obrigkeit ...'."[40]

An solche Standortbestimmungen werden wir uns zu einem späteren Zeitpunkt erinnern müssen, wenn es in einem weiteren Band darum geht, die Haltung des Bischofs von Münster zum Kriegsapparat des nationalsozialistischen Staates zu erhellen.

Düsseldorf, 31. Mai 2022

---

[40] LÖFFLER 1996, S. 124-130, hier S. 126 (Auszug).

A.
ERKUNDUNGEN – FORSCHUNG

Graphik des Münsteraners Augustinus Heumann (1885-1919)
aus „Karl Wagenfeld: Daud un Düwel, 1912"

I.
Die Haltung der katholischen Kirche in Westfalen zum und während des Ersten Weltkrieg

Das Bistum Münster in den Jahren 1914-1918[41]

Johann Stoffers

1.
Einleitung

„Die Haltung der Bevölkerung zum Ersten Weltkrieg in Westfalen 1914 – 1918" lautet das Thema, das wir uns zu Beginn unserer Arbeit gesetzt haben. Im Rahmen der Themensammlung für dieses Projekt wurde u.a. auch der Punkt „Haltung der Kirchen" zum Ersten Weltkrieg aufgezählt.

Welche Haltung kann eine Kirche nach unserem heutigen Verständnis zum Krieg haben? Eigentlich doch nur eine distanzierte, negative und ablehnende Haltung. Aber gilt das auch für die Haltung der christlichen Kirchen während des Ersten Weltkrieges?

Um das Thema nicht zu umfangreich werden zu lassen, ist diese Untersuchung auf die in Westfalen am weitesten verbreitete Kirche, die

---

[41] Textquelle (Erstveröffentlichung) | STOFFERS 2014 = Johann Stoffers: Haltung der katholischen Kirche in Westfalen zum und während des Ersten Weltkrieg. In: Westfalen im Ersten Weltkrieg. Ein Projekt im Rahmen des Studiums im Alter an der Westfälischen Wilhelms-Universität Münster. Bearbeitet von Paul Alexander, Paul Boß, Hartmut Bringmann, Arnold Gieseke, Gabriele Pettendrup und Johann Stoffers. Herausgegeben von Veronika Jüttemann. Münster: Publikationsserver der WWU Münster 2014, S. 1-28. Online-Ressource: https://nbn-resolving.de/urn:nbn:de:hbz:6-61329507244 [letzter Abruf am 29.04.2022]. – Abdruck mit freundlicher Genehmigung von Verfasser und Herausgeberin; die hier dargebotene Version weicht nur geringfügig von der Erstveröffentlichung ab (Zusätze in eckigen Klammern; neuer Untertitel des Aufsatzes redaktionell, *pb*).

römisch-katholische Kirche begrenzt. Die Bearbeitung des Themas stützt sich im Wesentlichen auf Texte aus den folgenden zwei Quellen:

- „Kirchliches Amtsblatt der Diözese Münster" und
- „Münsterisches Pastoral-Blatt – Monatsschrift für katholische Seelsorger".

Das „Pastoral-Blatt" bezogen alle Geistlichen in den Ortgemeinden der Diözese Münster in den Jahren vor und während des Krieges. Herausgeber war Dr. Adolf Donders, Domprediger in Münster.

Münsterisches
Pastoral-Blatt

Monatsschrift für katholische Seelsorger

herausgegeben

von Dr. A. Donders, Domprediger.

2.
Verhältnis der Katholischen Kirche zum Staat vor dem Ersten Weltkrieg

Das 1871 neu gegründete Deutsche Reich ist aufgrund der Größe und Vorherrschaft Preußens ein protestantisch geprägter Staat. Die katholische Kirche ist auch 1914 noch vom zurückliegenden Kulturkampf gezeichnet. Die Auseinandersetzungen zwischen dem Königreich Preußen bzw. später dem Deutschen Kaiserreich unter Reichskanzler Otto von Bismarck und der katholischen Kirche unter Papst Pius IX. bezeichnet man in Deutschland allgemein als ‚Kulturkampf'.[42]

Kanzler Bismarck will eine Neuordnung zwischen Staat und Kirche schaffen und durchsetzen. Diese Neuordnung sieht eine größere Trennung zwischen Staat und Kirche vor. Es wird zum Beispiel die Zivilehe eingeführt, und eine staatliche Schulaufsicht ersetzt die geistliche Schulaufsicht. Religiöse Gesellschaftsschichten, überwiegend Katholiken, sind mit den durchgeführten Maßnahmen Bismarcks nicht einverstanden und leisten Widerstand gegen die von ihm eingeleiteten Gesetze. Diese Auseinandersetzungen zwischen Staat und katholischer Kirche führen auch zu Repressalien gegen katholische Gelehrte und Geistliche, zur Verfolgung von widerspenstigen Katholiken, sogar zur Verhaftung von Geistlichen und zur Unterdrückung der katholischen Presse.

Angesichts der sich abzeichnenden staatlichen Einigung Deutschlands unter der Führung von Preußen und der Aufhebung des Kirchenstaates in Italien, organisieren sich politisch interessierte deutsche Katholiken seit Ende 1870 in der Zentrumspartei und verlangen, den Einfluss des Religiösen in der Öffentlichkeit und der Politik, sowie die Rechte der Kirche gegenüber dem Staat zu bewahren. In Rom hat 1870 das erste Vatikanische Konzil die päpstliche Unfehlbarkeit (ex cathedra) beschlossen und die kirchliche Frontstellung gegenüber dem politischen, kulturellen und wirtschaftlichen Liberalismus bekräftigt. Dies empört in Deutschland viele Liberale und Protestanten.

---

[42] Nähere Informationen hierzu und zu Folgendem unter: http://de.wikipedia.org/wiki/Kulturkampf (Abruf 28.05.2014, 12:50).

Bismarck geht es bei diesem Konflikt aber auch um die politische Macht und darum, den Einfluss der organisierten katholischen Bevölkerungsminderheit und ihrer Geistlichkeit in Preußen und im Kaiserreich einzudämmen. Die strengen Gesetze werden letztendlich aber auch von Liberalen und Protestanten kritisiert.

Nach dem Tod von Papst Pius IX. Im Jahre 1878 sucht Otto von Bismarck eine Annäherung an Rom. Diese Bemühungen führen dann zum Ende des Kulturkampfes. Der Kulturkampf wird 1887 diplomatisch endgültig beigelegt und besiegelt. Bismarck hat zwar nicht alle seine politischen Ziele erreicht, doch die Trennung zwischen Staat und Kirche nimmt ihren Anfang.

Die katholische Bevölkerung wünscht sich nach dem Kulturkampf ihre gesellschaftliche Integration und Gleichberechtigung. Eine Annäherung zwischen Katholizismus und dem Staat erfolgt dann Anfang des 20. Jahrhunderts. Um die Einigkeit zwischen Protestanten und Katholiken im Reich zu verbessern, beginnt Kaiser Wilhelm II. seine Integrationspolitik. Das Reich zahlt den Opfern des Kulturkampfes vorenthaltene Gelder zurück. Einige Verordnungen und Gesetze werden teilweise zurückgenommen oder abgemildert. Die in den Jahren 1884, 1889 und 1907 stattfindenden Besuche Wilhelms II. als Kronprinz und später als Kaiser in Münster werden dort als ein Zeichen der „Einheit von Nation und Gesellschaft"[43] angesehen.

Der Kriegsbeginn am ersten August 1914 ist von einer besonderen Stimmung und Erwartung der Bevölkerung Deutschlands geprägt: dem sogenannten „Augusterlebnis". „Der Begriff Augusterlebnis [...] – oft auch mit der Formulierung ‚Geist von 1914' firmierend – bezeichnet die Stimmung weiter Kreise der Bevölkerung des Deutsches Reiches im August 1914, dem Beginn des Ersten Weltkriegs. Viele Einwohner in Deutschland [...] nahmen damals die Kriegserklärungen begeistert auf. Der erwartete Sieg über Frankreich und England ... war für viele Deutsche eine Frage des Nationalstolzes. Anhänger der SPD wiederum

---

[43] Christoph NÜBEL: Mobilisierung der Kriegsgesellschaft. Propaganda und Alltag im Ersten Weltkrieg in Münster. Münster 2008, S. 25.

konnten sich insbesondere mit dem Kampf gegen den fortschrittsfeindlichen russischen Zarismus identifizieren."[44]

Aus den Kasernen der Garnisonsstädte ziehen die Soldaten mit blumengeschmückten Bajonetten an die Front. Vielerorts steht die Stadtbevölkerung an den Straßen und jubelt ihnen zu, so auch in Münster. Die Nachricht von der russischen Mobilmachung hat in Deutschland eine Welle des Patriotismus ausgelöst. Die Antwort auf die Mobilmachung sind die kurz hintereinander verfassten und erklärten Kriegserklärungen an Russland und Frankreich. Sie vermitteln den Eindruck, dass man so der befürchteten Einkreisung Deutschlands gerade noch zuvorgekommen ist, und es verbreitet sich eine entsprechende Siegeszuversicht.[45]

Auch Bevölkerungsteile, die ansonsten dem Staat kritisch gegenüberstehen, werden von der Patriotismuswelle erfasst, wollen nicht abseits stehen und melden sich an die Front. „Intellektuelle, die sich stets der Masse ferngehalten hatten, gaben sich nun als Patrioten. Max Weber schrieb von ‚diesem großen und wunderbaren Krieg' und dass es herrlich sei, ihn noch zu erleben, aber sehr bitter, nicht mehr an die Front zu dürfen. Rudolf Alexander Schröder dichtete: ‚Für dich will ich leben, für dich will ich sterben, Deutschland, Deutschland'. Stefan Zweig beschrieb eine verführerische Solidarität unter den Volksmassen, der man sich schwer habe entziehen können: ‚Wie nie fühlten die Tausende und Hunderttausende Menschen, was sie besser im Frieden hätten fühlen sollen: dass sie zusammengehörten.'"[46]

Die Kirchen haben zu Beginn des 20. Jahrhunderts noch einen weitaus größeren Einfluss auf ihre Mitglieder als heute. Das religiöse Leben spielt eine andere, wesentlich wichtigere und prägendere Rolle in der deutschen Gesellschaft. Am ersten August 1914 versammeln sich spontan viele Berliner Bürger vor dem kaiserlichen Schloss, um gespannt dem Ablauf des deutschen Ultimatums als Reaktion auf die Mobilmachung Russlands mitzuerleben. Nach der Verkündigung der Kriegserklärung an Russland und der sich schon abzeichnenden deutschen

---

[44] http://de.wikipedia.org/wiki/Augusterlebnis (Abruf 28.06.2014, 17:56).
[45] http://de.wikipedia.org/wiki/Augusterlebnis (Abruf 28.06.2014, 17:56).
[46] http://de.wikipedia.org/wiki/Augusterlebnis (Abruf 28.06.2014, 17:56).

Mobilmachung erfasst die Menge, für uns heute nicht mehr vorstellbar, eine religiöse Ergriffenheit und sie singt nicht etwas die Kaiserhymne „Heil dir im Siegerkranz", sondern den Choral „Nun danket alle Gott".[47]

Die heutige Fassung des Liedes ist textlich unserem Sprachgebrauch etwas angepasst und befindet sich auch im katholischen Kirchengesangbuch (Gotteslob) von 2014:

> „Nun danket alle Gott / mit Herzen, Mund und Händen, / der große Dinge tut / an uns und allen Enden, / der uns von Mutterleib / und Kindesbeinen an / unzählig viel zu gut / bis hierher hat getan.
>
> Der ewigreiche Gott / woll uns in unserem Leben / ein immer fröhlich Herz / und edlen Frieden geben / und uns in seiner Gnad / erhalten fort und fort / und uns aus aller Not / erlösen hier und dort.
>
> Lob, Ehr und Preis sei Gott, / dem Vater und dem Sohne / und Gott dem Heil'gen Geist / im höchsten Himmelsthrone, / ihm, dem dreieinen Gott, / wie es im Anfang war / und ist und bleiben wird, / so jetzt und immerdar."

---

[47] www.dhm.de/lemo/html/wk1/kriegsverlauf/august/index.html (Abruf am 25.04.2012, 17:32).

3.
Das Bistum Münster im Ersten Weltkrieg

Trotz der durchaus vorhandenen Religiosität in der Bevölkerung ist in den Jahren vor dem Ersten Weltkrieg die (katholische) Geistlichkeit von der Frömmigkeit ihrer Gläubigen „enttäuscht". Geburtenrückgang, eheliche Untreue, Selbstsucht sind Schlagworte, die von beiden Kirchen gebraucht werden. Besonders die Moral, die ‚Sittsamkeit der Bevölkerung' und die Frauenmode (sogenannte Tangomode) stehen in der Kritik der Kirche. Auf einer Zusammenkunft Ende 1913 in Fulda verfassen die dort versammelten deutschen katholischen Bischöfe ein mahnendes Hirtenschreiben an ihre Gläubigen: „Endlich müssen wir an die Frauen und Jungfrauen noch ein ernstes Wort richten in einer Angelegenheit, in die wir uns nicht einmischen würden, wenn nicht christliche Zucht und Ordnung es verlangte. Daß es neuerdings Kleidermoden gibt, die geradezu durch Unanständigkeit Ärgernis erregen, ist nicht bloß unser Urteil. Was ein hl. Hieronymus und ein hl. Klemens von Alexandrien einst als heidnischen Unfug brandmarkten, wird jetzt wieder die neueste Mode. Man ersinnt raffinierte Formen der Bekleidung, deren Hauptzweck scheint, den Körper wie unbekleidet erscheinen zu lassen. Wenn die Zügellosigkeit und Lüsternheit des Neuheidentums, namentlich gewisser Weltstädte, derartige Moden erfindet, so ist das zu begreifen. Aber kaum zu begreifen ist es, daß eine christliche Frau sich derartige Moden aufdrängen läßt und sich zur Sklavin solcher Thyrannei erniedrigt. [...] Wir ermahnen alle katholischen Frauen und Jungfrauen jeden Standes, diese unwürdige Knechtschaft abzuschütteln. [...] Bedenket wohl, das Wehe, das der Gottessohn über den gerufen, durch den Ärgernis kommt, ist heute noch in Kraft. Werdet nicht zum Ärger für eure Kinder und machet nicht eure Kinder zum Ärgernis für andere. Achtet darauf, daß schon in der Kindheit und Jugend die Kleidung sowohl der leiblichen wie auch der sittlichen Gesundheit entspreche, dem Körper wie der Seele zum Schutze gereicht."[48]

Dieser Hirtenbrief wird im Juni 1915 ergänzt durch ein „gemeinsames Mahnwort der Gesamtgeistlichkeit des Dekanates Duisburg an

---

[48] *Münsterisches Pastoral-Blatt*, Jahrgang 1915, S. 103.

ihre Gemeinden", in allen heiligen Messen des Dekanates verlesen und zugleich im ‚Münsterischen Pastoral-Blatt' veröffentlicht. Mit folgenden Sätzen ergänzt das Dekanat Duisburg das Mahnschreiben der Bischöfe: „Diese ernsten Worte unserer Oberhirten haben uns Anlaß gegeben, wieder und wieder in Predigt und Mahnung auf das große Ärgernis hinzuweisen. Gott im Himmel sah, daß die Predigt seiner Bischöfe und Priester nicht Eindruck machte. Da hat er selbst gepredigt durch den furchtbaren Krieg. Mit Donnerstimme hat er aufgefordert zu christlichem Lebensernst und zu christlicher Sittsamkeit. Noch einmal predigen die Bischöfe, als sie uns auffordern zum großen Sühnetage. ‚Gott hat', so sagen sie, ‚in diesem Kriege vor sein Gericht geladen auch die schändlichen Auswüchse der Frauenmode'."[49]

Ist nun – nach Meinung der katholischen Kirche 1915 – die Frauenmode von damals Schuld am Ausbruch des Krieges? Oder der moralisch sittliche Verfall der Bevölkerung? Wie reagiert die katholische Kirche auf den Kriegsausbruch? Auf jeden Fall wird der Krieg als unheilvolles Gottesurteil gesehen.

Obwohl das Verhältnis zwischen katholischer Kirchenobrigkeit, und der katholischen Bevölkerung einerseits sowie dem Preußischen Staat andererseits nicht zum Besten steht (der Kulturkampf ist noch nicht vergessen), unterstützt die Kirche von Anfang an die Positionen und Handlungen des Staates zur Durchführung des Krieges. Katholiken wollen die Chance, sich als gute Patrioten zu beweisen und nicht mehr Bürger zweiter Klasse zu sein, ergreifen. Dies machen alle frühen Verlautbarungen der Kirche zum Krieg deutlich. Am dritten August 1914 veröffentlicht der Bischof von Münster, Johannes Poggenburg, einen Aufruf an die Geistlichkeit und an die Gläubigen. Er ruft sie auf, in den kommenden schweren Zeiten treu zu König/Kaiser und Vaterland zu stehen und schreibt: „der Kaiser hat vor aller Welt bekundet, daß er der Gerechtigkeit unserer Sache [des Krieges, *der Verfasser*] sich bewußt und im Vertrauen auf den allmächtigen Gott, an dessen Segen alles gelegen ist, in den ernsten Kampf zieht."[50] [Dokumentation von Hirtenworten J. Poggenburgs: →V]

---

[49] *Münsterisches Pastoral-Blatt*, Jahrgang 1915, S. 103.
[50] *Kirchliches Amtsblatt der Diözese Münster*, 48. Jahrgang, S. 53-54.

Der Bischof bezieht sich hier auf die sogenannte zweite Balkonrede von Kaiser Wilhelm II. am 1. August 1914: „Ich danke euch für alle Liebe und Treue, die ihr Mir in diesen Tagen erwiesen habt. Sie waren ernst, wie keine vorher! Kommt es zum Kampf, so hören alle Parteien auf! Auch Mich hat die eine oder die andere Partei wohl angegriffen. Das war in Friedenszeiten. Ich verzeihe es heute von ganzem Herzen! Ich kenne keine Parteien und auch keine Konfessionen mehr; wir sind heute alle deutsche Brüder und nur noch deutsche Brüder. Will unser Nachbar es nicht anders, gönnt er uns den Frieden nicht, so hoffe Ich zu Gott, daß unser gutes deutsches Schwert siegreich aus diesem schweren Kampfe hervorgeht."[51]

Die Bevölkerung, so sagt der Bischof, soll sich auf Not und Entbehrungen einstellen. Es soll auch bereitwillig für kommende Kriegsverwundete und -kranke gespendet werden. Der Bischof unterstützt „unsere Sache" durch verschiedene Anordnungen, z.B. dass an Sonntagen des Krieges in den Messen zusätzlich Friedensgebete, an Wochentagen das Gebet um den Frieden [siehe Diözesangesangbuch, Gebete für verschiedene Anliegen Nr. 10], sowie einem Vaterunser und Ave Maria gehalten werden. Als der Kaiser am fünften August zum außerordentlichen allgemeinen Bettag aufruft, wird vom Bischof ein „solennes Hochamt de tempore belli" angeordnet, zudem wird die Kollekte für „zurückgebliebene Angehörige der Truppen bestimmt."[52]

Im Herbst 1914 führt die Seeblockade Englands zu ersten Versorgungsengpässen. Durch Verordnungen des Bundesrates soll die Versorgung der Bevölkerung mit Brot sichergestellt werden. Diese Verordnungen werden im November 1914 unterstützend im Kirchlichen Amtsblatt aufgeführt. „Alle diese Bestimmungen bezwecken, die Versorgung unserer Bevölkerung mit Brot sicher zu stellen. … wenn unsere Soldaten im Felde unter den größten Strapazen, unter Einsetzung von Blut und Leben unser geliebtes Vaterland verteidigen, dann darf es den in der Heimat Zurückgebliebenen doch nicht schwer fallen, diese

---

[51] *Kriegs-Rundschau.* Zeitgenössische Zusammenstellung der für den Weltkrieg wichtigen Ereignisse, Urkunden, Kundgebungen, Schlacht- und Zeitberichte. Herausgegeben von der Täglichen Rundschau. Bd. 1, Berlin 1915, S. 43.
[52] *Kirchliches Amtsblatt der Diözese Münster*, 48. Jahrgang, S. 53-54.

kleinen Unannehmlichkeiten bereitwillig hinzunehmen. [...] Es handelt sich also hier um eine ernste patriotische Pflicht aller. Wir wenden uns darum mit der eindringlichen Mahnung an alle unsere Geistlichen, daß sie selbst mit dem Inhalte der Verordnungen sich genau bekannt machen, dann aber auch jede Gelegenheit benutzen, um die Gläubigen über die große Bedeutung derselben zu belehren und zur bereitwilligen und gewissenhaften Beachtung derselben anzuhalten."[53] Auch die Aufrufe zu den Metallsammlungen werden in den Gottesdiensten verlesen, Glocken, Orgelpfeifen und Blitzschutzableiter werden abgeliefert.[54]

Man kann also feststellen, dass die Kirche auch im Münsterland von Beginn an den Staat in seinem Krieg unterstützt. Sie hilft mit ihrer Unterstützung, den Krieg und seine Folgen für die Soldaten und die Bevölkerung zu organisieren.

Diese Unterstützung zeigt sie auch bei der Durchführung von Kriegssammlungen für Kleider und Lebensmittel; die Kirche bittet um Kollekten für die Hinterbliebenen der Gefallenen und der Verwundetenhilfe. Ein paar Tage nach Beginn des Krieges, am elften August 1914 erlässt der Bischof von Münster folgende Anordnung: „Verordnung für die Dauer des Krieges." Unter Punkt fünf liest man: „Die Herren Pfarrer werden die Gläubigen aufmerksam machen, daß bei dem Mangel an Arbeitskräften während der Kriegszeit dringende Feldarbeiten an Sonn- und Feiertagen gestattet sind." Am ersten August hat der Bischof die „Ehrwürdige Geistlichkeit und die Gläubigen der Diözese" auf „Entbehrungen, Not und Sorgen, vielfache und schwere Opfer" vorbereitet und für nächsten Sonn- und Festtage besondere Gebete und Litaneien angeordnet. Der vom Kaiser für ganz Deutschland angeordnete allgemeine Bettag am fünften August wird durch den Bischof im ‚Kirchlichen Amtsblatt' bekannt gemacht.[55]

Alsbald nach Kriegsbeginn stellt sich zudem für den Staat auch die Frage der Finanzierung des Krieges. Er nimmt Kriegsanleihen bei der Bevölkerung etwa im Halbjahresrhythmus auf. Die Kirchen machen hierfür Werbung und rufen in den Gottesdiensten zur Zeichnung von

---

[53] *Kirchliches Amtsblatt der Diözese Münster*, 48. Jahrgang, S. 87.
[54] *Kirchliches Amtsblatt der Diözese Münster*, 51. Jahrgang, S. 45, 48.
[55] *Kirchliches Amtsblatt der Diözese Münster*, 48. Jahrgang, Nr. 9, S. 54.

Kriegsanleihen und zu Kriegskollekten auf. Auch eigene Fonds (Kirche, Pfarrfonds, Vikarie) werden aufgelegt, um den Krieg mit zu finanzieren und den Staat zu stützen.

Bei der religiösen Begründung für all diese Aktivitäten kommt – zumindest indirekt – die Frauenmode wieder ins Spiel: Die Kirche bewertet den Krieg als ein Gottesurteil, als Reaktion auf die Verfehlungen der Bevölkerung – siehe unter anderem die neue Frauenmode – und entsprechend müsse Buße getan werden. So hofft die Kirche ihre Gläubigen wieder fester an sich und ihre Moralvorstellungen zu binden und auf den rechten, gottestreuen Pfad zu bringen. Für diese zeitgenössischen Gedanken ein weiteres Beispiel:

In einer Abhandlung *„Der Krieg als Arzt der Völker"* des bischöflichen Kaplans Max Bierbaum aus Münster vom September 1914 werden der Lebenswandel und die geistige Haltung jener Zeit als „schädigend für das Nervensystem und damit auch für das psychische Leben der Bevölkerung" angesehen. Er schreibt von den neuen, schweren Zeiten, die für die Bevölkerung und somit auch für die Seelsorger durch den Krieg angebrochen sind: „Ein Mittel, um diesen neuen Aufgaben an sich und an anderen gerecht zu werden, ist die Kenntnis der neuen, veränderten Zeitlage und ihrer voraussichtlichen Einwirkung auf die Psyche des Volkes".[56] Bierbaum orientiert sich mit seiner Abhandlung an einem Vortrag des Medizinalrates Prof. Dr. W. His vom 18. März 1908 über Medizin und Überkultur. His hat die Wirkung der Außenreize auf das Nervensystem untersucht und kommt zu folgenden allgemeinen Aufstellungen, die vom Kaplan zitiert werden: „Fraglos bietet das zeitgenössische Leben genügend Momente, die als abnorme Außenreize gedeutet werden können und gedeutet worden sind. Vor Jahren schon hat Erb [Wilhelm Erb, Neurologe, *der Verfasser*] die modernen Verkehrsmittel beschuldigt, ... sicher ist die Hast des großstädtischen Lebens, der Lärm und die Unruhe des Verkehr wirksam; sicher auch die Heftigkeit des Konkurrenzkampfes [...]. Den Verfall der Religionen,

---

[56] *Münsterisches Pastoral-Blatt*, Jahrgang 1914, S. 130. [Zu Bierbaum vgl. auch Hendrik Martin LANGE: Max Bierbaum. Ein katholischer Theologe in der NS-Zeit. (Junges Forum Geschichte. Quellen und Forschungen zur Geschichte des Bistums Münster 4). Münster: dialog verlag 2009.]

den wir bei den alten und neuen Völkern mit einer gewissen Stufe der Zivilisation verbunden sehen, rechnen wir zu den Ursachen der Geistes- und Nervenkrankheiten."[57]

Als Fazit dieser Aussagen von His und Erb stellt Kaplan Bierbaum die Frage: „Was können wir daraus zum besseren Verständnis der neuen Kriegszeitlage entnehmen? Erstens kann die Kriegszeit den einzelnen Bürger wie das ganze Volk zu neuer körperlich-psychischer Lebenskraft aufwecken. Wohl werden bald viele Wunden bluten, und das Bild wird kaum verzeichnet sein, das Abraham a Sancta Clara [bedeutender, katholischer Geistlicher im 17. Jahrhundert mit ungewöhnlicher Sprachkraft und -fantasie, *der Verfasser*] mit derben Strichen ausmalte: ‚Zur Kriegszeit wird der Acker verwüstet, entgegen der Gottesacker angefüllt'. […] Wenn kein Krieg gekommen wäre, so hätte man nach dem Urteil von His ‚Krieg im Frieden' machen, körperliche und geistige Prophylaxe treiben müssen, um die ungesunden Wirkungen einer Überkultur durch Abhärtungsmethoden auszugleichen. Zweitens kann und wird die Kriegszeit auch das religiöse Leben wecken und vertiefen und dadurch heilend auf manche krankhafte Begleiterscheinung unserer überkultivierten Zeit einwirken. ‚Not lehrt Beten!' Oder wie Heinrich Suso … sagt: ‚Leiden zieht und zwingt den Menschen zu Gott, es sei ihm lieb oder Leid'."[58]

Man kann an diesen beispielhaften Äußerungen sehen, dass die katholische Kirche den Krieg als Gottesgericht und damit auch als Mittel zum Zweck für ihr Anliegen ansieht, mehr Gläubige in die Kirche zu holen, sie fester an sich zu binden und wieder mehr ‚Sittlichkeit und Anstand' in der Bevölkerung zu verwurzeln.

Im Jahr 1916, zu Beginn des dritten Kriegsjahres, ordnet der Bischof von Münster einen Dank- und Bittgottesdienst an. In ihm wird Gott gedankt für die von ihm erfahrene Hilfe. Zudem wird für einen glücklichen und ehrenvollen Ausgang des Krieges gebetet. Die Kollekten werden auf Anregung des Ministers des Inneren zu Gunsten der Hinterbliebenen der Gefallenen durchgeführt.[59]

---

[57] *Münsterisches Pastoral-Blatt*, Jahrgang 1914, S. 130-131.
[58] *Münsterisches Pastoral-Blatt*, Jahrgang 1914, S. 130-131.
[59] *Kirchliches Amtsblatt, Diözese Münster*, 50. Jahrgang, Nr.13: Art. 107.

Als sich Anfang 1918 abzeichnet, dass Deutschland den Krieg nicht mehr gewinnen kann, machen sich erste Geistliche Gedanken, wie es nach dem Krieg mit dem religiösen Leben der Gläubigen weiter gehen kann. Man setzt auf eine Volksmission. Die Volksmission, eine besondere Form der Seelsorge, steht für eine Evangelisierung und Glaubenserneuerung innerhalb der katholischen Kirche und soll das Glaubensleben intensivieren. Bereits im 18. und zu Beginn des 19. Jahrhunderts sind solche Volksmissionierungen durchgeführt worden.

„Das Abhalten von Volksmissionen oder geistigen Übungen wird zu den außerordentlichen Mitteln der Seelsorge gerechnet und dann in Anwendung gebracht, wenn die Zeitumstände und Verhältnisse eine Belebung des religiösen Lebens erforderlich und wünschenswert machen. [...] Auch jetzt erleben wir eine Zeit, die mächtig eingreift in so manche Verhältnisse, eine Zeit des Umdenkens in mehrfacher Beziehung. Wie manchmal konnte man nicht schon vor dem Kriege die Worte hören: So darf es nicht weiter gehen, denn Unglaube, Ungehorsam Sittenlosigkeit, Betrügereien sind in einer Weise verbreitet, daß die Welt keinen Bestand halten kann. [...] Es kam der Krieg, und mit ihm in mancher Beziehung eine Umwertung der Werte, der Krieg, der das Wort der hl. Schrift bestätigte: ‚Die Sünde macht die Völker elend'. [...] Da gibt denn die Abhaltung einer Volksmission die für den Seelsorger erfreuliche Zuversicht, daß in allen diesen Übertretungen Wandel geschaffen werden kann. [...] Mögen auch manche unserer Feldgrauen im Kriege sich bewährt und nach Lage der Verhältnisse musterhaft geführt haben, so ist doch nicht zu verkennen, und es ist von vorn herein außer Zweifel gestellt, daß ein ordnungsmäßiges, religiöses Leben von manchen nicht geführt ist [...]"[60].

Das von der Geistlichkeit propagierte Gottesurteil lässt Deutschland den Krieg verlieren. Die katholische Kirche fürchtet als Folge ein Abwenden von der Religion. Hier soll die Volksmission nun eingreifen und die Glaubenserneuerung, die zu Beginn des Krieges erkennbar ist, aufgreifen und in die sich abzeichnende ungewisse Zukunft führen.

Die erkannten und erwähnten Veränderungen der „Verhältnisse" bringen aber noch keine Änderung, kein Umdenken in der staatstra-

---

[60] *Münsterisches Pastoral-Blatt*, Jahrgang 1918, S. 16-18.

genden Rolle der katholischen Kirche mit sich. Zum Kaisergeburtstag Ende Januar 1918 bittet der Bischof von Münster wie in den Jahren zuvor darum, in allen Pfarrkirchen ein feierliches Hochamt durchzuführen:

„Die Herren Geistlichen wollen die Gläubigen zu eifriger Teilnahme an diesem Festgottesdienste einladen und sie ermahnen, Gott zu danken für seinen Schutz und seine Hülfe in diesem Kriege, Gottes Segen herabzuflehen für unseren geliebten Kaiser, unser teures Vaterland, unser tapferes Heer und seine ruhmreichen Führer, Gott zu bitten, daß er uns bald das siegreiche Ende des Weltkrieges und einen segensreichen Anfang des Völkerfriedens schenken wolle.

Münster, den 15. Januar 1918
Der Bischof von Münster.
† Johannes"[61].

Dieser Geburtstag des Kaisers 1918 wird in Münster trotz des Krieges als großes Fest begangen. Als Redner treten der Bürgermeister und der Domprediger Adolf Donders auf. Donders hebt in seiner Rede die positive, gesellschaftsverändernde Wirkung des Krieges hervor. Der Krieg „hat uns wieder zu einem Volk, zu einem Volksganzen, zu einer Familie zusammengeschmiedet: Das ist sein Verdienst. Ein Volk ist niemals größer und eines Volkes Einigkeit niemals stärker, als wenn zusammen gestorben sein muß: nicht, wenn zusammen gekämpft, gearbeitet, geopfert, nein, erst wenn zusammen gestorben sein muß, erst dann ist ein Volk am größten und am stärksten."[62]

---

[61] *Kirchliches Amtsblatt der Diözese Münster*, 52. Jahrgang, Nr. 1, S. 21.
[62] Hier zitiert nach: Christoph NÜBEL, Die Mobilisierung der Kriegsgesellschaft. Münster 2008, S. 130-132.

4.
WIE UNTERSTÜTZT DIE KATHOLISCHE KIRCHE DIE STAATLICHEN KRIEGSANSTRENGUNGEN?

4.1 Die Rolle der Müttervereine

Gegen Ende des 19. Jahrhunderts vollzieht sich ein tiefgreifender Wandel im Rollenverständnis von Frauen, worauf die Kirche mit einer Intensivierung der Frauenseelsorge und -bildungsarbeit reagiert. In Folge entstehen in den Pfarrgemeinden Jungfrauen- und Müttervereine.[63]

Die Abwesenheit der Männer als Soldaten stellt ab 1914 viele Frauen im Alltag vor Probleme. Sie tragen nun die ganze Verantwortung für das Überleben der Familie. Sie erhalten hierbei Hilfe und Unterstützung vom Roten Kreuz und von den kirchlichen Vereinen. In den Ortsgemeinden wird das Leben, – nicht nur das kirchliche – durch Verordnungen des Staates, die vom Bischof übernommen bzw. weitergeleitet werden, mitbestimmt. Viele dieser An- und Verordnungen sind direkt aus Berlin, werden dann aber auch im ‚Kirchlichen Amtsblatt' durch den Bischof von Münster veröffentlicht, z.B. ein Erlass zur Kriegswohlfahrtspflege vom Kultusminister mit der Bitte, dass die kirchlichen Vereine mit den weltlichen Organen zusammenarbeiten mögen:

„‚[…] Euer Bischöfliche Hochwürden gebe ich zur gefälligen Erwägung, ob nicht den kirchlichen Organisationen diese Notwendigkeit eines gemeinsamen Vorgehens aller an der Kriegswohlfahrtspflege beteiligten Stellen nahegelegt werden möchte. Es handelt sich dabei natürlich nicht um ein Aufgeben kirchlicher Anstalten oder um Einschränkung des freien Wirkens kirchlicher Organe oder Vereinigungen in ihrer Tätigkeit auf diesem Gebiet, sondern nur um Fühlungnahme und Handinhandarbeiten mit allen übrigen auf demselben Gebiet Tätigen.
gez. v. Trott zu Stolz'

Indem wir den obigen Erlaß des Herrn Ministers zur Kenntnis bringen, sprechen wir die Hoffnung aus, daß die Vorstände der cari-

---

[63] http://www.kfd-bundesverband.de/die-kfd/geschichte.html (Abruf 01.07.2014, 22:13).

tativen Vereine durch einheitliches und gemeinsames arbeiten mit den übrigen Kräften auf dem weiten Gebiete der christlichen Nächstenliebe um so wirksamer die großen Nöten dieser Kriegszeit lindern werden. Münster, den 30. September 1914. Das Bischöfliche General-Vikariat."[64]

Zu den karitativen katholischen Vereinen gehören auch die erwähnten „Jungfrauen- und Müttervereine", heute als KFD (kfd, Katholische Frauengemeinschaft Deutschlands) bekannt. Die Frauen in diesen Vereinen übernehmen vielschichtige Aufgaben an der „Heimatfront". Zu den allgemeinen religiösen Zielen der Jungfrauen- und Müttervereine kommen vor allem die Aufgabe einer christlichen Erziehung der Kinder und die Rolle einer christlichen Ehefrau hinzu; sie errichten nun auch besondere Einrichtungen wie Kinderkrippen und Volksküchen.

Der Alltag von Frauen ist durch den Krieg einschneidend verändert. In den Fabriken, vor allem in der Munitions- und Rüstungsindustrie, müssen sie die Männer ersetzen. In den Gemeinden und in den Vereinen kommen die katholischen Frauen zusammen, um gemeinsam zu beten und die Angst um die Männer im Krieg und um ihre Kinder nicht allein ertragen zu müssen. Die Mitglieder eines christlichen Müttervereins treffen sich normalerweise auf vier Versammlungen im Jahr. Nach einem erbaulichen religiösen Vortrag folgt der gegenseitige Austausch über das Gehörte, anschließend geht man in die Kirche, wo die Anbetung des Allerheiligsten erfolgt. „Auf einem der ‚vaterländischen Volksabende' des katholischen Frauenbundes und des Vereins katholischer Oberlehrerinnen sprach Joseph Mausbach[65] über den ‚Krieg und die besonderen religiösen Aufgaben der Frau'."[66]

Manchmal entfällt der Vortrag, so dass man sich ausschließlich zu einer Andacht und Anbetung in der Kirche versammelt. Durch das ‚Münsterische Pastoral-Blatt' erhalten die Ortsgeistlichen und die Müttervereine vom Diözesanpräses Pfarrer Druffel aus Münster ihre Auf-

---

[64] *Kirchliches Amtsblatt der Diözese Münster*, 48. Jahrgang, Nr. 9, S. 74.
[65] Josef MAUSBACH: Vom gerechten Krieg und seinen Wirkungen. Kriegsvorträge der Universität Münster. Münster 1914. [Dokumentation →VI] – Prof. Dr. Joseph Mausbach (1861-1931) war ein einflussreicher Münsteraner Theologe und Zentrumspolitiker.
[66] Christoph NÜBEL: Die Mobilisierung der Kriegsgesellschaft. Münster 2008, S. 101.

gaben, Organisationsform und Methoden erläutert (1916). Sie sollen in ihren Vorträgen christliche Lebensweisen und Erziehung vermitteln. Als Vortragsthemen sind möglichst biblische Themen, wie folgt vorgesehen:

- A. Biblische Vorträge (wie Menschwerdung Jesu),
- B. sonstige Vorträge (wie Wiederholung des Brautunterrichtes).

„Zum Schlusse will ich noch einige kleine Mittelchen erwähnen, deren Anwendung dem Verein nützlich sein kann. 1. Man pflege die Pietät gegen verstorbener Mitglieder: a) Eine kurze Todesanzeige im Lokalblatt wird besonders von den kleinen Leuten gern gesehen. Dieselbe ist ja auch stets eine Reklame für den Verein. [...]."[67]

Im Schlussabsatz der Anweisungen von Pfarrer Druffel steht ein besonderes Lob auf die deutschen Frauen, was sicher in jener Zeit nicht so üblich ist:

„Man hat vor einiger Zeit gesagt und gefragt: Wenn der Krieg zu Ende wird und die Lorbeerkränze gewunden werden, um die Häupter der Helden zu bekränzen, wem gebührt dann der schönste Siegeskranz? Vielleicht dem Kaiser, dem wir so oft im Frieden zugejubelt haben: ‚Heil dir im Siegerkranz'? Ohne Zweifel verdient er ihn, der Held der Helden. Aber der Kaiser wird bereit sein, den schönsten Kranz abzugeben und ein ander' Haupt damit zu schmücken, vor dem des Königs Majestät in Ehrfurcht und Dankbarkeit sich verneigen muß: das ist das ehrwürdige Haupt der frommen, gottesfürchtigen, kinderreichen deutschen Mutter. Die deutsche Frau und Mutter, welche die vielen Heldensöhne geboren und dem Vaterlande geopfert hat, ist die eigentliche Siegerin im Weltkrieg [...] Ehre, wem Ehre gebührt! Möchten alle deutschen Frauen und Mütter dieses Ruhmes würdig sein und ein Lorbeerblatt für sie aufgehoben sein aus diesem Ehrenkranze!"[68]

Zusammen mit dem Roten Kreuz bilden sich in Münster und weiteren Städten im Münsterland Unterstützergruppen, die Sammlungen für Kleider, Lebens- und Genussmittel durchführen. Diese werden in Münster auch an durchziehende Soldaten am Bahnhof verteilt. In der

---

[67] *Münsterisches Pastoral-Blatt*, Jahrgang 1916, S. 42.
[68] *Münsterisches Pastoral-Blatt*, Jahrgang 1916, S. 42-43.

Stadt Rheine und wahrscheinlich in vielen anderen Städten und Gemeinden arbeiten in den Kriegsküchen katholische und evangelische Frauen eng zusammen. Kinderhorte und Kinderkrippen sind durch den vaterländischen Frauenverein zusammen mit konfessionellen Frauenvereinen der Stadt ins Leben gerufen worden.[69] Diese Arbeit der Frauenvereine stärkt auch das Einigkeitsgefühl von Bevölkerung und Militär, von Heimat und Front.

4.2 Die Seelsorge in der Heimat als patriotischer Dienst

Die Seelsorge an den Gläubigen ist im Krieg ein wichtiger Baustein im Leben der katholischen Kirche. Mit ihrer Hilfe kann sie der Bevölkerung bei den Kriegsleiden und -folgen beistehen und sie im Alltag helfend unterstützen.

Da die Kirche die Bevölkerung wieder vermehrt und regelmäßiger an sich binden möchte, setzt sie auf eine Intensivierung der Seelsorge, die ihr dabei helfen soll, dieses Unterfangen durchzuführen. Wie „Licht aus der Höhe, um sich im Dunkeln des Krieges zurecht zu finden"[70], soll sie sein. Sie soll helfen, die grausigen Erlebnisse besser zu verarbeiten, sowie Kraft und (Gottes) Trost im Alltag geben. Inhaltlich wird sie von religiösen, patriotischen und vaterländischen Idealen geleitet:

„Jeder gute Seelsorger ist auch ein guter Patriot, ist beseelt von echter, großer Liebe zu Volk und Vaterland […], daß der Krieg im großen Ganzen und in allen Einzelheiten ein Werk der göttlichen Vorsehung ist so gut für den dereinstigen Sieger, wie für den, der unterliegen wird. Er bewahrt sich einen klaren Blick dafür, welch großen Nutzen der Krieg für die sittlich-religiöse Erneuerung des gesamten Volkes haben soll und haben kann."[71]

---

[69] Christiane JOOS-KOCH: Evangelische Kirchengemeinde Jakobi zu Rheine. Chronik zum 150jährigen Bestehen der Kirchengemeinde (1838-1988). Rheine 1988, S. 173.
[70] *Münsterisches Pastoral-Blatt*, Jahrgang 1916, S. 33.
[71] *Münsterisches Pastoral-Blatt*, Jahrgang 1915, S. 21-22.

Viele Priester, die sich zum Kriegsseelsorgedienst gemeldet haben, fehlen in den Heimatgemeinden. Sie dienen an der Front nach dem Motto: „Dient man dem Vaterland, so dient man auch Gott."[72]

Bischof Michael Faulhaber aus Speyer schreibt dazu im ‚Münsterischen Pastoral-Blatt': „Durch die Tätigkeit der Seelsorge werden die Vorbedingungen des Sieges und die Vorwerke des Friedens geschaffen. Durch die Tätigkeit der Seelsorge werden unsere Brüder im Felde mit der Kraft aus der Höhe umgürtet. Durch die Tätigkeit der Seelsorge werden die Leidtragenden des Krieges zu dem Heiland aller Wunden geleitet. Diese Kriegsleistungen der Geistlichen lassen sich allerdings nicht zahlenmäßig darstellen und nicht mit den Händen greifen. Es wäre aber dem Vaterlande ein schlechter Dienst erwiesen, wenn diese Arbeitskräfte allgemein der Seelsorge in Feld und Heimat entzogen würden."[73]

Durch die Seelsorge in den Gemeinden erbringen die Ortsgeistlichen – so sieht es die katholische Kirche – gegenüber dem Vaterland eine wichtige Kriegsleistung und erreichen dadurch für die Kirche „Anerkennung und Gleichberechtigung". „Eine erfreuliche Wirkung der augenblicklichen Zeitverhältnisse ist zweifelsohne eine Anerkennung der Bedeutung des katholischen Geistlichen auf die Beherrschung der Massen […]"[74], formuliert das ‚Münsterische Pastoral-Blatt' 1916.

4.3 Heimatseelsorge und Trauerbegleitung

Durch den Krieg haben sich die Aufgaben der Priester in den Heimatgemeinden verschoben. Die Gemeindearbeit ist umfangreicher geworden. Es finden nun allabendliche Kriegsandachten mit Gebeten und Fürbitten statt, Todesnachrichten von Gefallenen sind teilweise zu überbringen, und den Witwen und/oder anderen Angehörigen ist Trost zuzusprechen. Hauptbestandteile der Heimatseelsorge sind nach Ansicht der Kirche die Predigt, die Beichte und die Hausseelsorge, also

---

[72] *Münsterisches Pastoral-Blatt*, Jahrgang 1916, S. 135.
[73] *Münsterisches Pastoral-Blatt*, Jahrgang 1916, S. 36.
[74] *Münsterisches Pastoral-Blatt*, Jahrgang 1916, S. 132.

Besuche bei den Gemeindemitgliedern. Die Predigtinhalte sollen „seelsorglich, ohne die politischen und militärischen Fragen des Krieges"[75] sein. Die täglichen Gebete stellen eine Verbindung zwischen Heimat und Front dar. „Den Vätern und Brüdern im Felde ist es ein großer Trost zu wissen: Wir sind getragen von den Gebeten der Heimat. Dann werden auch die jammervollen Briefe unterbleiben, die denen im Felde und denen in der Heimat das Herz immer noch schwerer machen."[76] Die Heimatseelsorge ist die edelste Form der Nächstenliebe und Kriegsfürsorge des „heimatlichen Dabeiseins". „Kaiser Wilhelm II., der Jahrhundertherrscher, den die Vorsehung dem deutschen Volke als Führer bestellte in diesen schwersten Tagen deutscher Geschichte, trägt mit felsenstarkem Gottvertrauen nicht nur die schwerste aller Kriegssorgen, er begrüßt mit Menschenvertrauen auch die vollkommenste Entfaltung aller Kriegsfürsorge. [...] Fürsorgearbeit bleibt also das Kaisergebot und die Kaisertat des deutschen Volkes, ein Kaiser-Wilhelm-Dank im besonderen Sinne des Wortes."[77]

Nach Rektor Austermann aus Bocholt ist „die Hauptarbeit des Seelsorgers bei Kriegszeiten" das Vorgehen gegen Genusssucht und Unsittlichkeit. „Ein schweres Kapitel der Seelsorge ist die Bekämpfung der unanständigen Frauenkleidung."[78] Und Vorteile soll die Seelsorge der Kirche bringen: „Wie nutzen wir den Krieg aus für unser seelsorgliches Wirken? [...] Im Mittelpunkt jeglichen Interesses steht für unser Volk der Krieg. Es handelt sich ja auch um Sein oder Nichtsein. Alle Kräfte sind angespannt, um im Kampfe durchhalten zu können, bis uns ein ehrenvoller Sieg winkt [...]. Ohne Frage hat der Krieg die Seelsorge erleichtert. Mehr als Mission und Missionserneuerung hat der Krieg uns jene in die Kirche gebracht, die der Aussöhnung mit Gott am meisten bedurften. [...] Außerordentliche Veranstaltungen hat uns die Kriegszeit gebracht, Kriegsandachten, Kriegspredigten, das Triduum, 13stündiges Gebet und anderes mehr. Mit Beifall sind sie beim Volke aufgenommen, mit Dank gegen Gott dürfen wir sagen, daß dabei viel

---

[75] *Münsterisches Pastoral-Blatt*, Jahrgang 1916, S. 34.
[76] *Münsterisches Pastoral-Blatt*, Jahrgang 1916, S. 35.
[77] *Münsterisches Pastoral-Blatt*, Jahrgang 1917, S. 78.
[78] *Münsterisches Pastoral-Blatt*, Jahrgang 1915, S. 41-43.

Gutes gewirkt ist. Doch ihnen haftet derselbe Fehler an, wie allen außerordentlichen Unternehmen: Nach anfänglicher großer Begeisterung erlahmt der Eifer. Hier muß die ordentliche, regelmäßige Seelsorge eingreifen."[79]

So werden in den Gemeinden Seelsorgepläne mit folgenden Bestandteilen aufgestellt:

- Förderung des Gebetes,
- Bekämpfung der „überhandnehmenden Genusssucht",
- „Anleitung zur treuen Erfüllung des vierten Gebotes".

In der Hausseelsorge stehen für die Pfarrer Besuche bei den Gläubigen, insbesondere bei den „Kriegerfamilien" an. Durch diese Besuche sollen die wiedergewonnenen Gläubigen fester an die Kirche geführt und gebunden werden. Da einige Regimenter die Todesnachrichten gefallener Soldaten an die betreffenden Ortsgeistlichen schicken, um so die betroffenen Familien zu informieren, sind die Pfarrer in die Trauerarbeit eng mit eingebunden. Sie stehen den betroffenen Familien „mit der ganzen Kraft der Religion"[80] zur Seite. Durch die Hausseelsorge angehalten, sollen die Familien ihren Angehörigen an der Front „hier und da einmal Liebesgaben ins Feld schicken, in der Gestalt von religiösen Schriften und Briefen".[81]

Die Ortsgeistlichen helfen ihren Gläubigen, so gut es geht, bei ihren Problemen. Die „Leistungen und Aufgaben der Heimatseelsorge", die sie vollziehen, sind im ‚Münsterischen Pastoral-Blatt' beschrieben:

- bei Erkundigungen über Vermisste und Gefangene;
- sie helfen arbeitslosen Angehörigen Arbeit zu finden;
- für Kriegswaisen Pflegefamilien und Vormund, evtl. ein entsprechendes Waisenhaus finden;
- den Invaliden bei der Arbeitssuche helfen;
- Witwen bei Anträgen von Renten und Versicherung helfen;

---

[79] *Münsterisches Pastoral-Blatt*, Jahrgang 1915, S. 99.
[80] *Münsterisches Pastoral-Blatt*, Jahrgang 1915, S. 99.
[81] *Münsterisches Pastoral-Blatt*, Jahrgang 1915, S. 99-103.

- Aufklärung in Fragen der Lebensmittelversorgung und Volksernährung;
- bei Misstrauen gegenüber staatlichen Maßnahmen entsprechend aufzuklären;
- „all den Schauergeschichten entgegentreten, die in der Heimat Mißmut erwecken;
- bei der Jugendfürsorge".[82]

4.4 Seelsorge und Predigt an der Front

Grundlage der Feld- bzw. Militärseelsorge ist eine in Preußen erlassene Militärkirchenordnung aus dem Jahr 1832. Die Seelsorge ist dem Militär und nicht der Kirche unterstellt. Da es keine einheitliche feldkirchliche Dienstordnung gibt, bleiben die Feldgeistlichen in schwierigen moralischen und theologischen Fragen sowie in der Organisation ihres Dienstes zumeist auf sich gestellt. Die Geistlichen müssen Gottesdienste ausrichten, Verwundete und Kriegsgefangene betreuen und Sterbenden in ihrer letzten Stunde Beistand leisten und sie segnen. Wenn es die Frontumstände erlauben, führen sie Beerdigungen durch und verständigen die Hinterbliebenen in der Heimat. Die aus der Heimat verschickten „Liebesgaben" werden oft durch die Geistlichen an die Soldaten verteilt. Eine religiöse Betreuung der Soldaten bleibt trotz aller Bemühungen während des gesamten Krieges lückenhaft und führt auch zu Beschwerden der Priester in der Heimat. Die Anzahl der Geistlichen, die ihren Dienst an der Front versehen, reicht während des ganzen Krieges nicht aus, um alle Divisionen mit mindestens einem Geistlichen zu versorgen.

Das Verhältnis zwischen Soldat und Kirche/Glauben wirkt sich im Krieg unterschiedlich aus. Ein Großteil wendet sich aufgrund der persönlichen Erfahrungen an der Front von der Kirche ab, während andere die Belastungen an der Front nur mit Hilfe der Religion überstehen.[83]

---

[82] *Münsterisches Pastoral-Blatt*, Jahrgang 1916, S. 35-36.
[83] www.dhm.de/lemo/html/wk1/kriegsverlauf/militaerseelsorge (Abruf 25.04.2012, 17:29).

Die katholische Kirche sieht eine für sich angemessene Wertschätzung ihrer Leistungen bei der Feldseelsorge und in der Kranken- und Verwundetenseelsorge an der Front durch den Staat und die Militärführung. Die damit verbundenen „religiösen Kraftquellen" für die Truppen werden von den Militärs als „dankbar" anerkannt. Zudem sieht die katholische Kirche einen starken Zusammenhang zwischen Front und Heimat sowie die Bedeutung der Feldseelsorge für die Angehörigen in der Heimat. Die Angehörigen der Frontsoldaten wissen so um den religiösen Beistand ihrer Soldaten an der Front. „Unsere Feldseelsorge bringt Licht aus der Höhe: sie umgürtet mit dem Schwerte des Geistes, welches ist das Wort Gottes [...]. Sie dringt darauf, daß die sittliche Tüchtigkeit der Soldaten mit der militärischen Tüchtigkeit Schritt halte."[84]

Die Kirche möchte die Feldfürsorge „als vaterländische Leistung" von Staat und Volk angerechnet wissen. Auch die Mitwirkung und Mitarbeit in der Krankenpflege an der Front wird als Dienst am Vaterland angesehen.[85] Diese Dienste verhelfen so der katholischen Kirche und ihren Mitgliedern zu Ansehen in der Gesellschaft und zur angestrebten Gleichberechtigung im Staat.

4.5 Inhalt der Kriegspredigten

Häufig sind die Feldgeistlichen von einem ausgeprägten Patriotismus beseelt. So ist es nicht verwunderlich, dass viele Kriegspredigten „im Geist von 1914" verfasst sind. In den Texten kommt aber nicht nur die nationale Begeisterung vor. Allgemein lässt sich feststellen, dass zu Kriegsbeginn bei den Geistlichen das Thema des gerechten und von Gott gesegneten Krieges vorherrscht; von katholischer Seite wird zudem das „Wunder der inneren Einheit" betont.[86]

Ein immer wiederkehrendes Thema in den Kriegspredigten ist das

---

[84] *Münsterisches Pastoral-Blatt*: März 1916, S. 33.
[85] *Münsterisches Pastoral-Blatt*: März 1916, S. 34.
[86] Annette BECKER: Religion. In: Gerhard Hirschfeld / Gerd Krumeich / Irina Renz (Hg): Enzyklopädie Erster Weltkrieg. Paderborn 2009, S. 193.

heilige Gottvertrauen. In den Texten wird Gott in Anspruch genommen für die nationalen Kriegsziele, und sie versprechen seine Hilfe im als „gerecht" empfundenen „heiligen Krieg".

Zu Beginn des Krieges strömen mehr Menschen als in der Vergangenheit in die Kirchen, um Gottes Segen für die kämpfenden Soldaten und den befehlenden Kaiser zu erbitten, getreu auch dem Motto: Not lehrt – wieder – beten. Dass die Menschen wieder häufiger in die Kirche gehen, wird von der Geistlichkeit als „ersehnte Glaubenserweckung", ja als „neues Pfingsten" gefeiert. Die meisten Prediger wissen Gott auf der Seite der deutschen Nation. Gott wird seinem Volk – dem deutschen – schon beistehen und zur Hilfe kommen. Im Laufe des Krieges ist in den Predigten zunehmend vom Leiden Christi die Rede, welches im übertragen Sinne der Frontsoldat erleidet.

Unter der Überschrift „Miszellen" wird im ‚Münsterischen Pastoral-Blatt' aus dem ‚Schlesischen Pastoralblatt' der Feldgeistliche Prof. Hoffmann zum Inhalt der Predigt im Krieg (1917) zitiert: „Die Predigt im Kriege kann nicht immer vom Kriege handeln. Ihr Inhalt ist das ganze Gebiet der Glaubens- und Sittenlehre. Es wäre eine Herabwürdigung der Predigt, wenn man sie zur vaterländischen Festrede werden lassen wollte. Da die vaterländischen Pflichten religiös begründet sind, wird die Predigt im Kriege vaterländische Gedanken nicht entbehren dürfen, sie wird im Gegenteil immer wieder die soldatischen Tugenden in den Rahmen ihrer religiösen Begründung und Bewertung zu rücken haben. Es ist das nächstliegende, daß die Kriegspredigt Epistel oder Evangelium des Tages zugrunde legt und homiletisch oder thematisch deren Gedanken einzeln oder insgesamt den Kriegern ihren durch den Krieg bedingten Seelenbedürfnissen und Seelenbestimmung entsprechend auslegt. [...] Darum bleibt ein Hauptziel der Predigt, die ars bene moriendi [die Kunst des guten Sterbens, *der Verfasser*] zu lehren."[87]

Der Glaube an Gott, vermittelt und unterstützt durch die entsprechende Kriegspredigt, soll helfen, den Krieg erträglicher durchzustehen und das große Leid leichter zu ertragen. Als eine zunehmende Kriegsmüdigkeit der Soldaten auftritt, sind die Predigten mit Durchhaltepropaganda – ‚an den Erfolg glauben' – versehen.

---

[87] *Münsterisches Pastoral-Blatt*: März 1917, S. 168.

4.6 Die Feldpredigten von Domprediger Adolf Donders

Das Buch „Das Schwert des Geistes" erscheint 1917 und soll den Feldgeistlichen ein „geistiges Hilfsmittel" zur Erstellung von Feldpredigten sein. Die Verfasser sind der Bischof von Rottenburg, Dr. Paul Wilhelm von Keppler, und der Domprediger aus Münster, Dr. Adolf Donders. Als Herausgeber fungiert Bischof Faulhaber aus Speyer. Sie wollen, wie sie im Vorwort des Buches schreiben, den „Mitbrüdern im Felde ‚homiletische Munition' liefern".

Die Feldgeistlichen fühlen sich mit ihren Problemen, wie Verwundetenseelsorge und Frontseelsorge, oft allein gelassen und überfordert: „gerade die besten unserer Feldapostel haben am lautesten nach Mitaposteln der Heimat gerufen, ‚daß sie kommen und ihnen helfen möchten' (Luk. 5,7). Der vaterländische Hilfsdienst des Heimatheeres ließ sich auch auf diesem Gebiete nicht vergebens rufen"[88]. Um diesem Notstand abzuhelfen, verfassen die Autoren Ende 1915 ihr Buch. Die von ihnen verfassten Feldpredigten sind, wie sie es formulieren, „auf die Innenwelt und Umwelt unserer Feldgrauen eingestellt".[89] Jedoch können die Predigten nicht nur als pastorale Hilfestellung für die Feldgeistlichen, sondern durchaus auch als Aufforderung zur Kaisertreue, zum Durchhalten des Krieges mit Gottes Hilfe, zum soldatischen Gehorsam gegenüber den Vorgesetzten und als Propaganda gesehen werden. Inhaltlich sind die Predigten in der Buchsammlung dem Kirchenjahr angepasst; in weiteren Kapiteln sind Predigten zu den Themen „Rüstung des Glaubens", „Soldatentugenden und Tugendbilder", „Vaterländische Feiertage im Felde" und „Grabreden" zu finden.

Um einen Bezug zum Münsterland herzustellen, sind insbesondere einige Predigten von Dr. A. Donders aus Münster von Relevanz [Dokumentation →VII]. Adolf Donders (1877-1944) stammte aus dem Münsterland; er war Professor für Homiletik an der Westfälischen Wilhelms-Universität und von 1911 bis 1944 Domprediger im Dom zu Münster.

---

[88] DAS SCHWERT DES GEISTES. Feldpredigten im Weltkrieg – in Verbindung mit Bischof Dr. Paul Wilhelm von Keppler und Domprediger Dr. Adolf Donders herausgegeben von Dr. Michael von Faulhaber, Bischof von Speyer. Freiburg im Breisgau: Herdersche Verlagsbuchhandlung 1917. [Kurztitel nachfolgend: DAS SCHWERT DES GEISTES 1917]
[89] DAS SCHWERT DES GEISTES 1917, Vorwort.

In der Predigt zum Himmelfahrtsfest schreibt Donders unter der Überschrift „Die Erstürmer des Himmelreiches", dass Christus als Erlöser und Triumphator in den Himmel einzieht. „Christus hat den Himmel erobert, und wir müssen es von unserem Führer und Feldherrn neu lernen, den Himmel zu erobern." Und Donders fragt, „welcher Art sind die Gesinnungen des Soldaten, wenn gestürmt wird, wenn der Sturm angesetzt ist? Nun gilt's, so sagt er sich: Das Ziel ist ins Auge gefasst. Dann nur mehr an dieses Ziel denken, es vor Augen haben, [...] nur vorwärts aufs Ziel: so wird gestürmt. Das muß die Stimmung und Gesinnung des Christen sein: ‚Mein Sohn, blicke den Himmel an' (2 Makk. 7, 28) [...], auch die Märtyrer, unsere leuchtenden Vorbilder, haben das getan: ‚Der Himmel ist unser Lohn!' [...] Wir wollen den Sturm wagen, unsere Augen und Herzen emporrichten zu Christus, dem Könige der Ewigkeit und Unsterblichkeit. In ihm und mit ihm werden wir Sieger sein: ‚Sei getreu bis in den Tod, dann will ich dir die Krone des Lebens geben' (Offb. 2,10). Amen".[90]

Diese Predigt, in der die Soldaten als Christen sterben und den Himmel erstürmen sollen und dann die Himmelfahrt als Lohn erhalten, erinnert an heutige religiös motivierte Selbstmordattentäter, denen das Paradies versprochen ist.

Die schon erwähnte Zunahme der Frömmigkeit ist Thema einer Predigt zu Marias Himmelfahrt: „Gott sei es gedankt: die Menschheit betet wieder. Die Völker beten wieder. Unsere Arbeiter und Bauern beten wieder, [...] unsere Soldaten und ihre Führer. Und in den Familien beten sie wieder, [...] Kameraden! Vergesst eure Gebete nicht! Seid eine treue Vaterunser-Armee! Vergesst nicht euer tägliches Ave Maria!"[91]

In einer Predigt über Soldatentugenden ist die Bergpredigt zugrunde gelegt. In ihr, so schreibt Donders in seiner Predigt, werden drei Christentugenden anempfohlen, die zugleich auch Soldatentugenden sind: soldatische Geradheit, soldatische Kameradschaft und soldatische Opferwilligkeit. „Alles am Soldaten soll Ehrlichkeit, Geradheit, Aufrichtigkeit sein. Meine lieben Kameraden, der Soldat muß aus einem

---

[90] DAS SCHWERT DES GEISTES 1917, S. 109-111.
[91] DAS SCHWERT DES GEISTES 1917, S. 149.

Guß sein. Der Soldat darf nichts nach außen hin ‚markieren' wollen […]. Der Soldat, der echte und treue, muß allezeit, im Schützengraben wie in der Etappe, beim Sturmangriff wie in der Ruhestellung, nur eines kennen, auf eines schauen, eines suchen: seine Pflicht, die Treue […] Gott und die Pflicht."[92]

Zur Kameradschaft in der Truppe und zum Töten von Gegnern heißt es in der Predigt: „Das ist auf der ganzen Linie das Gebot des Christentums: den Bruder lieben! […] Kameraden! Ich rede jetzt nicht von der Frage, wie denn dies ‚Du sollst nicht töten' und dieses Gebot Jesu Christi doch mit dem Krieg in Einklang zu bringen sei. Wir haben zu anderer Zeit schon darüber genügend gesprochen: für die Tage der Notwehr eines ganzen Volkes und Landes anderen Völkern und anderen Ländern gegenüber gelten auch die Gesetze der Notwehr im Großen."[93] Hier wird das fünfte Gebot außer Kraft gesetzt, weil Deutschland dem Prediger zufolge aus Notwehr in den Krieg gezogen ist, weil es sich gegen seine Nachbarn wehren muss. Und wie kann ich den Bruder lieben, wenn ich gegen ihn kämpfen muss? – Dieser Gedankenansatz der Notwehr ist uns heute sehr fremd.

Zur Opferwilligkeit der Soldaten schreibt Donders dann: „‚Wenn du deine Gabe zum Altare bringst' – ist das nicht unser täglicher Gang, meine lieben Kameraden? Der eine große Opferaltar steht seit Kriegsanfang in unserer Mitte, und ‚wir treten zum Beten', wir treten zum Opfern, wir treten zu Hingabe unseres Lebens mit jedem Tag neu an ihn heran, uns selbst zu opfern auf dem Altare des Vaterlandes. […] Um solchen Geist, um solche Gesinnung, um solch hingebende Opferwilligkeit des Soldaten ist es etwas wahrhaft Großes, Heiliges, Edles. Das ist der Geist der Bergpredigt, der Geist des wahren Christentums unseres Erlösers."[94]

Die lange Kriegsdauer, die damit verbundenen Frontereignisse und der festgefahrene Stellungskrieg zehren an der Moral der Soldaten. Man sieht wenig Erfolge an der Front und verliert die Geduld, noch an einen Sieg zu glauben. Hier setzt eine weitere Predigt von Donders an:

---

[92] DAS SCHWERT DES GEISTES 1917, S. 275.
[93] DAS SCHWERT DES GEISTES 1917, S. 276.
[94] DAS SCHWERT DES GEISTES 1917, S. 278.

„An den Erfolg glauben! ‚Furcht bringt Geduld!' (Luk. 8,15) In dieser Mahnung klingt die tiefsinnige Parabel Jesus vom Sämann aus. [...] Soldaten! Wie mannigfache Gelegenheit zu solch stillem Zuwarten und einsamem Hoffen, zur einfachen Pflichttreue, die ihren dornigen Weg geht, unbekümmert um den Erfolg, bietet uns hier jeder Tag! Der einzelne Kämpfer kennt ja gar nicht einmal die Pläne des Großen Generalstabes; – er kennt ja nur seine einzelne Aufgabe; – wie wäre es möglich, daß er glauben könnte, den vollen Erfolg schon bald und greifbar sehen zu können? – So kann er seine Pflichttreue doppelt zeigen. Dennoch nun auszuharren auf dem Posten der Pflicht, dennoch an jedem Tag und in der Nacht, [...] im ersten Schützengraben oder hinter der Front treu seine ganze Aufgabe zu erfüllen, das ist etwas Großes vor Gott und vor dem ganzen Volke, das heißt mitwirken am Sieg der ganzen Armee. [...] Es gilt dabei dann trotz allem: An den Erfolg glauben und in Geduld ihn erwarten. [...] Das ist wahre Pflichttreue, Opfergeist, ein heiliger Glaube an die Zukunft, so für Volk und Vaterland zu sterben, ohne selber den Erfolg zu sehen"[95].

Zum Kaisergeburtstag am 27. Januar 1917 predigt A. Donders über die Liebe zu Wilhelm II. und dass die Soldaten ihm Ehre erweisen sollen. In dieser Predigt wird das Friedensangebot der Mittelmächte (Deutsches Reich, Österreich-Ungarn, Osmanische Reich, Bulgarien) vom 12. Dezember 1916 an die Entente erwähnt; die Friedensnote bleibt aber ohne Erfolg:

„[...] So ehren wir unseren Kaiser, getreu der apostolischen Mahnung: ‚Fürchtet Gott und ehret den König!' Deutschlands Söhne waren von jeher ‚die Mannen der Heerbanntreue': wenn bei den alten Germanen der durch Gotteslos zum Führer für Krieg bestellte Herzog seinen ‚Heerbann' ausrief, dann kamen sie alle herbei. [...] Der Wille ihres Herzogs erschien ihnen als Gottes Wille. Diese Auffassung durchzieht unsere ganze Geschichte. Sie ist uns heilig als Deutschen. Sie ist uns heilig als Soldaten. Sie ist uns heilig als Katholiken. Dem ‚König von Gottes Gnaden', dem Herrscher, der die Krone trägt, um Gottes willen die ganze Treue zu bewahren, dazu mahnt uns auch unsere katholische Pflicht, unser katholisches Gewissen. [...] Erst recht in diesen schweren,

---

[95] DAS SCHWERT DES GEISTES 1917, S. 279-283.

blutigen Zeiten des Krieges ist diese Liebe gewachsen: mögen die anderen ihn mißkennen und mißachten, wir ehren und lieben ihn nur um so mehr. [...] Noch lebt sie in uns allen, jene seine Großtat des Friedensangebotes vom 12. Dezember 1916, die doch jedem, der guten Willens war, die Augen hätte öffnen müssen über alle falschen Anklagen und falschen Darstellungen – jene Großtat, die auch mitten im Weltkrieg uns nur noch mehr bewegt, ihn zu nennen, wie wir mit Ehrfurcht und Dank ihn früher stets nannten: ‚den Friedenskaiser'. [...] So lasset uns für ihn beten, wie einst die ersten Christen beteten: ‚Gott segne den Kaiser! Er schenke ihm weise Ratgeber, ein tapferes Heer und ein treues Volk!' Herr, unserer Gott, laß deine Gnade groß werden über Wilhelm II., unserem Kaiser und Herrn! Segne ihn und erhalte ihn uns noch lange Jahre, auf daß er in Friedenszeiten sich dessen erfreue, was wir in diesem Kriege verteidigt und errungen haben! Soldaten! ‚Fürchtet Gott und ehret den König!' Amen."[96]

4.7 Kriegerverehrungen

„Vergiß mein Volk, die teuren Toten nicht!" Dieses Wort eines unbekannten Dichters steht an vielen Kriegerdenkmalen des Ersten Weltkrieges. In Folge des deutsch-französischen Krieges 1870/71 sind in Deutschland viele Kriegerdenkmäler (u.a. Siegessäule in Berlin) aufgestellt worden. „Gekrönt" sind die Denkmäler oft mit Darstellungen der Germania, Viktoria oder Reiterstandbildern. Die Materialien sind meist Stein und Bronze. An den Sockeln sind Metalltafeln mit den Namen der gefallenen Soldaten angebracht. Auch die Gefallenen des Ersten Weltkrieges werden mit solchen Denkmälern geehrt. Die katholische Kirche ist für Kriegerverehrungen, wenn auch in anderer Form. Der Dank und Respekt gegenüber dem Heer und der Marine sollen sich hier durchaus wiederfinden, der richtige Ort für ein Denkmal ist ihrer Ansicht nach jedoch der Friedhof, „die weihevolle Stätte der Toten, die zur Einkehr und zu frommen Gebeten mahnt". Bei der Errichtung der Gedenkstätten „ist nun größte Vorsicht und Überlegung geboten, damit es uns

---

[96] DAS SCHWERT DES GEISTES 1917, S. 367-370.

nicht ergehe wie nach dem [18]70er Kriege, da in jedem Ort ein wenig sagendes Kriegerdenkmal erstand. Wir haben die bronzenen ‚Kriegertode', ‚Germanias', Viktorias' noch gerade satt bekommen und freuen uns, daß man sie z.T. jetzt für nützlichere Vaterlandszwecke wieder abmontiert."[97] Die Gefallenendenkmäler sollen ein christliches, kirchliches Denkmal für den christlichen Helden sein. So schlägt die Redaktion des ‚Münsterischen Pastoral-Blatts' im Anschluss an den oben genannten Artikel Folgendes vor:

> „Münsterische Kreuzwege ließen sich in mancher Gemeinde des Münsterlandes z.B. außerordentlich gut draußen anbringen und können nicht genug als Kriegerehrungen empfohlen werden. Es ist gar ein Vorzug, daß man die Kreuzwegstationen jetzt in das Kircheninnere verbannt.
>
> Die Red."[98]

Die Trauernden sollen der Gefallenen in der Kirche am Altar in Gegenwart des verstorbenen Christus gedenken und nicht an „monumentalen Steinkolossen", die mit Namentafeln der Gefallenen versehen sind. Dass viele der metallenen Kriegsdenkmäler von 1870/71, seinerzeit aufgestellt von den politischen Gemeinden und von Schützenvereinen und nicht von der katholischen Kirche, dann den Metallsammlungen zum Opfer fallen, stört die Kirche nicht, sondern sie begrüßt dies.

---

[97] *Münsterisches Pastoral-Blatt*, Jahrgang 1917, S. 168.
[98] *Münsterisches Pastoral-Blatt*, Jahrgang 1917, S. 168.

5.
Stützen die geleisteten Anstrengungen die katholische Kirche wie erhofft? – Statistik der Kirchenbesuche

Die allgemeine Kriegsbegeisterung und die Sieges-Euphorie im August 1914 wecken in kirchlichen Kreisen die Hoffnung auf eine religiöse Erneuerung, und die Zählungen der Gottesdienstbesucher belegen dies. So wachsen die Besucherzahlen zu Beginn des Krieges an, im Fortgang des Krieges nehmen sie durchaus unterschiedliche Verläufe.

Als Beispiel im Folgenden [→Seiten 67-70] die Zahlen der katholischen Dekanate Steinfurt, Tecklenburg, Münster/Stadt und Buer, das seit dem 1. Januar 1916 zum Bistum Münster gehört (vormals Bistum Köln).[99] Die Dekanate sind bewusst ausgewählt, da sie im Münsterland liegen.

Während die Verläufe in den Dekanaten Steinfurt und Tecklenburg sich gleichen, ein Plus an Gemeindemitgliedern und eine Abnahme der Kirchenbesucher ab 1917, ist in Münster Stadt sowohl ein Plus bei den Gemeindemitgliedern als auch bei Gottesdienstbesuchern nachgewiesen. In Buer nehmen beide Zahlen ab. (Die Erhebungen für 1914 stehen mir im Moment nicht zur Verfügung, da Buer erst seit dem 1. Januar 1916 zum Bistum Münster gehört.)

Ähnliche Eindrücke bekommt man aus den Zählungen der beiden einzelnen Gemeinden Hüls (Recklinghausen) und Haldern (Stadtteil der Stadt Rees, Kreis Kleve). Während in Hüls/Recklinghausen bei einer Zunahme der Gemeinde die Besucherzahlen ab 1915 sinken, steigen die Besucherzahlen in Haldern bis 1918 bei fast gleichbleibender Gemeindegröße weiter an.[100]/[101]

Man sieht also durchaus regionale Unterschiede beim Verlauf der Kirchenbesucherzahlen im Münsterland. Aber sprechen diese Zahlen

---

[99] *Kirchliches Handbuch für das katholische Deutschland.* Nebst Mitteilungen der amtlichen Zentralstelle für kirchliche Statistik: Jahrgänge 1914 – 1919, Band 5-9, S. 460, 461-480, 481-432, 433-458, 459-434. 435.
[100] Bistumsarchiv Münster: Statistik der Pfarrarchive Haldern (Pfarrei St. Georg) und Hüls (Pfarrei Herz Jesu).
[101] s. Schaubilder I Zur „Osterpflicht" vgl. https://de.wikipedia.org/wiki/Kirchengebote

auch für eine erhoffte religiöse Erneuerung? Es sieht nicht nach großen Veränderungen aus, sondern eher nach Beibehaltung des Status quo. Eine Austrittswelle erleiden die Kirchen dann in den Jahren 1919/20.[102]

6.
SCHLUSS

Ziel dieser Arbeit ist es, zu zeigen, wie sich die katholische Kirche in Westfalen, speziell im Münsterland, zum Ersten Weltkrieg verhalten hat. All die Belege und Zitate aus dem ‚Münsterischen Pastoral-Blatt' und dem ‚Kirchlichen Amtsblatt' sowie den weiteren Quellen muss man im Zeitzusammenhang von 1914-1918 sehen. Sie sind ein Schlüssel in jene Zeit. Bei vielen Aussagen und bei den Predigttexten „graust es uns hundert Jahre später."[103] Die Bewertungen zu den Aussagen der Quellen werden natürlich aus der Gegenwart heraus gemacht; heute werden viele Dinge anders formuliert und vor allem gesellschaftlich anders gesehen. Trotzdem kann man feststellen, dass die am Anfang des Krieges vorgefundene Haltung der katholischen Kirche im Münsterland sich bis zum Kriegsende im November 1918 nicht entscheidend verändert hat. Die Kirche hat versucht, den Krieg auf ihre Weise zu nutzen: Es sollte wieder eine größere ‚christliche Demut' unter den Gläubigen herrschen und die Katholiken sollten nicht mehr „Bürger zweiter Klasse" in Deutschland sein. Von diesen beiden Zielen ist wohl nur das zweite erreicht worden.

Auf Grund der erlittenen Erfahrungen in beiden großen Kriegen des 20. Jahrhunderts sprechen die Kirchen heute nicht mehr vom „gerechten Krieg", zu dem sie 1914 aufriefen, sondern vom „gerechten Frieden".

---

[102] Peter BÜRGER: Deutsch-katholischer Dschihad. Die Kriegsbesessenheit des verfassten Christentums ist mitnichten aufgearbeitet und die militärfreundliche Assistenz dauert entsprechend an. In: Telepolis (Onlinemagazin), 01.09.2012. www.heise.de/tp/druck/mb/artikel/37/37531/1.html (Abruf 30.01.2014, 11:58).
[103] Margot KÄßMANN: Außenansicht. In: Süddeutsche Zeitung vom 02.07.2014, S. 2.

Jahr[59]	Anzahl der Pfarreien im der Dekanat Steinfurt	Anzahl der Katholiken	Nicht Katholiken	Kirchenbesucher - bzw. "Heilige Kommunion im ganzen Jahr"	Ihrer Osterpflicht[60] sind nachgekommen	Katholischen Sterbefälle	
1915	21	78 177	31 261	909 603	52 700	1 199	ohne Gefallene
1916	21	72 024	49 810	974 833	77 486	801*	über 15 Jahre
1917	21	75 243	50 534	899 905	1 246	47 978	
1918	21	76 810	49 616	888 038	46 085	1 428	
1919	21	79 762	36 131	885 669	50 848	1 148	

Dekanat Tecklenburg							
1915	13	25 074	35 000	340 336	17 027	408	ohne Gefallene
1916	13	24 791	25 785	340 929	16 614	307*	* über 15 Jahre
1917	13	25 034	25 883	313 392	16 583	484	
1918	13	26 053	25 394	333 188	18 032	571	
1919	13	26 640	25 284	334 822	18 194	410	

	Dekanat Münster Stadt					ohne Gefallene *über 15 Jahre
1915	13	76 461	12 702	1 664 978	48 378	1 305
1916	13	77 890	18 509	1 633 556	48 000	1 026*
1917	13	75 014	14 057	1 664 225	53 577	1 353
1918	13	80 697	2 003	1 739 269	53 100	1 733
1919	13	80 300	15 039	1 717 222	52 004	1 613

	Dekanat * Buer erst ab 01.01.1916 beim Bistum Münster					*über 15 Jahre
1915						
1916	11	82 603	52 379	595 250	28 553	450*
1917	11	81 276	53 601	684 450	42 511	1 267
1918	11	83 951	56 717	596 990	36 239	1 507
1919	11	79 701	60 911	616 570	37 823	1 342

Gemeinde Herz Jesu PfA Hüls Recklinghausen	Jahr	Pfarrangehörige	Kommunionen pro Jahr	Osterkommunionen sind davon	Verstorben	
	1914	4 265	17 600	2 001	95	
	1915	4 299	31 250	2 101	44	ohne Gefallenen
	1916	4 630	22 540	1 710	23	ohne Gefallenen
	1917	4 629	24 400	1 948	40	ohne Gefallenen
	1918	4 746	22 450	2 035	83	ohne Gefallenen
Kirchenbesucher gezählt	1918		4. Fasten-Sonntag = 2 257	Ein Zählsonntag im Sept. = 1 858		
Kirchenbesucher gezählt	1919		4. Fasten-Sonntag = 1 608	Ein Zählsonntag im Sept. = 2 236		

69

Gemeinde St. Georg PfA Haldern	Jahr	Pfarr-angehörige	Kommunionen pro Jahr	Oster-kommunionen sind davon:	Ver-storben	
	1913	2 398	42 250	1 800	33	
	1914	2 415	49 000	1 940	37	ohne Gefallenen
	1915	2 273	53 640	1 800	34	ohne Gefallenen
	1916	2 371	60 400	----	25	ohne Gefallenen
	1917	2 393	65 300	1 800	27	ohne Gefallenen
	1918	2 364	71 000	1 800	44	
Kirchen-besucher gezählt	1918		6. Fasten Sonntag = 1 481	Zählsonntag im Sept. = 1 661		
Kirchen-besucher gezählt	1919		1. Fasten Sonntag = 1 645	Zählsonntag im Sept. = 1 625		

7.
Quellen und Literaturverzeichnis

Archivarische Quellen – Bistumsarchiv Münster

Münsterisches Pastoral-Blatt – Monatsschrift für katholische Seelsorger, Jahrgänge 1914 bis 1918. Herausgeber: Dr. A. Donders, Domprediger in Münster.
Kirchliches Amtsblatt der Diözese Münster, Jahrgänge 1914 bis 1918.
Pfarrarchiv Haldern St. Georg und *Pfarrarchiv Hüls Herz Jesu*.

Gedruckte Quellen, Literatur und Internetquellen

Becker, Annette: Religion. In: Hirschfeld, Gerhard/Krumeich, Gerd / Renz, Irina (Hg): Enzyklopädie Erster Weltkrieg. Paderborn 2009.
Besier, Gerhard (Hg): Die protestantischen Kirchen Europas im Ersten Weltkrieg. Göttingen 1984.
Bürger, Peter: Deutsch-katholischer Dschihad. Die Kriegsbesessenheit des verfassten Christentums ist mitnichten aufgearbeitet und die militärfreundliche Assistenz dauert entsprechend an. In: Telepolis (Onlinemagazin bei heise.de), 01.09.2012. www.heise.de/tp/druck/mb/artikel/37/37531/1.html (Abruf 30.01.2014, 11:58).
Chickering, Roger: Das Deutsche Reich und der Erste Weltkrieg. München 2002.
Hirschfeld, Gerhard / *Krumeich*, Gerd / *Renz*, Irina (Hg): Enzyklopädie Erster Weltkrieg. Dritte, erweiterte Auflage. Paderborn 2009.
http://de.wikipedia.org/wiki/Augusterlebnis (Abruf 28.06.2014, 17:56).
http://de.wikipedia.org/wiki/Kirchengebote (Abruf 22.05.2014, 22:03).
http://de.wikipedia.org/wiki/Kulturkampf (Abruf 28.05.2014, 12:50).
http://www.dhm.de/lemo/html/wk1/kriegsverlauf/august/index.html (abgerufen am 25.04.2012, 17:32).
http://www.dhm.de/lemo/html/wk1/kriegsverlauf/militaerseelsorge (abgerufen am 25.04.2012, 17:29).
http://www.kfd-bundesverband.de/die-kfd/geschichte.html (Abruf 01.07.2014, 22:13).
Joos-Koch, Christiane: Evangelische Kirchengemeinde Jakobi zu Rheine. Chronik zum 150jährigen Bestehen der Kirchengemeinde (1838-1988). Rheine 1988.
Käßmann, Margot: Außenansicht. In: Süddeutsche Zeitung vom 02.07.2014, S. 2.

Kirchliches Handbuch für das katholische Deutschland. Nebst Mitteilungen der amtlichen Zentralstelle für kirchliche Statistik. Jg. 1914-1919, Band 5-9.

Kriegs-Rundschau. Zeitgenössische Zusammenstellung der für den Weltkrieg wichtigen Ereignisse, Urkunden, Kundgebungen, Schlacht- und Zeitberichte. Herausgegeben von der Täglichen Rundschau. Bd. 1. Berlin 1915, S. 43.

Missalla, Heinrich: Gott mit uns. Die deutsche kath. Kriegspredigt 1914-1918. München 1968.

Nübel, Christoph: Die Mobilisierung der Kriegsgesellschaft. Propaganda und Alltag im Ersten Weltkrieg in Münster. Münster 2008.

von Faulhaber, Michael (Hg): Das Schwert des Geistes. Feldpredigten im Weltkrieg – in Verbindung mit Bischof Dr. Paul Wilhelm von Keppler und Domprediger Dr. Adolf Donders herausgegeben von Dr. Michael von Faulhaber, Bischof von Speyer. Freiburg im Breisgau: Herdersche Verlagsbuchhandlung 1917.

*

Zum Autor:

Johann Stoffers (geb. 1948): Dipl.-Ingenieur für Geodäsie; Student im Alter (WWU Münster). Sein Beitrag stammt aus dem Seminar „Forschendes Lernen" bei Frau Dr. Veronika Jüttemann, hier: „Westfalen im Ersten Weltkrieg" (2014).

II.
Die Wiedergewinnung der alten „Terra Mariana"

Clemens August von Galens baltischer Siedlungsplan
1916–1919[1]

Ron Hellfritzsch

Am 15. August 1918 begaben sich drei katholische Geistliche von Deutschland aus auf eine mehrwöchige Rundreise durch das heutige Litauen und Teile des heutigen Lettlands, eine Region, die das kaiserliche Deutschland damals besetzt und Militärverwaltungen unterstellt hatte.[2] Von Berlin ging es zunächst per Bahn nach Wilna und nach Dünaburg, von wo aus dann per Automobil, Flussdampfer und Bahn der kurländische Kreis Illuxt sowie mehrere litauische Städte angesteuert wurden. Über Bialystok, Grodno und Mariampol führte der Weg schließlich zum an der ostpreußischen Grenze gelegenen Bahnhof Wirballen, über den schließlich am 26. August 1918 die Rückreise nach Berlin angetreten wurde.[3]

---

[1] Der vorliegende Beitrag ist die überarbeitete Version eines Aufsatzes mit demselben Titel, der 2020 in dem von der Carl-Schirren-Gesellschaft in Lüneburg herausgegebenen Deutsch-Baltischen Jahrbuch erschien. Der Redaktion des Deutsch-Baltischen Jahrbuchs sei an dieser Stelle für die freundliche Genehmigung zum Wiederabdruck gedankt.
[2] Allgemein zum Baltikum im Ersten Weltkrieg: Gabriel Vejas LIULEVICIUS: Das Baltikum im Ersten Weltkrieg, in: Karsten Brüggemann / Ralph Tuchtenhagen / Anja Wilhelmi (Hg.): Das Baltikum. Geschichte einer europäischen Region, Bd. 2: Vom Beginn der Frühen Neuzeit bis zur Gründung der modernen Staaten, Stuttgart 2021, S. 621–641; Gabriel Vejas LIULEVICIUS: Kriegsland im Osten. Eroberung, Kolonisierung und Militärherrschaft im Ersten Weltkrieg, Hamburg 2002.
[3] Cl. Aug. v. Galen an seine Mutter, Berlin, 28.08.1918, in: Landschaftsverband Westfalen Lippe Archivamt für Westfalen in Münster (im Folgenden: LWL Archivamt) NL Franz von Galen, Nr. 200 (ohne Paginierung).

Dass sich Delegationen nach den von Deutschland im Baltikum besetzten Gebieten aufmachten, war damals durchaus nicht ungewöhnlich. Insbesondere in Kurland und in Riga gaben sich deutsche Journalisten, Wirtschaftsvertreter, Wissenschaftler, Parlamentarier, Minister, Bundesfürsten, der deutsche Kaiser sowie ausländische Beobachter wie der schwedische Asienforscher Sven Hedin förmlich die Klinke in die Hand. Sie alle sammelten Informationen über jene Territorien, ließen sich über die Tätigkeit der deutschen Besatzungsbehörden unterrichten und suchten, soweit möglich, auch Kontakte zu einheimischen Honoratioren aufzubauen.⁴ Die drei Kirchenmänner, die am Abend des 15. August 1918 in Berlin den Zug nach Wilna bestiegen, verfolgten allerdings ein konkretes politisches Programm: Sie sollten dabei helfen, in Litauen Unterstützung für einen engen Anschluss des Landes an das Deutsche Reich einzuholen und zugleich Möglichkeiten für die Ansiedlung katholischer deutscher Bauern erkunden. Mehr noch: Ihre Reise sollte den ersten Schritt zur Umsetzung eines Plans bilden, bei dem das Baltikum als ideal geeigneter Raum betrachtet wurde, um mittels eines Siedlungsprogramms einen katholisch-konservativen Gegenentwurf zur fortschreitenden Demokratisierung von Staat und Gesellschaft in Deutschland zu schaffen.

Teilnehmer jener kleinen Reisegruppe und Schöpfer des erwähnten Plans war Clemens August von Galen, der spätere Bischof von Münster, damals Seelsorger in Berlin. Von Galen, der als Anerkennung für sein entschlossenes Auftreten gegen das nationalsozialistische Regime 1946 zum Kardinal erhoben wurde und seit 2005 als Seliger verehrt wird, zählt zweifellos zu den bekanntesten, aber durchaus nicht unumstrittenen Persönlichkeiten der jüngeren Geschichte des Katholizismus in Deutschland.⁵

---

⁴ Karl Heinz JANßEN: Die Baltische Okkupationspolitik des Deutschen Reiches, in: Jürgen von Hehn / Hans von Rimscha / Hellmuth Weiss (Hg.): Von den Baltischen Provinzen zu den Baltischen Staaten. 1917–1918, Marburg/Lahn 1971, S. 217–254, hier: S. 227; Mark R. HATLIE: Riga at War 1914–1919. War and Wartime Experience in a Multi-ethnic Metropolis (= Studien zur Ostmitteleuropaforschung 30), Marburg 2014, S. 79; ANONYM.: Besuch deutscher Gewerkschaftsführer in Riga, in: Rigasche Zeitung, Nr. 185 (12.08.1918), S. 6.

⁵ Joachim KUROPKA: Ein Seliger – ein Streitfall, in: Joachim Kuropka (Hg.): Streitfall Ga-

Das baltische Kapitel im Leben Clemens August von Galens ist allerdings noch wenig untersucht. Vereinzelt ist in der Literatur von „Ostsiedlungspläne[n]"[6] die Rede, die von Galen ins Baltikum geführt hätten. Er selbst sprach sogar von einem „Aufruf zu einem ‚modernen Kreuzzug'"[7]. Beides wirkt zunächst irritierend. Die in einem 2008 veröffentlichten Aufsatz zu findende Erklärung, von Galens Plan sei in einem nicht näher bestimmten „Stimmengewirr der Annektionisten"[8] entstanden, da sonst zu befürchten gewesen sei, „katholische Anliegen nicht rechtzeitig zu formulieren"[9], ist ziemlich unbefriedigend, denn dagegen spricht, dass in den betreffenden Dokumenten auf ähnliche Projekte und Diskussionen aus der Vorkriegszeit Bezug genommen wird.

Neuere Studien über das deutsche Kaiserreich und den Ersten Weltkrieg heben die starken ideellen und teilweise auch personellen Zusammenhänge zwischen der Entwicklung deutscher Kolonialbestrebungen in Übersee, der staatlich geförderten so genannten „inneren Kolonisation" in den ostelbischen Gebieten Deutschlands und den zwischen 1914 und 1918 für die deutsch besetzten polnischen, baltischen und ukrainischen Gebiete entwickelten Bevölkerungspolitiken hervor und weisen dabei auch auf verschiedene Kontinuitäten wie auch Diskontinuitäten zu den Lebensraum-Konzepten der Nationalsozialisten hin.[10] Der amerikanische Historiker Woodruff Smith hat sich mit dieser

---

len. Clemens August Graf von Galen und der Nationalsozialismus. Studien und Dokumente, Münster 2007, S. 9–19; Heinz HÜRTEN: Kardinal von Galen als Problem der Historie, in: Hubert Wolf / Thomas Flammer / Barbara Schüler (Hg.): Clemens August von Galen. Ein Kirchenfürst im Nationalsozialismus, Darmstadt 2007, S. 13–20.

[6] Horst CONRAD: Stand und Konfession. Der Verein der katholischen Edelleute. Teil 1: Die Jahre 1857–1918, in: Westfälische Zeitschrift – Zeitschrift für vaterländische Geschichte und Altertumskunde, 158 (2008), S. 125–186, hier: S. 181. Ähnlich auch bei: Tillmann BENDIKOWSKI: „Lebensraum für Volk und Kirche". Kirchliche Ostsiedlung in der Weimarer Republik und im „Dritten Reich" (=Konfession und Gesellschaft), Stuttgart 2002, S. 26.

[7] Handschriftlicher Vermerk Clemens August von Galens für seinen Bruder auf einem Exemplar seiner Denkschrift vom Mai 1916, in: LWL Archivamt NL Franz von Galen, Nr. 165 (ohne Paginierung).

[8] CONRAD Stand und Konfession (wie Anm. 6), S. 183.

[9] Ebd.

[10] Kai-Achim KLARE: Imperium ante portas. Die deutsche Expansion in Mittel- und Osteuropa zwischen Weltpolitik und Lebensraum (1914–1918) (= Veröffentlichungen des

Thematik bereits in einer 1986 veröffentlichten Arbeit beschäftigt, die er „The Ideological Origins of Nazi Imperialism" genannt hat.[11] Bei aller gebotenen Zurückhaltung gegenüber vorschnellen Schlüssen taucht vor diesem Hintergrund letzten Endes die Frage auf, ob demnach ausgerechnet Clemens August von Galen an einem jener „ominösen Vorläufer"[12] des „Generalplans Ost" und der nationalsozialistischen „Ostpolitik" beteiligt gewesen sein könnte. Gerade angesichts wiederholt zu findender Beispiele dafür, zu welch emotionalen – bisweilen auch ins Unsachliche abgleitenden – Diskussionen die Forderung nach kritischer Auseinandersetzung mit historischen Persönlichkeiten führen kann, erscheint das Bemühen um eine differenzierte, quellenbasierte Darstellung mehr als notwendig.

Im Folgenden soll daher versucht werden, die Entstehung und Entwicklung der baltischen Siedlungspläne von Galens genauer nachzuverfolgen. Was veranlasste von Galen, der stark durch seine Herkunft aus dem katholischen Landadel Westfalens geprägt war,[13] sein Interesse auf Kurland, Litauen sowie Lettgallen zu richten und gerade von dort, weit östlich von Westfalen, eine, wie er es nannte, „Kräftigung des

---

Nordost-Instituts, Bd. 27), Wiesbaden 2020, S. 9–22, S. 511–518; Dörte LERP: Imperiale Grenzräume. Bevölkerungspolitiken in Deutsch-Südwestafrika und den östlichen Provinzen Preußens 1884–1914, Frankfurt am Main 2016, S. 7–19; Robert L. NELSON: The Fantasy of Open Space on the Frontier: Max Sering from the Great Plains to Eastern Europe, in: Janne Lahti (Hg.): German and United States Colonialism in a Connected World. Entangled Empires, Cham 2021, S. 41–62; Robert L. NELSON: The Baltics as Colonial Playground: Germany in the East, 1914–1918, in: Journal of Baltic Studies, Vol. 42, No. 1 (March 2011), S. 9–19; Frank GÖRLICH: Fluchtpunkt Transnistrien. Grenzüberschreitende Biographien und historische Kontinuitäten zwischen Erster Globalisierung, Erstem Weltkrieg und nationalsozialistischer Ostexpansion, in: Jörg Osterloh / Katharina Rauschenberger (Hg.): Der Holocaust. Neue Studien zu Tathergängen, Reaktionen und Aufarbeitungen, Frankfurt / New York 2017, S. 23–39.
[11] Woodruff D. SMITH: The Ideological Origins of Nazi Imperialism, New York 1986.
[12] Alexander WATSON: Ring of Steel. Germany and Austria-Hungary, 1914–1918, London et al. 2014, S. 273.
[13] Maria Anna ZUMHOLZ: „Die Tradition meines Hauses". Zur Prägung Clemens August Graf von Galens in Elternhaus, Schule und Universität, in: Joachim Kuropka (Hg.): Clemens August Graf von Galen. Neue Forschungen zum Leben und Wirken des Bischofs von Münster, Münster 1992, S. 11–30, hier: S. 11–16.

christlich konservativen Volksteils"[14] bzw. eine „Vermehrung des katholischen Volksteils in Deutschland"[15] zu erwarten? Grundlage hierfür sind neue Dokumentenfunde und eine sorgsame Auswertung zahlreicher zwischen 1914 und 1918 in Deutschland über die Ostseeprovinzen und Litauen erschienener Publikationen. Somit ist es möglich, durch frühere Arbeiten bereits bekannt gewordene Dokumente zu von Galens Beschäftigung mit Kurland und Litauen aus dem Archiv des „Vereins katholischen Adels Rheinland und Westfalen" und dem Nachlass Franz von Galens,[16] des jüngeren Bruders des nachmaligen Bischofs von Münster, präziser auszuwerten und bisherige Lücken zu schließen.

---

[14] Referat des Grafen Cl. Aug. v. Galen über Ansiedelung im Osten nach dem Kriege, 30. November 1916, Anlage 1 zum Protokoll der außerordentlichen General-Versammlung des Vereins katholischer Edelleute Deutschlands vom 30. November 1916, S. 6, in: LWL Archivamt Dep. VKA 85 (ohne Paginierung). Ungekürzte Textdokumentation im vorliegenden Band →X.
[15] Ebd. S. 11.
[16] Mein aufrichtiger Dank gebührt der Enkelin Franz von Galens, Frau Dr. Christina Gräfin von Nesselrode, mit deren Erlaubnis es mir möglich war, im LWL-Archivamt in Münster die Briefe Clemens August von Galens an seine Mutter Elisabeth einzusehen, welche eine für das Verständnis seines politischen Handelns während des Ersten Weltkrieges unerlässliche Quelle darstellen.

1.
LÄNDLICHE SIEDLUNG,
EINE ANTWORT AUF
DIE VERÄNDERUNGEN DER MODERNE

Die Vorstellung, Deutschland benötige freies Siedlungsland, um hier Auswanderer aus seinen überfüllten Ballungsgebieten unterzubringen, entstand nicht erst vor dem Hintergrund des Ersten Weltkrieges. Ihren Ursprung hatte sie vielmehr in der ersten Hälfte des 19. Jahrhunderts, als liberale Politiker und Gelehrte, wie der Nationalökonom Friedrich List, nach einem möglichen Weg suchten, der einsetzenden Massenauswanderung nach Amerika sowie der Abwanderung der Landbevölkerung in die Städte Herr zu werden. Als geeignetster Lösungsansatz war ihnen sowohl die Besiedlung wenig bevölkerter Landstriche innerhalb der deutschen Länder als auch die Ansiedlung der Auswanderer in überseeischen Kolonien – Siedlungskolonien – erschienen. Mit der Ansiedlung der Auswanderer als Bauern sollte zugleich auch die entsprechende ländlich geprägte Gesellschaft etabliert werden. Es ging dabei nicht um die bloße Wiederherstellung eines früheren vorindustriellen Zustands, sondern hinter diesen Plänen stand die Überzeugung, dass die industrielle Entwicklung mit ihren wachsenden Großstädten durch einen Ausbau des agrarischen Sektors ausgeglichen werden müsse, um als negativ interpretierten Entwicklungen zu begegnen. Gegen Ende des 19. Jahrhunderts hatte dieses Konzept eine immer breitere Palette an Unterstützern verschiedenster Couleur und mit unterschiedlichen politischen Zielsetzungen gefunden.[17]

Auch im „Verein katholischer Edelleute", der in Münster beheimateten Standesorganisation des katholischen westfälischen Adels,[18] wurden mehrfach Siedlungsprojekte besprochen, die als Antwort auf drohende soziale Umwälzungen gedacht waren. Die konkrete Grundlage

---

[17] SMITH The Ideological Origins (wie Anm. 11), S. 25, S. 174–176; Matthias WEIPERT: „Mehrung der Volkskraft": Die Debatte über Bevölkerung, Modernisierung und Nation 1890–1933, Paderborn 2006, S. 90–91; LERP Grenzräume (wie Anm. 10), S. 147–151.

[18] Ute OLLIGES-WIECZOREK: Politisches Leben in Münster – Parteien und Vereine im Kaiserreich (1871–1914), Münster 1995, S. 93–111; CONRAD Stand und Konfession (wie Anm. 6), S. 127.

bildeten dabei Überlegungen, wie unter den Bedingungen der kapitalistischen Wirtschaftsentwicklung der Adel als Agrarstand eine Neubelebung erfahren könne, um als Führer und Förderer der bäuerlichen Bevölkerung den Grundstock für die Neugestaltung der Gesellschaft auf christlich-ständischer Grundlage zu bilden. So hatten führende Mitglieder des Vereins 1881 ein Vorhaben unterstützt, bei dem die Schweizer Benediktinerabtei Obwalden ein Filialkloster in Nordamerika gründen sollte, um das sich katholische Siedler aus Deutschland niederlassen könnten. Hierdurch sollte die Keimzelle eines neuen katholischen, deutschsprachigen Gemeinwesens entstehen, das eine ständische Gliederung besitzen sollte, wie sie als idealtypisch für das Mittelalter angenommen wurde. Das Projekt scheiterte allerdings aus finanziellen Gründen.[19]

Clemens August von Galen trat dem „Verein katholischer Edelleute" am 7. Februar 1905 als Mitglied bei und wurde dadurch Zeuge anhaltender Diskussionen, wie den „nachgeborenen Söhnen"[20] des katholischen Adels eine standesgemäße soziale Stellung gesichert werden könne.[21] Auf der Suche nach einer Alternative zur Laufbahn im heimischen Militär- oder Staatsdienst oder zu freien Berufen wurde dabei mehrfach eine Ansiedlung in den deutschen Kolonien in Afrika oder auch in anderen überseeischen Gebieten erwogen, um den jungen Adligen eine der „Jahrhunderte alten Tradition"[22] ihres Standes entsprechende Tätigkeit als Landwirte, Offiziere oder auch Juristen zu ermöglichen. Als in Frage kommende Siedlungsgebiete wurden Deutsch-Südwestafrika, Britisch-Ostafrika, Ägypten, Brasilien, Argentinien und Kanada in Erwägung gezogen. Solche Vorschläge erregten jedoch die Skepsis vieler Vereinsmitglieder, da eine Ansiedlung namentlich in tropischen Gebieten mit hohen Kosten und auch gesundheitlichen Risiken verbunden war und bereits ausgewanderte Adlige häufig unter

---

[19] Ebd., S. 157.
[20] Landrat A. von Galen, in: Protokoll der LVI. Ordentlichen General-Versammlung des Vereins katholischer Edelleute, 31.01.1910, in: LWL Archivamt Dep. VKA 234 (ohne Paginierung).
[21] Ebd.; CONRAD Stand und Konfession (wie Anm. 6), S. 157–158.
[22] Graf Nesselrode, in: Protokoll der LVI. Ordentlichen General-Versammlung des Vereins kath. Edelleute (wie Anm. 20).

den Folgen des ungewohnten Klimas – dem so genannten „Tropenkoller"[23] – gelitten hatten.[24]

Einen endgültigen Abschluss hatten diese Diskussionen bis 1914 nicht gefunden. Zugleich rückten nun dringendere Probleme in den Vordergrund. Seit den 1890er Jahren war es innerhalb der Deutschen Zentrumspartei, der wichtigsten Organisation des politischen Katholizismus in Deutschland, zu wachsenden Richtungskämpfen gekommen. Die alte aristokratische Führungsgeneration der Partei, die eng mit dem „Verein katholischer Edelleute" verbunden war, verlor mehr und mehr an Einfluss. Clemens August von Galen forderte daher schon 1908, dass alles dafür getan werden müsse, damit der katholische Adel wieder die „Führung des katholischen Volkes"[25] erlange. Wenige Monate nach Kriegsbeginn jedoch begannen die Gegensätze innerhalb des politischen Katholizismus in Deutschland vollends aufzubrechen. Die Vertreter des Arbeiterflügels der Zentrumspartei drängten im Herbst 1915 zunehmend auf einen grundsätzlichen Kurswechsel im Sinne einer sozialdemokratischen Politik. Immer deutlicher erhoben sich aus den Reihen der Parteimitglieder Stimmen, die für eine Demokratisierung des preußischen Dreiklassenwahlrechts, eine Ausdehnung des Koalitionsrechts auf die Landarbeiter und für die Parlamentarisierung der Reichsregierung eintraten. Die konservativen katholischen Eliten, allen

---

[23] Protokoll der LVII. Ordentlichen General-Versammlung des Vereins kath. Edelleute, 25.01.1911, in: LWL Archivamt Dep. VKA 234 (ohne Paginierung). Als „Tropenkoller" bezeichneten Mediziner seinerzeit durch das feuchtheiße Klima, die fremde Vegetation und mangelnde Abwechslung in Tropengebieten ausgelöste angebliche Fälle von Neurasthenie bei Männern, die zu Alkohol- und Gewaltexzessen führten. Im hier untersuchten Zusammenhang mag sicherlich eine Rolle gespielt haben, dass in einem der meistdiskutierten Skandale des deutschen Kaiserreiches, bei dem es um einen im „Tropenkoller" verursachten Mord ging, ausgerechnet ein Angehöriger eines namhaften katholischen Hochadelsgeschlechts die unrühmliche Hauptrolle spielte; siehe: Stephan BESSER: Tropenkoller. 5. März 1904: Freispruch für Prinz Prosper von Arenberg, in: Alexander Honold / Klaus R. Scherpe (Hg.): Mit Deutschland um die Welt. Eine Kulturgeschichte des Fremden in der Kolonialzeit, Stuttgart 2004, S. 300–309.

[24] Vgl. die Protokolle der LVI. Ordentlichen General-Versammlung des Vereins kath. Edelleute (wie Anm. 20) und der LVII. Ordentlichen General-Versammlung des Vereins kath. Edelleute (wie Anm. 23).

[25] Cl. A. v. Galen an den Vorsitzenden des „Vereins kath. Edelleute", 26.03.1908, zitiert nach: CONRAD Stand und Konfession (wie Anm. 6), S. 168.

voran der katholische Adel, reagierten darauf mit Besorgnis und Ablehnung. Bisweilen zeichnete sich sogar eine Spaltung der Deutschen Zentrumspartei ab.[26] Nach Einschätzung des Reichstagsabgeordneten Friedrich von Galen, des älteren Bruders Clemens August von Galens, vertrat das Zentrum nunmehr die Interessen der Arbeiter und schien „den Sozialdemokraten Konkurrenz machen zu wollen"[27], indem es „seine agrarische Basis und damit konservativen Boden"[28] verließ.

Was lag also näher, als diese „agrarische Basis" wieder zu erweitern, um auf diese Weise den politischen Katholizismus zurück in konservative Bahnen zu führen? Hatte es sich bei solchen Projekten bislang hauptsächlich um Gedankenspiele gehandelt, so schienen sich ausgerechnet durch den Krieg nun ganz neue Perspektiven zu eröffnen.

---

[26] Rudolf MORSEY: Die Deutsche Zentrumspartei. 1917–1923, Düsseldorf 1966, S. 54–61, S. 68–69; CONRAD Stand und Konfession (wie Anm. 6), S. 177–178.
[27] Ebd., S. 178.
[28] Ebd.

2.
DER EINFLUSS
DER „BALTISCHEN PROPAGANDA"

Mit Beginn des Jahres 1916 sollte sich in den Beratungen des „Vereins katholischer Edelleute" der Einfluss einer Publizistik bemerkbar machen, die Wilhelm Lenz treffend als „baltische Propaganda"[29] bezeichnet hat.[30] Es handelte sich dabei um Veröffentlichungen, in denen für einen Anschluss Kurlands, Livlands und Estlands an das Deutsche Reich geworben wurde. Die Autoren waren meist deutschbaltischer Herkunft. Kaum eines der während des Ersten Weltkrieges in Deutschland diskutierten Kriegsziele wurde von einer vergleichbaren Gruppierung, die nur auf dieses eine Ziel hinarbeitete und dafür einen stetig ausgebauten Propagandaapparat[31] mobilisieren konnte, mit ähnlicher Vehemenz öffentlich propagiert wie die von deutschbaltischen Emigranten geforderte Annexion der Ostseeprovinzen. Um möglichst große Teile der deutschen Öffentlichkeit mit ihren Forderungen zu erreichen, verfassten deutschbaltische Emigranten, unter ihnen auch prominente Persönlichkeiten wie der Kunsthistoriker Georg Dehio, der Mediävist Johannes Haller, der Theologe Adolf von Harnack und der Publizist Paul Rohrbach, hunderte Artikel in Zeitungen und Zeitschriften sowie kleine gedruckte Broschüren, die rasch Verbreitung fanden.[32]

---

[29] Der leichteren Lesbarkeit wegen wird bei der weiteren Verwendung dieser Bezeichnung auf Anführungsstriche verzichtet.

[30] Wilhelm LENZ: Baltische Propaganda im Ersten Weltkrieg. Die Broschürenliteratur über die Ostseeprovinzen Rußlands, in: Andrew Ezergailis / Gert von Pistohlkors (Hg.): Die Baltischen Provinzen Russlands zwischen den Revolutionen von 1905 und 1917 / The Russian Baltic provinces between the 1905/1917 revolutions, Köln 1982, S. 187–204.

[31] Zur Organisation der baltischen Propaganda siehe: Tätigkeitsberichte des Baltischen Vertrauensrates für die Jahre 1915–1917, in: Latvijas valsts vēstures arhīvs (im Folgenden: LVVA), 640. f., 4. apr., 196. l., Bl. 126–147; Joachim LEHMANN: Der Baltische Vertrauensrat und die Unabhängigkeit der baltischen Staaten Ausgangs des Ersten Weltkriegs, in: Journal of Baltic Studies, Vol. XXI, No. 2 (1994), S. 131–138; Silvio BROEDRICH-Kurmahlen: Kampf um deutschen Lebensraum, o.O. 1943 / 1987, S. 503–506, S. 514–515.

[32] LENZ Baltische Propaganda (wie Anm. 30), S. 187–194; Edgars ANDERSONS: Latvijas vēsture 1914–1920 [*Geschichte Lettlands 1914–1920*], Stokholma 1967, S. 156–157; Benjamin HASSELHORN: Johannes Haller. Eine politische Gelehrtenbiographie, Göttingen 2015, S. 126–130.

Den größten Einfluss von allen deutschbaltischen Agitatoren erlangte sehr wahrscheinlich der kurländische Gutsherr Silvio Broedrich,[33] der auf Massenversammlungen in ganz Deutschland sprach und zugleich unzählige Aufsätze veröffentlichte, die allesamt nur ein Ziel hatten: die Deutschen davon zu überzeugen, dass es unbedingt notwendig sei, die gesamte Region zwischen der ostpreußischen Grenze und der Nordküste Estlands an das Deutsche Reich anzugliedern.[34] Broedrich hatte bald schon solche Bekanntheit erlangt, dass er in der deutschen Presse gelegentlich als „der bekannte Deutsch-Balte"[35] oder gar als „Führer der baltischen Deutschen"[36] bezeichnet wurde. Den von Clemens August von Galen hinterlassenen Dokumenten lässt sich entnehmen, dass er im April 1916 einige der von Broedrich und anderen – überwiegend deutschbaltischen – Autoren verfassten Artikel und kleinen Broschüren gelesen und sich mit deren Inhalt auseinandergesetzt hatte.[37]

---

[33] Eine nähere Untersuchung zu Broedrichs politischem und publizistischem Wirken stellt zurzeit noch ein Desiderat da. Sehr aufschlussreich sind dessen unvollendete Autobiographie „Kampf um deutschen Lebensraum" aus dem Jahre 1943, die 1987 in kleiner Auflage als gedrucktes Manuskript vom Philisterverband der Curonia verbreitet wurde, sowie das Fragment des unveröffentlichten Druckmanuskripts einer Biographie Broedrichs von 1942, das sich heute in der British Library in London befindet: Kurt SEESEMANN: Silvio Broedrich. Ein Leben im Kampf um den deutschen Osten, Berlin 1942.
[34] SEESEMANN Silvio Broedrich (wie Anm. 33), S. 47–64; BROEDRICH Kampf (wie Anm. 31), S. 513–514, S. 543–545; Georg Baron Manteuffel-Szoege: Mein Vater, Dr. Georg Baron Manteuffel-Szoege-Kapsehden 1862–1919 seine Umwelt und seine Politik (Manuskript), Pappenheim 1949, S. 28, in: Dokumentensammlung des Herder-Instituts Marburg (DSHI) 190 Kurland XVI, P 236-1, Nr. 17 (ohne Paginierung). Eine 1915 unter Broedrichs Mitwirkung entstandene Denkschrift über Russland und das Baltikum sollte sogar im Zweiten Weltkrieg nochmal das Interesse deutscher Regierungsstellen finden: Paul ROHRBACH: Silvio Broedrich in memoriam, in: Baltische Briefe 5 (1952), Nr. 7, S. 11.
[35] Siehe hierzu den Kommentar der Redaktion des „Namslauer Stadtblattes" vom 22. Januar 1918 zu Broedrichs dort veröffentlichtem Artikel: Silvio BROEDRICH: Das Beispiel von Livland und Estland, in: Namslauer Stadtblatt. Amtlicher Anzeiger für die städtischen Behörden, Jg. 46, Nr. 6 (22.01.1918), S. 1. Das oben angeführte Zitat findet sich ebd.
[36] M.: Der Baltenabend, Münchener Neueste Nachrichten, 07.11.1915, in: Sächsisches Hauptstaatsarchiv Dresden (im Folgenden: SHStA Dresden), 10717, Nr. 2174, Bl. 7.
[37] Vgl. Referat des Grafen Cl. Aug. v. Galen über Ansiedelung im Osten, S. 3 (wie Anm. 14); Vertrauliche Denkschrift von Cl. Aug. Graf von Galen, Mai 1916, S. 8, in: LWL Archivamt, Ass, F 1159 (ohne Paginierung): Textdokumentation im vorliegenden Band →IX.

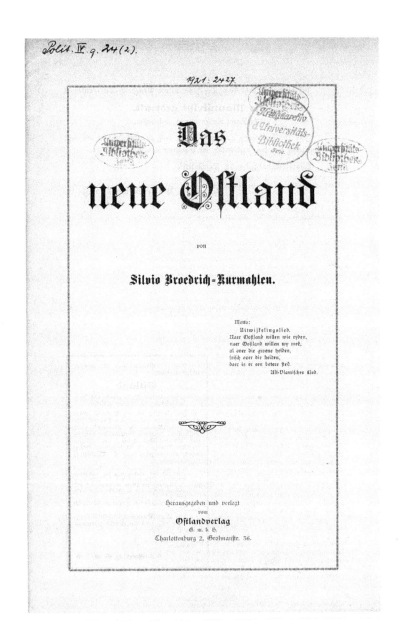

Die Broschüre „Das neue Ostland" (1915) von Silvio Broedrich-Kurmahlen, eine der einflussreichsten Propagandaschriften über das Baltikum.
Bild: Thüringer Universitäts- und Landesbibliothek Jena (ThULB).

Das wichtigste Werbeargument, mit dem die deutschbaltischen Emigranten die deutsche Öffentlichkeit in besonderem Maße für ihre Belange zu interessieren versuchten, war die Vorstellung, die Ostseeprovinzen zusammen mit Litauen seien dafür prädestiniert, hier eine deutsche Siedlungskolonie zu errichten. Vor allem Broedrich hatte die Siedlungsfrage zu seinem Hauptthema gemacht. In seiner im August 1915 veröffentlichten Broschüre „Das neue Ostland" verglich er das Baltikum sogar mit Kanada, da hier wie in Nordamerika angeblich noch weite Ebenen fruchtbaren, unbesiedelten Landes einer Landnahme durch deutsche Kolonisten harrten.[38] Auf lange Sicht, so behaupteten die deutschbaltischen Emigranten, könne sich Deutschland seiner wesentlichen demographischen, wirtschaftlichen, sozialen, innenpolitischen und strategischen Probleme entledigen, wenn es zur „Siedelungsarbeit im neuen Ostlande"[39] schreite.[40] Dabei verbreiteten sie geschickt die Wunschvorstellung, dass all dies in friedlichem Einvernehmen mit der lokalen Bevölkerung zu erreichen sei.

Die Grundlage dafür bildete der in den baltischen Propagandaschriften stets mit allem Nachdruck betonte Hinweis, das mittelalterliche Livland sei die „älteste und einzige Kolonie des Heiligen Römischen Reiches Deutscher Nation"[41] gewesen. Ungeachtet ihres geringen deutschsprachigen Bevölkerungsanteils seien die Ostseeprovinzen seit-

---

[38] Silvio BROEDRICH-Kurmahlen: Das neue Ostland. Charlottenburg 1915, S. 12.
[39] Ebd., S. 10.
[40] Vgl. ebd., S. 10–28; Alexander BERNEWITZ: Kurland und die deutsch-protestantischen Interessen, in: Evangelischer Bund zur Wahrung deutsch-protestantischer Interessen. Monatsblatt für die Mitglieder, Jg. 30, Nr. 11/12 (Nov./Dez. 1916), Spalten 90–92, hier: Sp. 92; Alexis Freiherr von ENGELHARDT: Die deutschen Ostseeprovinzen Rußlands. Ihre politische und wirtschaftliche Entwicklung, München 1916, S. 100; Otto von TAUBE: Zur Frage deutscher Siedlung auf neuerworbenem Gebiete. Die Brücke zu den baltischen Provinzen, Berlin / Charlottenburg 1917, S. 14–15; ANONYM.: Vortrag Bergengruen, in: Jenaische Zeitung. Amts-, Gemeinde- und Tageblatt, Jg. 245, Nr. 111 (14.05.1918), Zweites Blatt, S. 6.
[41] Theodor SCHIEMANN: Überblick über die Geschichte der Deutschen Kolonie an der Ostsee, in: Theodor Schiemann / Otto von Veh (Hg.): Die Deutschen Ostseeprovinzen Rußlands geschichtlich, kulturell und wirtschaftlich dargestellt von Kennern der Baltischen Provinzen, Als Manuskript gedruckt. Streng vertraulich! Berlin 1915, S. 1–9, hier: S. 1. Ähnlich auch in: ENGELHARDT Die deutschen Ostseeprovinzen (wie Anm. 40), S. VII.

her immer „deutsches Land"⁴² geblieben, da dessen „Ureinwohner"⁴³, die Liven, Letten und Esten, ihre gesamte Kultur von alters her ihren „deutschen Lehrmeistern"⁴⁴ zu verdanken hätten. Jene Darstellungsweise, die sich in der deutschsprachigen Literatur Mitte des 19. Jahrhunderts herausgebildet hatte,⁴⁵ hier im Einzelnen erläutern zu wollen, würde den Rahmen dieses Beitrags sprengen. Wichtig ist allerdings zu bemerken, dass daraus eine politische Handlungsanleitung für die Gegenwart abgeleitet wurde, denn, so behaupteten die deutschbaltischen Emigranten, die Mehrheit der Letten und Esten würde sich auch jetzt bei „richtige[r] Behandlung"⁴⁶ einer deutschen Herrschaft bereitwillig fügen und in absehbarer Zeit auf dem Wege „friedliche[r] Assimilierung"⁴⁷ am Ende selbst zu Deutschen werden.⁴⁸ Obwohl nicht zum Gebiet der Ostseeprovinzen gehörig, wurden ohne Umschweife viel-

---

⁴² ENGELHARDT Die deutschen Ostseeprovinzen (wie Anm. 40), S. 241.
⁴³ Georg DEHIO: Livland und Elsaß (April 1918), in: Georg Dehio: Kleine Aufsätze und Ansprachen. Dem Verfasser zum 22. November 1930 in Freundschaft und Verehrung dargebracht. Als Manuskript gedruckt, Mannheim 1930, S. 43–53, hier: S. 52.
⁴⁴ Paul BRÄUNLICH: Kurländischer Frühling im Weltkrieg. Persönliche Eindrücke, Berlin 1917, hier: S. 77. Siehe auch: Adolf von HARNACK: Die Leistung und die Zukunft der baltischen Deutschen, in: Die Woche. Moderne illustrierte Zeitschrift, 29.05.1915, neu abgedruckt in: Peter Bürger / Bodo Bischof (Hg.): Adolf von Harnack. Schriften über Krieg und Christentum. Militia Christi (1905) und Texte mit Bezug zum Ersten Weltkrieg (Kirche & Weltkrieg, Bd. 6), Norderstedt 2021, S. 201–209.
⁴⁵ Siehe hierzu u.ʾa.: Wilhelm LENZ: „Alt-Livland" in der deutschbaltischen Geschichtsschreibung. 1870–1918, in: Georg von Rauch (Hg.): Geschichte der deutschbaltischen Geschichtsschreibung, Köln / Wien 1986, S. 203–232; Pauls DAIJA: Latvieši un vācbaltieši 19. un 20. gadsimta mijas literārajā kultūrā [*Letten und Deutschbalten in der literarischen Kultur der Wende vom 19. zum 20. Jahrhundert*], in: Benedikts Kalnačs / Pauls Daija / Eva Eglāja-Kristsone / Kārlis Vērdiņš (Hg.): Fin de Siècle. Literārā kultūra Latvijā. Apceres par literatūras sociālo vēsturi [*Fin de Siècle. Literarische Kultur in Lettland. Abhandlungen zur Sozialgeschichte der Literatur*], Rīga 2017, S. 97–198, hier: S. 100–122; Liina LUKAS: „Who Holds the Right to the Land?" Narratives of Colonization in Baltic-German and Estonian Literatures, in: Andreas Beer / Gesa Mackenthun (Hg.): Fugitive Knowledge. The Loss and Preservation of Knowledge in Cultural Contact Zones (= Cultural Encounters and the Discourses of Scholarship, Vol. 8), Münster / New York 2015, S. 65–81, hier: S. 65–69.
⁴⁶ Paul ROHRBACH: Der Krieg und die deutsche Politik, 2. Aufl. Weimar 1915, S. 167.
⁴⁷ Valerian TORNIUS: Die Baltischen Provinzen. Berlin / Leipzig 1915, S. 60.
⁴⁸ Silvio BROEDRICH: Die Letten in den baltischen Provinzen, besonders in Kurland, in: Die Grenzboten. Zeitschrift für Politik, Literatur und Kunst, Jg. 74 (1915), Drittes Vierteljahr, S. 19–26, hier S. 24–26.

fach auch „Litauen"[49] und die Litauer in diese Argumentation mit einbezogen.[50] Für den Umgang mit der litauischen Bevölkerung empfahl Broedrich in „Das neue Ostland" ein an der deutschen Ostsiedlung des Mittelalters orientiertes Verfahren:

> Der geschichtslose litauische Bauer [...] wird – richtig behandelt – ohne weiteres in das Deutschtum aufgehen, wenn er durch die katholische Kirche Deutschlands zu deutscher Gesittung herangezogen wird. Die großartige Arbeit der nationalen Kirchenfürsten der alten Kaiserzeit, der Erzbischöfe von Bremen und Magdeburg, die gewaltige Ordenstätigkeit mit ihrer Germanisierungspolitik, – sie soll hier wieder aufleben und dem katholischen Deutschland nationale Ziele bieten, die in der Schaffung eines deutschen Bauernvolkes in Litauen die Durchdeutschung der eingesessenen Litauer mit erwirken muß.[51]

Mit Hilfe deutscher katholischer Geistlicher und durch die Ansiedlung von Bauern aus den katholischen Regionen Deutschlands, zusammen mit katholischen Russlanddeutschen, so behauptete Broedrich, sei es einfach, Litauen völlig zu germanisieren.[52] Den gleichen Gedankengängen folgend, wurde von Broedrich auch die von katholischen Letten

---

[49] „Litauen" als feststehender geographischer Begriff bildete sich im deutschen Sprachgebrauch erst während des Ersten Weltkrieges heraus. Die meisten der oben erwähnten deutschbaltischen Autoren verstanden darunter die russischen Gouvernements Kowno, Suwalki, Wilna und den Norden des Gouvernements Grodno, da dieses Territorium ungefähr das Siedlungsgebiet der im Zarenreich lebenden Litauer umfasste, vgl. BROEDRICH Das neue Ostland (wie Anm. 38), S. 5; August SERAPHIM: Die russische Gefahr und der Friedensschluß. Eine Denkschrift. Streng vertraulich! Als Handschrift gedruckt! Königsberg 1915, S. 28. Diesem Verständnis von „Litauen" soll auch hier gefolgt werden. Allgemein dazu: Vasilijus SAFRONOVAS: Zum Wandel des räumlichen Begriffs „Litauen" im deutschsprachigen Diskurs während und nach dem Ersten Weltkrieg, in: Forschungen zur baltischen Geschichte, Bd. 10 (2015), S. 109–136, hier: S. 116–128.
[50] Siehe hierzu u. a.: Kurt STAVENHAGEN: Kriegsziele des Großrussentums und der Fremdvölker Rußlands. Charlottenburg 1916, S. 72, S. 79–81; BROEDRICH Das neue Ostland (wie Anm. 38), S. 4–6; Axel RIPKE: Litauer und Weißrussen, in: Axel RIPKE (Hg.): Der Koloß auf tönernen Füßen. Gesammelte Aufsätze über Rußland, München 1916, S. 121–129.
[51] BROEDRICH Das neue Ostland (wie Anm. 38), S. 5.
[52] Ebd., S. 5–6, S. 14.

bewohnte Region Lettgallen als Ansiedlungsgebiet für deutsche Katholiken ins Gespräch gebracht.[53]

So realitätsfern diese Vorschläge heute auch scheinen mögen, so groß war doch der Erfolg, den die deutschbaltischen Emigranten seinerzeit damit in Deutschland hatten. Ein wesentlicher Grund dafür war sicherlich, dass in der Wahrnehmung vieler Zeitgenossen die Annexion und Kolonisation baltischer Gebiete durch Deutschland ein scheinbar viel realistischeres und moralisch vertretbareres Kriegsziel darstellte als die seit Kriegsbeginn von radikalen Nationalisten in Deutschland, namentlich vom Vorsitzenden des Alldeutschen Verbandes Heinrich Claß, erhobenen Forderungen nach Annexion polnischer, belgischer und nordfranzösischer Gebiete, die durch Zwangsaussiedlung der heimischen Bevölkerung – beschönigend „Evakuierung" genannt – für deutsche Siedler freigemacht werden sollten.[54] Glaubte man den Behauptungen der baltischen Propaganda, so stand derartiges im ohnehin dünn besiedelten Baltikum mit seiner Bevölkerung, die es angeblich sogar begrüßen würde, unter deutsche Herrschaft zu geraten, überhaupt nicht zur Debatte. Auch Persönlichkeiten, die sich ansonsten von den Umsiedlungsplänen alldeutscher „Evakuierungspolitiker"[55] zu distanzieren versuchten, konnten daher durchaus für die Forderung nach Annexion von Siedlungsland im Baltikum gewonnen werden, wo vermeintlich ganz ohne Gewalt und Zwang gegenüber der heimischen, nichtdeutschen Bevölkerung, ein „bäuerliches Neudeutschland"[56] entstehen sollte.

---

[53] BROEDRICH Kampf (wie Anm. 31), S. 535–536. Siehe hierzu auch Broedrichs dem Vorsitzenden des „Vereins katholischer Edelleute" Clemens Heidenreich Droste zu Vischering gewidmete Denkschrift vom Sommer 1917: „Ukrainisch-polnische und litauisch-polnische Gegensätze. Ihre Bedeutung für die Zentralmächte und westeuropäische Kultur", S. 6–8, in: LWL Archivamt Dep. VKA 85 (ohne Paginierung).
[54] Michael SCHWARTZ: Ethnische „Säuberungen" in der Moderne. Globale Wechselwirkungen nationalistischer und rassistischer Gewaltpolitik im 19. und 20. Jahrhundert (= Quellen und Darstellungen zur Zeitgeschichte, Bd. 95), München 2013, S. 178–181. Zur unterschiedlichen Wahrnehmung von baltischer Propaganda und alldeutscher Kriegszielagitation siehe: Georg Baron Manteuffel-Szoege: Mein Vater, S. 40 (wie Anm. 34).
[55] Friedrich MEINECKE: Probleme des Weltkriegs. Aufsätze, München/Berlin 1917, S. 44.
[56] BRÄUNLICH Kurländischer Frühling (wie Anm. 44), S. 109.

Dies traf nicht zuletzt auf viele Zentrumspolitiker und Kirchenvertreter zu. So konnte etwa Silvio Broedrich feststellen, dass „alle diese katholischen Kreise angenehm berührt [!]"[57] waren, als er ihnen versicherte, dass die Deutschbalten „jede Zwangsgermanisierung der Litauer, Letten und Esten"[58] ablehnen würden, da ja vielmehr die „Angliederung dieser abendländischen Gebiete an das Reich von selbst eine Assimilation dieser ganz deutsch kultivierten Stämme"[59] bewirken würde. Daneben sorgten auch die von der baltischen Propaganda besonders herausgestellten historischen Reminiszenzen an die Zeit des livländischen Ordensstaates, namentlich die auf ein päpstliches Dekret[60] zurückgehende Bezeichnung Altlivlands als „Marienland"[61] bzw. „terra Mariana"[62], unter deutschen Katholiken für Sympathien. Nicht zuletzt aber war es die agrarromantische Vorstellung, durch gelenkte Auswanderung und „Kolonisation" freien Siedlungslandes Spannungen im Kernland mindern und zugleich an der neuerschlossenen Peripherie eine von gesellschaftlichen Konflikten befreite, stabile bäuerlich-konservative Gesellschaft aufbauen zu können, die im katholischen Milieu des deutschen Kaiserreiches auf Interesse stieß.

Im Falle Clemens August von Galens und des „Vereins katholischer Edelleute" lassen sich mehrere dieser Faktoren ausmachen. Noch auf der Generalversammlung des Vereins vom 2. Februar 1916 waren die ausufernden Annexionsforderungen der Alldeutschen als „phantastische Pläne"[63] zurückgewiesen worden. Zugleich aber waren auch die

---

[57] BROEDRICH Kampf (wie Anm. 31), S. 537.
[58] Ebd.
[59] Ebd.
[60] Papst Innocenz III. hatte Livland 1215 als der Heiligen Jungfrau Maria geweihtes Land unter seinen Schutz gestellt. Die Bezeichnung selbst hatte Bischof Albert von Bremen geprägt: Helmut ROSCHER: Papst Innocenz III. und die Kreuzzüge, Göttingen 1969, S. 202.
[61] Ansgar von WOLFFEN: Die Ostseeprovinzen Estl-, Liv-, Kurland. Ihre Vergangenheit, Kultur und politische Bedeutung (= 158. Flugschrift des Dürer-Bundes), München 1917, S. 7.
[62] BROEDRICH Kampf (wie Anm. 31), S. 535–537; H. v. REVELSTEIN [d. i. Hermann von Rosen]: Der Katholizismus in den Baltischen Provinzen, in: Germania. Zeitung für das deutsche Volk, Jg. 47 , Nr. 481 (17.10.1917), Morgen-Ausgabe, S. 1–2, hier: S. 1.
[63] Vortrag des Freiherrn A. von Oer über Kriegsfragen, zitiert nach: CONRAD Stand und Konfession (wie Anm. 6), S. 180.

sich verschlechternde Ernährungslage sowie die bereits angesprochene drohende Spaltung der Zentrumspartei zur Sprache gekommen. Nach Ansicht eines der Vereinsmitglieder bestand kein Zweifel daran, dass sich die sozialen Gegensätze in Deutschland weiter verschärfen würden.[64] Unter diesen Umständen wuchs auch hier das Interesse an den von den deutschbaltischen Emigranten beworbenen Siedlungsmöglichkeiten im Baltikum, zumal in der deutschen Öffentlichkeit seit Mitte des Jahres 1915 davon ausgegangen wurde, dass zumindest Kurland und Litauen auf jeden Fall von Deutschland annektiert werden.[65] Hauptsächlich auf der Grundlage von Broedrichs Broschüre „Das neue Ostland" entwickelte Clemens August von Galen, gemeinsam mit seinem Bruder Friedrich sowie dem preußischen Landtagsabgeordneten Anton von Spee, ab April 1916 einen Plan, wonach sich der katholische Adel Deutschlands an der Besiedlung Kurlands und Litauens beteiligen sollte, um, wie er am 17. Mai 1916 an seine Mutter schrieb, „wenigstens einen Teil dieser alten ‚terra Mariana' faktisch mit Katholiken zu besiedeln"[66].

Seine Überlegungen fasste von Galen im Mai 1916 zu einer Denkschrift zusammen, die er in einem langen Vortrag, den er am 30. November 1916 auf der Generalversammlung des „Vereins katholischer Edelleute" und bald darauf auch andernorts hielt, um weitere Ausführungen ergänzte.[67]

---

[64] Ebd., S. 180–181.
[65] Georg Baron Manteuffel-Szoege: Mein Vater, S. 30 (wie Anm. 34).
[66] Clemens August von Galen an seine Mutter, 17.05.1916, in: LWL Archivamt NL Franz von Galen, Nr. 200 (ohne Paginierung).
[67] Protokoll der außerordentlichen General-Versammlung des Vereins katholischer Edelleute Deutschlands, Münster, den 30. November 1916, in: LWL Archivamt Dep. VKA 234 (ohne Paginierung).

3.
DER SIEDLUNGSPLAN

Auf die in den letzten Jahren vor Kriegsbeginn geführten Diskussionen um mögliche Auswanderungsziele für junge Adlige ausdrücklich bezugnehmend, erklärte Clemens August von Galen im Mai 1916 in einer an den Vorstand des „Vereins katholischer Edelleute" gerichteten Denkschrift, dass die „Ansiedlung auf dem Lande"[68] für Angehörige des Adels „der natürlichste Beruf" wäre und ihnen eine auskömmliche Stellung verschaffen würde, „die dem Ideal adligen Lebens, zum Nutzen auch des Volksganzen, entspräche". Die Auswanderung nach Übersee sei jedoch mit zu großen Schwierigkeiten verbunden und habe daher „vorläufig wenig Aussicht auf Verwirklichung". Allerdings habe sich in der letzten Zeit die „allgemeine Überzeugung" durchgesetzt, dass „Kurland und Litauen […] das auserwählte deutsche Ansiedlungsland der Zukunft"[69] seien. Die Besiedlung des „neuen Ostlands"[70] – auch von Galen übernahm diese Bezeichnung – werde bereits von vielen Seiten diskutiert. Das katholische Deutschland, namentlich der katholische Adel, dürfe hierbei nicht zu spät kommen, wenn seine Interessen, u. a. bei der Einrichtung von Schulen, berücksichtigt werden sollen. Insbesondere warnte er vor der Vermischung von Siedlern verschiedener Konfessionen und verschiedener Herkunftsgebiete.[71] Von Galen trat daher für die Schaffung „eine[r] starke[n] und ausgebreitete[n] katholische[n] Kolonie"[72] auf dem Boden des „Ansiedlungsgebie-

---

[68] Dieses und die folgenden Zitate: Vertrauliche Denkschrift von Cl. Aug. Graf von Galen, S. 1 (wie Anm. 37).
[69] Ebd., S. 1. In seinem Vortrag vom 30. November 1916 fügte er hinzu: *„Das ist jedenfalls allgemeine Ueberzeugung: Wenn es uns gelingt, diese weiten Gebiete zu behaupten, und zu festen, dauernden Anschluß an das deutsche Vaterland zu bringen, so würde das für uns eine Stärkung in politischer wirtschaftlicher und militärischer Hinsicht bedeuten, die der Erwerbung vieler Millionen Quadratmeilen Kolonialland in Afrika und Asien vorzuziehen wäre"*, Referat des Grafen Cl. Aug. von Galen über Ansiedelung im Osten, S. 3 (wie Anm. 14).
[70] Vertrauliche Denkschrift von Cl. Aug. Graf von Galen, S. 3 (wie Anm. 37).
[71] Vgl. ebd., S. 2–6; Clemens August v. Galen an seine Mutter, Berlin, am 17.05.1916 und am 05.12.1916, in: LWL Archivamt NL Franz von Galen, Nr. 200 (ohne Paginierung); CONRAD Stand und Konfession (wie Anm. 6), S. 181–182.
[72] Vertrauliche Denkschrift von Cl. Aug. Graf von Galen, S. 6 (wie Anm. 37).

tes"[73] im Baltikum ein. Seine Vorschläge folgten dabei ganz den von der baltischen Propaganda vermittelten Vorstellungen vom „neuen" Siedlungsland auf dem Boden der „ältesten deutschen Kolonie" und erscheinen darum im Grunde genommen wie eine Fortführung der mittelalterlichen deutschen Ostsiedlung mit modernen Methoden. Er schlug die Gründung einer „Rheinisch-Westfälischen-Ansiedelungs-Gesellschaft"[74] vor, die vor allem „die nachgeborenen Söhne"[75] des westfälischen Adels dabei unterstützen sollte, Landgüter in Kurland[76] und Litauen zu errichten. Jene Adligen sollten dann – nach Art der Lokatoren des Mittelalters – auf eigene Faust Siedler aus ihren jeweiligen Heimatregionen anwerben, welche dann im „neuen Ostland"[77] angesiedelt werden sollten. Auf diese Weise hätte jeder deutsche Gutsherr „seine" Leute gehabt.

---

[73] Ebd.
[74] Ebd. – Deutsche Siedlungsfachleute setzten seit Beginn des 20. Jahrhunderts auf halbstaatlich organisierte Siedlungsgesellschaften, die vor allem in Ostelbien Güter erwarben, parzellierten und das Land an Siedler weiterverkauften. Mit der Siedlungsgesellschaft „Rote Erde" in Münster entstand genau im Jahre 1916 auch in Westfalen eine solche Gesellschaft. Zwar wurde die „Rote Erde" erst im Juni 1916 offiziell gegründet, doch könnte von Galen hiervon schon im Vorfeld erfahren haben: Heinrich PABST: Die Methoden der heutigen bäuerlichen Ostmarkensiedlung, unter Beschränkung auf die Tätigkeit der gemeinnützigen provinziellen Siedlungsgesellschaften. Diss. rer. agr. Landwirtschaftliche Hochschule Bonn-Poppelsdorf, Ohlau in Schlesien 1929, S. 8–9; Fritz LACHENMAIER: Gesellschaft zur Förderung der inneren Kolonisation (GFK) e. V. 1912–1962, Berlin/Bonn 1962, S. 44–45.
[75] Referat des Grafen Cl. Aug. von Galen über Ansiedelung im Osten, S. 10 (wie Anm. 14).
[76] Wahrscheinlich dachte Clemens August von Galen hierbei in erster Linie an das so genannte „Kurländische Oberland", auch „Selonien" bzw. auf Lettisch „Augšzeme"/ „Sēlija" genannt. Im Gegensatz zum übrigen Kurland war hier ein bedeutender Teil der bäuerlichen Bevölkerung und des landbesitzenden Adels katholisch. Franz von Galen wies in einem im November 1916 vor dem Verein katholischer Edelleute gehaltenen Referat auf diese Region besonders hin: Vortrag des Grafen Franz v. Galen über Kurland und Litauen, 30.11.1916, S. 1, S. 6, in: LWL Archivamt Dep. VKA 85 (ohne Paginierung). Allgemein zum Oberland und den dortigen konfessionellen Verhältnissen: Otto von KORI: Die Bedeutung glaubens- und zugleich volkstumsverschiedener Eheschließungen für die deutsche Familie im Baltikum, in: Jahrbuch des baltischen Deutschtums, Bd. XLVII (2000), S. 26–32, hier: S. 26–27; Jānis STRADIŅŠ: Sēlijas problēma laikmetu skatījumā [*Das Problem Selonien in der Betrachtung der Zeitalter*], in: Andris CAUNE (Hg.): Latvijas zemju robežas 1000 gados [*Die Grenzen der Länder Lettlands in 1000 Jahren*], Rīga 1999, S. 271–282.
[77] Referat des Grafen Cl. Aug. von Galen über Ansiedelung im Osten, S. 11 (wie Anm. 14).

Es ging von Galen dabei sowohl um die Erneuerung des Adels als Stand als auch um die gewünschte „Kräftigung des christlich konservativen Volksteils"[78] Deutschlands. Die katholischen Adligen mit ihren Familien sollten die „Führer und Vorbilder"[79] der deutschen Siedler bilden und besonders in Litauen jene Oberschichtenrolle übernehmen, die der deutschbaltische Adel in Kurland gegenüber den Letten einnahm. Als „Pionire des Deutschtums"[80], so von Galen, sollten sie der lettischen und litauischen Bevölkerung „Fortschritt und Kultur, aber auch Gerechtigkeit und Freiheit bringen"[81] und sie „zum inneren Anschluß an das neue Vaterland"[82] anleiten. Grundsätzlich betonte er immer wieder, dass es nicht das Ziel der deutschen Ansiedlungspolitik sei, die Letten und Litauer „zu verdrängen oder gar auszurotten, sondern sie selbst zu deutschem Denken und Fühlen, zu Hochachtung und Liebe für das neue Vaterland zu erziehen."[83] Die Möglichkeit, dass in Kurland und Litauen Landbesitz zur Verteilung an deutsche Siedler beschlagnahmt und enteignet würde, bildete für von Galen keine gangbare Alternative. Dies widersprach seinen Auffassungen von Recht und Gesetz. Schon vor dem Krieg hatte er darum zu den Kritikern eines 1908 erlassenen Gesetzes gehört, das den preußischen Staat ermächtigte, zur Ansiedlung deutscher Bauern in den Provinzen Posen und Westpreußen polnische Großgrundbesitzer zu enteignen.[84] Dass solche „bedenklichen Gewaltmittel"[85] in Kurland und Litauen angewendet würden, erwartete er allerdings nicht. Vielmehr vertrauten sowohl von Galen als auch die Befürworter seiner Pläne voll und ganz den Behaup-

---

[78] Ebd., S. 6.
[79] Ebd., S. 8.
[80] Ebd., S. 10.
[81] Ebd.
[82] Ebd.
[83] Ebd., S. 8.
[84] Barbara IMBUSCH: „... nicht parteipolitische, sondern katholische Interessen ...". Clemens August Graf von Galen als Seelsorger in Berlin 1906 bis 1929, in: Joachim Kuropka (Hg.): Clemens August Graf von Galen. Neue Forschungen zum Leben und Wirken des Bischofs von Münster, Münster 1992, S. 31–59, hier: S. 39. Zu dem Gesetz: SCHWARTZ Ethnische Säuberungen (wie Anm. 54), S. 165–172. Gerade die Zentrumspartei war als entschiedene Gegnerin des Enteignungsgesetzes aufgetreten.
[85] Referat des Grafen Cl. Aug. von Galen über Ansiedelung im Osten, S. 6 (wie Anm. 14).

tungen der baltischen Propaganda, dass freies Siedlungsland – von Galen sprach von „Raum für noch viele deutsche Einwanderer"[86] – in reichem Maße zur Verfügung stehe. Nach den Worten Anton von Spees handelte es sich bei dem von Graf Galen entwickelten Siedlungsprojekt sogar um eine „friedliche Kolonisation"[87], da der Landbesitz der heimischen Bevölkerung dabei unangetastet bleiben sollte.

Was dagegen in diesen Plänen durchschien, war eine Idealvorstellung von den deutschen Ordensrittern als Missionaren, die den dortigen „Eingeborenen"[88] aus christlicher Nächstenliebe den rechten Glauben, Bildung und abendländische Kultur vermittelten und sie damit auf eine höhere Zivilisationsstufe „hoben". Die Wiederaufnahme jener Mission des Deutschen Ordens betrachtete von Galen darum als ehrenvolle Aufgabe, ja geradezu als Privileg des katholischen Adels Deutschlands. Eben deshalb bezeichnete er die Werbung für sein Vorhaben, wie eingangs erwähnt, auch als „Aufruf zu einem ‚modernen Kreuzzug'"[89]. Den Abschluss jener Mission hätte die vollständige Germanisierung der heimischen Bevölkerung oder, wie von Galen es ausdrückte, „die Assimilierung der Landesbewohner im Sinne des Deutschtums"[90] gebildet. Das Ziel der Germanisierung der Litauer und Letten schien dabei mit dem betont friedlichen Charakter des baltischen Siedlungsplans des Grafen Galen überhaupt nicht im Widerspruch zu stehen, denn in den baltischen Propagandabroschüren wurde ja stets behauptet, dass die Litauer, Letten und Esten bald schon freiwillig die deutsche Sprache und Identität annehmen würden, wenn man sie nur entsprechend behandelte.

Erst allmählich sollten in dieser Hinsicht Anspruch und Realität miteinander in Konflikt geraten, als nämlich im Laufe des Jahres 1917 erste Schritte zur Umsetzung dieses Vorhabens unternommen wurden.

---

[86] Vertrauliche Denkschrift von Cl. Aug. Graf von Galen, S. 1 (wie Anm. 37).
[87] Coreferat des Grafen A. Spee über Besiedelung im Osten, 30.11.1916, Anlage 2 zum Protokoll der außerordentlichen General-Versammlung des Vereins katholischer Edelleute Deutschlands vom 30.11.1916, S. 3, in: LWL Archivamt Dep. VKA 85 (ohne Pag.).
[88] Ebd., S. 2.
[89] Handschriftlicher Vermerk Clemens August von Galens (wie Anm. 7).
[90] Referat des Grafen Cl. Aug. von Galen über Ansiedelung im Osten, S. 6 (wie Anm. 14).

4.
Sammlung von Unterstützern
für das Siedlungsprojekt

Für seinen Siedlungsplan versuchte Clemens August von Galen, unterstützt von Friedrich von Galen und Anton von Spee, durch Vortragsreisen und Denkschriften den gesamten katholischen Adel Deutschlands, die großen katholischen Bauernvereine sowie den preußischen Landwirtschaftsminister zu gewinnen.[91] Erstaunlich ist, wie wenig dabei eine Beschäftigung mit dem eigentlichen, sehr multiethnisch geprägten, Litauen stattfand. So fand etwa die zahlreiche jüdische Bevölkerung Wilnas und anderer litauischer Städte[92] überhaupt keine Erwähnung. Vielmehr beriefen sich alle Beteiligten sich auf das von der baltischen Propaganda eifrig bemühte Bild von den Ostseeprovinzen, insbesondere von Kurland, als einem alten „deutschen" Land. Offenbar schwang dabei die Vorstellung mit, dass gerade rheinisch-westfälische Adlige – deren Ahnen, wie in diesem Zusammenhang stets betont wurde, ja einst in der Zeit des Deutschen Ordens nach Preußen und Livland gezogen waren[93] – dazu befähigt wären, Litauen an Kurland anzugleichen, hier also gewissermaßen ein katholisches Land als Ergänzung zu den drei Ostseeprovinzen zu schaffen. Als Clemens August von Galen seinen Siedlungsplan dem „Verein katholischer Edelleute" vorstellte, betonte Anton von Spee beispielsweise in einem Koreferat:

---

[91] Siehe hierzu: die Briefe Friedrich von Galens an Clemens Heidenreich Droste zu Vischering vom 26.04.1916, 18.12.1916, in: LWL Archivamt Dep. VKA 85 (ohne Paginierung); Briefe Clemens Aug. v. Galens an Clemens Heidenreich Droste zu Vischering vom 06.09.1916, 23.09.1916, 08.03.1917, in: LWL Archivamt Dep. VKA 181, Bl. 3, Bl. 6, Bl. 8; Clemens August v. Galen an seine Mutter, Berlin, den 05.12.1916, in: LWL Archivamt NL Franz von Galen, Nr. 200 (ohne Paginierung).
[92] Zur Lage der jüdischen Bevölkerung Litauens unter der deutschen Besatzung im Ersten Weltkrieg siehe u. a.: Laimonas Briedis: Vilnius. City of Strangers, Vilnius / Budapest / New York 2009, S. 163–193.
[93] Vgl. Referat des Grafen Cl. Aug. von Galen über Ansiedelung im Osten, S. 11 (wie Anm. 14); Vertrauliche Denkschrift von Cl. Aug. Graf von Galen, S. 5 (wie Anm. 37).

Wer könnte berufener sein, zu solcher Arbeit [der Ansiedlung deutscher Kolonisten im Baltikum, R.ºH.], als die Söhne des altangesessenen rheinisch-westfälischen Adels, deren Namen heute noch vielfach blühen in jenen Gegenden aus der Zeit her, als die vorbildliche Tätigkeit des Deutschen Ordens kolonisierte. Sie sind berufen, an der Spitze einer solchen Bewegung zu marschieren.[94]

Ähnlich schrieb auch von Galen in seiner Denkschrift vom Mai 1916:

So würden wir anknüpfend an die Heldentaten unserer Vorfahren, „der Ahnen wert", in friedlicher Eroberung der Allerheiligsten Jungfrau wenigstens einen Teil ihres verlorenen „Wittums" zurückerwerben.[95]

Tatsächlich ernteten solche Aufrufe innerhalb des Vereins katholischer Edelleute großen Zuspruch. Auch darüber hinaus fanden die Vorschläge von Galens viel Anklang. So signalisierte beispielsweise der Präsident der Vereinigung der deutschen Bauernvereine und Vorsitzende des Westfälischen Bauernvereins Engelbert von Kerckerinck zur Borg seine Unterstützung für das Vorhaben[96]. Der bayerische Edelleuteverein beschloss bereits seine finanzielle Beteiligung bei dem geplanten Besiedlungsunternehmen und bestellte 130 gedruckte Exemplare der Vorträge Clemens August und Friedrich von Galens. Der bayerische Ministerpräsident und spätere Reichskanzler Georg von Hertling sowie der preußische Landwirtschaftsminister Clemens von Schorlemer-Lieser, der selbst dem katholischen Adel Westfalens entstammte, versprachen, sich für das Vorhaben zu verwenden.[97]

---

[94] Coreferat des Grafen A. Spee über Besiedelung im Osten nach dem Kriege, 30.11.1916, S. 18–19 (wie Anm. 87).
[95] Vertrauliche Denkschrift von Cl. Aug. Graf von Galen, S. 6–7 (wie Anm. 37).
[96] Engelbert von Kerckerinck an Cl. H. Droste zu Vischering, 06.11.1916, in: LWL Archivamt Dep. VKA 85 (ohne Paginierung).
[97] Clemens v. Schorlemer-Lieser war überdies Mitglied des „Vereins kath. Edelleute" und ein Onkel Clemens August v. Galens, vgl. Clemens Aug. v. Galen an Cl. H. Droste zu Vischering, 24.01.1917, in: LWL Archivamt Dep. VKA 181, Bl. 7; Protokoll der 63. Or-

Durch die Aktivitäten der Gruppe um Clemens August von Galen fand die von der baltischen Propaganda verbreitete Kolonialphantasie, dass Katholiken zu einer von der mittelalterlichen Ostsiedlung inspirierten deutschen Landnahme im Baltikum einen wichtigen Beitrag leisten sollten, auch unter hohen geistlichen Würdenträgern wachsende Anteilnahme. So bezeugte der Erzbischof von Köln und Vorsitzende der Deutschen Bischofkonferenz Felix Kardinal von Hartmann sein „lebhafte[s] Interesse"[98] an dem Siedlungsplan von Galens. Broedrich, auf dessen Expertise in Ansiedlungsfragen sich die Grafen von Galen und Anton von Spee wiederholt beriefen,[99] erhielt durch ihre Vermittlung eine Audienz bei Kardinal Faulhaber in München und eine Einladung des Paderborner Bischofs Karl Joseph Schulte,[100] in Paderborn einen Vortrag über die „politische Lage im Osten"[101] zu halten.

Ebenso sprachen sich weitere Vertreter des rechten Flügels der Zentrumspartei für eine deutsche Landnahme im Baltikum, vornehmlich in Litauen, aus. So stimmte der bayerische Staatsminister des Innern und Zentrumsabgeordnete Friedrich von Brettreich anlässlich einer Landtagsdebatte über Versorgungsmöglichkeiten für Kriegsopfer und Flüchtlinge ausdrücklich Anregungen zu, für heimkehrende bayerische Soldaten „im Osten"[102] Siedlungsland zu sichern und solche Vorschläge „namentlich für katholische Ansiedler auch auf Litauen ausdehnen [zu] wollen."[103] Selbst die „Germania", das offizielle Blatt der Zentrumspartei, warb im Frühjahr 1917 bei ihren Lesern mit zwei mit

---

dentlichen General-Versammlung des Vereins kath. Edelleute, 02.02.1917, in: LWL Archivamt Dep. VKA 234 (ohne Paginierung); Friedrich v. Galen an Cl. H. Droste zu Vischering, 18.12.1916, in: LWL Archivamt Dep. VKA 181 (ohne Paginierung); CONRAD Stand und Konfession (wie Anm. 6), S. 182.

[98] Felix Kardinal v. Hartmann an Cl. H. Droste zu Vischering, 28.11.1916, in: LWL Archivamt Dep. VKA 85 (ohne Paginierung).

[99] Vgl. Coreferat des Grafen A. Spee, S. 11–12 (wie Anm. 87); Vertrauliche Denkschrift von Cl. Aug. Graf von Galen, S. 2–3, S. 6 (wie Anm. 37).

[100] BROEDRICH Kampf (wie Anm. 31), S. 536–538; Clemens Aug. v. Galen an Clemens Heidenreich Droste zu Vischering, 15.07.1917, in: LWL Archivamt Dep. VKA 181 (ohne Paginierung).

[101] BROEDRICH Kampf (wie Anm. 31), S. 537.

[102] Rede des Abgeordneten v. Preysing, 19.03.1918, zitiert nach: ANONYM: Das Ostland im bayerischen Landtage, in: Deutsche Zeitung, Jg. 23, Nr. 152 (24.03.1918), S. 3.

[103] Staatsminister v. Brettreich, in: ebd.

"Siedlungsaussichten für Katholiken"[104] betitelten Artikeln für eine deutsche Kolonisation baltischer Gebiete.[105] Mehrere in der „Germania" veröffentlichte Beiträge berichteten zudem über den vermeintlich durch und durch „deutschen" Charakter der Ostseeprovinzen, namentlich Kurlands, und erweckten den Anschein, als sei das Baltikum im Grunde genommen bereits ein Teil des Deutschen Reiches.[106]

Innerhalb des Zentrums wurden jedoch auch andere Stimmen laut. Der württembergische Reichstagsabgeordnete Matthias Erzberger, der für jenen Teil der Zentrums-Fraktion stand, die eine Verständigung mit der Sozialdemokratie suchte, machte sich ab Sommer 1917 zum Anwalt der litauischen Unabhängigkeitsbestrebungen. Die Frage, welche Motive sich hinter Erzbergers Engagement für Litauen verbargen, hat die Forschung bislang noch nicht klar beantworten können.[107] Erzberger schwebte ein litauisches Königreich unter einem Angehörigen des württembergischen Herrscherhauses vor, das ein enges Bündnis mit dem Deutschen Reich eingehen sollte.[108] Ein wirklich unabhängiges litauisches Staatswesen wäre auch in diesem Fall nicht entstanden, doch unterschieden sich Erzbergers politische Konzeptionen deutlich von den Plänen, Litauen in fernerer Zukunft als Teil eines „neuen Ostlandes" zu germanisieren.[109] Ob und inwiefern Erzbergers Einsatz für einen selbstständigen litauischen Staat auch als Reaktion auf die Kolonisationspläne Clemens August von Galens zu sehen ist, muss noch

---

[104] ANONYM.: Siedlungsaussichten für Katholiken, in: Germania. Zeitung für das deutsche Volk, Jg. 47, Nr. 129 (17.03.1917), Abend-Ausgabe, S. 2.
[105] Ebd.; ANONYM.: Siedlungsaussichten für Katholiken (II). In: Germania. Zeitung für das deutsche Volk, Jg. 47, Nr. 133 (20.03.1917), Abend-Ausgabe, S. 2.
[106] Rebecca AYAKO BENNETTE: Remapping the German Homeland: Germania and Catholic Efforts to Mobilise Continued Support during the First World War, in: Immigrants & Minorities. Historical Studies in Ethnicity, Migration and Diaspora, Vol. 35 (2017), No. 3, S. 237–255, hier S. 245–247.
[107] Für einen kurzen Überblick über die verschiedenen Erklärungsansätze siehe: Vilma VASKELAITĖ: Die Litauische Frage im Deutschen Reichstag 1915–1918, in: Annaberger Annalen über Litauen und deutsch-litauische Beziehungen, Nr. 27 (2019), S. 62–87, hier: S. 70–73.
[108] Zunächst hatte Erzberger sogar die Einsetzung des deutschen Kaisers als litauischen Monarchen befürwortet: KLARE Imperium ante portas (wie Anm. 10), S. 237–238; VASKELAITĖ Litauische Frage im Deutschen Reichstag (wie Anm. 107), S. 69, S. 73–74.
[109] Ebd., S. 74.

näher untersucht werden. Im seinen Erinnerungen schweigt Erzberger hierzu.[110] Aus mehreren Briefen Clemens August von Galens lässt sich jedoch entnehmen, dass dieser Erzberger offen ablehnte.[111] Friedrich von Galen wurde damals sogar als Erzbergers unmittelbarer politischer „Antipode"[112] bezeichnet. Eine Zusammenarbeit zwischen Erzberger und Clemens August von Galen erscheint auf jeden Fall ausgeschlossen. Verbindungen ergaben sich hingegen zwischen Friedrich von Galen und offiziellen Vertretern des Königreiches Sachsen, die für die Einsetzung des Prinzen Friedrich Christian von Sachsen auf einem künftigen litauischen Thron warben. Dahinter standen freilich ganz eigene Pläne der sächsischen Staatsregierung, sich auf diese Weise entweder Kurland oder Litauen exklusiv als Siedlungsland für sächsische Kolonisten zu sichern.[113]

Aktive Unterstützung erfuhr das von Clemens August von Galen entworfene Siedlungsprojekt vor allem durch den „Raphaelsverein zum Schutze katholischer deutscher Auswanderer" und den mit ihm eng verbundenen „Caritasverband für das katholische Deutschland", dessen Präsident, Prälat Lorenz Werthmann, sich besonders für die

---

[110] Als Gegenspieler seiner Litauen-Politik benennt Erzberger ausschließlich die deutschen Besatzungsbehörden im Baltikum: Matthias ERZBERGER: Erlebnisse im Weltkrieg, Berlin / Stuttgart 1920, S. 183–196.
[111] So schrieb Clemens August von Galen am 17.05.1918 an seine Mutter: „Ich habe die Hoffnung, daß die ‚Ära Erzberger' zu Ende geht; die Fraktion ihn unschädlich machen [wird], wenn sie noch behaupten will, aus Volksvertretern zu bestehen", zitiert nach: CONRAD Stand und Konfession (wie Anm. 6), S. 183 Anm. 334. Siehe auch: Cl. Aug. v. Galen an Clemens Heidenreich Droste zu Vischering, 15.07.1917, LWL Archivamt Dep. VKA 181 (ohne Paginierung).
[112] Bericht des Grafen Schönburg-Glauchau über Gespräche in der litauischen Angelegenheit, 19.04.1918, SHStA Dresden, 10719, Nr. 0290, Bl. 3 E.
[113] Ebd. Ausführlich zu den sächsischen Ambitionen im Baltikum: Walter MOHRMANN: Zur annexionistischen Kriegspolitik des Königreiches Sachsen gegenüber Litauen 1917/18, in: Jahrbuch für Geschichte der UdSSR und der volksdemokratischen Länder Europas, Bd. 10 (1967), S. 133–158; Reiner POMMERIN: Ein Wettiner in Wilna? Sachsens Kriegsziele im Ersten Weltkrieg, in: Dirk Reitz / Hendrik Thoß (Hg.): Sachsen, Deutschland und Europa im Zeitalter der Weltkriege (= Chemnitzer Europastudien, Bd. 22), Berlin 2019, S. 17–38; Gerd LINDE: Die deutsche Politik in Litauen im Ersten Weltkrieg, Wiesbaden 1965, S. 183–198.

Ansiedlung katholischer Russlanddeutscher in Litauen einsetzte.[114] Gemeinsam mit L. Werthmann beteiligte sich Clemens August von Galen am 19. August 1916 an der Gründung der so genannten „Vereinigung für deutsche Siedlung und Wanderung" (VfdSW), einem vom Alldeutschen Verband initiierten Zusammenschluss sämtlicher namhafter Organisationen in Deutschland, die sich der Betreuung deutscher Auswanderer, der Unterstützung deutscher Minderheiten im Ausland sowie der Siedlungspolitik verschrieben hatten. Zu den Mitgliedern der VfdSW zählten u. a. die Deutsche Kolonialgesellschaft, die Gesellschaft zur Förderung der inneren Kolonisation, der Gustav-Adolf-Verein, der Verein für das Deutschtum im Ausland, der erwähnte Raphaelsverein zum Schutze katholischer deutscher Auswanderer, der Caritasverband sowie der Deutsche Ostmarkenverein. Vorsitzender wurde der ehemalige Gouverneur von Deutsch-Südwestafrika, Friedrich von Lindequist. Tonangebend innerhalb der VfdSW waren Experten für Ansiedlungsfragen, wie der preußische Regierungspräsident Friedrich von Schwerin, die als führende Mitglieder des Alldeutschen Verbandes bereits vor dem Krieg dessen Programmatik entscheidend mitgeprägt hatten. Ihr langfristiges Ziel war die Schaffung eines geschlossenen deutschen Siedlungsgebiets in Mitteleuropa, das als autarker und ethnisch homogener kontinentaler Machtblock die Basis für eine Weltmachtstellung des Deutschen Reiches bilden sollte. Dementsprechend verfolgte auch die VfdSW erklärtermaßen die Absicht, sämtliche Wanderungsbewe-

---

[114] Vgl. Franz Rendtdorff an Alexander v. Bernewitz, 20.11.1917, in: Evangelisches Zentralarchiv Berlin (im Folgenden: EZA) 2001/4208, Bl. 152; Eingabe des Caritasverbandes für das kath. Deutschland an den Reichskanzler betreffs Ansiedlung deutscher Katholiken aus Russland in Litauen, 5. Juli 1918, in: Bundesarchiv Berlin-Lichterfelde (im Folgenden: BArch Berlin) R 1501/118387, Bl. 156. Lorenz Werthmann, findet als Gründer und langjähriger Präsident des Deutschen Caritasverbandes bis heute Würdigung. Weniger bekannt ist allerdings, dass er als Spezialist für deutsche Auswanderung und „Auslandsdeutschtum" zugleich auch ein engagierter Befürworter deutscher Kolonialbestrebungen war. Werthmanns Biographie wird gegenwärtig durch den Freiburger Historiker Heiko Wegmann kritisch aufgearbeitet: Tim KÖRNER (Interview): Historiker über Caritas-Gründer Werthmann: „Biografien als historische Sonden". Heiko Wegmann erforscht die Befürworter des Kolonialismus. Dabei stieß er auf Lorenz Werthmann. Dem ging es um die Christianisierung der Kolonialisierten, in: taz. die tageszeitung, 10.04.2021: https://taz.de/Historiker-ueber-Caritas-Gruender-Werthmann/!5759220/ [letzter Zugriff 03.04.2022].

gungen von Deutschen in aller Welt zentral zu organisieren und sie möglichst nach Deutschland bzw. in von Deutschland kontrollierte Gebiete zu lenken. Zum Teil ging es dabei um Umsiedlungsmaßnahmen, die Millionen Menschen betroffen hätten.[115] Clemens August von Galen ließ sich im Frühjahr 1917 in den Vorstand der VfdSW wählen und erreichte, dass ihr im Laufe des Jahres mit dem Bonifatius-Verein noch eine weitere wichtige katholische Organisation beitrat. Auch betrieb er den Beitritt des „Vereins katholischer Edelleute".[116]

Bei allem Enthusiasmus, hier nun einen starken Rückhalt zur Umsetzung seiner Siedlungsvorhaben gefunden zu haben, ja „vielleicht noch die Führung"[117] bei der Ansiedlung von Deutschen in Kurland und Litauen „zu behalten"[118], versuchten die meisten katholischen Verfechter einer Besiedlung und Germanisierung des Baltikums, speziell Clemens August von Galen, sich von den radikalen Forderungen der Alldeutschen weiterhin abzugrenzen. Zwar finden sich in den erhaltenen Sitzungsprotokollen der VfdSW keine Hinweise darauf, dass in den von ihr gebildeten Fachausschüssen die Enteignung oder gar Vertreibung nichtdeutscher Bevölkerungsgruppen geplant worden wäre, doch hatten auch andere Vorhaben, die hier zur Sprache kamen, einen eindeutig expansiven Charakter. So erklärte beispielsweise der Nationalökonom Max Sering auf einer Sitzung vom 18. Februar 1918, auf der auch von Galen anwesend war:

---

[115] Friedrich von LINDEQUIST: 1. Jahresbericht (1917) der Vereinigung für Deutsche Siedlung und Wanderung, S. 1, in: EZA 2001/843, Bl. 72; Satzungen der VfdSW vom Januar 1917, EZA 2001/843, Bl. 4. Zu den Siedlungsexperten und deren Zielen: Johannes LEICHT: Biopolitik, Germanisierung und Kolonisation. Alldeutsche Ordnungsutopien einer ethnisch homogenen „Volksgemeinschaft", in: Jahrbuch für Antisemitismusforschung 19 (2010), S. 151–177, hier: S. 156–164; Dankwart GURATZSCH: Macht durch Organisation. Die Grundlagen des Hugenbergschen Presseimperiums (= Studien zur modernen Geschichte, Bd. 7), Düsseldorf 1974, S. 47–66; LERP Grenzräume (wie Anm. 10), S. 223.
[116] Der „Verein kath. Edelleute" trat der VfdSW zwar nicht bei, unterzeichnete allerdings einen ihrer Aufrufe, vgl. Cl. Aug. v. Galen an Cl. H. Droste zu Vischering, 08.03.1917 in: LWL Archivamt Dep. VKA 181, Bl. 8; Cl. H. Droste zu Vischering an Friedrich v. Lindequist, 05.05.1917, in: LWL Archivamt Dep. VKA 85 (ohne Paginierung).
[117] Cl. Aug. v. Galen an Cl. H. Droste zu Vischering, 08.03.1917 (wie Anm. 116), Bl. 8.
[118] Ebd.

> Bisher hatten wir nur eine Siedlungsmöglichkeit in Kurland, jetzt auch in Livland und Estland. Die Polen sind sehr eingeengt und hoffentlich gelingt es, sie nach Norden noch mehr einzuengen. [...] Litauen müsste erweitert werden durch das Gebiet von Grodno und Wilna und müsste Weissrussland, soweit es besetzt ist, an Litauen kommen. Dort wäre ein Damm gegen die Polen durch Ansiedlung Deutscher zu bauen.[119]

Eine unmittelbare Reaktion von Galens auf diese oder auch andere derartige Aussagen ist nicht überliefert. In einem Brief an den Vorsitzenden des „Vereins katholischer Edelleute" Clemens Heidenreich Droste zu Vischering meinte er allerdings, unter den verschiedenen Interessen und Tendenzen innerhalb der VfdSW zeige sich auch „ein gewisses ‚Alldeutschtum', das in Gefahr kommt, die Nächstenliebe zu verletzen"[120]. Nicht zuletzt aber fragte von Galen im Vorstand der VfdSW wiederholt kritisch nach, ob denn das vielfach erwähnte freie Siedlungsland im Baltikum wirklich zur Verfügung stehe.[121]

Dennoch war er bereit, sich für die Vorhaben der VfdSW einspannen zu lassen. Schon in ihren ersten Verlautbarungen hatte diese das Versprechen abgegeben, bei ihren Siedlungsvorhaben „konfessionelle Ziele"[122] berücksichtigen zu wollen und dementsprechend evangelische Siedler in die Ostseeprovinzen zu lenken, katholische Siedler dagegen hauptsächlich nach Litauen. In einem Ende August 1917 angefertigten Gutachten erklärten Friedrich von Lindequist und Friedrich von Schwerin, dass es wohl problemlos gelingen werde, das ganze Baltikum mit deutschen Bauern zu kolonisieren. Um die Litauer von den Vorteilen einer Angliederung ihres Landes an das Deutsche Reich zu

---

[119] Bericht über die Sitzung des Ausschusses für praktische Siedlung und Wanderung, des wissenschaftlichen Ausschusses einschließlich des österreichisch-ungarischen Ausschusses, 18.02.1918, S. 13, in: EZA 2001/843, Bl. 60.
[120] Cl. Aug. v. Galen an Cl. H. Droste zu Vischering, 11.08.1917, in: LWL Archivamt Dep. VKA 181, Bl. 10.
[121] VfdSW, Bericht über die Sitzung des Gesamtvorstandes am Dienstag, dem 5. Februar 1918, S. 10, S. 12, in: EZA 2001/843, Bl. 64.
[122] Freiherr M. v. Fürstenberg, in: Protokoll der 63. Ordentlichen General-Versammlung (wie Anm. 97).

überzeugen und um konfessionelle Gegensätze zwischen ihnen und den deutschen Siedlern zu vermeiden, sei es notwendig, nach Litauen vor allem katholische deutsche Bauern zu bringen und hier eine neue Oberschicht aus deutschen Katholiken zu bilden, die als „Kulturträger"[123] die „Belehrung der alten Einwohner"[124] übernehmen sollten. Solche Ausführungen deckten sich natürlich ganz mit dem, was Clemens August von Galen propagiert hatte, und nährten bei ihm und den Befürwortern seines Siedlungsplans die Hoffnung, ihre Vorhaben irgendwie umsetzen zu können.[125] Wohl nicht ganz zufällig war dem Reichskanzler und dem Reichsamt des Innern Ende April 1918[126] eine Denkschrift übermittelt worden,[127] in der „eine planmäßige Ansiedlung deutscher Katholiken in Littauen"[128] gefordert wurde. Anstelle einer Unterschrift trug das Memorandum die Initialen „C. G.", was sehr wahrscheinlich für Clemens August von Galen stand, deckten sich die darin skizzierten Vorhaben doch weitgehend mit dem „katholischen" Siedlungsprojekt, für das er seit 1916 so enthusiastisch warb. So enthielt die Denkschrift u. a. den Vorschlag, deutsche Bischöfe bei der katholischen Geistlichkeit Litauens bzw. durch deren Vermittlung bei der litauischen Bevölkerung für eine wohlwollende Stimmung gegenüber dem deutschen Ansiedlungsprogramm sorgen zu lassen.[129] Zudem wurde empfohlen, eine *„deutsch-littauische Ansiedlungs-Gesellschaft"*[130] zu gründen, die unter der Aufsicht des deutschen Episkopats stehen sollte. Hierdurch könne garantiert werden, dass in Litauen ausschließ-

---

[123] Bericht des Staatssekretärs a. D. von Lindequist und des Regierungs-Präsidenten von Schwerin über die in der Zeit vom 22. Juli 1917 bis 12. August ausgeführte Reise durch Kurland und Litauen, S. 12, in: Bundesarchiv Koblenz N 1210/17 (ohne Paginierung).
[124] Ebd., S. 13.
[125] Siehe hierzu die Ausführungen des Prälaten Werthmann in: VfdSW, Bericht, über die Mitgliederversammlung am Freitag, den 21. Juni 1918, in: EZA 2001/843, Bl. 89 sowie das Protokoll der 63. ordentlichen General-Versammlung (wie Anm. 97).
[126] Unterstaatssekretär von Radowitz an Staatssekretär des Innern, 29. April 1918, in: BArch Berlin R 1501/118386, Bl. 211.
[127] Betrifft die Ansiedlung katholischer Deutscher Rückwanderer nach dem Kriege", Berlin, den 25. April 1918, C. G., in: BArch Berlin R 1501/118386, Bl. 212–217.
[128] Ebd., Bl. 214.
[129] Ebd., Bl. 216.
[130] Ebd., Bl. 217.

lich deutsche Katholiken zur Ansiedlung kämen und kein „Widerstreit zwischen Ansiedlern und Urbevölkerung"[131] entstehe. Mit den reellen Verhältnissen in den deutsch besetzten Gebieten im Baltikum hatten solche Ausführungen wenig zu tun; trotzdem hielten Clemens August von Galen und mit ihm auch andere maßgebliche Personen[132] in Deutschland an der Vorstellung fest, die Bevölkerung Litauens und der Ostseeprovinzen bestehe nur aus einfachen Bauern die – richtig behandelt – sich dankbar unter die Herrschaft der Vertreter der „höheren" deutschen Kultur fügen werden, um irgendwann ganz mit den deutschen Siedlern zu verschmelzen. Noch im August 1918 war von Galen bereit, auf Veranlassung der VfdSW, mit dem Prälaten Lorenz Werthmann und dem aus der Ukraine gebürtigen Pfarrer Markus Glaser[133] die eingangs angesprochene Erkundungsreise durch Litauen sowie Teile Kurlands und Lettgallens zu unternehmen.

---

[131] Ebd., Bl. 215.
[132] So vertrat beispielsweise Friedrich von Payer, ab Juli 1917 Vizekanzler des Deutschen Reiches, sogar noch in seinen 1923 veröffentlichten Erinnerungen die Überzeugung, die lettische Bevölkerung Kurlands, Livlands und Lettgallens hätte durch eine deutschen Kolonisation sowohl wirtschaftlich als auch politisch nur profitieren können: Friedrich PAYER: Von Bethmann-Hollweg bis Ebert. Erinnerungen und Bilder, Frankfurt am Main 1923, S. 241.
[133] Glaser, der aus einer schwarzmeerdeutschen Kolonistenfamilie stammte, war Geistlicher in der hauptsächlich aus deutschsprachigen Gläubigen bestehenden südrussischen Diözese Tiraspol gewesen. Im Anschluss an die Februarrevolution in Russland war er nach Berlin gereist, um über die Rückkehr der Russlanddeutschen nach Deutschland zu verhandeln: Christoph Ernst SUTTNER: Markus Glaser und Alexander Frison: zwei Glaubenszeugen unter den Fratres Majores des Collegium Germanicum et Hungaricum de Urbe, in: Studia Theologica Transsylvaniensia. A *Gyulafehérvári* Római Katolikus Hittudományi Főiskola Teológiai Folyóirata, Jg. 9 (2007), S. 95–108, hier: S. 101–102.

5.

DIE ERKUNDUNGSREISE INS BALTIKUM
UND IHRE FOLGEN

Zum Zeitpunkt, als von Galen, Werthmann und Glaser nach Litauen aufbrachen, waren die Vorbereitungen zur Gründung eines eigenen litauischen Staatswesens in vollem Gange. Die Oberste Heeresleitung und die Reichsregierung hatten sich im Laufe des Vorjahres darauf geeinigt, im Baltikum eine Reihe von Staatswesen errichten zu lassen, die nach innen als selbstständige staatliche Gebilde, jedoch nach außen als feste untrennbare Bestandteile des Deutschen Reiches erscheinen sollten.[134] Durch die stetige Ansiedlung deutscher Kolonisten sollte die Bevölkerung dieser Staaten allmählich germanisiert werden,[135] wobei auch in diesen Plänen ausdrücklich vorgesehen war, in Kurland vornehmlich deutsche Protestanten, in Litauen dagegen deutsche Katholiken anzusiedeln.[136] Die Gegensätze zwischen den deutschen Vorhaben im Baltikum und den Wünschen der davon betroffenen Bevölkerungsgruppen traten jedoch immer mehr hervor. Von den deutschen Besatzungsbehörden in Litauen einberufene Versammlungen hatten nur äußerst widerstrebend Absichtserklärungen formuliert, dass der künf-

---

[134] Martin GROSCH: Johann Victor Bredt. Konservative Politik zwischen Kaiserreich und Nationalsozialismus. Eine politische Biographie, Berlin 2014, S. 156–167; Dieter LANGEHR: Die Politik des imperialistischen Deutschlands gegenüber Litauen in den Jahren 1917 bis 1919. Phil. Diss. Ernst-Moritz-Arndt-Universität Greifswald, Greifswald 1982, S. 64–78.
[135] Wilhelm LENZ: Deutsche Siedlungspläne im Baltikum während des Ersten Weltkrieges, in: Ortwin Pelc / Gertrud Pickhan (Hg.): Zwischen Lübeck und Novgorod. Wirtschaft, Politik und Kultur im Ostseeraum vom frühen Mittelalter bis ins 20. Jahrhundert, Lüneburg 1996, S. 391–419, hier S. 401–419; Robert STUPPERICH: Siedlungspläne im Gebiet des Oberbefehlshabers Ost (Militärverwaltung Litauen und Kurland) während des Weltkrieges, in: Jomsburg. Völker und Staaten im Osten und Norden Europas, Jg. 5 (1941), S. 348–367; Ernst Dietrich HOLTZ: Deutsche Siedlung im Baltenland (= Schriften zur Förderung der inneren Kolonisation, Heft 31), Berlin 1920, S. 31–51; A. SCHWABE [d. i. Arveds Švābe]: Courte Histoire Agraire de la Lettonie, Riga 1926, S. 52–60.
[136] Vgl. Ergebnis der Besprechung im Großen Hauptquartier am 31. Juli 1917, in: BArch Berlin R 43/2477, Bl. 20r; Kronprinz Georg v. Sachsen: Bericht über meine Besprechung mit dem Generalfeldmarschall v. Hindenburg und dem Generalquartiermeister Excellenz Ludendorff am 30.04.1918, in: SHStA Dresden, 11250, Nr. 73, Bl. 264–268; LINDE Deutsche Politik in Litauen (wie Anm. 113), S. 155.

tige litauische Staat in noch näher zu bestimmende engere Beziehungen mit Deutschland treten werde. Am 23. November 1917 war in Wilna schließlich der so genannte „Landesrat" Litauens – litauisch *Taryba* – zusammengetreten. Die Mitglieder der Taryba, allen voran ihr Präsident, der Schriftsteller Antanas Smetona, arbeiteten allerdings darauf hin, sich aus der deutschen Bevormundung zu befreien, u.°a. indem sie fortwährend eine Beteiligung an der Landesverwaltung forderten. Nach zähen Verhandlungen hatte die Taryba am 11. Dezember 1917 eine Deklaration verabschiedet, die einerseits die Unabhängigkeit Litauens offiziell verkündete, zugleich aber um deutschen Schutz und Hilfe und die Schaffung „ein[es] ewige[n], feste[n] Bundesverhältnis[es] mit dem Deutschen Reich"[137] ankündigte. Am 23. März 1918 war das „unabhängige" Litauen von Deutschland zwar offiziell anerkannt worden, die deutsche Militärverwaltung war jedoch bestehen geblieben, ihre Beamten regierten de facto weiter wie zuvor. Zum offenen Konflikt war es gekommen, als die Taryba am 11. Juli 1918 auf Betreiben Matthias Erzbergers Herzog Wilhelm Karl von Urach zum König von Litauen wählte,[138] was den Vorhaben der deutschen Militärs, die baltischen Satellitenstaaten in Personalunion mit Preußen zu verbinden, diametral entgegenstand. Auf Befehl der deutschen Besatzungsbehörden veröffentlichten sämtliche Zeitungen in deren Machtbereich eine Erklärung, die Wahl des litauischen Königs sei nicht rechtmäßig erfolgt und damit ungültig.[139]

Unter diesen Umständen bekam es unmittelbar politische Bedeutung, wenn das für von Galen, Werthmann und Glaser geplante Reise-

---

[137] Zitiert nach: Sigmar STOPINSKI: Das Baltikum im Patt der Mächte. Zur Entstehung Estlands, Lettlands und Litauens im Gefolge des Ersten Weltkrieges, Berlin 1997, S. 90.

[138] Wilhelm Karl von Urach entstammte einer katholischen Nebenlinie des Hauses Württemberg und war nach Erzbergers Auffassung der ideale Kandidat für einen künftigen litauischen Thron. Ausführlich zu dieser besonderen Episode der deutsch-litauischen Beziehungsgeschichte: Sergej von CUBE: Ein württembergischer Prinz auf dem Thron von Litauen, in: Annaberger Annalen über Litauen und deutsch-litauische Beziehungen, Nr. 8 (2000), S. 150–160; Dieter LANGEHR: Deutsche Reichsregierung und litauische Taryba: zur Wahl des Herzogs von Urach zum König von Litauen 1918, in: Zeitschrift für Geschichtswissenschaft, Jg. 35 (1987) S. 422–430.

[139] STOPINSKI Baltikum im Patt der Mächte (wie Anm. 137), S. 83–98; Tomas BALKELIS: War, Revolution, and Nation-Making in Lithuania, 1914–1923, Oxford 2018, S. 44–49.

programm auch ein Treffen mit Antanas Smetona sowie den Domherren Juozapas Kutka und Kazimieras Steponas Šaulys, einem Mitglied der Taryba,[140] vorsah.[141] Gerade am 17. August 1918, dem Tag, an dem die Unterredung stattfand, hatten die Auseinandersetzungen zwischen der Taryba einerseits und der deutschen Militärverwaltung andererseits ihren Höhepunkt erreicht. In zwei Eingaben an Reichskanzler Hertling protestierte Smetona am 14. August und am 17. August 1918 gegen die Einschränkung der Kompetenzen der Taryba und forderte die Übergabe von Teilen der Verwaltung des Landes in die Hände von Litauern sowie die Bildung einer litauischen Zentralregierung, die der in einen Staatsrat umgewandelten Taryba unterstellt werden sollte, bis der litauische König ins Land komme und die souveräne Macht übernehmen könne.[142]

Offenbar jedoch gaben sich sowohl der Vorstand der VfdSW als auch Vertreter der Reichsregierung, wie der Reichskommissar für die deutsch besetzten Ostseegebiete und Litauen, Friedrich von Falkenhausen, der die Reise ausdrücklich befürwortet hatte,[143] der Illusion hin, es sei vor allem die Furcht der katholischen Litauer vor dem protestantischen Preußen, was die deutsche Anschlusspolitik erschwere. Im Vorfeld der Reise hatte Friedrich von Lindequist daher mehrmals betont, dass es im Hinblick auf einen baldigen Beginn der geplanten Ansiedlung deutscher Kolonisten in Litauen „nötig wäre, die litauische Geistlichkeit durch katholische Herren aufzuklären, dass man keineswegs beabsichtigt, Litauen gleichsam zu evangelisieren."[144] C. A. von Galen,

---

[140] Darüber hinaus war er der Bruder des Vizepräsidenten der Taryba Jurgis Šaulys: LINDE Deutsche Politik in Litauen (wie Anm. 113), S. 178.
[141] Bericht von Leutnant Friedrich Swart an Generalquartiermeister Ludendorff über die Ergebnisse der Reise, Posen, 30.08.1918, S. 1, S. 6–7, in: Geheimes Staatsarchiv Preußischer Kulturbesitz, Berlin (im Folgenden: GStA PK) I. HA Rep. 151, IC Nr. 12560 (ohne Paginierung).
[142] STOPINSKI Baltikum im Patt der Mächte (wie Anm. 137), S. 99.
[143] Freiherr v. Falkenhausen an das Reichsamt des Inneren, 04.07.1918, in: BArch Berlin R 1501/118387, Bl. 157.
[144] Friedrich von Lindequist, in: VfdSW, Bericht, über die Mitgliederversammlung am Freitag, den 21. Juni 1918, in: EZA 2001/843, Bl. 88. Dieser Gedanke findet sich auch in der oben erwähnten, mit „C.G." signierten, Denkschrift: Betrifft die Ansiedlung katholischer

Werthmann und Glaser sollten also helfen, die Wogen zu glätten, und vor allem im litauischen Klerus bzw. in der litauischen Bevölkerung für eine die Annexion Litauens durch Deutschland begünstigende Stimmung sorgen. Einem ähnlichen Zweck diente wahrscheinlich auch eine Zusammenkunft mit katholischen Geistlichen in Dünaburg, dem Zentrum der Region Lettgallen,[145] wobei über die Zukunft jenes Landstrichs zu dieser Zeit noch wenig Klarheit bestand.[146]

Das weitere Reiseprogramm beinhaltete Aussprachen mit wichtigen Repräsentanten des deutschen Militärgouvernements Litauen, erneute Gespräche mit katholischen Würdenträgern sowie die Besichtigung einiger großer Güter.[147] Ein heute im Archiv des Deutschen Caritasverbandes aufbewahrtes Foto zeigt Clemens August von Galen, Lorenz Werthmann und Markus Glaser gemeinsam mit deutschen Offizieren bei einem der Besuchstermine irgendwo in Litauen.[148] Zweiter Höhepunkt der Reise war die Besichtigung des berühmten Urwaldge-

---

Deutscher Rückwanderer nach dem Kriege", Berlin, den 25. April 1918, C. G., in: BArch Berlin R 1501/118386, Bl. 216–217.

[145] Cl. Aug. v. Galen an seine Mutter, Berlin, 28.08.1918 (wie Anm. 3).

[146] Unter der Aufsicht der deutschen Besatzungsbehörden war am 22. April 1918 in Dünaburg ein so genannter lettgallischer „Landtag" zusammengetreten, der die Angliederung Lettgallens an ein mit dem Deutschen Reich verbundenes „Herzogtum Baltenland" betrieb. Eine endgültige Entscheidung war jedoch noch nicht gefällt worden. Rechtlich gehörte Lettgallen zum Zeitpunkt der Reise von Galens noch zu Russland, blieb aber unter deutscher Militärverwaltung. Am 5. Oktober 1918 richtete der lettgallische „Landtag" an die Reichsregierung schließlich die Bitte, Lettgallen unter den Schutz des Deutschen Reiches zu stellen und „mit dem Baltenlande" zu vereinigen: Bittadresse des Lettgallischen Landtages, 05.10.1918, in: LVVA 2798. f., 2. apr., 13. l., Bl. 29; H. von REVELSTEIN [d.i. Hermann von Rosen]: Polnisch-Livland und seine Zukunft, in: Libausche Zeitung, Nr. 191/902 (17.08.1918), S. 3, S. 5; Ēriks JĒKABSONS: Latgale vācu okupācijas laikā un pulkveža M. Afanasjeva partizāņu nodaļas darbība Latvijā 1918. gadā [*Lettgallen in der Zeit der deutschen Okkupation und die Aktivitäten der Partisanenabteilung des Oberst M. Afanasjev in Lettland im Jahre 1918*], in: Latvijas Vēstures Institūta Žurnāls, Nr.1 / 18 (1996), S. 42–59, hier: S. 41–49.

[147] Bericht von Leutnant Friedrich Swart an Generalquartiermeister Ludendorff über die Ergebnisse der Reise, Posen 30.08.1918, S. 1–2 (wie Anm. 141); Cl. Aug. v. Galen an seine Mutter, Berlin, 28.08.1918 (wie Anm. 3).

[148] Archiv des Deutschen Caritasverbandes (ADCV) LWAV 0064.

bietes von Białowieża.[149] Die deutschen Besatzer hatten hier eine eigene Militärforstverwaltung unter dem bayerischen Forstrat Georg Escherich eingerichtet, welche die deutsche Kriegswirtschaft mit Holz belieferte.[150] Um die riesigen Holzvorkommen auch künftig unter ihrer Kontrolle zu behalten und ausbeuten zu können, planten die deutschen Militärs die Angliederung der mehrheitlich von Polen, Juden und Weißrussen bewohnten Kreise Białowieża und Bielsk an Litauen.[151] Dabei sollte der Vorschlag zur Ausführung kommen, den Max Sering auf der Sitzung der VfdSW vom 18. Februar 1918 kurz skizziert hatte,[152] nämlich durch Besiedlung der verhältnismäßig bevölkerungsarmen Gegend von Białowieża mit deutschen Bauern das litauische vom polnischen Sprachgebiet zu trennen bzw. – wie Friedrich von Lindequist es formulierte – „den Polen"[153] von Osten her „gleichsam einen deutschen Riegel vor[zu]schieben"[154]. Wie in ganz Litauen sollten auch hier ausdrücklich deutsche Katholiken zur Ansiedlung kommen.[155] In erster

---

[149] Cl. Aug. v. Galen an seine Mutter, Berlin, 28.08.1918 (wie Anm. 3); Bericht von Leutnant Friedrich Swart an Generalquartiermeister Ludendorff über die Ergebnisse der Reise, Posen 30.08.1918, S. 1 (wie Anm. 141).

[150] Um das Waldgebiet planmäßig erschließen und ausbeuten zu können, ließ Escherich mehrere tausend russische und französische Kriegsgefangene sowie in der umliegenden Gegend zwangsrekrutierte Zivilarbeiter herantransportieren, die unter schlimmsten Bedingungen leben und arbeiten mussten: Christian WESTERHOFF: Zwangsarbeit im Ersten Weltkrieg. Deutsche Arbeitskräftepolitik im besetzten Polen und Litauen. 1914–1918 (=Studien zur historischen Migrationsforschung, Bd. 25), Paderborn 2012, S. 168–177; LIULEVICIUS Kriegsland im Osten (wie Anm. 2), S. 99–100.

[151] Johann Victor BREDT: Erinnerungen und Dokumente von Joh. Victor Bredt. 1914–1933. Bearbeitet von Martin Schumacher (= Quellen zur Geschichte des Parlamentarismus und der politischen Parteien. Dritte Reihe: Die Weimarer Republik, Bd. 1), Düsseldorf 1970, S. 136–137; GROSCH Johann Victor Bredt (wie Anm. 134), S. 162; LIULEVICIUS Kriegsland im Osten (wie Anm. 2), S. 248.

[152] Vgl. Bericht über die Sitzung des Ausschusses für praktische Siedlung und Wanderung, des wissenschaftlichen Ausschusses einschließlich des österreichisch-ungarischen Ausschusses, 18.02.1918, S. 13, in: EZA 2001/843, Bl. 60; Bericht über die Mitgliederversammlung der VfdSW am Freitag, den 21. Juni 1918, in: EZA 2001/843, Bl. 87.

[153] Friedrich von Lindequist in: Bericht über die Mitgliederversammlung der VfdSW, 21.06.1918 (wie Anm. 152), Bl. 87.

[154] Ebd. Siehe auch die Äußerungen des Siedlungsfachmanns Erich Keup bezüglich der bei Białowieża vorgesehenen Ansiedlungen: ebd., Bl. 88.

[155] Ebd., Bl. 87–88.

Linie sollte es sich dabei um katholische Wolgadeutsche handeln. Von Galen, Werthmann und Glaser sollten die Möglichkeiten zur Ausführung dieses Vorhabens prüfen[156] und wurden bei einer Besprechung mit Forstrat Escherich darüber unterrichtet, dass bei Białowieża über 1000 deutsche Familien untergebracht werden könnten.[157] Den Abschluss ihrer Reise bildeten schließlich Beratungen mit Vertretern der Neuland AG, einer im Mai 1918 mithilfe der deutschen Schwerindustrie gegründeten Finanzierungsgesellschaft, deren Zweck es war, als zentrale Instanz die gesamte Siedlungstätigkeit im Deutschen Reich, einschließlich von Deutschland noch zu annektierender osteuropäischer Gebiete, zu finanzieren und zu lenken.[158] Leutnant Friedrich Swart[159], der im Auftrag der Obersten Heeresleitung die kleine Reisegruppe begleitet hatte, verfasste für seine Vorgesetzten in Berlin und Wilna einen eingehenden Bericht über die Ergebnisse der Treffen und Besprechungen.[160]

Swart zufolge empfahlen Werthmann, von Galen und Glaser Litauen bei ihrer Rückkehr nachdrücklich als für „deutschkatholische Siedler"[161], namentlich für katholische Russlanddeutsche, besonders geeig-

---

[156] Bericht des Königl. Sächs. Gesandten in Berlin an Staatsminister Graf Vitzthum von Eckstädt, 13.07.1918, in: SHStA Dresden, 10719, Nr. 0294, Bl. 15v.

[157] Bericht von Leutnant Friedrich Swart an Generalquartiermeister Ludendorff über die Ergebnisse der Reise, Posen 30.08.1918, S. 3–4 (wie Anm. 141).

[158] Ebd., S. 2–6. Zur Neuland AG, die personell mit der VfdSW eng verwoben war, siehe: GURATZSCH: Macht durch Organisation (wie Anm. 115), S. 370–379, S. 385–386.

[159] Friedrich Carl Swart (1883–1957), gebürtig aus Ostfriesland, war im Zivilleben stellvertretender Verbandsdirektor der Raiffeisenorganisation für die Provinz Posen und zählte zum Kreis jener einflussreichen Experten für Siedlungswesen, die in der VfdSW die Führung innehatten. Seit März 1918 gehörte Swart dem Stab des Generalquartiermeisters Ludendorff an und war bei der deutschen Besatzungsverwaltung für Litauen für die Verwaltung beschlagnahmter Landgüter und für Ansiedlungsvorbereitungen zuständig: GURATZSCH Macht durch Organisation (wie Anm. 115), S. 41–42, S. 367, S. 370; Haiko SWART: Friedrich Carl Swart, in: Martin Tielke (Hg.): Biographisches Lexikon für Ostfriesland, Bd. I, Aurich 1993, S. 338–341.

[160] Leutnant Friedrich Swart an Unterstaatssekretär Busch, preußisches Finanzministerium, Wilna 17.09.1918, in: GStA PK I. HA Rep. 151, IC Nr. 12560 (ohne Paginierung); Bericht von Leutnant Friedrich Swart an Generalquartiermeister Ludendorff über die Ergebnisse der Reise, Posen 30.08.1918 (wie Anm. 141).

[161] Bericht von Leutnant Friedrich Swart an Ludendorff über die Ergebnisse der Reise, Posen 30.08.1918, S. 2 (wie Anm. 141).

netes Gebiet und versprachen, deren Ansiedlung einzuleiten.[162] Um die Loyalität der litauischen Bevölkerung und damit den ungestörten Ablauf der Ansiedlung deutscher Kolonisten zu sichern, rieten sie „deutschkatholische Orden"[163] heranzuziehen, die „durch Seelsorge, Krankenpflege, Unterricht usw. eine Anziehungskraft im deutschen Sinne ausüben"[164] könnten. Ob letzterer Vorschlag auf Clemens August von Galen zurückging oder den Prälaten Lorenz Werthmann, wird aus den wenigen noch vorhanden Dokumenten, die von dieser Reise erhalten sind, nicht ersichtlich.[165]

Gruppenbild mit Offizieren, irgendwo im deutsch besetzten Litauen (1918). Zweiter von links: Leutnant Friedrich Swart. Dritter von links: Markus Glaser. Im Hintergrund in der Mitte (mit Hut): Clemens August von Galen. Dritter von rechts: Lorenz Werthmann. – Foto: Archiv des Deutschen Caritasverbandes (ADCV) LWAV 0064

---

[162] Ebd., S. 2–5.
[163] Ebd., S. 6.
[164] Ebd., S. 7.
[165] Werthmann versuchte den Domherrn Šaulys zur Unterstützung dieses Vorschlags zu bewegen: ebd.

Zumindest für von Galen muss die Fahrt nach den besetzten Gebieten dennoch eher ernüchternd gewesen sein und bei ihm zu einem allmählichen Umdenken geführt haben. Nicht nur Smetona, sondern auch die litauischen Kirchenvertreter hatten auf alle Fragen, die die politische Zukunft Litauens betrafen, nur ausweichend geantwortet. Die gesamte Siedlungsthematik wurde, wie in einem für den stellvertretenden Chef der Obersten Heeresleitung bestimmten Bericht vermerkt wird, den Litauern gegenüber überhaupt nicht mehr angesprochen. Auch zeigte sich, dass bei Weitem nicht so viel freies Siedlungsland zur Verfügung stand, wie es etwa in den einschlägigen Schriften Broedrichs immer behauptet wurde. Gegen das Vorhaben der deutschen Militärbehörden, die polnischen Großgrundbesitzer Litauens zur Abgabe ihrer Ländereien zu zwingen, meldete Clemens August von Galen – im Gegensatz übrigens zum Prälaten Werthmann – deutliche Bedenken an.[166] Eine solche Zwangsabgabe widersprach, wie bereits an anderer Stelle betont, von Galens Auffassung von rechtmäßigem Eigentum. Darüber hinaus hegte er die Befürchtung, dass „für den Grundbesitz in Deutschland Folgen gezogen werden könnten"[167], d.'h., dass in Litauen durchgeführte Enteignungen großer Güter möglicherweise Forderungen nach sich ziehen könnten, dies auch in Deutschland zu tun. Ohne die großen Latifundien des polnischen Adels in Litauen war aber dem Kolonisierungsvorhaben weitgehend die Grundlage entzogen. An seine Mutter schrieb von Galen am 28. August 1918, kurz nach seiner Rückkehr aus Litauen, das Resultat bezüglich der dort erkundeten Ansiedlungsmöglichkeiten für deutsche Bauern aus Russland sei „nicht sehr erfolgversprechend"[168]. Sein Interesse an Litauen, so meinte er nun, beruhe auf der Frage, wie man den Litauern helfen könne, „Vorposten und Vorkämpfer des Katholizismus nach Osten"[169] zu werden. Von dem noch im Vorjahr eifrig verfolgten Plan zur Schaffung einer „katholischen Kolonie" war in seinen Aufzeichnungen dagegen keine Rede mehr. Beinahe möchte man ein gewisses Bemühen von Galens erken-

---

[166] Ebd., S. 5.
[167] Ebd., S. 5.
[168] Cl. Aug. v. Galen an seine Mutter, Berlin, 28.08.1918 (wie Anm. 3).
[169] Ebd.

nen, sich von diesen Vorhaben allmählich zu distanzieren, denn er meinte nun: „Jetzt bin ich aber sehr froh, wieder hier zu sein und mich meiner eigentlichen und liebsten Aufgabe in meiner Gemeinde widmen zu können!"[170] Tatsächlich verzeichnen die Sitzungsprotokolle der VfdSW bis Kriegsende Clemens August von Galen kaum noch als Teilnehmer an deren Beratungen. Zu Wort gemeldet hat er sich hier in dieser Zeit anscheinend überhaupt nicht mehr.

Selbst in der zweiten Hälfte des Jahres 1918 schien die deutsche Herrschaft im Baltikum allerdings noch gesichert. Im Laufe des Sommers und Herbsts 1918 wurden aus dem Kaukasus-Gebiet, Südrussland bzw. der Ukraine sowie aus Rumänien stammende deutsche Kolonisten, so genannte „Rückwanderer", auf Güter in Kurland gebracht.[171] Einige deutsche Kolonistenfamilien aus der südlichen Ukraine wurden außerdem im Kreis Białowieża angesiedelt, teils in einer leerstehenden Ortschaft, teils auf einem verlassenen Gut.[172] Fast schien es so, als hätte die Utopie vom „neuen Ostland", der deutschen Siedlungskolonie im Baltikum, wirklich Aussicht auf baldige Verwirklichung, dabei war der militärische Zusammenbruch des Deutschen Reiches und seiner Verbündeten nur noch eine Frage der Zeit.

Kaum drei Monate nachdem Clemens August von Galen, Lorenz Werthmann und Markus Glaser sich auf den Weg nach Wilna gemacht hatten, begann in Deutschland die Novemberrevolution, in deren Folge das geplante deutsche Ostimperium wie ein Kartenhaus in sich zusammenstürzte und Litauen, Lettland und Estland volle staatliche Unabhängigkeit erlangten.[173]

---

[170] Ebd.
[171] HOLTZ Deutsche Siedlung im Baltenland (wie Anm. 135), S. 49; Reichsamt für deutsche Einwanderung, Rückwanderung und Auswanderung an Reichsminister des Inneren, 26. August 1919, in: BArch Berlin R 1501/118388, Bl. 278v–279v.
[172] Verwaltungsbericht der Militärbezirksverwaltung Litauen-Süd in Bialystok für die Zeit vom 1. April bis 30. September 1918. 8. Druckbericht, S. 17, in: GStA PK I. HA Rep. 89, Nr. 32467, Bl. 330v.
[173] Karsten BRÜGGEMANN / Joachim TAUBER: Die Phase der Staatsgründungen und der Unabhängigkeitskriege, in: Karsten Brüggemann / Ralph Tuchtenhagen / Anja Wilhelmi (Hg.): Das Baltikum. Geschichte einer europäischen Region, Bd. 3: Die Staaten Estland, Lettland und Litauen, Stuttgart 2018, S. 95–137, hier S. 95–104. Speziell für Litauen siehe

Für eine kurze Zeitspanne sollte es jedoch noch einmal so scheinen, als ob die während des Krieges entwickelten Pläne für eine Kolonisation des Baltikums mit deutschen Siedlern doch noch umgesetzt werden könnten. Als ab der Jahreswende 1918/19 deutsche Freiwillige angeworben wurden, um in Lettland in den Reihen der Baltischen Landeswehr und verschiedener Freikorps gegen die Bolschewiki zu kämpfen, arbeiteten im Hintergrund dieselben Personen und dieselben Organisationsstrukturen, die während des Ersten Weltkrieges die Kolonisation der Ostseeprovinzen und Litauens vorbereitet hatten, beinah nahtlos daran weiter. Auch in den Besprechungen des „Vereins katholischer Edelleute" in Münster wurde nun – neben Argentinien, Mexiko und Kleinasien – plötzlich wieder „das Baltenland"[174] als geeignetes Ziel für auswanderungswillige Adlige aus Westfalen genannt. In Berlin war derweil mit finanzieller Beihilfe aus der deutschen Schwerindustrie die „Anwerbestelle Baltenland" eingerichtet worden, deren Propagandaleiter Silvio Broedrich wurde und die mit dem Versprechen, in Lettland könne jeder günstig zu Landbesitz kommen, wenn nur erst die Bolschewiki von dort vertrieben seien, tausende Freiwillige aus ganz Deutschland warb.[175] Die Planungen zur Ansiedlung der deutschen Soldaten übernahm bezeichnenderweise die VfdSW. Auf einer ihrer Mitgliederversammlungen, die am 3. Juni 1919 stattfand, erklärte der Leiter der „Anwerbestelle Baltenland", Graf Günther Joachim von der Goltz, bezüglich der geplanten Verteilung der deutschen Siedler:

---

auch: Matthias DORNFELDT / Enrico SEEWALD: Hundert Jahre deutsch-litauische Beziehungen, Husum 2017, S. 73–91.
[174] Freiherr Alfred von Landsberg, in: Protokoll der 2. außerordentlichen Generalversammlung und der Feier des 50jährigen Bestehens des Vereins katholischer Edelleute Deutschlands in 1919, 23.08.1919, in: LWL Archivamt Dep. VKA 215 (ohne Paginierung).
[175] Aufruf der Anwerbungsstelle Baltenland: „Siedlungsmöglichkeiten im Osten", in: EZA 2001/4207, Bl. 39; GURATZSCH Macht durch Organisation (wie Anm. 115), S. 379 Anm. 176; SEESEMANN Silvio Broedrich (wie Anm. 33), S. 66–77; Wilhelm LENZ: Deutsche Machtpolitik in Lettland im Jahre 1919. Ausgewählte Dokumente des von General Rüdiger Graf von der Goltz geführten Generalkommandos des VI. Reservekorps, in: Zeitschrift für Ostforschung. Länder und Völker im östlichen Mitteleuropa, Jg. 36 (1987), S. 523–576.

Katholische Ansiedler sind nach Litauen, evangelische ins Baltenland zu leiten; unter Umständen können auch im Baltenlande katholische Ansiedler untergebracht werden, nämlich in Lettgallen; dort wohnen katholische Letten, dort sind auch größere Gebiete vorhanden, die deutsche Ansiedler aufnehmen können. Bei der Anwerbung für die Landeswehr sind keine konfessionellen Unterschiede gemacht worden. Man muß aber bestrebt sein, die Ansiedler so zu gruppieren, daß sie sich wohl fühlen; daher ist ihr konfessioneller Zusammenschluß anzustreben.[176]

Im Grunde genommen handelte es sich hierbei um das gleiche Verfahren, das schon in den Jahren zuvor mehrfach erwogen worden war. Die Ostseeprovinzen, so von der Goltz, seien „ein für Siedlungszwecke besonders günstiges Land"[177], das noch viele deutsche Einwanderer aufnehmen könne. Clemens August von Galen, als Vertreter des Prälaten Werthmann mit anwesend, schloss sich der wiedererwachten Euphorie, dass im Baltikum eine deutsche Siedlungskolonie errichtet werden könnte, jedoch nicht mehr an. Zwar hegte er vermutlich noch die Hoffnung, durch organisierte Ansiedlung deutscher Auswanderer in irgendeinem anderen Teil der Welt eine soziale Revolution in Deutschland verhindern zu können, denn er erklärte: „Wir können die Gesamtheit unserer Industriearbeiterschaft nicht im Lande behalten, da sonst ein Hinabgleiten in den Bolschewismus unvermeidlich ist."[178] Eine deutsche Kolonisation des Baltikums hielt von Galen allerdings ausdrücklich für nicht mehr realistisch.[179] Er sollte Recht behalten, denn ein halbes Jahr darauf mussten diese Vorhaben mit dem Rückzug der in Lettland eingesetzten deutschen Freiwilligeneinheiten endgültig aufgegeben werden.[180]

---

[176] Regierungsrat v. d. Goltz, in: VfdSW: Bericht der Mitgliederversammlung vom 3. Juni 1919, S. 46, in: EZA 2001/843, Bl. 191b. Mit „Baltenland" ist hier in erster Linie Lettland gemeint.
[177] Regierungsrat v. d. Goltz, ebd., S. 44.
[178] Graf Galen, ebd., S. 44.
[179] Ebd.
[180] SEESEMANN Silvio Broedrich (wie Anm. 33), S. 78–82.

6.
FAZIT

Der baltische Siedlungsplan Clemens August von Galens war mehr als ein spontanes Produkt eines sich während des Ersten Weltkrieges in Deutschland ausbreitenden „Stimmengewirrs". Er entsprang einer Denkweise, die in der Bewahrung agrarischer Gesellschaftsstrukturen und der Förderung einer ländlich geprägten Lebensweise mittels organisierter Siedlungsmaßnahmen ein geeignetes Mittel betrachtete, um den Folgen sozialen Wandels zu begegnen. Kolonialgebiete und neu erschlossene ländliche Regionen fungierten dabei gewissermaßen als Gegenwelt zu den von sozialen Konflikten erschütterten industriellen Ballungsgebieten. Auch im persönlichen Umfeld Clemens Augusts von Galen waren wiederholt Diskussionen über derartige Projekte geführt worden. Als deutschbaltische Emigranten während des Krieges erfolgreich für eine Annexion der Ostseeprovinzen und Litauens warben, indem sie das Baltikum als künftige deutsche Siedlungskolonie, als „neues Ostland" präsentierten, regte dies auch von Galen dazu an, sich näher mit diesem Teil Europas zu beschäftigen. Ihn überzeugte besonders die von der so genannten „baltischen Propaganda" verbreitete Behauptung, die Kolonisation sei ohne Beeinträchtigung der heimischen Bevölkerung möglich, da das Land dünn besiedelt sei und die Litauer, Letten und Esten eine deutsche Herrschaft, ja sogar Germanisierungsmaßnahmen angeblich bereitwillig akzeptieren würden. Nicht zuletzt verleitete der Gedanke, dass katholische Adlige auf dem Gebiet der alten „terra Mariana" die Nachfolge des deutschen Ritterordens antreten könnten, um dessen Werk nach fast 700 Jahren zu „vollenden", von Galen zu illusorischen Hoffnungen. All dies führte zur Entwicklung des baltischen Siedlungsplans von Galens, der hauptsächlich unter den katholischen Eliten des deutschen Kaiserreichs auf großes Interesse stieß. Die Suche nach Unterstützung für sein Siedlungsprojekt ließ von Galen letztlich an Vorhaben und Strukturen mitwirken, die tatsächlich als Vorboten späterer nationalsozialistischer Lebensraum-Planungen betrachtet werden können. Sein Festhalten an seiner grundsätzlichen Ablehnung von Enteignungen und Zwangsumsiedlungen ließen bei ihm aber allmählich Zweifel entstehen. Zu einem Schlüsselerlebnis wurde für von Galen eine Reise nach Litauen, Kurland und Lettgallen, in deren Folge er sich ernüchtert von seinen Vorhaben zu distanzieren begann. Früher als vielen anderen Beteiligten wurde ihm damit letztlich die Realitätsferne bewusst, in der sich jene Pläne für eine deutsche Kolonisation des Baltikums bewegten.

Graphik des Münsteraners Augustinus Heumann (1885-1919)
aus „Karl Wagenfeld: Daud un Düwel, 1912"

III.
Hass und deutsche Kriegstheologie
Zu Mundartdichtungen des münsterländischen
Rechtskatholiken Karl Wagenfeld (1869-1939)

Peter Bürger

Karl Wagenfeld (1869-1939), in der ersten Hälfte des 20. Jahrhunderts eine römisch-katholische Leitgestalt Westfalens (nicht nur im Münsterland), wurde geboren „am 5. April 1869 in Lüdinghausen. Sein Vater, ein Eisenbahnbeamter, wurde bald nach der Geburt des Sohnes nach Drensteinfurt versetzt. Dort bildete damals noch ausschließlich das Plattdeutsche die Umgangssprache und wurde somit zu Wagenfelds Muttersprache. [...] Vom Herbst 1886 an Besuch des Warendorfer Lehrerseminars bis zum Abschluß des Ersten Staatsexamens im August 1889. Er begann seine Lehrtätigkeit in einer Bauernschaftschule in Göttingen bei Liesborn im damaligen Kreis Beckum. 1891 Versetzung nach Bockholt im Kreis Recklinghausen und 1896 nach Recklinghausen. Seit 1899 unterrichtete er an der Martinischule in Münster."[1] Ursprünglich wollte der Dichter Arzt werden, was ihm jedoch aufgrund der ökonomischen Lage im kleinbürgerlichen Elternhaus versagt blieb; als Volksschullehrer versuchte er über publizistische, dann auch verbandliche Wirkungsfelder seine soziale Stellung zu verändern.[2]

Wagenfeld regte schon 1913 die dann 1915 vollzogene Gründung des Westfälischen Heimatbundes an, in dem er ab 1919 zur überragenden Identifikationsfigur wurde. Als Chefideologie eines biologistisch und rassistisch infizierten „westfälischen Stammesdenkens" im Hei-

---

[1] LWA*. – Die ursprüngliche Fassung der vorliegenden Studie erschien 2012 auf dem Portal www.sauerlandmundart.de (DAUNLOTS nr. 50). Die herangezogenen Mundarttexte werden zumeist durch Inhaltsangaben, Paraphrasen oder wörtliche Übertragungen *übersetzt*; ich verzichte darauf, dies stets mit dem Zusatz „Übersetzung" etc. zu versehen.
[2] DITT 2012.

matbund baute er früh ‚Brücken' hin zur völkischen Bewegung, auf denen sich dann später auch ein nahtloses Zusammengehen mit dem Nationalsozialismus vollzog.

Das Ende einer weitgehend unkritischen Wagenfeld-Rezeption in Westfalen verdanken wir vor allem Rainer Schepper.[3] Seit einem Jahrzehnt liegt sodann eine gründliche Arbeit über Wagenfeld von Karl Ditt vor, die mir der Autor während der Erarbeitung der vorliegenden Studie 2012 vorab zur Verfügung gestellt hat.[4] Nach diesem Forschungsbeitrag dürfte es kaum noch möglich sein, im NSDAP-Mitglied Wagenfeld einfach nur den Vertreter eines „ernsten katholischen Konservatismus" zu sehen.

Auf die neuralgischen Spannungspole in Wagenfelds Werk – Mythos, Natur, Schicksal, Geschichte, völkische ‚Wertewelt' und christliches Ethos – hat bereits Renate von Heydebrand 1983 mit großer Präzision hingewiesen.[5] Gleichwohl lag eine ideologiekritische Arbeit, die die allzu offenkundigen Widersprüche in den *Mundartdichtungen* gründlich erhellt und zuvor insbesondere das Feld der plattdeutschen Kriegstexte eingehend erkundet, vor Beginn der hier dargebotenen Studie nicht vor.[6] Deshalb soll dem Referat heute weithin unbekannter Texte und dem neuen Lesen altbekannter Werke viel Platz eingeräumt werden. Den Versepen wende ich mich dabei nicht als ‚Mundartforscher' zu, sondern als Theologe. Die ‚großen geistlichen Mundartdichtungen' huldigen einem äußerst fragwürdigen Irrationalismus. Sie führen die Leser in einen metaphysischen Bereich des ‚Übernatürlichen', in welchem ein ewiger Krieg zwischen „Gut und Böse" grundgelegt ist.

Das Thema „Krieg" ist zentral für Wagenfeld. Folgende Mundartwerke müssen wegen ihrer Entstehungszeit, thematischer Kriegsbezüge oder ihrer Konzeption als Feldpostgabe in unserer Untersuchung Berücksichtigung finden: *„Krieg – Gedichte in münsterländischer Mundart"* (1914), *„Weltbrand – Neue Folge Kriegsgedichte in münsterländischer Mundart"* (1915), *„An'n Herd: Plattdeutsche Feldbriefe"* in sechs [!] Heften

---

[3] SCHEPPER 1990.
[4] DITT 2012.
[5] HEYDEBRAND 1983, S. 128-131.
[6] BICHEL 1990 rückt aber schon deutlich von der apologetischen Linie der Wagenfeld-Editoren ab, deren Werkausgabe er als Textquelle seines Beitrags nutzt.

([1915]1916-1917), die Verdichtung „*De Antichrist*" (1916), „*Jans Baunenkamps Höllenfahrt*" (1917; zuerst in den Plattdeutschen Feldbriefen Band 6) und „*Usse Vader – Vater unser*" (1918).[7] Zur Erhellung ideologischer Hintergründe sind außerdem noch frühere und spätere Werke von Wagenfeld heranzuziehen, nämlich die plattdeutschen Dichtungen „*Daud un Düwel*" (1911/1912) und „*Luzifer*" (1920) sowie der Beitrag „*Krieg und Stammesart*" (1919).

1.

PLATTDEUTSCHE PROPAGANDAGEDICHTE
ZUM ERSTEN WELTKRIEG

Die beiden Lyrikbände in münsterländischer Mundart, mit denen Karl Wagenfeld 1914 und 1915 als hasserfüllter Kriegspropagandist hervortritt und die in der für die Rezeption maßgeblichen Werkausgabe keine Aufnahme gefunden haben, sind keineswegs nur zeitgebundene, tagespolitische Textproduktionen. Wir werden später noch sehen, warum man sie aus dem Gesamtwerk nicht herauslösen darf. Zunächst sollen hier die Inhalte der beiden Bücher vermittelt werden.[8]

Der Lyrikband „Krieg!" (1914)

Der erste Band „Krieg!", 1914 erschienen in der Reihe „Bücherei Westmünsterland", enthält 20 Texte und vier Illustrationen von Augustin Heumann. Die Umschlag-Graphik verkündet bereits ein ideologisches Programm: Vor dem Sternenhimmel ist das große Kriegsschwert in den Globus eingerammt. An dem Schwert befindet sich eine Waage mit zwei Schalen. Die linke, leichtere Schale ist mit Goldstücken gefüllt, rechts sehen wir ein Herz, das viel schwerer wiegt. Das idealistische Deutschland (Herz) steht für ‚innere, ideale Werte' und den Gegensatz

---

[7] Das Werk „*Hatt giegen hatt: Niederdeutsches Bauerndrama in 3 Aufzügen*" (Hamburg 1917) ist bereits 1913 entstanden und wird nachfolgend nicht behandelt. Vgl. zu diesem Bühnenstück die kritischen Ausführungen in: HEYDEBRAND 1983, S. 130f.

[8] Eine gute, kürzere Zusammenfassung zu beiden Bänden: SCHILLING 2008.

zu einer gierigen, materialistischen Welt (England). Eine solche Deutung des Krieges ist ganz zentral für Wagenfeld.[9]

Die Begriffe Stark und Schwach, Gut und Böse, Recht und Unrecht, so vermittelt das Eingangsgedicht „*Krieg!*", sind nun verkehrt bzw. verwirrt; nur Gott und treudeutsche Art bleiben als Gewißheiten: „Bestaohen bliff Guod bloß un trü dütske Art / [...] Guods Hölp, dütske Hiärten, de brengt dütsken Sieg!" (WAGENFELD 1914a, S. 5). Wir sollten eine solche Feststellung, getroffen im Kontext einer Klage über ethische Orientierungslosigkeit und Verwirrung im aktuellen Weltgeschehen, gut im Hinterkopf behalten.

Im Gedicht „*Dütske Jung, dütske Mann!*" (ebd., S. 6) wird die Entmenschlichung des Feindes auf die Spitze getrieben: Die französischen Lumpen kennen wie Tiere kein Mitleid, schänden Frauen und werfen Kleinkinder durchs Fenster; gegen dieses Mörderpack darf es keine Gnade geben: „Haut all dat Janhagel to Pulver un Gruß! [...] Uss' Härguod hört juen Hölpeschrei."

Der „*Landsturm*" (ebd., S. 7) lässt all seine Liebe in der Heimat zurück und nimmt nur die Wut mit in den Krieg. Der Herrgott weiß, dass ‚unsere Sache gerecht ist' und die Feinde sogar noch für den Teufel zu schlecht sind. Gott soll für die Daheimbleibenden Sorge tragen: „Wat süß nao to dohen, dat, Härguod, doh wi [Was sonst noch zu tun ist, das, Herrgott, tun wir]."

Der kleine Jan kann selbst noch nicht mit dem Gewehr für den Sieg kämpfen, doch er weiß, dass sein kräftiger Vater, an dem Gott alle Kugeln vorbeilenken soll, wohl zehn Franzosen und nebenher noch zehn Russen totschlagen wird (ebd., S. 8: *Jännsken sin Gebett*).

---

[9] Sogar Thomas Mann „vertrat vor und während des Ersten Weltkriegs einen absurd überhöhten Nationalismus, indem er eine vermeintlich höhere deutsche Ethik, wahrhaftigere Kultur und tiefere Innerlichkeit von ‚westlicher Zivilisation' unterschied, die er als dekadent und geistig flach zu charakterisieren trachtete. Zur Verteidigung der angeblich höheren deutschen Werte erschien ihm Krieg gerechtfertigt. Daß jedoch im kaiserlichen Deutschland Menschenrechte und Freiheit weniger galten als in den gegnerischen westlichen Ländern, bewegte ihn nicht. Er änderte aber seine Einstellung nach dem Krieg, trat für Versöhnung, Demokratie und soziale Gerechtigkeit ein." (GLEICHMANN 2011) – Zu ähnlichen Anschauungen Max Schelers, der Europa zur Zeit des ersten Weltkrieges als Schauplatz eines Kampfes um „das Herz des Herzens der Welt" betrachtete, vgl. die Hinweise von MISSALLA 1968, S. 40.

Im Gedicht „*Bloß hassen*" (ebd., S. 9) bekennt der Vater eines Gefallenen, dass er die Vaterunser-Bitte „Vergib mir meine Schuld, wie auch ich vergeben will" nicht mehr beten kann. Mit dem Satan mache schließlich selbst der Herrgott keinen Frieden, und auch den satanische Feind im Krieg könne man bloß hassen: „Un Satän sind't, Här, we den Krieg us häbbt bracht / [...] Ick kann nich vergieben, 't geiht üöwer min' Macht, / Düss' Satän, Här, kann ick bloß hassen." Dieses Gedicht ist ein besonders wichtiger Bezugspunkt für die Deutung der späteren Versdichtung „Usse Vader" von 1918.

Der ‚erste Engländer' ist – ganz wörtlich genommen – ein „*Düwelswiärk*" (WAGENFELD 1914a, S. 10-13), vom Teufel selbst als höchster Höllenengel geschaffen: aus einer äußeren ‚Germanen'-Hülle, ergänzt durch Hände von Räubern und Zutaten von verschiedenen Tieren, schließlich mit einem Stein als Herz ausgestattet (denn ein Mörderherz wäre noch zu gut).

Ein „*Dütsk Patent*" (ebd., S. 14), das ‚John Bull' – das räuberische England – nicht nachmachen kann, sind deutsche Ehrlichkeit und Treue und „de dütske Wichs'": „du kriggs de Hucke vull!" – Der deutsche Michel spielt für das unschlagbare „dütske Riek" sein „*Krüz-Solo giegen all*" (ebd., S. 15), besiegt „Franzos un Russenkopp" durch warme Herzen und scharfes Piek.

Einstweilen muss St. Hubertus, der Schutzpatron der Jäger, in den Hintergrund treten, denn ‚unser Sankt Michael' – betrachtet als Erzengel der Deutschen – hat im Krieg die große Jagd übernommen (ebd., S. 16: *De Jagd is loas*): jetzt geht es nicht gegen Hasen und Rehe, sondern um die Schlacht gegen den französischen Hahn, den belgischen Löwen, den russischen Bären und die englische Bulldogge (d.i. ist ein Hund, der ersäuft werden muss). Wenn er all diese erlegt hat, hängt Sankt Michael sein Gewehr vergnügt an die Wand, und der heilige Hubertus kann wieder wie ehedem über dem Jägerhandwerk walten.

Der Krieg bringt eine andere Art des Gottesdienstes[10] mit sich (ebd., S. 17: *Sunndag*): das Himmelszelt ist die Kirche, die Kanonen sind die

---

[10] Der Krieg konnte auch in der katholischen Kriegspredigt förmlich als Sakrament betrachtet werden; G. Koch predigte gar zum Altarsakrament: „Was ist eine Fronleichnamsprozession gegen die Aufzüge an den Fronten, was sind alle Glockengeläute und Hoch-

Glocken und das Soldatenherz ist der von Gott geschaffene Altar. Nach ihrer ‚Sonntagsarbeit' für den Sieg, die dem höchsten göttlichen Gebot der Liebe entspricht, knieen die Soldaten im Feld zum Danklied nieder.

Gegen unmännliche Angsthasen, die Angst vor einem Einfall der Russen haben, setzt der Dichter die Sichtweise ‚richtiger Kerle' (ebd., S. 18: *De Russen kuemt*): Man wird den Russen schon eine ordentliche Tanzschule und ein deftiges Schlachtfest zu bieten wissen. – Wie man den Russen auf die Schnute haut und sie dann in Wasser und Sumpf treibt, macht General Hindenburg vor, der jetzt Feldmarschall ist (ebd., S. 19-20: *Hindenburg*). – Insbesondere „*Drei Niedersachsen*" (ebd., S. 21-25) zählen zu den großen Helden (Otto von Emmich, Alexander von Kluck, Otto Weddigen); hier klingt ein niederdeutscher bzw. westfälischer Kriegerkult an: „Wo Isen ligg, wo Eeken wass't, / Dao wass't auk Lü, we daobi paßt."

Das lange Gedicht „*Rüter Daut*" (ebd., S. 26-33) beschreibt, wie der Tod über das Schlachtfeld reitet und – im Zeitalter der modernen Kanonen, Granaten und Maschinengewehre – reiche Ernte einfährt für Himmel und Hölle. Doch die deutschen Soldaten antworten ihm mit Spottversen und todesmutigen Liedern; sie sind bereit, im heiligen Krieg für Vaterland und Kaiser zu sterben. Vor diesen Soldaten, die im Volk in Ewigkeit als Helden weiterleben werden, kann am Ende selbst der Reiter Tod seine Hochachtung nicht verbergen: „Hoch, hoch! dütske Jungs, int Stiärben so graut! / Hoch Dütskland hoch! Du häß kine Naut!" – Dem Lehrer Karl Otto Böttcher aus Münster, der an der Front „unter heftigstem Granatfeuer" das Lied „O Deutschland hoch in Ehren" angestimmt haben soll, ist das Gedicht „*Dat Leed*" (ebd., S. 34-35) gewidmet. Sowohl das Wegkreuz mit „en Härguod dran" als auch das schwarz-umrandete Eiserne Kreuz in der Gefallenenanzeige stehen für die größte Liebe (ebd., S. 36: *Twe Krüze*).

Zu einem besonders deutlichen Beispiel für nationalistische Kriegstheologie schreibt Elmar Schilling: „Einen Höhepunkt in Wagenfelds Verklärung des deutschen Soldatentums stellt die Darstellung des Geschehens ‚*An de Hiemmelspaot*' ([WAGENFELD 1914a,] S. 37-39) dar: Pet-

---

amtsorgeln gegen den Donner der Kanonen und das Krachen der Mörser" (zit. MISSALLA 1968, S. 65).

rus kündigt den Englein an, dass Russen, Franzosen und Engländer in den *Höllenkolk* kommen werden, während er von den Deutschen so begeistert ist, dass er die Kaiserhymne ‚Heil dir im Siegerkranz' vor sich hinpfeift – bis ein paar Deutsche an der Himmelspforte eintreffen, die er voller Begeisterung in Empfang nimmt."[11] Zeitungsmeldungen über den russischen Kaiser und die anderen Feinde der Deutschen gehen hingegen nur den Teufel etwas an. Dass aber der deutsche Kaiser Lüttich fest in seiner Hand hält: „wat har Petrus Spaß" an dieser Nachricht. Die Illustration zu diesem – ebenfalls vertonten – Gedicht legt dem Betrachter nahe, dass man im Himmel auch die deutsche Nationalflagge hisst.

Außerordentlich tröstlich fällt das Gedicht *„He liäwt"* (WAGENFELD 1914a, S. 40f) aus: die Mutter hat schon eine Totenmesse für ihren vermeintlich gefallenen Sohn bestellt, da kommt in letzter Minute die Nachricht, dass dieser noch lebt und nur verwundet ist.

„Siegesklocken" (ebd., S. 42) nehmen den Ausgang des Krieges vorweg: „Wunnen, wunnen! [...] O Härguod help wieder! Dank, Dank, Dank!" – Im Schlussgedicht wird die alte Hellweg-Sage von einer endzeitlichen Schlacht am Birkenbaum[12], die ein mythischer ‚weißer Kaiser' unter göttlichem Beistand gewinnt, aufgegriffen (ebd., S. 43f: *De Slacht an'n Biäkenbaum*). Die alten Prophezeiungen gelten für die Jetztzeit (der Papst ist tot, die Sonne verdunkelt sich, Franzosen und Russen mobilisieren, der Glaube wird unterdrückt, die Hoffart lacht, das Volk begehrt auf gegen monarchische Macht); ein guter Ausgang unter tausendfachem Dank ist gewiss.

Der Lyrikband „Weltbrand" (1915)

Der zweite Band „Weltbrand"[13], 1915 als „Neue Folge Kriegsgedichte in münsterländischer Mundart" erschienen, setzt die Linie von nationalistischer Hasspropaganda und Kriegstheologie z.T. noch drastischer fort.

---

[11] SCHILLING 2008, S. 195.
[12] Vgl. zu diesem Sagen-Komplex: BÜRGER 2012b, S. 431-434.
[13] „Weltenbrand" steht in Wagenfelds Dichtung *„De Antichrist"* von 1916 auch für den Abgrund der Verdammten (WAGENFELD 1954/1983, S. 81, 84).

Der Kaiser steht an seinem Ehrentag in Eisen und drischt nach Osten und Westen hin; die Westfalen sind ihm in bedingungsloser Treue ergeben (WAGENFELD 1915, S. 5: *Kaisers Geburtstag 1915*): „Westfaolen de laott för den Kaiser nich nao, / Met di, Wilm, gutt of kaputt! [... Mit dir, Wilhelm, gut oder kaputt!]".

Ein großer Hassgesang ist das Gedicht „*Guod, straof Engelland!*" (ebd., S. 6f). Neunmal variiert der Dichter das Hassen (als Dünger, bei Tag, bei Nacht, in Weinen und Lachen, Leiden und Freude, als Waffe an der Seite der ‚Liebe'). ‚Gott', so wünscht Wagenfeld, soll ‚unser Beten' und ‚unser Hassen' segnen. Gott strafe England, Deutschland hält stellvertretend für ihn das Weltgericht („För die haoll wi dat Weltgericht").

Offenbar hat jemand dem Dichter die Unchristlichkeit seines Hasses vorgeworfen, wie wir aus dem sich anschließenden Gedicht „*Nich mär hassen*" (ebd., S. 8f) erfahren. Doch wie soll man einem Pack aus Mördern und Dieben, die uns Krieg und Not gebracht haben, vergeben oder es gar liebhaben? Entfaltet wird nun folgende Kriegstheologie des Hasses, in welcher sich der Dichter als Bibelausleger[14] betätigt: Der Herrgott hat zwar Liebe gepredigt und sogar noch am Kreuz um göttliche Vergebung für seine Peiniger gebetet, doch gegen die geldgierigen Krämer im Tempel ist er selbst mit harten Schlägen vorgegangen. Da nun die ganze Welt Gottes Tempel ist und England diesen Kirchtempel mit seiner Geldgier entehrt, kann es für diesen brudermörderischen Feind kein Erbarmen geben. Mehrfach betont Wagenfeld in diesem Text, dass es die nicht auslöschbare heilige Flamme der Liebe sei, die ‚uns den Hass gibt'. Dieser Hass soll erst sterben, wenn England zahm geworden ist und den Herrn Jesus als Zuchtmeister der Tempelgeldwechsler kennengelernt hat: „O Härguod giff du / De engelsken Lumpen de ewige Ruh! [Oh Herrgott, gib du / Den englischen Lumpen die ewige Ruh!]". Dies ist der zweite besonders wichtige Bezugstext für die Deutung der späteren Dichtung „Usse Vader" von 1918.

In der letzten Strophe des Gedichts „*De Daud van Ypern*" (WAGENFELD 1915, S. 10f) über eine auf Pestzeiten zurückgehende Darstellung

---

[14] Erschreckende Beispiele einer propagandistischen „Bibelauslegung" in der katholischen Kriegspredigt 1914-1918 findet man bei: MISSALLA 1968, S. 106-110.

des Todes am Rathaus von Ypern in Flandern wird Deutschland wieder als Vollstrecker des ‚Weltgerichts' charakterisiert. Der Text gehört zu den wenigen Kriegsgedichten, die Aufnahme in die Werkausgabe von 1954 gefunden haben – allerdings unter Tilgung des Hinweises auf die deutsche Weltgerichtsbarkeit.

Eine unverhohlene Polemik gegen den Friedenspapst Benedikt XV. bietet der Katholik Karl Wagenfeld mit seinem Gedicht „Dütsk Gebett" (ebd., S. 12f). Der Papst in Rom habe Europa dazu aufgerufen, für Frieden zu beten, und dies werde nun überall, wo das Wort des Kirchenoberhauptes etwas gilt, auch auf Knien befolgt. Der Dichter wendet sich als „en dütsken Mann" jedoch direkt an Gott und bekennt, er könne nicht zusammen mit all dem andern Volk, das in Satans Höllenfeuer hineingehöre, um Frieden beten. Jeder deutsche Mann, so belehrt Wagenfeld seinen ‚Gott', könne in diesem Krieg nur um Sieg beten. Erst, wenn der Feind mit tiefster Todeswunde darniederliege, wolle man Gott auch für den [Sieg-]Frieden danken. Dieses schier unglaubliche Textzeugnis aus dem ‚deutschen Nationalkatholizismus' sei hier vollständig zitiert:

Dütsk Gebett

De Paopst in Rom:
„Allt Volk in'n Dom!
Europa sall biäden:
‚O Härguod giff Friäden!'"

Un wo den Paopst sin Waod wat gelt,
Fäöllt op de Knei de ganze Welt
Un stürmt den Hiemmel met Gebett,
Dat baoll doch wier Friäden wärd.

O Guod, hier steiht en dütsken Mann,
We, äs du weeßt, auk biäden kann
Un di äs sinen Häern kennt,
Auk aohn' dat't op de Niägel brennt;
We auk in Friäden nao di söcht
Un di – un süß auk garnix – fröcht. –

Un de sall nu met all dat Volk,
Wat häört in Satans Höllenkolk,
Vör di, o Härguod, triäden
Un biäden üm den Friäden? – –

Du, Härguod, kennst de dütske Naut;
De Naut is graut, brengt viell den Daud,
Un üm den Thron di klungen hät
All männig dütske Mannsgebett
In düssen wilden, wösten Krieg –
Män nich üm Friäden, nee üm Sieg!
Denn dat weeßt du, weet jedermann,
Dat Friäden us nich batten kann,
Wann nich de Fiend ligg an den Grunn
Met deipste, deipste Daudeswunn.
Dann, dann Här, wann wi Sieger sind
För us un Kind un Kinnerskind,
Dann, dann Här, will wi biäden,
Di danken för den Friäden.

Män nu, solang nao is de Krieg,
Biäd wi to di üm grauten Sieg;
Üm Sieg bloß jede dütske Mann
Ut't deipste Hiärt recht biäden kann.

We brüöcken hillg'en Friäden,
De laot üm Friäden biäden!

Für eine Leserschaft mit geringen Kenntnissen der niederdeutschen Sprache sei hier auch eine hochdeutsche Übertragung des Textes zur Verfügung gestellt:

Deutsches Gebet

De Papst in Rom:
„Alles Volk in den Dom!
Europa soll beten:
‚O Herrgott gib Frieden!'"

Und wo des Papstes Wort was gilt,
Fällt auf die Knie die ganze Welt
Und stürmt den Himmel mit Gebet,
Dass bald doch wieder Friede werde.

O Gott, hier steht ein deutscher Mann,
Der, wie du weißt, auch beten kann
Und Dich als seinen Herren kennt,
Auch ohne, dass es auf den Nägeln brennt;
Der auch im Frieden nach Dir sucht
Und Dich – und sonst auch gar nichts – fürchtet. –
Und der soll nun mit all dem Volk,
Das in Satans Höllensumpf gehört,
Vor Dich, o Herrgott, treten
Und beten um den Frieden? – –

Du, Herrgott, kennst die deutsche Not;
Die Not ist groß, bringt vielen Tod,
Und um den Thron hat Dir geklungen
Schon manches deutsche Mannsgebet
In diesem wilden, wüsten Krieg –
Aber nicht um Frieden, nein um Sieg!
Denn das weißt Du, weiß jedermann,
Dass Frieden uns nicht helfen kann,
Wenn nicht der Feind am Boden liegt
Mit tiefster, tiefster Todeswunde.
Dann, dann Herr, [erst] wenn wir Sieger sind
Für uns und Kind und Kindeskind,
Dann, dann Herr, wollen wir beten,
Dir danken für den Frieden.

Aber jetzt, solange noch ist der Krieg,
Beten wir zu Dir um großen Sieg;
Um Sieg bloß jeder deutsche Mann
Aus tiefstem Herz recht beten kann.

Die den heiligen Frieden gebrochen haben,
Die sollen um Frieden beten!

Ein weiteres Hassgedicht gegen England trägt den Titel „*Sir Grey un de Düwel*" (ebd., S. 14-20). Der britische Außenminister Sir Edward Grey wird darin als ein Anbeter und Knecht des Teufels vorgestellt, dessen Plan, 70 Millionen deutsche Kinder, Frauen und Männer in den Hungertod zu treiben, selbst dem Satan gegen die Ehre geht.[15] Damit übertrifft ein Sohn von ‚John Bull', dessen Militär sich vor allem aus den englischen Zuchthäusern rekrutiert, noch die Hölle an Bosheit. Der Teufel sieht Sir Grey auch schon gemäß dem Vorbild des „Judas" am Baum hängen, wenn der Hungertod in Wirklichkeit England – statt Deutschland – heimsucht. Gott und der Erzengel Michael, so wird zweimal betont, stehen auf Deutschlands Seite und werden die englischen Pläne vereiteln.

Im Gedicht „*Askedag – Vorabend des 18. Februar 1915*" (ebd., S. 21f) wird England angesichts seines Geldes und seiner Bosheit an die Sterblichkeit erinnert, denn bis zu den Osterglocken werden ‚unsere blauen Jungs mit ihrer U' diesem Feind wohl das „dütske Evangelium" gepredigt haben. – Russen, Franzosen und Engländer präsentieren ihren neuen Verbündeten Japan als großen Adler, in Wirklichkeit jedoch handelt es sich um einen gelbköpfigen Geier, der ihnen Kuckuckseier ins eigene Nest legt (ebd., S. 24f: *De Vugel*).

„*De aolle Bur*" (ebd., S. 23), der drei Söhne an der Front stehen hat und selbst mit dem Pflug in der Heimat allein für vier Männer arbeitet, ist Oberhaupt einer arbeitsteiligen Familie: „De Jungs de slaot de Finde daud, / De Aoll de suorgt fört däglick' Braut [Die Jungens schlagen die Feinde tot, / Der Alte sorgt für's tägliche Brot]".

Im Gedicht „*Paoskfüers*" (ebd., S. 26) werden die frommen Osterfeuer in Westfalen („Fröhlicke Ostern!") und die Flammen der Kriegsfeuer in Feindesland („Blödrige Ostern!") einander gegenübergestellt – beides gehört zur Bezwingung des Todes und kündet von Westfalentreue, die somit gleichermaßen religiös und kriegerisch zu verstehen ist.

In seiner Tonart steht das Gedicht „*Maientiet*" (ebd., S. 27) in der Sammlung ziemlich einsam da: An der Seite eines – ärmlich gekleideten, aber mit Eisernem Kreuz ausgezeichneten – Kriegsinvaliden geht

---

[15] ALY 2011, S. 152 schreibt: „Infolge der britischen Seeblockade waren 500.000 Deutsche verhungert."

ein schönes Mädchen spazieren; die vorlaute Singdrossel kommentiert das Bild für den Dichter: „Ick glaiw, för dat Krüz un de hiärtleiwe Dähn / Laitst auk düör den Bollen di scheiten! [Ich glaube, für das Kreuz und die herzliebste Dirn / Ließest auch du durch das Bein dich schießen!]". Was also soll dieser Soldat klagen über ein kaputtgeschossenes Bein?

Im Gedicht *„Lusitania-Protest"* (ebd., S. 28) geht es um den Protest des ‚frommen Englands' gegen die deutsche Kriegsführung. Während sich im ganzen Deutschen Reich jeder über den Untergang des vom deutschen Unterseeboot U-20 am 7. Mai 1915 vor Irland beschossenen britischen Passagierdampfers RMS Lusitania freut, spricht die Gegenseite angesichts von über tausend Todesopfern von Barbarei. Auf der britischen Protestnote stehen auch die Unterschriften ehemaliger Deutscher, so die von August Cohn. Dies nimmt Wagenfeld zum Anlass für eine judenfeindliche Polemik; die besagten Namen ließen ja wohl kaum auf einen ‚deutschen Stamm' schließen:

„Das spricht der Menschlichkeit ja Hohn!"
Schreit Meyer, Hirsch und August Cohn –
Dat reggt nu wull kin' Dütsken op;
Män männigeen schütt't doch düörn Kopp,
Wann he so düsse Namens läst:
„Weck dütsken Stamm dreew düsse Äst!"

Mit dem berühmten Zitat des „Götz von Berlichingen" wird ein Brief des ‚Herrn Jonathan' aus den Vereinigten Staaten beantwortet (ebd., S. 40: *Amerika*); am deutschen Unterseebooteinsatz soll sich nichts ändern: „Dat met de ‚U' bliff so, äs 't was!"

Der deutsche Adler, umringt von Neid und Hass der Aasvögel und Raben, wird wegen seiner geistigen und materiellen Überlegenheit alle Feinde besiegen: „Haug dütske Geist äs Adler treckt, / Haug dütske Fust dat Isen reckt / Jüst äs in aollen Titen. [...] Wat dütsk is, dat bliff buoben." (ebd., S. 29f: *Aosvüegel*)

Italien, das nun auch auf der Seite der Feinde steht, ist ein *„Judas"* (ebd., S. 31), der jedoch ‚unsres Hasses nicht wert' ist und für dessen ‚Judasherz' auch das deutsche Schwert eigentlich ‚zu heilig' ist. – Auch wenn „*Italien*" (ebd., S. 32f), wo das ‚Räubern seit altersher im Blut' liegt, jetzt Kerzen vor der Madonna anstecken sollte, so wird es doch wie Russen, Franzosen und englisches Pack mit ‚einem Sündenvergeben' seinen Anteil erhalten; die Deutschen hauen jetzt eben nur noch etwas fester und eiliger auf die Feinde drauf: ‚Unser Gott, unser Mut und unser österreichische Freund' bilden einen Dreierbund, der bis zum Ende der Welt bestehen bleibt: „Guod met us! 't gelt stiärben aof siegen."

„*Westfäölske Regimenter*" (ebd., S. 34) kämpfen für deutsche Ehre, deutsches Recht und alles, was das Menschenherz bewegt; für diese grenzenlose Liebe, die mit Gold gar nicht aufgewogen werden kann, ist jeder Dank zu klein.

Im Gedicht „*Kameraod kumm!*" (ebd., S. 36f) wird uns der Trauermarsch für einen Soldaten gezeigt, der bei Neuve Chapelle mit seinem Gewehrkolben dem „Tommypack" die Schädel eingeschlagen hat und dann durch ein feindliches Bajonett selbst tödlich verwundet worden ist. Dieser Soldat, den ‚seine Liebe aus der Welt' getrieben hat, wird von der einsamen Witwe, seinen fünf kleinen Kindern und einem langen Zug von Kriegsverwundeten aus dem Lazarett zum Grab geleitet.

Im Text „*Wi winnt*" (ebd., S. 38f) wird ein deutscher Sieg beschworen und aus der Bibel [Lukas-Evangelium 19,12-27] heraus auch als Notwendigkeit bewiesen: ‚Gott, strafe unsere Feinde! Gott, schlag sie doch tot!' Jesu Gleichnis von den Talenten zeige uns, wie es ablaufen wird: Die Deutschen haben mit ihren von Gott gegebenen Talenten gearbeitet und werden – nach Bezwingung aller Feinde – zum Lohn auch noch den Besitz der anderen Völker dazu erhalten: „... Un dann nao tom Lauhn, äs de Bibel et schriff, / Uss' Härguod de annern iähr' Brocken uss giff." Wagenfelds laientheologischer Rat an die Zweifler zielt auf Gottvertrauen und Draufschlagen: „Denkt: Guod helpt nich den, we ‚Herr, Herr' bloß schreit, / Nee, we em vertrut un üm sick heit."

Ein Soldat schreibt – durch die Zeit der Lindenblüte mit Heimweh erfüllt – einen Feldbrief an seine Braut: Wenn übers Jahr der Lindenbaum wieder blüht, soll es Frieden sein und wird es ein freudiges Wiedersehen geben (ebd., S. 41: *De Lindenbaum*). – Eine andere Braut erhält von der Front die Nachricht vom Tod ihres Janns; zwei Rosen der

Liebsten trug Janns über dem Herzen, als er in dem ‚heiligen Krieg' fiel: „Di hörd min Hiät!" (ebd., S. 42: *Rausen*)

Zum „*Uthaollen!*" (ebd., S. 43) ermahnt der nachfolgende Text die vielen Väter, Mütter, Bräute und Geschwister; selbst wenn in noch so grauenhafter Zahl Soldaten fallen werden und sogar ‚von Leichen ein Wall' gebaut werden muss: „Min Volk laot nich stiärben dütsk' Geist, dütske Ehr!" Gott wird die Toten ja wieder erwecken, derweil müssen bis zum Sieg in den Herzen Glauben und Hoffnung das Ruder führen: „Nich wanken, nich wiken, bis Sieg brengt de Stunn! / Dütsk' Geist, dütske Ehr drüwt nich an den Grunn!" Kein Preis, kein Leichenberg ist zu hoch für die Rettung von deutschem Geist und deutscher Ehre.

Auch das Schlussgedicht „*En Jaohr Krieg*" (ebd., S. 44) läuft auf eine Propaganda für totale Kriegsführung hinaus: Der Krieg, dieses blutdürstige wilde Tier, ist geboren aus Neid und Gier; ‚wir' [Deutschen] haben den Höllensohn Krieg nicht gerufen und auch nicht gewollt; doch mit Gott widerstehen wir wie Eisen und Stein, ‚auch wenn die Welt gegen uns steht'; ‚was deutsch ist, geht nicht unter, solange auch nur ein einziger Soldat einen Säbel oder einen Schuss Munition und das Herz voller Liebe hat'; es geht um Sein oder Nichtsein, und Gott muss wissen, dass es für uns deshalb kein Nachlassen im Kampf gibt: „Wi laott nich nao! Häs, Härguod, et häört? / Wi winnt nu – aof Dütskland is west!" (Dem Dichter geht es also nicht um ein Hören auf Gott, sondern um eine Belehrung Gottes: ‚Hast, Herrgott, du es gehört?') Für Kinder und Kindeskinder muss das Volk aushalten, selbst wenn der Krieg sich noch einige Male jähren sollte und ‚wir' auch unser Letztes hergeben müssen: „Guod help! – Wi winnt." Bei diesen lauten Beschwörungen gelingt es dem Dichter kaum, seine eigenen heimlichen Zweifel angesichts des Kriegsverlaufes zu übertönen.

Die Lücke in den „Gesammelten Werken"

Die Kriegslyrik von Karl Wagenfeld ist mit diesen beiden Bänden, auf deren Darstellung wir uns in der vorliegenden Untersuchung beschränken, keineswegs erschöpft. Bereits eine Bibliographie in der Festschrift zum 70. Geburtstag führt für 1914-1918 weitere plattdeutsche Gedichttitel auf (z.B.: Dütske Junge, dütske Mann; Vüörgesicht; En

Draum; Twe Jaohr Krieg; Urlaub; Dat füfte Jaohr; Heimkehr der Unbesiegten), aber auch hochdeutsche Kriegslyrik.[16] Ein Blick in das im Internet zugängliche Verzeichnis zum „Nachlass Karl Wagenfeld" in der ULB Münster ergibt, dass die Quellenlage bezogen auf hochdeutsche und plattdeutsche Einzelveröffentlichungen oder Manuskripte zum Thema „Krieg" noch umfangreicher ausfällt.[17] Beide genannten bibliographischen Quellen ermöglichen es auch, für die meisten Texte der beiden Kriegslyrikbände mutmaßliche Erstveröffentlichungsorte zu ermitteln. Um den Fußnotenapparat nicht zu überlasten, habe ich allerdings auf entsprechende Vermerke zu den einzelnen Gedichten verzichtet.[18]

Äußerst aufschlussreich ist eine Auslese *„Aus schwerer Zeit 1914 – 1918"*, die der ehemalige nationalsozialistische Kulturfunktionär Friedrich Castelle 1954 in die Abteilung „Gedichte in Auslese" des ersten Bandes der „Gesammelten Werke" aufgenommen hat (WAGENFELD 1954/1983, S. 449-461). Fast vollständig sind aus den beiden Mundartlyrikbänden die denkbar (!) wenigen Texte berücksichtigt, die man als unverfänglich oder zumindest ‚ganz zeittypisch' betrachten kann, aber eben auch nur diese: *„De Lindenbaum"* (aus: WAGENFELD 1915, S. 41) über das Heimweh eines Frontsoldaten; *„Rausen"* (aus: WAGENFELD 1915, S. 42) über das Gedenken einer Braut an ihren gefallenen Liebsten; *„He liäwt"* (aus: WAGENFELD 1914a, S. 40f) mit der frohen Nachricht an eine Mutter, dass ihr totgeglaubter Sohn doch lebt; *„Twee Krüze"* (aus: WAGENFELD 1914a, S. 36) über die Gegenüberstellung von Christi Kreuz und Eisernem Kreuz auf der Gefallenenanzeige. Aufgenommen ist allerdings auch der Text *„Westfölske Regimenter"* (aus: WAGENFELD 1915, S. 34) über das stolze, todesbereite Opfer westfälischer Soldaten für Heimat, ‚deutsche Ehre' und ‚deutsches Recht'. Zensiert hat der Herausgeber, wie bereits oben angemerkt, das Gedicht *„De Daud von Ypern"* (aus: WAGENFELD 1915, S. 10f). Es entfällt darin stillschweigend die entscheidende Schlussstrophe, der zufolge der ‚Tod von Ypern'

---

[16] FESTGABE WAGENFELD 1939, S. 42-48.
[17] FINDLISTE NACHLAß WAGENFELD 2011*.
[18] Am Computer kann man innerhalb der erweiterten digitalen *Erstfassung* (2012) der hier vorgelegten Arbeit (www.sauerlandmundart.de: daunlots nr. 50) mit der Textsuchfunktion weitere Veröffentlichungsorte leicht ermitteln.

dem großen Deutschland hilft, das Weltgericht (!) zu vollstrecken. – Den Abschluss der ‚Auslese' bildet der Text „*Vürgesicht*"[19], der nicht aus einem der beiden Lyrikbände stammt: Ein Junge hat bei Nacht in einem traumähnlichen Zustand die Sense des Vaters auf der Tenne (‚Deele') klingen gehört, und es stellt sich später heraus, dass der Vater in eben jener Nacht an der Front gefallen ist.

Über den Zweck einer solchen Edition braucht man nicht lange zu spekulieren. Die Leserinnen und Leser sollen rein gar nichts erfahren von jenem Wagenfeld, der glühende Hassgesänge, eine Entmenschlichung und Dämonisierung der Gegner, deutschnationalistische Propaganda mit der Bereitschaft zur totalen Kriegsführung (Siegfrieden um jeden Preis) und eine papstfeindliche nationale ‚Kriegstheologie' vorgelegt hat. Die zahlreichen Missverständnisse und Fehlgriffe bei Deutungsversuchen zu den ‚großen religiösen Versdichtungen' beruhen ganz wesentlich auch auf dieser Lücke in den Gesammelten Werken.

2.
PLATTDEUTSCHE FELDBRIEFE
„AN'N HERD"
(1915-1917)

Beginnend spätestens mit dem 5. Dezember 1915 erschienen in der Warendorfer Zeitung „Die Heimatglocke" regelmäßig, z.T. wöchentlich, plattdeutsche Feldpostbriefe von Karl Wagenfeld; die entsprechende Aufstellung im Nachlassverzeichnis endet mit einer Zeitungsausgabe vom 14. Juli 1918.[20] Der Warendorfer Verleger Josef Leopold hat eine Auswahl aus diesen Feldbriefen 1916-1917 auch in Form von sechs Heften einer Reihe *„An'n Herd"* veröffentlicht, von denen die ersten fünf Nummern durchschnittlich 48 Seiten umfassen, während

---

[19] Als Manuskript (ohne Veröffentlichungsort) wird dieses Gedicht bereits aufgeführt in: FESTGABE WAGENFELD 1939, S. 46.
[20] FINDLISTE NACHLAß WAGENFELD 2011*, S. 57-63.

die sechste Nummer 96 Seiten stark ist.[21] Vermutlich auf der Grundlage einer falschen bibliographischen Angabe von 1939[22] wird in den meisten Veröffentlichungen bis heute noch eine 7. Ausgabe von „An'n Herd" vermerkt, die aber – zumindest in der ULB Münster und im bundesweiten Fernleihverkehr – nirgendwo nachweisbar ist.[23]

Nachfolgend sichten wir nur die in den sechs Auswahlheften neu abgedruckten Feldpostbriefe, wodurch z.b. Ausgaben des Kriegsjahres 1918 von vornherein gar nicht ins Blickfeld kommen. Ein noch vollständigeres bzw. wirklich zuverlässiges Gesamtbild zu Wagenfelds plattdeutschem Feldpostprojekt könnte erst über eine Auswertung des Zeitungsarchivs („Die Glocke") oder des Nachlassbestandes in der ULB Münster erstellt werden.[24] Auf die Notwendigkeit einer breit angelegten Lektüre der Feldbriefe wird auch in einer Unterrichtsreihe zum Thema hingewiesen: „'Kunstwiärke sind't nich, söllt't auk nich sien – bloß 'ne Mul vull Platt von düt un dat – un 'ne Mul vull Platt döht doch ümmer nao biätter gued äs en Puckel vull Sliäg.' [WAGENFELD 1916a, S. 34f.] So beschreibt Karl Wagenfeld die Intention seiner [...] ‚Plattdeutschen Feldbriefe'. Wie sehr er damit auch den Anspruch einer harmlosen Konversation und eines nützlichen Informationsaustausches zwischen ‚Front' und ‚Heimat' in den Vordergrund stellt, liest man die Briefe als ganzes Textcorpus, so wird der ‚Hintersinn' solcher Harmlosigkeit offenbar spätestens dort, wo im Zusammenhang mit dem nicht mehr so spielerisch-abenteuerhaften Kriegsverlauf auch die politische Tendenz der Briefe unkaschiert zum Ausdruck kommt."[25]

---

[21] In den mir vollständig vorliegenden sechs Heften sind keine Jahreszahlen vermerkt; im Literaturverzeichnis dieser Arbeit folge ich deshalb den einschlägigen Bibliographien (LWA*; PBuB*; HANSEN-DATENBANK NIEDERDEUTSCH*), gebe aber für „An'n Herd" Nummer 1 das Jahr 1916 (FESTGABE WAGENFELD 1939, S. 63) und nicht 1915 an.

[22] FESTGABE WAGENFELD 1939, S. 46.

[23] Für ihre hartnäckige Recherche zu dieser – am Ende doch ärgerlichen – Quellenfrage danke ich Frau Maren Braun von der LWL-Kommission für Mundart- und Namensforschung Westfalen (Münster).

[24] Mit Blick auf eine sachgerechte Beurteilung der während des ersten Weltkrieges veröffentlichten religiösen Versepen (s.u.) ist es z.B. keine nebensächliche Frage, wie lange Wagenfeld den Tenor von Hass und Rache in seinen sonstigen Beiträgen beibehalten hat.

[25] HEERING-DÜLLO 1989, S. 51.

Erstes Sammelheft (1916):
Rezepte wider den "Schützengrabenstumpfsinn"

Schwerpunkthemen des ersten Heftes (WAGENFELD 1916a): Zum Auftakt der ganzen Reihe wird den Soldaten versprochen, dass der Humor im Mittelpunkt stehen soll (ebd., S. 3-7): „Wat könn ick der dann to dohen, dat Ji äs so recht hiärtlick lachtet, lachtet, dat Ji äs för en Päösken vergiätten deihen, dat dao buten Krieg is?" – Die Folgenummer (ebd., S. 8-12) enthält eine kriegerische Abwandlung des plattdeutschen Sankt-Nikolaus-Liedes. Die Alten daheim erzählen sich Kriegsgeschichten aus längst vergangener Zeit: z.B. wie vor hundert Jahren Russen eine junge Dirn schändeten und man das „früemd Volk" dann anderntags tot in der Bleichkuhle fand. – In einem ausgesprochenen Ermutigungsbrief für den Schützengraben (ebd., S. 13-16) wird die Standfestigkeit der Plattdeutschen betont: „Nich unnerkrigen laoten, mein ick, wann't äs dao buoben in'n Kopp orre dao binnen int Hiärt binaut wärd. [...] Et kümp wier anners!" – Viele sprichwörtliche Bezüge gibt es bei Ausführungen über Teufelsspuk (ebd., 17ff), doch: ‚Wir Deutschen fürchten Gott und sonst nichts in der Welt!' Die Instrumentalisierung plattdeutscher Sprichwörter und Redensarten wird im Verlauf der Reihe noch zunehmen.[26] Eine plattdeutsche Reimzuschrift vom Soldaten Jopp aus Warendorf findet keine Gunst bei Wagenfeld: „Usse Platt dat hät viell mähr Wääd', äs du meinst!" – In Münster hat es Feuer in einer Zweigstelle des Artillerie-Depots und nachfolgende Explosionen gegeben (ebd., S. 22-26). Die Leute haben diese vergleichsweise harmlose Sache in ihrem Gerede zur großen Katastrophe anschwellen lassen. – Wagenfeld teilt den Soldaten ausführlich die Glaubersalz-Rezeptur

---

[26] „Strukturelles Bindeglied [...] ist der durchgängige Rekurs Wagenfelds auf plattdeutsche Redensarten und Spruchweisheiten, auf deren Wahrheitskern er sich anfangs allgemeinmenschlich-beglaubigend, am Ende im Sinne der vaterländischen Ideologie und Kriegspropaganda beruft, konsequent getreu dem Motto: ‚Sprüeck-waod, waohr Waod!'" (HEERING-DÜLLO 1989, S. 52). Der Befund ist umso bezeichnender, als Wagenfeld selbst in seinem Bauerndrama „Hatt giegen Hatt" (geschrieben 1913, veröffentlicht 1917) einen negativ gezeichneten Vater mit *„nicht diskutierbaren Sentenzen"*, d.h. unfehlbaren Sprichwörtern, „argumentieren" läßt, gegen die offenbar kein Kraut gewachsen ist (vgl. BICHEL 1990, S. 10f). Zu Ergebnissen seiner eigenen Sprichwortsammeltätigkeit vgl. WAGENFELD 1983.

eines alten münsterländischen Bombardiers von 1848 mit; die Krieger sollen die empfohlene inwendige Reinigung (des Darms) allerdings erst nach Kriegsende anwenden (ebd., S. 29f). Mit einem plattdeutschen Gedicht wünscht sich ein Soldat aus Sendenhorst, die plattdeutschen Feldpostautoren Wagenfeld, Holtmann und Wibbelt möchten doch an die Front in den Unterstand kommen, dort einen „Klaren" mit den Kriegern trinken und als ‚Generäle' tatkräftig beim gründlichen Verdreschen der Feinde helfen (ich halte für wahrscheinlich, dass der Einsender diese Zuschrift ironisch gemeint hat und Wagenfeld dies nicht bemerken will).

In einer Nummer über Gicht und innere Gicht – nämlich ‚Schützengrabenstumpfsinn' – werden weitere Ratschläge zur Aufmunterung erteilt (ebd., S. 33-37): Die Münsterländer Soldaten sollen z.B. an ihre Lieben daheim denken, Tabak rauchen, es sich im Unterstand wohnlich warm mit einem „Härdfüer" einrichten und „John Bull" das Fell gerben. – Manche Soldaten, die vom Heimaturlaub wieder an die Front kommen, erzählen, die Leute zuhause wüssten nicht, was Krieg wäre; darauf will Wagenfeld antworten (ebd., S. 38-43): Man habe daheim in Deutschland durchaus auch keinen Luxus, doch beim Heimaturlaub der Soldaten besorge man all die guten Sachen und mache ein vergnügtes Gesicht wegen der Wiedersehensfreude. Viele organisierten außerdem Pakete für die Front. Gemäß der Weisheit eines Bauern von Roxel gibt es auch für Läusebefall eine gute Erklärung: Im eiskalten Russland müssen die Soldaten einfach Läuse haben, weil sie sonst ohne ständiges Kratzen erfrieren würden. Man glaubt es nicht, aber so kann man es auf Platt in der Nummer wirklich lesen. – Zum Schluss lässt Wagenfeld zwar durchklingen, dass er von der sprichwörtlichen plattdeutschen Frauenfeindlichkeit einiges weiß, doch es geht ihm um ein ernstgemeintes Loblied auf die Leistungen der Frauen (ebd., S. 44-48). Diese arbeiten Tag und Nacht als Krankenschwestern, stricken und nähen, übernehmen Männerarbeit, organisieren Nahrungsmittel für die Kinder, beten …: „Ji owwer könnt stolt sien op dat, wat usse Fraulü för Ju hier dohen häbbt un doht! […] Usse Fraulü söllt liäben!"

Zweites Sammelheft (1916):
„Haolt Ju gesund un haut dran, dat de Lappen fleigt!"

Schwerpunktthemen des zweiten Heftes (WAGENFELD 1916b): Der Anregung, eine Instruktionsstunde über das Freien beim weiblichen Geschlecht abzuhalten, will Wagenfeld nur ungern nachkommen (ebd., S. 3-8). Aber dann gibt es – mit zahlreichen Sprichwörtern – doch Anregungen für die richtige Brautsuche. Die Aussicht lautet: „Haut in Aust un West dran, dat de Lappens fleigt, kuemt heel un gesund nao Hus, un wann dann de Siegesklocken utlutt häbbt, dann söllt de Hochtidsklocken düört Mönsterland klingen, dat de Kiärktäön wackelt! Met Guod!" (ebd., S. 8). Als Belohnung für den Sieg winken also die Hochzeitsglocken. – Eine eigene Ausgabe ist ganz der Plattdeutschen Sprache gewidmet, die – wie ein Landstürmer von der russischen Front bestätigt – doch so bedeutsam für die Heimatbindung ist: Widerlegt werden die Vorurteile, Platt sei eine gewöhnliche, ungebildete, grobe und separatistische Sprache. „Dat Vaderland hät von usse Plattküern kin Schaden", und wie das Beispiel der ‚vlämischen Stammesbrüder' in Belgien zeigt, erweist sich Platt – das womöglich ja noch Weltsprache wird – gerade auch im Krieg als vorteilhaft. – Heimatgeschichtliches über einen Münsterischen ‚Bierkrieg' Ende des 19. Jahrhunderts mündet ein in die Legende vom Münsteraner im Himmel (ebd., S. 15-21). – Regnerisches Frühjahrswetter inspiriert den Dichter zu einem ganzen Feldbrief (ebd., S. 22-28) über den Regenwurm (erwünscht ist allerdings gutes Wetter, weil dann Franzosen und Engländer „wat op'n Bast" kriegen). – Hocherfreut zeigt sich Wagenfeld in der Folgenummer (ebd., S. 29-33) über die deutschen Siegesglocken nach dem Sieg über ein Fort bei Verdun. Die Engländer, die in die Hölle gehören, sollen wohl bald beim ‚Schiffe versenken'-Spielen ihre Lektion lernen. Wenn dabei ein paar Amerikaner mit in den Teich gehen, kann man daran auch nichts ändern.[27] Den Amerikanern wird ein Angriff der Japaner gewünscht, außerdem auch eine passende ‚Rücklieferung' aller von ihnen nach Frankreich gelieferten Munition. Zuhause im Münster-

---

[27] Später ist die Rede von einem „amerikansken Schutzengel op en Munitionsschiepp" (WAGENFELD 1916b, S. 35).

land liegt Schnee, und es fehlt an passendem Schuhwerk für die Schulkinder. Von einer ‚Verrohung der [vaterlosen] Jugend', so versichert Wagenfeld den Soldaten, könne aber keine Rede sein: „Haolt Ju gesund un haut dran, dat de Lappen fleigt"! – In der „Fastnachtsausgabe" (ebd., S. 34-38) freut sich der Dichter, dass alle Soldaten schreiben, es gehe ihnen gut. Fastnachtsumtriebe und reich behängte Wurstgabeln der Jugend fallen in diesem Jahr aus. Mit dem U-Bootkrieg fängt für England das Fasten an, und dazu teilt Wagenfeld das passende Mundartgedicht[28] aus seiner Kriegslyrik mit. – Einer Leserbitte entsprechend muss erneut das Thema „Frauen" (Heiratsvermittlung, Modalitäten der Kriegstrauung) angesprochen werden (ebd., S. 39-44). Wagenfeld rät dazu, keine übereilten Lebensentscheidungen zu treffen. Denn nach dem Krieg wird es gemäß alter Prophezeiungen so kommen: „Dann slaot sick sieben Fraulü üm eene Bücks! [Dann schlagen sich sieben Frauleute um eine Männerhose!]". Ob die Soldaten diese Sentenz auch wirklich mit Humor aufgenommen haben? – Zum Ende gibt es eine humorvolle Beichtgeschichte vom Mühlenpächter Jans Elmes, die aber eine ernste Schlussmoral enthält: „Swine tröcken in, wo usse Härguod uttrecken moß [Schweine ziehen ein, wo unser Herrgott ausziehen muss]" (ebd., S. 45-49).

Drittes Sammelheft (1916):
Der Tod ist kein Ende – „Nun met Guod ‚immer feste uf de Weste'!"

Schwerpunktthemen des dritten Heftes (WAGENFELD 1916c): Der Dichter zitiert aus der Zuschrift eines 62jährigen Kriegsfreiwilligen, der an der Düna stationiert ist, dort den Krieg als regelrechten Jungbrunnen erlebt und deshalb auch gegen alle Miesepeter als Vorbild dienen kann (ebd., S. 6-8). In der gleichen Ausgabe gibt es, z.B. von einem Holsteiner, Lob für die plattdeutsche Sprache; Wagenfeld betont noch einmal, dass er sich nicht als Heiratsvermittler zu betätigen gedenkt. – Geld regiert die Welt und ergänzt das Handwerk guter Soldaten, und in

---

[28] „*Askedag – Vorabend des 18. Februar 1915*" (WAGENFELD 1915, S. 21f).

diesem Sinne sind 10 Milliarden Kriegsanleihen stolz zu vermelden (ebd., S. 11-15); für Geld kann man sogar den Teufel tanzen sehen (John Bull wird sich wundern). „Nun met Guod ‚immer feste uf de Weste'!" – Unweise Tanten befürchten, dass die Engländer ins Münsterland einmarschieren werden (ebd., S. 18-20); allerdings kennt John Bull vom Krieg her die Münsterländer ja schon und wird dergleichen kaum wagen. Zuhause gibt es weniger Eier und Fleisch auf den Tisch. Die Soldaten werden auf ein schönes Sieges-Osterfest im nächsten Jahr vertröstet. – In einem eigenen Osterbrief (ebd., S. 23-26) wird den Soldaten die Kriegsfront unter dem großen Himmelsdom als Ersatzkirche beschrieben. Der christliche Osterglaube gibt Kraft, im Krieg Tod auszuteilen und zu ertragen. Die Botschaft ‚Der Tod ist kein Ende!' wird den Soldaten auch illustriert mit dem Bild eines Meeres voller Soldatengräber (!), aus denen überall Frühlingsblumen sprießen. – Eine Feldbrief-Ausgabe übernimmt „Threse Schulte Kloßfall"[29], vorgestellt als eine Freundin des Dichters (ebd., S. 28-33). Sie spricht Platt, hat aber nie gelernt, auch Platt zu schreiben, und bietet stattdessen ihr sehr eigenwilliges Hochdeutsch. Zwei ihrer Söhne sind im Krieg, und so verbietet sich ihrer Ansicht nach alles Klagen über kleine Widrigkeiten zuhause von selbst. „Threse Schulte Kloßfall" hat sich – ähnlich wie beim Tierschaufest (!) – einen kriegsgefangenen Russen als Arbeiter mit dem Los geangelt, mit dem sie an sich auch ganz gut auf dem Hof zurechtkommt.

Da die Soldaten bei der Erstkommunion am Weißen Sonntag nicht dabei sein können, soll sie die Gewissheit, dass einem tradierten Sprichwort gemäß Kindergebet durch alle Wolken dringt, trösten (ebd., S. 35f). Bei den Maibräuchen waren in alten Zeiten Hexen mit im Spiel, aber auch der Teufel, der wohl nahe beim Elendsverursacher England steht (die Briten haben derzeit gottlob Probleme mit Irland und anderen ‚Filialen'). Bezüglich der Vereinigten Staaten wird ein Schlag von Japan gegen Amerika gewünscht. Deutschland soll in der Welt vorangehen wie das Münsterland in Deutschland. – Ein Feldbrief über „Kunst" enthält Erinnerungen Wagenfelds an die Kunststücke der eigenen Kinderzeit und an die künstlerische Ausstattung der alten Hei-

---

[29] Eine literarische Gestalt, hinter der sich der Dichter auch noch an anderer Stelle versteckt.

matkirche (womit die Soldaten geschickt angeregt werden, sich ihre eigene Heimatkirche bildlich vor Augen zu halten).

Viertes Sammelheft (1916):
Das „deutsche Pfingstfest" und „wilde Negers"

Schwerpunktthemen des vierten Heftes (WAGENFELD 1916d): Mit einer langen Ausgabe setzt Wagenfeld seine Ausführungen zur „Kulturgeschichte" des Heimatdorfes seiner Kindertage fort (ebd., S. 3-12): kleine Musikkapelle; Kinder, die (statt auf dem modernen Klavier) mit ihren selbstgemachten Flötenpfeifen musizieren, kräftiger Kirchengesang (hochdeutsch, nicht lateinisch); ein Gastspiel von Tiroler Musikanten im Wirtshaus; auswärtige Komödienmacher (Kasperletheater und Genofeva-Aufführung); Beginn einer eigenen Theaterspielgruppe des Dorfes nach der vom Vikar initiierten Erbauung eines Gesellenhauses; reichhaltige Zirkusdarbietungen unter freiem Himmel. – Eine ganze Ausgabe ist der ‚Kunst des Schweigens' gewidmet (ebd., S. 12 und 13-19): dem Münsterländer ‚an sich' und den Männern fällt das Schweigen nicht besonders schwer; Kinderpappeln soll man nicht abwürgen; in Schule, Lehre und Militärzeit bekommt man das schwere Stillschweigen beigebracht; bezogen auf anvertraute Geheimnisse und den Verzicht auf jegliche schlechte Nachrede versteht sich männliches Schweigen von selbst; besonders geziemt dem Mann das Stillschweigen, wenn der Herrgott – wie jetzt im Krieg – schwere Schicksalsschläge austeilt („Här, din Will"); leider gibt es Ehefrauen, die ihren Männern an der Front in Feldbriefen Klagelieder unterbreiten; über das Schweigen oder Reden der Toten könnte der Dichter viel sagen, tut es aber nicht („ick kann swigen"). – Auf Bitte eines Lesers hin, dem man wohl aus der Heimat trübselige Nachrichten geschickt hat, gibt Wagenfeld einen Bericht über die Ernährungslage im Münsterland ab (ebd., S. 20-25). So verwöhnt wie vor dem Krieg ist man daheim nicht mehr, doch es gibt keine bedrohliche Hungerlage zu beklagen, zumal wenn man sich die in Sprichwörtern bezeugten Ernährungsgewohnheiten früherer Zeiten vor Augen führt (tägliches Brot, aber weniger Fleisch, Eier, Milch und Fett). Eine ‚Nahrungsmitteldiktatur' mit ‚Reichsspeisemeister' ist eingeführt. Der Plan des Feindes, die Deutschen auszuhungern, wird nicht aufgehen: „de aolle Guod liäwt nao, gaff he Naut, giff he auk Braut. […] Ji haollt buten, wi binnen!"

In seinem Pfingstfeldbrief entwickelt Wagenfeld förmlich eine ‚deutsche Theologie' (ebd., S. 26-31). Er wünscht den Soldaten fröhliche Pfingsten, wohlwissend, dass dies nach zwei Jahren der Kriegsabgründe mit Blut und Tränen des deutschen Volkes nicht jedem leicht erscheinen wird. Er predigt eine stille Dankbarkeit angesichts der Soldaten, die die Heimat, die Höfe und stille Kirchen schützen. Ohne die Soldaten müssten die Frauen sich zuhause verkriechen „in Heid un Busk vör besuoppene Kosaken, vör *wilde un halfwilde Negers un Inders*, we Fraulüehr in Wildfüer in Schande bröchen" (ebd., S. 28). Wie einst beim ersten Pfingsten die Apostel rundum von Feinden umringt waren und durch einen Sturmwind von Angst befreit wurden, ist es nun auch im ‚*deutschen* Pfingsten'[30] geschehen (ebd., S. 29):

> „Äs August 14 de Krieg laosbrack, äs usse Finde meinden, se hären us all unner de Holsken, dao is auk för usse Volk en nie Pingßen kuemen. En Sturmwind brusde düört dütske Land, dat alle Hiärten biewerden, äs en Sturmwind schallde 't von Aust nao West, von Nord nao Süd: ‚Wir alle wollen Hüter sein!' Üöwer aolt un jung, kamm en Geist, en hilligen Geist, we kine Angst kannt, en Geist, we alles gieben wull, un wäör't das Leste un Beste: dat Liäben. Dat wäören dütske Pinkßen, dütske Pinkßen, äs de Welt nao nich gräötter un schöner seihen hät."

Warum sollte nicht auch dieser ‚heilige Geist des deutschen Pfingsten' allezeit bei uns bleiben? Nur einer der Apostel ist im Bett gestorben, die anderen jedoch alle als Märtyrer: „Ut de Katakomben steeg de christlicke Geist äs Sieger üöwer de ganze Welt. De christlicke Kultur füördert Opfers, graute Opfers, we bloß de brengen könnt, wo de rechte Geist in is. Dütskland […] staoht füör de christlicke Kultur" (ebd., S. 30). Somit sind Christentum und Deutschland, Nationalismus und Religion (bzw.

---

[30] Vgl. auch die häretischen Ausführungen über einen ‚lebendig machenden christlich deutschen Geist' in: WAGENFELD 1919, S. 76.

Theologie), religiöses und kriegerisches Charisma gleichsam ein einziger Komplex. Die Erwartung wird geweckt auf einen großen Endsieg des deutschen Pfingstgeistes auf der ganzen Welt (ebd., S. 31):

„Ut Unnerstänn un Schützengrabens mott auk de unbetwungene hillige dütske Geist äs Sieger stiegen üöwer alls, wat sick giegen Recht und Gerechtigkeit verswuoren hät. He mott bi usse Volk bliben, un wann't auk nao so swaor wärd, mott de stark maken un graut, we nao us kuemt: ‚Am deutschen Wesen muß die Welt genesen'."

Diesen – deutschen [!] – ‚heiligen Geist' wünscht der Dichter den Soldaten und ‚unserem ganzen Volk', das ihn bis in ewige Zeiten wahren soll, um so „Sieg un Friäden" zu bekommen.

Die Folgenummer (ebd., S. 32-40) beginnt mit stolzen Mitteilungen zu Kriegsleistungen bzw. sogenannten ‚Heldentaten' der Paderborner und Münsterländer sowie einem Gebet für die argen Engländer („Här giff iähr de ewige Ruh!"). Dann erzählt Wagenfeld eine Geschichte über den seligen Schneidermeister Lapp und dessen Ehefrau Jänn. Lapp träumt davon, sich nach einem großen Lotteriegewinn ein Auto zu kaufen und dann den Ziegenstall in eine Garage umzuwandeln. Seine Jänn ist entsetzt, denn die Ziege ist ihr ganzer Stolz. Mester Lapp jedoch verkauft die Ziege heimlich für vier blanke Berliner Taler an den Handelsjuden „Lewken Smudels". Dieser will der untröstlichen Jänn die Ziege jedoch für fünf Taler wieder zurückverkaufen. Am nächsten Tag findet Jänn in der Hosentasche ihres Mannes, der abends noch Karten gespielt hat, sieben Taler. Sie kauft die Ziege von „Lewken Smudels" zurück, wobei sie noch zehn Groschen herunterhandelt. Für Mester Lapp ist der Traum von einem eigenen Automobil damit ausgeträumt.

Das Heft endet mit einer Ausgabe über Aberglauben[31] (ebd., S. 41-48). Wagenfeld, der durchschnittlich zwei Soldatenbriefe am Tag erhält,

---

[31] Nicht eingesehen habe ich den folgenden Beitrag: „Karl Wagenfeld: Kriegsaberglauben. In: Westmünsterland. Monatsschrift für Heimatpflege Jg. 1914. Bocholt: J. & A. Temming 1914, S. 294f."

berichtet über die doppelte Zusendung eines ‚sogenannten Himmelsbriefes', der angeblich die Krieger vor tödlichen Kugeln schützen soll. Wagenfeld, der über Aberglauben im Münsterland forscht, hat den Ursprung dieses Unfugs bis 1870/71 zurückverfolgt. Er bittet um weitere Mitteilungen über Aberglauben an der Kriegsfront. Zuhause habe das Generalkommando inzwischen den Wahrsage-Weibern, die man nach dem Vorbild eines Bauernknechtes verdreschen müsste, das Handwerk gelegt. Weil eine Wahrsagerin ihr gesagt hat, dass ihr Mann im Krieg untreu geworden ist, hat z.B. eine Ehefrau sich und ihre Kinder umgebracht. Ob neben unschuldigem Beiglauben über Wetter, Arme Seelen und den Einfluss des Teufels auf schlechte Menschen das Phänomen der Spökenkiekerei (Vorgesichte) ernst zu nehmen ist, darüber will der Dichter kein eindeutiges Urteil fällen. Scharf kritisiert wird aber eine aktuell kursierende Prophezeiung aus Österreich, in der genaue Daten für militärische Ereignisse und den Friedensschluss angegeben sind. Der einzige sichere Schutzbrief heißt „Wehre Dich!" – „dat is dütske Art, un de is ki[n] Big-lauben." – „Wer auf Gott vertraut / Und feste um sich haut, / Der hat wohlgebaut."

Fünftes Sammelheft (1917):
Plattdütsk, „... Vlamland nächstens noch dabei!"

Schwerpunktthemen des fünften Heftes (WAGENFELD 1917a): Eröffnet wird das Heft – aus Anlass eines Bierverbotes in Kriegszeiten – mit einem Altbier-Brief (ebd., S. 3-9). Soldaten sind am Altbier-Stammtisch in Münster jederzeit willkommen, denn: „... dat sind allbineen aolle Strategen, un wann't nao de iähr Wietten un Willen göng, dann wören alle Russen in Sibirien, alle Franzosen in usse Gefangenenlagers un alle Engländers bi'n Düwel." – In der Folgenummer (ebd., S. 10-17) erfahren die Leser von der Umstellung auch der heimatlichen Küche auf Gulaschkanonen und können sich außerdem über zwei harmlose Schulanekdoten amüsieren. In den Zuschriften der Frontsoldaten an Wagenfeld ist zu lesen: „Allmählich gewinnt hier auch die plattdeutsche Bewegung. Als ich hierher kam, waren wir Oldenburger fast die einzigen Plattdeutschen, und wurde unser Platt so nach dem Wasserpolnischen im Werte gestellt. [...] Ich habe nie geglaubt, dass noch so weite Gebiete Deutschlands im täglichen Leben Platt küren. [...] Wie herzlich das Verhältnis zwischen Plattdeutschen, wie leicht es sich herstellt, Du glaubst es nicht! 't sitt mähr drin ... Vlamland nächstens noch dabei!" Wagenfeld selbst hat sich an der niederdeutsch-flämischen Sprachraumpolitik zugunsten des deutschen Expansionismus übrigens aktiv beteiligt.[32] – Ein Schreiben über plattdeutsche Soldatensprache hat Wagenfeld nach der Lektüre des Büchleins „Wie der Feldgraue spricht" verfasst[33] (ebd., S. 18-23). Er konnte in dem genannten Werk leider nur wenig Plattdeutsches finden und illustriert nun auf mehreren Seiten, wie bildhaft und treffend die plattdeutsche Sprache doch ist. Zum Schluss bittet der Autor seine Leser an der Front, ihm doch plattdeutsche Wörter aus der Soldatensprache für seine Sammlung zuzusenden: „Wann't mi, un besonners wann't usse Platt en Gefallen dohen willt, dann schriw't doch äs plattdütske Wäöd ut de Suldaotenspraok op 'ne Postkart un schickt se mi to." Zum Stand des Krieges tut Wagenfeld abschließend seinen Eindruck kund: „Usse Finde, düch mi, laupt jä allerweggens op'n Pinn". Na, dann soll wohl bald das Ende kommen. – Das Thema „Plattdeutsch an der Front" wird fortgesetzt (ebd., S. 24-32): Ein Soldat schreibt über die Begegnung mit einem echten Plattdeutschen beim Wachdienst, ‚und über diesen einen Plattdeutschen hat der Mann seinem Brief zufolge mehr Freude gehabt als über 4.000 tote Russen, die vor ihrer Stellung lagen'. Gegenüber seinem General erklärt ein anderer plattdeutscher Soldat, dass er durchaus kein Stotterer ist: „Nee, Här Generaol, stuettern dat doh'k nich, owwer ick häff allminliäbenlang platt küert, un dao kann'k met dat verdammte Haugdütsk nich praot wäern." Wagenfeld schreibt über Vielfalt, Rivalität und Zu-

---

[32] „Bereits im Jahre 1918 war Wagenfeld Vorsitzender einer ca. 70köpfigen, aus Mitgliedern der Universität sowie der höheren Staats-, Provinzial- und Kommunalverwaltung bestehenden Münsterischen Ortsgruppe der Deutsch-Flämischen Gesellschaft geworden" (DITT 2012).

[33] Das Forschungsfeld „Soldatensprache" wurde – freilich nicht erstmalig – während des Ersten Weltkrieg von mehreren Autoren bearbeitet und auch in populären Buchveröffentlichungen – z.B. „Wie der Feldgraue spricht" (1916) von Karl Bergmann oder „Die deutsche Soldatensprache und ihr Humor" (1917) von Theodor Imme – behandelt. Der Verband deutscher Vereine für Volkskunde beschloss im Herbst 1916 gar das Unternehmen einer gemeinsamen Sammlung der Soldatensprache.

sammenhalt der deutschen Stämme (seit 1870 sei es besser geworden mit der Einigkeit). Ausführlich referiert er Beschimpfungen der Westfalen (besonders die Schmähungen von Voltaire), aber auch Loblieder auf Land, Leute und „Rasse" bis hin zu Heinrich Heine („Ich habe sie immer so lieb gehabt, / Die lieben, guten Westfalen ..."). – Von Neckereien unter den Westfalen bzw. Münsterländern handelt der nächste Feldbrief, in dem Wagenfeld viele plattdeutsche Spottverse über Bauern, Handwerker, Geistliche, Professoren, Advokaten, Ärzte und Apotheker darbietet („Wat dat Volk von Kaiser, Küening, Suldaoten segg, dao wick mi bi Ju de Mul nich an verbriännen"). Hier geht es um letztlich gutmütige innerwestfälische Lästereien, und in ähnlicher Manier soll auch den anderen deutschen Landmannschaften Spott über die Westfalen erlaubt sein.

Selbst in Mazedonien, so heißt es in der Schlussnummer des fünften Heftes (ebd., S. 40-46), werden die plattdeutschen Feldbriefe aus dem Münsterland von Rheinländern, Hannoveranern, Mecklenburgern und Oldenburgern gelesen. Leider haben bislang erst zwei Soldaten auf den Aufruf zur Sammlung plattdeutscher Wörter der Soldatensprache reagiert (diese Mitteilungen werden wiedergegeben). Der Sinn einer entsprechenden Dokumentation wird so umschrieben: „Un dann häff wi nao den Krieg en schön Andenken för ussen Noalaot, wu usse Plattdütsken in düsse graute Tit nich bloß in Ernst ganz wöst dranhauen häbbt, ne auk nao Lust hären, en gueden Witz to maken." Viele andere Briefschreiber bestätigen dem Autor aber, dass die Soldaten draußen im Krieg die Heimat und ihre angestammte plattdeutsche Sprache erst so recht lieben lernen: „Jau, usse Platt is dat Band, wat us ananner, wat us an usse Land faster anknüppt. Laott us fasthaollen!" Wagenfeld konstatiert bei der Sprachweitergabe im Münsterland aber schon große Einbrüche. Er befürchtet, dass dann, wenn die heutigen Kinder einmal zukünftig in den Krieg ziehen sollten, niemand mehr plattdeutsche Feldpostbriefe für sie schreiben muss. – Scharf getadelt werden schließlich Ehefrauen, die ihren in Kriegsgefangenschaft befindlichen Ehemännern Klagelieder über die Ernährungslage in Deutschland per Post zukommen lassen. Etwas zu wortreich, um glaubwürdig zu sein, versucht Wagenfeld, diese schlechten Nachrichten als unwahr zu erweisen: „Un et sind all viell mähr Lü ant Tovielliätten stuorben, äs versmacht sind [Es sind schon wesentlich mehr Leute am ‚zuviel essen' gestorben als verhungert]."

Sechstes Sammelheft (1917):
„Jans Baunenkamps Höllenfahrt" und Prothesen für halbe Soldatenköpfe

Das umfangreichste – sechste – Heft beginnt mit Wagenfelds schon im gleichen Jahr auch separat in stattlicher Auflage gedrucktem Mundarttext *„Jans Baunenkamps Höllenfahrt"* (WAGENFELD 1917b, S. 3-23): Bauer Jans Baunenkamps aus Holtrup im Kirchspiel Holtüm ist immer ein ‚gut christ-katholischer' Kirchgänger gewesen, aber im Krieg hält er wenig von tätiger Nächstenliebe. Dass er von seinem geschlachteten Schwein, wie ihn die Ehefrau Libbet ermahnt, gemäß amtlicher Vorschriften Bergleuten und Fabrikarbeitern etwas Speck abgeben soll, das kann er gar nicht einsehen. Für das Vaterland, das ja nur Steuern fordert, brauche er als alter Bauer nichts mehr zu tun: „Jeder för sick sölwst, un Hindenburg för uns all!" (Baunenkamps hat ohnehin eine antipreußische Gesinnung.) An einem Abend überfrisst sich Jans Baunenkamps an einer reichlich gefüllten Pfanne und gerät dann in einen nächtlichen Albtraum: Er sieht sich selbst sterben, fliegt dem Himmel zu und wird oben durch einen rabiaten preußischen Wachmann am Himmelstor nicht durchgelassen. Sankt Petrus fördert sein Sündenregister zutage: heimliche Depots mit Roggen, Würsten, Kartoffeln und Butter, Wucherpreise für Schinken und Butter etc. etc. Leute wie Jans Baunenkamps, die als Bauern, Kiepenhändler, Kaufleute oder reiche Städter die armen Leute im Krieg hungern lassen, sind schlimmer noch als die Engländer und gehören zusammen mit dem Feind in die Hölle. Dort aber quält man die Kriegssünder, Wucherer, Hamsterer und Schieber mit den herrlichsten Kostbarkeiten, die sich dem Verzehr beim versuchten Zugriff stets entziehen. Dicke Geldbeutel nützen da rein gar nichts ... Noch gar nicht richtig aus dieser nächtlichen Höllenfahrt erwacht, ruft Bauer Baunenkamps seiner Libbet zu, sie solle das ganze frisch geschlachtete Schwein den Fabrikarbeitern und Bergleuten geben. „Jans owwer sourgede de annern Dag', dat he met de Prüßen un usse Härguod sine Popiern in Uorder kreeg." Diese ‚ernste Humoreske' über Schattenwirtschaft und Bereicherung während der kriegsbedingten Mangelzeit erinnert in manchen Zügen an die biblische Geschichte vom Reichen und dem armen Lazarus. In der Umkehr tritt freilich zur Gottesfurcht die preußische Staatstreue hinzu.[34]

Im Folgebrief (ebd., S. 24-30) wird das Thema noch einmal in anderer Weise aufgegriffen. Bei einer Versammlung im Münsterland hat ein Pater die Bauern aufgerufen, Speck für die armen Industriearbeiter abzugeben. Danach konnte Wagenfeld seine Geschichte von Jans Baunenkamps, die inzwischen offenbar als volkspädagogischer Text kursiert, vorlesen. Nicht alle Leute folgen der Devise ‚Ehre ist Zwang genug'. – Im Zentrum dieser Ausgabe stehen jedoch die aktuellen Diskussionen über einen Friedensschluss. Die feindlichen Lügenvögel haben Friedensbedingungen vorgelegt und daraufhin vom deutschen Kaiser die richtige Antwort erhalten. Es muss trotz der langen Kriegsstrapazen weiter gekämpft werden („wat sien mott, mott sien"), und Wagenfeld lobt verschiedene Soldatenbriefe, deren Einsender das genauso sehen. Der Autor selbst ist unbedingt ein Verfechter des ‚Sieg-Friedens' und hält wenig von dem ganzen Friedensgerede (ebd., S. 24f): „De Tidungen schriwt, wi söllt met Papier räödig umgaohen, un doch is de leste Tit 'ne ganze Masse Papier ümsüß veräöst wuoren: ick mein met dat Schriwsel üöwer den Friäden. Äs usse Kaiser vüörge Maonat usse Find den Friäden anbuod, dao häff ick mi faots ächter de Aohren kratz un to mine Frau seggt: ‚Sall mi wünnern, wu wi de Koh op'n Balken kriegt!' Un äs dann Wilson anfong un auk von Friäden küerde, dao miärkte jedereen, dat de Buck stunk, denn wann de Voß anfäng to priägen, dann mott 'm de Gauseküken wahren. Den Häern dao ächter den grauten Dik, den tru ick nich üöwer de Guott. Dat sinen Mestergesellen dann auk nao so niäbenbi met'n Säöbel rappelde, dat was der ganz bihiär, denn we Vüegel fangen will, draff de nich met'n Knüppel nao smiten. – Un so is dann de ganze Friädensgeschicht glücklick int Water fallen. Ick segg glücklick, denn en Friäden, äher äs England gründlick wat vör de Hörn kriegen hät, dat wäor für us un Kindskinner

---

[34] Die beste Zusammenfassung zu dieser sehr populären „Satire" bietet: BICHEL 1990, S. 20f.

en graut Malöhr." England muss ruiniert sein, erst dann kann man das Thema ‚Frieden' angehen.

Wagenfeld will übrigens nicht glauben, dass auch in Kriegszeiten einzelne Vorgesetzte die Soldaten schikanieren (ebd., S. 27-29). Falls dergleichen aber doch einmal vorkommt, sollen die Soldaten es einfach nicht so schwer nehmen (wer so viel ausgehalten hat wie die Frontkämpfer, kommt auch darüber hinweg). Es sind ja auch höchstens Einzelfälle denkbar. Der Kaiser und Hindenburg würden auf jeden Fall Willkür im Militär nie gutheißen. Außerdem: ‚Vorgesetzte sind auch nur Menschen.'

In der Folgenummer (ebd., S. 31-37) weiß Wagenfeld von Spekulationen über einen Kriegseintritt US-Amerikas und eine Preisgabe der holländischen Neutralität zu berichten, wimmelt aber diesbezüglich ab (man wolle England hoffentlich bald an den Hammelbeinen ziehen, und dann heiße es: „In der Heimat gibt's ein Wiedersehn"). Von Kälte und Kohlenknappheit handeln die Heimatnachrichten (Schulfrei, Verfrachtung der Schulhaus-Kohlen in die Krankenhäuser, Eiszeit in den Zimmern von Alleinstehenden); ein sprichwörtlicher Rat gegen kalte Soldatenohren in Galizien ist beigefügt. „Therese Kloßfall" (s.o.), so erfahren die Leser außerdem, hat einen Brief zum Stück „Jans Baunenkamps Höllenfahrt" geschrieben und ist erbost über die darin enthaltene Verleumdung der Bauern (sie selbst zeigt beim Schwarzschlachten viel Respekt vor dem Dorfgendarmen, wie ihr Ehegatte dem Dichter Wagenfeld heimlich zugeflüstert hat). – Für die Soldaten gilt: „Uthaollen un anpacken – süß fleit't us usse Härguod wat."

In der Folgenummer nimmt die uns schon bekannte „Therese Schulte Kloßfall" ihr im Pressegesetz verankertes Recht auf eine Gegendarstellung wahr (ebd., S. 38-46). Sie verwahrt sich gegen die Unterstellung, ‚ein totes Schwein ohne standesamtliche Bescheinigung aufs Gewissen' zu haben. Der Städter Wagenfeld solle sich schämen, so lieblos gegen die Bauern – gegen sie und ihren Verwandten Jans Baunenkamps – zu sein. Als Arbeiter auf ihrem Hof hilft weiterhin der russische Kriegsgefangene: „Unsern Russen haben wir noch immer. Er ist schon halb deutsch und kann schon Platt, ne ganze Masse. Das nimmt er als Andenken [später] mit nach Hause, und so kommt das Platt durch die ganze Welt."

Die nächste Ausgabe (ebd., S. 47-53) schreibt Wagenfeld, der als Schullehrer alle Tage in seinem [Schul-]Schützengraben [!] sitzt, wo ein ‚Trommelfeuer von Dummheit und Faulheit' auszuhalten ist, von der plattdeutschen Ostsee aus; diese Ruhestellung soll seine Nerven stärken. Dort hat er nun miterlebt, wie ein schwedisches Schiff 200 österreichische Kriegsgefangene und auch einige deutsche aus Russland zurückgebracht hat.[35] Er schämt sich nicht, dass angesichts des Elends der Soldaten, ihrer Treue und der Kameradschaft von Schwerstinvaliden seine Augen feucht geworden sind. Doch dann habe er die Faust geballt, an den Feind gedacht, der diesen Krieg in Gang gesetzt habe: „Wann'm in Friedenstiten en Mörder köppt, wat sall'm sick dann focke Straof utdenken, we graut nog wäör för düsse Schufte." Die verwundeten Heimkehrer haben für Ehre, Freiheit und Ruhm gefochten und gelitten, sind aber unbesiegt! An so ein Schiff möchte Wagenfeld alle stellen, ‚die sagen, wir müssten Frieden machen, Frieden um jeden Preis'. Die Soldaten dürfen nicht umsonst gelitten haben: „Un daorüm müett wi [!] uthaollen bis to'n Sieg!"

Der nächste Feldbrief (ebd., S. 54-63)[36] an die Soldaten im Schützengraben ist es ob seiner Peinlichkeit und seines Zynismus wert, in jeder niederdeutschen Mundartanthologie einen besonderen ‚Ehrenplatz' zu erhalten: Zurück von der Ostsee versichert Wagenfeld, der nunmehr Vergleiche kennt, dass alle Klagelieder über eine schlechte Ernährungslage im Münsterland unberechtigt seien. Bei seiner Heimreise hat er Halt im ‚heiligen Köln' gemacht, dort mit einem wütenden Faustschlag ausgerufen, dass die Feinde den Rhein nicht bekommen, am Bahnhof Schwerstverwundete gesehen und schließlich eine ‚Ausstellung für Kriegsfürsorge, Kriegsbeschädigten-Fürsorge, Berufsausbildung und Umbildung'[37] besucht. Dort gab es ein ‚Denkmal für den christlichen

---

[35] Der Dichter präsentiert sich in dieser Ausgabe gleichsam als Kriegsberichterstatter und kreist besonders auch um seine *eigenen* erhebenden Gefühle angesichts der Erlebnisse fern der münsterländischen Heimat.
[36] Hochdeutsche Übersetzung im Internet: BÜRGER 2012a*.
[37] Vgl. speziell zu dieser Feldbriefausgabe über Kriegsversehrte und Rehabilitation die Unterrichtsmaterialien in: HEERING-DÜLLO 1989, S. 56-59. – Schon auf Wikipedia.org kann man sich ein anschauliches Bild über das Schicksal der zerfetzten Kriegsinvaliden 1914-1918 und deren angeblich so vorbildliche Versorgung verschaffen.

Leib' zu sehen, einen wahren Altar als Kontrast zur ‚Kriegskirche des Teufels'. Früher seien „Krüppel" ohne Arme oder Beine nur eine Last für ihre Mitwelt gewesen, doch die Kölner Ausstellung lehre nun – auch den Dichter – eine revolutionär neue Sichtweise. Modernste Prothesen ermöglichen im Verein mit ‚Willenskraft und Übung' fast ein ganz normales Leben (ebd., S. 59): „Wann du in'n Krieg en Arm of Been orre alle beide verlüß, laot den Kopp nich to deip hangen! Et is jä slimm, gewiß, owwer met Utduer, met Willenskraft un Übung kannst Du wat praotbrengen, wat man bis nu gar nich för menskenmüeglick holl, du kanns en Mensk sien, we grad äs de Gesunden sick helpen un sin Braut verdeinen kann. Denk nich, du wäörs nix mähr wert! Kopp haug! Will bloß – un Du kanns!"

Angepasste Maschinen, auch spezielle landwirtschaftliche Geräte, Erfindungen für Blinde, Umschulungsmaßnahmen etc. machen das Unmögliche möglich: „De Mensk kann alls, wat he will – he mott bloß willen." (ebd., S. 60) Ja, es wurde auf der Kölner Ausstellung sogar mit Wachsmodellen und Photographien bewiesen, dass Ärzte einen Soldaten, dem fast der halbe Kopf fehlte, wieder herstellen konnten: „Solang dat gräöttste Stück von'n Kopp nao drop sitt, bruk kin Mensk de Huopnunk opgiewen. [Solange das größte Stück vom Kopf noch draufsitzt, braucht kein Mensch die Hoffnung aufzugeben]" (ebd.). Noch mehr ist zu berichten, denn selbst nach einem Schuss ins Gehirn – in den ‚Verstandeskasten' – kann es dank Medizin und geduldiger Trainer zu einer weitreichenden Rehabilitation kommen. – Das Deutsche Reich will es den Kriegsversehrten angeblich sogar ermöglichen, mit Abfindungen eigene Häuschen zu erwerben. Man muss sich einfach nur vor Augen halten, was der Staat alles für unsere Soldaten tut ... Wagenfeld ist tief ergriffen. Als er mit dem Zug wieder im Münsterland anrollt, geht gerade im Westen der glühende Sonnenball unter: ‚Da draußen im Krieg seid Ihr nur von Hass umgeben. In der Heimat wartet auf Euch Liebe, die alles wieder gutmachen will. Gott helfe uns!'

Weil Leser vom Autor etwas über Kinder hören wollen, schreibt Wagenfeld, wie er mit seinen Schulkindern alle Denkmäler Münsters durchgegangen ist (ebd., S. 64-71). Die Kinder haben zwar in der Stadt viel gesehen, aber offenbar kaum etwas vom Dargestellten verstanden. Mitunter geben sie sehr eigenwillige Deutungen (der Kürrasier am

„Friedens-Denkmal" wird z.B. als „so'n Juden" gedeutet). Die Moral aus dieser ernüchternden Erhebung zum geschichtlichen bzw. heimatkundlichen Wissen der Schüler: Die Soldaten sollen nach dem Krieg sich mit Geduld den eigenen Kindern und deren Fragen widmen, damit diese sehen *und* verstehen lernen. So manches Familienglück werde ja durch den Krieg erneuert und wieder gefestigt [sic!].

Nach erneuter Darbietung eines schon früher in den Feldbriefen veröffentlichten Schwankes über Schneidermeister Lapp (s.o.) teilt Wagenfeld in der nächsten Nummer (ebd., S. 72-80) mit, dass Münsters Volksschulkinder 80.000 Mark für Kriegsanleihen zusammengebracht haben: „Buten un binnen ennig, met Guod, dann twing wi't."

Es folgt ein langatmiger und sehr depressiver Allerseelenbrief an die Soldaten (ebd., S. 81-89). Mit jedem neuen Allerseelentag während des Krieges ist eine noch größere Ernte des Todes zu betrauern, doch das deutsche Volk ist dankbar, und die Keimknospen des neuen Lebens sind da: „Allerseelen, wat wäörs du en trurig Fest, wann nich dat graute Wecken drächter stönn! Wann nao Vergaohen nich dat Opstaohen, nao Stiärben nich dat ewige Liäben stönn!" Wohl hat der Tod den Helden die Augen zugedrückt, „owwer iähr Geist is nich daud. Lebennig treckt he trüg in de Heimat un mäck usse Volk stark un stuer, dat't uthäöllt, bis de Tit us den Sieg brengt, bis wi sieker sind, dat all de Helden nich umsüß fallen sind." Der Geist der toten Helden kehrt lebendig in die Heimat zurück und macht das Volk stark. Durch Jahrtausende (!) soll man derer gedenken, die ihr Leben für ihr Volk hingegeben haben. Dem einzelnen Soldaten will der Dichter wohl bei seinem kleinen, individuellen Geschick diese unermesslich großen Dimensionen als Trost vor Augen führen. Wagenfeld schreibt, als liege er selbst im Schützengraben: „Et steiht in Guodes Hand! Äs he will! Söll wi düt Jahr stiärben – dann Härguod makt gnädig, kuort un gued! [Es steht in Gottes Hand! Wie er will! Sollen wir dieses Jahr sterben, dann mach es kurz und gnädig, lieber Gott]".

Die letzte Nummer des sechsten Heftes kreist um die Ernährungslage der Heimat (ebd., S. 90-96). Wagenfeld, der doch so oft über Klagelieder in Feldpostbriefen von Ehefrauen geschimpft hat, schreibt, dass man mangels Kartoffeln nun Rüben zuhause essen muss. Zum Schaden des ganzen Volkes wird weiter gehamstert, gehortet, geschoben ...

Doch die Ernährung von Soldaten und Industriearbeitern kann so nicht sichergestellt werden. Offenbar ist Selbstjustiz angesagt. Wagenfeld bittet die Soldaten, bei Heimaturlauben solchen Leuten, die sich bezogen auf den Lebensmittelmarkt unsolidarisch verhalten, mit Schlägen eine Lektion zu erteilen: „Kriegt usse Arbeiters nich gued to iätten, dann könnt se Ju kine Munition maken – un dann? [Bekommen unsere Arbeiter nicht gut zu essen, dann können sie euch keine Munition machen – und dann?]". Mit Grauen liest man die Ausführungen über eine Politik des totalen Sieges und über ‚verräterische Friedensmacher' (ebd., S. 94): „Siegen will wi un müett wi. Dat dreimaol verf ... England draff un sall us nich unnerkrigen, dann sin wi kaputt för ewige Tit. Friäden maken, ohne dat England twungen is, dat wäör Mord, un de, we't in Schuld wäören, dat wi so'n Friäden maken mössen, dat wäören Mörders. Wat an us ligg, söllt se't nich praotkrigen [Siegen wollen wir und müssen wir. Das dreimal verf ... England darf und soll uns nicht unterkriegen, sonst lägen wir am Boden für ewige Zeit. Frieden machen, ohne dass England bezwungen ist, das wäre Mord, und die die Schuld daran tragen, dass wir einen solchen Frieden machen müssten, das wären Mörder. So weit es an uns liegt, sollen sie es nicht zuwege bringen]".

Falls bestimmte Leute einen *vorzeitigen* Frieden schließen würden, wären sie als ‚wahre Mörder' zu betrachten? Spätestens 1917 war die Dolchstoßlegende also im Grunde schon fertig gestrickt.[38] – Die größte Freude bei der aktuellen Volkszählung, so vermerkt Wagenfeld zum Schluss, sind Haushalte mit einer langen Liste von Kindern: „Es wäß 'ne Generation haran, we metarbeiten kann, dat usse Volk un Land wier glücklick un graut wärd." Der Tonfall ist nationalistisch-kollektivistisch, aber das ‚starke Deutschland' der ersten Feldpostbriefe gibt es offenbar schon nicht mehr.

---

[38] Im Nachlassverzeichnis wird folgender Zeitungsbeitrag aufgeführt: Karl Wagenfeld: Heimkehr der Unbesiegten. Münsterischer Anzeiger. Nr. 646 vom 25.11.1918.

*Zusammenfassung und ein Hinweis
auf die offene Frage der Leserpost*

Ein größerer Blick auf die Primärbibliographie[39] des Dichters unter Berücksichtigung sonst weniger beachteter Zusammenstellungen ergibt, dass für sehr viele Unterhaltungsanteile der Feldbriefe, seien sie heimatkundlicher oder humoristischer Art, auch andere Quellen vorliegen. Der Autor greift natürlich beim Feldbriefprojekt auf seinen Fundus zurück. Für unsere Studienzwecke erschien es mir jedoch nicht notwendig, diesbezügliche Einzelnachweise detailliert zu recherchieren und zu dokumentieren.

In die „Gesammelten Werke" von Karl Wagenfeld konnten – mit Ausnahme des beim Lesepublikum sehr beliebten Textes „Jans Bauhnenkamps Höllenfahrt" – die Feldbriefe angeblich deshalb nicht aufgenommen werden, „da sie allzu zeitbedingt sind" (Anton Aulke[40] in: WAGENFELD 1956/1985, S. 351). Den Lesern gegenüber werden die ihnen in der Werkausgabe nicht zugänglichen Feldbriefe jedoch als gänzlich *unpolitisch* charakterisiert, nämlich als Zeugnis einer Verbindung zwischen Heimat und Soldaten, „wie sie schöner und volkstümlicher nicht gedacht werden kann" (ebd.). Unterschlagen wird, dass in ihnen keineswegs nur ein „Genius der Heimat", sondern auch ein hochpolitischer Hassprediger und Kriegsfanatiker die Brieffeder geführt hat.

Treffend werden Inhalte und Entwicklungstendenz der Feldbriefe Wagenfelds im Lehrerheft zur Lesebuchreihe „Tungenslag" zusammengefasst: „Im Mittelpunkt der ersten fünf Hefte stehen Themen wie das ‚Lob der Frauen', ‚Heiratsratschläge', allgemeine moralische Leitsätze (z.B. über die ‚Kunst des Schweigens'), Ernährungsfragen unabhängig vom und im Zusammenhang mit dem Krieg, westfälische Berufsbilder und entsprechende plattdeutsche Bezeichnungen […], die Bedeutung der plattdeutschen Sprache, besonders als Bindeglied und

---

[39] FESTGABE WAGENFELD 1939, S. 25-64; FINDLISTE NACHLAß WAGENFELD 2011*.
[40] Nicht eingesehen habe ich folgende Arbeit über den Wagenfeld-Editor Anton Aulke: Rainer Schepper: „... mit der Besten Blut getauft". Der Krieger und Kriegsdichter Anton Aulke. In: Quickborn. Zeitschrift für plattdeutsche Dichtung und Sprache 81 Jg. (1991), S. 25-29.

Kommunikationsmittel für die aus unterschiedlichen Regionen Deutschlands rekrutierten Soldaten. Die Briefe sind überwiegend geprägt von der Berichtsform, die durch Anekdoten, Erzählungen, Gedichte oder gereimte Redensarten illustriert wird. Ziel der Briefe ist somit offensichtlich die Unterhaltung, das Wachhalten der Erinnerung an die Heimat und die Ablenkung von den Gefahren und der Grausamkeit des Krieges. – Die Dokumentation der Zeitereignisse wird dagegen nur unter einer ganz bestimmten Perspektive angestrebt: Durch Gerüchte oder private Korrespondenz vermittelte Informationen über die problematische Nahrungslage der Zivilbevölkerung sollen geglättet und harmonisiert werden, damit die ‚Frontsoldaten' der Sorge um ihre Familien in der Heimat enthoben werden. [...] Vom sechsten Brief an schlägt der ‚beschauliche Ton' der Briefe endgültig um: Anlaß für das Schreiben wird nun häufiger das Verhalten des Feindes und die scheinbar zunehmend nötige Aufmunterung der eigenen Armee. Direkt erwähnt werden Kriegsereignisse wie der U-Boot-Krieg, Wilsons Friedensangebot und der Kriegseintritt Amerikas."[41]

Die politische Propagandalinie liegt offen zutage. Es geht Wagenfeld um einen deutschen Endsieg um wirklich jeden Preis und um die Diffamierung aller Friedensstimmen, die ein in seinen Augen vorzeitiges, unakzeptables Kriegsende betreiben. Selbst bei den scheinbar frommen, äußerst peinlichen Laienpredigtpassagen kommt am Ende immer der aggressive Nationalismus als Hauptzweck zum Vorschein. Die inflationären Phrasen (‚Haut drauf!', ‚Haltet durch!', ‚Wir schaffen es!' u.s.f.), sehr häufig verbunden mit unfehlbaren plattdeutschen Spruchweisheiten, nehmen an Zahl und Flachheit noch zu. Schließlich scheut der Autor, der doch die Front so lange vor allen negativen Klagen der Lieben daheim bewahrt wissen wollte, nicht einmal davor zurück, die Frontsoldaten in seinen Kampf gegen die Nahrungsmittelschieberei in der Heimat einzuspannen. Man muss wirklich versuchen, jede Seite des Periodikums mit *Soldatenaugen* zu lesen: ‚Lieber Gott, dein Wille geschehe; wenn ich sterben muss, mach es kurz und schmerzlos! Der Tod ist kein Ende, über dem Gräbermeer wachsen schon jetzt die Knospen des neuen Lebens, und selbst, wenn man als

---

[41] In: HEERING-DÜLLO 1989, S. 53f (ohne Autorenangabe).

Soldat den halben Kopf verloren hat, gibt es mit gutem Willen und dank modernster Technologie Aussicht auf Rehabilitation – man muss nur wollen.' Man kommt kaum um die Annahme herum, dass es spätestens ab 1917 auf Seiten der Leserschaft im Schützengraben zu wütenden Reaktionen auf Wagenfelds Kriegerbelehrungen gekommen sein muss.

Folgt man den Angaben des Autors der plattdeutschen Feldpostreihe, dann müssen zumindest zeitweilig auch jeden Tag bei ihm etwa zwei Leserbriefe eingetroffen sein (WAGENFELD 1916d, S. 41f).[42] Aus den Rückbezügen auf die Leserpost oder den dargebotenen Auszügen gewinnt man jedoch nicht den Eindruck, dass eine intensive Kommunikation mit den Soldaten wirklich zu den Grundanliegen des Projektes gehört hat. Ernsthafte Kritik seitens der soldatischen Leserschaft wird bestenfalls angedeutet (‚die Heimat weiß nicht, was Krieg ist') und dann postwendend ‚entkräftet'. Willkommen sind positive, ‚aufbauende' Briefe. Im Nachlassverzeichnis konnte ich keine eigenständige Abteilung zur Korrespondenz mit Frontsoldaten zwischen 1914 und 1918 entdecken[43]; eine grobe Durchsicht der dort verzeichneten Briefe eröffnet allenfalls die Aussicht, dass einzelne Zuschriften im Bestand verstreut Aufnahme gefunden haben. Mit diesem denkwürdigen Befund entfällt einstweilen die Möglichkeit, den vermittelten Anschein eines recht lebendigen *Austausches* zwischen Feldbriefautor Wagenfeld und Frontsoldaten kritisch zu überprüfen.

---

[42] Vgl. auch: HEERING-DÜLLO 1989, S. 51f.
[43] Dagegen findet man z.B. aus der gleichen Zeit eine Sammlung „Soldatenzeitungen 1914-1918" (FINDLISTE NACHLAß WAGENFELD 2011, S. 280-283).

3.
„USSE VADER – VATER UNSER" (1918):
EIN GEBET WIDER DEN EIGENEN HASS ODER EINE VORSORGLICHE SELBSTRECHTFERTIGUNG?

Abweichend von der Chronologie müssen wir an dieser Stelle eine der vier religiösen Versdichtungen von Wagenfeld in der Darstellung vorziehen, das Anfang 1917 begonnene und nach Ausweis der Erstausgabe 1918 bei J & A. Temming in Bocholt erschienene Werk *„Usse Vader – Vater unser"* (WAGENFELD 1954/1983, S. 153-193[44]). Die Umschlag-Graphik von Albert Pütz zeigt eine gepanzerte Kriegerfaust auf der Bibel. Hauptthema ist der Konflikt zwischen Kriegshass und christlichem Gebot: Können ‚wir' das Vaterunser noch beten, durch Blut watend, mit Hass im Herzen und Fluch auf den Lippen? (ebd., S. 155) Ein früher Rezensent meint, der Dichter von *„Usse Vader"* erlebe „mit tiefinnerlichem Schmerze den unüberbrückbaren Zwiespalt zwischen dem menschlichen Handeln, das sich nach den Gesetzen des Diesseits vollzieht, und dem göttlichen Gebot der Nächstenliebe"[45].

Der Ex-Franziskaner *Ferdinand Hammerschmidt* (1933 NSDAP) charakterisiert gegen Ende der Weimarer Republik diese Dichtung so: „In gewaltigen Zornesflammen schießen die Verse empor. Ehrliche Leidenschaft und aufrichtiger Hass lodern in den einzelnen Bitten. Aber der Dichter ringt sich durch. Das Gebet endet in einem erschütternden Flehen um Liebe, die allem Morden und aller Not ein Ende machen könnte ... Unter der ganzen deutschen Kriegslyrik gibt es kaum etwas, in dem eine tiefere Kraft an Inbrunst wirkt als in diesem Gebet Karl Wagenfelds. Jene Kraft lebt in ihm, die in den Liedern großer völkischer Bewegungen der deutschen Vergangenheit wirksam ist."[46]

---

[44] Der Jahreszahlaufdruck in der Erstausgabe (WAGENFELD 1918) ist groß und eindeutig. Bezeichnender Weise wird die Dichtung *„Usse Vader"* im Inhaltsverzeichnis der erstmals 1954 erschienenen Werkausgabe mit der Jahreszahl „1916" um zwei Jahre vordatiert. Diese falsche Angabe entspricht allerdings der Bibliographie von 1939 (FESTGABE WAGENFELD 1939, S. 46). – Dass Wagenfeld schon im März 1917 an dieser Dichtung schrieb, ist aus seinem Briefverkehr ersichtlich (TAUBKEN 1994, S. 54).

[45] Johannes John in: Zeitschrift „Quickborn" Jg. 1917/1918, S. 117. [Internetzugang: PBuB*]

[46] F. Hammerschmidt in: WESTFÄLISCHER HEIMATBUND 1929, S. 33.

Im Grunde ist damit der Textinhalt gar nicht so schlecht erfasst. – Anton Aulke schreibt nach dem Zweiten Weltkrieg über Wagenfelds Dichtungen zum Ersten Weltkrieg: „Sie zeigen die tiefe Vaterlandsliebe des Dichters, sie zeigen aber auch in erschütternder Weise den tragischen Zwiespalt, der aus dem Zusammenstoß des Völkerhasses mit dem Gebot der christlichen Nächstenliebe notwendig [*sic!*] erwachsen mußte. Dieser Zwiespalt findet schließlich in der Dichtung ,Usse Vader', einer zeitbedingten Paraphrase des Vaterunsers, eine Lösung in dem Gebet: ,Här, bi dienen Vadernamen / giff us Leiwe, Leiwe – Amen'."[47]

Auch Aulke will also Tragik und Ausweglosigkeit ins Spiel bringen, denn anders kann man seinen Hinweis auf einen *notwendigen* Zwiespalt wohl nicht auffassen. Demgegenüber werden wir beharrlich fragen müssen, worin denn ganz genau das ,Zwiespältige' besteht und wodurch es seine vermeintliche ,Notwendigkeit' bekommt. Beruht der angeblich *unüberbrückbare* Zwiespalt zwischen den diesseitigen Verhältnissen und der ,Ethik Jesu' vielleicht nur darauf, dass man selbst – andere des Götzendienstes bezichtigend – ,fremden Göttern' dient?

Kritischer und aufmerksamer als Aulke hat später Ulf Bichel das „*Usse Vader*" von Wagenfeld gelesen, doch auch er bescheinigt dem Dichter etwas, das ihn „vor manchen anderen Autoren auszeichnet, die im Ersten Weltkrieg aus vaterländischer Gesinnung gedichtet haben. Zwar gibt es auch bei ihm die einseitige Sicht, die auf der eigenen Seite alles Recht und alles Gute, dagegen auf der Seite des Gegners alles Unrecht und alles Böse erblickt. Aber er bleibt nicht dabei stehen. Er ringt mit sich und der Aufgabe menschlichen Daseins, die für ihn christlichem Gebot gemäß im Dienst am anderen und gerade auch den ärmsten Menschen besteht und die bestimmt sein soll von der Liebe, die alle Menschen umfasst."[48]

Eine äußerst wichtige ergänzende Feststellung dazu bringt Bichel in Form einer Fußnote: Es gelingt Wagenfeld trotz solcher Gedankengänge hernach nicht, „seine auf vaterländisch-deutsche Gesinnung gegründete Abwehrhaltung gegen Fremdes konstruktiv umzugestalten

---

[47] WAGENFELD 1956/1985, S. 356.
[48] BICHEL 1990, S. 21f.

[...]. Seine Einstellung gegenüber dem Deutschen und dem Fremden hat ihn vielmehr [...] zu einer bejahenden Haltung zum Nationalsozialismus geführt."[49]

Grundlage für die sachgerechte Interpretation der Vaterunser-Dichtung ist eine Sichtung der Kriegslyrik und der Feldbriefe von Wagenfeld, wie wir sie in den beiden letzten Kapiteln schon durchgeführt haben. Wagenfeld bietet in *„Usse Vader"* Einwände gegen Anschauungen, Haltungen, Worte und Taten, die er selbst zuvor ausgiebig und fanatisch propagiert hat (auf Schritt und Tritt begegnen uns in dieser Dichtung entsprechende ‚Selbstzitate'). Mit der Unmöglichkeit, weiterhin das Gebet Jesu zu beten, ist in erster Linie ein Unvermögen bzw. eine Zerrissenheit des Dichters selbst angesprochen.[50] Die entscheidende Frage lautet: Eröffnet diese so oft als Zeugnis tiefer Menschlichkeit und Frömmigkeit gepriesene Versdichtung wirklich eine neue Perspektive – jenseits von Völkerhass, Krieg und technologischem Massenmord? Steht sie gar für eine Umkehr des Dichters hin zu universeller Mitmenschlichkeit?[51]

Die Dichtung beginnt mit der Feststellung, dass ‚wir' mit dem Beten des Vaterunsers noch warten müssen. Jesus verlangt ja, dass der Beter mit Gaben am Altar sich zuerst mit seinem Bruder versöhnt, der etwas gegen ihn hat. Nun aber sind ‚wir' von allen Seiten umstellt von Feind-

---

[49] BICHEL 1990, S. 19.
[50] So schon richtig BICHEL 1990, S. 18: „Aber die Überwindung des Hasses will dem Sprecher dieses Gedichtes, den wir wohl in diesem Fall *mit dem Menschen Wagenfeld gleichzusetzen haben*, nicht gelingen, vor allem aus der sicheren Überzeugung heraus, die andere Seite sei, und zwar allein, schuld am Kriegsgeschehen." – Durch unseren Nachweis, dass Wagenfeld in „Usse Vader" u.a. ein eigenes Hassgedicht von 1914 zitiert (s.u.), wird das relativierende „wohl" in dieser Einschätzung überflüssig. – Schon HEYDEBRAND 1983, S. 130 schreibt: Indem in der Dichtung Usse Vader „aus der Situation des 4. Weltkriegsjahres heraus Bitte für Bitte des ‚Vaterunser' als im Krieg kaum mehr sprechbar erläutert wird, weil eben Haß und nicht Liebe das Gebot der Stunde sei, gewinnt hier der Fatalismus die Oberhand."
[51] Für eine kritische Lektüre bieten sich folgende Leitfragen an: Wer trägt die Schuld dafür, dass der Dichter das „Vaterunser" nicht mehr beten kann? Von welchem Hass ist jeweils die Rede und worin wurzelt dieser? Gibt es ein eigenes Schuldeingeständnis (persönlich seitens des Dichters, ebenso aber auch in nationaler Perspektive)? Wie soll der beschriebene Konflikt des Beters aufgelöst werden und wer soll dabei Verantwortung tragen?

schaft und von Hass, der aus Neid und Lüge erwächst – selbst durch Völker, die sonst gar nicht an ‚uns' gedacht haben. – Ich beschränke mich hier auf folgende Beobachtungen zu den einzelnen Kapiteln von Wagenfelds Auslegung des Vaterunsers:

(1) *Usse Vader*: Gott ist ‚Vater und Mutter'[52] für alle Geschöpfe, für Naturgewalten, Vögel, Mäuse, ‚Wilde' mit Naturreligion und Christen in der Domkirche, ‚Schwarze und Weiße', Deutsche und Briten. Es waltet blutiger Bruderhass im Krieg. Wir müssen unseren Brüdern die Hände reichen ‚in christlicher Liebe zu einem ehrlichen Frieden', dann erst dürfen wir wieder ‚uss' Vader' beten. – Durch die Einreihung der Menschen in eine lange kreatürliche Liste bleibt die universelle Gotteskindschaft ziemlich unbestimmt. Keineswegs erfolgt hier ein klares Bekenntnis zur Einheit der menschlichen Familie[53] auf der Erde, in welcher z.B. der vermeintliche Wert ‚Rasse' kein Kriterium mehr sein kann und sich verächtlich gemeinte „Tiervergleiche" bezogen auf bestimmte Menschen wie in Wagenfelds Kriegsdichtungen verbieten.[54]

(2) *Du büß inn Hiëmel*: Alle irdischen Elemente – der Boden, die See, die

---

[52] Eine solche Wendung („Du büß Vader us un Moer [Du bist Vater uns und Mutter]") hat man in Rom erst 1978 durch den Luciano-Papst (Johannes Paul I.) und hernach nicht wieder gehört. Ursprünglich freilich hatte Wagenfeld schreiben wollen: „Du büss Vader, Erd is Moer [Du bist der Vater, die Erde ist die Mutter]". Nach einem brieflichen Einspruch von Augustin Wibbelt, der hier wegen der Parallelstellung als Konsequenz „Pantheismus" befürchtete, änderte er die Stelle (vgl. TAUBKEN 1994, S. 54f, 57).

[53] Die Einreihung von Menschen in eine Tierreihe gibt es beim Dichter eben auch in anderen Kontexten. Ditt verweist wie Schepper auf ein Votum Wagenfelds von 1923: „Man könne doch nicht während der Ruhrbesetzung Musik machen, die sich ‚in Beinen und Gelenken austobt mit widerlich sinnlichen Sprüngen und Verrenkungen nach dem Vorbild von Affen, Füchsen, Negern, Kaffern und anderen Ganz- und Halbtieren'." (DITT 2012)

[54] Ausdrücklich vermerkt Johannes John in seiner rundherum zustimmenden Rezension zu „Usse Vader": „Mit kosmopolitischen Schwätzern, mit Liebknecht, mit Sektenpredigern rechte ich, wenn sie die Volkheit über einer abstrakten Idee vergessen. Man kann mit Beweisen der exakten Wissenschaft entgegnen, wenn sie von Menschenverbrüderung, Menschenrechten und einem Normalregulativ für die Erziehung zugleich des Buschnegers und des blonden westfälischen Bauernburschen reden. […] Mit dem Dichter Karl Wagenfeld rechte ich [hingegen; *pb*] nicht." (Zeitschrift „Quickborn" Jg. 1917/1918, S. 117f. [Internetzugang: PBuB*; HANSEN-DATENBANK NIEDERDEUTSCH*])

Luft – sind mit Hilfe moderner Kriegserfindungen in Elemente des Todes verwandelt. Eine kosmische oder naturnahe Frömmigkeit versagt sich im Krieg. Auf einer solchen Erde will Gott nicht wandeln, er ist ‚bloß' im Himmel. – An dieser Stelle wird der des Werks kundige Leser sich an süffisante Bemerkungen Wagenfelds etwa zur Freude über den Tod von 4.000 Russen oder zu ‚Ergebnissen' der deutschen U-Bootkriegsführung erinnern.

(3) *Dien' Namen sie hillig*: Die Engel heiligen mit ‚reinem Schall' Gottes Namen, nicht so jedoch tun dies die kriegführenden Menschen. Diese bitten nämlich unter Anrufung von Gottes heiligem Namen um Beistand für Tod, Sieg, Munitionslenkung, Giftgaseinsätze, Hungerblockade und den Schwur auf die eigene Unschuld. Dieses Beten ist nur noch gotteslästerliche Verspottung. – Hier müssen wir daran erinnern, wie Wagenfeld selbst in seinen Dichtungen (s.o.) die Sakralisierung des Krieges – als ‚Gottesdienst' – auf die Spitze getrieben und den Himmelsdom über dem Schlachtfeld samt der ‚Kanonenglocken' und Soldatenherzen in einen großen Tempel verwandelt hat. Seine Kriegstheologie von einer heiligen Nation und einem heiligen deutschen Pfingstgeist bildet ebenso einen krassen Gegensatz zu der hier ausgelegten Vaterunser-Bitte.

(4) *Et kuëm dien Riek*: Im Krieg bewahrheitet sich in besonderer Weise das Herrenwort ‚Mein Reich ist nicht von dieser Welt'. Der Hass blüht, das Gute wird niedergedrückt, das Schlechte lacht, die Welt liegt in Satans Hand [!] und die Menschen sind Satan gleichförmig. Tief im menschlichen Herzen soll das Gottesreich schon zu Lebzeiten ankommen. Doch unsere sündigen Herzen sind schlecht. Gott soll sie reinigen von Schuld und Hass, damit wir der ‚Liebe zu jedwedem Menschenkind' folgen. – Jesu Botschaft vom Reich Gottes wird hier im Licht einer individualistischen Sündenmoral vermittelt. Es eröffnet sich aber keine Perspektive, den christlichen Auftrag im Sinne des von Wagenfeld verschmähten Papstes Benedikt XV. (s.o.) für eine Mitgestaltung von Zivilisation und Völkerrecht fruchtbar zu machen.

(5) *Dien Will gescheih äs in Hiëmel op Äern*: Geschieht wirklich Gottes Wille auf der Erde? Auf dem Altar steht das Goldene Kalb (‚Fleisch

und Geld'). Wir erfinden Mordmaschinen, die tausend Menschen mit einem Schlag töten. Millionen leiden Hunger und sterben. Der beliebten Vorstellung vom Krieg als einer Schule der Gottesfurcht wird zumindest indirekt eine Absage erteilt: ‚Nimm weg das Fürchten [...]. Lass uns deine Liebe sehen!'

(6) *Uss' dägglicke Braut giff, o Här, us vandage*: In Zeiten des satten Überflusses haben Volk und Land das Dankgebet nach dem Essen vergessen. Nun versagt sich im Krieg die mit Bruderblut getränkte Erde und gibt kein Brot her. Gott soll auf den Schrei der Hungernden, aber auch auf die Mühen seiner Knechte sehen: ‚Sie geben hin ihre Kraft, ihren Lebenssaft, / dass Brot sie für die Ihrigen schaffen, / dass frei unser Volk, dass frei unser Land, / dass wir nicht Knecht in Feindes Hand, / nicht Höllenmacht / uns unterdrückt mit Hunger.' – Solche Zeilen erinnern uns auch daran, dass Wagenfeld den für die Nahrungsmittelblockade verantwortlichen Feind als ‚Satan England' betrachtet.

(7) *Vergiff us uss Schuld, so äs wi willt vergiëben, we us sind wat schüllig*: Vor dem Krieg konnte der Dichter („So häff ick et biädet") mit Überzeugung beten: ‚Vergib uns, dass weh wir getan haben / unseren Schwestern und Brüdern. / Auch wir wollen ja gern ihnen vergeben, / was sie uns zuleide auch getan haben.'⁵⁵ Doch jetzt ist ihm solches Beten nicht mehr möglich, denn: ‚Da kamen uns unsere Feinde mit Hass und mit Schwert, / Und nun kann ich die Lippen nicht mehr bewegen. [...] Mir bleibt nur noch Hass / auf die, die ins Elend uns getrieben haben.' Dass unter solchen Voraussetzungen das tägliche Gebet allerdings wie Hohn in Gottes Ohr klingt und Fluch auf den eigenen Hof bringt, wird deutlich gesagt. – Drei von vier Strophen aus Wagenfelds frühem

---

⁵⁵ An dieser Stelle wird die Aussage „Wie auch wir vergeben" klarer gefasst als in der eigentlichen Übersetzung des „Usse Vader"-Gebetes. – Vgl. auch das verbreitete „Kriegs-Vaterunser" des Freiburger Weihbischofs Friedrich Justus Knecht, in welchem die Frage nach einer deutschen Kriegsschuld geschickt umgangen wird: „Und vergib uns unsre Schuld, wie auch wir vergeben unsren Schuldigern: Vergib uns unsre Sünden, durch die wir die Züchtigung verdient haben. Auch wir wollen den feindlichen Nationen verzeihen und das Böse nicht mit Bösem vergelten. Wir wollen uns in Zukunft vor aller früheren Verderbnis hüten und rein und treu unter deinen heiligen Augen wandeln." (zit. SANKT MICHAEL 1918, S. 223; vgl. ebd., S. 222-249 das ganze Kapitel zum Vaterunser im Krieg.)

Kriegsgedicht „Bloß hassen"[56] sind hier wörtlich eingebaut, darin enthalten auch der entschuldigende Hinweis, dass Gott selbst ja mit Satan keinen Frieden schließt! Der ganze Abschnitt ist eindeutig. Die Feinde sind es, die unser eigenes Beten unmöglich gemacht haben. Die Lösung besteht entsprechend darin, dass Gott die satanische feindliche Welt von Neid und Hass verändert: ‚Vertreib aus der Welt, Herr, den Neid, den Hass, / so wie du den Satan vertrieben, / dass ehrlich wir beten, wie früher es war: / Vergib uns, wie wir wollen vergeben!' Von eigener Schuld, eigener Selbsterkenntnis und eigener Umkehr ist in *diesem* Zusammenhang keine Rede!

(8) *Föhr us nich in Versökung*: Wie in Wagenfelds anderen religiösen Versepen, so bleibt die individualistisch verengte Sündenmoralpredigt in diesem Abschnitt flach und lässt keine tiefere Sicht menschlicher Entfremdung erkennen: Auf dem breiten Weg des Verderbens locken triebhafte Freuden, Ehre, Ruhm etc. Im Krieg kommt nun noch die besondere Versuchung hinzu, an Gottes Gerechtigkeit, Allmacht und Gottsein zu zweifeln. Reich werden die Schlechten; Morden und ‚unsere' Hungersnot gehen ohne göttliches Eingreifen ungehindert weiter; Böse werden scheinbar belohnt und Gute gequält ... Die Lösung liegt bei Gott: ‚Beende den Krieg, Herr, gib uns Frieden, / dass wir unbeirrt zu Dir halten können.' Erneut scheint es, jedenfalls auf der eigenen Seite, keinen menschlichen Handlungsbedarf zu geben. Das ganze Kapitel ist auch unter der Voraussetzung zu lesen, dass Wagenfeld in seinen anderen Kriegsdichtungen einen ‚deutschen Sieg' ja mehrfach als Sieg der Sache Gottes charakterisiert hat.

(9) *Erlös us von dat Üëwel*: Endloser Krieg, endloses Sterben und drohender Hungertod: ‚O Herr, wir können es nicht mehr ertragen!' Doch das Übel, von dem Gott die Menschen zu erlösen gedenkt, ist eben nicht der grausame Abgrund des Krieges, sondern die „Sünde".[57] Wa-

---

[56] WAGENFELD 1914a, S. 9.
[57] Die diesbezüglichen Verse (WAGENFELD 1954/1983, S. 188f) werden Gott selbst in den Mund gelegt: „Viel Übles ist, was Krieg euch gebracht, / aber nicht das Übel, an das ich gedacht, / von dem ich erlösen wollte – / Das Übel, Menschheit, ist die Sünde! / Die Sünde, die mich als Herrn vergisst, / die Menschenliebe mit Füßen tritt, / gebar den Krieg, sie schliff das Schwert! / Die Eigensucht im Menschenherz, / die sollte euch machen groß

genfeld entfaltet in diesem Abschnitt erneut seine bekannte „Todsündenlehre" aus dem ersten Versepos „Daud und Düwel" von 1911, in deren Mittelpunkt der materialistische und unter das Tierreich gesunkene Mensch steht. Nur wird jetzt gleichsam als Wurzelsünde die – vom Menschen als moralische Fehlhaltung auszureißende – *Eigensucht* zur Hauptüberschrift.[58] Wieder gibt es keine Perspektive dafür, das innere Drama des menschlichen Herzens anthropologisch oder theologisch zu beleuchten und in einen größeren zivilisatorischen Zusammenhang zu stellen. Von der ‚Todsündigkeit' soll Gott uns erlösen, und dann folgt das vielzitierte Schlussgebet der Dichtung: ‚Helf uns, in den Menschen zu sehen / unsere Brüder, unser Vater in Dir! / Dann können mit reinem Mund wir beten: / *Erstlcke*[59] *den Krieg, Herr, gib uns Frieden –* / *Herr! Bei deinem Vaternamen:* / *Gib uns Liebe, Liebe – Amen.*' Was aber bedeutet dieses Gebet? Wie sollen wir den großen Begriff ‚Liebe' hier verstehen, nachdem Wagenfeld an so vielen Stellen seiner Kriegsdichtungen einen durchaus ganz unchristlichen Begriff von ‚Liebe' eingeführt hat?

Das Werk „*Usse Vader*" enthält einige Gegenpositionen zu dem, was der Dichter als Kriegspropagandist seit 1914 selbst in vielen Varianten vorgelegt hat (z.B. Sakralisierung des Krieges, Hasspredigt, Entmenschlichung des Feindes). Es gibt hingegen keine neue Beurteilung des Kriegsgeschehens (Ursache von allem Übel bleiben letztlich doch Hass und Neid einer feindlichen Welt; Deutschland hat den Krieg nicht gewollt). Durch den globalgalaktischen Rekurs auf menschliche Sündigkeit bleibt in der Kriegsfrage eigentlich nur die Bitte an Gott übrig, die Feinde zu bekehren (oder in jüdisch-christlicher Tradition formuliert: es gibt keinen wirklichen Ansatz zur eigenen Umkehr); auf politischer

---

und stark, / sie straft euch [*nun*] bis ins tiefste Mark. / Sie ist die Mutter von dem Tod, / sie ist die Wurzel von der Not. / Die Eigensucht in Herz und Hand, / die setzte die Welt in wilden Brand" [es folgen in einer Aufzählung Hass und Todsündigkeit als Ausfluss der Eigensucht]. – Doch die Wurzel der Eigensucht, die Psychologie des ‚in sich selbst gekrümmten Menschen', wird *nicht* beleuchtet, und erst recht bleibt der nur leicht angedeutete kollektive Sündenzusammenhang völlig unklar.

[58] Die entsprechende Passage (WAGENFELD 1954/1983, S. 189) geht wohl auf Anregungen Augustin Wibbelts zurück (vgl. TAUBKEN 1994, S. 55-57).

[59] *dömpen* = auch: dämpfen.

Ebene ist ja von *deutscher* ‚Eigensucht' nirgends die Rede. Es fehlt auch jegliches Schuldeingeständnis bezogen auf die eigene Beteiligung des Dichters an einer aggressiven ‚Siegfrieden'-Propaganda ohne Kompromissbereitschaft (nach Art der alldeutschen Agitatoren). – Noch 1917 konnte man bei Wagenfeld in einer plaudernden Nebenbemerkung über ‚Friedensgerede' nachlesen: ‚Unser Herrgott weiß am besten, was gut ist, aber meiner Meinung nach müssen die Engländer erst kaputt sein, wenn es dauerhaften Frieden geben soll.'[60] – In „Usse Vader" gibt es keine politische bzw. ethische Alternative. Dass etwa der Papst und ab 1917 auch einige Stimmen aus dem deutschen politischen Katholizismus einen grundlegend neuen Kurs der Politik und ganz konkrete Schritte zur Beendigung des Massenmordens eingefordert haben, scheint Wagenfeld nicht zu wissen oder nicht wissen zu wollen. Im Grunde wird das Thema Friedenspolitik nur einmal ganz vage thematisiert.[61] Es bleibt bei einer unverbindlichen Sicht des Friedens als eines göttlichen Geschenks. Der pathetische Rekurs auf ‚Liebe' ist letztlich inhaltsleer.

1916 hätte man dieses Versepos noch als glaubwürdiges Zeugnis eines inneren Ringens und des Erschreckens vor den eigenen Hassgefühlen würdigen können. Doch im Erscheinungsjahr 1918 bietet der Text keine angemessene Antwort mehr auf den Abgrund des ersten Weltkrieges. Hält sich der Dichter, der sich jahrelang in unchristliche Ideologien eines ‚totalen Sieges' verstrickt hat und nun spürbar verzweifelt ist, hier vielleicht angesichts der drohenden Niederlage eine neue Option offen? Geht es ihm in Erwartung sich wandelnder politischer oder kirchlicher Verhältnisse gar um eine vorauseilende Selbstrechtfertigung? In diesem Fall wäre seine Rechnung auf Jahrzehnte hin aufgegangen. Die Texte des hasserfüllten Kriegsantreibers Wagenfeld gerieten in Vergessenheit, nur das hehre Gebet „*Usse Vader*" fand Aufnahme

---

[60] Im Original: „Üm all dat Geküer von Friäden, dao will wi us dütmol äs nich kümmern – wu't geiht, so geiht't – usse Härguod weet am besten, wat gued is, män nao min Meinen müett't de Englänners erst kaputt sien, wann't Friäden von Duer gieben sall." (aus: WAGENFELD 1917b, S. 3)

[61] Nämlich als Handreichen ‚in christlicher Liebe zu einem ehrlichen Frieden' (vgl. WAGENFELD 1954/1983, S. 159). Im Hintergrund dieser zuvor bei Wagenfeld nirgends auftauchenden Anschauung steht freilich die Situation des vierten bzw. fünften Kriegsjahres!

in die „Gesammelten Werke" und wurde als Zeugnis eines wahren Christenmenschen gewürdigt.

*

Karl Wagenfeld hat eine Manuskriptfassung zu seiner Dichtung „Usse Vader" lange vor der Veröffentlichung Augustin Wibbelt vorgelegt und dessen Änderungsvorschläge vom 30. Juli 1917 auch z.T. in seinem endgültigen Text umgesetzt.[62] Wibbelt, in diesem Fall priesterlicher Berater des jüngeren Dichters im Laienstand, konstatiert unstimmige Konstruktionen des Werkes und strebt eine klare theologisch-philosophische Lösung der behandelten Problematik an. Er geht also gleichsam mit der Großhirnrinde an die Sache heran, während ein wesentlicher Ausgangspunkt bei Wagenfeld ja eine Zerrissenheit und Hilflosigkeit im Bereich der Gefühle (Hass) ist. Wibbelt gesteht ein, dass es einen objektiven, äußeren Gegensatz von Krieg und Christentum gibt.[63] Aber im Innersten der Persönlichkeit – also auf der subjektiven Seite – könne man den Widerspruch auflösen, „so daß man selbst die Werke des Hasses, die man verrichten *muß*, im Geist der Liebe verrichtet"[64]. (Da stellt sich natürlich die Frage, was man mit solchem staatstheologischen Neusprech nicht alles noch rechtfertigen könnte.) Der Krieg sei eine „grausige Blüte" der Sünde, zugleich aber auch ein „Heilmittel für die verirrte Menschheit", das „die Machtlosigkeit der Idole einer religionslosen Kultur und Ethik" entlarvt. (Mit anderen Worten: Der Krieg

---

[62] TAUBKEN 1994, S. 54-56.

[63] Was von vorherein nicht in Betracht kommt ist eine Sichtweise, der zufolge der Krieg in keiner Weise gottgewollt ist und eine Beteiligung daran, unter welchen Rechtfertigungen auch immer, nie gottwohlgefällig sein kann, sodass also das Thema einer Verweigerung gegenüber dem Kriegsapparat für Christen auf der Tagesordnung steht. Behauptet wird stattdessen einfach: Gott lässt den Krieg zu, und dieser ist auch seine Prüfung für die Menschen. – Wibbelts Kritik, Wagenfeld erwarte eigentlich eine Auflösung des Konfliktes lediglich durch einen Wandel der *äußeren* Weltverhältnisse, und Wibbelts Drängen auf ein *innerlich* in der Person verankertes Ethos, sind an sich sehr berechtigt. Doch die so entwickelte ‚Alternative' ist entsetzlich, denn allem voraus teilt Wibbelt mit Wagenfeld die unumstößlichen nationalen Kriegsdogmen.

[64] Ähnlich allerdings schon Augustinus, Martin Luther und dann sogar noch nach 1945 Helmut Thielicke (vgl. BÜRGER 2005*, S. 78f, 118).

ist hinsichtlich der ‚Kultursituation' geradezu heilsnotwendig! Wie gut also, dass es hochreligiöse und zugleich hochethische Kriegsassistenten wie Wagenfeld oder auch Wibbelt gibt.) Damit die Sache ganz perfekt wird, schlägt Wibbelt vor, in der Dichtung „*Usse Vader*" die von ihm ersonnene ‚Lösung' Gott selbst in den Mund zu legen. – Nachfolgend sei der von Hans Taubken veröffentlichte Brief August Wibbelts auszugsweise dokumentiert[65]

Verehrter Herr Wagenfeld!
Das Lob, das Ihrer neuen Dichtung verdientermaßen zu spenden wäre, will ich beiseite lassen und gleich mit der Kritik anfangen. [...] Es ist ein guter Gedanke, an der Hand des Vaterunsers das Unchristliche zu zeigen, das <u>objektiv</u> im Kriege liegt. Es ist das Problem des Zwiespaltes zwischen Krieg und Christentum, das sich jetzt vielen schwer aufs Herz legt. Das Schneidende dieser Dissonanz führen Sie treffend und ergreifend aus, wird aber auch eine <u>befriedigende</u> Lösung des Problems gegeben? So weit ich sehe, suchen Sie die Lösung, indem Sie <u>um Liebe beten,</u> damit das Werk des Hasses, der Krieg, aufhöre. Das heißt aber mehr, das Problem praktisch beseitigen, als grundsätzlich lösen. Die Frage: Wie kann man Krieg führen und <u>doch zugleich</u> Christ sein (= das Vaterunser ruhig beten), ist nicht beantwortet. Einen Ansatz zur grundsätzlichen Lösung sehe ich in ‚Et kuem din Rik –' Seite 14: ‚– <u>in Hiärten binnen</u>'. Der tatsächliche Gegensatz zwischen Christentum u. Krieg, der uns <u>außen</u> umstürmt, kann seine Lösung nur im <u>Innern</u> der Persönlichkeit finden, und es ist die schwere Aufgabe jedes e[rns]ten Menschen, daß er, äußerlich in das objektiv-unchristliche Kriegswesen hineingezwungen, diesen Gegensatz subjektiv als freie Persönlichkeit in sich selbst überwindet. Aber nicht bloß beten um Liebe und Frieden, sondern sich innerlich über den großen Zwiespalt, der Gottes Zulassung und Prüfung ist, <u>erheben,</u> indem man sich vom Hasse nicht besiegen läßt, so daß man selbst die Werke des Hasses, die man verrichten <u>muß</u>, im Geiste der Liebe verrichtet. Könnte diese Lösung nicht schärfer herausgearbeitet werden? Der Platz dafür

---

[65] Zitiert nach: TAUBKEN 1994, S. 54-56 (Unterstreichungen dort nach dem Original).

wäre besonders Seite 34, wo Sie Gott sagen lassen, daß nicht der Krieg, sondern die Sünde das Übel sei. Wenn Sie den Gegensatz so wenden würden, daß die Sünde spez. die Selbstsucht als Gegensatz der Liebe die <u>Wurzel</u> des Krieges, und der Krieg die grausige <u>Blüte</u> aus dieser Wurzel, die häßliche <u>Erscheinung</u> der Sünde sei und so zugleich ein <u>Heilmittel</u> für die verirrte Menschheit, weil in dieser Ausgeburt ihres verkehrten Strebens dies Streben selbst ad absurdum geführt wird. Die menschliche Selbstsucht muß bis zu dieser Selbstzerfleischung kommen und den Krieg gebären, damit sich zeige, daß sie den Tod im Schoße trägt, und damit zugleich die Machtlosigkeit der Idole einer religionslosen Kultur und Ethik sich erweise.

[...] Erstes Problem: Zwiespalt zwischen Christentum als Religion der Liebe und Krieg als Werk des Hasses – ein praktisch-psychologisches Problem. Zweites Problem: Gottes Idee (als Heiligkeit, Liebe, Gerechtigkeit) und die Zulassung des Krieges – ein metaphysisches Problem. [...]

Ich würde mir die Komposition etwa so denken:

Ich <u>bete</u> das Vaterunser und gebe bei jeder Bitte meinem Zweifel und meiner Zerrissenheit Ausdruck. Dies steigert sich in der 6. Bitte durch Hinzutritt eines neuen größeren Zweifels (2. Probl.) und führt mich in der 7. Bitte zu dem aufs Leidenschaftlichste gesteigerten Flehen um Befreiung von dem furchtbaren Kriegsübel, das mir die Seele verwirrt und das Bild Gottes verdunkelt. Da <u>tritt Gott</u> ein – ähnlich wie im Buche Job und zeigt mir, daß ich innerlich <u>auch mit dem Kriege</u> fertig werden muß, indem ich das wahre Übel überwinde[,] und [Gott, *Anm. pb*] rechtfertigt seine [d.h. des Krieges, *pb*] Zulassung, vor der alle Tagesgötzen zusammenstürzen. Von Herzen spreche ich dann das Amen. [...]

Wibbelts ‚Verbesserungsvorschläge'[66] zu Wagenfelds „*Usse Vader*" von 1918 laufen u.a. auf folgende ‚theo*logische*' – scholastische – Auflösung des Abgrundes zwischen Christentum und Krieg hinaus: Die Kriegsapparatur bleibt unangetastet, der Christ soll aber alle Kriegsakte mit

---

[66] TAUBKEN 1994, S. 55f.

einer richtigen *inneren* Haltung ausführen. Was ist fürchterlicher, Wibbelts Konstruktion eines innerlich ganz überzeugten und angeblich gottgewollten Hineingehens des Christen in diesen äußerlich verstandenen Abgrund – nur eben mit einer Verrichtung der *objektiven* „Werke des Hasses" [!] im *subjektiven* „Geist der Liebe" – oder Wagenfelds Eingeständnis des eigenen Hasses und des Unvermögens, das Vaterunser weiterhin zu beten?

4.
DREI WEITERE RELIGIÖSE VERSDICHTUNGEN:
„METAPHYSISCHE VERSCHWÖRUNG" UND IRDISCHE ABGRÜNDE

Im Folgenden werden wir uns nun drei weiteren, anders angelegten religiösen Versdichtungen von Karl Wagenfeld zuwenden, in denen „Satan" bzw. Teufel, die katholische Katechismuslehre von den sogenannten „Sieben Todsünden"[67] und apokalyptische Bibelbilder nebst anderen Endzeitmythen eine zentrale Rolle spielen. Von diesen Werken Wagenfelds wird – z.T. bis in unsere Tage hinein – mit höchster Wertschätzung gesprochen. Anton Aulke versteigt sich gar zu folgenden Ausführungen: Wagenfeld konnte „in den Epen ‚Daud un Düwel' und ‚De Antichrist' und in dem Mysterienspiel ‚Luzifer' die metaphysische Seelenhaltung des Münsterländers wohl in der reinsten und gleichzeitig gewaltigsten Form verkörpern. Auf diesen drei Werken beruht Wagenfelds eigentlicher Ruhm. Sie haben seinen Namen mit Recht weit über die Grenzen Westfalens hinausgetragen. Denn in ihnen gipfelt nicht nur Wagenfelds Kunst, sondern überhaupt die gesamte neuplattdeutsche Dichtung. Diese Werke sind gewaltig in ihrem gedanklichen Vorwurf, setzen mit einer großartigen schöpferischen Phantasie geistige Vorstellungen in dichterische Bilder um und erreichen eine einmalige Wucht und Ausdrucksfülle der Sprache. Der Dichter gestaltet in ihnen auf der Grundlage der christlichen Glaubenslehre die ewigen

---

[67] Der Blick auf die „sieben Todsünden" ist schon zentral in Wagenfelds 1913 geschriebenem Bauerndrama „Hatt giegen Hatt" (vgl. BICHEL 1990, S. 11).

und letzten Dinge, die der Menschheit Herz bewegen, nämlich den Tod, den Untergang der Welt und die damit zusammenhängende Verantwortung der Seele vor dem höchsten Richterstuhl."[68]

Wagenfelds neuniederdeutsche Dichtersprache ist als „innovativ" und modern charakterisiert worden, wobei man in den Versepen „stilistische Einflüsse des Expressionismus" ausgemacht hat.[69] Es gibt in der Tat einige erstaunliche Passagen in seinem Werk, die man ob ihrer literarischen Qualität in einer anspruchsvollen Mundartanthologie nicht missen möchte. Nachfolgend soll es jedoch nicht um ästhetische Urteile gehen, sondern um einen ideologiekritischen Blick auf die drei sogenannten Weltanschauungsdichtungen unter dem besonderen Gesichtspunkt der Kriegsthematik. Gibt es in ihnen auch eine überzeugende Botschaft bzw. Inspirationen für christliche Weltbetrachtung und Weltgestaltung? Was erfahren wir durch diese Werke über die vermeintlich „gewaltige" Gedankenwelt von Karl Wagenfeld?

„Daud un Düwel" (1911/1912):
Die sieben Todsünden und ein gottwohlgefälliges Land
mit blauen Herrscheraugen

Das Werk „Daud un Düwel" ist „Middewinter 1911" entstanden.[70] Besonders auch wegen der im Jugendstil gehaltenen Illustrationen des Münsteraners Augustinus Heumann (1885-1919) sind die frühen Ausgaben des „Richard Hermes Verlag" Hamburg für Liebhaber der plattdeutschen Literatur echte bibliophile Kostbarkeiten.

---

[68] WAGENFELD 1956/1985, S. 352.
[69] J. Meier in: CORDES/MÖHN 1983, S. 457f; LANGHANKE 2008.
[70] Im Jahre 1911 war Wagenfelds Ehefrau lebensbedrohlich krank gewesen, zu Weihnachten jedoch wieder glücklich genesen. Angeregt durch ein der Gattin am zweiten Weihnachtstag vorgelesenes Gedichtfragment schrieb der Dichter bis Jahresende das vollständige Epos „Daud un Düwel" (vgl. WAGENFELD 1956/1985, S. 345). Die Erstausgabe kann unter diesen Umständen aber wohl erst Anfang 1912 herausgekommen sein (in vielen Bibliographien wird „[1911]" vermerkt). – Von mir benutzte Textquellen zur Dichtung: WAGENFELD 1912*; WAGENFELD 1954/1983, S. 1-41.

In einem apokryphen biblischen Buch aus dem ersten vorchristlichen Jahrhundert heißt es: „Gott hat den Tod nicht gemacht und hat keine Freude am Untergang der Lebenden. Zum Sein hat er alles geschaffen, und heilbringend sind die Geschöpfe der Welt. Kein Gift des Verderbens ist in ihnen, das Reich des Todes hat keine Macht auf der Erde; denn die Gerechtigkeit ist unsterblich." (Buch der Weisheit 1,13) „Aber durch des Teufels Neid ist der Tod in die Welt gekommen" (Buch der Weisheit 2,24). So dualistisch hat man in Israel vor diesem Text die Rolle des Satans (Widersacher, Ankläger) in keinem anderen Schriftzeugnis gesehen. Karl Wagenfeld behandelt die Frage nach dem Ursprung des Todes im Sinne der zitierten Stelle und stellt sie in den Kontext der sieben sogenannten Todsünden. Seine Dichtung *„Daud un Düwel"* ist folgendermaßen aufgebaut[71]:

- *Vorspiel I*: Mit dem Verlust des Paradieses ergeht die Mitteilung zur Sterblichkeit der Menschen zwar durch Gott selbst, doch der (personifizierte) Tod ist ein Geschöpf des Teufels, des Widersachers von Gott. Der Tod wird vom Teufel mit einem Herz aus Stein und einer von ihm selbst unter ‚Fluchsegen' geschmiedeten Sense ausgestattet.
- *Vorspiel II*: Angefangen mit dem Brudermord an Abel bis hin zur Sintflut geht der Tod ans Werk. Von Gott erhält er auch eine Sanduhr, um die Siebzigjährigen zur rechten Zeit vom Leben abzutrennen (es klingt also auch eine ‚normale' Kondition der menschlichen Sterblichkeit an). Mit der Zeit jedoch wird dem Tod die Sense stumpf, was er dem Teufel klagt. Der Teufel tröstet ihn mit einer lachenden Antwort: „Dat Liäben dat dreihet den Slipsteen di rund / und slipp di scharp diene Seiß."[72]
- *Hauptspiel*: Der Teufel demonstriert nun dem Tod bei einer gemeinsamen Erdenreise entlang der sieben ‚Hauptsünden', wie ausgerechnet das Leben den Schleifstein für die Sense des Todes runddreht. Die Menschen selbst sind es nämlich, die sich den sieben

---

[71] Vgl. Ferdinand Hammerschmidt in: WESTFÄLISCHER HEIMATBUND 1929, S. 27f; Anton Aulke in: WAGENFELD 1956/1985, S. 352; BICHEL 1990, S. 11-15; LANGHANKE 2008.

[72] Übersetzung: „Das Leben, das dreht den Schleifstein dir rund / und schleift dir scharf deine Sense."

Hauptlastern ergeben und dadurch dem Tod das Messer schärfen bzw. ihm geradewegs ins Messer laufen (diese Tragik wird bei Wagenfeld auch mit einigen komischen Elementen in der Rahmenhandlung vorgeführt). Die jeweiligen Hauptlaster bzw. ‚Todsünden' bergen als Frucht in sich selbst schon den (seelischen bzw. leiblichen) Tod:

- *Hoffart* (Eitelkeit[73]) verführt ein einfaches Dienstmädchen am Königshof dazu, sich mit schöner Kleidung herauszuputzen, um dem Königssohn zu gefallen. Das Ganze endet in Verderben für alle Beteiligten.
- *Geiz* (bzw. Habgier) lässt einen Menschen nur noch Geld scheffeln, am Leben vorbei leben und schließlich sogar – wegen des Geizes bei der eigenen Nahrungsaufnahme (!) – des Hungers sterben.
- Die ‚namenlose Sünde' (*Wollust*, Geilheit) lässt die Menschen im Freudenhaus ‚wilde Rosen' brechen; doch an deren Dornen infizieren sie sich (z.B. Geschlechtskrankheiten?) und landen hernach in Grab, Irrenanstalt oder Zuchthaus.
- Die Abergunst (‚Affgunst', *Neid*) treibt einen König zum großen Krieg gegen ein anderes Königreich, so dass der Tod eine reiche Ernte einfahren kann.
- Das Saufen (Supen), das hier für das Laster ‚*Völlerei/Maßlosigkeit*' steht, sorgt dafür, dass Menschen am Ende wie sieches Vieh dem Tod preisgegeben sind.
- Aus *Zorn* (‚Vernien') geraten zwei Bergleute unter Tage mit ihren Grubenlampen in einen handfesten Streit und lösen dadurch ein furchtbares Unglück (Schlagwetterexplosion) mit vielen Toten aus.
- Der *Faule*, der schon seine eigene Familie hat verhungern lassen, erfriert am Ende, weil er zu faul ist, eine wärmende Schlafstätte in direkter Nähe aufzusuchen.
- Am Ende der gemeinsamen Reise ist erwiesen, dass das Leben der beste Helfersgeselle von Teufel und Tod ist.
- *Nachspiel*: Hier wird der Dichter, nun in ‚Ich'-Form, persönlich. Mitten in Frühlingssonne und Vogelgesang erkennt er, dass ihn der Tod auf seinem Weg verfolgt. Mit einem Gedicht („O Daud, du büß

---

[73] Im Katechismus der Gegenwart durch „Stolz" ersetzt.

en hatten Mann") wendet er sich geradewegs an diesen Verfolger im Nacken – mit folgendem Tenor (nicht wörtlich): ‚Du bist ein harter Mann, Tod, und deine Sense wird unweigerlich über mich kommen. Doch eine Bitte habe ich: Lass mich zuvor meine Arbeit vollenden und die Meinigen versorgt wissen. Das soll mir genügen, dann hau fest bei mir zu!' (Wer von uns möchte nicht zumindest in solcher Perspektive mit dem Tod einen Friedensvertrag abschließen?)

Den wenig überzeugenden und widersprüchlichen Ausgangspunkt dieser Dichtung kann man Wagenfeld, der kein Theologe und auch kein herausragender Intellektueller ist, wohl nicht anlasten. Die Gedankenwelt führt über den von ihm konsultierten Katechismus nicht hinaus. Aber was heißt es, dass der Tod ein Geschöpf des Teufels[74] ist? Im religiösen Bild geht es hier zunächst nicht um das im Nachspiel angesprochene allgemeinmenschliche Schicksal der Sterblichkeit[75], sondern um die *seelische* Todesbestimmtheit menschlicher Existenz. Diese hängt freilich mit einem Innewerden der leiblichen Sterblichkeit zusammen, welche gleichsam der durchschlagendste Beweis für die eigene Zufälligkeit, Verwundbarkeit und völlige Nichtbedeutsamkeit ist. Im Prozess seiner Bewusstwerdung schaut der Mensch in den Abgrund der Zweigesichtigkeit des Lebens (‚Erkenntnis von Gut und Böse'). Er verliert die paradiesische Fraglosigkeit und Verbundenheit des Lebens, die Gewissheit des eigenen Gutgeheißen-Seins. Der Mensch wird zum großen Ungeliebten, der als ein Abgeschnittener in seinem lauten oder stummen Schrei nach Liebe das Verlorene niemals wiederzuerlangen vermag. An die Stelle des als Geschenk erfahrenen Lebens tritt ein *erkauftes*, erleistetes oder erschlichenes Scheinleben, d.h. ein gehetztes,

---

[74] Die „Schlange im Paradies" aus der Genesis ist keineswegs mit dem christlichen Bild vom Teufel identisch und schon gar nicht ein ebenbürtiger Gegenspieler Gottes, wie es eine verzerrte dualistische Theologie suggeriert. Sie kann gleichermaßen mit der ägyptischen *Apophis*-Schlange (Blick in den Abgrund des Nichts) und der phallischen Aufrichtung des ‚seiner selbst Herr werdenden' Menschen in Verbindung gebracht werden.
[75] Die im Nachspiel gebotene, versöhnte Aussicht des Dichters auf ein am Ende immerhin erfülltes Leben oder Lebenswerk nimmt freilich noch nicht den unzeitigen, frühen, willkürlichen Tod in Blick.

gieriges Einatmen von ‚Lebensenergie'. Obwohl an sich genug Atemraum zum Leben da ist, sorgt gerade die *angstgetriebene* Gier dafür, dass die Luft immer dünner wird und am Ende ausgeht. Diese Hyperventilation, die seelisch – und über Psychosomatik oder Folgeschäden auch physisch – Tod bringt, betrifft das Geschick des Einzelnen, aber ebenso – in einer hyperventilierenden Zivilisation der Ungeliebten – auch die ganze Gattung. Der getriebene Mensch versucht dem Tod zu entrinnen und läuft ihm gerade *deshalb* allerwegen in die Arme. Etwa in Richtung solcher Fragen hätte eine ‚große Weltanschauungsdichtung' zu gehen. Wagenfeld bleibt indessen einfach beim vordergründigen mythischen Bild stehen, und eine solche Form des Umgangs mit religiösen Botschaften ist in sich heute schon nicht mehr mitteilbar.

Da nun aber – in Verein mit der himmlischen Teufelsverschwörung – stolze Auflehnung wider Gottes Gebot die Wurzel allen Übels sein soll, und nicht der dem ‚Stolz' vorausgehende Abgrund menschlicher Angst vor dem ‚Nichts' und der eigenen ‚Nichtigkeit', bleibt auch die Reise durch die Welt der ‚Todsünden' letztlich bei einer vordergründigen Moralpredigt auf dem Niveau des Volksschullehrerkatechismus stehen. Ein therapeutisches Christentum blickt hingegen mit EUGEN DREWERMANN zunächst auf die Bedürftigkeit und tragische Selbstentfremdung: Was steht denn eigentlich hinter den sieben zerstörerischen ‚Hauptlastern', die den Menschen am Leben vorbei seelisch töten und dann auch körperlich zugrunde richten können?

- Wie wertlos muss sich innerlich ein *‚eitler Mensch'* fühlen, der sich durch reine Äußerlichkeiten ‚königlich' zu machen versucht? (Bei Wagenfeld geht es hier gar um ein einfaches Mädchen im Regenten-Haushalt der Mächtigen.)
- Wie unwert für Eigenes und einen Anspruch auf Freude muss sich ein *‚geiziger Mensch'* fühlen, dass er – wie es Wagenfeld gut beschreibt – nicht einmal sich selbst etwas zum wirklichen Genießen gönnt? (Wie innerlich arm und unlebendig muss sich in gleichem Atemzug der Habgierige fühlen, da er zwanghaft tote Besitztümer anhäuft?)
- Wie ungeliebt – fern jeder Zärtlichkeit – müssen *ausschweifende Menschen* sich fühlen, die sich unaufhörlich in neue, wahllose ‚Lie-

besabenteuer' treiben lassen und dabei noch immer tiefer in einen Abgrund der Beziehungslosigkeit stürzen?[76]
- Wie benachteiligt und zu kurz gekommen muss sich der ‚*Neidische*' fühlen, der sich am Glück anderer nicht mitfreuen kann und dieses sogar zerstören muss, weil er fremdes Gelingen und Wohlergehen als Angriff auf eigene Anrechte betrachtet?
- Wie durstig und innerlich leer – womöglich schon seit frühesten Kindertagen – muss ein *maßloser Mensch* sein, der nur noch im Alkoholismus oder anderen Süchten eine Erlösung zu finden wähnt?
- Welcher inneren Gewalttätigkeit an den eigenen Gefühlen muss ein ‚*zorniger Mensch*' ausgesetzt sein, wenn er – unfähig sein Inneres und seine Verletzlichkeit mitzuteilen – sich nur in zerstörerischen ‚Schlagwetter'-Explosionen Luft zu verschaffen vermag?
- Wie überfordert, antriebslos, depressiv oder gelähmt muss ein ‚*fauler Mensch*' sein, der in sich keine Energie zur Gestaltung des eigenen Lebens findet und dann gar erfriert, weil ihm das Aufsuchen einer wärmenden Ruhestätte in allernächster Nähe schon zu mühselig erscheint?[77]

Hinter den sieben Lastercharakteren stehen Verbiegungen und Verwundungen, wie ich sie hier nur andeute. Es handelt sich um *unbewusste* Haltungen, nicht um willkürlich und frei gewählte Lebensentwürfe. Die Moralpredigt kommt also an dieser Stelle gewissermaßen *immer* schon zu spät, und sie steht außerdem in Gefahr, die berechtigten menschlichen Bedürfnisse[78], die sich in jedem der ‚Sieben Hauptlaster' zu Wort melden, gleich mit zu verdammen. Von den Auswirkungen

---

[76] Die von Wagenfeld damals wohl vorausgesetzte kirchliche Sexualmoral der Angst, die lustfeindlich war und eine glaubwürdige christliche Ethik von Eros und Beziehung nicht begründen konnte, lasse ich hier außer Acht.

[77] In Wagenfelds Dichtung fehlt dem Faulen zunächst sogar die *Energie zur Brautwerbung*, und als er dann doch verheiratet ist, lässt er Frau und Kind verhungern. Hier darf man wohl kaum nur von Bequemlichkeit sprechen; die Persönlichkeitsstörung ist zu offenkundig. Was wir über den schon erfrorenen (!) Faulen erfahren, kommt übrigens aus dem Mund seiner offenbar sehr *kaltherzigen* Mutter.

[78] Wagenfelds genialer Vers vom Leben, das die Sense scharf schleift, hätte sehr wohl auch zu einer Auslegung gepasst, in der die Sehnsucht nach Leben *hinter* den sieben verurteilten Strebungen freundlicher gewürdigt wird.

einer entsprechenden Katechese auf frühere Generationen kann man nicht traurig genug denken. Fahrlässig predigte etwa im Bistum Paderborn der sogenannte Volksmissionar Joseph Hillebrand (1813-1887) ab Mitte des 19. Jahrhunderts: „Der Sünder stürzt sich in die ewige Verdammnis. Die Todsünde wird *leicht* und *oft* begangen, selten erkannt und selten wieder gut gemacht. Es gibt eine Hölle!"[79] Mit Texten des sauerländischen Mundartautors Joseph Anton Henke (1892-1917) lässt sich die Vermutung erhärten, dass eine solche Katechese nicht nur zum Unglücklichsein einer ‚katholischen Jugend' führen kann, sondern auch dem Krieg geradewegs zuarbeitet. Henke schrieb, bevor er sich als junger Freiwilliger auf das am Ende tödliche Kriegsabenteuer einließ, hochdeutsche Gedichte mit einer merkwürdigen Verbindung von Sündenbewusstsein und Todessehnsucht[80]: Die Jungen sollen ihre Seelen „fleckenlos und rein zu Großem stählen". Die Würfel sind gefallen: „Wer sterben muß, der stirbt; / es fließt so manches junge Blut, / daß Keiner mehr verdirbt." Die *Sehnsucht nach Reinheit* geht schließlich einher mit der heimlichen *Sehnsucht nach einem befreienden Tod*, der gleichsam mit einem Handstreich alle Widersprüche des Lebens auflöst: „Gram allem schuldbeladnen Werde! / schlössen wir gern die Lebensbücher / und schrieben: Ende! mit unserm Blut." Solche Erlösungsphantasien heizte in Paderborn der Priester und Theologieprofessor Norbert Peters in seinem bischöflich abgesegneten Werk „Heldentod – Trostgedanken für schwere Tage in großer Zeit" (Paderborn 1914) noch an. Mit höchster Erregung betet Peters alle Lügen der staatlichen Politpropaganda nach und predigt dann – wörtlich – den „Heiligen Krieg": Niemand brauche sich um das Heil der gefallenen „Helden Germaniens" zu sorgen. Diese seien nämlich „Märtyrer" und durch ihren „Blutzeugentod" (!) von aller Schuld reingewaschen. Unter der Überschrift „Das Jenseitsschicksal unserer gefallenen Helden" lässt Peters seine Hirngespinste von einer ‚Bluttaufe des Soldaten' dann auch erneut in dem Machwerk „Sankt Michael" nachdrucken.[81]

---

[79] Siehe seine 1870 veröffentlichten Missionspredigten; vgl. BÜRGER 2012b, S. 123.
[80] Vgl. BÜRGER 2012b, S. 481-490, hier bes. S. 482 und 484; W&K03, S. 433-460.
[81] SANKT MICHAEL 1918, S. 210f; vgl. MISSALLA 1968, S. 67, 85, 113. Dergleichen wurde freilich von der Römischen Inquisition, die die *exegetischen* Werke von Norbert Peters zur hebräischen Bibel scharf begutachtete, nicht unter die Lupe genommen!

Wagenfelds Ende 1911 geschriebene Dichtung „*Daud un Düwel*" weist darüber hinaus noch einen zweiten, viel direkteren Bezug zum Thema Krieg auf und zwar im Kapitel „De Affgunst" (Der Neid). Dazu bemerkt Ulf Bichel: „Zwingend erscheint es, wie er [Wagenfeld] aus der Mißgunst eine die andere Seite beschuldigende Feindschaft herleitet, die gutgläubig-opferbereite Völker gegeneinanderhetzt. Zwar liegt auf der Hand, daß der vaterländisch gesinnte Wagenfeld das Land des blauäugigen Königs, auf dem sichtbar Gottes Segen liegt, mit Deutschland identifiziert und den schwarzäugigen König als Repräsentanten von Neidern dieses idealisiert gesehenen Zustandes verstanden wissen, will. [...] Aber dann sieht man in seiner Darstellung, wie die kämpfenden, schlachtenden Parteien einander ähnlich werden, ununterscheidbar werden, bis dann die eine – es bleibt unklar welche – Seite siegt und das Schlachten mit einem Gebet an Gott beschließt."[82]

1911 musste man im hochmilitarisierten Kaiserreich kein Prophet sein, um die Möglichkeit eines kommenden Krieges ins Blickfeld zu bekommen. Eine Vorstellung vom modernen Krieg vermittelt Wagenfelds Dichtung allerdings noch nicht so richtig. Scheinbar stehen sich unter den Fahnen zunächst wie ehedem kämpfenden Schlachtreihen einander gegenüber, und die Trommel ruft: „Mann an Mann / an'n Fiend haran! / Slaot em daut!" (WAGENFELD 1954/1983, S. 22) – Die starke Illustration von Augustinus Heumann zu diesem Kapitel wirkt im Vergleich dazu visionärer (WAGENFELD 1912*, S. 51). – Problematisch ist zuvorderst, dass Wagenfeld den Krieg einreiht in eine ansonsten *individualethisch* gestaltete Kette über die ‚Sieben Todsünden'. Auch der Krieg wurzelt zunächst im Neid eines Individuums, des Königs. Dieser stachelt freilich sein ganzes Volk mit Lügen gegen das Nachbarland auf: „De Naohber, de mäck us dat Land kaputt, / he wäd us to graut, et geiht em to guëd! / Wi müëtt 'n to Aoder äs laoten!" (WAGENFELD 1954/1983, S. 21). Dass es in einem kommenden Krieg um Ressourcen, „Lebensraum" und ökonomische Konkurrenz gehen würde, konnte man nicht nur bei Pazifisten und Sozialisten, sondern auch in den Werken nationalistischer Militärstrategen nachlesen. Der von Wagenfeld angeführte *personalisierte* ‚Neid' erscheint mir hingegen wenig hilfreich

---

[82] BICHEL 1990, S. 12.

zu sein, einer angemessenen rationalen Analyse von Kriegsursachen und einer Kritik der Hochrüstungsspirale den Weg zu bahnen.

Vor allem kann man, nachdrücklicher noch als Ulf Bichel in seinem oben zitierten Beitrag, in der Dichtung „*Daud un Düwel*" alle zentralen Elemente der späteren Kriegsideologie von Karl Wagenfeld vorweggenommen sehen: Ein Dualismus von Gott und Teufel kommt ins Spiel, wobei der Teufel zusammen mit dem Tod förmlich eine Feldherrenperspektive einnimmt. Die eigene, Gott offenbar wohlgefällige ‚Nation der warmen Herzen' wird regiert von einem um ihr Wohl bedachten Regenten mit *blauen Augen*. Sie ist vorab schon als unschuldiges Opfer ausgemacht. Kriegsursache ist eine Missgunst, die scheinbar wie aus heiterem Himmel über das gedeihende ‚blauäugige' Reich herfällt. Der Neider ist allerdings ein *dunkler* König, der gar nicht auf die Seinigen sieht und sie außerdem belügt. Mit genau diesem Vorverständnis wird der Dichter dann 1914 den Weltkrieg deuten. Die angegriffene Gegenseite will im Versepos die Gewalt mit ‚gleichem Maß' beantworten, aber ob das schon ein hinreichender Anknüpfungspunkt ist für eine von nationalistischer Blindheit befreite Kritik des Krieges? (Der Dichter selbst hat jedenfalls fast drei Jahre später der Gewaltspirale nichts entgegenzusetzen.) Ich biete Leser:innen, die sich mit dem plattdeutschen Text schwer tun, hier eine hochdeutsche Lesehilfe zum Kapitelanfang (WAGENFELD 1912*, S. 53):

> Der Teufel und der Tod stiegen einen hohen Berg herauf
> Und besahen alles Land und alles Volk von oben,
> Und sahen zwei Könige auf goldenen Thronen,
> Mit purpurnen Mänteln und goldenen Kronen.
> Einer, blauäugig, guckt auf sein Land und sein Volk,
> Der andere, mit Augen so schwarz wie ein Kolk[83],
> Stiert lauernd voller Neid und Gier in das andere Land.
> Und es verkrampft ihm das Herz, und es verkrampft ihm die Hand,
> Wie dort der Wohlstand wächst, wie dort wächst die Macht,
> Wie stark dort die Männer, die Frauen wie sacht;

---

[83] Sumpf, Moorloch.

Wie warm dort die Herzen, wie fleißig die Hand –
Gottes Segen liegt sichtbar auf Volk und auf Land.

Und der König wird weiß,
Und das Herz ihm zerreißt
Der Neid über den Segen.
Und der Neid, der wächst [...]

Es gibt indessen eine wirklich sehr kritische Passage im Kapitel „De Affgunst", die die sakrale Verfeierlichung des Schlachtensieges zum Inhalt hat (WAGENFELD 1912*, S. 56):

Dao spiellt de Musik dat Nachtgebätt:
„Wir beten an die Macht der Liebe". –
Wild, luthals hät dao de Düwel lacht –
„Nu singt se von Leiw! – Un erst häbbt se slacht! –
Härguod, wat häß du Gesellen!"

[Da spielt die Musik das Nachtgebet:
„Wir beten an die Macht der Liebe"[84]. –
Wild, lauthals hat da der Teufel gelacht –
„Nun singen sie von Liebe! – Und erst haben sie geschlacht't,
Herrgott, was hast du Gesellen!"]

Kürzer kann man das Drama des kriegserprobten christlichen Abendlandes[85] wohl kaum auf den Punkt bringen. Wer meine Ausführungen über Wagenfeld bis hierher vollständig gelesen hat, weiß, dass der Dichter mit diesen Zeilen seiner eigenen, später datierten Kriegspropaganda das Gericht spricht. Von „Liebe" hat er in Kriegsangelegenheiten weiß Gott viel gesungen.

Mit seinem langen Kriegspropagandagedicht „Rüter Daud" (WAGENFELD 1914a, S. 26-33; WAGENFELD 1914b) greift der Dichter 1914 auf die Bilderwelt von „Daud un Düwel" zurück. Der schreckliche Tod mit

---

[84] Ob man bei diesem Liedvers aus dem bekannten ‚Militärchoral' nicht vielleicht doch an einen ‚deutschen Sieg' des blauäugigen Königs denken sollte?
[85] Vgl. zu eben diesem Drama: BÜRGER 2005*.

seiner Sense reitet durch die Schlacht, doch die deutschen Soldaten – ‚nur Gott fürchtend' – sehen im Knochenmann eine komische Gestalt, die sie verhöhnen.

„De Antichrist" (1916):
Satans Sohn an der Spitze von
Türken, Juden und anderem unchristlichen Volk

Im Kriegsjahr 1916 folgt die Versdichtung *„De Antichrist"*, in welcher ein ewiger Widerstreit von Hass und Liebe – unabhängig von der vergänglichen Menschenwelt – beschworen wird. Der vorangestellte Leitvers lautet: „Leiw' un Haß – de bliewt bestaohn. / Welt un Mensken müett't vergaohn – [Liebe und Hass – die bleiben bestehen. / Welt und Menschen müssen vergehen]" (WAGENFELD 1954/1983, S. 43). Auf der Basis eines metaphysisch verstandenen dualistischen Weltbildes von Gut und Böse kommen hier Weltuntergangsphantasien ins Spiel. Anton Aulke bietet ganz arglos folgende Inhaltsangabe:

„Wie in ‚Daud und Düwel' die gewaltige Schlachtenschilderung des Gesanges ‚De Afgunst' einen ahnungsvollen Vorklang zum ersten Weltkrieg darstellt, so ist ‚De Antichrist' (und ebenso später ‚Luzifer') von diesem inzwischen Wirklichkeit gewordenen Ereignis stark beeinflußt. Man sieht es an den einleitenden Versen, in denen Sünt Michael Satan in Ketten legt, man sieht es ferner an dem Wunschbild des Dichters von der Schlacht am Birkenbaum, in welcher der weiße Kaiser seine Feinde zu Boden wirft und eine Zeitspanne des Friedens und des Wohlstandes einleitet. Aber bald greift in der weichlichen Luft dieses irdischen Glückes die sittliche Verderbnis wieder um sich. Da löst Gottvater voll Zorn Satan die Bande und läßt ihn wieder auf die Menschheit los, Christus aber fordert diese auf, ihre Wahl zu treffen zwischen dem Fürsten der Hölle und ihm. Mit einer irdischen Buhlerin zeugt nun Satan den Antichrist. Dieser zwingt viele in seinen Bann; um die noch Zweifelnden zu gewinnen, will Satan seinen Sohn vor den Augen der Menge in den Himmel auffahren lassen. Aber ein Blitz schmettert beide in den Höllengrund. Damit ist die Stunde des Weltunterganges und des Jüngsten Gerichts gekommen. […] Am Ende des

‚Antichrist' aber leuchtet als siegende Macht die christliche Nächstenliebe auf."[86]

Mythische Vorausbestimmungen und kosmische Mächte stehen im Hintergrund der irdischen Geschichte. Ein zorniger Gott straft die Menschenwelt, indem er sie einer entfesselten satanischen Macht preisgibt. Wie aber soll im Geflecht eines schicksalshaften ewigen Widerstreites überzeugend von einer ‚ethischen Verantwortung' des Menschen die Rede sein, vom Reifeweg des Individuums, vom sozialen Raum und von ganz konkreten geschichtlichen, ja zivilisatorischen Herausforderungen? Schon während der Weimarer Republik lobt Ferdinand Hammerschmidt, dass dergleichen gar nicht Gegenstand von Wagenfelds „Antichrist" ist:

„Ungeheure Stichflamme fährt auf in die Unendlichkeiten des Kosmos. Der große Durchbruch durch alle Vereinzelung, durch die Enge moderner psychologisierender Kunst in die Räumigkeit kosmisch metaphysisch aufbauender Dichtung ist vollbracht. Höchstspannung inneren Erlebens, hervorgerufen durch den Weltkrieg und sein übereuropäisches Geschehen, entlädt sich. Solche seelische Explosion sprengt alles Nichtige, Kleinliche, bloß Menschliche, schleudert es von dem Dichter. [...] Die Stimme des Antichrist [*d.h. der Dichtung ‚Antichrist'; pb*] ist nicht die Stimme des Individuums Wagenfeld. In der Zeit der höchsten Prüfung seines Volkes, wie könnte da er, das kleine einzelne Ich des Menschen Wagenfeld, reden!"[87]

Diffus-kollektivistische Überspanntheiten sind hier angesprochen. Es kommt zur Überflutung durch archetypische Kräfte aus dem Unbewussten, bei welcher das ‚kleine Ich' gar keine Rolle mehr spielt. Äußerst aufschlussreich für den Blick auf die Rezeptionsgeschichte ist, was der nationalsozialistische Kulturfunktionär Friedrich Castelle dann zur Zeit des deutschen Faschismus über Entstehungszusammenhang und Aussage dieser Dichtung schreibt: „Der Weltkrieg tobt über Europa. Völker ringen miteinander um ihren Bestand. Karl Wagenfeld schreibt seine große Kriegsdichtung ‚De Antichrist'. Es ist das Jahr 1916, jenes Jahr der tiefsten Not, das die Weltwende vorbereitet. Der

---

[86] WAGENFELD 1956/1985, S. 353f.
[87] WESTFÄLISCHER HEIMATBUND 1929, S. 31f.

Dichter sieht diese Not tiefer, als die Menschheit sie ahnt. Für ihn ringen nicht mehr die Völker um Besitz und Recht. Für ihn ist in jenem Jahre schon der Weltkrieg der Anbeginn der letzten großen Entscheidungen, die nach diesem Weltkriege der Völker um das Schicksal der ganzen Menschheit kämpfen. Der Antichrist steht auf, der Satan, der die europäische Menschheit in den Abgrund der Zerstörung, in den Bolschewismus stürzt. Antichrist und Tod und Teufel sind die großen Verbündeten in diesem letzten Entscheidungskampf. Und in dem gewaltigsten Gesang dieser Dichtung: ‚De Unnergang von de Welt' werden selbst die Elemente hineingezerrt in das letzte Ringen: ‚Alls sall vergaohn, / Nix sall bestaohn.' [...] Aber die Welt vergeht nicht. In dem Dichter lebt die Erinnerung an jene letzte Weltschlacht am Birkenbaum, und im Geist schaut er die Erlösung der Menschheit, die sich heute vollzieht, da alle germanischen Völker und Stämme wieder einig sind und der Traum sich erfüllt von jenem Großdeutschland, das sich durch ein Jahrtausend hindurch unter Schmerzen, aber in wundervoller Größe gebärt: ‚[...] Di, Härguod, Dank füör't graute Wunner, / De Welt giegen us, wi göngen nich unner! / Dank, dusend Dank, waohr is de Draum, / Dütsk wuor de Welt an'n Biärkenbaum!'"[88]

„Deutsch" also ist die Welt, der alten westfälischen Sage gemäß, in der Schlacht am Birkenbaum geworden. Welche christliche Substanz darf man in einer Dichtung vermuten, deren Mythen 1939 förmlich als visionäre Vorwegnahme des ‚Tausendjährigen Reiches' interpretiert werden konnten? Nachfolgend wollen wir uns dem Text selbst zuwenden und den Aufbau der vier Teile von *„De Antichrist"* nachzeichnen (WAGENFELD 1953/1983, S. 43-85):

(1) *Krieg und Friäden*: ‚Satan lacht, Gott gab ihm Macht.' Unmissverständlich ist in dieser Dichtung nun der Krieg selbst als ein grausames Werk des sich brüstenden Satans benannt. Gott Vater erbarmt sich, und daraus folgen ein himmlisches und parallel auch ein irdisches Gesche-

---

[88] FESTGABE WAGENFELD 1939, S. 21-23. – Übersetzung: ‚Dir, Herrgott, Dank für das große Wunder, / Die Welt gegen uns, wir gingen nicht unter! / Dank, tausend Dank, wahr ist der Traum, / Deutsch wurde die Welt am Birkenbaum!' – Castelle befolgt in seinem deutenden Referat freilich nicht die richtige Reihenfolge der einzelnen Teile von *„De Antichrist"*.

hen. a. Zunächst kniet der Erzengel Sankt Michael, mit dem Schwert in der Faust, als Krieger vor Gottes Thron zum Segen nieder, um dann in der Hölle den Satan in Ketten zu legen. Diese Szene ist selbstredend unter der Voraussetzung zu deuten, dass Michael in der nationalen Kriegstheologie als ‚Erzengel der Deutschen' gilt. b. Auf der Erde kniet – gleichsam abbildlich – der legendäre Kaiser der Hellwegsage vom Birkenbaum vor Gott nieder, um sich für den großen Krieg segnen zu lassen. Er trägt ein schwarzes [!] Kreuz auf seinem weißen Gewand. Mit einem Dankgebet beendet der weiße Kaiser siegreich die entsetzliche Schlacht: ‚Das große Wunder, der Traum ist wahr geworden. *Deutsch wurde die Welt am Birkenbaum.*'[89] Ganze Passagen des Kriegspropagandagedichtes „De Slacht an'n Biäkenbaum"[90] sind hier eingebaut. Die nun folgende Friedenszeit entspricht – ganz der Birkenbaum-Legende gemäß – einer katholischen Vision, denn Gottes Segen liegt auf ‚Kaiser, Papst und Staat' und einer heiligen Menschheit (‚ein Hirt, eine Herde'). c. Doch auf ein Neues wird Satans Atem entfesselt für ein laues Menschengeschlecht, aus dem heraus der Heiland jeden Einzelnen zur Wahlentscheidung aufruft. In allen Ländern der Erde gibt es inzwischen Christen. Ob nun das Ende der Welt wohl kommt?

(2) *De Antichrist*: Zu diesem Zeitpunkt haben fünfzig Friedensjahre nach dem großen Krieg das türkische Weltreich und den Islam stark gemacht – mit Jerusalem als Hauptstadt. Im Heiligen Land hört man ‚Singsang und sündiges Bohei' und verachtet Christi Lehre. In der Wüste geht derweil eine heißbrünstige Hure, mit der sich eine unter das Tierreich sinkende Menschheit ankündigt, mit Satans Eigentum schwanger.[91] Sie gebiert unter dem Jubel ganzer Teufelsscharen den Antichristen, der von Jerusalem aus seine neue Lehre verkündet vom reinen Erdenglück der Wollust und des Reichtums (‚Wein, Weib, Geld' – ‚Fleisch und Weltgewinn'). Er predigt, es gäbe keinen Himmel, auch keine Hölle; schließlich geht es gegen ‚Gott, Papst, Staat'. Der Anti-

---

[89] Zur „Identifizierung von Deutschlands und Gottes Sache" in der deutschen katholischen Kriegspredigt 1914-1918 vgl. MISSALLA 1968, S. 88-93.
[90] WAGENFELD 1914a, S. 43f.
[91] Biblische Vorlage sind Teile der Johannes-Offenbarung.

christ, ein totalitärer Gewaltherrscher, wird von seiner Anhängerschaft als Befreier gefeiert und zeichnet sich auch durch magische Wunderkräfte aus. Zweimal heißt es ausdrücklich, ‚Türken und Juden' gehörten – neben anderem ‚unchristlichen Volk' – zu seiner Gefolgschaft (WAGENFELD 1953/1983, S. 61 und 63). Wer das Zeichen Satans nicht trägt, ist blutiger Verfolgung und jeglicher Willkür ausgesetzt.[92] Die Propheten Henoch und Elias, die die Umkehr zum wahren Messias Christus predigen, kommen durch das Schwert um. Mit Satans Hilfe soll der Antichrist gen Himmel fahren, doch stattdessen stürzen Satan und Antichrist in die Tiefe des Höllenschlunds. Die Menschheit erkennt voller Zittern den Betrug. Die Engel jedoch singen schon das Loblied vom Endsieg über Satan.

(3) *Der Unnergang von de Welt*: Nur Gott allein kennt die Stunde vom Ende der Welt.[93] Auf seinen Befehl hin künden Engel mit ihren Posaunen, die Sonne, Mond, Erde und Menschen erbeben lassen, das Feuer ewiger Gerechtigkeit im Weltall und den Untergang der Welt an. Für die Erde gibt es kein Danklied: ‚Erde, o Erde, ein Sündennest / bist du von Anfang an gewesen!' Die ganze Menschheit fällt dem Tod anheim, die Welt versinkt in Rauch und Brand.

(4) *Dat Jüngste Gericht*: Sankt Michael ruft die Toten zum Weltgericht vor Gottes Thron. Sowohl auf Seiten der Seligen als auch auf der Seite der Verdammten findet man – wie schon in der mittelalterlichen Kunst dargestellt – Päpste, Bischöfe, Ordensleute, Kaiser, Könige, Knechte und Herren. Der Weltenrichter Christus folgt, dem Matthäus-Evange-

---

[92] Man ist förmlich versucht, die entsprechenden Passagen im Licht der späteren Verhältnisse im nationalsozialistischen Staat zu lesen und das besagte Zeichen dann als ‚Hakenkreuz' zu sehen. Doch dies verbietet sich (in Wagenfelds Dichtung geht es um eine u.a. von Juden mitgetragene Gewaltherrschaft).

[93] Die entsprechende Textpassage ist aufgrund eines dogmatischen Einspruchs von Augustin Wibbelt sogar noch nach dem Andruck geändert worden: MÜHL 1990. (Wagenfeld hatte zuerst schreiben wollen, nur der Vater – ‚selbst Geist nicht und Sohn nicht' – kenne die Stunde.) Sofern es um die orthodoxe Dreifaltigkeitslehre ging, stoppte man also sogar die Druckmaschinen. Deutsch-christliche Verfälschungen des Glaubens und der Glaubenspraxis scheinen im Gegensatz dazu kein Gegenstand von amtskirchlichen Überprüfungen der ‚Rechtgläubigkeit' gewesen zu sein.

lium (Kap. 25, 31-46) entsprechend, nur einem einzigen Kriterium bei seinem Urteil über die Menschen, nämlich dem Verhalten gegenüber dem Geringsten: „Häbbt mi Duorst un Fuorst verjaggt, / Frieheit, Dack un Fack mi bracht, / häbbt besocht mi, äs ick krank. Niëmt den Hiëmel nu äs Dank!" Es sei ausdrücklich festgehalten: nach den ‚Sieben Todsünden' samt Wollust oder falschem Choralbuch wird hier *nicht* gefragt.

Die Dichtung beginnt somit mit deutscher (bzw. deutsch-westfälischer) Kriegsmythologie, prophezeit ein offenbar gar nicht so fernes Weltreich des Antichristen mit zunächst islamischer und jüdischer Anhängerschaft und endet mit der Botschaft Jesu, der zufolge die geschwisterliche Praxis zwischen den Menschen das letztgültige Urteilskriterium für alle geschichtliche Existenz ist. Doch am *Dualismus von Gut und Böse* wird sich jenseits der Geschichte nichts ändern. Auch nach Weltuntergang und Endgericht klingt das ewige Lied weiter: ‚Liebe und Hass, die bleiben bestehen.' Die bei frühen Kirchenvätern des Ostens anzutreffende Vorstellung von einer Allversöhnung, die am Ende sogar den ‚Teufel' mit einbezieht, liegt Wagenfeld fern. (Zu erklären ist nun, wie die gequälten Schreie der Höllenbewohner, die *niemals* enden werden, vom seligen Raum der vollkommenen Liebe ferngehalten werden können.)

Auf die Problematik einer historisch-unkritischen und wörtlichen Auslegung der Johannes-Apokalypse können wir hier nicht näher eingehen. Es gelingt Wagenfeld auch in dieser Dichtung nicht, mythische und geschichtliche Kategorien miteinander zu vermitteln. Deshalb wirkt das so wichtige 25. Kapitel aus dem Matthäus-Evangelium bei ihm wie ein Anhängsel, obwohl es doch – etwa im Sinne Kants – als Alternative zu einer diffusen metaphysischen Apokalyptik im Zentrum stehen müsste.[94] Gewirkt hat auf Nachfolgende, wie eingangs mit ei-

---

[94] Vgl. dazu die Ausführungen von Petra Bahr (in: Frölich/Middel/Visarius [Hg.]: Nach dem Ende – Auflösung und Untergänge im Kino an der Jahrtausendwende. Marburg 2001), die ausdrücklich auf Kants diesseitige „Gegenthesen" zur apokalyptischen Rede hinweist (kategorischer Imperativ, Theorie von der Gerechtigkeit, Traktat vom ewigen Frieden). – Das *einzige* endzeitliche Gerichtskriterium in Matthäus 25,35f. lautet: „Ich war hungrig, und ihr habt mir zu essen gegeben; ich war durstig, und ihr habt mir zu trinken

nem Blick auf die Rezeptionsgeschichte aufgezeigt, das dunkle, mythische Bildergemisch Wagenfelds im Bann von Weltuntergangsphantasien. Gestützt wird das Weltbild des Krieges. Der nächste Feind, so verheißt „De Antichrist" den Lesern, steht im Grunde schon vor der Tür.

„Luzifer" (1920):
Wider den Materialismus der Moderne

An dritter Stelle wollen wir jetzt noch auf das Mysterienspiel „Luzifer"[95] von 1920 eingehen, obwohl es schon nicht mehr in die Zeit des ersten Weltkrieges fällt und auch nur vergleichsweise wenige Bezüge zur Kriegsthematik aufweist.[96] Anton Aulke betrachtet „Antichrist" und „Luzifer" als „die Vertreter der materialistischen Weltanschauung, die Götzen der reinen Diesseitsmenschen, die zutiefst dem Laster verfallen sind und deren Gedanken nur noch um ‚Gold, Wiewer, Wien' kreisen" (WAGENFELD 1956/1985, S. 354). In seiner Inhaltsangabe gibt er – wohl ohne Absicht – die widersprüchlichen Pole der Dichtung „Luzifer" sehr gut wieder: „Im ersten Teil braut der Höllenfürst in furchtbarem Haß gegen Gott ein Gift, damit sein Himmel leer bleibe. Es ist das Gift der sieben Todsünden, die im zweiten Teil auf die Menschheit losgelassen

---

gegeben; ich war fremd und obdachlos, und ihr habt mich aufgenommen; ich war nackt, und ihr habt mir Kleidung gegeben; ich war krank, und ihr habt mich besucht; ich war im Gefängnis, und ihr seid zu mir gekommen." Nach diesem Entwurf zeigt sich ein zeitloser Maßstab für Menschen nicht in spektakulären und katastrophalen Geschichtsereignissen, sondern in einer verifizierbaren Menschlichkeit, die selbstredend alle Lebensbezüge betrifft und für Kant ausdrücklich nur in einem *universellen* Kontext als glaubwürdig galt.

[95] Ich lege – ohne Vergleich mit der Erstausgabe – den Text aus WAGENFELD 1954/1983 (S. 87-152) zugrunde. 1927 ist die Dichtung auch ins Holländische übertragen worden von Dr. J. Decroos (Brüssel: Verlag Gudrun 1927).

[96] Nach „Luzifer" gab es noch den Plan zu einem weiteren plattdeutschen Drama und zwar über den „Ewigen Juden": „Lange beschäftigte Wagenfeld der Stoff des ‚Ewigen Juden'. Er pflegte zu sagen ‚Wenn mir diese Dichtung glückt, dann will ich nichts mehr schaffen.' Aber als der Plan des Werkes in ihm so weit gereift war, daß er an die Ausführung hätte gehen können, lähmte die qualvolle Krankheit, die zu seinem Tode führte, seine Arbeitskraft. [...] In den letzten Lebensjahren war der nervenkranke Dichter nicht mehr imstande, die Feder zu führen." (WAGENFELD 1956/1985, S. 341, 343)

werden. [...] Das Drama schließt mit der Verkündigung der absoluten Selbstverantwortung" (ebd., S. 354f). Wie soll sich das zusammenreimen: Determination durch ‚metaphysische' Vergiftung und doch freie Selbstverantwortung der Erdlinge?

In gewisser Weise scheint Wagenfeld vom Thema „Todsünden" besessen zu sein. Nachdem wir inzwischen schon wissen, dass der Teufel den Tod erschaffen hat und auch Drahtzieher des Krieges ist (s.o.), kommt nun noch die Gewissheit hinzu, dass kein anderer als Satanas das Todsündengift gebraut hat. – Ich kann es mir nicht versagen, an dieser Stelle an eine Stelle aus Wagenfelds eigenen Feldbriefen zu erinnern, in welcher der Dichter sich dagegen ausspricht, dass die Leute dem Teufel zu vieles einfach in die Schuhe schieben.[97] – Nun steht der Teufel bei Wagenfeld nicht für eine diabolische *innerseelische* Dynamik, die Menschen, oft trotz guten Willens, in eine dem Leben abträgliche Richtung treibt oder das Zwischenmenschliche selbst unter besten Absichten förmlich verhexen kann. Es handelt sich vielmehr um einen *metaphysischen* Giftmischer, der uns ordentlich einheizt. Wie soll es dann aber angehen, dass die kleinen Menschlein bei der Wahl zwischen der breiten Straße des Verderbens und dem schmalen Pfad zur Seligkeit einfach nur vollkommen frei wählen müssen? Da werden in großen Bildern metaphysische Giftküchen, Konflikte und tragische Verflechtungen beschworen, und am Ende zieht sich der Dichter mit der so leicht greifbaren Auskunft aus der Affäre, der einzelne Mensch habe ja schließlich einen freien Willen (absolute Selbstverantwortung)? Wie von Zauberhand ist im Nu alles gelöst. Doch darf man ein solches Kunststück aus dem Handbuch des üblichen Prediger-Geredes – vorgelegt gerade einmal zwei Jahre nach einem Weltkrieg mit über 17 Millionen Todesopfern – ‚große Weltanschauungsdichtung' nennen?

Im Zentrum des Werkes „*Luzifer*" stehen also wieder die ‚Sieben Todsünden', und dazu haben wir im Zusammenhang mit „Daud un Düwel" eigentlich schon das Notwendigste angemerkt. Nachfolgend möchte ich jedoch zu jedem der vier Teile dieser Dichtung (WAGENFELD 1954/1983, S. 87-152) eine kritische theologische Leitfrage formulieren:

---

[97] „Un nao min Meinen to riäcken, söllen wi den Düwel nich so'n männig Deel in de Schoh schuwen, äs't sovill Lü so gähn doht" (WAGENFELD 1917b, S. 36).

(I) Erste Deel (ebd., S. 87-152): *Welches Bild von Luzifer – und damit letztlich auch vom Menschen – entwirft der Dichter?* Gerade die Klage Luzifers über das eigene Elend bzw. die eigene Verfluchung, verstärkt durch den Chor der Teufel, offenbart, dass das vordergründige Konzept einer stolzen Auflehnung gegen Gott viel zu kurz greift. Der Fall Luzifers demonstriert das Hinabstürzen eines größenwahnsinnigen, aufgeblähten ‚Ichs' (‚Ich dachte, ich wäre [ein] Gott'). Mitnichten haben wir es jedoch mit einem wirklich starken, autonomen Subjekt zu tun. Luzifer selbst bekennt: ‚immer verdammt, niemals frei – immer Hass, niemals Liebe – Ohnmacht! Ohnmacht! Ohnmacht!' (vgl. ebd., S. 90, 92). Die Innenseite des aufgeblähten ‚Ichs' ist Leere, Nichtexistenz, und *deshalb* folgt dem wahnhaften Höhenflug der Sturz hinein in den Abgrund des Nichts.[98] Bevor wir also vom blindmachenden Gold, vom Neid auf fremdes Glück, vom ‚Sich verlieren in reiner Triebhaftigkeit' und anderen tödlichen Giften sprechen, wäre in der Tat das Elend zu betrachten, das all diese giftigen Glücksersatzstoffe überhaupt erst attraktiv macht. Wagenfeld liefert hier Anhaltspunkte, scheint aber das Drama selbst nicht zu verstehen. Im dritten Teil seiner Dichtung erfahren wir noch: ‚Es gab eine ferne Zeit, da hat Luzifer selbst einmal die Liebe gekannt' (vgl. ebd., S. 136), und also kann die Erinnerung daran (d.h. die Sehnsucht nach Liebe) noch nicht ganz ausgelöscht sein. Hier wäre doch gerade der Schlüssel dafür zu finden, den Menschen – für den Luzifer als ‚Projektion' steht – als Ungeliebten (bzw. narzisstisch Gestörten) zu identifizieren und entsprechend dann auch die menschliche Erlösungsbedürftigkeit zu bestimmen.

(II) Twedde Deel (ebd., S. 108-129): *Besonders im nächsten Teil drängt sich dann die Frage auf, welches Gottesbild der Dichter eigentlich vermittelt.* Luzifer hält ‚Gott' für den Schuldigen, der ihn verdorben und sein Elend gewollt hat (ebd., S. 90, 92). Doch die Kriegserklärung an ‚Gott' wird durchaus plausibel begründet (ebd., S. 97, 109, 113, 115): Gott verlangt vom Menschen duckende Niederwerfung, ein Verhältnis von Herr und

---

[98] Ein bedeutsamer biblischer Bezug zum christlichen ‚Luzifer-Mythos' ist: Jesaja 14,12-14 (Spottlied auf den König von Babel).

Knecht[99], den Glauben an etwas Vorgelegtes unter Ausschaltung des eigenes Verstandes (‚Glaubenszwang statt Freiheit') und die Befolgung verordneter Gesetze statt Gewissenfreiheit; Gott neidet dem liebesdurstigen Menschen eigenes Glück bzw. die Lebensfreude (z.B. auch sexuelle Lust). – Bezeichnenderweise wird das Verhältnis ‚Herr-Knecht' im Anschluss an die Behandlung des Hauptlasters ‚Faulheit' der Arbeitsscheuen auch innerhalb der irdischen Menschengesellschaft zum Problem und führt zu Krieg; mit großer Wahrscheinlichkeit thematisiert Wagenfeld hier im Jahr 1920 soziale Revolutionsunruhen bzw. Klassenkampf.[100] – Ein vom Dichter positiv verstandener Mahner verstärkt noch die Darbietung eines autoritären Gottesbildes: Gott straft die Menschen und schickt ihnen als harter Richter Krieg, Hunger, Pest und Tod.[101] Die Bitte um ein ‚reines Herz' soll Erlösung vom Krieg bringen[102] (ebd., S. 125). Die Frommen nehmen die harten göttlichen Strafen an und flehen: ‚Schick uns den Retter, der uns den Weg weist' (vgl. ebd., S. 129). Durchweg begegnet uns ein äußerst problematisches Gottesbild, das geradezu zwangsläufig und dauerhaft einen inneren Kriegszustand im religiösen Menschen hervorbringen muss.

(III) Diärde Deel (ebd., S. 130-147): Nach unserem Blick auf Menschen- und Gottesbild müssen wir nun bezogen auf den dritten Teil fragen, *welche Erlösung denn eigentlich von Christus gebracht wird*. Christus erweist sich in der Versuchungsgeschichte als immun gegenüber den

---

[99] Die Parole ‚Es gibt keinen Gott' oder die Widerlegung eines Schöpfers durch die Phrase ‚Aus Nichts kommt nichts' (WAGENFELD 1954/1983, S. 110f) dient unter solchen Voraussetzungen eigentlich nur einer Befreiung aus dem als Zwang empfundenen Herrschaftsverhältnis.

[100] „De erste Tropp: ‚Uss' Ähr un Rächt, uss' Eegendum / da laot't wi nich antassen!' – De twedde Tropp: ‚Un wi? Ju' Knecht? Bloß Dreck un Schum? / Dat söll ju Härens passen!'" (WAGENFELD 1954/1983, S. 123f.)

[101] Wörtlich: „O Menskenvolk, dien Maot is vull – / Dien Guod häöllt hatt Gericht! / Met Krieg un Hunger, Pest un Daud / he Gued' un Slächte sicht't." (WAGENFELD 1954/1983, S. 124)

[102] Mehr hat der Dichter aus dem Abgrund des Weltkriegs 1914-1918 offenbar immer noch nicht gelernt. – Zu seiner Entschuldigung muss man freilich anfügen, dass in der römisch-katholischen Kirche Deutschlands auch weithin nur vom *inneren Frieden* („des Herzens") gepredigt wurde und nicht im Sinne von Papst Benedikt XV. vom *Frieden zwischen den Völkern* (MISSALLA 1968, S. 116-120).

Verlockungen Luzifers, die doch den Menschen sonst so attraktiv erscheinen (ebd., S. 133f). Doch für wen sind eigentlich Machtausübung, Besitzanhäufung im Lebensmodus des ‚Habens' und magische Allmachtphantasien nicht mehr verlockend (d.h. unattraktiv)? Es ist dies ein Mensch, der sich selbst als geliebt erfährt (Markus-Evangelium 1,11). Doch zu dieser Wurzel der Immunität gegenüber den Giften Luzifers gibt der Dichter keinerlei Auskunft.

Bei Wagenfeld erlöst Christus uns nicht durch Vermittlung einer geheilten Existenz, d.h. durch die innere *Erfahrung* einer neuen Weise des Menschseins, sondern durch das Verkünden von Moral. Zum Ärger Luzifers predigt er nämlich gegen Stolz, verwirft Geld und Gold, verdammt Hurerei und Saufen und lehrt – anstelle von Hass – nur Liebe (ebd., S. 135f). Die Befolgung des Gebotes der Gottes- und Nächstenliebe ist der Schlüssel, den Christus uns bringt (ebd., S. 142). Die richtige theologische Kernfrage stellt in der Dichtung indessen Luzifer: ‚Ja, wenn Liebe so einfach wäre!' (ebd., S. 144: „Menskheit, wäör de Leiw so licht"). Das Problematische am vordergründigen moralistischen Feldzug des Dichters zeigt sich auch in der dargebotenen ‚Predigt Christi', die er in seinem Sinne gestaltet. Wagenfelds Heiland scheint ein leichtes Joch für die Mühseligen und Beladenen nicht zu kennen, sondern predigt mit der Kreuzesnachfolge zugleich einen dauerhaften Kriegszustand: „Denn in de Welt / ick Friäd nich bräng – – / Nee – Krieg! [Denn in die Welt / ich Frieden nicht bringe – / Nein – Krieg![103]" (ebd., S. 143). Und so versteht es auch der Teufel: ‚Christus sprach von Krieg!' (vgl. ebd, S. 144). Auf dieser Grundlage kann man – weder für den Reifeweg des Einzelnen noch für die Gesellschaft – ein Christentum der Heilung und der Gewaltfreiheit erwarten. Vielmehr

---

[103] Dass dieser aus dem Kontext gerissene und bei K. Wagenfeld verzerrt aufgegriffene Bibelvers sich beim Evangelisten Matthäus auf eine familiäre Konfliktsituation neu bekehrter Christen bezieht, sei wenigstens angemerkt (Matthäus-Evangelium 10,34f: „Ihr sollt nicht meinen, dass ich gekommen bin, Frieden zu bringen auf die Erde. Ich bin nicht gekommen, Frieden zu bringen, sondern das Schwert. Denn ich bin gekommen, den Menschen zu entzweien mit seinem Vater und die Tochter mit ihrer Mutter und die Schwiegertochter mit ihrer Schwiegermutter. Und des Menschen Feinde werden seine eigenen Hausgenossen sein."). Eine passende Auslegung zur Zeit des Ersten Weltkrieges hätte uns Christen in einem harten Konflikt mit dem nationalistischen ‚Familienkonsens' in Staat und Gesellschaft zeigen müssen.

lautet die geheime Überschrift: ‚Kriegsdienst ist des Menschen Leben auf der Erde.' (vgl. Ijob 7,1) Auch die *sehr* vordergründigen Passagen zu Totenauferweckungen[104] des Heilandes und zum Kreuzestod[105] können theologisch kaum als originell und hilfreich bewertet werden.

(IV) Naospiël (WAGENFELD 1983/1954, S. 148-152): Die theologische Leitfrage zum Nachspiel der Dichtung läuft im Grunde nur noch auf eine Variation hinaus: *Ist die menschliche ‚Wahlfreiheit' im Verein mit der Moralpredigt wirklich Quintessenz des Evangeliums?* Christus ist in dieser Dichtung nicht Urbild eines ‚neuen Adams', der die verschüttete Schönheit der Menschen wieder freilegt, indem er allen zu einer Jordan-Erfahrung („Du bist geliebt") verhilft. Christus predigt bei Wagenfeld den Menschen nur das Liebesgebot, aber er verhilft ihnen nicht innerlich zur Liebesfähigkeit. Entsprechend kann es nicht verwundern, dass die Mehrheit der Menschen – als Ungeliebte – dann weiterhin auf der breiten Straße des eigenen Verderbens verbleibt (ebd., S. 149). Ein nur gepredigtes, verordnetes, vorgeschriebenes, gesetzmäßiges „Lieben" gibt es eben nicht. So sieht man denn in Wagenfelds Dualismus, bei dem von einer Versöhnung mit dunklen Anteilen des eigenen Inneren und einer Befreiung zur Nächstenliebe – zunächst durch Selbstannahme (liebevollen Umgang mit sich selbst) – nirgends die Rede ist, den Widerstreit in alle Ewigkeit weitergehen: „'t geiht ewig wieder dat aolle Spiël: / Hier Leiw – dao Haß! [Es geht ewig weiter das alte Spiel: / Hier Liebe – dort Hass!]" (ebd., S. 150). Wunder der Heilung und der Befreiung aus inneren Gefängnissen gibt es nicht. Zwischen Gut und Böse, die ewig miteinander im Krieg [!] liegen, muss der ‚letzte Mensch' einfach nur wählen. An der Weggabelung von gutem und verderbli-

---

[104] Zum Leidwesen *Luzifers* und seines Knechtes *Tod* hat Christus gleichsam ‚ex machina' die Macht zur Totenauferweckung (WAGENFELD 1954/1983, S. 138); es geht also um physische Magie. Was aber bedeutet es existentiell, dass Jesus Menschen aus einem Zustand des Todes heraus wieder ins Leben zurückzurufen vermag?

[105] Der Gottmensch Christus scheint nicht wirklich sterblicher Mensch zu sein (WAGENFELD 1954/1983, S. 139: ‚Er machte ja das Leben, wie kann er da sterben?'). – Die Kreuzestheologie der Dichtung (ebd., S. 145-147): Luzifer hat über Christi Seele keine Macht, deshalb sorgt er für den *leiblichen* Kreuzestod, damit der Heiland durch seine Predigt die Menschen nicht mehr erreichen kann. Doch Ostern macht einen Strich durch diese teuflische Rechnung.

chem Weg teilt ihm der Tod mit: „Waochtst du op Teeken? – / Waochtst du op Wunner? – De giff et nich. / Un et giff kinn Twang. – / Sind beide frie / Gaoh dienen Gank! – / Et steiht bi di! [Wartest du auf Zeichen? / Wartest du auf Wunder? / Die gibt es nicht. / Und es gibt keinen Zwang. – / [Es] sind beide [Wege] freigestellt. / Geh deinen Gang! / Es steht bei dir!]" (ebd., S. 152). Das sind die Schlussworte. Mit diesem bloßen Appell an die eigene Wahlfreiheit ist in der zerrissenen Welt von angstgetriebenen und ungeliebten Menschen rein gar nichts gelöst oder zum Besseren hin gewendet.

Ich möchte an dieser Stelle noch auf häufige Widersprüche in reaktionären ‚Kulturkritiken' hinweisen, die auch bei Wagenfeld auffallen. Beim Thema ‚Materialismus' wird alles hochmoralisch und man wendet sich mit seiner Christenpredigt vorzugsweise an das *Individuum* (Atheisten, Liberale oder Sozialisten werden allerdings als Drahtzieher hinter der Vergötzung von Sinnesfreuden etc. ausgemacht, die auch die ‚Massen' verführen können). Doch die rechten ‚Antimaterialisten', die ein Hinabsinken des Menschen noch unter die Stufe des Tieres befürchten, wettern im gleichen Atemzug gegen Kosmopolitismus, universelle Menschenrechte, Pazifismus oder Demokratie und paktieren schließlich mit den Faschisten.[106] Es stellt sich also die Frage, was hier denn

---

[106] Unverdrossen setzten in Westfalen rechte Katholiken, die sich der NSDAP zur Verfügung gestellt hatten, nach 1945 ihre Predigt für die „echten Werte" und gegen den „Materialismus" fort. Man beklagte nicht den Zivilisationsbruch durch millionenfachen industriellen Massenmord oder die anderen Verbrechen der Faschisten, sondern lamentierte wie Anton Aulke als Herausgeber der Wagenfeld-Werke 1956: „Seit dem Tode Karl Wagenfelds hat das individuelle Bild der Heimat weitere schwere Schäden erlitten, nicht nur durch den Bombenkrieg, sondern auch innerlich durch die weitere Nivellierung der Menschen und die Hinwendung der Seelen zu einem veräußerlichten Leben, das sich in der Jagd nach Geld und schalen Vergnügungen verzehrt. So brauchen wir heute Karl Wagenfeld und seine Werte notwendiger denn je. Denn er zeigt uns die *echten Werte des Daseins*." (WAGENFELD 1956/1895, S. 359; Hervorhebung *pb*) – Die sauerländische Dichterin und ‚Antimaterialistin' Maria Kahle, die schon während der Weimarer Republik im Kreis der völkisch-antisemitischen Katholiken als Agitatorin anzutreffen war und dann den Nationalsozialismus aktiv unterstützt hat, konnte 1967 unter Verweis auf den Brauch des „Judas"-Verbrennens im Osterfeuer eine ihrer Erzählfiguren allen Ernstes sagen lassen: „Ich habe den Eindruck, als würden heute auch für ein paar Silberlinge Werte

unter ‚Moral' verstanden wird. Bezeichnend ist ja, dass die Rechte bei den großen Zusammenhängen von Gesellschaft, Völkergemeinschaft oder Weltgeschichte nicht vornehmlich ethische Kategorien im Dienste der Menschenwürde geltend macht, sondern ihr dienlich erscheinende Archetypen, Mythen, Schicksalskreisläufe, Naturgesetzlichkeiten, vermeintliche Kollektivwerte des Volkes oder Stammes und mannigfache andere Geburten aus einem irrationalen Mutterschoß. Bei der sogenannten antimaterialistischen Weltanschauung geht es eben nicht um franziskanische Gesinnung oder gar um soziale Gerechtigkeit, sondern fast immer um ein Etikett, dem jegliche ethische Substanz fehlt und das mit Abscheulichkeiten aller Art vereinbar ist. *Aggressiver Moralismus* sollte uns stets aufmerken lassen, denn er steht häufig für eine nach innen und außen gerichtete kriegerische Gewalttätigkeit.[107] Die in Wagenfelds religiösen Versepen durchgehend zu findende Anschauung, der ‚materialistische Mensch' sinke unter das Tierreich, findet man z.B. ähnlich auch zur Zeit des Zweiten Weltkrieges im ‚antibolschewistischen' Fastenhirtenbrief 1942 des Paderborner Bischofs Lorenz Jaeger[108], und in diesem Fall diente die Formel zweifellos einer ideologischen Flankierung des deutschen Feldzuges gegen viele Millionen Menschen in Russland. Schon im ersten Weltkrieg war übrigens das

---

verraten, die uns heilig waren. Die das tun, sind tatsächlich arme Judasse, vom Mammonsgeist verführt." (KAHLE 1967, S. 119)

[107] Vgl. dazu etwa den christlichen Fundamentalismus in den USA, in welchem z.B. eine rigorose Sexualmoral und der Gewaltkult (Weltbild der Todesstrafe und dessen Zelebrierung [auch ferngesteuerte Ermordungen durch Drohnen], Militarismus, Kriegsfanatismus, aggressive Wirtschaftsideologien) miteinander oft eine Symbiose eingehen.

[108] Die Passage des Paderborner Hirtenbriefs zur Fastenzeit 1942 lautet: „Ist jenes arme unglückliche Land [Rußland] nicht der Tummelplatz von Menschen, die durch ihre Gottfeindlichkeit und durch ihren Christenhaß fast zu Tieren entartet sind? Erleben unsere Soldaten dort nicht ein Elend und ein Unglück sondergleichen? Und warum? Weil man die Ordnung des menschlichen Lebens dort nicht auf Christus, sondern auf Judas aufgebaut hat." [Im eigenen Land sah der deutsche Erzbischof die Ordnung 1942 offenbar als „auf Christus angebaut" an.] – Vor seiner Bischofsernennung 1941 war L. Jaeger Divisionspfarrer bei der Wehrmacht gewesen, und beim katholischen Militärbischof Rarkowksi (oder auch: GRÖBER 1937) sind wohl auch die Vorbilder der besagten Predigt zu suchen.

Moltke-Wort „*Ohne den Krieg würde die Welt im Materialismus versumpfen*" bei Predigern beliebt.[109]

Bei Wagenfeld als römisch-katholischem Autor sticht ins Auge, dass eine glaubwürdige Verbindung von großen Glaubensbildern und Weltgeschehen nicht gelingt. Dies aber ist ein Spiegel der theologischen Situation seiner Zeit. Diese folgte einem „Seinsverständnis, das die Welt als Natur, nicht als Geschichte begriff"[110]. Die Lehre vom Übernatürlichen durfte nicht mit der Welt und dem menschlichen Leben vermittelt werden, zumal zur Zeit der Jagd auf „Modernisten" ab Beginn des 20. Jahrhunderts. Die „göttlichen Wahrheiten" mussten eben strikt übernatürlich – d.h. fern jeglicher Erfahrungsmöglichkeit – bleiben. Andererseits standen im Mittelpunkt der ‚katholischen Ethik' nicht etwa die Praxis Jesu oder die Bergpredigt, sondern eine sogenannte Naturrechtslehre. In diesem Bereich des ‚Naturrechtlichen' konnte man, vermeintlich ohne die ewigen Glaubensdogmen anzutasten, alles Mögliche unterbringen, auch Aspekte von Volkstum, Stammesart, Rasse, ‚Eugenik' und dergleichen (nur Dinge wie etwa die völkerrechtlichen Vorstellungen eines Benedikt XV. überließ man im deutschen Katholizismus gerne einigen wenigen Zentrumsdemokraten als Spielwiese). In diesem Kontext steht schon die deutsch-katholische Kriegstheologie 1914-1918, die keineswegs nur ein Werk von ‚Kulturkatholiken' ist, sondern auch von äußerst ‚romtreuen' Kirchenleitern propagiert wurde. Für die Zeit der Weimarer Republik hat Thomas Ruster in seiner theologischen Studie „Die verlorene Nützlichkeit der Religion"[111] aufgezeigt, in welche rechtslastigen Fahrwasser nicht wenige katholische Denker aufgrund der Schizophrenie des Zwei-Stockwerke-Modells (Bereich des Natürlichen / Bereich des Übernatürlichen) abgleiten konnten. Nach 1933 fehlten dann – vom Normalfall der bereitwilligen Kollaboration ganz abgesehen – an den meisten Stellen die Grundlagen für eine wirklich christliche Auseinandersetzung mit der Ideologie des deutschen Faschismus.

---

[109] MISSALLA 1968, S. 62.
[110] MISSALLA 1968, S. 34.
[111] RUSTER 1994.

„De Här" (1924), oder: Der letzte Mensch

Einige Leser:innen werden an dieser Stelle einwenden, dass Wagenfelds Rückgriff auf die tradierte Lehre von den sieben Hauptlastern und der damit verbundene Aufweis einer (selbst-)zerstörerischen Dynamik doch auch positiv zu würdigen wären. An diesbezüglichen Lobliedern gibt es jedoch keinen Mangel.[112] Mitnichten liegt der von mir vorgelegten Kritik der religiösen Versdichtungen Wagenfelds die Anschauung zugrunde, ethischer Appell, Umkehrpredigt oder Kritik an unsozialem Verhalten hätten im Christentum rein gar nichts zu suchen. Ein authentisches Christentum wird jedoch die vordergründige Moralpredigt nie als Zentrum auffassen, sondern uns zu einem tieferen – auch psychologisch und sozialpsychologisch fundierten – Verständnis des Menschen verhelfen und dabei außerdem den real existierenden Komplex von Ökonomie und Gesellschaft stets mit bedenken. Es gibt in Wagenfelds ‚großen religiösen Werken' einige sehr einsame Anknüpfungspunkte für eine tiefere Sichtweise des Menschen, doch insgesamt verbleibt der Dichter an einer Oberfläche, die für ein korrumpiertes Christentum Tür und Tor öffnen kann.

Für bedeutsamer als alle religiösen Versdichtungen Wagenfelds halte ich die kleine plattdeutsche Prosaskizze „Der Här"[113], die vermutlich zuerst 1924 veröffentlicht worden ist und im zweiten Band der Werkauswahl den Schluss bildet (WAGENFELD 1956/1985, S. 323-328). Ohne Rückgriff auf Volksschulkatechismus oder Teufel entfaltet der Dichter

---

[112] Wer eine Bestätigung für das Wunschbild einer hohen geistlichen (aber ganz unpolitischen) Dichtung des westfälischen Heimatnestors sucht, ist gut bedient z.B. mit: FOERSTE 1987, S. 177-187. – Editionskontext dieser Arbeit ist das „Raumwerk Westfalen", eine Reihe, in der auch nach 1945 unverdrossen die westfälische Stammesideologie weitertransportiert worden ist und 1967 mit LWL-Beistand sogar noch eine Art „Westfälische Rassenkunde" im Aschendorff-Verlag erscheinen konnte: SCHWIDETZKY/WALTER 1967.

[113] Vgl. die bibliographischen Angaben in: FESTGABE WAGENFELD 1939, S. 50f.: Der Schluss dieser Dichtung ist 1922 bereits in einem Gedicht „De Leste", veröffentlicht in der „Westfälischen Volkszeitung" Bochum, enthalten; als eigentliche Erstveröffentlichung wird vermerkt: „De Här. Plattdeutsche Skizze. ‚Münsterischer Anzeiger', Nr. 487, vom 7.7.1924 (‚Der Erzähler' Nr. 65)." – Vgl. zum Manuskript („De leste Mensch") und weiteren Veröffentlichungen des Textes im Nachlassverzeichnis die Ziffern 1,031; 1,032; 1,033; 90,77; 90,78; 90,139 bis 90,143 (FINDLISTE NACHLAß WAGENFELD 2011*, S. 3, S. 475, S. 482).

in diesem Text seine anthropologischen und zivilisationskritischen Gedanken. ‚Der Herr', das ist der Mensch. Er kommt in die Welt, denkt mehr als alles andere Leben in seinem Umkreis und denkt vor allem immer nur an sich. Jegliches Lebewesen ist für diesen ‚wildesten Räuber und Mörder von allen' nur Gebrauchsmaterial, das er rücksichtslos für seine Zwecke verwerten kann. Hierbei kommt es zu Erfindungen (Werkzeuge für die Jagd etc.) und zur planmäßigen Ausbeutung des Bodens in der Landwirtschaft.

Doch die Erfüllung von Grundbedürfnissen durch ‚Nahrung, Wärme und Licht' ist dem angehenden Herrn der Erde nicht genug. Mit der Entwicklung der Waffe gehen der Brudermord innerhalb der eigenen Gattung und die Herausbildung von Herrschaftsverhältnissen einher. Die Menschenwelt selbst ist nun in Herren und Knechte aufgeteilt. Wer Macht hat, kann die allgemeinen Gesetze in seinem Sinne vorgeben und das Volk unterdrücken. Wider die Vergänglichkeit kommt es kulturgeschichtlich zur Entwicklung der Schriftkultur. Das Aufbegehren gegen die Sterblichkeit bringt aber auch die Religion hervor, die – mitsamt ihren Konstruktionen von Himmel und Hölle, ewiger Seligkeit und Verdammnis – hier vom Katholiken Karl Wagenfeld erstaunlicherweise auch ganz deutlich als *Herrschaftsinstrument* charakterisiert wird (WAGENFELD 1956/1985, S. 324):

Un he [*der Mensch*] fuormde sien Rächt, mok Gued un Slächt, mok Bröers to Knecht un sagg, de Macht här Guod em bracht. – Nommde Guod, mok Guod, äs he em brukte, dat Volk to twingen, lait em to Ähren fasten, kasteien, danßen un singen all de, wen ich Härns söllen sien äs he …

Und der Mensch formte sein Recht, machte Gut und Böse, machte Brüder zu Knechten und sagte, die Macht habe Gott ihm gebracht. – Er benannte [definierte] Gott, machte Gott, wie er ihn brauchte, um das Volk zu zwingen, ließ ihm zu Ehren fasten, kasteien, tanzen und singen all diejenigen, die nicht Herren sein sollten wie er. [...]
Er wollte nicht vergehen, wollte weiter noch gelten, weiter leben nach dem Sterben – und machte darum für ewige Zeiten den Himmel, die Hölle. Den Himmel für die, die taten, was er „gut" nannte – die Hölle für die, die

nicht Knecht sein wollten nach seinem Gesetz. Ein Himmel voller Strahlen in ewiger Pracht, eine Hölle voller Qualen in ewiger Macht.

Die Mächtigen, die sich auf ein solches Gottesgnadentum berufen und überdies längst über Kriegstechnologie („Swiärt nao den Plog") verfügen, verspritzen wie ‚Götter' das Blut ihrer Untergebenen, und die menschlicher Machtgier wächst (ebd., S. 324):

So twung he de Bröers, was Küenink von siene un sienen Guods Gnaoden. – Bes datt en Stärkeren kamm äs he.
Un Götter un Küeninge sünken in Stoff un in Dreck un met iähr de Völker, we versprützden för iähr den kostbaren Saft: iähr Blot. – Un niee Härns kaimen un niee Götter – doch he bleew desölwe – bloß datt em no woß de Begiähr nao sien' Ähr, nao sien' Macht.

So bezwang der Mensch seine Brüder, war König von seiner und seines Gottes Gnaden. – Bis dass ein Stärkerer kam als er.
Und Götter und Könige sanken in Staub und Dreck und mit ihnen die Völker, die ihren kostbaren Saft für sie verspritzten: ihr Blut. – Und neue Herren kamen und neue Götter – doch er blieb derselbe – nur dass ihm noch wuchs die Gier nach seiner Ehre, nach seiner Macht.

Die Zivilisationsprozesse unterliegen nun einer Beschleunigung, weil die Herrschaft über alles Lebende dem Menschen nicht mehr genügt. Die Elemente werden bezwungen, das Meer für den Welthandel, der Wind für Fortbewegung und Nahrungsmittelverarbeitung, fossile Rohstoffe unter der Erde (Kohle) als Energiequelle und der Blitz am Himmel für die Gewinnung von Elektrizität (und speziell für Kommunikationstechnologie). Mit dem Teleskop eröffnet sich außerdem eine Eroberung des Weltraums als Möglichkeit.

Doch damit ist der Mensch immer noch nicht ganz Herr auf, unter und hoch über der Erde, denn den Tod hat er noch nicht bezwungen. Die medizinische Wissenschaft wird erfolgreich gegen Sterblichkeit, Altern und Seuchen mobilisiert. Hernach revidiert der Mensch die Religion. Den Gott, den er [selbst!] gemacht hat, stürzt er vom Thron: ‚Es gibt keinen Gott! Hier auf der Erde gibt es nur einen Herren, mich, den Menschen!'

An dieser Stelle kommt nun aber zumindest indirekt doch ‚Gott' ins Spiel und zwar im Zusammenhang mit dem apokalyptischen Zivilisationsszenarium einer zum Leichenfeld verwandelten Welt, das heute einen modernen Leser unweigerlich an die Wagenfeld noch unbekannte Atombombe erinnern wird (WAGENFELD 1956/1985, S. 326). Ich setze nur eine hochdeutsche Übertragung der entsprechenden Passage hierher:

> *Doch der, der den Menschen auf die Erde gebracht hat, der lacht: warte!*
> *Der Andere kam! Wild sausten die Funken rund um die Erde von Osten*
> *her. Klagen und Schreien und Rufen um Hilfe in tiefster Not gegen das*
> *Sterben, gegen den Tod, den blauen Tod.*
> *Wie ein Blitz aus dem Himmel bei lachender Sonne, so kam er daher*
> *und schmiss zu Boden Junge wie Alte.*
> *Wen sein Atem traf, den fand man eine Stunde danach nur noch*
> *kalt und blau.*
> *Und das Menschenvolk zerbrach sich den Kopf, wie es bannen könnte*
> *den Tod, den es [bis dahin] noch nicht gekannt hatte.*
> *Umsonst! – Ohne Einhalt greift weiter seine harte Hand von Stadt zu*
> *Stadt, von Land zu Land. – Alles Menschenleben sinkt in den Sand. [...]*
> *Ganz gefühllos geht er seinen Weg: wird größer und größer bei jedem*
> *Schritt, und seine Spur durch die Welt weist ein Leichenfeld.*
> *Und Tag um Tage und Nächte um Nächte rast weiter die grausame*
> *Menschenjagd – die Jagd nach dem Leben, die Flucht vor dem Sterben. –*
> *So mordete nicht die Pest, so mordete nicht das Schwert ...*

Das menschliche Geschick wird zum unaufhaltsamen Flüchten vor dem neuen, bislang unbekannten Todesherd. Die Maschinen laufen auf Hochtouren, doch der Zug einer hochgerüsteten Zivilisation saust voller Toter durch das tote Land. Wohin die Menschen auch zu flüchten versuchen, ER („HE") – der Tod – fährt überall mit ihnen. Nur noch ein Mensch, dessen Wissen groß und tief ist, bleibt am Ende auf der verwüsteten Erde übrig. Dieser zerbricht sich den Kopf, wie er das Rätsel des Todes bezwingen könnte, doch auch er lässt schließlich die Hand müde sinken und wird vom Tod geholt: „Wat Mensken auk daohn, wat Mensken auk dacht – wann se de Welt auk unner ïähr Härschopp bracht – den Daud twingt nicks! [Was Menschen auch getan, was Menschen auch gedacht – wenn sie die Welt auch unter ihre Herrschaft gebracht haben – den Tod bezwingt nichts!]" (ebd., S. 327).

Der Prosatext endet mit einem Gedicht über das Jubelfest aller Kreaturen, einem großen Lachen und Freuen aller Wesen, weil von DEM, der sich als Herr der Erde betrachtet hatte, keine Spur mehr zu sehen ist (in den Schädeln von nunmehr abgedankten ‚Herrschern' piepsen allerdings Mäuse). Dass hernach auch diese vom Menschen und seiner Schreckensherrschaft befreite Erde durch Gottes Griff in die Weltenuhr untergehen muss, ist an sich für das Verständnis der Skizze nicht wirklich bedeutsam.[114] Die vom Tod gesprochenen Schlussworte beleuchten noch einmal den eigentlichen Grund für das Drama des homo sapiens (ebd., S. 328): „Ick, ick alleen / sin Här op Äer: / Ick – Küenink Daud! [Ich, ich allein / bin Herr auf Erden: / Ich – König Tod!]".

Dies ist ein erschütternder, visionärer und moderner Text[115], über den wir auch heute – angesichts des längst offenbaren zivilisatorischen Ernstfalls – ernsthaft diskutieren sollten. Apokalyptische Angst- und Weltuntergangsszenarien bilden in der kommerziellen Massenkultur seit der zweiten Hälfte des 20. Jahrhunderts ein riesiges Produktsortiment.[116] Sie können uns bei der Bewältigung der Probleme auf dem Planeten Erde nicht wirklich weiterhelfen, da sie auch als Verstärker von destruktiven Ohnmachtsgefühlen, irrationalistischen Kulturkomplexen und zivilisatorischer Hyperventilierung wirken. Die bedrohlichen Szenarien müssen dennoch erst einmal ins Blickfeld rücken, wenn es zu Entschleunigung und Lösungssuche kommen soll. Wagenfeld, der nicht loskommt von den dunklen Weltgerichtsphantasien, erweist sich auch mit seinem Text „De Här" nicht als ein tauglicher Zivilisationstherapeut, aber seine *Diagnose* stimmt diesmal. Sie betrifft den seiner selbst bewussten, sterblichen Menschen. Das ‚Geheimnis' der selbstmörderischen menschlichen Zivilisation besteht darin, dass diese

---

[114] Auch wenn es wider Erwarten nicht zu einem *selbstgemachten* Untergang der menschlichen Zivilisation in Schrecken kommen sollte, ist – freilich in für uns nicht vorstellbaren Zeitdimensionen – die *Endlichkeit des Lebens* auf unserem Planeten Erde ja ein ausgemachter Tatbestand.
[115] Glücklicherweise hat der Autor die Skizze keinem klerikalen Zensor vorgelegt.
[116] Vgl. BÜRGER 2007, S. 384-401.

mit immer mehr äußeren Potenzen bzw. Wachstumsstrategien dem Tod zu entrinnen versucht und gerade dadurch am Ende in einen Abgrund des Todes stürzt. Es ist die Angst vor dem Tod, die unsere Zivilisation lenkt. In Wirklichkeit regiert der Tod die Welt.

5.
„KRIEG UND STAMMESART" (1919):
WAGENFELDS ENTSCHEIDUNGEN AN DER WEGGABELUNG

Nun werden wir zum Schluss noch fragen müssen, wie sich denn nach dem Ende des Ersten Weltkrieges die hochfliegende ‚christliche Weltanschauung' des Rechtskatholiken Karl Wagenfeld im Bereich des ‚Natürlichen' bzw. Irdischen konkretisiert. Hier kommt an erster Stelle der Aufsatz *„Krieg und Stammesart"* von 1919 ins Blickfeld, den Karl Ditt in seiner Wagenfeld-Studie[117] an mehreren Stellen ausführlich behandelt.

Wagenfeld fragt zu Beginn seines Beitrages, ob der Krieg nun als Erzieher und Aufbauer oder als Sittenverderber und Zerstörer gewirkt hat (WAGENFELD 1919, S. 73f). Als positiv vermerkt er, dass der ‚niederdeutsche Raum' als Gebiet intakt geblieben und es nicht zu einer „Rasseschändung"[118] (!) im größeren Ausmaß gekommen sei. Zu den Folgeschäden gehören materielle, wie z.B. kriegsbedingte Natur- und Landschaftszerstörungen, und immaterielle, z.B. der Rückgang „heimischer Sitten und Gebräuche". Der Dichter will sein Publikum mobilisieren, damit an den Schäden „die Stammesart nicht rettungslos zugrunde" geht. Besonders beklagt er einen im Zuge des Krieges verstärkten „Materialismus" (ebd., S. 75), näherhin *Eigensucht* (z.B. Kriegsgewinnler und Schieber), *Genußsucht* (z.B. bei jungen Arbeitern aufgrund gestiegener Löhne, ebenso durch den Geburtenrückgang in Stadt und

---

[117] DITT 2012.
[118] Die diesbezüglichen Ausführungen sagen viel aus über K. Wagenfeld als Rassisten: „Feindliche Soldaten waren auf niederdeutschen Boden nur als Gefangene, und wenn auch hier und da einem seines Deutschtums vergessenen Weibe ein Kriegsgefangener die Rasse verdarb, eine Rasseschändung, wie sie z.B. Frankreich durch alles erfährt, war fremd auf seinem Boden, gibt es bei uns nicht." (WAGENFELD 1919, S. 74)

Land) und *sittlichen Verfall* (z.B. bei jungen „Revolutions-Schnöseln"). Undeutscher Geist sei verantwortlich für all diese schändlichen Zerfallserscheinungen (ebd., S. 75f):

> „Warum bringt unser deutsches Volk solch schlechte Früchte? Unsere bodenständige Kultur, der ursprüngliche Volksgeist, hat früher nicht bloß materielle, sondern auch ideelle Güter geschaffen, bei denen der Mensch mit Leib und Seele auf seine Rechnung kam. Der jetzt so wütende Mammonismus mit seinen Begleiterscheinungen ist etwas, was unserer niederdeutschen Stammesart wesensfremd ist. Es ist ein fremder, durch und durch undeutscher Geist in unser Volk hineingetragen worden, der Geist derer, die um das goldene Kalb tanzen. Sie haben den Geist unseres Volkes vergiftet. Vergiftet mit einem schleichenden Gift, das erst in homöopathischen Dosen versteckt, dann immer stärker und öffentlicher durch tausende von Kanälen und Kanälchen ins Volk geleitet ist. Der größte Teil der Presse steht unter dem Einfluß dieses fremden Geistes, der durch seine seichte Aufklärung, seine Wühlarbeit gegen positiv christliche Religion, gegen bewußtes, stark betontes Deutschtum und Stammesart, sein Verhimmeln des Weltbürgertums, sein Hinaufloben von Schmutz und Kitsch in Literatur und Kunst an den stärksten Wurzeln unseres Volkes täglich ungestraft nagen durfte, bis wir heute vor Trümmern stehen."

Wo stehen für den Dichter die Feinde? Man könnte seine Zeilen – trotz der Anklänge an eine diffuse ‚Kapitalismuskritik' – auf Sozialisten beziehen; die Tonart erinnert aber auch sehr stark an das, was seit dem ausgehenden 19. Jahrhundert antisemitische Verschwörungstheoretiker aus dem katholischen Lager vorgelegt haben.[119] (Da Sozialismus und Judentum im Feindbildkomplex der Rechten sehr häufig miteinander verbunden waren, muss sich beides einander nicht widersprechen.) Wagenfeld will es nicht beim Klagelied belassen: „Denn noch sind wir Deutsche, wenn auch große Volksteile am Internationalismus krank

---

[119] Die Forderung nach einer „Verteidigung des deutschen Idealismus gegen den jüdischen Materialismus" gehörte freilich ohnehin zum antisemitischen Konsens (ALY 2011, S. 113f).

sind! Und in unserem Deutschtum liegen die Kräfte, die uns wieder gesund, die uns wieder stark machen können. [...] der Stamm steht noch, die Wurzeln greifen noch in den heiligen Nährboden" (WAGENFELD 1919, S. 76). Die anschließend dargebotenen Gegenmittel zeugen von jenem dauerhaften „Kriegszustand", der schon bei unserer Lektüre der religiösen Mundartdichtungen von Wagenfeld als Horizont aufgetaucht ist.

Der erste Kampfschauplatz bezieht sich auf die Abwehr des „Mammonismus mit all seinen Unterteufeln" durch den ‚lebendig machenden christlich deutschen Geist', wobei dem Autor wohl eine überkonfessionelle Perspektive seiner Kampffront vorschwebt. Die Fronten sind klar, die Herausforderung besteht keineswegs in einem gewaltfreien Diskurs: „Darum Kampf bis aufs Messer denen, die an der christlichen Grundlage unserer Kultur rütteln, die unserem Volke [...] die Religion nehmen und dafür in einer Weltanschauung mit religiösen Elementen[120] einen Ersatz geben wollen [...]. Hie Christentum! Hie Antichristentum!" Die Versdichtung *„De Antichrist"* ist hier geradewegs zum politischen Programm geworden.

Die zweite Seite der Kampfmedaille bezieht sich auf das „Deutschsein"[121] der Kultur: „Hie Deutschtum! Hie Internationalismus! – Das ist das andere Feldgeschrei." (ebd., S. 77) Auf „deutscher Grundlage" aber soll „unsere Kultur in erster Linie Stammeskultur" sein, und es verfügt das „Niederdeutschtum über besondere Stammeseigenschaften – die wert sind zum Wohle der Gesamtheit zur Höchstentwicklung gebracht

---

[120] [DITT 2012 betrachtet die Wendung „Weltanschauung[en] mit religiösen Elementen" im zeitgenössischen Kontext des Dichters als Hinweis auf Sozialismus und Kommunismus.]

[121] Die Aggressivität des hier von Wagenfeld proklamierten Kulturkämpfer-Deutschtums gehörte schon vor Gründung der AfD keineswegs zu einem abgeschlossenen Geschichtskapitel. So soll z.B. das ehemalige CDU-Ratsmitglied Eckhard Rückl der Linken-Kreistagsabgeordneten Sabine Golczyk im niedersächsischen Landkreis Holzminden 2012 folgende „private" Drohzeilen geschickt haben: „Es wird kommen, Ihnen und Ihresgleichen, den Undeutschen und [...] anderen Zerstörern deutscher Leitkultur, deutscher Geschichte, unserer Volkskraft und der Deutschen Jugend durch beliebige Glaubensrichtungen radikal und nachhaltig Einhalt zu gebieten" (*CDU in Holzminden*, in: taz 26.4.2012. http://taz.de/CDU-in-Holzminden/!92302/).

zu werden"[122]. Für Wagenfeld haben die Niederdeutschen „ein natürliches Recht darauf", sich bei der „Neugestaltung Deutschlands" auf der Grundlage ihrer Stammesart einzubringen, „denn ein Volk kann nur auf dem natürlichen Boden seines Volkstums wachsen". Wagenfeld, der sich seit 1913 immer stärker zum Chefideologen der westfälischen Stammesideologie entwickelt hatte, propagiert Vorstellungen nach Art von Julius Langbehn, Niedersachsen-Bewegung oder niederdeutscher Bewegung. Da „Rasse" und Raum („Blut und Boden") zentrale Elemente dieser Ideologie sind, halte ich es für nicht überzeugend, den ganzen Komplex wegen seiner angeblich christlichen Basis sauber vom völkischen Denken abzugrenzen.

Ein besonderer, geradezu religiös gefärbter Schauplatz ist der Kampf für die plattdeutsche Sprache: „Die Sprache ist der Ausdruck des Volksseele. Das Maß, wie ein Volk seine Sprache verliert, zeigt, wie weit es seine Seele verloren hat und damit sein Bestes. Rette deine Sprache – rette deine Volksseele! niederdeutsches Volk! Denk an die Vlamen!" (ebd., S. 78) Die romantische „Volksseele" ist Anfang des 20. Jahrhunderts aber schon längst kein rein geistiger Begriff mehr. Im Grunde steht Wagenfeld bereits im Fahrwasser einer biologistischen Sprachanschauung, wie sie dann zur Zeit des Faschismus in Münster ein Karl Schulte Kemminghausen als „Wissenschaft" verkaufen will.[123] Dem entspricht der zweite speziell niederdeutsche Kampfschauplatz, auf dem es um eine Abwehr der ‚Fremden' im Dienste einer „unverdorbenen Stammesart" geht (WAGENFELD 1919, S. 78f): „Man bedenke es, es ist nicht immer Fleisch von unserem Fleisch und Geist von unserem Geist, der auf unsere Dörfer, in unsere Marken verpflanzt wird. Stammesfremd, wesensfremd werden die Siedler zu oft ihrer Umgebung gegenüberstehen. Durch den Anbau von Kohle und Kartoffeln, durch den Bau eines Hauses auf niederdeutscher Scholle wird niemand

---

[122] Im Originaltext wird dieses Postulat Wagenfelds zunächst als rhetorische Frage dargeboten und dann mit folgendem Vers unterstrichen: „Wo Isen ligg, wo Eeken waßt, / Dao waßt auk Lü, we daobi paßt! [Wo Eisen liegt, wo Eichen wachsen, / Da wachsen auch Leute, die dabei passen!]". – Der Anklang an das Blutvergießen und Rache verherrlichende „Vaterlandslied" (1812) des Frühnationalisten Ernst Moritz Arndt ist nicht zu überhören: „Der Gott, der Eisen wachsen ließ, / der wollte keine Knechte …".
[123] BÜRGER 2011.

zum Niederdeutschen. Da gilt's zu zeigen, wer stärker ist, das Alte oder das Fremde! Nur das Stärkere kann sich im Daseinskampf behaupten. [...] Augen und Ohren auf, daß man keine neuen Krankheitskeime einschleppt, daß nur solche Ansiedler im niederdeutsche Sprachgebiet seßhaft gemacht werden, die keine Gefährdung unseres Landvolkes, sei es nach der religiösen, sei es nach der völkischen Seite hin bedeuten würden."

Karl Wagenfeld, der schon 1913 (!) die Heimatfrage ausdrücklich als „Rassenfrage" definiert hat, bleibt sich selbst hier treu.[124] Sein Vokabular ist militant, im Einzelfall sogar sozialdarwinistisch. Der ‚Krieg gegen das Böse' in der Ferne ist zu Ende, jetzt muss der Kampf gegen die ‚Fremden' vor der eigenen Haustüre beginnen: „Noch gärt und brodelt es im deutschen Vaterlande", aber es gibt bereits ganz praktische Voraussetzungen für den niederdeutschen Daseinskampf: neben der organisatorisch sich weiter entwickelnden Niederdeutschen Bewegung besonders den Westfälische Heimatbund, Wagenfelds Hauptbetätigungsfeld. Die Heimatbewegung, ehedem eher eine elitäre Liebhaberei von gehobenen Bildungsbürgern, soll über eine popularisierte Stammesideologie zur Massenbewegung des Volkes werden mit dem Ziel: „Höchstentwicklung des einzelnen Gliedes zum Wohle des Gesamtorganismus [!], Höchstentwicklung unserer Stammesart, zum Heile Alldeutschlands! – Ein Lump, der nicht mittut!" (WAGENFELD 1919, S. 80) Die Tendenz ist zweifellos völkisch-kollektivistisch.

---

[124] Wagenfelds „Heimatbund-Denkschrift" von 1913, nachfolgend zitiert nach DITT 2012, enthält folgende Passage: „Wenn aber die Heimatsache – sei es Heimatschutz, Heimatpflege oder Volkskunde und Volkssprache – nachhaltige Erfolge haben will, so ist unbedingt nötig, daß die weitesten Volkskreise bedeutend mehr, als bislang geschehen ist, für die Heimatfrage interessiert werden. Denn nur dadurch kann das Endziel aller Heimatbewegung erreicht werden: das Volk zu bewußter Heimatliebe zu erziehen. Das aber ist gerade hier in Westfalen um so dringender nötig, als für uns, die wir mit Eisen und Kohle dem Ansturm der Industrie ausgesetzt sind, die Heimatfrage letzten Endes nicht eine Frage des Hausbaues, nicht eine Frage der Landschaft, der Sitte, der Sprache an sich ist, sondern eine Rassenfrage, eine Stammesfrage. Das Slaventum und die Fremdlinge des Industriebezirkes bedeuten [den] Anfang einer neuen Völkerwanderung, die uns überrennen, unsere ganze völkische Art zugrunde richten wird, wenn nicht in jeden Volksgenossen das Heimat- und Stammesgefühl hineingehämmert und lebendig gehalten wird". – Zur breiten Rezeption der „Rassenkunde" – der vorgeblichen „neuen Wissenschaft" – im Kaiserreich vgl. ALY 2011, S. 119-125.

Bevor Wagenfeld sich als Heimatbund-Funktionär äußerst anbiedernd und dann auch via Parteibuch den *westfälischen* Nationalsozialisten zugesellen wird, deren Besonderheit ein zähes Festhalten an der besonderen ‚westfälischen Stammesart' ist, verfolgt er seinen völkisch inspirierten Feldzug für Deutschtum, Stammesart und Heimat zunächst unter den Bedingungen der ungeliebten Weimarer Republik. Rainer Schepper hat auch für diese Zeit die menschenverachtenden Vorstellungen des Dichters chronologisch dargestellt und kommt zu einem erschreckenden Fazit:

„Im Oktober 1932, kurz vor der Schwelle des Dritten Reiches, machte sich der weiland plattdeutsche Verkünder der Bruder- und Menschenliebe, dem es ‚um die deutscheste aller deutschen Angelegenheiten, die Heimatbewegung' ging, daran, seine Vorstellungen vom hochwertigen und minderwertigen Menschen zu präzisieren: ‚nur geistig und körperlich gesunde Eltern können gesunden Nachwuchs zeugen, wie Deutschland ihn in schwerster Zeit mehr denn je braucht. [...] Das Volk interessiert sich nicht bloß für Rassefragen seines Viehs, sondern auch des Menschen, wenn ihm die nötige Einsicht und Aussicht vermittelt wird.' [...] Wir fassen bis hierher [1932] Wagenfelds Menschenbild zusammen: Neger, Kaffern und Hottentotten sind Halbtiere, Fremdrassige sind Volksverderber und Schädlinge, Menschen in ‚Krüppel- und Idiotenanstalten', in Fürsorgeheimen und Strafanstalten sind körperlich und geistig Minderwertige. Es ist jenes Menschenbild, das der Nationalsozialismus zur Errichtung seiner Ideologie vom Herrenmenschen und Untermenschen, zum Erlaß der Nürnberger Gesetze vom 16.9.1935, zur Euthanasie geistig und psychisch kranker Menschen, zum Kampf gegen alles ‚Artfremde', zum Krieg gegen ‚Frankreichs Haß' und ‚Polens Gier' benötigte und benutzte."[125]

Auch wenn der Ton in Karl Ditts Wagenfeld-Studie deutlich nüchterner ausfällt, der Sache nach werden die Ausführungen Scheppers darin noch viel breiter belegt. Entscheidend ist der Blick auf die Kontinuität

---

[125] SCHEPPER 1990, S. 106f.

Wagenfeldscher Anschauungen vom Kaiserreich bis in den Faschismus[126] hinein. Diese wird vom Dichter auch selbst betont[127]: 1933 proklamiert Wagenfeld, der Westfälische Heimatbund habe es „nicht nötig ‚umzuschalten', weil seine Arbeit stets im Sinne des neuen Reiches gewesen ist". 1935 bekennt er für sich persönlich: „Mein Werk mündete ohne Transformation ins neue Reich". 1937 schreibt er bezogen auf die höchste deutsche Zielbestimmung des deutschen Heimatschutzes im Dienste des deutschen Menschen: „Das Neue Reich brachte meiner Forderung die Erfüllung."

Wie nun aber steht es um den ‚ernsten Katholiken' Karl Wagenfeld? Dessen nationalistische Hasspropaganda 1914-1918 ist – auch im Kontext des nationalistisch aufgeladenen bzw. national gleichgeschalteten Katholizismus im späten Kaiserreich – als extrem zu bewerten. Etwas anders als Rainer Schepper habe ich oben auch die Dichtung „*Usse Vader*" von 1918 nicht als überzeugende Abkehr von der nationalistischen Kriegsideologie bewertet. Von Erschütterung und Umkehr angesichts des europäischen Leichenfeldes, wie es sie bei Katholiken in Deutschland ja durchaus gab[128], ist dann bei Wagenfeld nach Kriegsende auch nichts zu spüren. 1932 steht der Dichter noch immer auf dem Boden des deutsch-christlichen Militarismus und legt einen Aufruf mit germanischer Kriegstheologie vor, so dass der Katholik Bernhard Weber ihm zeitnah eine heidnische „Schwertgläubigkeit" bescheinigt.[129]

Die drei großen religiösen Mundartwerke „*Daud un Düwel*" (1912), „*De Antichrist*"(1916) und „*Luzifer*" (1920), auf deren hochproblemati-

---

[126] Vgl. als ein Beispiel für die westfälische Wagenfeld-Rezeption in der Zeit des Nationalsozialismus: SCHULTE 1939*.

[127] Belege in: DITT 2012.

[128] Schon im Juli 1917 profilierte sich Matthias Erzberger (Zentrum) als Friedenspolitiker und brachte dann zusammen mit dem Sozialdemokraten Phillipp Scheidemann eine parlamentarische Friedensresolution auf den Weg. Im August des gleichen Jahres gründete sich ein Friedensbund katholischer Geistlicher. 1919 wuchs aus diesem Kreis heraus der Friedensbund deutscher Katholiken. Dies alles freilich geschah ohne Zustimmung der deutsch-katholischen Bischofsmehrheit, auf deren Anschauungen sich viel eher Katholiken wie Wagenfeld berufen konnten. – Betont sei hier, dass M. Erzberger zunächst ähnlich aggressive Kriegsziele wie die Alldeutschen befürwortet hat (MISSALLA 1968, S. 37f, 43-45).

[129] SCHEPPER 1990, S. 110-112.

schen Charakter Renate von Heydebrand[130] schon vor 40 Jahren hingewiesen hat, bringen nicht nur nichts Besänftigendes oder Korrigierendes, sondern gehören zur dunklen Folie einer extrem aggressiven Weltanschauung. In ihnen stoßen wir wieder auf Bausteine eines häretischen ‚Deutsch-Christentums'. Es waltet auf weiter Strecke ein ‚apokalyptischer Platonismus', in dem totalitäre Potenzen angelegt sind und dessen Urbilder geradewegs eine Vorlage für irdische Kriegsschlachten abgeben können. Die dualistische Metaphysik von Gut und Böse geht einher mit einer förmlich schon im Voraus vergifteten Menschenwelt und zementiert Feindbilder auf ewig. Ihr entspricht ein strenger, aber freudloser[131] und an der Oberfläche bleibender Moralismus, in dem es deutliche Hinweise auf eine nach innen gerichtete psychische Gewalttätigkeit gibt, ebenso aber auch Anzeichen für eine – über Projektionen – nach außen zielende Aggressivität. Wenn ich das Konzept des Moralismus bei Wagenfeld anhand seiner Dichtungen als ‚permanenten Kriegszustand' umschreibe, so ist das durchaus auch als Hinweis auf eine Verflechtung dieses Komplexes mit seiner Kriegsideologie zu verstehen.

Zur Kehrseite der ‚moralischen Kampfbereitschaft' gehört allerdings der Fatalismus. Das Irdische ist im völkischen Weltbild verstrickt in Naturkreisläufe und tragisches Schicksal.[132] Auch in seinem bemerkenswerten Text „*De Här*" (1924) weiß Wagenfeld dazu keine kulturellen bzw. zivilisatorischen Alternativen zu eröffnen. Fest steht, dass der

---

[130] Vgl. HEYDEBRAND 1983, S. 128-131. Das Resümee: „Die ausführliche Darstellung von Wagenfelds Weg und Werken sollte wegen einer darin greifbaren typisch westfälischen Konstellation darauf aufmerksam machen, wo ernster katholischer Konservativismus, namentlich wenn er sich in der Dichtung noch mit der symbolistischen wie expressionistischen Neigung zur allegorischen Abstraktion paarte, der Assimilation des biologisch-rassisch begründeten Heimat- und Volkstumsgedankens entgegenkam: in der Ungeschichtlichkeit des Denkens, die einer romantischen Idealisierung ausgewählter älterer Geschichtszustände Raum gibt. Sie sollte aber auch auf die Spannungen und Brüche hinweisen, die bei dieser Assimilation entstehen oder doch entstehen mußten: zwischen naturhaftem Schicksal und geschichtlicher Verantwortung aus christlicher Überzeugung." (HEYDEBRAND 1983, S. 131.)

[131] Ein *Eros des Gutseins* (im Sinne Bertolt Brechts), in dem das solidarische Leben nicht nur Verpflichtung, sondern auch gepaart mit Lebensfreude ist, kommt z.B. in den religiösen Mundartdichtungen von Wagenfeld nirgendwo zum Vorschein.

[132] Vgl. zu diesbezüglichen Stellen im Werk Wagenfelds: HEYDEBRAND 1983, S. 129.

Dichter den vermeintlichen Wert „Rasse" als Vorgabe der „Mutter Natur" betrachtet und in seinem Denken mit einem hohen Stellenwert versieht. Allein dadurch schon werden die abgründigen Widersprüche und das ‚Tragische' in seiner Weltanschauung zu etwas Selbstgemachten. „Rasse" oder „Volk" können im Christentum ja nie als etwas Heiliges betrachtet werden. Hier muss man sich wirklich entscheiden, ähnlich wie der letzte Mensch in der Wagenfeld-Dichtung „Luzifer". Entweder – oder, beides geht nicht.

Das biblisch grundgelegte christliche Ethos, das Wagenfeld an einigen Stellen durchaus zutreffend wiedergibt, betrachtet er offenbar mehr als Gegenstand einer ‚übernatürlichen Sphäre', als ein Ideal, das im Bereich des ‚Natürlichen' und gar auf den großen Schauplätzen der Geschichte nicht maßgeblich sein kann. Im Zweifelsfall nämlich entscheidet Wagenfeld sich auf dem Schauplatz der leibhaftigen Geschichte für seine „Rasse", für seine „Stammesart", für sein „Volkstum" und für seine deutsche Nation, welcher die bösen Feinde Wohlergehen und Frieden einfach nicht gönnen. Gerade die überweltlichen Spekulationen des ‚plattdeutschen Laientheologen' Wagenfeld verhindern nicht, dass er in der Frage des Weltkrieges den nationalistischen Propagandakomplex der Rechten kritiklos übernimmt: ‚teuflische Mythen' – hier wie dort. Wer die Widersprüche und Abgründe der Geschichte mit einem schlechten Platonismus in einen überweltlichen Himmel projiziert bzw. abschiebt, braucht sich hier unten auf der Erde in seiner politischen Ideologie durch Jesus von Nazareth und den Ernstfall des Christlichen nicht dauerhaft beunruhigen zu lassen. Die Friedenspredigt von Papst Benedikt XV. stieß bei Wagenfeld auf taube Ohren, ja auf eindeutigen Widerspruch. Auch die sozialen Ambitionen des Dichters, in seinem Werk von Hochgesängen auf die ‚Liebe' flankiert, sind mitnichten christlich. Sie laufen förmlich auf einen primitiven Stammes-Egoismus hinaus, denn „Fremde" – auch als „Schädlinge" bezeichnet – sollen ausgeschlossen werden.[133] Nicht die zum Schluss von „De

---

[133] Vgl. DITT 2012, besonders auch die Aussage: „Wagenfelds Utopie einer Volksgemeinschaft setzte also bei der Förderung der Arbeiterschaft an. Ihm schwebte weniger die Verbürgerlichung als die Ausstattung der Arbeiter mit Grund und Boden, d.h. der landbesitzende und familiengebundene Arbeiterbauer als Idealtyp des Volksgenossen vor. […] Bedürftige Personen, die seinen rassischen und kulturellen Vorstellungen nicht ent-

Antichrist" (1916) bemühte Weltgerichtsrede aus dem Matthäus-Evangelium, sondern ein völkisch verstandener „Gemeinnutz" und die Marschroute eines „nationalen Sozialismus" stehen im Hintergrund. Erkennungszeichen des Christlichen ist jedoch eine Befreiung zu Universalität und Uneigennützigkeit, also gerade auch eine Befreiung von Gruppenegoismus. Die Lehre von der Einheit des Menschengeschlechts (*humani generis unitas*) gehört zum Zentrum des katholischen Bekenntnisses.

Karl Wagenfeld ist für den westfälische Katholizismus keine rühmliche Gestalt; sein Beispiel gehört vielmehr zu den Abgründen der regionalen Kirchengeschichte. Auch wer ‚Heimat'-Arbeit betreibt, also im Dienste der Beheimatung der gegenwärtigen Menschen und der zukünftigen Generationen wirken möchte, kann sich den Dichter nicht zum Vorbild nehmen.

---

sprachen, wollte er auf das Existenzminimum setzen." – Vgl. dagegen folgende, für Juden und Christen gleichermaßen verbindliche Weisung aus dem Buch Levitikus (3 Mose) 19,33-34: „Wenn bei dir ein Fremder in eurem Land lebt, sollt ihr ihn nicht unterdrücken. Der Fremde, der sich bei euch aufhält, soll euch wie ein Einheimischer gelten und du sollst ihn lieben wie dich selbst; denn ihr seid selbst Fremde in Ägypten gewesen. Ich bin der Herr, euer Gott." – Der Hass-Komplex der völkisch ausgerichteten Rechtskatholiken hat übrigens beim Priester Lorenz Pieper (1875-1951) aus dem Sauerland bereits 1922 zum Eintritt in die NSDAP geführt (vgl. jetzt BÜRGER/NEUHAUS 2022)!

IV.
„Dat ganze Volk steiht Hand in Hand"
Kriegsdichtungen des münsterländischen
Priesters Augustin Wibbelt (1862-1947)

Peter Bürger

„Als unser Volk in seiner Friedensruhe aufgestört und von falschen Feinden hinterlistig angefallen wurde, da erhob es sich wie Ein Mann in dem festen Willen, zu kämpfen bis auf die letzte Kraft. […] das deutsche Volk stand da wie jung Siegfried und schwang seinen Balmung."[1]

AUGUSTIN WIBBELT: „Vom heiligen Rittertum" (1915)

Neben Karl Wagenfeld ist Augustin Wibbelt (1862-1947) der zweite römisch-katholische Münsterländer mit breiter Publikumswirkung, der zwischen 1914-1918 niederdeutsche Kriegsdichtungen in Buchform vorgelegt hat. „Mit seinen plattdeutschen Veröffentlichungen wurde er in Westfalen und im norddeutschen Raum wahrgenommen, mit seinen hochdeutschen Schriften erweiterte sich zwar die regionale Wahrnehmung, er verblieb damit aber ganz im katholischen Milieu. […] Augustin Wibbelt ist der Künstlername für Clemens August Wibbelt, geboren als Sohn eines Bauern 1862 in Vorhelm, heute Ahlen; er wird bei einem Geistlichen im benachbarten Enniger auf den Übergang in ein Gymnasium vorbereitet, macht 1883 in Osnabrück das Abitur, studiert Philologie in Münster, geht 1884 als Einjährig-Freiwilliger nach Freiburg, studiert danach Theologie, wird in Münster 1888 zum Priester geweiht, wird Kaplan in Moers und Oedt, ist in Münster sechs Jahre lang Redakteur der Wochenschrift ,Ludgerus-Blatt', wird 1896 Kaplan in Duis-

---

[1] Hier zitiert nach: TAUBKEN 2016, S. 134. – Die ursprüngliche Fassung meiner hier dargebotenen Studie zu Augustin Wibbelts Kriegsdichtungen erschien 2012 auf dem Internet-Portal www.sauerlandmundart.de (DAUNLOTS nr. 50).

burg, erwirbt 1899 in Tübingen den Doktorgrad mit einer Dissertation über Joseph von Görres, ist seit 1906 Pfarrer der 500-Seelen-Gemeinde Mehr bei Kleve, heute Kranenburg, wird 1914 für 25 Jahre Redakteur und Herausgeber der katholischen bistumsunabhängigen Wochenschrift ‚Die christliche Familie', geht 1935 mit 73 Jahren auf den elterlichen Hof zurück und stirbt dort 85-jährig im September 1947."[2]

Hans Taubken (1943-2015), bis zu seinem Tod Bearbeiter einer auf 22 Bände angelegten Gesamtausgabe der Wibbelt-Werke, urteilte auf der Grundlage des Briefwechsels zwischen Wagenfeld und Wibbelt vorsichtig: „Aus heutiger Sicht sind beide Autoren wohl als konservativ-national einzustufen"[3]. Zur Neuausgabe der Kriegsgedichte und Feldpostbriefe von Wibbelt bemerkte er außerdem: „Für Wibbelt war der Weltkrieg ein ‚gerechter' Krieg, die Kämpfer waren ‚Helden', die Deutschland vor den Franzosen, den Engländern und den Russen schützen mußten. Ohne daß Deutschland irgendjemandem etwas zuleide getan hätte, habe sich die Welt aus Neid gegen Deutschland verschworen. Daß der liebe Gott auf der Seite Deutschlands stand, war für ihn selbstverständlich; ebenso, daß die anderen mehr oder minder mit dem Teufel im Bunde standen. Leid und Not erschienen ihm als eine dem deutschen Volk von Gott auferlegte Prüfung. So entstand in den Gedichten und den Prosaschriften Wibbelts eine uns heute eigenartig anmutende Mischung von Kriegspropaganda, Humor und tiefempfundenen Mitgefühl"[4].

Von Augustin Wibbelt liegen folgende selbstständige Mundartwerke mit Bezug zum Weltkrieg vor: *„De graute Tied: Kriegs-Gedichte"* (Essen 1915); *„Kriegs-Braut: Plattdütske Feldpostbriefe"* (Warendorf 1916) sowie der Roman *„Ut de feldgraoe Tied"* (Essen 1918) mit den zwei Teilen „De graute Tied" und „De swaore Tied". Nach dem Krieg kehrt dann alsbald der vermeintlich ‚unpolitische Wibbelt' zurück: *„In 't Kinnerparadies"* (Warendorf 1919).

---

[2] TAUBKEN 2016, S. 125.
[3] Hier zitiert nach: LANGHANKE 2008, S. 191.
[4] WIBBELT 2000, S. 5. (Ein Austausch mit dem feinsinnigen, leider früh verstorbenen Bearbeiter der Werke Prof. Dr. Hans Taubken war für mich stets mit geistigem Erkenntnisgewinn und einer schönen menschlichen Erfahrung verbunden.)

1.
DIE PLATTDEUTSCHE KRIEGSLYRIK
(1914/15)

Wibbelts plattdeutscher Kriegslyrik-Band ist zwischen September und November 1914 konzipiert und dann wohl noch vor Jahresende gedruckt worden: *„De graute Tied.* Kriegsgedichte in Münsterländer Mundart. Essen: Fredebeul & Koenen 1915" (zwei unterschiedlich ausgestattete Editionen für Heimat und Front). Im Rahmen der von Hans Taubken in Zusammenarbeit mit der Augustin Wibbelt-Gesellschaft betreuten „Gesammelten Werke" hat dieses Buch ungekürzt Aufnahme gefunden, ergänzt durch vier Mundartgedichte nach verstreuten Veröffentlichungen des Jahres 1915.[5] Zu den plattdeutschen Kriegsgedichten liegt ein gründlicher Beitrag von Claus Schuppenhauer vor, der detailliert die systematische Verleugnung der Kriegspropaganda durch spätere Wibbelt-Editoren und Ausdeuter, darunter sogar der ‚frühe Rainer Schepper', belegt. Die Texte, die „ganz unzweideutige Züge von Nationalismus, Überlegenheitswahn und Feindeshaß" zeigen, passten einfach nicht in das Bild des unpolitischen Priesterdichters; sie wurden ein Dreivierteljahrhundert lang verschwiegen, zensiert oder gar pauschal als Zeugnis für die „edle Menschlichkeit des Dichters" charakterisiert.[6] Schuppenhauers Kritik fördert zutage, was die katholischen Rezipienten in Westfalen nicht wahrhaben oder unterschlagen wollten.[7] Allerdings darf man in der Sammlung *„De graute Tied"* dennoch nicht jene Bruchstellen übersehen, auf die Elmar Schilling in seinem Vergleich mit den Kriegsgedichten Wagenfelds zu Recht aufmerksam gemacht hat.[8]

Die nachfolgenden Seitenangaben im Abschnitt beziehen sich stets auf die neue Werkausgabe (WIBBELT 2000). Eine erste inhaltliche Gruppe, bestehend aus 29 (bzw. 33) Gedichten, enthält explizite Propaganda. Besungen wird die Mobilisierung des ganzen Volkes: „Dat ganze Volk steiht Hand in Hand / [...] ‚Et gelt dat leiwe Vaderland'" (S. 15: *O graute*

---

[5] WIBBELT 2000, S. 13-74.
[6] SCHUPPENHAUER 1988.
[7] Vgl. z.B. auch die unglaublich verzerrende Wiedergabe des Textbefundes in: FOERSTE 1987, S. 195-197.
[8] SCHILLING 2008.

Tied!). Das völlig unschuldige Deutschland wird hasserfüllt von der halben Welt bedroht, muss sich „Mann för Mann" in einem „heiligen Sturm" wehren und darf angesichts der Opfer durchaus wie Christus um seinen Freund Lazarus trauern (S. 19: *De hillige Sturm*). Der Erzengel Michael ist der exklusive deutsche Heerführer, der den Deutschen im großen Krieg die Fahne voranträgt und bis zum „schönen Sieg" die Feinde in den schwarzen Abgrund schmeißt (S. 21: *Sünte Michel!*). Die liebe Ehefrau mit dem Kind soll froh sein, dass ihr in den Krieg ziehender Liebster ein richtiger Mann ist, der nicht weint und mit seinen beiden Fäusten draufhauen wird, bis die Feinde sich nicht mehr regen und kein Sterbenswörtchen mehr sagen (S. 22: *Guttgaohen!*). Einen wehrtüchtigen strammen Bräutigam zu haben, der kein „Krüppelkrut" ist, das soll auch die Soldatenbraut über den verschobenen Hochzeitstermin leicht hinwegtrösten (S. 24: *Min leiwe Wicht!*). Von allen Seiten stürzen sich die Feinde – wilde Wölfe, schwarze Raben und „en giäll Gewüörm" (gelbes Gewürm) – auf das allein dastehende Deutschland: „Haoll trü met dinen Broder stand!" (S. 25: *Von allen Sieden*). Das erste Werk des Krieges als Schmied ist ein eiserner Ring der Einigkeit um Deutschland (S. 26: *De Krieg äs Smett*). Auch der Großvater mahnt zum Strammstehen wider das fremde, falsche Volk (S. 27: *Beßvaders Raot*). Drei ‚deutschnationale' Kaisergedichte gehören zur Sammlung (S. 28-30): Mit religiösem Kaiserkult nennt der Dichter den Herrscher „starker Held" und bekennt: „Din Waort is waohr" (*Use Kaiser*).[9] Der Kaiser fordert zum Beten in den Kirchen auf, und an diesem einen Wort schon kann Gott in ihm seinen treuen Knecht erkennen (*Dat Kaiserwaort*). Doch ebenso ermahnt der Kaiser zu einem Dreschen, bei dem nicht Schweiß, sondern Blut fließt: „För us dat schoine schiere Kaorn, / För iähr dat lierige Strauh [Für uns das schöne, reine Korn, / Für sie das leere Stroh]" (*Dat annere Kaiserwaort*). – Die Belgier sind ein Volk, das Gott verlassen hat und deshalb auch von Gott verlassen wird: nur fünf Mütterchen und ein Dutzend Kinder sind Sonntags in der belgischen Kirche; doch da treten plötzlich 250 deutsche Soldaten treu zur Messe ins Gotteshaus ein, singen Stein und Bein, und am Ende kommen dem alten belgischen Priester ob solcher Gottesverehrung der Deutschen die

---

[9] Vgl. dagegen etwas zurückhaltender: WIBBELT 1918b, S. 16.

Tränen (S. 33: *De Sunndagsmiß*). – Ein fast homoerotischer Ton klingt an in zwei Kriegsgedichten über junge Soldaten: Ein Siebzehnjähriger, Kind und Mann zugleich, lang und schlank wie eine Weidenrute, mit blanken Augen im Gesicht und schon Kriegsheld mit eisernem Kreuz, liegt dem Dichter ganz besonders am Herzen: „Dat du mi, o leiwe Daut, / Düssen nich bedröwst!" (S. 34: *Siebbenteihn Jaohr*). Ein junger Leutnant trägt einen Säbel mit nie bleichendem Glanz und einen unverwelklichen Kranz um den Helm: „So junk du bis, du bis en Held, / Vull Manneskraft un Mot, / Du geihs vöran, un wenn et gellt, / Du giffs din raude Blot." (S. 55: *De Leutnant*)

Das falsche Lügen-England, das die deutsche Freundschaft ausgeschlagen hat, sich als Weltausbeuter an fremdem Schweiß fett saugt und mit Kugeln vom Teufel schießt, soll – „Härguatt" – gerechte Vergeltung erhalten (S. 35f: *England*). Plattdeutsch-westfälische Kriegerart ruft: „Män drup! Alloh!" (S. 37: *Westfaolenart*). Eine pechschwarze Sündenflut voller teuflischer Feinde mit frechem Lügen-Übermut geht über die Welt (S. 39: *De Sündflot*). Esoterische Botschaften gibt es für die Trauernden des Krieges: Die Rosenkranz betende Mutter kann ihrem sterbenden Sohn auf dem Schlachtfeld über weite Entfernung hin das letzte Trostwort und einen leichten Tod schenken[10] (S. 40-41: *De leste Söcht*). – Parapsychologische bzw. telepathische Phänomene werden offenbar als Vergewisserung einer höheren, übersinnlichen Welt geschätzt. – Durch alles Blut des Kriegsgrauens geht heimlich ein Engel, der Lachen, Heilung und Wärme verbreitet (S. 42: *De Engel*). Da es nach dem Glockengeläut für Siege in Belgien nicht mehr so mühelos weitergeht, bereitet Wibbelt mit Durchhaltepropaganda die Menschen auf einen Sieg vor, der mit viel Blut und Tränen bezahlt werden muss (S. 45: *Et is kin Kinnerspiell!*). Ein neunjähriges belgisches Kind soll dem deutschen Soldaten ein Glas Wasser reichen, doch es schießt ihm durch die Hand: „Dautstiäcken moß ick nu dat Wicht – / Ick konn't nich – ne – nu könn'k et vlicht [Totstechen mußte ich nun das Mädchen – / Ich konnte es nicht – nein – nun könnte ich es vielleicht]" (S. 47: *Dat Wicht*). Der deutsche Soldat kümmert sich rührend um einen Jungen und ein

---

[10] Das „Thema" dieses Gedichtes wird in Wibbelts plattdeutschen Kriegsroman ausführlich entfaltet (WIBBELT 1956, S. 132-141).

kleines Mädchen aus einer französischen Familie, deren Mutter krank und deren Vater fort ist – ja, er teilt sogar sein Brot mit den Kindern (S. 49: *De Wiährmann*). Auch ein plattdeutsch variiertes „Ich hatte einen Kameraden" gibt es in der Sammlung (S. 54: *Min Kameraod*). Für das legendäre deutsche Kriegsschiff „Emden" hat Wibbelt eine Lobes- und Rachehymne geschrieben (S. 57: *De Emden*). Auch der arme kleine Knecht, der als Waise schon früh sein eigenes Brot verdienen musste, ganz unbedeutend ist und jetzt als Soldat an der Front keine Liebesgaben von Angehörigen daheim erhält, setzt sein Leben in die Waagschale (S. 61: *Dat arme Knechtken*). Der Heldenmythos von ‚Unseren Besten', die überall vorangehen und deshalb oft als Erste fallen, darf nicht fehlen (S. 62: *De Besten*). Der Tod der vielen treuen Deutschen in Belgien, Frankreich und Russland ist nicht umsonst; mit dem Morgenrot bringt der Tod neues Leben (S. 63: *'t is nich ümsüß*). Die Freude über Sieg und Wiedersehen wird schon vorweggenommen (S. 64: *Wenn ji wierkummt!*). Das Gedicht *Tedeum* (S. 66-68) ist eine Hilferuf an Gott, weil die Menschen „es" ohne ihn nicht erzwingen können: Genau besehen geht es jedoch nicht etwa um einen Schrei nach Frieden, sondern um eine Vorwegnahme der Siegesglocken und des Orgelspiels zur großen Dankandacht anlässlich des Sieges (der eigentliche Tedeums-Text, der nach der ersten Strophe folgt, enthält allerdings nur indirekte bzw. verschlüsselte Bezüge zum Kriegsthema[11]).

Alle in der neuen Werkausgabe hinzugefügten Gedichte aus Einzelveröffentlichungen sind Propaganda (S. 69-72): Deutschland erringt einen Sieg nach dem andern, doch das ist den Feinden wohl noch nicht genug (*Is't noch nich nog?*). – Prof. Hans Taubken hat im Gespräch mit mir vor über zehn Jahren allerdings geltend gemacht, man könne diesen Text auch als kritische Frage an die Kriegsführenden in Deutschland auffassen. – Obwohl Russland das große Volk hat und England das viele Geld, wird vor aller Welt das Wunder eines deutschen Sieges geschehen (*En Wunner*). Die endgültigen Siegesglocken werden läuten, auch wenn wir noch nicht wissen wann (*Et kümp*). Das alte Jahr 1915 wird ob Elend, Jammer und Leid zu Unrecht verachtet, denn es hat ja

---

[11] Im Textvergleich wäre noch heranzuziehen Wibbelts „*Das große Tedeum*" aus seinem hochdeutschen Kriegswerk „Die große Volksmission Gottes" von 1914.

ebenso Kraft gegeben und sein Blut birgt ‚auch heilige Glut', einen Lohn, den dann erst das Neue Jahr einheimsen wird (*Dat aolle Jaohr* [1915-1916]).[12]

Ein zweiter Kreis von zwölf Gedichten aus der Sammlung „De graute Tied", in denen – oft „unkommentiert" – Kriegsangst, Sorge um die Soldaten und Trauer um die Toten ins Blickfeld rücken, darf wohl kaum als kriegskritisch bewertet werden. Zur staatstreuen Kriegsseelsorge an der Heimatfront gehören eben auch die Vorbereitung auf große Leiden und die Begleitung der Trauer (bedrückende Stimmungsbilder könnten nur in einer Sammlung, die auch eine explizite politische Kritik und Anklage des Krieges enthält, subversive Wirkung entfalten). Mit der Erinnerung an einen Grabstein von 1870 greift Wibbelt zurück auf eine Zeit, in der die westfälischen Katholiken als Neupreußen oft wirklich noch antimilitaristisch dachten, sich in der Trauer um die Gefallenen nicht durch patriotische Phrasen zähmen ließen und die Botschaft „De Krieg is daut" gerne für immer geglaubt hätten (S. 16f: *Unner 'n Liekensteen*).[13] Doch der Krieg war nicht tot; blitzartig ist er wieder da, frisst Menschen und Brot, bringt Not und Tränen: „Dat ganze Liäben is verstellt" (S. 18: *De Blitz*). Mit der Eisenbahn rollt das „junge, frische Blut" mit gutem Mut hinein in Not und Tod; der Zug rollt mit Getöse den Eltern über das Herz (S. 23: *De Isenbahn*). Papst Pius X., der sich im Übrigen sehr um modernistisch abweichende Katholiken und wenig um Angelegenheiten einer friedlichen Völkerwelt gekümmert hat, scheint bei Wibbelt von Gott durch einen gnädigen Tod von schweren Lasten befreit worden zu sein (S. 31: *Pius X.*). Sein Nachfolger Benedikt XV. trägt den richtigen Namen, denn Segen ist bitter nötig: „Wu kummt de Völker wier tosammen"? (S. 32: *Benedikt XV.*). – Im Einklang mit fast dem ganzen deutschen Katholizismus wird Wibbelt die Botschaften dieses Friedenspapstes jedoch nie verstehen oder auch nur sachgerecht wiedergeben; dies bestätigt auch der Befund in seinem plattdeutschen Kriegsroman (s.u.). – Die schöne Septembersonne trügt,

---

[12] Vgl. ähnlich: WIBBELT 1956, S. 195.
[13] Im plattdeutschen Kriegsroman sagt ein ;1870 erprobter' Vater allerdings zu seinem Sohn: „Ick häff mi Siebbenzig dat iserne Krüüs hahlt, un dat moß du mi auk metbrengen, Junge, süß sall di der Deibel hahlen." (WIBBELT 1956, S. 50)

denn ‚hinten in dem unglückseligen Land' gibt es Mord und Brand: „Verännert is de ganze schöne Welt" (S. 38: *Von wieden*). Große, fremde Vögel am Himmel mit unbeweglichen Schwingen könnten kommen und Tod bringen (S. 44: *De frümden Vügel*). Ihre Sorge um vier Söhne trägt eine Mutter jeden Morgen in die Kirche; da fallen zwei von ihnen kurz nacheinander: „Soll mi nu de leiwe Här / Wull de beiden annern laoten?" (S. 46: *Moderhiätt*).[14] Über einen ihm persönlich bekannten Soldaten schreibt Wibbelt nach der Trauernachricht: „Ick konn mi gar nich denken, / Dat he nich wierkaim" (S. 48: *Bi Fournes*[15]). Seit Wochen wartet eine Ehefrau vergeblich auf Post von ihrem Mann, der in Frankreich kämpft: „De Träonen sind mine bittre Kost" (S. 51: *Ümmer no nich*). Die schwarze Frau, eine Todesbotin, geht Tag für Tag von Haus zu Haus, und wo sie anklopft, verschwindet das Lachen für lange Zeit: „Äs Guott et will!" (S. 52: *De swatte Frau*). Ein kleines Mädchen[16], das den Vater so sehr vermisst, betet Tag für Tag, dass Gott vom Himmel her die weiße Taube mit einem Friedenszweig auf die Erde schickt, wie es ihm die Mutter verheißen hat; ein von dieser Haltung beeindruckter Erwachsener, vielleicht der Dichter selbst, verspricht dem Wicht mutig bzw. leichtfertig: „Dann kümp't auk, kleine Mus!" (S. 65: *Dat witte Düwken*).

In einer dritten Gruppe von nur sechs Gedichten kommt es nun aber in der Sammlung „De graute Tied" doch zum Bruch mit dem üblichen Repertoire der Kriegspropaganda. Im Gedicht „*Bedenk!*" (S. 43) erfolgt eine Mahnung wider die Entmenschlichung des Gegners; auch der im

---

[14] Passend zu diesem Gedicht gibt es folgende Passage in Wibbelts Lebenserinnerungen: „Wenn ich in meinem Lindenschatten saß, hörte und fühlte ich die dumpfen Schläge der Geschütze, und sie machten mir das Herz schwer. Noch schwerer wurde mir das Herz, wenn ich bald zu dieser, bald zu jener bangenden Mutter gehen mußte, um ihr mitzuteilen, daß ihr Sohn gefallen sei. Einmal mußte ich zum dritten Male mit einer solchen Trauerbotschaft zu derselben Mutter; da schaute sie mich mit angstvollen Augen an und sagte: ‚Sollte mir Gott wohl den vierten, den letzten lassen'" (zit. WIBBELT 1956, S. 683).

[15] Vgl. speziell zu diesem Text: PILKMANN-POHL 1991.

[16] In der Kinder-Kriegspredigt der Zeit gibt es ein Beispiel dafür, dass man Mädchen oder Jungen vorhielt, durch ihre Eitelkeiten oder ihr Fluchen seien sie mitschuldig am Kriegssterben (MISSALLA 1968, S. 53). Dergleichen hat Wibbelt – zumindest in seinen plattdeutschen Texten – nicht aufgegriffen. Das Gedicht „*Dat witte Düwken*" zeugt von seinem Mitfühlen mit einem Kind, das sich in Trostphantasien flüchtet.

Blut liegende Feind ist ein Menschenkind, hat eine Mutter, die um seinen Tod weint, und eine Braut, die drüben in England Tränen vergießt:

't is nich lutter Lumpenpack,
Wat us do de Tiänne wiß.
't is nich lutter Lumpenpack –
Un wenn't auk von England is.

Wat do ligg in Blot un Sweet,
Guott, et is en Menskenkind!
Un üm sinen Daut, well weet,
Of nich auk ne Moder grint.

Ächter't griese Meer, well weet,
Sitt verlaoten sine Brut.
O de Träönen brennt so heet!
Glück un Leiwe, alles is ut.

Im Text „*De Krieg äs Künink*" (S. 50) verweigert sich der Dichter jeglicher Sinnproduktion zugunsten des Krieges: Der ‚König Krieg' trägt eine Krone von Leichengebein, sein Thron ist ein Leichenstein, seine Zepter ist eine scharfe Eisenklinge, sein Purpurmantel besteht aus Blut und Feuer, sein Regiment kennt kein Recht, nur das Gesetz der Not, und sein einziger Knecht ist der Tod. – Das Gedicht „*Dat gröttste Elend*" (S. 53) möchte man fast als wehrkraftzersetzend einstufen: tagelang bleibt ein Verwundeter halbtot liegen, wird nicht gefunden, kann sich nicht bewegen, ist den Fliegen, der Hitze und dem Durst völlig ausgeliefert; man darf es sich gar nicht vorstellen, sonst zerbricht einem das Herz. – An anderer Stelle wird ein Soldat bei einem nächtlichen Wachdienst an der Front Zeuge, wie in der Ferne tausende russische Soldaten unter unvorstellbaren Todesschreien in einem Moorgebiet untergehen und ertrinken: „Ick denk min Liäben an düsse Nacht" (S. 58f: *De Russensump*).[17] Im Gedicht „*In'n Stacheldraoht*" (S. 60) geht es um zwei feindliche Soldaten, die sich bei einem Sturmangriff im Stacheldraht

---

[17] Vgl. dagegen z.B. die Freude über viertausend tote Russen, von der Karl Wagenfeld süffisant in einem Nebensatz berichtet (WAGENFELD 1917a, S. 24).

nahe am Schützengraben der Deutschen wie Fliegen im Spinnennetz verfangen haben: einer von ihnen hängt tot herab, der andere bewegt sich noch lange und schreit Tag und Nacht. Hier allerdings verdirbt ein entschuldigender Schlusskommentar den ‚subversiven' Ansatz: „Wenn wi helpen wullen – o Guott! / Dann schüötten us iähre Kameraoden daut." – Die „Totenwache" eines Pferdes zwischen den feindlichen Schützengräben bietet ein Bild völliger Trost- und Sinnlosigkeit (S. 56: *Tüsken de Schützengriäbens*). Ein solches Gedicht könnte vielleicht auch in einer pazifistischen Mundartanthologie Aufnahme finden.

Die Schwerpunkte in Wibbelts plattdeutscher Kriegslyrik sind eindeutig. Es überwiegen die propagandistischen Titel (65 %) und Texte mit Leidens- und Trauerbeschreibungen, die der kriegerischen Sinnstiftung nicht notwendig entgegenstehen (23 %). Nur eine kleine Textgruppe (12 %) enthält Ansätze zu einer subversiven Anklage des Krieges. Wer mit Blick auf diese wenigen Gedichte dem Autor universelle Menschenfreundlichkeit auch unter den Bedingungen des Weltkrieges bescheinigen möchte, sollte die im nächsten Abschnitt vorgestellten Beiträge nicht verschweigen.

2.
DIE PLATTDEUTSCHEN FELDPOSTBRIEFE
(1916/17)

Auf einen harmlosen frühen Mundartprosatext Wibbelts zum Krieg aus der Heimatzeitschrift „Westmünsterland" vom November 1914 sei vorab wenigstens kurz hingewiesen. Es handelt sich um die kleine Erzählung *„Well sall't iähr seggen?"* (WIBBELT 1914). Der Bauernsohn Henrich Kleikamp ist im Krieg „gefallen". Patriotischer Trost hilft da wenig: „De Bref was von Henrich sinen Hauptmann un was Luowes vull: Henrich wör sin besten Unneroffzeer west un wör fallen äs en Held – ach Guott, dat was alles gutt un schön, owwer he was daut." Niemand auf dem Hof bringt es über das Herz, der alten Großmutter die Nachricht vom Tod ihres Enkels, an dem sie mit ganzem Herzen hängt, zu übermitteln. Der Pastor soll dies übernehmen. Indessen weiß die fromme Beßmoder durch einen Blick in die Zeitung längst Bescheid. Die Verwicklungen werden nicht zum humoristischen Schwank ausgebaut, doch der konsultierte Pfarrer kann sich eines kurzen Schmunzelns nicht ganz erwehren.

Nach viel zustimmender Resonanz auf einen plattdeutschen Soldatenbrief für die vom Jesuiten Hermann Ackermann herausgegebene Paderborner Zeitschrift „Am Lagerfeuer" vom April 1915 hat Wibbelt ab Ende 1915 insgesamt 21 plattdeutsche Feldpostbriefe verfasst, die der Warendorfer Verleger Leopold nach Einzeldrucken auch in zwei Sammelbänden unter dem Titel „Kriegs-Braut" (1916/17) – Kriegsbrot – noch einmal veröffentlicht hat.[18] Das Konzept: vorwiegend humorvoll-unterhaltsam und nicht konfessionsgebunden sollen die Briefe sein.

Schon der „Lagerfeuer"-Brief (WIBBELT 2000, S. 77-79) von 1915 fordert die westfälischen Soldaten auf, draufzuhauen, so dass die Späne nur so fliegen und die Feinde das völlig schuldlose Deutschland für ewige Zeiten in Ruhe lassen. Das „gründliche Verdreschen" besonders der Engländer steht mit der Bewahrung eines „christlichen Herzens" ganz im Einklang. Wibbelt will seine kleinen Erstkommunionkinder auffordern, ihre heilige Kommunion den Soldaten „aufzuopfern", und deutet – offenbar ist er da Fachmann – ein baldiges Kriegsende an. Im Übrigen: Keiner soll Plattdeutsch mit Englisch in Verbindung bringen, das wäre beleidigend (vgl. ebenfalls S. 83: „Hillig is auk use Moderspraok"). In Kriegszeiten gilt also eine andere Sprachwissenschaft.

Im ersten Feldpostbrief (WIBBELT 2000, S. 84-86) vermittelt der Autor Siegeszuversicht, denn es kämpfen ja plattdeutsche Westfalen beinahe in der ganzen Welt. Damit das Heimweh nicht gar zu groß wird, sollen „Graute Bauhnen met Speck" als Thema ausgespart bleiben.

In Nummer 2 (S. 87-89) erzählt Wibbelt auf peinliche Weise von ‚Kriegskrüppeln', die vergnügt sind und schließlich beim Einsatz ihres Lebens ja auch „bloß en Been" verloren haben. Getadelt werden Wirtshausdiskutanten, die ihre Religion bewahrt wissen wollen und – zu

---

[18] Vgl. die Ausführungen von Hans Taubken in: WIBBELT 2010, S. 7-12. Wibbelts erster plattdeutscher Feldpostbrief ist vermutlich Ende Dezember 1915 erschienen. Wagenfelds zuerst in der Warendorfer „Heimatglocke" – beim gleichen Verleger – abgedruckte Feldbriefe in münsterländischer Mundart haben spätestens mit dem 05.12.1915 eingesetzt (FINDLISTE NACHLAß WAGENFELD 2011*).

Wibbelts Ärger – gar auf das Gebot der Feindesliebe hinweisen.[19] Langes Nachsinnen nach Art von christlichen Pazifisten nützt nichts. Man braucht die Feinde – zumal das einfache fremde Volk – nicht zu hassen, aber man soll eben tüchtig draufschlagen. Wenn der Gegner allerdings verwundet ist oder sich ergibt, muss man ihn als Menschen oder gar als ‚armen Kameraden' behandeln.[20]

Diese zusammengebastelte „christliche" Kriegsethik wird, wie in Nummer 3 vom Autor mitgeteilt, von einem sauerländischen[21] Soldaten offenbar als noch zu zahm empfunden (ganz ohne „Vernien" – Gift – kann man den Krieg nicht bestehen). In dieser Ausgabe geht es um vier Anklagen (S. 90-93): 1. Die abscheulichen Lügen der Feinde, die Deutschland in der ganzen Welt schlecht machen wollen (diese Lügen werden aber zerbersten wie das Vieh, das sich überfressen hat). 2. Der Kriegseinsatz der „Willen [*wilden*] Völker ut Afrika un Asien" – ‚Schwarze, Braune, vielleicht auch Schwarzbunte und Schwarz-Weiß-Karrierte' – auf Seiten der Feinde. Seine rassistischen Ausführungen bemäntelt der Autor mit einem angeblichen Schutz des schönen Werks der christlichen Missionare, das hier kaputt gemacht werde.[22] 3. Der teuflische Plan der Engländer, die Deutschen über Seeblockaden aushungern zu lassen. 4. Das Schiebergeschäft der profitgierigen Kriegsgewinnler im eigenen Volk, denen man ins Gesicht spucken sollte

---

[19] Da sagt einer: „Et is en Düwelskraom, man kümp tolest met sine Reljon utenanner. Wi häfft doch alle lährt, dat man kinen Mensken hassen draff, sogar de Fiende nich" [Es ist ein Teufelswerk, man kommt zuletzt noch mit seiner Religion in Widerspruch. Wir haben doch alle gelernt, dass man keinen Menschen hassen darf, sogar die Feinde nicht] (in: WIBBELT 2010, S. 87).

[20] Dies entspricht in etwa den Weisungen Paul von Hindenburgs nach der deutsch-russischen Schlacht von Tannenberg (vgl. ALY 2011, S. 154).

[21] Im Kontext dieser Zuschrift gibt es ein sehr freundliches Urteil über Sauerländer: „De Suerlänners sind famose Käls, se häfft en klüftigen Kopp un könnt iähr Waort maken. Wi Mönsterlänners sind von Hus ut en lück stief un unbehöplick von dat Klutenpattken, de Suerlänners sind swank un krebenzig von dat Klaien in de Biärge; un se häfft en schön Land, besonners schön to't Bekieken." (WIBBELT 2010, S. 90)

[22] Man könnte hier freilich auch anmerken, dass die leibhaftige Begegnung mit der ‚abendländisch-christlich-europäischen Zivilisation' bei den ‚missionierten Afrikanern' vielleicht genauso abträglich für die Glaubwürdigkeit des Christentums ist wie die gängige kolonialistische Gewaltpraxis der ‚christlichen Europäer' auf dem afrikanischen Kontinent.

(aber: ‚in jedem schönen Garten gibt es auch Raupen'). Die Bauern, die sich vielleicht einige kleine Sünden zuschulden kommen lassen, sind jedoch nicht verantwortlich für dieses große Verbrechen.[23]

In Nummer 4 (S. 95-96) warnt der Dichter – unter Berufung auf den ‚alten Schulten-Anton' – vor einem vorzeitigen Ende des Krieges. Erst müssen die Feinde dauerhaft niedergeworfen sein, sonst nützt der schönste Sieg nichts. Der Krieg kann also noch etwas dauern; die Soldaten sollen – für Frau, Kinder, Vater und Mutter – Heimweh, Langeweile und Überdruss als ‚ganze Kerle' aushalten. Mit einer Frau daheim hat man im Feld mehr Mut; Jösken Bauhnenkamp hat sogar vor seiner Einberufung noch schnell im Handumdrehen geheiratet. Alle müssen das Leidenskreuz tragen, solange wie es eben Gottes Wille ist. Doch das „Huskrüs", das Hauskreuz mit dem Regiment der Frau, erscheint dem Dichter als das schwerste Leidenskreuz von allen!

In der Folgenummer 5 (S. 97-99) sieht Wibbelt sich genötigt, auf eingesandte Protestbriefe von Frauen einzugehen (durchweg aus der Stadt, nicht vom Lande, wo die gottwohlgefällige Verteilung der Geschlechterrollen noch intakt zu sein scheint). Seine frauenfeindlichen Anmerkungen zum „Hauskreuz" rückt er nun zurecht durch ein Lob des tapferen Fraueleute-Volkes in Deutschland, das Männerarbeit übernimmt, Feldpakete schickt, Verwundete pflegt und in der Kirche betet. Tadel erhalten jedoch jene Frauen, die selbst in Kriegszeiten durch unschickliche Kleidermode für Skandale sorgen und sich – vor allem in den Städten – in närrischen Kostümen lächerlich machen.[24]

Bilder vom Schützengraben vermittelt Wibbelt in Nummer 6 (S. 100-102). Er freut sich darüber, dass die Soldaten wacker draufschlagen, wenn's drauf ankommt, und auch das Beten nicht vergessen. Doch am meisten hat er Spaß daran, dass die Krieger sich in ihren Frontlöchern

---

[23] Etwas kritischer behandelt wird die Rolle der Bauern im plattdeutschen ‚Kriegsroman', z.B.: WIBBELT 1918b, S. 250, 253f.

[24] Die Klage gegen „Ausschreitungen der weiblichen Kleidertracht" („eng anschließend", den „französischen Koketten nachgeäfft" und entsprechend von Unsittlichkeit zeugend) war Bestandteil der katholischen Kriegspredigt und wurde auch von den Bischöfen, zuvorderst von Michael von Faulhaber betrieben (MISSALLA 1968, S. 55, 75-77). Die kriegsbedingten Sorgen des männlichen Klerikerbundes waren also wirklich sehr ‚umfassend'.

mit Reinlichkeit, Bildern, Zierrat, Inschriften und sogar Blumen so häuslich einrichten. Denn: ‚Es ist so recht deutsch, wenn man überall [...] auf Ordnung und Ordentlichkeit sieht. Gerade das hat uns Deutsche so weit gebracht in der Welt und macht uns stark auch im Krieg.' Ein richtiger Kerl lässt sich nicht unterkriegen und übt sich in positivem Denken: ‚Es könnte noch schlimmer sein und soll wohl wieder besser werden.' An sich ist der heimattreue Deutsche mehr für die Gemütlichkeit und nimmt lieber den Pflug als den Säbel in seine Hand. Gerade deshalb aber dreschen die ‚westfälischen Eichen' mit aller Macht dazwischen, damit der Krieg ein baldiges Ende findet: ‚Lasst euch nicht unterkriegen. [...] Wer den längsten Atem hat, gewinnt!'

In Nummer 7 (S. 103-105) wird die unbändige Osterfreude eines Sieges über die Feinde in Gedanken vorweggenommen. Aber noch ist Karwoche. Während sonst aus Eiern junges Leben kommt, bringen die ‚eisernen Ostereier' des Krieges Tod. Die Heimat tut durch eifrige Kriegsanleihen ihr Bestes, aber da gibt es auch die Geizigen. Mit diesen sollte man verfahren wie mit jenem *„Itzig"* [Juden], der unter die Räuber fiel, sein Goldstück aus der Westentasche verschluckte und dann vom Räuberhauptmann mittels eines Brechmittels seinen Schatz doch abgenommen bekam. – Im Einklang mit rechten Kriegstreibern der Zeit wird hier also eine antisemitische „Anekdote" erzählt.[25] – Einen eingesandten Vorschlag, alle Frauen feldgrau einzukleiden, hält Wibbelt nicht für praktikabel. Wie die Männer sonst als kleine Freuden ihr Bier und ihren Tabak haben, sollen die Frauen ruhig etwas bunten Stoff und ihre Tasse Kaffee beibehalten. Mit Blick auf ‚starke Kriegsfrauen' erinnert Wibbelt sogar daran, dass die Frauen die Apostel hinsichtlich der Treue am Kreuz übertroffen haben und dann die ersten Osterzeugen waren.

Auf entsprechende Zuschriften hin lehnt der Dichter es in Nummer 8 (S. 106-108) ab, sich als Heiratsvermittler zu betätigen. Das Freien bekommen die meisten wohl ohne fremde Hilfe hin. Aber Heiratsratschläge werden erteilt, denn wenn man einmal falsch verehelicht ist,

---

[25] Vgl. dazu weiter unten die Ausführungen zu judenfeindlichen Klischees bei der Darstellung von Gestalten in Wibbelts Kriegsroman, die sich der materiellen und ideellen Unterstützung der vaterländischen Kriegsanstrengungen verweigern.

kann man die eigene Frau ja schlecht aufhängen. Man soll auf der Suche nicht nach dem Geld bzw. der Mitgift gucken, aber die Braut muss ein gutes Mädchen, körperlich gesund [!], verständig bei der Hausarbeit und in der Küche, zum Gemüt des Mannes passend, aufmunternd wie ein Lachtäubchen, beharrlich und sparsam – jedoch nicht geizig – sein. Solche Mädchen findet man allerdings nicht auf Tanzveranstaltungen, bei der Kirmess oder im Kino, sondern sonntags in der Kirche.

In Nummer 9 (S. 109-111) lobt Wibbelt, dass der Krieg die in Eigenart, Sprache und Tradition so verschiedenen deutschen Volksstämme nahe zusammenbringt (Deutschland zeichnet sich gerade durch diese Vielfalt aus und steht doch wie ein Steinblock zusammen). Etwas will er aber doch sticheln: Die Rheinländer können besser tanzen als die Westfalen, aber das ist eine brotlose Kunst. Die Westfalen sollen auf ihre ‚natürlich angeborenen Sprache' [!], ihr ernsthafteres Wesen und die Reichtümer ihrer Landschaft etwas halten und dabei die anderen Stämme achten: „Westfaolen sall liäben! / Ganz Dütskland doniäben."

In Nummer 10 (S. 112-114) soll vom Teufel die Rede sein, zunächst humoristisch (ein münsterländischer Bauer begegnet dem schwarzen Diener eines Grafen und hält den ‚Mohren' für den Teufel). Aber der Teufel spielt ein großes, ernstes Spiel in der ganzen Weltgeschichte. Er sitzt allerdings nicht unten im Schützengraben (dass dort die Menschen sich gegenseitig das Blut abzapfen, ist zwar irgendwie höllisch, lässt sich aber nun einmal nicht ändern). Er sitzt vielmehr oben auf weichen Regierungssesseln und sorgt dafür, dass der ‚Satan England' seiner Art gemäß arme Völker wie Serbien oder Belgien für seinen eigenen Vorteil verführt und missbraucht. Ein richtiger Deutscher hat auch vor dem Teufel keine Angst, ob dieser in Paris, Italien, Freimaurerlogen oder Russland seinen Stuhl stehen hat. Er widersteht standfest, wie es Albrecht Dürers Bild „Ritter, Tod und Teufel" zeigt. Der Dichter will aber nicht gesagt haben, alle Menschen in den feindlichen Völkern wären Teufel, denn *jeder* Mensch trägt einen Teufel und einen Engel in seiner Brust.

In Nummer 11 (S. 115-117) machen wir Bekanntschaft mit Groffkamps Moder, die den Krieg für eine Sache der Preußen hält, von der Zugehörigkeit zu einem Gebilde mit Namen „Deutschland" nicht viel weiß, sich vom Eisernen Kreuz ihres Sohnes nicht sonderlich beeindrucken lässt, der eigenen Familie einen ‚Heldentod für das Vaterland' gerne ersparen möchte und sich noch ganz französisch mit „Adjüs" verabschiedet.[26] Kurzum: Wibbelt führt die noch nicht militarisierte alte Mentalität des katholischen Westfalen als Gegenstand der Belustigung vor. Aber dann findet er doch einige freundliche Worte für Moder Groffkamps Blicke auf die ‚kleinen Dinge des Lebens' – wie z.b. Flöhe bei den Soldaten: „Hurrah is kin däglick Braut." Die allgemeine Kriegsbegeisterung hat offenkundig sehr nachgelassen. Die Männer an der Front sollen sich wacker halten ...

Nach seinen früheren Brautschau-Ratschlägen für die jungen Soldaten will Wibbelt in Nummer 12 (S. 118-121) auch den schon verheirateten Ehemännern einen eigenen Feldpostbrief widmen. Der Autor stellt den eigenen Standpunkt, der zugleich auch der Heiligen Schrift entspreche, unmissverständlich klar: Der Mann muss das Hausregiment haben, ist das das Haupt der Familie und soll über die Frau Herr sein. Doch mit diesem Regierungsauftrag sind auch Pflichten der Fürsorge verbunden. Mit einem freundlichen Wort kann man oft mehr erreichen in der Familie als mit Poltern. Man soll den Frauen, die übrigens nicht etwa klüger, sondern nur schlauer als die Männer sind, in kleinen Dingen ihren Willen lassen und dann im Großen alles bestimmen. Die Ehemänner sollen aber nicht ständig ausgehen, wenn die Frauen bis in die Nacht hinein noch Strümpfe stopfen. Die Frauen sollen in ihrem Küchenreich ungehindert walten und, wo ein Mann zu schwach ist, notgedrungen ruhig auch mal die Hosen anziehen. Dieser Feldpostbrief ist reich an frauenfeindlichen Mundartzitaten. Er zeigt, dass kriegsbedingte Veränderungen im Verständnis der Geschlechterrollen ein Thema sind.

Nummer 13 (S. 122-124) ist ein Brief über Sterben und Tod, ein besonders peinlicher Brief: Wir alle sind nur Staub und Asche und tun gut daran, es zu bedenken. Wibbelt lobt die Frontsoldaten, weil sie ihre Kameraden so anständig und mit einem Kreuz auf dem Grab beerdigen. Er will wissen, dass die Soldaten anfangs von dem vielen Sterben ganz angegriffen sind, dann aber mit der Zeit – ähnlich wie Seelsorger,

---

[26] Als Zeugnis zum sehr ernst gemeinten *„Krieg gegen das Fremdwort"* auch im Münsterland vgl. FRANCKE 1914.

Ärzte oder Totengräber – das ‚richtige Maß' im Umgang mit dem Tod finden. Wie verschieden sich die Menschen auf den Tod vorbereiten, davon weiß er aus der eigenen Seelsorgepraxis einige Beispiele anzubringen. Seine Trostworte an die Soldaten, die alles ertragen wollen, wenn sie nur wieder heimkehren können, lassen sich etwa so zusammenfassen: ‚Warum solltet, da doch die meisten überleben, gerade Ihr bei den Gefallenen sein? Schmeiß deine Sorge darum auf den lieben Herrgott! Bedenke, dass früher oder später für jeden einmal die Stunde des Abschieds kommt! Falls Ihr fallt, seid gewiss, dass wir in Deutschland für eure Familie mitsorgen!'

Nummer 14 (S. 125-128) ist der vaterlosen Kriegszeit bzw. den Kindern daheim gewidmet. Die nunmehr wieder eingesetzten alten Lehrer sorgen schon für die richtige Zucht. Anders als auf dem Lande gibt es in den Städten aber doch die Gefahr einer Verwilderung der Kinder. Die Väter im Krieg jammern zudem nach ihren Kleinen. Wibbelt schreibt das nicht, um den Soldaten das Herz schwer zu machen, sondern um sie daran zu erinnern, wie reich sie doch sind mit ihrem Nachwuchs. Im Krieg gibt es Gelegenheit, sich diesen Reichtum auch bewusst zu machen, und außerdem leuchtet ja ein heller Stern der Hoffnung auf das Wiedersehen. Die Väter müssen Kinder innerlich stärken, das ist wichtiger als das Geld. Wer sonst die Kindererziehung den – vielfach zu gutmütigen – Frauen allein überlassen hat, kann für die Zeit nach dem Krieg andere Vorsätze fassen. Im Übrigen: Für die wackeren Soldaten, die noch unverheiratet und ohne Kinder sind, wartet als Lohn des Kriegsdienstes eine wackere Braut.

In Nummer 15 (S. 129-131) geht es um die „Nerven": die Nervenanfälle der alten Jungfern, das nervöse „Pastörken von Holldrup" und um den Ernstfall. Doch die Westfalen haben eben *starke* Nerven, und deshalb verlässt sich Wibbelt auf ‚seine Soldaten'. Im Krieg – bei Dauerbeschuss und langen Schützengrabeneinsätzen – kann es aber der stärkste Mann es mit den ‚Nerven' zu tun bekommen. Auch der westfälische Soldat, der nicht besonders anfällig ist für die *nervöse* Variante, kann da von der *Melancholie* befallen werden. Folgende Rezepte verordnet Wibbelt als Seelsorger: 1. Festes Vertrauen auf Gott, der ja alles und jedes bestimmt, ganz gleich was die Feinde im Schilde führen. 2. Ein fest entschlossener Wille, wie er besonders den westfälischen Dickköpfen entspricht. 3. Der Einsatzes eines zum Eulenspiegel tauglichen Kameraden in der Kompanie, denn solche aufmunternden Gestalten sind mit Gold nicht zu bezahlen und sollten einen eigenen Orden bekommen (‚nichts ist besser für die Nerven als Humor'). – Zum Schluss berichtet der Dichter von einem humorlosen und verbitterten Soldaten, der in einer anonymen Zuschrift zu den Feldpostbriefen des Priesters anmerkt, „dat Papier wör viell to düer för sück dumm Tüg" (das Papier wäre viel zu teuer für solch' dummes Zeug). Wibbelt rechtfertigt sich und ist spürbar beleidigt: ‚Ich will euch doch nur ein bisschen aufmuntern […]. Wenn euch das nicht gefällt, kann dieser Brief meinetwegen der letzte sein.'

Durch andere Zuschriften sieht sich der Autor in Nummer 16 (S. 132-135) dagegen ermutigt, weiterhin „dumm Tüg" zu schreiben. Es zähle zu den geistlichen Werken der Barmherzigkeit, andere zum Lachen zu bringen (Wibbelt will aber [trotz Psalm 2,4] als Dogmatiker wissen: Gott selbst habe das Lachen nicht nötig, während der Teufel nicht lachen könne). Der in Ausgabe 15 zitierte Kritiker könne ja ernstere Sachen lesen, die er selbst (der Dichter) außerdem auch zu bieten habe. Nun geht es um eine Zugfahrt des Dichters, mit dankbarem Nachsinnen über die Soldaten, die den Feind außer Landes halten, mit einem Nickerchen, Träumen von Schweinemast, Mettwurst und Sauerkraut und schließlich mit dem Zusammenstoß mit einer alten „Juffer" im Abteil. Die Reise nutzt der Bauernpastor, der sonst von seinem jetzt ‚im Felde stehenden' Küster die Haare geschnitten bekommt und nicht ‚wie ein Russe' herumlaufen möchte, auch zum Besuch beim Friseur. Der Haarschneider scheint ein christlicher Philosoph zu sein und stellt sehr kritische Fragen zum Krieg: „Wu is dat müglik – so'n Krieg! Wi häfft doch alltomol so ungeheier viell Kultur! [Wie ist so ein Krieg noch möglich – wir haben doch allzumal so ungeheuer viel Kultur!]."[27] ‚Na', meint Wibbelt, ‚vielleicht gibt es zu viel Kultur und zu wenig Religion'. Der Haarschneider wirft aber ein, dass sich so ein grausamer Krieg gar nicht mit der Religion verträgt („Nao mine Meinunk verdrägg sick de Krieg un erst rächt so'n grusamen Krieg üöwerhaupt nich met de Rel-

---

[27] Der Sache nach folgt der Friseur der Einschätzung von Papst Benedikt XV., der den Krieg als „Selbstmord des zivilisierten Europa" bezeichnet hat.

jon") und weist sogar auf Jesu Bergpredigt hin. Jetzt kommt unser ‚Bauernpastor' Wibbelt aber in Fahrt: Wir sollen geduldig, nicht aufbrausend sein – das schon. Aber der biblische Rat zum Hinhalten der anderen Backe sei keineswegs wörtlich zu verstehen, denn sonst „hädde de leiwe Här dat auk söwst daohen, äs he vör Gericht stonn und de fräche Juden-Polzei em up de Backe slog [... denn sonst hätte der liebe Herr Jesus das auch selbst getan, als er vor Gericht stand und die *freche Juden-Polizei* ihm auf die Backe schlug]". – Erneut also kommt ein antisemitischer Anklang ins Spiel. – Wer für seine Hausgenossen (Frau, Kinder, Land und Volk) angesichts der Feinde nicht militärisch Sorge tragen will, der sei kein Christ, ja nicht einmal wert, dass ihn die Sonne bescheint. Trotz dieser ganz kostenlosen Predigt und Christenlehre im Friseurstuhl muss der Dichter seinen Haarschnitt – offenbar wider Erwarten [!] – doch bezahlen (mit 50 Pfennig): „De Mann verstonn sick nich bloß up deipe Gedanken, he verstonn sick auk up't Geschäft." Obendrein hat der Dichter noch wider Willen duftendes Haarwasser verpasst bekommen, und solche Hoffart schickt sich doch wirklich nicht für einen Geistlichen.

In Nummer 17 (S. 136-139) kommt noch einmal die aus Ausgabe Nr. 11 schon bekannte Moder Groffkamp zu Wort. Sie stört den Dichter beim Mittagsschlaf und berichtet, dass ihr Sohn, nach Gefangennahme eines ganzen Bataillons Russen nun auch das Eiserne Kreuz erster Klasse bekommen habe. Er werde immer größenwahnsinniger und wolle sogar das Fliegen lernen. Wie solle sie ihn da, angesichts des Flugvermögens, Sonntags noch vor dem Wirtshausgang zurückhalten können. Außerdem bringe er womöglich ein ‚schwarzbuntes Frauenmensch' mit nach Hause, denn in seinen Briefen schreibe er von einer „Konstanza" [rumänische Stadt] und von einer „Dobrudscha" [Grenzgebiet zwischen Südostrumänien und Nordostbulgarien].

In Nummer 18 (S. 140-143) lehnt Wibbelt es ab, bei allen möglichen Anfragen (zum Umgang mit Schulden, zu Haushälterinnen oder zur englischen Kriegsstrategie) wie ein allwissender Professor Antwort zu geben. Auf das ihm angetragene Thema der oft in schlechtem Ruf stehenden Schwiegermütter will er aber mit Lebensratschlägen reagieren: 1. Die Schwiegermütter sind die Großmütter der eigenen Kinder, und die Oma hat man als Kind selbst doch auch lieb gehabt. 2. Dem Vater steht zwar der Stock des Erziehers zu, doch die Oma darf die Rolle der Gutheit beanspruchen. 3. Früher gab es die kluge Einrichtung der „Leibzucht" (Gebäudeabteilung eines Bauernhofes zum Rückzug der alten Generation). 4. Oft sind die ungeduldigen jungen Frauen Schuld an Konflikten, weil sie im Haushalt sofort alles umschmeißen und viel zu viele ‚neue Moden' einführen wollen. 5. Etwas Aufmerksamkeit für die Schwiegermutter bewirkt oft schon Wunder. 6. Wenn außerdem manche alten Leute auch wirklich brummig sind, so kann man doch das Brummen einfach überhören und daran denken, wie man das Brummen der Alten nach ihrem Tod vermissen wird. – Und schließlich: „Wenn Ji giegen de Fiende fast staoht äs ne Müer, dann is dat auk för de Aollen"! Über die hier munter drauf los geplauderten Ratschläge des Familientherapeuten Wibbelt kann man nur staunen.

In der Einleitung zu Nummer 19 (S. 144-147) erzählt Wibbelt, dass nun in seiner 500-Seelen-Gemeinde schon das vierte Eiserne Kreuz zu vermelden ist und alle stolz sind. Die deutschen Soldaten seien nun einmal so wacker, auch wenn die Ausländer sich abschätzig über die vielen Ordensverleihungen auslassen. Mag auch mal einer zu Unrecht geehrt werden, so gibt es doch manchen, der die Auszeichnung gleich doppelt verdient hätte. – Kernstück der Ausgabe ist die ‚wahre Geschichte' über die Hühner von Schulten-Moder. Seitdem einer von ihren Söhnen gefallen ist, will der Gatte ihr Gemüt etwas aufhellen. Deshalb legt er heimlich immer gekaufte Eier in die Hühnernester hinzu. Schulten-Moder, deren ganzer Stolz der Hühnerstall ist, kann die Tüchtigkeit ihrer Hennen gar nicht genug loben. Aus diesem rührenden Stück, das noch einige komische Verwicklungen aufweist, zieht der Dichter folgende Moral: ‚Wir müssen einander in schwerer Zeit gegenseitig Wohltaten erweisen und aufmuntern, denn die anderen Völker gönnen uns ja keine Freude. Die Welt soll sich noch wundern, was das deutsche Volk aushalten kann!'

Nummer 20 (S. 148-151) beginnt mit der abgedroschenen Floskel, es helfe alles nichts, man müsse durchhalten. Der Kaiser habe es zwar gut gemeint, ‚aber was ist zu machen, wenn die anderen nicht wollen'. Schuld am langen Krieg tragen die Engländer, die alle anderen Feinde an der Leine führen. So hat es Mester Hiärmen allerdings schon länger kommen sehen. Der Mester ist ein großer Erfinder[28] und hat – der Theorie nach – drei brennende Zeitfragen gelöst: 1. Die Energiefrage wird durch Elektrizitätsgewinnung aus dem Meer gelöst. 2. Die Ernährungsfrage wird durch die direkte Gewinnung von Nährstoffen aus der Erde gelöst (eine Aufgabe für die Fach-Chemiker). 3. England wird durch große Wurfmaschinen besiegt, mit denen Soldaten und Waffen auf die britische Insel gelangen. – Ob die Leser im Schützengraben diesen eigensinnigen Humor wirklich nachvollziehen konnten?

In der letzten, hochpolitischen Nummer 21 (S. 152-155) geht es um *Kriegszielpolitik* und Friedensbedingungen. Mester Hiärmken hat nämlich einen Brief aufgesetzt an den US-amerikanischen Präsidenten Wilson, der sich als „Mester un Magister för de ganze Welt" aufspielt und angeblich gerne ein Ende des Krieges hätte. Die entsprechende Note soll folgende Friedensbedingungen enthalten: 1. Wilson muss sofort aufhören, den Feinden Deutschlands Kanonen zu verkaufen. 2. Deutschland muss seine Kolonien wieder haben und auch einige Stücke von Belgien und Frankreich bekommen. Für Spanien, Österreich, Ägypten und die Türkei sind ebenfalls Gebietsgewinne vorgesehen. 3. US-Amerika muss den Krieg bezahlen, weil es mit seinen Rüstungslieferungen den Tod deutscher Soldaten ermöglicht und Blutprofite eingefahren hat. Derweil soll England, das die eigentliche Kriegsschuld trägt, seine Knechte – wenigstens Frankreich und Italien – ausbezahlen, damit diese nicht völlig ruiniert werden. Wibbelt ist sich nicht sicher, ob er diese „Note" wirklich mit dem Kirchensiegel versehen und abschicken soll. Er fragt die Soldaten nach ihrer Meinung. – Danach ist es zu keiner weiteren Ausgabe der plattdeutschen Feldpostbriefe mehr gekommen.

---

[28] Die Gestalt des „Erfinders" Mester Hiärmken taucht dann auch in Wibbelts Kriegsroman auf (vgl. z.B. WIBBELT 1918b, S. 252).

Ut de feldgraoe Tied
En Vertellsel ut'n Mönsterlane
von
Augustin Wibbelt

De tweere Deel:
De swaore Tied

Verlag und Druck von Fredebeul & Koenen in Essen (Ruhr)

3.
DER MUNDARTROMAN
„UT DE FELDGRAOE TIED"
(1918)

1918 erscheinen bei Fredebeul & Koenen in Essen die beiden Teile von Wibbelts plattdeutschem Kriegsroman „*Ut de feldgraoe Tied*" in festem Einband.[29] Dieser Roman ist das letzte große plattdeutsche Erzählwerk des Autors. Die Erstausgabe von 1918, deren Drucklegung man mit Blick auf die kriegsbedingte Papierknappheit wohl kaum als Selbstverständlichkeit ansehen kann, enthält keine Erläuterungen bzw. Worterklärungen. Schon 1925 bringt der Verlag Fredebeul & Koenen ohne Kürzungen eine Neuauflage, wiederum in zwei Bänden, heraus (es gibt also auf Seiten des Lesepublikums zweifellos Interesse an dem Werk). Danach wird der Roman „*Ut de feldgraoe Tied*" erst wieder 1956 aufgenommen in Band V der von Pater Josef Tembrink besorgten „Gesammelten Werke" Wibbelts[30].

Josef Tembrink hat als Herausgeber bei dieser Gelegenheit jedoch stillschweigend sechs Kapitel des Kriegsromans ganz fortgelassen. Folgende Kapitel fehlen aus dem ersten Teil: „*XXIII. Auk en isern Krüs*" (WIBBELT 1918a, S. 225-236), worin zwei Jugendliche, Thero Surinks und Stoffer Smachten, sich einen großen Spaß daraus machen, die Verleihung einer Sonderausgabe des „Eisernen Kreuzes" an den Dorfmusikus Theröken Sprink, der sich musikalisch um das Vaterland sehr verdient macht, zu inszenieren; „*XXIV. De Slacht inn Hollbrook*" (ebd., S. 236-246) über ein nächtliches Gefecht der männlichen Dorfjugend von Bisterlauh und von Holldrup, in welches auch die Kapläne der beiden „verfeindeten" Ortschaften hineingezogen werden. – Vier Kapitel sind aus dem zweiten Teil herausgestrichen worden: „*I. Paosk-Füer*" (WIB-

---

[29] Beide Teilbände des Romans weisen im mir vorliegenden Druck der Erstausgabe eindeutig die Jahreszahl 1918 auf. Allerdings meint Siegbert Pohl irrtümlich, der erste Teil sei schon 1917 erschienen, der zweite Teil dann im letzten Kriegsjahr 1918 (POHL 1962*, S. 33). Zuverlässig erhellt die Editionsgeschichte: TAUBKEN 2016, S. 138-140.
[30] WIBBELT 1956. Diese Ausgabe liegt den Textzitaten meiner Studie zugrunde, bei deren Entstehung die von Hans Taubken und Verena Kleymann bearbeitete Neuausgabe des zweiteiligen Werkes (WIBBELT 2015; WIBBELT 2016) noch nicht vorlag.

BELT 1918b, S. 1-14) über zwei konkurrierende Osterfeuer [mit einer sehr ernsten Einleitung zum Krieg im Licht des Karfreitags]; *„II. De beiden Finken"* (ebd., S. 14-28) über den alten Fink, einen glühenden Verehrer der Hohenzollern und des Generals Hindenburg, und seinen auf Heimaturlaub weilenden Sohn, der von Dörken Smachten als Freier nur eine vertröstende Antwort erhält; *„X. De Slacht bi Hahnemanns"* (ebd., S. 116-129) über eine vom Kaplan organisierte Werbeveranstaltung für Kriegsanleihen[31], die in Hahnemanns Saal in eine handgreifliche Schlacht zwischen Patrioten und treulosen Kriegsskeptikern mündet – wobei die ‚Ketzer' einen Verlust der in Kriegsanleihen angelegten Gelder prophezeien; *„XXI. Pastoral-Konferenz"* (ebd., S. 250-261) über einige unrühmliche Praktiken in der bäuerlichen Welt [minderwertige Getreideablieferungen; Wucherpreise; illegales Schlachten], das Stadt-Land-Gefälle bei der Ernährungslage und einen Konferenzvortrag für die Geistlichkeit über „Die Unterbringung von Industriekindern auf dem Lande". – Bei all diesen Streichungen sind überwiegend „humoristische Passagen"[32] betroffen, und es lässt sich kein eindeutiges ideologisches Zensurkonzept erkennen (vielleicht gehen die Kürzungen sogar auf Vorschläge des Dichters selbst zurück[33]). Es entfallen aufgrund des Rotstifteinsatzes z.B. gleichermaßen kritische Gedanken zum modernen Krieg (WIBBELT 1918b, S. 1-2), der rückblickend nicht sehr vorteilhafte Hinweis auf eine Aufforderung der deutschen Bischöfe an alle Kirchenvorstände, mit ihrem flüssigen Vermögen Kriegsanleihen zu zeichnen (ebd., S. 122), und Mitteilungen über unehrliche Bauern (ebd., S. 250-254).

---

[31] Die offensive Bewerbung der Kriegsanleihen war Bestandteil der deutschen katholischen Kriegspredigt 1914-1918: MISSALLA 1968, S. 110-112.
[32] Eine gewisse Abneigung gegenüber allzu humoristischen Anteilen des Romans könnte man vielleicht aus folgender Anmerkung des Editors J. Tembrink herauslesen: „Vor den ganz großen Gestalten [des Romans], den ganz guten Menschen […], schweigt ehrfürchtig der laute Humor, umspielt sie aber mit freundlich hellem Schimmer, dem Glanz ihrer inneren Schönheit." (WIBBELT 1956, S. 685)
[33] Bezüglich der Streichungen des Editors Josef Tembrink riet Prof. Hans Taubken mir vor einem Jahrzehnt zu einer vorsichtigen Bewertung, „denn es gibt ein Schreiben von Anna Aulike, der Nichte und Erbin des Dichters, demzufolge sie dem Pastor in den letzten Lebensjahren alle seine Werke vorgelesen habe und er bestimmt habe, was wegfallen könne" (E-Mail vom 4.4.2012).

Getrud Schalkamp vermittelt 1933 den Inhalt der beiden Bände „Ut de feldgraoe Tied" in folgender Form: „Diese Erzählung [...] spielt im Weltkrieg und zeigt, wie er von ferne seinen Schatten über das friedliche Dörfchen Bisterlauh und seine wackeren, treudeutschen Bewohner wirft, und wie diese, Krieger sowohl wie Daheimbleibende, an der großen Zeit erstarken und mit ihren Aufgaben wachsen. In allem Kummer und Schmerz über die Not des Vaterlandes und den Tod teurer Anverwandter ist es das Heimatgefühl, das sie hebt und trägt und das manche Gestalt, vor allem Threse Lünink, über sich selbst ins allgemein Menschliche hinauswachsen läßt. Threse, eine herbe, stolze Frauengestalt mit tiefem Gemüt, hat zweimal ihren Jugendgeliebten, einen reichen Schulzensohn, abgewiesen, da sie als Tochter eines kleinen Kötters in der stolzen Bauerfamilie nicht willkommen ist. Als aber ihr Geliebter als Krüppel aus dem Kriege zurückkehrt und körperlich und seelisch ihrer Stütze bedarf, da ist ihr Stolz gebrochen, und freudig-ernst neigen die beiden sich ihrem späten Glück. [...] das ganze Dorf fast lernen wir kennen und lieben. Aber auch die Schwächen seiner Landsleute übersieht Wibbelt nicht. Besonders scharf stellt er die heraus, die sich die Kriegsnot zu selbstischen Vorteilen zunutze machen"[34].

Ob diese – sehr pathetische – Zusammenfassung wirklich angemessen ist, wollen wir nachfolgend überprüfen. Wibbelt hat *„Ut de feldgraoe Tied"* als Pfarrer einer 500-Seelen-Gemeinde im kleinen Dorf Mehr am Niederrhein geschrieben. Erzählt wird im Roman jedoch die Geschichte des *münsterländischen* Dorfes „Bisterlauh" (Bisterloh) und seiner Bewohner während des Ersten Weltkrieges. Im Untertitel wird der Roman auch ausdrücklich als „En Vertellsel ut'n Mönsterlanne" bezeichnet. Es stellt sich die naheliegende Frage, ob der Dichter denn vom Niederrhein aus ein „typisch münsterländisches" Zeitbild über die Kriegsjahre zu zeichnen vermochte. Stand er – über Besuche und Briefwechsel – in so engem Kontakt mit seiner Geburtsheimat, dass dies möglich gewesen wäre? Bezog Wibbelt einige Anregungen vielleicht auch aus der Lektüre regionaler Medien (Zeitschrift „Westmünster-

---

[34] SCHALKAMP 1933, S. 10.

land"[35], Lokal-presse, Feldpost-Periodika etc.)? Auf jeden Fall begegnen wir den Fiktionen eines Dichters mit münsterländischer Biographie, der als praktizierender Seelsorger die Kriegsjahre miterlebt und unter anderem einen ausgedehnten Briefwechsel mit Soldaten[36] führt. Das ‚Typische' ist aufs Ganze gesehen weniger raumbezogen-westfälisch, sondern bezieht sich in erster Linie auf das *katholische Milieu*. Eine hochdeutsche Fassung des Romans würde Leser:innen in ganz unterschiedlichen katholischen Landschaften viele Identifikationsmöglichkeiten geboten haben.

Die Titel der beiden Teilbände – „De graute Tied" (Die große Zeit) und „De swaore Tied" (Die schwere Zeit) – deuten bereits an, dass nach dem hochgestimmten Patriotismus, den die allgemeine Mobilisierung mit sich bringt, bald schwere Schicksale das Dorfleben bestimmen werden. Das Eigentümliche des Romans besteht darin, dass Wibbelt trotz des denkbar traurigen Themas keineswegs auf jenen „nicht bezwingbaren Humor" verzichten will, den ihm Tembrink später nachdrücklich bescheinigt (WIBBELT 1956, S. 684). Im Roman ermahnt der alte Pastor seinen jüngeren Konfrater: „Halten Sie sich den Pessimismus vom Leibe!" (ebd., S. 346) Auch lustige Feldpost von Frontsoldaten findet das Wohlgefallen des Dichters (vgl. ebd., S. 169, 184). Für die Mischung humoristischer und ernster ‚Heimatnachrichten auf Platt' während des Ersten Weltkrieges gibt es übrigens Parallelen in einem sauerländischen Feldpostperiodikum[37], bei dessen Texten man sich zuweilen auch an Wibbelts (zeitlich *späteren*) Roman erinnert fühlt.

Die Ambivalenzen bewegen sich jedoch nicht nur im Spannungsfeld von Humor und Ernst. Im Roman begegnen wir zwei charakterlich ganz unterschiedlichen Seelsorger-Gestalten, dem alten Dorfpfarrer und seinem „industriellen Kaplaon" (WIBBELT 1956, S. 35-43). Der *Kaplan* ist ein patriotischer Heißsporn, der gerne – lieber heute als morgen – auch selbst in den Krieg ziehen würde und besonders bei den jungen Gemeindemitgliedern beliebt ist, während der Pastor den Älteren mehr

---

[35] Vgl. z.B. daraus: PESCH 1914, S. 242-243 („Stimmungsbild" zur Mobilisierung und Abfahrt der Soldaten).
[36] POHL 1962*, S. 33 schreibt, die Feldpost-Projekte hätte dem Dichter „einen fast unübersehbaren Briefwechsel" eingetragen.
[37] Vgl. BÜRGER 2012b, S. 498-533.

zusagt (ebd., S. 198). Er ist der unermüdliche Aktivist und Organisator, der die jungen Leute für die ‚große Zeit' begeistert und die ganze Gemeinde zum Wohl des Vaterlandes einzuspannen versteht: Organisation des musikalischen Patriotismus, Soldatenbetreuung, Einrichtung einer ‚Fahnenfabrik', Liebesgabenversand für die Front, Betätigung als heimatlicher Kriegsdichter (ebd., S. 126, 173, 178), Werbung für Kriegsanleihen („Kriegsanleihe oder Fegefeuer!"[38]) etc. Von einem blutjungen Freiwilligen aus der Gemeinde zeigt er sich tief beeindruckt: „Die Knaben stehen auf und beschämen uns Männer" (ebd., S. 118). Ein angeblicher Kriegsinvalide wird von ihm nach der Sonntagsmesse vor aller Augen als Simulant enttarnt (ebd., S. 298).

Der *alte Pfarrer* schüttelt zwar hier und da über die unkonventionellen Methoden des Kaplans mit dem Kopf, ist aber durchaus sehr einverstanden mit diesem kriegsertüchtigenden Aktionismus. Als reifer Seelsorger bringt er selbst jedoch anderes ein: sein Zuhören, Mitfühlen und Beten. An der Seite der Trauernden fällt sein Blick stärker auch auf die Abgründe des Krieges. Schon beim allgemeinen Hurra-Patriotismus zur Mobilmachung, der allerdings mehr die Jungen als die Alten befällt, sorgt er sich ernsthaft um die Zukunft der Familien mit Kindern (vgl. ebd., S. 30, 35, 46). Der Kaplan ist in theologischen Fragen eher rational, vielleicht sogar etwas ‚modernistisch' angehaucht; der alte Pfarrer ist offener für das Irrationale bzw. für ‚übersinnliche Phänomene'. Der Kaplan steht ein für eine lebensfrohe katholische Leutekultur, aber junge Frauen in unziemlich-modischer Kleidung würde er gerne an der Kommunionbank zurückweisen.[39] Der alte Pfarrer stimmt dem Modeurteil des jüngeren Konfraters an dieser Stelle zwar zu, wehrt jedoch mäßigend einen Skandal im Kirchenraum ab (ebd., S. 199: die Zeit der öffentlichen Kirchenzucht ist vorbei). Es gibt in politischen bzw. patriotischen Fragen allerdings keinerlei Meinungsverschiedenheiten zwischen dem alten und dem jungen Seelsorger! Wir haben es mit einem eingespielten Priestergespann zu tun, das sich – gerade im

---

[38] Vgl. WIBBELT 1918b, S. 116-122; bes. S. 120.

[39] Damit steht der junge Geistliche in Einklang mit der zeitgenössischen bischöflichen Kriegspredigt, in welcher die Bekleidung des weiblichen Geschlechtes als ernsthaftes Thema behandelt wurde (MISSALLA 1968, S. 55, 75-77).

Krieg – aufgrund der jeweiligen Persönlichkeits- bzw. Mentalitätsunterschiede ideal ergänzt. Wibbelt selbst ist zur Zeit der Niederschrift nicht mehr der unermüdliche Industriekaplan der Duisburger Jahre von 1899 bis 1906, aber er ist – mit seinen 55 Jahren – auch noch kein altersschwacher Pastor. Die beiden zentralen Priesterfiguren des Romans enthalten wohl dennoch auch etwas von seiner eigenen Persönlichkeit (bzw. den Selbstbildern seiner Biographie). Sie verkörpern Spannungen oder sogar Gegenpole in ihm selbst.

Das reichhaltige Personal des Romans umfasst alle Schichten und Generationen des Dorfes. Das katholische Milieu ist intakt, jedoch – wie im wahren Leben – nicht frei von Spannungen. Zu den Vorbildgestalten – J. Tembrink nennt sie die „ganz guten Menschen" – gehören Honoratioren wie der alte Pfarrer und der Vorsteher Bauer Schulte Wierup senior, aber auch kleine Leute wie die fast heiligmäßige „Braohms Moder" oder Threse Lünink, die einen Kotten bewirtschaftet. Die hellen Figuren sind fromm, traditionsverwurzelt, patriotisch, einsatzbereit, gemeinschaftsorientiert und duldsam im Leiden. Die schlechten Charaktere weisen sich durch materialistische Gesinnung, egoistische Vorteilnahme und fehlenden Patriotismus bzw. Schwarzmalerei hinsichtlich des Kriegsverlaufs aus. Dazu gehört z.B. *Peter Sierp*, der bezüglich des Krieges mit keiner guten Meinung ausgestattet ist: „Watt segg Ji? Dautscheiten? Ja, dat is dat erste, wat se doht in 'n Krieg. Krieg is nicks anners äs Dautscheiten" (WIBBELT 1956, S. 21-23 [... Totschießen, ja, das ist das erste, was sie im Krieg tun]). Ähnlich denkt der *„fosse Kraomer"*, ein wahrer Hochverräter: „Ick laot mi nich up de Slachtbank föhern äs en Ossen." (ebd., S. 62 [Ich lass mich nicht zur Schlachtbank führen wie ein Ochse]). Für die Gegenposition steht der junge *Schulte Wierup* ein, dem des Königs Ruf einem Befehl Gottes gleichkommt: „Wenn de Küenink mi röpp unner siene Fahn – för 't Vaderland, dann röpp mi de leiwe Häer, un dann gaoh ick." (ebd., S. 25; vgl. ebd., S. 85) Ebenso vorbildlich ist *Mester Hiärmken*: „Wi haut se alle in de Panne [...]. Do föhrt Dütskland in de niee Tied harin, in de graute Tied, owwer et geiht düör Blot un Gloot. Gott help ues – wi mött't jä winnen!" (ebd., S. 75 [durch Blut und Glut in ein neues Deutschland]).

Auf fast alle Bereiche, die in einer kleinräumlichen Geschichtsschreibung für die Zeit des Ersten Weltkrieges zu berücksichtigen wären, richtet Wibbelt im Roman sein Augenmerk, Details wie eine Renaissance der Leinengewinnung durch Flachsverarbeitung und die Beschaffenheit von Ersatzstoffen der Kriegsökonomie eingeschlossen; aber auch politische, weltanschauliche und religiöse Grundsatzfragen werden thematisiert:

(1) *Gerüchteküche und „Spionageabwehr"*: Vor allem in der Frühzeit des Krieges gab es tatsächlich an sehr vielen Orten Gerüchte über einen nahen Einmarsch von grausamen Feinden oder – wohl nach entsprechenden Medienmeldungen – dörfliche Selbsthilfeaktivitäten zur Abwehr feindlicher Spione (Formierung einer Bürgerwehr aus Vereinen, Straßensperren mit Kontrollen etc.).[40] Wibbelt behandelt solche Begebenheiten in einem eigenen, humoristisch gefärbten Kapitel (WIBBELT 1956, S. 94-205).

(2) *Geschlechterrollen – Bedeutung der Frauen*: Im ersten Krieg werden auf fast verwaisten Höfen und in Fabrikhallen vermeintlich naturgegebene Rollenverteilungen aufgebrochen, was im Endergebnis zur Beschleunigung der Frauenemanzipation führt (1919 erhalten in Deutschland die Frauen dann erstmals das Wahlrecht). Diese ganze Entwicklung kann freilich nicht im Interesse des reinen Männerbundes in der römisch-katholischen Kirchenleitung sein, welcher dem weiblichen Geschlecht eine eindeutig dienende, untergeordnete Stellung zuweist.[41] Anders als noch in den plattdeutschen Feldpostbriefen[42], in deren Rahmen es of-

---

[40] Vgl. dazu (ebenso zu anderen Themen einer regionalgeschichtlichen Behandlung des ersten Weltkrieges) auch das Weltkriegskapitel 1914-1918 in: BÜRGER 2012b, S. 423-552.
[41] Vgl. z.B. die Predigt „Die deutsche Frau im Krieg" des katholischen Feldgeistlichen G. Stipberger (München) über weibliche Reinheit und Dienstbarkeit (SANKT MICHAEL 1918, S. 142-143): „Du deutsche Frau im heiligen Krieg, / Sei du des deutschen Volkes Sieg! – Deine Standhaftigkeit ist den Kämpfern Triumph. In den Kriegen der alten Germanen warteten die Frauen am Rande des Schlachtfeldes und entflammten Mut und Kraft ihrer Männer und Söhne, drängten wohl auch Fliehende wieder zurück in die Reihen der Streitenden." Die Frauen werden in dieser Predigt durchweg von den Männern ausgehend in ihrer Funktion definiert. – Frauen, die männliche „Weichlinge" zurechtweisen oder zum Heldentum anspornen, gibt es auch in Wibbelts Kriegsroman.
[42] Vgl. zur Kontroverse mit Leserinnen: WIBBELT 2010, S. 95-99 und (mit eher „frauenfreundlichem" Tenor) S. 103-104. – Ebd., S. 106-108 und 118-121 findet man wieder Belege zu Wibbelts konservativem, z.T. autoritärem Frauenbild und – trotz der vorangegange-

fenbar zu heftigen Protesten wegen thematischer ‚Frauenbeiträge' des Dichters gekommen ist, bietet Wibbelt im Roman keine ausdrücklich positiv verstandenen Anklänge an frauenfeindliche Sprichwörter oder Redewendungen.[43] Die Frauen packen im Roman z.T. wie ‚richtige Mannsbilder' an; besonders Threse Lünink verkörpert diesen Typus der starken Frau, der sich allerdings auch durch eine Abscheu vor allen männlichen „Drückebergern" auszeichnet und den Verlust von gefallenen Angehörigen heroisch trägt (ebd., S. 29, 55, 67, 216, 280-283, 315-317, 430). Skeptisch äußert sich zu der ganzen Entwicklung, bei der die Frauen jetzt schon als Eisenbahnschaffnerinnen fungieren und die man hinterher vielleicht nicht mehr rückgängig machen kann, allerdings der Küster (ebd., S. 344). Zumindest aus dem Chorraum der Kirche will dieser die Frauen ganz heraushalten. Der alte Fink bekennt indessen: „Sietdem Dörken in 'n Huse is, haoll ick auk viell von de Wichter; miene Ansichten häfft sick dorin ännert" (ebd. S. 446). Ich vermute, dass hinter diesem Zitat auch ein Lernprozess bzw. eine veränderte Sichtweise des Dichters steht. Die Leistungen der Frauen, die z.B. auch bei Wagenfeld nachdrückliche Würdigung finden, sind einfach nicht mehr zu leugnen; die Zeit der Duldung von klerikaler Frauenfeindlichkeit scheint außerdem abzulaufen. – Die Themen ‚Brautsuche von Soldaten' und ‚Kriegsheirat' nehmen im Roman erwartungsgemäß viel Raum ein.

(3) *Zwangsarbeit und Kriegsgefangene*: Im Roman kommt auch der Einsatz von Kriegsgefangenen zur Sprache (ebd., S. 290f). Die Franzosen sind auf den Höfen viel zu sehr hinter den Mädchen und Mägden her. Die an sich gutmütigen Russen „fressen" leider wie die Wölfe. Die Engländer sind bequem bei der Arbeit und zeichnen sich durch mangelnde

---

nen Leserproteste – lustvolle Bezugnahmen auf die „plattdeutsche Frauenfeindlichkeit" in überlieferten – leuteläufigen – Sentenzen.
[43] In der Erstausgabe findet man gleichwohl folgende unglaubliche Aussage des alten Fink über die Frauen: „Wenn wi se män ganz missen können, dat wör't Beste. Ick häff üöwer düssen Punkt mankst met Mester Hiärmken küert, dat is en kloken Mann, un de meint, de Wiettenschopp der Chemie de kaim vlicht no so wiet, dat wi ne Familge gründen können ohne Fraulüde." (WIBBELT 1918b, S. 28) – Geradezu futuristisch wird hier also eine gentechnologische Menschenzeugung ohne weibliche Eizelle anvisiert, um das männliche Geschlecht von den Frauen ganz unabhängig zu machen. Das ist natürlich augenzwinkernd gesagt, aber auf so einen Einfall muss man erst einmal kommen.

Folgsamkeit aus. Nur sehr wenige Kriegsgefangene lassen sich sonntags in der Kirche sehen, namentlich auch die Franzosen fehlen. Ein paar Mal sind Schotten mit ihren Röcken ins Gotteshaus gekommen, aber der Pastor ist froh, als sie dann dort nicht mehr erscheinen. – Zu solchen unterschiedlichen Charakterisierungen der Kriegsgefangenen nach Nationen könnte Wibbelt z.B. auch durch einen Beitrag aus der heimatbewegten Monatsschrift ‚Westmünsterland' angeregt worden sein, in der 1914 u.a. zu lesen war: „Die gefangenen *Engländer* stehen in schroffem Gegensatz zu den Franzosen. [...] Sie trugen ihr übermütiges, selbstbewußtes und teils freches Wesen auch in der Gefangenschaft zur Schau. Mit diesem Gesindel und Gelichter, das den Abschaum der englischen Nation darzustellen scheint, muß natürlich anders umgegangen werden, sonst werden die Burschen gemein frech."[44]

In Bisterloh hat man übrigens die „Witten" lieber als die „Swatten": „... et sall nu auk swatte Englänners un Franzosen giebben. Met wat för 'n Pack sick uese Jungens doch nich harümslaohen mött't!" (WIBBELT 1956, S. 161-162) – In Russland gibt es außerdem ‚zweibeinige Wölfe', die Schnaps saufen (ebd., S. 278)!

(4) *Kriegswucher und Schieberhandel*: Gegenüber Wibbelts früheren Feldpostbriefen zeigt sich im Roman eine etwas kritischere Sicht der bäuerlichen Welt und die weniger starke Betonung eines moralischen Stadt-Land-Gegensatzes. Im Krieg ist Menschenfleisch wohlfeil, aber alles andere Fleisch wird teuer (WIBBELT 1956, S. 65). In seiner Neujahrspredigt 1916 gibt der alte Pastor in einem Nachtrag über den „Kriegswucher" zu, dass sein anfänglicher Glaube an eine Besserung der Menschen durch den Krieg ihm trügerisch erscheine und er nun – nicht nur bezogen auf die großen Städte, sondern auch beim Landvolk und in der eigenen Gemeinde – ein Sinken der Moral befürchte: „Moses hat in der Wüste das Goldene Kalb zerschlagen und zu Staub zermalmt, aber heute steht dieser Götze wieder auf dem Altar, und mehr als die halbe Welt liegt vor ihm zu Füßen. [...] Wie eine Seuche ist ein häßliches Laster über unser Volk gekommen, die Habsucht und Geldgier, und vergiftet die Herzen. [...] Die Feinde draußen werden uns nicht besiegen;

---

[44] KÖRNER 1914, S. 236.

aber im Lande selbst hat ein böser Feind sein Haupt erhoben" (ebd., S. 344-345).[45] Manche Bauern liefern z.b. gezielt Getreideausschuss ab und verlangen wucherische Spitzenpreise.[46] Es gibt eine auffällige Häufung von (vermeintlichen) Notschlachtungen bzw. von geschlachteten Schweinen mit acht Beinen und zwei Köpfen. Allerdings bewegt sich manches in einer moralischen Grauzone; sogar Drüke, die Haushälterin des alten Pastors, nimmt für Raffinessen bei der Nahrungsbeschaffung das „Fegefeuer" in Kauf.[47]

(5) *Die unpatriotischen Kriegsgewinnler als „Judas"-Typen*[48]: Personifizierte Bösewichter sind im Roman die christlichen Dorfgenossen Peter Sierp und der „fosse Kraomer" (ebd., S. 204, 379-389, 460-462), deren unpatriotische Haltung Wibbelt dem Leser unter Verwendung judenfeindlicher Klischees vermittelt.[49] Bauer *Peter Sierp* ist ‚ein kleines verdrehtes

---

[45] Hier gibt es also schon ein Modell für die spätere „Dolchstoßlegende". Außerdem klingt der kulturpessimistische Kampf gegen „Mammonismus" und „Materialismus" an, der übrigens schon im Kaiserreich zumeist antisemitisch gefärbt war.

[46] Vgl. dazu die Erstausgabe: WIBBELT 1918b, S. 250-254, wo u.a. das Hungergefälle zwischen Stadt und Land auch aus der Perspektive der Stadtbewohner beleuchtet wird.

[47] Vgl. WIBBELT 1918b, S. 254.

[48] Den „Judas"-Komplex, der wirkungsgeschichtlich in einem antisemitischen Zusammenhang steht und in Westfalen etwa auch mit einer symbolischen Menschenverbrennung im Osterfeuer (z.T. bis heute!) einhergeht, können wir hier nicht ausführlich darstellen (vgl. meine Studie zu „Judenbildern in der sauerländischen Mundartliteratur": BÜRGER 2012b, S. 553-740 und 749-787). – In der plattdeutschen Propagandalyrik zum ersten Weltkrieg von Hermann Wette (WETTE 1914, S. 19-20) und Karl Wagenfeld (WAGENFELD 1915, S. 14-20, 31) werden die Feinde als „Judas" bezeichnet, wobei Wagenfeld u.a. das „materialistische England" im Visier hat. Judas zählt für Wagenfeld, so in *„De Antichrist"* 1916 (WAGENFELD 1954/1983, S. 82), zweifellos zu den Verdammten. Doch obwohl er in den 1930er Jahren ein letztes Werk über den „Ewigen Juden" plante, spielt die Judas-Gestalt in seinen religiösen Versepen keine zentrale Rolle. – Die kaisertreuen deutschen Bischöfe lehnen in ihrem Hirtenbrief vom November 1917 „nicht nur die Idee von der Volkssouveränität und das ‚Schlagwort von der Gleichberechtigung aller Stände' kategorisch ab, sondern sie verwahren sich auch gegen einen Frieden ‚als *Judaslohn* für Treubruch und Verrat am Kaiser', denn Gott habe ‚unseren Herrschern von Gottes Gnaden den Herrscherstab in die Hand gelegt'." (NEUMANN 1995*; vgl. MISSALLA 1968, S. 96f.) Der Paderborner Erzbischof Lorenz Jaeger wird dann in seinem Fastenhirtenbrief 1942 predigen, das feindliche Russland sei *„auf Judas aufgebaut"* und die Menschen dort seien „fast zu Tieren entartet".

[49] Vgl. dazu eine Parallele in Wibbelts Feldpostbriefen: WIBBELT 2010, S. 103-105.

Männchen mit einem richtigen Habichtsschnabel [Nase] im dünnen, stoppeligen Gesicht', in Handelsangelegenheiten „slauer äs de slaueste Jude" und bereit, für „diätig Sülwerlinge" (dreißig [Judas-]Silberlinge) das ganze Vaterland zu verkaufen (ebd., S. 21-23, 165). Sein Preiswucher beim heimlichen Butterverkauf und seine Geschäfte mit dem „fossen Kraomer" bleiben freilich nicht ungesühnt.

Der rothaarige Krämer („fosse Kraomer"), der sich im Krieg durch kriminelle Schiebergeschäfte regelrecht zum Großkaufmann entwickelt, verleiht auch Geld auf landwirtschaftliche Grundstücke und nutzt so die Notlage einer Familie, deren Vorstand im Felde steht, gewissenlos aus (ebd., S. 301-310). Auch auf ihn gemünzt heißt es in einem Tadel, es wäre besser noch, man ginge zu dem ‚ersten besten Juden' als zum „fossen Kraomer" (ebd., S. 307). Um das Bild noch zu ergänzen, muss man an dieser Stelle unbedingt auf die Erstauflage zurückgreifen: Der „fosse Kraomer" hält nicht viel vom Eisernen Kreuz und ist auch glücklich, dass ihm der damit verbundene Kreuzweg erspart bleibt.[50] Meister Hiärmken entgegnet ihm, dass nach dem Kreuzweg auch der Ostermorgen komme; er, der „fosse Kraomer", soll aber ruhig die breite Straße gehen, auf der auch der ‚rothaarige Judas' (!) in sein Verderben gegangen sei.[51] In der dörflichen Saalschlacht nach einer Versammlung zum Thema „Kriegsanleihen" steht ausgerechnet dieser „fosse Kraomer" für England ein; und schließlich wird ihm von Meister Hiärmken entgegengehalten, er sei ‚im Geldverdienen klüger als der durchtriebenste Jude'.[52] Der „Judas"-Typus (‚fosse Kraomer') verkörpert im Buch

---

[50] Den Hinweis des mit Eisernem Kreuz geschmückten Karl Fink, der Herrgott sei ja auch den Kreuzweg gegangen, hält der ‚fosse Kraomer' für *hochmütig* (WIBBELT 1918b, S. 23), eine sehr bedenkenswerte Position.

[51] Wörtlich: „... dann kümp de Ostermuorgen. Ower för di is dat nicks, Kraomer, haoll du di män an den breeden Wäg, den de fosse Judas gaohen is. Wat doröchter kümp, bruk ick di nicht to seggen." (WIBBELT 1918b, S. 23) – „Ob Judas der Erz-Schelm einen rothen Bart habe gehabt", das sah der judenfeindliche Hassprediger Abraham a Sancta Clara (1644-1709) nicht als erwiesen an; doch er wollte sicher wissen, dass Judas „klein von Statur" war.

[52] Vgl. dazu WIBBELT 1918b, S. 125-128. – Der zitierte Vorwurf des Meister Hiärmken lautet im Original so: „Ji wiett't nicks von de Weltgeschicht un sind so dumm in düssen Punkt äs Bauhnenstrauh, wenn Ji auk in't Geldverdeinen klöker sind äs de dördriebbenste Jude." (WIBBELT 1918b, S. 128)

die („englische" bzw. „jüdische") ‚Krämerseele', die ehrliche Handarbeit scheut und – statt eigener bäuerlicher Arbeit – lieber andere Abhängige auf erschlichenem Grundbesitz die Landwirtschaft besorgen lässt.[53] – Der Kaplan von Bisterloh weiß übrigens bei seinen patriotischen Bittgängen in den Häusern das kleine ‚Scherflein der Witwe' passend auszulegen: „Die Juden haben allzeit viel Geld" (ebd., S. 156).

(6) *Landaufenthalte von Stadtkindern*: Durch die Kirche werden Landaufenthalte von mangelernährten Stadtkindern organisiert (ebd., S. 433-444). Die Seelsorger sehen sich in diesem Zusammenhang allerdings mit allerlei Schwierigkeiten konfrontiert. Am Rande klingt auch die Sorge an, dass die Stadtkinder einfach nur als billige Arbeitskräfte angesehen werden könnten. Anfänglich gibt es Sprachprobleme, aber schon bald können die Kinder aus der Stadt Platt verstehen, und einige fangen sogar an, selbst plattdeutsch zu sprechen.

(7) *Der Krieg als „Missionar" und die Abgründigkeit der religiösen Sinnstiftung*: In der Großkirche verband man mit dem Kriegsbeginn zunächst große Hoffnungen auf eine ‚religiöse Erneuerung' bzw. auf eine kirchliche Renaissance[54]. Wibbelts Dorfpastor ermahnt alle einziehenden Soldaten zum Sakramentsempfang und teilt der Gemeinde mit, dass von nun an jeden Freitag ein Kreuzweg für die Soldaten in der Kirche gebetet wird (ebd., S. 49). Der Krieg waltet wie ein Missionar und sorgt für den täglichen Messbesuch (ebd., S. 166f). Der Krieg vermag es, Menschen in wilde Tiere zu verwandeln, und kann, besonders mit Blick auf technologische Neuerungen wie dem Maschinengewehr, als Teufelswerk betrachtet werden; doch ebenso holt der Krieg auch das Gute aus den Menschen heraus (ebd., S. 180, 223). So gilt schließlich am

---

[53] Vgl. dazu folgenden Dialog zwischen dem Krämer und seiner Frau (WIBBELT 1956, S. 381): „Frau, de Buern verdeint viell in düsse Tied, owwer giegen ues könnt se alle nich an. Wenn wi wullen, dann können wi nu all den schönsten Buernhoff kaupen." ‚„Dat doh wi owwer nich', sagg de Knieptange, ‚we willt de Buern leiwer söwst arbeien laoten.'"
[54] Vgl. dazu auch folgende Feststellung des Dichters in einem Text von 1914: „De Kiärk was vull von Lüde. Siet dat et Krieg was, wor viell mähr biätt't, un et wören jeden Muorgen twee, drei Riegen an de Kummionbank." (WIBBELT 1914a, S. 269)

Silvesterfest, dass ein Blutjahr zugleich auch ein Segensjahr sein kann (ebd., S. 195).[55]

Die Kirche bestärkt die Gläubigen im festen Glauben an Gebetserhörungen (ebd., S. 197). Doch wie ist es dann möglich, dass eine Frau aus Bisterloh, die unentwegt betet und täglich kommuniziert, ihren Mann im Krieg verliert? (ebd., S. 258-268). Auf diese Frage weiß auch der alte Pastor nur mit einem Hinweis auf die ‚Unerforschlichkeit von Gottes Ratschlag' zu antworten. Doch einer solchen Tröstung des Priesters kann sich die verzweifelte Kriegswitwe nicht wirklich ergeben. Sie stürzt sich in die „Kuhle" (und wird dennoch mit einem christlichen Begräbnis bestattet[56]).

An dieser Stelle weint der alte Pfarrer, doch für ihn gibt es ja noch eine andere, ‚mystische' Dimension, zu der selbst der Kaplan keinen Zugang hat. Braohms Moder vertraut ihm an, dass sie in der Nacht, in der ihr Sohn gefallen ist, eine wundersame Reise auf das ferne Schlachtfeld gemacht hat (ebd., S. 132-141). Sie konnte in jener „geheimnisumwitterten Nachtwanderung" (J. Tembrink) – ‚telepathisch' – ihren Sohn in der Todesstunde trösten.[57] Es gibt sogar materielle Beweise dafür. Der Rosenkranz, den sie in jener ‚Traumnachtreise' dem toten Sohn an der Front in die Hände gegeben hat, ist wirklich nicht mehr da. An ihrem Taschentuch ist auch ein Blutfleck von der Brust des Verstorbenen zu sehen. Als der Priester ihr die Trauernachricht offenbaren will, weiß Braohms Moder aufgrund ihrer nächtlichen Begegnung mit dem sterbenden Sohn schon längst Bescheid. – Auch an anderen Stellen des Romans wird deutlich, dass der alte Pfarrer einem offenbar begründeten Glauben an „Irrfahrten der Armen Seelen", an das „Wiederkommen von Verstorbenen" und an wundersame Vorboten des Todes anhängt (ebd., S. 351-353). Im Licht einer tiefenpsychologisch inspirierten Theologie wird man hier nicht gleich mit dem Kopf

---

[55] Vgl. ähnlich schon im Gedicht „Dat aolle Jaohr [1915-1916]" (WIBBELT 2010, S. 71f).
[56] Für die Zeit des Romangeschehens darf man diesen Umgang mit dem Begräbnis einer Selbstmörderin im römisch-katholischen Kontext wohl als ‚modern' bezeichnen.
[57] Vgl. dazu einen früheren Text aus der plattdeutschen Kriegslyrik: WIBBELT 2010, S. 40f. – Zu „Wibbelts Schilderungen übernatürlicher Vorgänge" vgl. auch die, freilich völlig unkritischen, Ausführungen in: FOERSTE 1987, S. 126-130. – Im Roman gibt es z.B. auch das frühe Sterben eines seherisch begabten Kriegswaisen.

schütteln müssen. Man kann die entsprechenden Passagen aber auch sehr kritisch bewerten. Nachdem sich die Fürbitten-Propaganda, die anfänglich im Krieg die Kirchen füllt, angesichts der endlosen Totenmeldungen als absurd erweist, verlegen sich die Geistlichen oder auch verzweifelte Gläubige auf übersinnliche ‚Wunderphänomene', die gänzlich irrational sind. Hinsichtlich einer theologischen Rechenschaft ist man durch solche ‚Gotteserweise' (bzw. Esoterik) allen Kalamitäten, die sich nicht zuletzt aus der eigenen Kriegspredigt ergeben, entronnen.

Auch spezifisch ‚*deutsch-katholische* Glaubensbilder', wie es sie ebenfalls bei Karl Wagenfeld und sogar beim Protestanten Hermann Wette gibt, tauchen im Roman auf. Im Kapitel „*Sünte Klaos*" (ebd., S. 324-329) steht es außer Frage, dass der Himmel „pro-deutsch" gesonnen ist: Erzengel Sankt Michael weiß zu berichten, dass die Engländer mit dem Giftgas angefangen haben und die Deutschen es dann [„nur"] wacker nachmachen.[58] Sogar die Engel singen in den höheren Sphären: „In der Heimat, da gibt's ein Wiedersehn!" Der ‚gute Schächer' aus dem Evangelium und Rupprecht, der Knecht des heiligen Nikolaus, haben von der Muttergottes eine feldgraue Uniform und Waffen vom Erzengel Michael bekommen. Sie kämpfen jetzt auf der Erde gegen Russen, Engländer und Franzosen. Der heilige Petrus schämt sich derweil, dass er bei den ‚falschen Italienern' begraben liegt.

(8) *Glockeneinschmelzung für Kriegszwecke*: Das Läuten der Glocken für die ersten Siege des deutschen Heeres zu Kriegsbeginn wird im Roman wie ein religiöses Ereignis beschrieben (ebd., S. 89). Entsprechend gilt es dann im weiteren Verlauf auch als gebührend, dem Kaiser zu geben, was zum Gotteshaus gehört. Auf Mariä Himmelfahrt 1917 werden die Kirchenglocken von Bisterloh, die z.T. bis in die Gründungszeit der Ortskirche zurückreichen, für Kriegszwecke abgeholt (ebd., S. 463-474). Der tieftraurige Pastor sagt in seiner Predigt über die beiden Glocken,

---

[58] *Reizgase*, wie sie wohl zuerst von den Franzosen eingesetzt worden sind, galten als noch vereinbar mit der Haager Landkriegsordnung. Mit *Giftgasen* (Chloreinsatz) überraschte hingegen zuerst das deutsche Militär seine Gegner; auch der von der Römischen Kirche 2004 seliggesprochene (!) österreichische Kaiser Karl I. beteiligte sich im Oktober 1917 an dieser Form der chemischen Kriegsführung gegen Menschen.

die auf die Märtyrer Pankratius und Margaretha getauft sind: „Mögen sie sich im harten Kriegsdienste so stark erweisen wie diese beiden [heiligen Patrone] im blutigen Streit für ihren Glauben; und mögen sie uns zum Siege helfen, wie diese beiden gesiegt haben." Die frühchristliche Gewaltlosigkeit[59] wird hier also kurzerhand ganz umgedeutet – bzw. auf den Kopf gestellt – zugunsten der Kriegsgewalt; aus duldenden Märtyrern ohne Waffen werden streitbare Soldaten. Tante Minna, die Haushälterin des Kaplans, meint allerdings über die Glocken: „Et is owwer doch truerig, dat dat wiggede Wiärks to Mord un Dautslagg bruukt wäern sall. [Es ist aber doch traurig, dass das geweihte Werk für Mord und Totschlag benutzt werden soll]." Die Antwort des Kaplans lautet: „… si still! Ji Fraulü'e verstaoht dat nich. De Krieg is auk ne hillige Saak för ues, un et is ganz in Uorder, dat de Hilligen harunnerstiegt un ues helpet. [… sei still! Ihr Frauleute versteht das nicht. Der Krieg ist auch eine heilige Sache für uns, und es ist ganz in der Ordnung, dass die Heiligen heruntersteigen und uns helfen]." Die „Glockenlieder", die Wibbelt für dieses Kapitel gedichtet hat, zeugen wieder von der Widersprüchlichkeit des Dichters: Die arme Welt versinkt im Blut; doch die Heiligen sollen Beistand leisten für den „hilligen Sieg".

(9) *Die Darstellung des Papstes im Roman*: Nach dem Tod von Pius X. wurde am 3. September 1914 Papst Benedikt XV. Nachfolger auf dem päpstlichen Stuhl. Dieser Friedenspapst, von General Ludendorff als „Franzosenpapst" beschimpft, beschwor bereits am 8. September 1914 in seinem Rundschreiben „Ubi primum" sowie in seiner Antrittsenzyklika vom 1. November 1914 alle Glieder der Kirche und die Regierenden, das Blutvergießen im Interesse der menschlichen Gesellschaft einzustellen. In seiner berühmten „Exhortatio" vom 28. Juli 1915 verlangte Benedikt XV. erneut kategorisch ein Ende der „entsetzlichen Abschlachterei". 1916 regte der Vatikan eine Garantie zur Wiederherstellung Belgiens an. Es folgte der friedenspolitische Appell Benedikts XV. vom 1. August 1917. Das Friedensprogramm des Heiligen Stuhls,

---

[59] Vgl. zu Gewaltverzicht und Kriegskritik in der frühen Kirche vor der sogenannten konstantinischen Wende: BÜRGER 2005*, S. 71-92.

dem der Kölner Kardinal Felix Hartmann[60], ein Münsterländer und Freund des Hauses Hohenzollern, gar keine kirchlich-religiöse Verbindlichkeit beimessen wollte, beinhaltete sehr klare Rahmenbedingungen (z.B. Rückgabe besetzter Gebiete, Verzicht auf Gebietsabtretungen, Schaffung eines Völkerbundes mit einer Schiedsgerichtsbarkeit, Überwindung des Krieges als eines Mittels der Politik).

Interessant ist nun im Kontext der kriegsbejahenden deutsch-katholischen Nationalkirchlichkeit, wie Augustin Wibbelt in seinem plattdeutschen Kriegsroman auf den Papst zu sprechen kommt. Zunächst mutmaßt er über den Antimodernistenpapst Pius X., der sich gegenüber den friedenspolitischen Herausforderungen seiner Zeit völlig ignorant verhalten hatte, dieser sei zu gut für diese Welt gewesen und wohl an zerbrochenem Herzen gestorben[61] (WIBBELT 1956, S. 166). Hernach zeigt der Dichter den „Hilligen Vader in Rom" – jetzt wohl schon Benedikt XV. – als einen alten Mann, der das Elend auf dem Erdkreis sieht, seine armen Kindlein bedauert und pauschal zur Buße aufruft (ebd., S. 196).[62] Gegen Ende des Romans erscheint der Urquell des Krieges immer noch wie eine unergründliche schwarze Wolke, die Gottes Angesicht verhüllt; der „Hillige Vader in Rom" liegt derweil auf den Knien und betet (ebd., S. 445).[63] Schließlich zeigt sich der alte Pfar-

---

[60] Felix Kardinal Hartmann, der ein Vertrauter Kaiser Wilhelms II. war, kommentierte, der Papst habe als völkerrechtlicher Souverän, nicht aber als oberster Hirte der Katholiken zum Krieg friedenspolitisch Stellung bezogen.
[61] Mit dieser Einschätzung folgt A. Wibbelt freilich einer Deutung des Papstnachfolgers Benedikt XV. („Exhortatio" vom 28. Juli 1915).
[62] Wörtlich: „Do stonn en aollen Mann met drei gollne Kronen up von sienen Stohl, keek üöwer de wiede Welt un saog nicks äs Elend. Ganz witt stonn he vüör de swatte Wiährwolk, un de Sturm greep harup un trock an den Mantel, de in lange Faollen von siene Schullern faoll. De aolle Mann büörde beide Arms in de Höchte un raip: ,Miene laiwen Kinner, miene armen Kinner, wat ligg Guotts Hand swaor up juen Nacken! Duket ju vüör em un doht Buße, dat de Barmhiättigkeit kümp un de Gerechtigkeit de Roh' ut de Hand nimp!' – Dat sagg de Hillige Vader in Rom." (WIBBELT 1956, S. 196)
[63] „De Hillige Vader in Rom lagg up de Knei, haoll de Arms krüüswiese utspannt un biädde. De Friäden an Guotts Thron pock den grönen Twieg faster, keek no buoben un wull fleigen – de dunkle Wolk lagg still up Guotts Angesicht, un de gröne Twieg sank lanksam dahl" (WIBBELT 1956, S. 445). Offenbar ist es *Gott*, der noch keinen Frieden will. Numinose *überirdische Vorgänge*, nicht menschliche Verantwortung für die eigene Ge-

rer von Bisterloh besorgt um den Papst: Der Heilige Vater meint es nur gut, aber man meint es nicht gut mit ihm; vielleicht wird der Petersplatz gar bald von ‚wildem Volk' gestürmt werden (ebd., S. 468).[64] Die Strategie des Dichters ist offenkundig. Er verwandelt den friedenspolitisch höchst regsamen *Akteur* Benedikt XV. in ein bemitleidenswertes *Opfer* und einen ganz unpolitischen frommen Beter, der den Krieg irgendwie als göttliches Strafgericht versteht, zur Buße aufruft und sich ohnmächtig auf den Boden wirft. Da Wibbelt die Friedensinitiativen des Papstes sowie dessen konkrete Anklagen, Forderungen und völkerrechtlichen Vorschläge seinen Leser:innen gegenüber mit keiner Silbe vermittelt, entsteht – um es krass auszudrücken – das Bild eines alten ‚gutmütigen Trottels' auf dem Papststuhl, der selbst von listigen Feinden bedroht ist und unser Mitgefühl verdient.[65]

(10) *Politische Kriegsdeutungen*: Gleich bei der Abschiedspredigt für die einberufenen Soldaten von Bisterloh heißt es im ersten Romanteil: „‚… an diesem Krieg sind wir unschuldig" (WIBBELT 1956, S. 48).[66] Später trägt der Küster sein Unverständnis über den Verlauf des Krieges vor, weil die Deutschen trotz all ihrer Siege noch immer nicht Gewinner sind: „Wi siegt un siegt un könnt den Krieg doch nich winnen – se willt ues nich äs rächt glaiben, dat wi siegt. Et is grade, äs wenn man Karten spiellt un hät alle Trümpfe in de Hand un mäck siene Saak guett; owwer man hät en Falskspieller gieggenöwer sitten." (ebd., S. 354) Der Küster hat also den Verdacht, dass auf der Gegenseite ein ‚Falschspieler' mitmischt. Mester Hiärmken meint hingegen bezogen auf den U-

---

schichte, stehen hinter dem Grauen. Ein Geschichtsverständnis, das sich deutlich von den Vorstellungen Wagenfelds unterscheidet, ist hier für mich nicht auszumachen.

[64] „Un dann häff ick no eene graute Suorge. Wenn ick aobends so ganz alleen in de Stuowe hier sitt un naodenk üöwer den Weltlaup, dann kümp mi de Hillige Vader in Rom in den Sinn. He meint et so guett – owwer se meint et nich guett met em. Wat häfft se em Fallen stellt! Un wat no kümp, is nich aftokieken – mi düücht dann mankst, ick seih dat wille Volk all üöwer'n Petersplatz stürmen – ick sin vüör Jaohren sowst daor west –, stürmen un spölen äs en graut Water gieggen den Felsen, un dat stigg ümmer höchter harupp – wat sall he no beliäben!" (WIBBELT 1956, S. 468)

[65] Die beiden plattdeutschen Papstgedichte (WIBBELT 2010, S. 31-32) vermitteln keine andere Linie.

[66] Vgl. ähnlich in der Erstausgabe auch: „Der Kaiser hat den Krieg nicht gewollt!" (WIBBELT 1918b, S. 16)

Bootkrieg, dass Deutschland viel zu rücksichtsvoll ist und außerdem die zivile Reichregierung unter Bethmann-Hollweg den richtigen Weg von General Hindenburg hintertreibt: „... et is uesen aollen dütsken Feihler, dat wi to bedenklick un to rücksichtsvull sind. [...] Hindenburg spannt de Piärde vüör an, dat is richtig, Bethmann de spannt se nu ächter an, dat is verkatt." (ebd., S. 377) – Die faktische Umwandlung des Kaiserreiches in ein Militärregime ohne parlamentarische Kontrolle wird also gutgeheißen. – Zu den schlimmsten Feinden gehören die USA („Dat sind de Geldllü'e") und ihr ,sogenannter Präsident' Wilson, der sich wie ein Schulmeister aufführt (ebd., S. 378).[67]

Die Botschaft des ganzen Romans richtet sich wohl auch an Frontsoldaten, deren abgründige Erfahrungen allerdings nicht allzu detailliert zur Sprache kommen sollen.[68] Wenn man aus der Kriegshölle heraus einmal für kurze Zeit wieder ins Paradies der Heimat gelangt, geht man hernach mit neuem Mut wieder an die Front (WIBBELT 1956, S. 425). Das Schlusskapitel endet mit einem herrlichen Sonnenuntergang im Oktober 1917; der Ausgang des Krieges ist noch ungewiss ...

Während Siegbert Pohl das Buch „Dat veerte Gebott" von 1913 für den „besten plattdeutschen Roman" Wibbelts hält[69], betrachtet Pater Josef Tembrink den Kriegsroman als „die reifste und tiefste Frucht seiner Erzählkunst" bzw. als das „reifste und tiefste Werk des Dichters"[70]. Zuvor heißt es schon 1933 in der Dissertation von Getrud Schalkamp: „Wibbelt hat mit diesem Werk [*Ut de feldgraoe Tied*] wohl das Tiefste und Beste seiner Dorfgeschichten geschaffen."[71] Ohne Zweifel ist „*Ut de feldgraoe Tied*" gut geschriebene plattdeutsche Unterhaltung. Drei Auflagen bis 1956 sowie Übersetzungen ins Niederländische und in die

---

[67] Wilsons wegweisende friedenspolitische und völkerrechtliche Vorstellungen, denen er selbst freilich nach Kriegsende nicht treu geblieben ist, wurden für Deutschland erst nach Erkenntnis einer unweigerlich kommenden Niederlage interessant.
[68] Bezeichnend sind folgende Sätze des jungen Karl Fink: „Well dat metmakt hät in Masurien, de hät en Blick in de Höll smietten. Dat is kin Krieg mähr, Vader, dat is Slächterie. Laot us vanaobend wat anners küern." (WIBBELT 1918b, S. 18)
[69] POHL 1962*, S. 32.
[70] WIBBELT 1956, S. 684 und 688. – Zu J. Tembrinks völlig unkritischer Würdigung des Romans vgl. seine Ausführungen ebd., S. 683-688.
[71] SCHALKAMP 1933, S. 10.

twentische Mundart zeugen von Publikumsgunst. Ich selbst habe das Buch als ‚Studienlektüre' keineswegs nur pflichtgemäß zur Hand genommen. Der Autor versteht es, seine Leserschaft für das Geschick der Romanfiguren zu interessieren und an den Fortgang der dörflichen Geschichten zu fesseln.

Tembrink möchte den Roman – Sprache und „Charakterisierungskunst" Wibbelts lobend – vor allem als Zeugnis der Menschlichkeit und des katholischen Glaubenslebens würdigen: „Dem Dichter geht es dabei nicht um das Politische, sondern nur um das *Hintergründige* dieser grauenerregenden Zeit, um das *Menschliche* in dieser Zeit übermenschlicher Not. [...] hier zeigt sich, dass das ganze Dorfleben getragen und durchformt wird vom katholischen Glauben, von der Taufgnade, die in allen wirkt, die guten Willens sind"[72]. Eine solche Präsentation des Werkes führt in die Irre frommer Wunschbilder. Der Roman ist mitnichten unpolitisch und ‚nur glaubensstark', sondern in manchen Teilen Zeitzeugnis einer Abkehr des deutschen Katholizismus von der Botschaft Jesu – zugunsten der nationalistischen Ideologie. Augustin Wibbelt bleibt hier den Linien seiner plattdeutschen Kriegslyrik und Feldpostbriefe durchaus treu, auch wenn die explizit propagandistischen Kriegsbotschaften nun – verstreut in einem großen Erzählwerk – mehr ‚versteckt' bzw. z.T. weniger eindeutig sind und stärker unter dem Gesichtspunkt der ‚schweren Zeit' vermittelt werden. Ambivalenzen des Dichters und Widersprüchlichkeiten seines Werkes dürfen in einer sachgerechten Interpretation nicht bequem aufgelöst werden zugunsten derjenigen Seite, die einem selbst genehm erscheint. Die durchkomponierte Aufteilung in gute und ketzerische Bisterloher sowie die auch sonst im Gesamtwerk anzutreffende *Verächtlichmachung des christlichen Pazifismus* lassen ebenfalls keine Deutung zu, nach welcher Dr. Augustin Wibbelt eben nur zeitgenössische Stimmungsbilder – und nicht etwa eigene Anschauungen – darbietet.

---

[72] WIBBELT 1956, S. 686; mit ähnlichem Tenor: FOERSTE 1987, S. 160-161.

Von Augustin Wibbelt signierte Fotographie
(Kreisarchiv Warendorf, S05 Vorhelm Nr. 62)

4.
Und der „hochdeutsche Wibbelt"?

Was lässt sich nun vergleichend zu den plattdeutschen Kriegstexten von Karl Wagenfeld (→III) und Augustin Wibbelt sagen? Erschreckende Gemeinsamkeiten in den Dichtungen der beiden liegen offen zutage, es lassen sich aber auch Unterschiede ausmachen. Wibbelts vereinzelte Ansätze zu einem *universellen* Mitleiden erscheinen mir glaubwürdiger, und an die Hass-Exzesse des jüngeren Dichterkollegen reicht er wirklich nicht heran (das Kriegsthema wird bei ihm außerdem nicht zur ‚niederdeutschen Weltanschauungsdichtung' ausgebaut[73]). Sollte man die Differenz lediglich auf den mehr pastoralen Stil zurückführen, dem sich ein Priesterdichter wie Wibbelt wohl nolens volens verpflichtet fühlte? Oder gibt es auch eine belegbare Differenz im Weltanschaulichen und Politischen, die von *grundsätzlicher* Art ist?

Hans Taubken betrachtete vor über zwei Jahrzehnten die Aufgabe, den Dichter Augustin Wibbelt unter besonderer Berücksichtigung der hochdeutschen Veröffentlichungen als *homo politicus* zu untersuchen, als „eine der dringlichsten Desiderate der Wibbelt-Forschung"[74]. Ein entsprechender Überblick aus seiner Feder für die Jahre 1914-1919 ist postum in der germanistischen Fachzeitschrift „Niederdeutsches Wort" erschienen.[75] In einer umfassenden wissenschaftlichen Untersuchung zu Wibbelts Kriegs-Engagement müssten die äußerst zahlreichen *hochdeutschen* Beiträge, die in der Primärbibliographie[76] auftauchen, berücksichtigt werden. Zur Einordnung des Dichters innerhalb des politischen Katholizismus wären zudem seine – namentlich nicht gezeichneten –

---

[73] Vgl. dazu z.B. folgende Strophe aus Wibbelts ‚kräftigem' Glückwunschgedicht zum 65. Geburtstag von Wagenfeld: „Laot du den Daut un Düwel laupen, / De Antichrist is auk no fähn; / Wi willt us erst en Slaopdrunk kaupen / Un stille waochten up de Stähn." (zit. Taubken 1994, S. 59) – Der Dichtung *„De Antichrist"* hat Wibbelt 1916 freilich ein „hohes Lob" gespendet (vgl. ebd., S. 54); vgl. aber auch Wibbelt 1914b (hochdeutsch) und weitere Berührungspunkte zu Wagenknecht in Wibbelt 1925.
[74] Wibbelt 2000, S. 5.
[75] Taubken 2016 (mit aussagekräftigen hochdeutschen Textbeispielen); vgl. im vorliegenden Band auch die dokumentarische Abteilung →VIII mit Texten Wibbelts.
[76] Taubken 1996; Taubken 1997, S. 16-20.

Beiträge aus dem kirchlichen *„Ludgerus-Blatt"* (1891-1896) zu sichten, ebenso tausende Beiträge in der Wochenschrift *„Die christliche Familie"* (1914-1939).

Die Liste allein der *selbstständigen* hochdeutschen Schriften mit Kriegsbezug[77] ist so beachtlich, dass man sich mit Blick auf das Gesamtwerk fast fragen muss, wie ein Priester im Amt in nur vier Jahren neben der personalen Seelsorge überhaupt so viele Veröffentlichungen auf den Weg bringen kann: *1914:* „Die große Volksmission Gottes – Ein ernster Mahnruf in schwerer Zeit"; „Weine nicht! Ein Wort des Trostes an die Hinterbliebenen der gefallenen Krieger ..."; „Aus der Tiefe – Kriegsgebete ..."; „Kriegsbrief an die Kommunionskinder"; „Weihnachtsbrief an die Soldaten im Felde"; „Neujahrsbrief an die Soldaten im Felde". – *1915:* „Passionsbrief an die Soldaten im Felde"; „Soldatenspiegel"; „Osterbrief an die Soldaten im Felde"; „Pfingstbrief an die Soldaten im Felde"; „Herz-Jesu-Brief an die Soldaten im Felde"; „Rosenkranzbrief an die Soldaten im Felde"; „Kriegsbrief an das Deutsche Volk"; „Kriegsbrief an die deutschen Frauen"; „Kriegsbriefe I. Sammlung"; „Kriegsandacht"; „Verzage nicht!" (u.a. „Ein Wort der Aufmunterung an die verstümmelten Krieger"); „Memento – Erwägungen und Gebete zum Troste"; „Ein Heimatbuch – Worte des Trostes und der Ermahnung". – *1916:* „Schutzengel-Kriegsbrief an die Kinder"; „Fastenbrief an die deutschen Soldaten"; „Eucharistischer Brief an die deutschen Soldaten"; „St. Josephs-Brief an die deutschen Soldaten"; „Armenseelentrost". – *1919:* „Trost in Trübsal – Gebete und Betrachtungen für die Tage der Bedrängnis" (Ausgewählte Textbeispiele →VIII).

Der sich hier aufdrängende Verdacht, dass Augustin Wibbelt 1914-1918 als geistlicher Schriftsteller zu den führenden römisch-katholischen ‚Kriegsseelsorgern an der deutschen Heimatfront' gehört haben muss, wird auch genährt durch den Umstand, dass er mit zwei Beiträgen in dem für alle deutschsprachigen Diözesen gedruckten Erbauungsbuch „Sankt Michael"[78] von 1918 vertreten ist und in diesem Werk

---

[77] TAUBKEN 1996, 26-31.
[78] SANKT MICHAEL 1918. Die Unterschiede der Auflagen von 1917 bis 1919 lassen wir an dieser Stelle unberücksichtigt. Die Einleitung des Buches stammt vom Rottenburger Bischof Paul Wilhelm Keppler, einem Förderer des völkischen Antisemiten und „Niederdeutsch-Ideologen" Julius Langbehn (vgl. MISSALLA 1968, S. 78, 83 u.a.). Sie offenbart

auch die angefügte „Kriegschronik der Familie" auf jeder Seite mit Versen von Wibbelt versehen ist. Allerdings sind diese Beiträge aus anderen Schriften des Dichters übernommen worden. Wibbelts Text „*Des Deutschen Volkes Schutzpatron*"[79] eröffnet zusammen mit dem Schlachtenlied „Sankt Michael" von Pfarrer Ottokar Kernstock das Eingangskapitel „Sankt Michael", welches die besonders auch für Karl Wagenfeld so bedeutsame nationalistische Anschauung vom deutschen Erzengelfürst an Gottes Thron und die Deutung der Geheimen Offenbarung auf deutsches Kriegshandwerk hin in erschreckender Weise vermittelt: Sankt Michaels Kriegsdienst ist Gottesdienst[80], er führt das deutsche Heer ins Feld und ist zugleich Seelenführer der gefallenen Soldaten. Allerdings sichert sich der Dichter hier im Vergleich mit seinen Mundarttexten[81] dogmatisch besser ab, indem er die letzten beiden Punkte in Form eines Gebetszitates und durch Verweis auf fromme Tradition vermittelt. – In Wibbelts „*Gebet für einen Angehörigen im Felde*"[82] heißt es u.a.: „O Herr, [...]; wenn Du aber in Deiner Unerforschlichkeit beschlossen haben solltest, dass er [der Angehörige im Krieg] sein Leben hingeben soll für die heilige Sache des Vaterlandes, so gewähre ihm einen schmerzlosen Tod in Deiner Gnade, Du barmherziger Gott!"

*

---

ziemlich unverhohlen den eigennützigen, kirchenpolitischen Hintergrund des katholischen Kriegsengagements 1914-1918: „*Wir [Katholiken] sind nicht Deutsche zweiter Güte, Vaterlandsfreunde zweiter Klasse.*" Nahezu sämtliche Bischöfe werden als Mitarbeiter des Werkes aufgeführt.

[79] SANKT MICHAEL 1918, S. 11; entnommen aus: Augustin Wibbelt: Soldatenspiegel. M.-Gladbach: Kühlen [1915]. – In seiner plattdeutschen Vers-Dichtung „*Sünte Michel*" hält Wibbelt auch zur Zeit der Weimarer Republik fest an einer nationalreligiösen Deutung des Erzengels Michaels, welcher als ‚Feldmarschall Gottes' gilt und die Deutschen, deren Schutzpatron er ist, angeblich besonders liebt (WIBBELT 1925, bes. S. 77-83).

[80] Auch im Werk „Sankt Michael" liest man von K. Faustmann: „Wer also in einem Kriege pflichtgemäß die Waffen trägt, ist eingefügt in die Pläne des ewigen Weltregierers, ... ist ein Werkzeug der Vorsehung" (zit. MISSALLA 1968, S. 130). Ein G. Koch predigte als Katholik gar in seinem Buch „*Gottes Schlachtfeld*": „Wenn wir dem Staat gehorchen, gehorchen wir Gott, denn Gott hat den Krieg befohlen." (zit. ebd.)

[81] Vgl. z.B. WIBBELT 2000, S. 21.

[82] SANKT MICHAEL 1918, S. 92-93; entnommen aus: Augustin Wibbelt: Aus der Tiefe. Kriegsgebete, daheim und im Felde zu beten. M.-Gladbach: Kühlen [1914].

Siebzehn Millionen Tote und 21 Millionen Verwundete des Ersten Weltkrieges waren 1918 immer noch kein Grund zum Umlernen für ein neues Handwerk (Jesaja 2,4). Zwei Jahrzehnte nach dem ‚Weltenbrand' wurden Hitlers Kriege erneut von den Kirchenleitungen beider Konfessionen in Deutschland – Bischof Clemens August Graf von Galen in Münster eingeschlossen – gutgeheißen. Das Episkopat stellte den katholischen Gläubigen die Beteiligung am Hitlerkrieg *fast ausnahmslos* als Christenpflicht und den Hitler-Eid als bindend dar. Das berüchtigte Handbuch des Freiburger Erzbischof Conrad Gröber beschwor Ängste vor einer „asiatischen Unkultur".[83] Es empfahl im Vorwort einen völkisch-germanisch und antisemitisch begründeten Kampf gegen den „Bolschewismus"; unter dem Stichwort „Völkerfriede" wurde gelehrt: „Der übertriebene Grundsatz ‚Nie wieder Krieg' [ist] eine Utopie" und „Festhalten am Frieden um jeden Preis ist unsittlich". Diesmal wird sich die Lawine der Kriegstoten auf über 70 Millionen Menschen vervielfachen.

Das alte Lied wurde also aufs Neue gesungen. Auch Augustin Wibbelt hat sich im Zweiten Weltkrieg wieder mit ‚Ermutigungen' an die Frontsoldaten gewandt. Noch nach der ‚Schlacht von Stalingrad' war dem Dichter der heitere Sinn offenbar nicht vergangen. Es erschienen folgende seichte Gelegenheitsreime – wohl auf Vermittlung von Christel Schulte Krude[84] hin – am 23. Oktober 1943 in der Geseker Zeitung:

Ein neues Lied[85]

Augustin Wibbelt

Tapfres Volk von Geseke,
Wie ich aus den Briefen seh'!
In der Ferne, ungemessen,
Wird die Heimat nicht vergessen.

---

[83] Vgl. GRÖBER 1937 (das Vorwort sowie die unglaublichen Ausführungen in vielen Handbuchartikeln: Vaterlandsliebe, Volk, Völkerfrieden, Nation, Vererbung, Eugenik ...).
[84] Vgl. zu ihr: BÜRGER 2010, S. 610-611.
[85] WIBBELT 1943.

Auch die Heimat, wie Ihr wißt,
Ihre Söhne nicht vergißt,
Immer bleiben wir die alten,
Wollen treu zusammenhalten.

Eurer Heimat liebes Bild
Strahlt Euch wie ein Stern so mild,
Und so kommt es, daß Euch allen
Unsere Bilder so gefallen.

Unsere Zeitung bringt sofort,
Was passiert ist, gleich nach dort.
Und Ihr seht, noch steht das Städtchen,
Und es leben noch die Mädchen.

Hei, die Ernte war famos,
Und die Freude doppelt groß,
Weil für jeden Ernteritter
Ward gewährt ein ganzes Liter.

Auch die Schule will nicht ruhn,
Will für unsre Front was tun.
Und so sammeln all die Putten
Kräutertee und Hagebutten.

Schreibt nur, wenn Euch etwas fehlt,
Und kein Wunsch sei uns verhehlt;
Schreibt an die Soldatenmutter,
Deren Herz so weich wie Butter.

Eure Lieben um die Wett'
Opfern gern das letzte Fett,
Eltern, Schwestern, Anverwandte
Bis zur allerletzten Tante.

O, die Heimat, alt und neu,
Bleibt Euch ewig ewig treu;
Drum so müßt Ihr nicht verzagen,
Und was schwer ist, wacker tragen.

Ob der Feinde viele sind,
Nur wer aushält, der gewinnt.
Nur wer aushält, der wird siegen,
Laßt Euch ja nicht unterkriegen.

Der dies Lied gesungen hat,
War vor langer Zeit Soldat!
Wann denn? Fragt Ihr wohl verwundert,
War im vorigen Jahrhundert.[86]

Sechzig Jahre ist es her,
Da marschiert er mit Gewehr;
Hat jetzt „Achtzig" auf dem Rücken –
Doch er geht noch nicht mit Krücken.

---

[86] [Vgl. zu Wibbelts eigener Militärdienstzeit 1884/85: POHL 1962*, S. 20-24.]

B.
Quellenteil –
Dokumentation

Zugemauerte ehemalige Tür am St. Paulus-Dom, Münster 2014
(Aufnahme: Dietmar Rabich / Wikimedia Commons / CC BY-SA 4.0)

V.
Münsterische Kriegshirtenworte
1914-1918

Bischof Johannes Poggenburg

1.
AN DIE EHRWÜRDIGE GEISTLICHKEIT UND DIE GLÄUBIGEN[1]
Erstes Kriegshirtenschreiben von Johannes Poggenburg,
Münster, 3. August 1914

Geliebte Diözesanen!

Der Krieg hat begonnen, ernste Zeiten sind angebrochen. Se. Majestät der Kaiser hat vor aller Welt bekundet, daß er der Gerechtigkeit unserer Sache sich bewußt und im Vertrauen auf den allmächtigen Gott, an dessen Segen alles gelegen ist, in den ernsten Kampf zieht. Er vertraut zugleich, daß sein Volk in diesen schweren Zeiten treu zu König und Vaterland stehen werde.

---

[1] Textquelle I Kirchliches Amtsblatt der Diözese Münster, Jahrgang XLVIII., Nr. 9 vom 3. August 1914, S. 53-54. (Digitale Spende an unser Projekt: Bistumsarchiv Münster). – Wilhelm Damberg meint: „Der Hirtenbrief des Bischofs Johannes Poggenburg, der 1913 die Nachfolge Felix von Hartmanns angetreten hatte, nahm sich angesichts des überschäumenden Nationalismus auf den Straßen eher zurückhaltend aus, wenngleich an der Loyalität zu Kaiser und Reich kein Zweifel bestand […]. Gemessen an der vorherrschenden Tonlage im August 1914 fällt auf, wie stark Poggenburg den ‚Ernst' der Lage betonte, in dem die Kirche sich durch die sog. geistigen und leiblichen Werke der Barmherzigkeit zu bewähren hatte. Das Urteil über den ‚gerechten' Charakter des Krieges war hier in das Ermessen des christlichen Monarchen, nicht der Kirche gestellt, verpflichtete aber jeden Christen zum Gehorsam. Dieses Denkmuster entsprach der im Mittelalter entwickelten Theorie des ‚gerechten Krieges'." (DAMBERG 1998, S. 196-197.) pb

Geliebte Diözesanen! Vermögen wir auch die Absichten Gottes bei seinen Zulassungen und Fügungen nicht zu erkennen, wir wissen, daß ohne den Willen unseres Vaters, der im Himmel ist, kein Haar von unserem Haupte fällt; wir wissen, daß Gottes Wille unsere Heiligung ist, und daß Gott durch alles, was auf Erden geschieht, uns zu diesem Ziele führen will. Auch will Gott oft durch Leiden und Not die Menschen aus ihrer Sorglosigkeit um das ewige Heil, aus ihrer Hingabe an die Welt und ihre Freuden aufrütteln, damit sie einmal wieder ernstlich an Gottes Gebot denken, Einkehr halten in sich selbst und zur Buße und Besserung des Lebens gelangen.

Entbehrungen, Not und Sorgen, vielfache und schwere Opfer werden in der nächsten Zeit auf uns allen lasten. Das ganze Vaterland und alle seine Bewohner werden in Mitleidenschaft gezogen.

Da muß sich, geliebte Diözesanen, der Geist einer großen und ausdauernden Liebe bewähren, da müssen wir alle unserem Christennamen Ehre machen, indem wir helfen, soviel wir können, um Not zu lindern, Tränen zu trocknen, Hungrige zu speisen, Nackte zu bekleiden, Kranken und Verwundeten durch Pflege und Zuspruch Trost zu spenden.

Groß ist der Segen und herrlich der Lohn, welcher der in christlicher Liebe geübten Mildtätigkeit verliehen wird von Gott, der auch den Trunk Wassers, dem Geringsten seiner Brüder gereicht, nicht unbelohnt läßt. In glücklichen Tagen des Friedens, geliebte Diözesanen, habt ihr stets bereitwillig und unverdrossen eure Hände zu milder Spende geöffnet; da werdet ihr auch jetzt zur Zeit des Krieges euch durch reiche Und beharrliche Liebeserweisungen auszeichnen. Es sind ja eure Heimatsgenossen, eure Landsleute, die dem Rufe des Königs zum Heere in treuer Pflichterfüllung gefolgt find; es sind die Krieger, die als Verwundete oder Kranke zurückkehren, es sind eure Söhne und Brüder, die jetzt der Hilfe bedürfen.

Vor allem aber wollen wir uns in dieser ernsten Zeit Um den Altar des Herrn sammeln und aus demselben in bußfertiger und demütiger Gesinnung unsere Gebete niederlegen für den Sieg Unserer Waffen, für den Schutz unserer Krieger, für die baldige Herstellung eines dauerhaften Friedens, für unser Vaterland und sein geliebtes Herrscherhaus. Wenn Israels Volk, von seinen Feinden bedrängt, bußfertig zum Herrn flehte, dann wurde ihm jedesmal Rettung aus der Bedrängnis seiner Feinde zu teil.

„Mit Weinen", so sprach Gott durch den Propheten Jeremias, „werden sie kommen, und in Erbarmung werde ich sie zurückgeleiten, denn ich bin Israel zum Vater geworden. Höret das Wort des Herrn, ihr Völker, und verkündet es den Inseln in der Ferne und saget: Der, welcher Israel zerstreut hat, wird es sammeln und es hüten, wie ein Hirt seine Herde." Jerem. 31, 9-10.

Im Anschlusse an das vorstehende Schreiben verordnen wir folgendes:

1. Am nächsten Sonntage, den 9. d. M., ist in allen Pfarr-, Rektorat- und Klosterkirchen unter Aussetzung des hochwürdigsten Gutes ein 13stündiges Gebet zu halten und am Abend mit Abbetung der Litanei von allen Heiligen nebst den dazu gehörigen Gebeten zu schließen.

2. An allen Sonn- und Festtagen zur Zeit des Krieges soll vor dem Hochamte oder während einer stillen hl. Messe die Litanei von allen Heiligen mit der Oration vom Frieden gebetet werden.

An den Wochentagen soll nach der Pfarr- oder Schulmesse das Gebet um Frieden (Diözesangesangbuch, Gebete für verschiedene Anliegen Nr. 10) nebst einem Vater unser und Ave Maria verrichtet werden.

3. Jeder Priester der Diözese hat bis auf weiteres die Kollekte pro pace nach Maßgabe der Rubriken bei der hl. Messe einzulegen.

Die Gläubigen sind von der Abhaltung des 13stündigen Gebetes zeitig in Kenntnis zu setzen, und das obige Schreiben ist am nächsten Sonntag von der Kanzel zu verlesen.

Münster, den 1. August 1914.
Der Bischof von Münster.
† Johannes.

*

Nach einer soeben bekannt gewordenen Aufforderung Sr. Majestät soll das ganze Volk am Mittwoch den 5. August einen außerordentlichen allgemeinen Bettag begehen.

Wir verordnen daher, daß an diesem Tage in allen Pfarr- und Rektoratkirchen unter Aussetzung des Hochwürdigsten Gutes ein *solennes Hochamt* de *tempore belli* gehalten werde. Wir überlassen es den Herren Pfarrern und Rektoren, auch eine entsprechende Andacht am Nachmittage abzuhalten.

Ferner soll an diesem Tage bei jedem Gottesdienste eine Kirchenkollekte für die zurückgebliebenen Angehörigen der ins Feld gerückten Truppen abgehalten werden.

Münster, den 3. August 1914.
Der Bischof von Münster.
† Johannes.

Illustration aus: SANKT MICHAEL 1918

2.
OPFERKRAFT[2]
(17. November 1914)

Dr. Johannes Poggenburg,
Bischof von Münster i.W.

Als die schwere Prüfungszeit des Krieges ihren Anfang nahm, und die ersten Tage banger Sorgen wie schwarze Gewitterwolken am Himmel aufzogen, da richtete ich an euch ein Wort der Mahnung, eure Gebete zu verdoppeln und im Gottvertrauen nicht zu wanken. Nach dem Worte des Weltapostels: „Wenn Gott für uns ist, wer ist dann wider uns?" (Röm. 8,31) ermahnte ich euch, in unablässigem Gebete Hände und Herz zu Gott zu erheben, daß er mit uns sein, uns beschirmen wolle, daß er uns Kraft und Stärke verleihe, die Heimsuchungen dieser ernsten Zeit in Geduld zu ertragen, daß er bald sein Wort an uns wahr machen möge: „Gedanken des Friedens denke ich und nicht Gedanken der Trübsal. Ihr werdet mich anrufen, und werdet beten zu mir, und ich werde euch erhören; ... und eure Gefangenen werde ich zu euch zurückführen." (Jerem. 29, 11f.)

Meiner oberhirtlichen Mahnung seid ihr mit heiligem Eifer und großer Treue nachgekommen, – das darf ich heute mit Dank gegen Gott euch bezeugen. Ihr habt meine Erwartungen nicht getäuscht und das Herz eures Bischofs dadurch mit Hoffnung und Trost erfüllt. Wie zahlreich waren die Gläubigen in ihren Gotteshäusern versammelt, wie waren die Beichtstühle und die Kommunionbänke umlagert, sowohl von den ins Feld ziehenden Soldaten, als auch von den daheimbleibenden Angehörigen! Wie war die Andacht so groß und das Gebet so innig, daß es durch die Wolken dringen mußte, hinauf zum Throne Gottes, des Herrn der Heerscharen, des Lenkers der Schlachten! Diese erste

---

[2] Textquelle | SANKT MICHAEL [1917/1919*] = Johann LEICHT, Domkapitular in Bamberg (Hg.): Sankt Michael. Ein Erinnerungsbuch aus schwerer Zeit zur Erbauung und Tröstung für die Katholiken deutscher Zunge. Mit einer Einführung von Dr. Paul Wilhelm von Keppler (Bischof von Rottenburg). Würzburg/Berlin/Wien: Deutscher Sankt-Michaels-Verlag G.m.b.H. [1917/1919?], S. 121-123.

Zeit des Krieges, in der unter dem Donner der Geschütze überall in unserm deutschen Volke der Gottesglaube und das Gottvertrauen neu erwachten, können wir nicht vergessen, sie war wie ein einziger, ununterbrochener, ernst feierlicher Gottesdienst.

Seitdem sind nun bereits vier Monate vergangen, Monate banger Sorgen für so viele, deren nächste Angehörigen im Felde stehen, Monate schwerer Kämpfe, auch Monate herrlicher Siege. Ströme von Blut und Tränen sind geflossen. Opfer ohne Maß und Zahl hat der Krieg im Osten und im Westen und auf dem weiten Weltmeere gefordert, Opfer vom ganzen Volke und Opfer von jedem einzelnen. Die Namen in den langen Listen der Verwundeten sind so zahlreich geworden, die Totenlisten reden von so vielen einsamen Gräbern im fernen Feindesland, und tiefe Trauer ist eingekehrt in zahllose Familien unseres Volkes wegen des Verlustes teurer Angehörigen. Und dennoch, geliebte Diözesanen, bei all diesem Leid ist die Opferkraft nicht erlahmt, und keine Bitterkeit und keine Verzagtheit ist über euch gekommen; im Gegenteil, die gemeinsame Not des ganzen Volkes und Vaterlandes hat alle fest zusammengeschmiedet, und das Vertrauen auf Gott, den Herrn und Helfer, hält alle mutvoll aufrecht in dieser gefahrvollen Zeit.

Es naht jetzt die hl. Adventszeit. „Brüder", so mahnt uns in der Epistel des 1. Adventssonntages die eindringliche Stimme des Weltapostels, „Brüder, wisset, daß die Stunde da ist, vom Schlafe aufzustehen. Denn jetzt ist unser Heil näher, als da wir gläubig wurden. Die Nacht ist vorgerückt, der Tag aber herangekommen. Lasset uns also ablegen die Werke der Finsternis und uns rüsten mit den Waffen des Lichtes. Lasset uns ehrbar wandeln wie am Tage, nicht in Schwelgerei und Trinkgelagen, nicht in Fleischeslust und Unzucht, nicht in Zank und Neid, sondern ziehet an den Herrn Jesum Christum!" (Röm. 13, 11–14.)

Mächtiger noch als sonst, geliebte Diözesanen, tönt die Sprache Gottes durch den Mund seines Apostels in diesem Kriegsjahre uns in die Seele. Die Adventszeit ist eine Zeit des Gebetes, der Buße und Abtötung, der Prüfung des Herzens, der Einkehr in uns selbst.

Aber besonders eindringlich ermahnt sie uns in diesem Jahre: „Bruder, es ist Zeit", uns mit ganzer Seele zu Gott zu wenden, seinem Willen uns hinzugeben, seinem Mahnrufe zur Buße zu folgen, ihn zu bestürmen, daß er unserm Heere bald den Sieg verleihe, unserm geliebten Vaterlande den Frieden wiedergebe. Noch hat es der Vorsehung Gottes nicht gefallen, unser Flehen in der Allerheiligenlitanei zu erhören: „Von Pest, Hunger und Krieg – erlöse uns, o Herr!" Darum, geliebte Diözesanen, bitte und ermahne ich euch, setzet euer Gebet fort.

Kommet täglich den für das Vaterland kämpfenden Soldaten zu Hilfe mit der unsichtbaren Waffe des Gebetes, dieser starken himmlischen Macht. Möge stets eine innige geistige Gemeinschaft bestehen zwischen den Soldaten, die auf dem Schlachtfelde kämpfen, und den Angehörigen, die daheim für sie beten. Betet für die Verwundeten und für die Gefangenen, daß Gott ihnen die Leiden, die sie in treuer Pflichterfüllung zu tragen haben, zum Heile ihrer Seele anrechne; betet auch für die Seelen derjenigen, die im Kampfe für das Vaterland auf dem Felde der Ehre gefallen sind. Beter oft gemeinsam in der Familie und betet in der Kirche vor dem Heiland im allerheiligsten Sakramente. Wohnet, wenn möglich, auch an den Werktagen der Adventszeit dem hl. Meßopfer bei, diesem wirksamsten Lob-, Dank-, Bitt- und Sühnopfer, bei dem wir so inständig bitten: „Gib gnädig Frieden in unsern Tagen." Nehmet auch eure Zuflucht zur lieben Mutter Gottes, die einst der Welt jenen geschenkt hat, in dem der ewige Vater alles versöhnen wollte. Und ist einer eurer Angehörigen im Kriege gefallen, dann möge jene euch Stärke und Trost erstehen, die einst unter dem Kreuze den mit Blut und Wunden bedeckten Leichnam ihres göttlichen Sohnes auf ihren Schoß nahm, die wir besonders als die Königin der Märtyrer und als die Trösterin der Betrübten verehren. Reiniget alle in dieser hl. Zeit euer Gewissen im hl. Sakramente der Buße und stärket euch in der hl. Kommunion mit dem Brote des Lebens. Auf diese Weise, geliebte Diözesanen, erfüllt ihr die Mahnung des Adventspredigers am Jordan: „Bereitet den Weg des Herrn." Dadurch könnet ihr diese kummervolle Zeit euch allen nützlich machen für euer Seelenheil, wie es ja der Wille Gottes ist bei allen Trübsalen, die er uns schickt; denn „denen, die Gott lieben, gereichen alle Dinge zum besten". (Röm. 8, 28.) So ziehen wir Gottes Gnade auf unser Volk und Vaterland herab, und können wir mitwirken, die Dauer der Not und der Leiden abzukürzen. So wird auch der Friede seinen Einzug halten in eure Herzen. Und kann es noch nicht der Welt- und Völkerfriede sein, so ist es doch der Seelenfriede, der Friede mit Gott, welcher allen Begriff übersteigt. Bei keinem aus euch darf es am hl. Weihnachtsfeste dieses Jahres heißen: „Das Licht leuchtete in der Finsternis, aber die Finsternis hat es nicht begriffen." „Er kam in sein Eigentum, aber die Seinen nahmen ihn nicht auf." (Joh. 1,5 und 11.)

Und wie ihr bereits in den vergangenen Monaten in heiligen Werken der Liebe für unsere Krieger im Felde, für die Verwundeten in den Lazaretten," für Arme und Notleidende euch betätigt habet, so werdet ihr auch weiter helfen mit allen Mitteln, die euch zur Verfügung stehen, helfen, je nachdem die Not wächst, helfen je nach der Lage der Verhältnisse. Schon jetzt bluten Tausende von Wunden, deren Schmerz wir zu lindern vermögen. Ja, geliebte Diözesanen, durch reichliche Werke der Frömmigkeit und christlichen Nächstenliebe wollen wir alle uns vorbereiten auf das Hochfest der heiligen Liebe Gottes, auf das heilige Weihnachtsfest, an dem die unendliche Liebe Gottes in der Krippe von Bethlehem durch die stille, heilige Nacht uns entgegenleuchtet, von den Engeln verkündet, von den frommen Hirten angebetet und von allen gefunden, „die eines guten Willens sind".

Der Segen des allmächtigen Gottes, des Vaters, des Sohnes und des heiligen Geistes komme über euch und bleibe bei euch allezeit. Amen.

3.
ÜBER DIE LEIDEN
[Fastenzeit 1915]

Hirtenbrief
Sr. Bischöfl. Gnaden Johannes Poggenburg,
Bischof von Münster[3]

Vielgeliebte Diözesanen!

Wenn je ein großes Maß von Leiden und Prüfungen aller Art in einen engen Zeitraum sich zusammengedrängt hat, so ist dieses in gegenwärtiger Zeit der Fall. Schon ein halbes Jahr hindurch wütet der große Weltkrieg, in dem die Völker in blutigem, vernichtendem Kampfe sich gegenüberstehen. Wir haben vor einigen Wochen Weihnachten gefeiert, das Fest des Friedens; aber leider hat es uns den Völkerfrieden noch nicht gebracht. Wir sind in ein neues Jahr eingetreten; allein, dieses Jahr hat die blutige Erbschaft des vergangenen Jahres antreten müssen. Und noch immer ist das Ende dieser Leiden nicht gekommen. Ja, ernst sind die Zeiten und groß die Prüfungen, mit denen Gott die Menschen heimsucht. Jedoch, geliebte Diözesanen, Leiden und Trübsale waren immer auf der Welt, nicht nur während des Krieges, sondern auch in Friedenszeiten. *„Große Mühsal,"* sagt die Hl. Schrift, *„ist geschaffen für alle Menschen, und ein schweres Joch liegt auf den Kindern Adams vom Tage ihrer Geburt bis zum Tage ihres Begräbnisses ... So bei dem, der auf herrlichem Throne sitzt, wie bei dem, der bis zu Staub und Asche gedemütigt ist; bei dem, der im himmelblauen Kleide geht und die Krone trägt, wie bei dem, den grobe Leinwand deckt."* (Sir. 40, 1-4.) Und der fromme Dulder Job hat einst geklagt: *„Kriegsdienst ist des Menschen Leben auf Erden, und wie Tage des Lohnarbeiters sind seine Tage."* (Job 7, 1.)

Die Schwelle des Lebens ist bei den Menschen der Anfang der Trübsal. Jedes Alter, jedes Geschlecht, jeder Stand hat seinen Anteil an

---

[3] Textquelle | HIRTENBRIEFE 1915 = Hirtenbriefe des deutschen Episkopats anläßlich der Fastenzeit 1915. Paderborn: Verlag der Junfermannschen Buchhandlung 1915, S. 7-14.

Trübsal und Leiden, und einem Strome gleich ergießen sich dieselben über alle Wege, auf denen Menschen wandeln. In der Tat, geliebte Diözesanen, wir beten mit Recht: „In diesem Tale der Tränen".

Angesichts der Not, welche der gegenwärtige Krieg im Gefolge hat, und im Hinblick auf das mannigfache Elend der Menschen während ihres irdischen Daseins wollen wir in diesem Fastenhirtenschreiben eine Betrachtung anstellen über die Leiden des Menschenlebens und die Frage beantworten: *Woher stammen die Leiden auf dieser Welt, und welche Bedeutung haben sie für die Menschen?*

Woher stammt das Elend und das Leiden im Leben der Menschen? Woher die Herrschaft des Schmerzes auf der Welt? Der Unglaube hat auf diese Frage nie eine befriedigende Antwort zu geben, die Rätsel der Leiden nicht zu lösen vermocht. Wir Christen hingegen kennen die Quelle der Leiden. „Gott", sagt Tobias, *„hat nicht Freude an unserm Verderben."* (Tob. 3, 22.) Gott hat die Übel, die Leiden in der Welt nicht gewollt. Er setzte unsere Stammeltern in ein Paradies und wollte, daß die Menschen dort glücklich seien. Dann aber hat der Mensch gesündigt und durch die Sünde selbst den Garten in eine Wüste verwandelt. Paradiesische Freude gibt es nicht mehr auf Erden. Seit dem Sündenfalle leben wir auf einer fluchbeladenen Erde und wandeln unter Disteln und Dornen. *„Die Erde"*, so sprach Gott zu Adam, *„sei verflucht ob deiner Tat; in Mühen sollst du essen von ihr alle Tage deines Lebens. Disteln und Dornen soll sie dir tragen."* (1. Mos. 3, 17-18.) Durch die Sünde unserer Stammeltern ist der Tod in die Welt gekommen und ein Strom der Leiden aller Art entfesselt worden, von dessen Fluten alle ihre Nachkommen zu kosten haben. Und keine irdische Macht, keine Wissenschaft, kein Gesetz, keine Staatskunst wird je imstande sein, die fluchbeladene Erde wieder zu einem Paradiese umzuschaffen.

Leiden werden den Menschen auch bereitet durch ihre Mitmenschen *„Du sollst deinen Nächsten lieben, wie dich selbst"*, so hat der Heiland geboten. Alle Menschen sollen als Glieder einer großen Familie nach Gottes Willen sich gegenseitig achten, lieben und unterstützen. Allein, geliebte Diözesanen, wie oft und wieviel wird gefrevelt gegen dieses Gebot Gottes! Herrscht nicht zu allen Zeiten Haß und Neid, Feindschaft und Hader, Lüge und Verleumdung unter den Völkern und den einzelnen Menschen untereinander? Und sind nicht zahllos und entsetzlich die Leiden, die den Menschen daraus erwachsen? Wie furchtbar leiden ganze Völker in dem Kriege der Gegenwart! Christliche Ehegatten sollen Hand in Hand durch das Leben wandeln; sie schulden sich gegenseitig Liebe, Treue und Hülfeleistung. Doch wie oft wird das Leben des einen Gatten zur Qual durch die Sünde und die Schuld des andern! Die Kinder sind den Eltern Ehrfurcht, Liebe und Gehorsam schuldig. Aber so manche Eltern finden nichts als Verachtung, Lieblosigkeit, Undankbarkeit, Ungehorsam und sind niedergebeugt durch den Gram und Kummer über entartete Kinder. Und wie oft hinwiederum sucht Gott die Sünde der Eltern heim an den Kindern, wie viele Eltern sind das Unglück ihrer Kinder! Nicht selten werden die Untergebenen mißhandelt von den Vorgesetzten, und viel Kummer und Leid erfahren letztere von jenen, die ihnen Ehrerbietigkeit, Treue und Gehorsam schulden. In der Tat, geliebte Diözesanen, die Schuld der Menschen ist eine bittere Quelle, aus der zahllose Leiden für ihre Mitmenschen entspringen.

Viele Leiden, die der Mensch zu erdulden hat, stammen endlich *aus eigener Schuld*. Mancher muß in den Trübsalen seines Lebens gestehen: Meine Schuld, meine größte Schuld! Leichtsinn, Trägheit, Verschwendung und Genußsucht sind nicht selten der tiefste Grund der Not und des Elendes vieler unglücklicher Menschenkinder. Und ist nicht Unmäßigkeit und Unkeuschheit vielfach die bittere Wurzel, aus der so bittere Früchte erwachsen? Hat nicht schon manche Menschen Haß und Jähzorn ins tiefste Unglück gestürzt? Ja viele sind infolge ihrer Sünden die Urheber ihres eigenen Unglücks; sie müssen bekennen mit den Brüdern Josephs: *„Wir haben verschuldet, was wir leiden"*, (1. Mos. 42, 21) oder mit dem Schächer am Kreuze: *„Wir verdienen, was wir leiden."* (Luc. 23, 41.)

Die Sünde der Stammeltern, die Schuld unserer Mitmenschen und die eigene Schuld sind vor allem die Ursachen der Leiden und die Quellen der Übel, die uns drücken.

Da drängt sich uns nun, geliebte Diözesanen, die Frage auf: Wozu dienen denn die Leiden? Welche Bedeutung haben sie für den Menschen? Wie sollen wir den Schmerz, der uns drückt, ertragen? Dort, wo der Glaube an Gott nicht wohnt, hat man trotz allen Fortschrittes in der Kultur und Wissenschaft die Bedeutung der Leiden nie erkannt. Das

Heidentum hat stets nur die Antwort zu geben gewußt: Das ist nicht zu ändern; man muß sich darin ergeben; ein böser Zufall herrscht über die Menschen. Daher die Trostlosigkeit und die Verzweiflung der Ungläubigen in den Leiden und Heimsuchungen des Lebens. Darum wächst auch von Tag zu Tag die Zahl derer, die das Leben mit Gewalt von sich werfen, weil sie den Schmerz nicht verstehen und nicht ertragen wollen.

Der Glaube an Gott und seine Vorsehung allein gibt hier die Lösung, Aufklärung über die Bedeutung und den Wert der Leiden.

Gott läßt oft Leiden und Heimsuchungen über den Menschen kommen, um *ihn zu seinem Schöpfer zurückzuführen*, wenn er ihn durch die Sünde verlassen hat. Wie das Glück uns leicht von Gott trennt, so führt das Unglück uns zu ihm zurück. So lange dem Menschen das Glück hold ist, so lange er in Ehren und Ansehen lebt, des Lebens Freude und Güter ungestört genießen kann, heftet sich leicht sein Herz an die Welt und ihre nichtigen Genüsse. Im Glück und Wohlgehen denkt mancher wenig an Gott, der ihn zu seinem Dienste erschaffen, an die letzten Dinge, an die Vergeltung nach dem Tode. Leichtsinn, Zerstreutheit, Vergnügungssucht, Gleichgültigkeit und Lauheit ist das Gepräge seines Lebens. Macht der Mensch aber bittere und harte Erfahrungen, werden seine hoffnungsvollen Pläne unbarmherzig durchkreuzt, wird er von Krankheiten heimgesucht, entreißt ihm der Tod die teuersten Angehörigen, dann fühlt er die Vergänglichkeit und Hinfälligkeit alles Irdischen, dann erkennt er, daß wir Menschen *„hienieden eine bleibende Stätte nicht haben"* (Hebr. 13, 14), daß wir nur Wanderer und Fremdlinge sind auf Erden.

In den Tagen der Prüfungen hält der Mensch Einkehr in sich selbst, und das ist der erste Schritt zu Gott. Er erkennt wieder, daß sein Herz für Gott erschaffen ist, daß es nur in Gott Ruhe findet. Leiden und Trübsal sind gewaltige Prediger, die den Menschen durch ihre überzeugende Sprache zwingen, den Weg des Heiles wieder zu betreten. *„Tag und Nacht"*, sagt der Psalmist, *„lag schwer auf mir Deine Hand; in meinem Elende kehrte ich mich zu Dir"; „Deine Züchtigung hat mich gebessert, und Deine Züchtigung wird mich belehren"; „Es ist gut für mich, daß Du mich ge-demütigt hast, auf daß ich Deine Satzungen kennen lerne."* (Ps. 31, 4; 17, 36; 118, 71). Auf dem Gipfel seines Glückes, auf dem Throne von Juda, vergaß der König Manasses seines Herrn und Gottes, machte sich vieler Verbrechen schuldig und verleitete das Volk zum Götzendienste. In den Fesseln zu Babylon aber, durch Unglück gebeugt, tat er Buße, und von jetzt an bietet er dem Volke ein Beispiel der Tugend und Frömmigkeit. (2. Chron. 33.)

In den letzten Jahren des Friedens, geliebte Diözesanen, die uns von Gott beschert waren, mußte oft geklagt werden über den Geist der Gottentfremdung, über die weite Verbreitung des Unglaubens und den Niedergang der Sittlichkeit. Eine schrankenlose, maßlose, ziellose Vergnügungssucht beherrschte alles. Stimmen der Warnung und der Mahnung verhallten wirkungslos. Da kam der Krieg und seine ernste Predigt; in seinem Gefolge waren so viele Trübsale und bittere Leiden. Aber, geliebte Diözesanen, der Krieg mit seinen Schrecknissen ist die Ursache geworden einer religiösen Erneuerung, einer geistigen Wiedergeburt. Die Tage des Krieges waren Tage ernster Einkehr, Tage aufrichtiger Buße für Sünde und Schuld. Hat nicht mancher verlorene Sohn, der in den Tagen des Friedens und des Glückes leichtsinnig das Vaterhaus seines Gottes verlassen, an der Hand der Leiden und Heimsuchungen dieses Krieges den Weg dorthin zurückgefunden?

Leiden lehren beten. In glücklichen Tagen ist der Mensch vielfach lau und lässig im Gebete. Allerlei Geschäfte und Vergnügungen lassen ihm keine Zeit zum Beten, zum Besuche der heiligen Messe, zum regelmäßigen Empfange der heiligen Sakramente. Kommen jedoch Tage der Leiden, naht Unglück und Krankheit, dann fühlt er seine eigene Hinfälligkeit und Ohnmacht, dann findet er Zeit zum Gebet, zur täglichen Beiwohnung der heiligen Messe, dann weiß er, wo der Heiland im Sakramente wohnt, dann lernt er den Segen schätzen, der geschöpft wird aus dem würdigen Empfange der heiligen Sakramente." Das Leben der Israeliten im gelobten Lande war ein stetes Schwanken zwischen Gottesdienst und Götzendienst. Wurden sie nicht bedrängt von äußeren Feinden, dann *taten sie das Böse vor dem Herrn und vergaßen ihres Gottes.* (Richt. 3, 7.) Wenn aber der Herr über sie ergrimmte, sie in die Hände der Feinde gab, schrien sie in ihrer Not zu Gott, daß er ihnen einen Erretter sende.

Auch wir lebten in einer gebetsarmen Welt. Das Gebet war verstummt bei einem großen Teile der Menschheit. Man glaubte vielfach nicht mehr an das Gebet und seinen Segen. Man suchte überall Hülfe in den Anliegen der Zeit, nur nicht bei Gott; man klopfte an alle Türen in der Not, nur nicht an die Tore des Himmels. Als man aber den Schrecknissen des Krieges gegenüber sich macht- und hülflos sah, da waren die Kirchen mit Betern angefüllt, da haben viele Menschen wieder beten und gut beten gelernt. Und dankend können wir mit dem Psalmisten ausrufen: *„Gepriesen sei der Herr, der nicht das Gebet und damit auch das Erbarmen von mir genommen!"* (Ps. 65, 20.)

Gebe, Gott, geliebte Diözesanen, daß die Menschen, wenn die Leiden dieses Krieges vorübergegangen sind, in dieser wahren Bußgesinnung, in diesem Gebetseifer verharren, daß sie die Wege nicht wieder betreten, welche sie verlassen, Und nicht zu dem zurückkehren, was sie aufgegeben haben!

Allein, so entgegnet Ihr, leiden denn nicht auch die Gerechten, leiden nicht auch manche unschuldig? Haben nicht gerade die Heiligen ihr Leben hindurch die größten Leiden und Heimsuchungen erduldet? *„Ich habe gehofft auf Glück,"* so klagt schon Job, *„und es kam mir Unglück; ich wartete auf Licht, und Dunkelheit brach herein."* (Job 30, 26.) Und der Völkerapostel schreibt: *„Bis zur Stunde hungern und dürsten wir; wir sind entblößt und werden ins Angesicht geschlagen und sind heimatlos; wir plagen uns, arbeitend mit eigenen Händen; wir werden gescholten und segnen; wir werden verfolgt und dulden; wir werden gelästert und flehen; gleich Auskehricht der Welt sind wir geworden, aller Abschaum bis heute."* (1. Cor. 4, 11-13.) So viele unserer Brüder, hoffnungsvolle, brave Söhne ihrer Eltern, haben unsägliche Mühen und Leiden zu erdulden in diesem Kriege, den sie nicht verschuldet; so viele aus ihnen fanden fern von der Heimat ihr Grab. So manche gottesfürchtige Familien sind durch diesen Krieg ihres Ernährers, ihrer Söhne beraubt worden.

Jawohl, geliebte Diözesanen, Gott schickt auch den Gerechten Leiden und Widerwärtigkeiten; denn nicht alle Leiden sind Strafe für die Sünden, sie sollen auch eine Prüfung sein für uns Menschen. *„Silber und Gold"*, sagt die Heilige Schrift, *„werden durch das Feuer geprüft; die Lieblinge Gottes aber im Ofen der Demütigung."* (Sir. 2,5.) Nur das Gold, das im Feuer erprobt ist, hat Wert. Und die treue Liebe des Freundes wird dann recht geschätzt, nachdem sie die Probe in den Opfern, die sie bringen mußte, bestanden. So wird auch die Liebe und Treue zu

Gott erst dann geschätzt, wenn sie im Feuer der Leiden sich bewährt hat. Wenn die dunkle Wolke der Leiden und Trübsale über den Menschen kommt, zeigt es sich, ob seine Gottesliebe treu, selbstlos und hingebend ist. Wenn wir Gott dienen, so lange er uns mit irdischen Gütern segnet, kann es scheinen, als hingen wir ihm an nur dieser Wohltaten wegen. Bleiben wir ihm aber auch treu unter Entbehrungen und Verlusten, so haben wir mit dem Dulder Job bewiesen, daß wir ihn seiner selbst wegen lieben.

Der hl. Chrysostomus hat einst gesagt: *„Ich verehre die Leiden als ebenso viele Sakramente."* In der Tat, geliebte Diözesanen, die Leiden des Lebens sind auch geheimnisvolle Gnadenmittel für den, der sie geduldig trägt. Oft ist es eine besondere Gnade, ein Zeichen der Auserwählung und der Wohlgefälligkeit vor Gott, wenn der Mensch Leiden und Trübsale erfährt. Das ist eine beseligende Wahrheit, die Gott uns in diesem Tränentale geoffenbart hat. „Wen Gott liebt, den züchtigt er", sagt Salomon. (Sprichw. 3, 12.) Der Apostel Paulus sagt dasselbe mit den Worten: *„Wen Gott liebt, den straft er."* (Hebr. 2, 6.) *„Weil du Gott wohlgefällig warst"*, sagt der Engel zu Tobias, *„darum war es notwendig, daß Prüfung dich bewährte."* (Tob. 12, 13.)

Aus dem Marmor kann sich kein herrliches, bewunderungswürdiges Bild gestalten, wenn nicht der Künstler mit Hammer und Meißel an ihm arbeitet. Was für den Stein der Hammer, das ist oft für den Menschen Kreuz und Leid. Gleichwie die Sterne des Nachts schimmern und am Tage verborgen sind, ebenso zeigt sich im Unglück die Tugend, die im Glück nicht sichtbar ist. Ist es nicht das Leiden, welches den Leichtsinn in uns ertötet, uns demütig macht, unserer Seele Kraft und Stärke gibt zur Übung des Guten, zur Überwindung des Bösen? Zeigt nicht die tägliche Erfahrung, daß Menschen, die selbst eine ernste Leidensschule durchmachen mußten, mehr Verständnis und Teilnahme für fremde Not finden? Und wer beschreibt den unermeßlichen Segen, der von dem geduldigen Leiden und Bußleben heiliger Seelen überfließt auf die Kirche und die ganze Welt? Ja, geliebte Diözesanen, durch die dunklen Wolken der Leiden dieses Erdenlebens fallen oft die schönsten Strahlen der Sonne göttlicher Liebe und Barmherzigkeit.

Die Leiden und Trübsale dieses Lebens erwerben uns endlich, wenn wir sie mit Ergebung in Gottes heiligen Willen tragen, einen *reichen*

Lohn für die ganze Ewigkeit. Der Dulder Job sah in seinem namenlosen Leiden im Geiste über die Grenzen des Erdenlebens in das Jenseits und sprach: *"Ich weiß, daß mein Erlöser lebt; am jüngsten Tage werde ich aus dem Staube erstehen ... und in meinem Fleische meinen Gott schauen. Diese Hoffnung ruht in meinem Busen".* (Job 19, 25-27.) *"Selig"*, so sagt der Heiland, *"sind die Trauernden, denn sie werden getröstet werden. Selig, die Verfolgung leiden um der Gerechtigkeit willen, denn ihrer ist das Himmelreich."* (Matth. 5, 5 u. 10.)

Als der göttliche Heiland den Aposteln die Leiden vorhersagte, die sie seinetwegen erdulden sollten, fügte er verheißend hinzu: *"Freuet euch und frohlocket, denn euer Lohn wird groß sein im Himmel."* (Matth. 5, 12.) Und der Apostel Paulus, der so viel gearbeitet, so viel für Gott gelitten und gekämpft hat, schrieb an die Christen zu Rom: *"Die Leiden dieser Zeit sind nicht zu vergleichen mit der zukünftigen Herrlichkeit, die an uns soll offenbar werden"* (Röm. 8, 18.)

Leider hat man heute den Glauben an die Unsterblichkeit, an den Himmel, aus den Herzen so vieler Menschen gerissen und damit die letzte Hoffnung, den letzten Trost in den Leiden dieses Lebens ihnen geraubt. Man hat frevelnd verkündet: Mit dem Tode ist alles aus; es gibt kein Jenseits, kein Wiedersehen; der Mensch ist zur Vernichtung bestimmt. Bei diesem Wahn ist es allerdings erklärlich, daß der Arme nicht mehr seine Not, der Kranke und Verwundete nicht mehr seine Schmerzen versteht, daß die Menschen in ihren Leiden verzweifeln. Wo die Sonne des Glaubens untergegangen ist, da leuchtet auch kein Stern der Hoffnung mehr. Gibt es kein anderes Leben, keine ewige Vergeltung, dann fänden die Opfer dieses Krieges nicht den Lohn, der ihnen gebührt; denn, daß die Gefallenen in den Verlustlisten genannt werden, daß ihre Namen kurze Zeit auf Gedenktafeln und Denkmälern stehen, ist zwar ehrenvoll, aber keine hinreichende Vergeltung für all die Opfer, die sie für andere gebracht haben. Wir aber, geliebte Diözesanen, glauben an ein ewiges Leben, an die unvergänglichen, unendlichen Freuden des Himmels nach diesem Erdenleiden. Der Himmel gibt auch den im Kriege Gefallenen jenen herrlichen Lohn, den die Erde ihnen niemals hätte bieten können. Und wenn der Tod in diesem Kriege so mancher Familie den Gatten, den Vater, den Sohn oder den Bruder geraubt hat, wenn tausend freudige Erwartungen, süße Hoffnungen und glänzende Aussichten mit diesen ins Grab gesunken sind: die Hoffnung auf die Ewigkeit, auf ein Wiedersehen im Himmel bietet allein den Trost, den die Welt nicht zu spenden vermag. In dieser Hoffnung erduldeten die Heiligen gern die größten Leiden, die Märtyrer bereitwillig die schrecklichsten Qualen. Im Hinblick auf diese herrliche Frucht des Kreuzes haben die Apostel sich *„gerühmt in der Trübsal"*. (Röm. 5, 3.) *„Die da aussäen mit Tränen"*, sagt der Psalmist, *„werden mit Freuden ernten. Sie gehen und weinend streuen sie ihren Samen aus; aber sie kommen mit Jubel und tragen ihre Garben heim."* (Ps. 25, 5 u. 6.)

Geliebte Diözesanen! Es naht die heilige Fastenzeit. Der Ernst dieser Zeit mahnt Euch, den Blick auf das bittere Leiden des Gottmenschen zu richten, damit Ihr erkennet, was er zum Heile der Menschen erduldet hat, damit Ihr aus dieser Quelle stets Kraft und Trost schöpfet, um die Leiden des Lebens mit Geduld und Ergebung in Gottes heiligen Willen ertragen zu können.

Am Ölberge hat einst der Meister in bitterer Todesangst gebetet: *„Vater, wenn es möglich ist, so gehe dieser Kelch an mir vorüber; jedoch nicht wie ich will, sondern wie Du willst."* (Matth. 26, 39.) Auch wir, geliebte Diözesanen, dürfen Gott bitten, daß er uns vor Leiden und Übeln bewahre, daß er den Kelch der Leiden von uns nehme. Der Heiland selbst hat uns beten gelehrt: *„Erlöse uns von dem Übel."* Allein, mit dem Heiland sollen auch wir hinzufügen: *„Nicht wie ich will, sondern wie du willst."* Der Menschen Gedanken sind nicht Gottes Gedanken; und der Tag des Gerichtes, welcher alles enthüllt, wird dereinst offenbaren, daß jedes geduldig ertragene Leid eine Quelle des Segens, uns gut und heilsam war. Wenn wir hienieden dem Heiland das Kreuz nachtragen in Glaube, Hoffnung und Liebe, dann gehen wir mit ihm den gleichen, seligen Weg, der zum Himmel führt. Ja, geliebte Diözesanen, für alle, welche hienieden den Heiland auf seinem Kreuzwege begleiten, folgen einmal auf diese Charfreitagleiden herrliche Osterfreuden. Kurz ist das Leiden, ewig aber die Verherrlichung. *„Wenn wir mit Christo leiden, so werden wir auch mit ihm verherrlicht werden."* (Röm. 8, 17.)

Es segne Euch der allmächtige und barmherzige Gott, der Vater, der Sohn und der Heilige Geist. Amen.

4.
Der Rosenkranz unser geistliches Schwert[4]
(Hirtenbrief, 23. September 1915)

*Dr. Johannes Poggenburg,
Bischof von Münster.*

Als der König David auf der Flucht vor seinen Feinden zu dem Priester Achimelech gekommen war, fragte er diesen: „Hast du etwa ein Schwert zur Hand? denn ich habe mein Schwert und meine Waffen nicht mit mir genommen." Der Priester antwortete: „Siehe hier das Schwert des Goliath, den du erschlagen. Wenn du dieses nehmen willst, so nimm es; denn außer ihm ist kein anderes da." Und David sagte: „Gib es mir; diesem ist kein anderes gleich." (1. Kön. 21,8-9.)

Warum erinnere ich euch heute am Rosenkranzfeste an dieses Wort der Heiligen Schrift? Will ich euch etwa auffordern, mit David zu sprechen: „Gib mir das Schwert?" Starrt nicht schon fast die ganze Welt in Waffen und Eisen? Sind nicht ungezählte Schwerter über die Menschheit gezückt? Sollet ihr noch nach neuen Schwertern und Waffen euch umsehen?

Nein, Geliebte! Der blutige Welt- und Völkerkrieg hat schon zu viele Schwerter aus der friedlichen Scheide hervorgeholt. Die Völker stehen bis an die Zähne gewappnet einander gegenüber. Tausende eurer Söhne und Brüder, ja selbst eurer Väter und Gatten sind aus den Familien fortgezogen; sie haben die stille friedliche Arbeit daheim mit dem blutigen Kriegsdienst da draußen vertauschen müssen.

Sollen wir, die Zurückgebliebenen, nun in dieser großen und schweren Zeit die Hände müßig in den Schoß legen und untätig dem furchtbaren Schauspiel zusehen? Das dürfen wir nicht. Wir können zwar nicht alle mit gezücktem Schwerte in den Kampf ziehen; um so

---

[4] Textquelle | SANKT MICHAEL [1917/1919*] = Johann LEICHT, Domkapitular in Bamberg (Hg.): Sankt Michael. Ein Erinnerungsbuch aus schwerer Zeit zur Erbauung und Tröstung für die Katholiken deutscher Zunge. Mit einer Einführung von Dr. Paul Wilhelm von Keppler (Bischof von Rottenburg). Würzburg / Berlin / Wien: Deutscher Sankt-Michaels-Verlag G.m.b.H. [1917/1919?], S. 230-232.

mehr bedarf es jetzt der geistlichen Waffen, der geistlichen Waffen unseres zum Himmel dringenden Gebetes.

Sehet, das Gebet, besonders das Rosenkranzgebet, ist das Schwert, von dem ich zu euch spreche; der Rosenkranz in unserer Hand ist unser geistliches Schwert, unsere geistliche Waffe.

Mitten in diesem Völkerringen schauen wir heute ein friedliches Bild: Vor dem Throne der Himmelskönigin, der Königin des hl. Rosenkranzes, sehen wir in diesem Monat die katholische Christenheit versammelt, die Kinder, die Jünglinge und Jungfrauen, die Männer und Frauen, auch die Soldaten, die ins Feld hinausgezogen sind. Ihr wisset es, wie die Soldaten sich, ehe sie ausrückten, von ihren Seelsorgern einen Rosenkranz geben und weihen ließen ; und manche haben ihn draußen wieder beten gelernt, wenn sie es früher bereits verlernt hatten.

Als einst die Christenheit in den Tagen des Papstes Innocenz III. schwere innere Stürme zu bestehen hatte, da rief der hl. Dominikus die Gläubigen zum Rosenkranzgebete auf. Als später die äußeren Feinde der Kirche mächtig wurden, da ermahnte der Papst Pius V. seine Herde, den Rosenkranz zu beten. Und diese geistliche Waffe ließ die Kirche den Sieg erringen. Und in der neuen Zeit, als die Gefahren für das Glaubens- und Sittenleben ungeahnt wuchsen, ermunterte Papst Leo XIII. mit allem Nachdruck die Katholiken des Erdkreises zum erneuerten Eifer im Rosenkranzgebete.

Wann aber sind wohl die Zeiten erregter und die Nöte größer gewesen als in unseren Tagen? Wollet ihr da nicht, besonders in diesem Monate, mit verdoppeltem Eifer zu Maria, der Königin des hl. Rosenkranzes, eure Zuflucht nehmen und sie bitten, wie unser Hl. Vater Benedikt XV. es uns in seinem Friedensgebete gelehrt hat: Und du, allerseligste Jungfrau, wie früher in den Zeiten größter Not, so hilf uns auch jetzt! Beschütze uns und rette uns!

So greift denn einmütig und mit heiligem Eifer zum Rosenkranz. Betet ihn „ohne Unterlaß". Besuchet eifriger noch als früher die täglichen Rosenkranzandachten in eurer Pfarrkirche, eingedenk des Wortes des Heilandes: „Wo zwei oder drei in meinem Namen versammelt sind, da bin ich mitten unter ihnen." (Matth. 18,20.)

Auf Maria, die Mutter Gottes, wendet die Kirche mit Recht die Worte an: „Du bist furchtbar wie ein wohlgeordnetes Schlachtheer." (Hohel. 6,3.) Maria ist liebenswürdig als Friedensspenderin, und als Fürsprecherin für ihre Kinder ist sie ebenso mächtig, wie sie sich gewaltig und furchtbar erweist wider alle Feinde des Reiches Gottes.

So betet täglich zu ihr. Flehet in dieser ernsten Zeit um Schutz und Segen für unser Vaterland, für unsern geliebten Kaiser und unsere treuen Krieger; betet auch besonders für unsere hl. Kirche und ihr bedrängtes Oberhaupt. Empfanget alle in diesem Monate die hl. Sakramente der Buße und des Altares. Und wo eine Familie der Pfarrkirche zu fern wohnen sollte, als daß sie täglich der Rosenkranzandacht beiwohnen könnte, da erinnere ich euch an die alte schöne Sitte, im Familienkreise am Abend den Rosenkranz gemeinsam zu beten. Haltet fest an diesem schönen Brauch, wo er noch besteht, und führt ihn wieder ein, wo er geschwunden ist.

Welch ein Trost ist dieses euer Gebet für eure im Osten und Westen kämpfenden Gatten, Söhne und Brüder! Welch ein Strom des Segens wird nicht von solch andauerndem Gebete ausgehen über unser Volk und Vaterland, über unser Heer und seine Führer! Dürfen wir von diesem Gebete nicht auch den so heiß ersehnten Frieden hoffen nach den langen und bangen Tagen des Krieges? Und welch ein Himmelstau wird ins Fegfeuer hinabfließen, um die Seelen der vielen Gefallenen unseres Volkes zu trösten und zu erretten, denen wir die reichen Ablässe des Rosenkranzgebetes durch die Hände der lieben Gottesmutter fürbittend zuwenden!

Der Rosenkranzmonat geht hinüber in den Armenseelenmonat. Durch die Gnade unseres Heiligen Vaters Benedikt XV. ist es in diesem Kriegsjahre zum ersten Male den Priestern in der ganzen hl. Kirche gestattet, dreimal am Allerseelentage das hl. Meßopfer für die armen Seelen darzubringen. danken wir unserm Heiligen Vater für die treusorgende Güte seines Herzens durch eifriges Benutzen der um so reicher uns gebotenen Gnaden. Scharet euch am Allerseelentage um die Altäre, betet und opfert mit euren Priestern für die Verstorbenen. Betet auch an diesem Tage besonders für die Seelen der gefallenen Krieger. Sie haben durch die Hingabe ihres Lebens und Blutes es wahrlich verdient, daß wir ihrer gedenken. Die armen Seelen werden an Gottes

Thron uns vergelten, was wir, getrieben von der Liebe und der Dankbarkeit unseres Herzens, für sie getan haben.

Der Segen des allmächtigen Gottes, des Vaters, des Sohnes und des Heiligen Geistes komme über euch und bleibe allezeit bei euch.

Amen.

Illustration aus: SANKT MICHAEL 1918

5.
HIRTENBRIEF VON MÜNSTERS BISCHOF JOHANNES POGGENBURG[5]
An die Ehrwürdige Geistlichkeit und die Gläubigen der Diözese
(21. November 1915)

Geliebte Diözesanen!

Die hl. Adventszeit ist eine Zeit des Gebetes, der Buße und der Abtötung. Wie im Advente des vergangenen Jahres, so wollen wir auch in dieser Vorbereitungszeit auf das hl. Weihnachtsfest innig zu Gott flehen, daß er die Dauer der Leiden dieses Weltkrieges abkürze, uns bald den Frieden wiederschenke.

Mit dem Gebete aber sollen wir Werke der Buße und der Abtötung verbinden, um die Sünden, welche die Hauptursache der gegenwärtigen Leiden sind, zu sühnen, um der göttlichen Gerechtigkeit Genugtuung zu leisten.

Dazu fordert uns auch in besonderer Weise der hl. Vater Benedikt XV. auf, indem er sagt: „Wir ermahnen alle Kinder der katholischen Kirche, mit uns drei aufeinander folgende oder getrennte strenge Fasttage zu halten, nach der Wahl eines jeden, und genehmigen, daß durch dieses fromme Werk christlicher Abtötung ein vollkommener Ablaß unter den gewöhnlichen Bedingungen gewonnen werde, den man auch den Seelen im Fegfeuer zuwenden kann. Möge der Widerhall dieses Rufes zu allen unsern Kindern dringen, die unter der furchtbaren Geißel des Krieges leiden, und alle überzeugen, daß wir innigen Anteil an ihrem Kummer und ihren Schmerzen nehmen. Denn es gibt kein Leid des Sohnes, das im Herzen des Vaters nicht wieder empfunden wird."

Unsere Soldaten, geliebte Diözesanen, haben so viele Leiden und Entbehrungen aller Art, Hunger und Durst zu ertragen. Wir sind bisher

---

[5] Textquelle | SCHEIDGEN 1991 = Hermann-Josef Scheidgen: Deutsche Bischöfe in Ersten Weltkrieg. Die Mitglieder der Fuldaer Bischofskonferenz und ihre Ordinariate 1914-1918. Köln, Weimar, Wien: Böhlau 1991, S. 378-379 (dort nach: Kirchliches Amtsblatt für die Diözese Münster 1915, S. 95-96).

fast im ganzen deutschen Vaterlande bewahrt geblieben vor den schweren Kriegsgeschicken, vor Verwüstung, Plünderung und Hungersnot. Folget darum gern der Mahnung des hl. Vaters, indem Ihr in dieser hl. Adventszeit freiwillig drei Fasttage haltet und durch dieses Werk christlicher Abtötung den armen Seelen einen vollkommenen Ablaß zuwendet.

Mäßigkeit, Genügsamkeit, Sparsamkeit und Einfachheit sollen während des Krieges alle in ihre Wohnungen, in ihre Lebensweise einführen, in allem auf das Notwendigste sich beschränken, dafür aber besonders in dieser Winterzeit um so reichlicher den Armen und Notleidenden mitteilen, so viel und so lange ein jeder kann. So werden wir dem Heiland immer ähnlicher werden, der für uns einst arm geworden, obwohl er reich war. Und niemand vermag den Reichtum und die Größe der Segnungen auszumessen, niemand die Herrlichkeit des Lohnes auszudenken, der solcher [!] Mildtätigkeit von dem zuerkannt werden wird, welcher auch den Trunk kalten Wassers nicht unbelohnt läßt.

Auf den Advent folgt das hl. Weihnachtsfest, an dem einst die Engel den Menschen die Friedensbotschaft brachten. Beten wir, geliebte Diözesanen, eifrig in dieser Zeit, üben wir gern Werke der Buße, der Abtötung und der christlichen Nächstenliebe, damit Gott uns mit dem Frieden des Herzens auch bald den Welt- und Völkerfrieden wiederschenke.

Vorstehendes Schreiben ist am Sonntage nach dem Empfange von der Kanzel zu verlesen. Es bleibt den Herren Pfarrern überlassen zu erwägen, Welche Tage im Advente für das vom hl. Vater gewünschte Fasten in ihrer Gemeinde am besten sich eignen.

Münster, den 21. November 1915

Der Bischof von Münster.
+ Johannes [Poggenburg]

6.
TROST UND SEGEN DER KATHOLISCHEN RELIGION IM KRIEGE[6]
[Fastenzeit 1916]

Hirtenbrief
Sr. Bischöfl. Gnaden Johannes Poggenburg
Bischofs von Münster

Geliebte Diözesanen!

Indem Euer Bischof im Begriffe steht, zum Beginne der heiligen Fastenzeit Worte der Aufmunterung an Euch zu richten für den geistlichen Kampf, der eines jeden Christen Anteil ist bis zum Lebensende, kann er das Auge nicht verschließen vor dem blutigen Waffenkampfe, der noch immer auf allen Seiten tobt. Sehnsüchtig erflehen wir das Ende dieses Krieges, täglich beten wir um einen ehrenvollen Frieden. Denn so reich an Siegen und Ehren dieser gewaltige Völkerkrieg bis jetzt für unser teueres Vaterland gewesen ist, ebenso reich hat er sich auch erwiesen an Trauer und Tränen, wie an Sorgen für jene, die über das geistliche und leibliche Wohl des Volkes zu wachen haben. Überaus tröstlich ist es, daß Ihr in dieser sorgenschweren Zeit nicht aufgehört habt, im übernatürlichen Lichte, wie unser hl. Glaube es gewährt, diese große Heimsuchung Gottes zu betrachten, fest überzeugt, daß Gottes weise Vorsehung auch noch so schwere zeitliche Übel zum Guten zu lenken weiß.

Für alle Zeiten wird es zu den schönsten Erinnerungen gehören, wie beim Ausbruch dieses Krieges Eure Gatten, Väter, Söhne und Brüder zuerst hineilten zum Gotteshause, um für den nahenden Kampf den Beistand des Himmels zu erbitten, wie sie zu den hl. Sakramenten sich drängten, um dann desto entschlossener der Todesgefahr entgegenzugehen. Wohl nie im Leben war ihnen so lebendig zum Bewußtsein gekommen, welcher Trost, welcher Zuwachs an Kraft und Mut dem katholischen Christen durch seine hl. Religion geboten wird.

---

[6] Textquelle | HIRTENBRIEFE 1916 = Hirtenbriefe des deutschen Episkopats anläßlich der Fastenzeit 1916. Paderborn: Verlag der Junfermannschen Buchhandlung 1916, S. 9-15.

Aber nicht nur denen, die hinausziehen müssen zum blutigen Kampfe, erwächst Stärkung aus den Gnadenschätzen und Heilsmitteln unserer hl. Kirche: eine unermeßliche Macht des Segens und nie versagender Trost fließt aus der katholischen Religion auch für jene hervor, die in der Heimat zurückbleiben, die mit banger Furcht um die Ihrigen die Folgen des Krieges zu tragen haben und nicht ohne Sorge der Zukunft entgegenzusehen.

Wir wollen darum aus den Bedrängnissen dieser Zeit einmal Veranlassung nehmen zu erwägen, *welche Wohltat für uns gerade unter dem Drucke dieses langwährenden Krieges unser heil. katholischer Glaube ist*; wir wollen uns vor Augen führen, wie vieles dieser Glaube uns bietet, um die hohen Pflichten, die eine so ernste Zeit uns auferlegt, erfüllen zu können, wie er uns stärkt, um in Ergebung die schmerzlichen Verluste hinzunehmen, mit Geduld die Einschränkungen und Beschwernisse zu ertragen, welche dieser Krieg über uns schon gebracht hat und vielleicht noch verhängen wird. Wenn diese Betrachtung Euch dazu führt, das Glück Eures katholischen Glaubens besser zu erkennen und höher schätzen zu lernen, wenn sie Euch hilft, mit um so größerer Liebe Eurer Kirche und Eurem hl. Glauben anzuhangen, so wird damit vieles von den Segensfrüchten geerntet sein, die Gottes Weisheit und Güte auch aus harten Prüfungen reifen läßt.

Ich brauche Euch, geliebte Diözesanen, nicht daran zu erinnern, *wie gut der hl. Glaube Euch schon im voraus für solche schwere Zeiten ausgerüstet hat*. Da Ihr als Kinder mit den Grundwahrheiten der christlichen Lehre bekannt gemacht wurdet, hat man Euch tief in die Seele geprägt, daß der Christ allen Schickungen Gottes in Demut sich unterwerfen muß und niemals im Gottvertrauen wanken darf. An so manchen ergreifenden Beispielen der Biblischen Geschichte erkanntet Ihr die oft unerforschlichen, aber stets erbarmungs-vollen Wege der göttlichen Vorsehung. Schon damals hat man Euch vor Augen gestellt, daß für alle Menschen in jeder Lage die treue Erfüllung der Standespflichten die notwendige Bedingung ist, Gott zu gefallen; man lehrte Euch frühzeitig die Notwendigkeit der Entsagung, des Kampfes, der Selbstüberwindung, der Geduld in Leiden jeder Art. Nichts vielleicht ist so früh und eindringlich Eurem kindlichen Geiste vorgehalten worden als der besondere Segen, den Gott für Zeit und Ewigkeit auf die Erfüllung des vierten Gebotes gelegt hat; und Ihr wurdet belehrt, daß die Pflichten dieses großen und wichtigen Gottesgebotes nicht nur das Verhalten gegen die Eltern, sondern auch den Gehorsam gegen jede rechtmäßige Obrigkeit, die Treue gegen König und Vaterland in sich schließen. Ihr wurdet unterrichtet über die Heiligkeit und Unauflöslichkeit der Ehe, über die Pflicht der Treue des einen Gatten gegen den andern, mögen sie auch im Kriege durch Länder von einander geschieden sein. Man wies Euch schon als Kinder hin auf das schwere Kreuz, das unser Heiland und Erlöser unsertwegen getragen hat, und man zeigte Euch die Notwendigkeit, den Weg des Kreuzes hienieden mit ihm geduldig zu wandeln. Vor allem aber waret Ihr damals schon erfüllt mit der festen Zuversicht auf die gerechte Vergeltung Gottes im Jenseits, Ihr habt gelernt Euch zu trösten mit der Hoffnung des Christen auf jenen ewigen Frieden, der hoch über den Sternen wohnt.

Das alles, geliebte Diözesanen, habt Ihr in Euch aufgenommen nicht als bloßes Menschenwort, als Meinungen oder Verheißungen aus Menschenmund. Ihr wißt recht wohl, dieses alles stammt aus dem heiligen Vermächtnisse, das der Sohn Gottes selbst seinen Aposteln anvertraut und durch sie ohne Irrtum auf ihre Nachfolger weitervererbt, seiner Kirche, der einen, heiligen, katholischen und apostolischen Kirche hinterlassen hat. Es sind Lehren und Mahnungen aus dem Munde unserer hl. Kirche, die unter dem Beistande des Hl. Geistes nur die lautere Wahrheit lehrt. Alles, was sie lehrt, ist uns heilig und un-umstößlich, es ist Gottes Wort. Und, um in diesen heiligen Überzeugungen Euch noch mehr zu befestigen, hat die Kirche als sorgsame Mutter Euch in der Jugend hingeführt zum hl. Sakramente der Firmung, dem Sakramente der Stärke im geistlichen Kampfe; sie hat Euch damit gelehrt, daß es Eure Bestimmung sei, auch in ernsten, schweren Zeiten als Streiter Christi Euch zu bewähren.

Wenn dann, geliebte Diözesanen, Kämpfe, Leiden und Prüfungen wirklich über uns kommen, finden wir in unserer hl. Religion neben vielem anderen, was uns Halt bieten kann, vier stets fließende Quellen des Trostes und der Erquickung, jenen vier Strömen vergleichbar, von denen die Hl. Schrift sagt, daß sie *„den Garten der Wonne zu bewässern hatten."* (1. Mos; 2, 10.) Niemand auf Erden vermag den Menschen zur

Aufrichtung in den Zeiten der Not und Bedrängnis etwas zu bieten, was auch nur entfernt damit verglichen werden könnte.

Die erste Quelle des Trostes ist die ständige Gegenwart des göttlichen Heilandes im allerheiligsten Altarssakramente, die Nähe des unendlich erbarmungsvollen, menschgewordenen Gottessohnes im Tabernakel mitten uns. Zu allen Zeiten eilten die Menschen in schweren Heimsuchungen zu ihren Tempeln und Altären, um dort Schutz und Trost zu suchen. Allein, sie fanden nur kalte Steine und öde Hallen, bis zu dem Tage, wo über dem Tabernakel das katholische Gotteshaus sich wölbte. Dort im milden Lichtschimmer der ewigen Lampe, nur wenige Schritte getrennt von jenem gottmenschlichen Herzen, das geliebt und gelitten hat bis zum Ende, ist eine offene Zuflucht für jedes kummervolle Menschenherz. Hier weilt derselbe gütige Heiland, der einst Wohltaten spendend über die Erde dahinging. Es ist der gute Hirt" der auf die Erde kam, um zu suchen, was verloren war, der barmherzige Samaritan, der die Wunden heilte, der wahre Hohepriester, der, selbst in allen Leiden erfahren, mitzufühlen weiß in unsern Schmerzen. Da ist jene himmlische Güte und Menschenfreundlichkeit unsers Erlösers, die einst die Kinder segnete, die weinenden Frauen tröstete, die Hungernden speiste, den Sturm auf dem Meere stillte. Wie damals ruft er auch heute noch der leidenden Menschheit zu: *„Kommet alle zu mir, die ihr mühselig und beladen seid, ich will euch erquicken. Nehmet mein Joch auf euch und lernet von mir, weil ich sanftmütig und demütig bin von Herzen, und ihr werdet Erquickung finden für eure Seelen. Denn mein Joch ist süß und meine Bürde leicht."* (Matth. 11, 28-30.)

So manches Herz, längst in Staub und Asche zerfallen, hat zum Heiland im allerheiligsten Sakramente seine großen und kleinen Anliegen, seinen Kummer und Schmerz getragen und hier den Frieden gefunden, den die Welt nicht geben kann. Dorthin eilten unsere Soldaten, bevor sie ins Feld ausrückten. Von dem, der einst so viel gelitten, der treu und gehorsam war bis zum Tode, lernten sie Mut und Ausdauer, Treue und Gehorsam. Und wie der Heiland einst Wohltaten spendend umherging, so eilt er auch heute noch als barmherzigen Samaritan im heiligsten Sakramente über die blutgetränkten Schlachtfelder und durch die Lazarette, um die Verwundeten zu trösten und die Sterbenden zu segnen.

Zum Tabernakel Eures Gotteshauses könnt auch Ihr an jedem Tag und zu jeder Stunde Euch wenden, dort Euch und die Eurigen dem Schutze des göttlichen Herzens Jesu empfehlen, dort beten um Kraft in den Leiden, um Hülfe in den Familiensorgen, um Trost in jedem Kummer, beten für Eure im Felde stehenden Gatten, Väter, Söhne und Brüder.

Der zweite verborgene Schatz unserer hl. Kirche, geliebte Diözesanen, der Trost ihrer gläubigen Kinder, ist das *hochheilige Opfer der Messe*, jene reine Opfergabe, die nach den Worten des Propheten dargebracht werden soll an allen Orten, vom Aufgange der Sonne bis zu ihrem Niedergange. Als unblutige Erneuerung des Kreuzesopfers Christi ist das hl. Meßopfer das Versöhnungsopfer des Neuen Bundes, welches eine Weihegabe in unsere Hand legt, einzig würdig der höchsten Majestät, einzig mächtig, immer wieder sein Erbarmen auf uns herabzurufen. Es ist jene hocherhabene Handlung, jener höchste Anbetungserweis, von dem der gottselige Thomas von Kempen sagt: *„Wenn der Priester das hl. Opfer darbringt, erwirkt er Ehre für Gott und Freude für die Engel, Erbauung für die Kirche, Hülfe für die Lebenden, Ruhe für die armen Seelen, und sich selber macht er aller geistlichen Güter teilhaftig."* (Nachf. Christi, IV. K. 5.)

Schwere Opfer werden von Euch verlangt in dieser ernsten Zeit; vielleicht ist mancher unter Euch, von dem Gott, wie einst von Abraham, eine Gabe fordert, die fast teurer ist als das eigene Leben. Allein, Eure Seele wird erstarken auch für das schwerste Opfer und das schmerzlichste Leid, wenn Ihr vor dem Altare des Neuen Bundes kniet und dort Euer Opfer vereinigt mit dem des makellosen Lammes, durch das der Welt Heil geworden ist, wenn Ihr Euer Opfer dem darbringet, *„der auch des eigenen Sohnes nicht geschont, sondern ihn für uns alle dahingegeben hat."* (Röm. 8, 32.) Vom Kreuze her, das geheimnisvoll bei der hl. Messe wieder aufgerichtet wird, aus den fünf Wunden Jesu, die dort geheimnisvoll wieder bluten, fließt eine übernatürliche, himmlische Kraft in jedes schwache, verzagte Menschenherz.

Aber auch in Feindesland, auch auf dem Schlachtfelde, selbst in den Schützengräben wird dieses hl. Meßopfer dargebracht als reiche Gnadenquelle für unsere Soldaten. Und andächtiger als je im Leben wohnen sie dort der hl. Handlung bei, lernen in der Schule der heil. Messe

Christi Opfergeist, legen ihr Leben als Opfergabe auf den Altar und erbitten Mut und Ausdauer für sich und die Ihrigen.

Nicht minder reich ist der katholische Christ durch jene hl. Sakramente, zu deren Empfang die Kirche immer wieder einladet, die *Sakramente der Buße* und des Altars. Im hl. Bußsakramente findet der Mensch Rat und Stütze gegen die Schwächen der Natur und Schutz gegen die mannigfachen Fallstricke des Feindes der Seele. Hier erlangt das verirrte Herz wieder Versöhnung mit Gott, Frieden und neuen Mut zum Lebenskampfe. Bevor unsere Krieger die Heimat verließen, eilten sie zum Beichtstuhle, um im hl. Bußsakramente ihre Seele von Sünden zu reinigen, um dann im Namen Gottes und in der Gnade Gottes in den Kampf zu ziehen. Und wie viele der Gefallenen verdanken diesem hl. Sakramente jetzt ihre ewige Rettung und himmlische Seligkeit!

In gesunden wie in kranken Tagen, in Freud und Leid, in Not und Wohlergehen ladet die hl. Kirche Euch ein zu jenem himmlischen Gastmahle, das der Heiland allen bereitet hat in der hl. Kommunion. Täglich können wir uns stärken auf dem Wege durch die Wüste dieses Lebens mit diesem himmlischen Manna, dieser Engelspeise. Hier am Born des Lebens fanden einst die Märtyrer Mut und Kraft im Kampfe für den hl. Glauben. Der Heiland selbst stärkte sie mit seinem heiligsten Fleische und Blute, bevor sie Blut und Leben für ihn dahingeben sollten. Am Herzen Jesu in der hl. Kommunion werden heute noch unzählige Seelen jeglichen Alters, Geschlechtes und Standes mitten in der Welt stark für ein Leben der Entsagung, der Arbeit und des Leidens. Auch unsere Soldaten haben in dieser Gnadenquelle bewunderungswürdige Ruhe und Entschlossenheit gefunden für den blutigen Kampf und das heiße Ringen. Die hl. Kommunion, in der Jesus Christus von der Opferliebe seines Herzens mitteilt, gab ihnen besonderen Helden- und Opfergeist, mit ihrem Leben die höchsten Erdengüter, Vaterland und Heimat, Weib und Kind, Freiheit, Recht und Frieden zu schirmen.

Ihr betet täglich um die große Gnade, vor dem Tode die heil. Sterbesakramente zu empfangen, im hl. Bußsakramente noch einmal von den Seelenwunden geheilt zu werden, in der hl. Ölung Kraft, Stärke und Geduld zu erlangen, in der hl. Kommunion zum letzten Male den Heiland zu empfangen als Wegzehrung für die große Reise in die Ewigkeit. Für viele aus Euch war es darum ein großer Trost, und innig habt Ihr Gott gedankt, als Ihr vernahmet, daß dem gefallenen Gatten, Vater, Sohn oder Bruder in seinem letzten Augenblicke auf dem Schlachtfelde oder im Lazarette noch ein Priester mit der Spendung der hl. Sterbesakramente helfend und tröstend zur Seite gestanden.

Ein beglückender Vorzug, geliebte Diözesanen, dessen wir uns in der katholischen Kirche erfreuen dürfen, ist endlich die wundervolle Wahrheit, an die wir im Apostolischen Glaubensbekenntnisse fort und fort erinnert werden, die Gemeinschaft der Heiligen.

„*Christus ist das Haupt des Leibes der Kirche*" (Koloss. 1, 18.) Das Haupt aber einigt die unter ihm stehenden Glieder. „*Gleichwie wir in einem Leibe viele Glieder haben, so sind wir viele ein Leib in Christo, einzeln aber unter einander Glieder.*" (Röm. 12, 4 und 5.) Jener göttliche Lebenssaft, der vom wahren Weinstock ausgeht und sich ohne Unterlaß durch alle Rebzweige ergießt, begründet unter uns, die wir Christus als unserm Haupte angehören, eine Verwandtschaft der Liebe Und damit auch ein Anrecht und einen steten Antrieb zu gegenseitiger Hülfeleistung. Wie wir Christen hier auf Erden durch Gebet und andere gute Werke uns gegenseitig Gnaden von Gott erflehen können, so verknüpft uns auch mit allen Freunden Gottes im Himmel und mit den Seelen im Fegfeuer ein Band heiliger Zusammengehörigkeit Wir wissen, daß die Heiligen des Himmels für uns ihre mächtige Fürbitte am Throne Gottes ein-legen, und daß wir mit ihnen den armen Seelen im Fegfeuer zu Hülfe kommen können. Als Euere Angehörigen Abschied nahmen, da baten sie um das Almosen des Gebetes. Und oft seid Ihr ihnen zu Hülfe gekommen mit dieser unsichtbaren Waffe, dieser starken himmlischen Macht. Ihr habt ihrer gedacht bei der hl. Messe, nach dem Empfange der hl. Kommunion, besonders auch beim gemeinsamen Rosenkranzgebete im Kreise der Familie. Und oft habt Ihr die Heiligen Gottes angerufen, Euer schwaches Gebet zu unterstützen, für Euch und die Eurigen zu bitten. Ihr eiltet zu den Gnadenstätten der gebenedeiten Gottesmutter, die zu helfen nie versagte, und die hl. Schutzengel, die auch mitten im Kampfe an der Seite der Soldaten weilten, hörten Euer Bitten und Flehen.

Gewiß hat unsere hl. Kirche durch diesen opferreichen Krieg von ihren Kindern auf Erden viele und manche der trefflichsten verloren;

allein, sie ist dadurch nicht ärmer geworden, sie hat hundertfältig gewonnen für die Wohnungen des Himmels. Wer vermag zu sagen ob nichts diese blutigen Stürme vorausgehen mußten zu solch reicher, Himmelsernte? Viele von den Ungezählten, die für die höchsten Güter des Vaterlandes und der Menschheit auf dem Schlachtfelde gefallen sind und von dort aus den Weg zur himmlischen Heimat gefunden haben, wären vielleicht in der behaglichen Ruhe des Friedens irre gegangen. Der Himmel hat ihnen bereits jenen herrlichen, unvergänglichen Lohn gegeben, den die Erde niemals bieten konnte. Sie beten, das hoffen wir, im Himmel für uns und für die Kirche, ihre geistliche Mutter, die sie den rechten Weg zum Himmel führte, den Weg der Demut, der Enthaltsamkeit und der Buße. *„Wir trauern darum nicht, wie die Heiden, die keine Hoffnung haben."* (1. Thess. 4, 12.) *„Ich bin die Auferstehung und das Leben,"* sagt die ewige Wahrheit selbst, *„wer an mich glaubt, wird leben, auch wenn er gestorben ist."* (Joh. 5, 25.) Wir werden jene, die uns vorangegangen sind zur ewigen Ruhe, nach diesem Erdenleiden wieder-sehen und dann mit ihnen auf ewig vereint bleiben in des Himmels Herrlichkeit.

Manche Seelen der Gefallenen werden noch im Fegfeuer leiden. Ihr Weg zum Himmel führt durch den Reinigungsorts, wo die letzten Unvollkommenheiten und Strafen getilgt und gebüßt werden müssen. Aus tiefstem Herzen aber danken wir Gott, daß er uns in seiner heil. Kirche eine Mutter gegeben hat, die auch noch über den Tod hinaus ihre hilfsbedürftigen Kinder mit mütterlicher Liebe und Sorge begleitet. Zwar find vielleicht die Gräber derer, die Ihr liebtet, weit von Euch. Nicht in der Heimat, sondern in fernem, fremdem Lande schlummern sie dem Auferstehungsmorgen entgegen. Ihr könnt nicht knien an ihrem Grabe, werdet wohl niemals die Stätte kennen lernen, wo sie ruhen. Allein, im Fegefeuer vermöget Ihr die armen Seelen aufzusuchen, dorthin ihnen Hülfe und Trost zu bringen, ihnen zu vergelten, was sie einst für Euch getan. Ihr könnt für sie beten, bei der heil. Messe der Fürbitte des Priesters für die Abgestorbenen Euch anschließen, das hl. Opfer für ihre Seelenruhe darbringen lassen, die hl. Kommunion für sie aufopfern, zu ihren Gunsten Werke der Buße und der Abtötung verrichten. Und dieser Liebesdienst für die Seelen der Heimgegangenen vermag wiederum die ersten Stunden des bittersten Schmerzes am ehesten zu lindern. Wie in den furchtbaren Augenblicken einer Schlacht so mancher unserer Soldaten zum Rosenkranz greift, um seinen Mut zu stählen im Hinblick auf den, der für uns Blut geschwitzt hat und gekreuzigt ist, so werden gewiß auch die Verwaisten und Hinterbliebenen ihre Seele beruhigen, ihre Kraft erneuern, wenn sie für die Gefallenen andächtig den Kreuzweg gehen oder den schmerzhaften Rosenkranz beten, und so den blutigen Spuren folgen, die unser Heiland, der Führer aller vom Kreuze Niedergebeugten, und seine heil. Mutter, die Königin der Martyrer, uns vorangewandelt sind.

Geliebte Diözesanen! Der heilige und große Kirchenlehrer Augustinus hat einst gesagt: „Es gibt keinen größeren Schatz, keinen größeren Reichtum auf dieser Welt als den hl. katholischen Glauben." Dieses Wort des Heiligen bewährt sich in allen Lagen unseres Lebens bis zum Augenblicke des Todes. Auch in diesen ernsten Zeiten, die über die Völker hereingebrochen sind, öffnet uns der hl. Glaube, trotz aller dunklen Wolken am Horizont, einen weltenweit sich erstreckenden Sehkreis und wirft sein erfreuliches Licht auf unsern Weg zum himmlischen Vaterlande. Er bewahrt uns vor Fehlern und Verirrungen, zu denen die Eindrücke des Augenblickes nur allzu leicht uns Anlaß werden könnten; er weist uns die Bahnen der Pflicht, stärkt uns zu Entsagung und Kampf, spendet mit seinen Gnadenschätzen Trost in allen Leiden und hebt das Herz empor mit ewigen Hoffnungen.

So soll denn auch die gegenwärtige Bedrängnis trotz des vielen Leides, das sie mit sich führt, uns mit Dank gegen Gott erfüllen für die unschätzbare Wohltat unseres hl. Glaubens; sie soll in uns vermehren die Hochschätzung, Liebe und Treue, die wir unserm hl. Glauben schulden. Sie soll uns ein Ansporn sein, stets als treue Kinder der heil. Kirche uns zu erweisen, bereitwillig auf ihre Lehren und Ermahnungen zu horchen, freudig ihre Gebote zu erfüllen und heilsbegierig die dargebotenen Heiligungsmittel zu benutzen.

Es segne Euch der allmächtige und barmherzige Gott, der Vater, der Sohn und der Heilige Geist. Amen.

7.
LICHT UND TROST IN DER KRIEGSZEIT[7]
[Fastenzeit 1917]

Hirtenbrief
Sr. Bischöfl. Gnaden Johannes Poggenburg
Bischofs von Münster

Geliebte Diözesanen!

„Die Lösung jeder Schwierigkeit ist Christus, der Gekreuzigte," so lehrt ein alter Spruch aus heiligem Munde. Nicht ohne Grund führt unsere hl. Kirche, geleitet vom Geiste Gottes, alle Jahre aufs neue ihren Kindern, die in den Mühsalen des Lebens ringen, das bittere Leiden und Sterben unseres Heilandes vor Augen zur Lehre und zum Troste. Zu jeder Zeit ist des Menschen Leben auf Erden ein Kampf. *„Der Mensch vom Weibe geboren lebt kurze Zeit und wird von vielem Elend erfüllt"*, so klagt schon der Dulder Job. (Job 14, 1.) Zu jeder Zeit drängen sich daher auch dunkle Fragen an den Geist des Menschen heran, Fragen über die Macht des Bösen, über die Zulassung des Übels und der Leiden, über die Ungleichheit in der Zuwendung irdischen Glückes. Nie vielleicht haben diese dunklen Rätsel in so schreckhafter Weise und so riesenhafter Größe vor unserem Blicke sich gehäuft, als unter den Leiden, Sorgen und Befürchtungen der gegenwärtigen Kriegszeit. Aber auch jetzt wieder weist unsere hl. Kirche das Auge der Gläubigen hin auf den bitteren Kreuzweg des Erlösers Noch immer bleibt es wahr, daß jedes Rätsel des Schicksals sich löst, jedes Dunkel der göttlichen Fügung sich erhellt, jede Schwierigkeit weicht vor Christus, dem Gekreuzigten. Auch euer Bischof, der in gegenwärtiger Trübsal Worte der Aufmunterung an euch richten soll, kann nur mit dem Völkerapostel sprechen:

„Ich erachtete, nichts unter euch zu wissen, als Jesus Christus, und diesen als Gekreuzigten." (1. Kor. 2, 2.)

---

[7] Textquelle | HIRTENBRIEFE 1917 = Hirtenbriefe des deutschen Episkopats anläßlich der Fastenzeit 1917. Paderborn: Verlag der Junfermannschen Buchhandlung 1917, S. 8-14.

Vor allem verlangt schon die Dankbarkeit gegen den Erlöser, der um unserer Sünden willen zerschlagen wurde, und durch dessen Wunden wir geheilt sind, daß wir seiner Leiden und Schmerzen nicht vergessen, sondern in Andacht und Liebe derselben stets eingedenk bleiben. Wir sollen uns immer wieder vor Augen führen, welche Schmerzen und Qualen über den Herrn gekommen sind, wie tief der göttliche Meister alle diese Leiden empfunden und in seinem Herzen verkostet hat.

Oft erfaßt uns stets großes Mitleid, wenn wir das Blut und die Wunden sehen, mit denen tagtäglich die Glieder so vieler unserer tapfern Soldaten bedeckt werden, wenn wir denken an die gewaltige Anstrengung, die Erschöpfung, den quälenden Durst, die in schweren Kampfestagen der Anteil so vieler Verteidiger unseres Vaterlandes gewesen sind. Das alles aber, geliebte Diözesanen, was hier vereinzelt diesem oder jenem an Schmerz und Qual zu teil geworden ist, finden wir vereint im Leiden des Heilandes, und jedes dieser Leiden war gesteigert bis zum höchsten Übermaß. Hier gewahren wir eine Furcht und Angst bis zum blutigen Schweiß, eine Ermüdung und Erschöpfung bis zum dreimaligen Zusammenbruch unter dem Kreuze; hier finden wir die aufs höchste gesteigerte Qual des Durstes und den Schmerz des durch Geißelhiebe zerrissenen Fleisches; hier sehen wir Hände und Füße durchbohrt mit scharfen Nägeln, und die Blutstropfen um die Stirn zeigen, daß harte Dornen tief in sein heiliges Haupt gedrungen sind. Und fort und fort steigern sich diese Qualen. Die Wundmale an Händen und Füßen, die mit jeder Minute weiter aufreißen, die Wunden am ganzen Körper, die in rauher Lust immer schmerzlicher sich entzünden, das Gefühl des Verschmachtens, welches das Innere wie mit Brand erfüllt, lassen dieses Leiden anwachsen bis zur Unerträglichkeit.

Aber grausamer noch, als die Glieder des Leibes, wird sein heiliges Herz gemartert durch all den Undank seines Volkes, das er so sehr geliebt, durch die elende Menschenfurcht scheuer Freunde, durch die Flüche, Verwünschungen, den Haß wütender Feinde. *"O ihr alle, die ihr vorübergeht am Wege,"* so kann er ausrufen mit dem Propheten, *"habet acht und schauet, ob ein Schmerz gleich ist meinem Schmerze!"* (Klagl. 1, 12.)

Wenn wir, geliebte Diözesanen, dieses unermeßlich große und tiefe Leiden, das aus Golgatha seine Vollendung fand, oft in Andacht und Liebe betrachten, dann wird es uns leichter werden, das eigene Leid zu tragen, in Geduld unter dem Kreuze auszuharren. Siehe, so sollen wir oft zu uns sagen, mein Erlöser hat auch einen Kreuzweg gehen müssen, einen gar langen und schmerzlichen Weg. Auch ihm ist das tiefste Leid nicht erspart geblieben. Und dieser Gekreuzigte, Verhöhnte, Verlassene, Dahinsterbende ist Gottes Sohn und aller Menschen König in Ewigkeit.

Angesichts der unaussprechlichen Bitterkeiten dieses Leidens drängt sich unserm Geiste die Frage auf: Warum mußte Christus solches leiden? Der Hl. Geist selbst gibt die Antwort durch den Apostel Paulus, indem er sagt: *"Ich habe euch überliefert, was ich auch empfangen habe: daß Christus gestorben ist, für unsere Sünden der Schrift gemäß."* (1. Kor. 15,3.) Und schon Jahrhunderte vorher hatte dieses Isaias im Geiste geschaut. *"Er ist,"* so sagt der Prophet, *"verwundet worden um unserer Missetaten willen, zerschlagen wegen unserer Frevel. Die Züchtigung liegt unseres Friedens wegen auf ihm, und durch seine Wunden sind wir geheilt worden. Wir alle gingen in die Irre wie Schafe, ein jeder wich ab von seinem Wege; und der Herr hat auf ihn unser aller Schuld gelegt."* (Js. 53, 5 u. 6.)

Gewiß, geliebte Diözesanen, ist in diesen Worten ein Geheimnis der göttlichen Erbarmung verborgen, die Wahrheit nämlich, daß der Heiland durch sein Leiden den Fluch von uns genommen hat, so daß jeder, der wahrhaft guten Willens ist, Verzeihung seiner Sünden und die ewige Seligkeit erlangen kann. Aber auch das strenge Gesetz der Heiligkeit und Gerechtigkeit Gottes ist hier ausgesprochen, daß Gott die Sünde haßt und straft, und daß die Bosheit und Verworfenheit durch Strafe gesühnt werden muß. Wo die Sünden der Menschen überhand nehmen und das Maß übersteigen, da pflegt Gott mit außergewöhnlichen Heimsuchungen und zeitlichen Strafgerichten einzugreifen. Die Erfahrung von Jahrtausenden hat dieses in furchtbarer Weise bestätigt. Die Geschichte der Offenbarungen ist eine Geschichte der Erbarmungen Gottes gegen die Menschheit; aber von Zeit zu Zeit ziehen sich auch durch die Heilsgeschichte erschütternde Strafgerichte der göttlichen Gerechtigkeit. Unsere Stammeltern hat Gott um ihres Ungehorsams willen aus dem Paradiese gestoßen, ihrer Sünden wegen die ganze Erde mit seinem Fluch beladen. Statt der Freuden des paradieses sind Disteln und Dornen, der Schweiß mühevoller Arbeit und Leiden aller Art der Menschen Anteil geworden. Die Sündflut vertilgte das sittenlose Menschengeschlecht bis auf eine Familie von dieser Erde. Feuerregen vom Himmel zerstörte blühende, verkehrsreiche Städte, um das Ärgernis schändlicher Laster vom Erdboden zu vertilgen. Das widerspenstige israelitische Volk wurde in die babylonische Gefangenschaft geschleppt, Greuel der Verwüstung brachte die strafende Hand der Gerechtigkeit über das gottesmörderische Jerusalem. Und, geliebte Diözesanen, wie oft haben auch in den nachfolgenden Zeiten, bis an die Schwelle der Gegenwart Ströme von Blut und Jahre unbeschreiblichen Elends sühnen müssen, was ganze Völker und Geschlechter gesündigt und gegen Gottes heilige Gebote gefrevelt hatten!

Wenn jetzt ein furchtbarer Weltkrieg entbrannt ist, so blutig, so grausam und verheerend wie keiner vorher, sollen wir dann nicht daran denken, welche Wege die Völker Europas seit langem eingeschlagen haben? Durfte nicht der frechste Unglaube in der Öffentlichkeit ungestraft sich breit machen? Konnten Gotteslästerung und Verspottung alles dessen, was heilig ist, in einzelnen Ländern nicht frei sich hervorwagen? Wenn durch diesen Krieg das Leben der Familien zerrissen wird, Ehegattten auf immer von einander getrennt, so viele Kinder ihres Vaters, so viele Eltern ihres Sohnes beraubt werden, müssen da nicht ernste Gedanken wach werden über die Lockerung des Ehebandes, über die Entheiligung des Ehelebens, über die Vernachlässigung christlicher Zucht in den Familien, wie dieses alles während der vergangenen Friedensjahre in immer weiterem Umfange und immer betrübender sich offenbarte? Eine schrankenlose, maßlose Vergnügungssucht im Bunde mit schamloser Ausgelassenheit beherrschte die vergangenen Jahre und entweihte das öffentliche Leben. *„Lasset uns genießen die Güter, die jetzt sind"* (Weish. 2, 6), so lautete die Losung vieler, das war das verführerische Wort geworden, mit dem man besonders der Jugend sich nahte. Mit Schrecken gewahrte man es, wie der Sonntag, der Tag des Herrn, durch Vernachlässigung strenger Pflichten, durch sündhafte Freuden, durch Ausschweifungen aller Art entweiht und entheiligt wurde. Man hatte vergessen und verachtete das Gebet: *Unser tägliches Brot gib uns heute;* man lachte und spottete über jene, die vor und nach dem Essen beten. Dürfen wir uns darum wundern, wenn Gott einmal als Strafe für diese Sünden und diesen Undank Teuerung, Not und Hunger schickt?

Nicht an uns ist es, geliebte Diözesanen, über fremde Nationen zu richten. Gott ist es, der alle richten wird nach Gerechtigkeit. In aller Demut wollen wir bekennen, daß auch wir gesündigt haben durch unsere Schuld, durch unsere Schuld, durch unsere übergroße Schuld. Auch in unserer Mitte wurde Gott und sein hl. Wort nicht mehr so geehrt, wie es sich gebührte, auch in unserem Volke wurde leider vielerorts und von vielen Gottes Gerechtigkeit nur allzusehr herausgefordert. Wir wollen nicht sprechen mit dem israelitischen Volke: *„Ich bin ohne Sünde und unschuldig, und deshalb möge sich abwenden dein Zorn von mir."* (Jerem. 2, 35.) Wir wollen horchen auf den Propheten Esdras, den wahren Freund und Wohltäter seines Volkes. „Mein Gott," so spricht dieser Prophet, *„ich bin bestürzt und schäme mich, mein Angesicht zu dir zu erheben; denn unsere Missetaten haben sich gehäuft auf unser Haupt, und unsere Sünden sind bis an den Himmel emporgewachsen von den Tagen unserer Väter an. Aber auch wir selbst haben schwer gesündigt bis auf diesen Tag, und wegen unserer Missetaten wurden wir preisgegeben."* (1. Esdr. 9, 6 u. 7.)

Der Wahrheit, geliebte Diözesanen, die offen zu Tage liegt, müssen wir uns beugen, und angesichts der gegenwärtigen Drangsale wollen wir mit dem frommen Tobias gläubig bekennen: *„Gerecht bist du, o Gott, und gerecht sind alle deine Gerichte."* (Tob. 3, 2.) Das Wort des Apostels gilt auch für unsere Zeit: *„Täuschet euch nicht! Gott läßt seiner nicht spotten. Was der Mensch säet, das wird er auch ernten."* (Gal. 6, 7 u. 8.) Ganze Völker hatten gefrevelt wider den heiligen und gerechten Gott, und so wurde die Kriegsgeißel eine Zuchtrute Gottes nicht so sehr für die Sünden der einzelnen Menschen, sondern für die Frevel der Gesamtheit, für die Sünden im gesellschaftlichen und öffentlichen Leben der Völker. „Gerechtigkeit erhebt ein Volk," so heißt es im Buche der Sprüchwörter, *„elend aber macht die Völker die Sünde."* (Sprüchw. 14,34.) Wie langmütig ist Gott gewesen, bis er diese Strafe hat eintreten lassen, wie oft hat er vergeblich gerufen, gemahnt und gewarnt! Die Welt aber hat nicht gehört auf den Herrn „und seine Gebote verachtet. Jetzt ist die Strafe über die Völker gekommen, weil ihre Schuld riesengroß gewachsen war. *„Siehe,"* so spricht Gott beim Propheten Jeremias, *„ich verfolge sie mit dem Schwerte und mit dem Hunger und mit der Pest und werde sie überlassen zur Mißhandlung allen Königreichen der Erde ..., weil sie nicht gehört haben auf meine Worte."* (Jerem. 29, 18 u. 19.)

Allein, während wir diese Worte beherzigen, treten vor unsern Geist alle die Trübsale und Heimsuchungen, die auch so viele unschuldige und fromme Menschen, über so manche gottesfürchtige Familien gekommen sind. So viele unserer besten Männer und Jünglinge werden nicht mehr heimkehren aus Feindesland, wohin die Erfüllung heiliger Pflicht sie gerufen hatte; so mancher hoffnungsreiche Sohn, ein Vorbild frommer Zucht und die Freude seiner Eltern, ist auf der blutigen Walstatt geblieben, oder nach schmerzlichen Leiden seinen Wunden erlegen. Wie manche pflichttreue Gattin weint um den geliebten Gatten, den der grausame Krieg vorzeitig von ihrer Seite gerissen, wie viele unschuldige Kinder trauern um den allzufrüh verlorenen Vater! Hätte der Krieg nur die Frevler hinweggerafft, für die kein Gebot Gottes und kein Recht der Menschen heilig ist, oder jene, die andere Seelen verführen und ins ewige Verderben stürzen, die schlimmer am Marke des Volkes zehren, als Hunger und Krieg, dann wäre es leicht, so hört man sagen, unter der strafenden Hand des Allmächtigen sich zu beugen. Aber, warum müssen denn die Unschuldigen leiden? Warum ist so viel christlicher Sinn und Frömmigkeit, so viel Gebet ohne sichtbaren Lohn ge-blieben? Weshalb haben nicht wenigstens die Tugendhaften und die Besten von allen besonderen Schutz vor diesen Leiden gefunden? Wie ist das alles vereinbar mit Gottes Güte?

Ein Blick auf das Kreuz, geliebte Diözesanen, wird uns die Antwort geben. „In furchtbarer Todesqual hängt dort, wie der Apostel sagt, *„der Hohepriester, der da heilig ist, unschuldig, unbe-fleckt, abgesondert von den Sündern."* (Hebr.7, 26.) Deshalb, so versichert der hl. Paulus, wird das Blut Christi unsere Gewissen reinigen von toten Werken, weil *„er sich selbst als ein unbeflecktes Opfer Gott dargebracht hat."* (Hebr. 9, 14) Auch der hl. Petrus sieht die Kraft der Erlösung gerade darin, daß wir losgekauft sind *„mit dem kostbaren Blute Christi, als des unschuldigen und unbefleckten Lammes."* (Petr. 1, 19.)

Im Leiden des Herrn wird es uns offenbar, daß Gnade und Erlösung in der gegenwärtigen Ordnung nur gewirkt werden kann durch Opfer.

Aber vor allem wird eine Opfergabe den reinsten Augen Gottes wohlgefällig sein und seine Segenshand weit öffnen, wenn sie geadelt ist durch Reinheit. Die hl. Schrift weist uns immer wieder dar-auf hin. *„Des Gerechten Opfergabe,"* heißt es im Buche Sirach, *„macht reich den Altar und ist ein lieblicher Wohlgeruch vor dem Angesichte des Allerhöchsten. Des Gerechten Opfer ist angenehm und der Herr wird seine Opfergabe nicht vergessen."* (Sir. 35, 8 u. 9.) Das unschuldige Blut des gerechten Abel war es, das mächtig zu Gott emporrief. Auf die Fürbitte des frommen Job, der so viel gelitten, will Gott gnädig herabschauen, um seinetwillen ablassen vom Zorn und die Torheiten seiner Freunde nicht mit Strafen heimsuchen. Das Blut der unschuldigen Kinder von Bethlehem und die Tränen ihrer Mütter waren die Bittschrift, die im Namen der fluchbeladenen Menschheit dem Welterlöser bei der Ankunft auf Erden entgegengebracht wurde. Die Reinste und Fleckenloseste von allen sollte unter dem blutigen Kreuze zum Opfer werden; ihr unbeflecktes jungfräuliches Herz mußte das Schwert des-Schmerzes durchbohren. Nur als schmerzhafte Mutter und Königin der Martyrer konnte sie mitwirken zur großen Heilstat des Erlösers; unter dem Kreuze vor allem ist sie für uns geworden die Mutter der Barmherzigkeit, die Trösterin der Betrübten, die Hilfe der Christen, das Heil der Kranken und die Zuflucht der Sünder. Das unschuldig vergossene Blut des hl. Stephanus gewann der Kirche das Gefäß der Auserwählung, den großen Völkerapostel Paulus. Das Blut so vieler heil. Martyrer wurde der Same, der das Christentum auf Erden sprossen und keimen machte. Die Geschichte der Heiligen ist so reich an Beispielen, daß gerade die reinsten und tugendhaftesten Seelen durch Schmerz und Leid am meisten heimgesucht wurden, oder daß sie von Gottes Geist getrieben sich Bußen auferlegten, vor denen der weichliche Sinn der heutigen Welt erschreckt zurückbebt. Es war ihre Aufgabe, dadurch Gottes Strafgerichte abzuwenden und besondere Segnungen vom Himmel herabzuflehen auf ihre Mitmenschen. Das ist die geheimnisvolle Kraft des unschuldig vergossenen Blutes, der Wert des unschuldigen Leidens. Schmerz und Leiden zur Strafe dem Sünder auferlegt mögen sühnen und büßen und der Gerechtigkeit genugtun. Aber das unschuldige Blut, das schuldlose Leiden ruft Gottes reichste Gnade und Erhörung herab und wird zur Aussaat neuen Segens für die Menschheit.

Die Aussicht auf neue Gnaden und größeren Segen ist es nun gerade, die uns mit den Leiden, die Gott schickt, versöhnen, sie uns sogar heilig und teuer machen soll. Gott straft hier auf Erden nicht, um zu verderben; er schlägt, um zu heilen, er prüft, um zu verklären und zu verherrlichen. Auch dafür haben wir als Vorbild und Unterpfand Christus den Gekreuzigten, *„den Urheber und Vollender des Glaubens, welcher für die vor ihm liegende Freude das Kreuz erduldete, nicht achtend der Schmach und nun zur Rechten des Thrones Gottes sitzt."* (Hebr. 12, 2.)

„Mußte nicht Christus," so belehrt der Heiland die Jünger auf dem Wege nach Emmaus, *„dieses leiden und so in seine Herrlichkeit eingehen?"* (Luk. 24, 26.) Gott hat es zum allgemeinen Gesetz erhoben, daß der Weg zur Gnade und zur Seligkeit durch Leiden und Trübsal hindurchführt. Durch Leid zur Freude, durch Nacht zum Licht. *„Wahrlich, wahrlich, ich sage euch,"* so spricht der Heiland selbst, *„wenn das Weizenkorn nicht in die Erde fällt und stirbt, so bleibt es allein; wenn es aber stirbt, so bringt es viele Frucht."* (Joh. 12, 34 u. 35.) Viele der jetzt in den Gräbern schlummernden Helden sind Samenkörner, aus denen reicher Segen erblüht für das Vaterland und ihre Familien. Der Tod, den sie in freudiger Pflichterfüllung und reinen Herzens für das Vaterland, die Ihrigen und für uns alle erlitten, ist für sie, das dürfen wir hoffen, der Grund einer besonderen ewigen Verherrlichung geworden. Gottes Hand hat so manches irdische Leben in diesem Kriege ausgelöscht, um ewiges Leben zu verleihen. Die Gefallenen sind uns vorangegangen in dieses ewige Leben. Dorthin sollen auch wir gelangen; wir sind auf dem Wege zu ihnen, und mit jedem Tage kommen wir ihnen näher. Wir finden sie wieder auf ewig, die wir jetzt verloren.

So lehrt uns, geliebte Diözesanen, das bittere Leiden und Sterben des Herrn, daß wir nicht mutlos und verzagt werden, nicht übermäßiger Traurigkeit uns hingeben, nicht irre werden dürfen an der liebevollen göttlichen Leitung unserer Geschicke, wie schwer auch immer die Hand des Herrn auf uns ruhen mag. Sagen wir nicht: Wozu dieses, wodurch habe ich dieses verdient? Anstatt so zu fragen, wollen wir vielmehr sprechen: Gott weiß es; auch ich werde es einmal erfahren und Gott noch dafür danken. Wir wollen nicht hadern mit der Vorsehung wollen es ernst nehmen mit dem Worte, das wir so oft in guten Tagen gebetet: Dein Wille geschehe! *„Denen, die Gott lieben,"* ver-sichert uns tröstend der hl. Paulus, *„gereicht alles zum Besten."* (Röm. 8, 28.)

Statt unfruchtbarer Trauer, statt düsteren Grübelns soll Hoffnung und Zuversicht unser Herz erfüllen. So viele geweinte Tränen, so viel unschuldiges Blut, so viele Schmerzen und Leiden gerechter Seelen, so viele vertrauensvolle Gebete, als Saat ausgestreut unter den Sonnenstrahlen göttlicher Barmherzigkeit und Weisheit, werden nicht ohne den reichsten Himmelssegen bleiben für die Leidbetroffenen, für ihre Familien, für unser ganzes Volk. „Mit Weinen," so spricht der Herr beim Propheten Jeremias, *„werden sie kommen, und in Erbarmung werde ich sie zurückgeleiten ... Dann werden sie kommen und lobsingen auf dem Berge Sion und zusammenströmen zu den Gütern des Herrn, zu Getreide, Wein und Öl; und ihre Seele wird einem wasserreichen Garten gleichen, und sie werden nicht mehr Hunger leiden. ... Und ich werde ihre Trauer in Freude verwandeln, sie trösten und erfreuen nach ihren Leiden.* (Jerem. 31, 9-13.)

Es segne euch der allmächtige und barmherzige Gott, der Vater, der Sohn und der Heilige Geist. Amen.

8.
DER KRIEG FORDERT WERKE DER NÄCHSTENLIEBE[8]
[Fastenzeit 1918]

Hirtenbrief
Sr. Bischöfl. Gnaden Johannes Poggenburg
Bischofs von Münster

Geliebte Diözesanen!

Noch immer wütet der gewaltige Krieg, „der die Völker und Nationen in ihrem Bestande bedroht", und die Hand Gottes, *„dessen Gerichte unbegreiflich und dessen Wege unerforschlich sind"* (Röm. 11, 33), lastet noch schwer auf uns. Wie die Feinde die Hand des Friedens, die der Kaiser großmütig darbot, zurückgewiesen haben, so hat auch der Friedensruf des hl. Vaters nicht überall Gehör gefunden. Der Krieg mit seinen Schrecknissen, Entbehrungen und Leiden dauert fort, und zum vierten Male muß ich daher zum Beginn der hl. Fastenzeit einen Kriegshirtenbrief an euch richten.

Seit dem Sündenfalle im Paradiese sind Leiden, Entbehrungen und Tod der Menschen Anteil. Wir leben auf einer fluchbeladenen Erde, in einem Tränentale, wo jedes Alter, jedes Geschlecht, jeder Stand von Leiden und Schmerzen heimgesucht wird. Allein wohl niemals hat der Tod so reiche Ernte gehalten, ist so viel Not und Elend über die Welt gekommen, wohl nie sind so viele Tränen geweint, als in der Zeit dieses furchtbaren Krieges. In meinen früheren Hirtenschreiben während der Kriegszeit habe ich von den Quellen und Ursachen der Leiden, von ihrer Bedeutung zu euch gesprochen; ich habe euch hinge-wiesen auf die Trostgründe in den Leiden dieses Lebens, euch gezeigt, welche Wohltat unter dem Drucke dieses langwährenden Krieges der hl. katholische Glaube uns bietet; ich habe euren Blick hingelenkt auf den bittern Kreuzweg des Erlösers und euch belehrt, wie jedes Rätsel des

---

[8] Textquelle I HIRTENBRIEFE 1918 = Hirtenbriefe des deutschen Episkopats anläßlich der Fastenzeit 1918. Paderborn: Verlag der Junfermannschen Buchhandlung 1918, S. 9-16.

Schicksals sich löst, jedes Dunkel der göttlichen Fügung sich erhellt, jede Schwierigkeit weicht vor Christus, dem Gekreuzigten.

Heute möchte ich mich wenden an euer mildtätiges, hilfsbereites Herz, euch auffordern, angesichts der harten Not dieser Zeit mehr denn je Werke der Barmherzigkeit und christlichen Nächstenliebe zu üben, für die der Krieg ein so weites Feld erschlossen hat. Der Krieg ist eine Zeit der Leiden, Opfer und Entbehrungen, er soll aber auch die Zeit *werktätiger Nächstenliebe und hilfreicher Barmherzigkeit* sein.

„*Gnädig und barmherzig ist der Herr,*" spricht der Psalmist, „*sein Erbarmen dehnt sich aus auf alle seine Werke*" (Ps. 144, 8 u. 9). In der Tat, Gott hat sich unendlich reich erwiesen an Huld, Gnade und Erbarmen in unserm natürlichen Leben und in dem über-natürlichen Gnadenleben. Wir Menschen leben von der Barmherzigkeit Gottes, und ihre Spuren finden sich auf allen unsern Wegen. Alles, was wir sind und haben, ist ein Geschenk der Güte Gottes. „*Was hast du,*" so fragt der Apostel, „*das du nicht empfangen hast?*" 1. Kor. 4, 7.) Diese Barmherzigkeit und Güte Gottes soll nun aber nach dem Gebote Jesu Christi ein Vorbild jener Barmherzigkeit sein, die wir Menschen auf Erden unter einander üben sollen. „Seid barmherzig," mahnt der Heiland, „wie euer Vater im Himmel barmherzig ist" (Luk. 6, 36). Wie Kinder das üben sollen, was der Vater tut, so müssen wir als Kinder Gottes dem himmlischen Vater in seiner Barmherzigkeit nachzuahmen streben. Dadurch erweisen wir uns unseres Vaters im Himmel würdig und seiner Barmherzigkeit wert.

Jesus Christus, der Sohn Gottes, kam in diese Welt, um alle Menschen, vorzüglich die Armen und Notleidenden zu beglücken. Arm wurde er geboren; er lebte von den Almosen, die man ihm reichte; arm und von allen verlassen starb er am Kreuze. Allein während der Heiland nicht so viel hatte, wohin er sein Haupt legen konnte, predigt er unaufhörlich die Übung der Barmherzigkeit. Jene, die ihm vollkommen nachfolgen wollten, ermahnt er, alles zu verkaufen und den Erlös den Armen und Notleidenden zu geben. Selig preist er die Barmherzigen, denn sie werden Barmherzigkeit erlangen. Er droht dem Reichen, daß er gleich dem reichen Prasser in der Hölle begraben werde, wenn er auf Erden den Armen unbarmherzig vor der Türe liegen lasse. Das Weltgericht am Ende der Zeiten, so lehrt er, wird ein Gericht darüber sein, ob die Menschen Barmherzigkeit geübt haben. *„Zu denen, die an seiner Rechten stehen, wird er sagen: Kommt, ihr Gesegneten meines Vaters, besitzet das Reich, das euch bereitet ward von Anbeginn der Welt! denn ich war hungrig, und ihr habt mich gespeist; ich war durstig, und ihr habt mich getränkt; ich war ein Fremdling, und ihr habt mich beherberget; ich war nackt, und ihr habt mich bekleidet; ich war krank, und ihr habt mich besucht; ich war im Gefängnisse, und ihr seid zu mir gekommen. ... Was ihr dem Geringsten meiner Brüder getan habt, das habt ihr mir getan. Dann wird er auch sagen zu denen, die zur Linken stehen: Weichet von mir, ihr Verfluchten, in das ewige Feuer, das dem Teufel und seinen Engeln bereitet ist! Denn ich war hungrig, und ihr habt mich nicht gespeist; ich war durstig, und ihr habt mir nicht zu trinken gegeben; ich war ein Fremdling, und ihr habt mich nicht beherberget; ich war nackt, und ihr habt mich nicht bekleidet; ich war krank und im Gefängnisse und ihr habt mich nicht besucht. ... Was ihr dem Geringsten meiner Brüder nicht getan habt, das habt ihr mir nicht getan"* (Matth. 25, 34-45). Also jede Gabe, die wir den Armen und Notleidenden spenden, legen wir in Gottes Hand; jeden Trunk Wassers, den wir dem Durstigen reichen, spenden wir dem Heiland. Er selbst will, so lange die Welt steht, in dem Armen uns um eine Gabe bitten, in jedem Bedrängten sich helfen und trösten, in jedem Verlassenen sich aufnehmen lassen. Der Arme ist gleichsam der Opferaltar, auf den der Mensch die Gabe legen soll, die er zu Gottes Ehre gibt, deren Empfänger zuletzt Gott selbst ist.

Und was der Heiland hier in Worten lehrte, das übte er durch die Tat. Die hl. Schrift faßt sein ganzes öffentliches Auftreten zusammen in die Worte: *„Er ging umher Wohltaten spendend"* (Apostelgesch. 10, 38). Alle Wege und Stege des heiligen Landes erzählen von seiner Liebe und Barmherzigkeit. In ihm war erschienen *„die Güte und Menschenfreundlichkeit Gottes"* (Tit. 3, 4). Seine Wonne war es, bei den Menschenschenkindern zu sein, die seiner barmherzigen Liebe bedurften. Sein hl. Herz war so weit und so groß, daß es alle Anliegen, alle Leiden der Menschheit mitfühlte; jeder Schlag dieses Herzens war eine unermeßliche Wohltat für die Notleidenden. Allen Leidenden und Bedrängten ruft er zu: *„Kommet zu mir alle, die ihr mühselig und beladen seid, ich will euch erquicken"* (Matth. 11, 28). Den Blinden gab er das Licht der Augen wieder, den Stummen die Sprache, den Tauben das Gehör. In der Wüste sieht er die hungrigen Volksscharen und spricht von Mitleid gerührt:

"Mich erbarmt des Volkes, denn sie haben nichts zu essen" (Matth. 15, 32). Dann speist er sie mit dem Brote, das er wunderbar vermehrte. Er tröstet die Witwe, deren einzigen Sohn man zu Grabe trug und erweckt ihn zum Leben. Er weint am Grabe des Lazarus und gibt den Schwestern den Bruder zurück. Bald sehen wir ihn in der Ausübung seiner Liebestaten ermüdet und erschöpft, bald von Hunger und Durst verzehrt. Selbst am Kreuze, eingetaucht in ein Meer der Schmerzen, vergißt er seine Dornenkrone, die Qual seiner Nägel, den Spott und Hohn der Feinde, um sterbend noch Erbarmen zu üben, indem er betete für seine Feinde, den Schächer vom ewigen Tode errettet und uns allen seine heilige Mutter zur Mutter gibt. Und nach dem Tode läßt er sein heiliges Herz öffnen, damit es eine Quelle der Erbarmungen werde, die fortströmen sollen in den hl. Sakramenten der katholischen Kirche bis zum Ende der Welt. So hat der Heiland in seinem Leben und Sterben bewiesen, daß die Barmherzigkeit Gottes sich erstreckt über alle seine Werke.

Wohltaten spendend und Barmherzigkeit übend ist der Heiland durch die Welt gegangen. Als er zum Himmel auffuhr, hat er den Geist der Wohltätigkeit und der barmherzigen Liebe seiner Braut, der hl. katholischen Kirche, als kostbares Erbe hinterlassen. Zu allen Zeiten und in jeglicher Not hat die Kirche sich als gütige Mutter der Armen und Notleidenden bewährt. Der Samaritanergeist, der Geist der Opferliebe Jesu Christi, lebt auch heute noch fort in so vielen Orden, Genossenschaften und Vereinen, deren Hauptaufgabe es ist, das geistliche und leibliche Elend der Menschheit zu lindern. Die Kirche hat im Laufe der Jahrhunderte den Erdkreis mit zahllosen Anstalten und Stiftungen der Barmherzigkeit bedeckt, so manche Armen-, Waisen- und Krankenhäuser gegründet; derselbe Geist barmherziger Liebe zeitigt noch fortwährend herrliche Blüten echt christlicher Caritas im stillen Leben und Wirken so vieler ihrer gläubigen Kinder.

Als Kinder Gottes, belehrt durch das Beispiel des göttlichen Heilandes, als treue Söhne und Töchter unserer Mutter, der hl. Kirche, sollt ihr es für eine ernste Pflicht halten, nach Kräften Werke der Nächstenliebe zu üben, der leidenden und bedrängten Mitmenschen euch anzunehmen, mitleidig und freigebig gegen Arme und Notleidende zu sein. ‚Wir Menschen sind im gegenseitigen Verkehr auf das Mitleid und die Barmherzigkeit angewiesen, die der eine dem andern erweisen soll;

darauf gründet sich die Wohlfahrt der menschlichen Gesellschaft.

Mit Dank gegen Gott, geliebte Diözesanen, gestehe ich es, daß ihr bisher gern und reichlich gespendet habt, so oft eure Oberhirten sich in den Zeiten der Not an eure Mildtätigkeit wandten. Und denselben Geist freigebiger Liebe habet ihr in diesen Kriegsjahren durch eure Gaben für Arme und Bedrängte, für unsere Krieger im Felde, für die Verwundeten in den Lazaretten, für die Gefangenen in Feindesland, für die Hinterbliebenen der im Kriege Gefallenen und für die sonst hart Betroffenen bekundet. Im Namen aller fühle ich mich gedrängt, den edlen Gebern den herzlichsten Dank auszusprechen. Möge des Himmels reichster Lohn euch dafür zuteil werden! Möge aber auch in Zukunft der liebe Gott euch mit derselben hochherzigen Gesinnung und edlen Freigebigkeit erfüllen, möge Christi Geist stets eure Herzen beseelen!

Gottes Güte und Barmherzigkeit hat uns und unsere Heimat vor dem Feinde beschützt, vor den Greueln des Krieges und seinen Verheerungen bewahrt. So viele Städte und Dörfer liegen in Trümmern, ihre Bewohner sind obdachlos geworden. Ganze Länderstriche sind verwüstet und in Einöden verwandelt. Ihr besitzet noch eure Heimat, eure Äcker, euer Haus und eure Kirche. Auch im vergangenen Jahre hat Gott eure Ernte gesegnet. *„Die Barmherzigkeit Gottes ist es,"* so müssen wir sprechen mit dem Propheten, *„daß wir nicht vernichtet sind"* (Klagl. 3, 22). *„Lasset uns Dank sagen für alles Gott und dem Vater durch Jesus Christus"* (Ephes. 5,20).

Allein noch immer haben die Feinde unsere Grenzen gegen die Einfuhr von Lebensmitteln abgesperrt; sie wollen durch Aushungerung des Volkes, durch die Not der Frauen und Kinder unser Vaterland zu einem schmählichen Frieden zwingen. Viele hungern, und manche Eltern fragen täglich in banger Sorge mit dem Heiland in der Wüste: *„Woher kaufen wir Brot, daß diese zu essen bekommen?"* (Joh. 6, 5.) „Wie einst in den Unglückstagen des Volkes Gottes, so *„rufen auch jetzt Kinder nach Brot, und niemand ist, der es ihnen bricht"* (Klagl. 4, 4).

Die staatlichen und kommunalen Behörden sind seit langem bemüht, durch besondere Unterstützungen und Maßnahmen der Not zu steuern, sie haben Verordnungen erlassen, um mit dem Überflusse der einen dem Mangel der anderen abzuhelfen. Solche Maßnahmen mögen oft lästig erscheinen, sie sind aber notwendig, und ihre Beachtung ist eine vaterländische Pflicht. Darum sollen alle zur Durchführung derselben bereitwillig mitwirken. Beobachtet denn diese Erlasse und Verordnungen zugleich aus übernatürlichem Beweggrunde, aus wahrer Gottes- und Nächstenliebe. Nehmet alle Opfer bereitwillig auf im Geiste christlicher Bußgesinnung ohne Murren und Klagen. *„Eine hungernde Seele,"* mahnt Gott im Buche Sirach, *„verachte nicht und sei nicht hart gegen einen Armen in seiner Not"* (Sir. 4,2). *„Wer die Güter dieser Welt hat,"* sagt der hl. Johannes, *„und dennoch, wenn er seinen Bruder Not leiden sieht, sein Herz vor ihm verschließt, wie bleibt die Liebe Gottes in einem solchen?"* (1 Joh. 3, 17.) Der Heiland lehrt uns alle beten: Unser tägliches Brot gib uns heute. Er sagt nicht: Mein tägliches Brot gib mir heute. Dadurch wird der Besitzende und Wohlhabende gemahnt, des dürftigen Mitmenschen zu gedenken, ihm mitzuteilen von seinem Überflusse.

Wollte in dieser Zeit der Teuerung und der Not jemand Lebensmittel widerrechtlich zurückhalten, um aus Habsucht höhere Preise zu erzielen, so würde er zum Verbrecher an seinem Mitmenschen und seinem Vaterlande werden. Oft ist das Wort Kriegswucher in dieser Zeit genannt worden. Ihr, geliebte Diözesanen, werdet euch, das hoffe ich, einer solchen gewissenlosen Preistreiberei und Auswucherung eurer Mitmenschen nicht schuldig machen. Jede Überforderung beim Verkauf ist sündhaft, doppelt sündhaft in diesen Tagen allgemeiner Not. *„Wer Getreide zurückhält,"* heißt es im Buche der Sprichwörter, *„wird vom Volke verflucht; Segen kommt auf das Haupt derer, die es zum Markte bringen"* (Sprichw. 11, 26). Lasset stets Gerechtigkeit und Liebe unter euch herrschen, nicht schmutzige Habsucht und hartherzige Selbstsucht.

Leider hat sich seit einiger Zeit ein bedenklicher Gegensatz, eine Kluft gebildet zwischen Stadt und Land, zwischen Industrie und Landwirtschaft. Man macht sich bittere Vorwürfe, man erhebt auf beiden Seiten lieblose Beschuldigungen und Anklagen, wo doch die gemeinsame Not zu einträchtigem Zusammenwirken mahnen sollte. Dieses hat zum Teil seinen Grund darin, daß ein gegenseitiges Verständnis fehlt, daß man die Vorteile und Nachteile, die auf beiden Seiten sind, nicht genugsam kennt und anerkennt. Und dennoch haben alle mit der

Not des Krieges zu kämpfen; jeder Stand trägt seine Last und fühlt die Leiden und Beschwernisse dieser Prüfungszeit. Hütet euch darum, den einen oder den andern Stand für die schlimmen Begleiterscheinungen des Krieges verantwortlich zu machen, hütet euch vor allen Verdächtigungen, vor jeder böswilligen Anklage! Einige Fehler, die auf beiden Seiten gemacht werden, berechtigen durchaus nicht, das gegenseitige Wohl-wollen zu kündigen, den guten Namen und das Eigentum des Nächsten zu schädigen, unbarmherzig gegen Notleidende zu sein. Wir alle sind Kinder eines Vaters im Himmel, Brüder und Schwestern in Christus, Glieder einer großen Gottesfamilie. Im Unglück sollen aber alle Mitglieder der Familie sich eng zusammenschließen, vergessen, was sie einmal trennte, sich einander helfen, trösten und aufrichten. Möge darum jeder Klassenhaß schwinden, und kein Gegensatz, keine Kluft zwischen Stadt und Land den innern Frieden stören! *„Traget,"* so mahnt der Apostel, *„einer des andern Last, und so werdet ihr das Gesetz Christi erfüllen"* (Gal. 6, 2).

Einigen von euch hat diese Zeit einen ehrlichen und rechtlichen Gewinn, eine Vergrößerung des Vermögens gebracht. Diese haben eine besondere Pflicht, angesichts der Teuerung, die der Krieg geschaffen, und der so viele bei ihrem geringen Einkommen ohnmächtig gegenüberstehen, von ihrem Überflusse mitzuteilen, um die Not und die Dürftigkeit der andern zu mildern. Zu den Notleidenden gehört auch der hl. Vater, der zur Linderung der Kriegsleiden so viel beigetragen hat, der nichts unversucht läßt, um den Völkern den Frieden wiederzugeben. Erweiset euch dankbar durch ein Almosen, das ihr ihm spendet. Vergesset auch nicht eure Glaubensgenossen in der Diaspora, die durch den Krieg in eine bedrängte Lage gekommen sind. Unterstützet daher gern den Bonifatius-Verein und den Bonifatius-Sammelverein. Gebet ebenso bereitwillig ein Scherflein für die katholischen Missionen, die durch den Krieg so schwer gelitten haben. Jede Gabe, die ihr spendet aus Liebe zu den unsterblichen Seelen, wird im Buche des Lebens verzeichnet, und großer Lohn wird denen zuteil werden, die durch ihre Almosen an der Rettung unsterblicher Seelen mitarbeiten. *„So du viel hast,"* ermahnt Tobias seinen Sohn, *„gib reichlich; so du wenig hast, trachte auch von dem Wenigen gern mitzuteilen"* (Tob. 4, 9). Beachtet immer das Wort des göttlichen Heilandes: *„Sehet zu und hütet euch vor jeder Hab-*

sucht! denn das Leben besteht nicht im Überflusse dessen, was einer besitzt" (Luk. 2, 15).

In den letzten Jahren haben viele Kinder aus großen Städten und dem Industriebezirke unentgeltlich auf dem Lande gastliche Aufnahme gefunden, manche sogar für die Dauer dieses Krieges. Allen, die solche Kinder aufgenommen, sowie denen, die zu diesem Liebeswerke mitgewirkt haben, besonders den Geistlichen und Lehrpersonen, danke ich im Namen des göttlichen Kinderfreundes. Möge der Herr dieses edle Werk mit zeitlichem und himmlischem Lohne vergelten! Angesichts der Ernährungsschwierigkeiten wird es aber auch in Zukunft notwendig sein, dieses Liebeswerk fortzusetzen, und viele von euch werden, das weiß ich, fernerhin rührende Beweise dafür liefern, wie tief die Nächstenliebe, besonders das Mitleid mit hungernden Kindern, in ihrem Herzen wurzelt.

Der Krieg hinterläßt so viele Waisen, und manche von diesen sind in Gefahr, auch ihren hl. Glauben zu verlieren, wenn ihr euch derselben nicht erbarmt. Welch herrlichen Lohn könnt ihr" gewinnen durch Aufnahme solcher Kinder in eure Familien, durch Übernahme einer Vormundschaft, durch Unterbringung derselben in einem katholischen Waisenhause! Auch hier gilt das Wort des Heilandes: *„Wer ein solches Kind aufnimmt in meinem Namen, der nimmt mich auf"* (Matth. 18,5).

Manchen fehlt es heute an den notwendigen Kleidungsstücken, sie besitzen kaum noch so viel, um sich gegen die Kälte schützen zu können. Gebet auch hier von eurem Überflusse. *„Wer zwei Kleider hat,"* spricht der Heiland, *„der gebe dem eines, der keines hat"* (Luk. 3, 11). Die Frauen und Jungfrauen muß ich bei dieser Notlage besonders ermahnen, die größte Einfachheit in der Kleidung zu beobachten; ich muß sie warnen, weiterhin einer Mode zu· huldigen, die schon so viel Ärgernis erregt hat. In diesen Tagen der Not und Armut, wo unsere Soldaten für die Sünden des Volkes auf dem Schlachtfelde Entbehrungen aller Art leiden, bluten und sterben, wäre es unverantwortlich, durch einen übermäßigen Aufwand in der Kleidung, durch eine Ärgernis erregende Mode das Schuldmaß von neuem zu füllen.

Übet Barmherzigkeit in dieser Zeit gegen die notleidenden Mitmenschen; aber vergesset auch die Toten, die Gefallenen nicht. Sie haben für uns das Kostbarste hingegeben, das Opfer ihres Lebens gebracht.

Die Treue, die sie dem Kaiser und dem Vaterlande geschworen, haben sie mit dem Tode und ihrem Herzblute besiegelt. Dankbar wird die Welt ihrer heldenmütigen Liebe, ihrer Treue gedenken. Aus ihren Gräbern rufen sie euch zu: Liebet euch untereinander, bringet Opfer für die bedrängten und notleidenden Mitmenschen, für die wir unser Leben dahingegeben haben. *„Eine größere Liebe hat niemand,"* sagt der Heiland, *„als die, daß er sein Leben läßt für seine Freunde"* (Joh. 15, 13). Vergeltet diese Liebe der Gefangenen mit Gegenliebe. Der heilige Glaube lehrt uns, daß jene, die in der Gnade Gottes aus diesem Leben geschieden sind, des himmlischen Lohnes teilhaftig werden. Derselbe Glaube lehrt auch, daß der Weg jener Seelen, die noch läßliche Sünden oder zeitliche Sündenstrafen abzubüßen haben, durch das Fegfeuer führt. Durch ein heiliges Band, die Gemeinschaft der Heiligen, bleiben wir mit diesen Seelen verknüpft; wir können sie erlösen aus dem Gefangenenlager des Reinigungsortes.

„Es ist ein heiliger und heilsamer Gedanke, für die Verstorbenen zu beten, damit sie von ihren Sünden erlöst werden" (2. Machab. 12, 46). So hört denn auf das Wort, daß unsere hl. Kirche den armen Seelen in den Mund legt: *„Erbarmet euch meiner, erbarmet euch meiner, wenigstens ihr, meine Freunde!"* (Job. 19, 21.) Die Liebe und Barmherzigkeit, die ihr den Mitmenschen erweiset, soll den Seelen der Gefallenen nicht versagt sein. Ihr werdet der toten Helden gedenken in euren Gebeten, sie teilnehmen lassen am hl. Meßopfer, an euren hl. Kommunionen, sowie an allen Werken der Barmherzigkeit, die dieser Krieg an euch fordert. Das bringt euch Trost und Stärke in den Kriegslasten und Kriegsleiden, das ist das beste Dankesgeschenk, daß ihr den Gefallenen darbieten könnt; am Throne Gottes, in der Seligkeit des Himmels werden sie eure mächtigen Für-bitter sein.

Geliebte Diözesanen! Wir sind in ein neues Jahr eingetreten. Wird es uns den Frieden bringen? Das steht in Gottes Hand. Darum dürfen wir nicht nachlassen zu beten, daß Gott die Strafrute seiner Gerechtigkeit von uns nehme, sich erbarme unseres Volkes und der ganzen leidenden Menschheit. Wir wollen beten mit dem heiligen Vater: „Gib du den Herrschern und den Völkern Gedanken des Friedens ein; laß aufhören den Streit, der die Nationen entzweit; mache, daß die Menschen sich wieder in Liebe zusammenfinden." Durch Gebet wollen. wir unsern

Soldaten und ihren Führern Beistand und Kraft von oben erstehen, Gottes Schutz in allen Gefahren, daß sie gesund an Leib und Seele zu uns heimkehren. Für uns wollen wir bitten um Stärke und Ausdauer, daß wir die Leiden und Lasten des Krieges geduldig ertragen. Wir wollen nicht vergessen zu beten, daß Gott auch in diesem Jahre die Arbeit unserer Hände segne und eine ergiebige Ernte uns schenke. An Gottes Segen ist alles gelegen. *„Weder der ist etwas, der pflanzt, noch der, welcher begießt, sondern Gott der das Gedeihen gibt"* (1. Kor. 3, 7). Und damit das Gebet wirksam werde und Erhörung finde, sollen wir damit viele Werke der Liebe und Barmherzigkeit verbinden. *„Brich den Hungrigen dein Brot,"* heißt es beim Propheten Isaias, *„und Elende und Heimatlose führe ein in dein Haus, siehst du einen Nackten, so kleide ihn; dann wirst du beten, und der „Herr wird dich erhören"* (Js. 58, 7 u. 9). Die heilige Fastenzeit weist uns hin auf den leidenden Heiland, der aus Liebe und Barmherzigkeit alles dahingab, für uns am Kreuze starb, um uns vom ewigen Tode zu erretten. Üben wir Barmherzigkeit, dann wird sein Leiden an uns nicht verloren sein, dann werden auch wir Barmherzigkeit finden und im Himmel ewig einstimmen dürfen in das Loblied der Barmherzigkeit mit den Worten: *„Lobpreiset den Herrn, denn er ist gütig, und seine Barmherzigkeit währet ewig!"* (Ps. 117, 1.)

Es segne euch der allmächtige und barmherzige Gott, der Vater, der Sohn und der Heilige Geist. Amen.

VI.
Vom gerechten Kriege und seinen Wirkungen

Zeitgemäße Gedanken (1914)[1]

Joseph Mausbach
[Moraltheologe, Münster]

‚Seid stark im Herrn und ergreifet die Waffenrüstung Gottes, auf daß ihr widerstehen könnt am bösen Tage und, alles bewältigend, aufrecht bleibet!' Eph. 6.

1.
Ein böser Tag, eine Stunde der Gewalt und der Finsternis, so könnte der jetzige Moment erscheinen, wenn wir an die von allen Seiten dräuenden Feinde und Gefahren denken. Zu plötzlich, zu furchtbar ist das Gewicht eines ungeheuren, entscheidenden Schicksals über uns hereingebrochen. Die Morgensonne strahlt heute in ungetrübtem Glanze; über die sommerliche Flur und über die Türme und Giebel der alten Bischofsstadt gießt sie Ströme des Lichtes; um so schmerzlicher erwacht dabei der Gedanke, daß dieser Sonntagmorgen (9. August) bestimmt war, das Friedensfest der Katholikenversammlung hier zu eröffnen, eine Armee katholischer Arbeiter zum feierlichen Gottesdienst unter den Baumkronen des Domplatzes zu versammeln und in freudigem, friedlichem Zuge durch die Stadt zu führen, daß wir an diesem Abende in weiter, geschmückter Halle Tausenden aus aller Welt den katholischen Willkommgruß entbieten wollten! Nun rollen in strenger Eintönigkeit die Züge Vorbei, die unsere Truppen und Kriegsmittel

---

[1] Textquelle I MAUSBACH 1914b = Joseph Mausbach: Vom gerechten Kriege und seinen Wirkungen. Zeitgemäße Gedanken. In: Hochland 12. Jahrgang (Oktober 1914), S. 1-13. – Erstveröffentlichung als selbständiger Druck: MAUSBACH 1914a. – Vom gleichen Autor auch: MAUSBACH 1916. Über Mausbach vgl.: BAADTE 1993; FUCHS 2004 (siehe Register); NÜBEL 2008*, S. 14, 55, 61-64, 67, 70, 96, 101, 111.

befördern; nun haben die Männer der Arbeit Ambos und Werkstätte, Haus und Herd verlassen zu blutigem Handwerk; nun tauschen wir mit unsern Nachbarn nicht freundlichen Willkomm, sondern die ehernen Grüße der Kanonen. Bald vielleicht werden in die verödete Festhalle verwundete Krieger getragen werden und die über dem Eingang thronende Madonna begrüßen nicht als die Freudenreiche, sondern als die ‚Trösterin der Betrübten', das ‚Heil der Kranken'; bald werden in ihr nicht Festgesänge und freudige Zurufe erklingen, sondern stille Seufzer, segnende Worte von Priestern und tröstende von barmherzigen Pflegerinnen.

Und doch, es ist kein böser Tag und keine Stunde der Finsternis; es ist ein großer Tag, ein Tag des Gerichtes, ein Tag des Herrn. Und es ist eine Stunde, da die Sonne hoch am Himmel steht und in ihrem Lichte goldene Saaten reifen und schwellende Trauben zu Wein erglühen; da Völker ausstehen und ihr ernstes Tagewerk gewaltig zu Ende führen! ‚Meine Gedanken sind nicht eure Gedanken und meine Wege sind nicht eure Wege' (Js. 55, 8). ‚In allem wollen wir uns erweisen als Diener Gottes, in vieler Geduld, in Trübsalen, in Not und Bedrängnis; ... in Gottes Kraft, durch Waffen der Gerechtigkeit zur Rechten und zur Linken, durch Ehre und Unehre, durch Schmach und Ruhm; ... als Todesopfer – und siehe, wir leben; als Geschlagene – und wir sind nicht zerschlagen; als Trauernde – und wir bleiben frohgemut' (II. Kor., 6). Als hier die Vorbereitungen der Katholikenversammlung am Ziele waren, aufgebaut auf einer vielhundertköpfigen Schar von Mitarbeitern, geleitet von opferwilligen Führern, da äußerten lebenskundige Männer, die in eine solche Organisation katholischer Arbeit zuerst hineinschauten, diese Ordnung und Einmütigkeit weitverzweigter Arbeit sei allein schon ein herrliches Schauspiel, eine Großtat, die ihren Lohn in sich selbst trage. Um wieviel größer ist das Schauspiel der letzten Wochen! Ein Aufflammen des ganzen Volkes, der deutschen Nation im weitesten Sinne, zu edler, tatkräftiger Begeisterung; – nicht nur wie die ‚Entzündung der Pulvermine', sondern wie das Auflodern eines heiligen Feuers, das alle Herzen elektrisch durchglüht und heiß und treu zusammenschmiedet; wie das Aufleuchten des Blitzes vom Himmel her, der die Schwüle und Spannung des Gewitters löst und die Wolkenschleusen öffnet, daß alle Kräfte opfernder, segnender Liebe ungehemmt hervorbrechen und sich zu einem großen, unwiderstehlichen Strome vereinigen!

2.
Während des Krieges von 1870 glaubte Ernst Renan in einem Briefe an O. Fr. Strauß darauf hinweisen zu müssen, daß ‚weder in den Seligpreisungen der Bergpredigt noch sonst irgendwo im *Evangelium* ein Wort sich finde, das den *kriegerischen Tugenden* den Himmel verheißt'. Strauß bemerkte dazu: ‚Nur schade, daß es zu spät war; aber seine volle Richtigkeit hatte es;' er selbst fügte bei: ‚Ebensowenig findet sich ein Wort für die friedlichen politischen Tugenden, für Vaterlandsliebe und bürgerliche Tüchtigkeit darin.' (‚Sind wir noch Christen', Ges. Schr. 6^9, 42.) Wäre also die kriegerische Begeisterung unserer Tage ein Abfall von der echten Christenstimmung? Müßte sich zum Druck der äußeren Gefahr noch der innere Vorwurf gesellen, wir seien der Lehre und dem Beispiel Christi untreu geworden, oder der peinliche Gedanke, es herrsche überhaupt ein Widerspruch zwischen der kampfesfrohen Ethik des nationalen Bewußtseins und der Religion des Friedens und der Liebe? Strauß selbst hat ehrlich eingestanden, daß die Predigt Christi, von der damaligen Lage des Judenvolkes aus betrachtet, keine Veranlassung hatte, kriegerische Tugenden zu empfehlen: die Juden ‚konnten damals keinen Krieg mehr, sondern nur noch Verschwörungen und Aufstände machen, die das Volk nur immer tiefer ins Elend stürzen mußten'. Und das Römerreich war bekanntlich so vom unaufhörlichen Kriegführen ermüdet, daß auch die Heidenwelt die augusteische Friedenszeit als ein köstliches Geschenk des Himmels begrüßte. Aber weit über diese zeitgeschichtlichen Gründe hinaus reicht der große, übernatürliche Zweck des Kommens Jesu, die Menschheit von der Versunkenheit ins Irdische, von aller Leidenschaft des Genießens und Herrschens, auch von der des nationalen Machttriebes zu befreien, die Menschheit zur Innerlichkeit und Herzensreinheit, zur Liebe Gottes und des Nächsten, zur Hoffnung des ewigen Lebens emporzuführen. Um dies Eine, Notwendige im Glauben und Leben durchzusetzen, mußte Christus der Welt das neue Ideal der im Opfern und Dulden liegenden Seelengröße, das neue Gottesreichprogramm der acht Seligkeiten verkünden. Aber schon das eine Wort: ‚Gebet dem Kaiser, was

des Kaisers ist, und Gott, was Gottes ist' enthält auch die sittliche Anerkennung der bürgerlichen Pflichten und Tugenden. Auch in seinen Gleichnisreden verwendet Christus unbefangen Züge aus dem Kriegsleben; dem heidnischen Hauptmanne, der seine Wundermacht mit der Sicherheit des militärischen Kommandos vergleicht, spendet er rückhaltloses Lob; das Alte Testament, das fast auf jeder Seite von Kriegen erzählt, die nach Gottes Willen geführt werden, wird von ihm bestätigt und besiegelt. Aus den Schriften des hl. Augustinus sehen wir, daß die Manichäer gerade aus Abneigung gegen das Alte Testament zu extremen Lobrednern des Friedens wurden und jeden, auch den gerechten Krieg als widergöttlich verdammten (c. Faust. 22, 74 ff.). Augustinus erinnert dagegen an die Haltung Johannes' des Täufers, der die Soldaten nicht zum Aufgeben des Kriegsdienstes, sondern nur zur Manneszucht und Ehrlichkeit verpflichtete, an den Hauptmann Kornelius, den die Apostel ebensowenig zum Verlassen des Heeres anhielten, an die christlichen Kaiser, die bei ihren Feldzügen mit Recht auf den Beistand des himmlischen Königs vertraut hätten. Mit treffender, gesunder Weitherzigkeit erklärt Augustin die Forderung der Bergpredigt, daß wir dem Angreifer auch die andere Wange reichen sollen. Christus fordert die Bereitschaft des Herzens, Schmach und Gewalt für Gott zu leiden; diese innere Selbstherrschaft ist notwendig in allen Lagen, die äußere Antwort aber auf eine Beleidigung kann verschieden sein, sie kann im Dulden und Kämpfen, im Schweigen und Reden geschehen je nach der sonstigen Verpflichtung. Hat doch Christus selbst dem Knechte, der ihn schlug, nicht die andere Wange gereicht, sondern ihn hoheitsvoll zur Rede gestellt (Sermo Dei in monte I, 58). Der hl. Paulus empfiehlt gewiß das Unrechtdulden dem einzelnen Christen mehr als das Rechtsuchen; dennoch macht er selbst im Interesse des Ganzen sein Recht als römischer Bürger geltend, erkennt auch grundsätzlich das Schwert in der Hand der Staatsgewalt als ein Werkzeug göttlicher Rache wider das Böse an. Sein geistlicher Kampfesmut, der die junge Kirche belebt und anfeuert, kleidet sich unwillkürlich in die Bilder vom irdischen Rüsten und Ringen, Kriegen und Siegen. Die volle Befestigung des Gemütes in einer höheren Welt, die Sicherheit des himmlischen Siegeskranzes, das Wort des Herrn, daß, wer sein Leben verliert, es wahrhaft findet, dies alles mußte in der Christenheit jene echte Geringschätzung des Lebens erzeugen, aus der die wahre, sittliche Todesverachtung hervorgeht. So wurde ‚die kriegerische Tugend', die *Tapferkeit*, von selbst aus einer heidnischen zu einer christlichen Kardinaltugend; geboren aus der Begeisterung und dem Opfersinn für Gott und sein Reich, wie Athene aus dem Haupte des Zeus, trat sie in neuer, himmlischer Rüstung unter die erstaunten Menschen, um die Völker auch im irdischen Kampfe eine edlere, selbstlosere, heiligere Art des Streitens zu lehren. Die zahlreichen Soldaten der Verfolgungszeit, welche die Kirche als Heilige verehrt, waren lebendige Vorbilder dieses zweifachen Heldenmutes, der furchtlosen, opferbereiten Treue gegen den irdischen und gegen den himmlischen König. In naiver, schlichter Kraft spiegelt sich dieses Ideal einer sittlich gebändigten, religiös verklärten Kampflust im Heliand und in anderen Denkmälern des frühen Mittelalters, bis es im Rittertum seine feinste und leuchtendste Blüte erschloß, bis es vor allem in den geistlichen Ritterorden eine Verbindung von Tapferkeit und Frömmigkeit, von Wehrhaftigkeit und helfender Nächstenliebe erzeugte, die tatsächlich in *einem* Kranze ‚der Demut und Kraft doppelte Palme' verknüpfte.

3.

Es gibt idealistische, schwärmerische Verehrer des Friedens, es gibt aber auch rohe und überspannte Lobredner des Krieges. ‚*Pacem habere debet voluntas, bellum necessitas,*' sagt der hl. Augustinus; der Friede ist ein Gut an sich, das wir erstreben müssen, der Krieg ist ein furchtbares Übel, das die Not uns aufzwingt, das nur um eines höheren Gutes willen oder, wie Augustin weiter sagt, um des wahren, ehrenvollen Friedens willen erlaubt ist (Epist. 189, 6). Denn der Krieg zerstört und zertritt Werke der Natur und Kultur, wertvolle Menschenleben, segensvolle Arbeit, Familienglück, soziale Werte und Beziehungen, religiöse Schöpfungen, die natürliche und christliche Einheit der Menschheitsfamilie; der Friede aber ist der tragende und nährende Boden für alle diese Werke und Güter. Da das Sein dem Nichts, das Leben dem Tode, die Einheit der Zerrissenheit vorzuziehen ist, so kann jenes Zerstörungswerk mag es auch zu großen Erscheinungen Anlaß geben, nur als Ausnahme und Übergang, nur als schmerzliche Notwendigkeit, als ultima ratio, sittlich gerechtfertigt sein. Dazu kommen die zahlreichen schlimmen Begleiterscheinungen, die den Krieg zur sittlichen Gefahr machen, die Anlässe zur Roheit und Grausamkeit, zur Entfesselung wilder nationaler Leidenschaft, unsittlicher Verhetzung und Verleumdung. Alle diese Gesichtspunkte schlagen um so stärker durch für die christliche Religion, die Religion des Gottesfriedens und der Nächstenliebe, der hochherzig mitteilenden und barmherzig verzeihenden Nächstenliebe. Dennoch darf man den Krieg nicht schlechthin als einen Hohn auf die christliche Nächstenliebe bezeichnen. Das Christentum hat die Menschenliebe nicht nur verfeinert und verallgemeinert, es hat sie auch geläutert und geheiligt durch die höhere Liebe zu Gott, durch unerbittliche Gesetze der Rechts- und Sittenordnung, die aus Gottes Wesen hervorgehen und uns sagen, worin die *wahre* Wohlfahrt und Bestimmung des Menschen besteht. Daher bekommt die Liebe zur Menschheit auch einen strengen, heroischen Zug; echte Liebe muß wehtun und strafen, muß versagen und verwunden können, um das Unreife zu erziehen, das Verdorbene zu heilen und die Menschen zu den wahren Quellen des Heils und Friedens zurückzuführen. Die ‚Ehre Gottes', der Sieg der Wahrheit, des Rechtes, der Vollkommenheit ist der höchste Beruf der Menschheit; darum kann auch ‚der Friede auf Erden' in vollem Maße nur denen gelten, die eines ‚guten Willens' sind! Vieles muß an *Widerstrebenden* durch eine peinliche und doch gütige Strafe durchgesetzt werden, zu ihrem Nutzen, nicht nach ihrer Neigung; ... Daher führt ein Staat, der die Gebote des Christentums befolgt, auch seine Kriege nicht ohne diesen ‚guten Willen', ohne den Willen, die Gegner, die er besiegt, um so wirksamer in die friedliche Gemeinschaft der Gottesfurcht und Gerechtigkeit einzuordnen. Wenn wir einem die Willkür ungerechten Tuns entreißen, so besiegen wir ihn zu seinem Heile; denn nichts ist unglücklicher als das Glück der Frevler, ein Glück, das ihre sträfliche Straflosigkeit nährt und ihren bösen Willen, den schlimmen Feind im Innern, bestärkt' (Epist. 138, 14). Der einzelne Mensch darf in Lebensgefahr zur Notwehr schreiten, nicht nur um sich selbst zu retten, sondern auch um das Umsichgreifen der Mordlust in der Gesellschaft zu verhüten; um so mehr darf und muß der Staat, der keine höhere richterliche Instanz anrufen kann, zum Schwerte greifen, wo der Schutz der Gerechtigkeit und der höchsten sozialen und nationalen Güter es fordert.

Manche, die in edlem Idealismus mit Berta von Suttner oder in weltflüchtiger Überspannung der christlichen Friedensbotschaft mit Leo Tolstoi der Ansicht waren, die letzte Stunde der mit Kriegen angefüllten Ära der Geschichte sei heute gekommen, sind in diesen Wochen bitter enttäuscht worden. Sie haben erkannt, daß die Bildung und Veredlung der Menschheit auch heute nicht so weit fortgeschritten ist, wie sie gehofft und erträumt hatten, daß auch die höchste Gesittung in dem einen Lande die furchtbaren Gewaltmittel des Krieges nicht entbehrlich macht, solange anderswo barbarische Gesinnung und Treulosigkeit hartnäckig den Frieden stört.

Aber auch davon haben wir uns überzeugt, und nicht nur einzelne, sondern wir alle, daß die wahre Rechtfertigung des Krieges nicht in ihm selber liegt, in der ‚Macht', die sich an die Stelle des ‚Rechtes' setzt, auch nicht in den politischen und wirtschaftlichen Vorteilen, die er verspricht, sondern in der *sittlichen Idee der Gerechtigkeit* und in dem Bewußtsein, dem *Ideal des Friedens* so lange mit ehrlichem ‚Willen' gedient zu haben, bis der Krieg zur ‚Notwendigkeit' geworden ist: Pacem habere debet voluntas, bellum necessitas! Klingt es nicht wie ein lautes Echo, ein weltgeschichtlicher Kommentar zu diesem augustinischen Worte, wenn unser Kanzler in der denkwürdigen Reichstagssitzung vom 4. August sagt: ‚Wir *wollten* in *friedlicher* Arbeit weiterleben', und wie ein unausgesprochenes Gelübde ging es vom Kaiser bis zum jüngsten Soldaten: ‚Nur zur Verteidigung einer *gerechten* Sache·soll unser Schwert aus der Scheide fliegen. Der Tag, da wir es ziehen müssen, ist erschienen, gegen unsern Willen, gegen unsere redlichen Bemühungen. Wir stehen in einem uns *aufgedrungenen* Kriege!' Wohl nie haben beim Beginn eines elementaren Völkerringens Herrscher und Staatsmänner die sittlichen Ideen, die über den nationalen Interessen stehen, so rückhaltlos anerkannt, die Rechtsgründe, die den Gebrauch der Waffen vor Gott und dem Gewissen gestatten und fordern, so eindringlich betont wie beim Ausbruch dieses Krieges; und das in einer Zeit, die völlig in skrupelloser Realpolitik unterzugehen schien, in einer Zeit, die den brutalen Daseinskampf als Gesetz des wirtschaftlichen und nationalen Wettbewerbs erklärte und jede Bindung durch ewige, sittliche Rechtsideen als vergilbte Romantik ausgab! Wie manche Rechts- und Geschichtslehrer, die im Banne solcher Zeitmeinungen das Verhältnis der

Staaten nur mehr regeln wollten nach dem Rechte des Stärkeren, dem autonomen Willen zur Macht, haben sich in diesen Tagen überrascht gestehen müssen, daß diese Theorien zwar ausreichen, um zweifelhafte diplomatische Künste zu beschönigen, nicht aber, um eine Nation in ihren Tiefen aufzurütteln, Herrscher und Volk in heiligem Pflichtgefühl zusammenzuschließen und alle Schranken und Bedenken, die aus natürlichem Lebens- und Glückstrieb erwachsen, mit einem Schlage zu beseitigen! ‚Uns treibt nicht Eroberungslust,' heißt es in der Thronrede des Kaisers, ‚uns beseelt der unbeugsame Wille, den Platz zu bewahren, auf den *Gott* uns gestellt hat ... In aufgedrungener Notwehr, mit *reinem Gewissen* und reiner Hand ergreifen wir das Schwert!' Der gleiche feierliche, aus sittlicher Bewegung und Empörung stammende Ton durchzieht die Aufrufe der anderen Bundesfürsten, und vor allem das tiefergreifende Manifest des Kaisers von Österreich vom 28. Juli. So ehern und tief tönt dieses sittliche Pathos, daß es ebensowenig mit diplomatischer Schönfärberei verwechselt werden kann wie das Dröhnen der Kirchenglocken mit eitlem Schellengeklingel; so mächtig und lebendig, daß es auch den Worten der Sprache eine Feierlichkeit, Schönheit und Überzeugungskraft gibt, wie sie selten in solchen Aktenstücken erklungen ist. Auf dem Grunde dieses sittlichen Rechts- und Pflichtgefühls erhebt dann auch alles natürlich-große, lebenskräftige Wollen um so lauter seine Stimme: Die Bundestreue, die ‚alte Kulturgemeinschaft', der Lebenswille des Deutschtums, die große Vergangenheit und Gegenwart des Staates, die wirtschaftliche Macht und Unabhängigkeit. Die ‚Notwendigkeit', um die es sich handelt, ist die allerhöchste und zwingendste: ‚Um *Sein oder Nichtsein* unseres Reiches handelt es sich, um Sein oder Nichtsein deutscher Macht und deutschen Wesens!'

Der Nachdruck der Worte wird verstärkt durch den Eindruck der Personen, durch die erhabenen Gestalten zweier Kaiser, die, jeder in seiner Art, ihr Volkstum und Staatswesen so einzig verkörpern, die beide jetzt wie ein geweihter Kaiser deutscher Nation vor Europa treten, um das Erbe der alten, christlich-germanischen Kultur zu schirmen; beide trotz so vieler Verschiedenheiten *gleich* in männlicher Kraft und Selbstverantwortung, nicht bettelnd bei Menschen um Hilfe vor fremdem ‚Druck', wie der Zar, sondern fest vertrauend auf den Allmächtigen und auf die tiefgewurzelte Liebe ihres Volkes. Selbst der *Anlaß* des Riesenkampfes fällt völlig aus dem Rahmen nüchterner, egoistischer Politik heraus; er ist umstrahlt von sagenhaft-ungeheurer Tragik, wie vorherbestimmt, alles Sittlichkeits- und Rechtsgefühl, wo es noch lebt in der Menschenbrust, zur höchsten Erregung zu steigern: Das edle schöne Fürstenpaar, wie es in seinem friedlichen Triumphzuge von der Hand tückischer Mörder hingerafft wird!

Diese befreiende, begeisternde Höhenlage des sittlichen Bewußtseins beim Kriegsbeginn ist nicht getrübt worden durch die formelle Verletzung des Völkerrechts gegen Belgien. Es ist wahr: das Völkerrecht besteht nicht aus Abmachungen, die den einzelnen Staat nur soweit verpflichten, als er *Nutzen* davon hat, – so wollte es ein übereifriger Offiziosus jüngst auslegen; dann wären überhaupt Verträge zwischen Staaten sinnlos; denn jeder Staat sucht ohnehin seinen Nutzen; es wäre auch sinnlos und unehrlich, bei solcher Auffassung noch von ‚Bundestreue' als eigenem Motiv des Handelns zu reden. Aber es kann Ausnahmen geben, die die Regel bestätigen, wichtige Gründe, die von der rechtlichen Verpflichtung der Verträge entbinden; Fälle, in denen der eine Staat unverhältnismäßig großen *Schaden* erleiden, seine Existenz bedroht sehen würde; in solcher Lage darf das natürliche, höhere Recht des Lebens dem verbrieften Recht internationaler Abmachungen vorgehen. ‚Wir sind in der Notwehr, und Not kennt kein Gebot!' Selbst in der privaten Notwehr ist es erlaubt, nicht nur gegen den Angreifer Gewalt anzuwenden, sondern auch in Rechte Dritter einzugreifen; in äußerster Not, so sagen alle Moralisten, darf der Verfolgte z.B. ein fremdes Pferd zur Flucht benützen mit der Verpflichtung, es später zurückzugeben, wenn er kann. In demselben Gedanken fährt der Kanzler fort: ‚Das Unrecht, das wir tun, werden wir wieder gutmachen, sobald unser militärisches Ziel erreicht ist. Wer so bedroht ist wie wir und um sein Höchstes kämpft, der darf nur daran denken, wie er sich durchhaut.' Das sind ehrliche deutsche Worte! Es ist nicht unsere Schuld, wenn man draußen solcher Ehrlichkeit nicht glaubt. Schon Bismarck bemerkt einmal, er habe oft die Schachzüge der Gegner dadurch am sichersten zuschanden gemacht, daß er ihnen seine Pläne direkt ins Gesicht sagte.

4.

‚Nur den Bösen kann der Krieg als ein Glück erscheinen, den Guten ist er eine Sache der Not' (belligerare ... malis videtur felicitas, bonis necessitas. De civ. Dei 4, 15). Die Tränen, die schon geflossen sind, die Opfer und Lücken, die sich heute schon schmerzlich geltend machen, sie lassen uns ahnen, welche Fülle von Jammer und Elend der Weltkrieg über die Gesellschaft bringen wird, auch dann, wenn er nicht mit Niederlage und Schrecken endet. Tod, Verstümmelung, Siechtum für persönliches Menschenleben; Druck, Lähmung und Ruin für das Wirtschaftsleben, vielleicht auf eine lange Reihe von Jahren! Wie alle großen Schicksale und Leiden hat der Krieg aber auch eine *tröstliche, erhebende Seite*, erfüllt er eine wichtige Aufgabe in der Hand der Vorsehung. Er soll ‚die *Sittenverderbnis* der Menschen *bessern* und *zunichte machen*, er soll die tugendhafte und *rühmliche Gesinnung* der Menschen durch Trübsale bewähren und *emportreiben*, auf daß sie entweder für eine bessere Welt reif wird oder in dieser irdischen Welt neue Aufgaben zu lösen findet' (De civ. Dei 1, 1). Was wir irdischen Frieden nennen, das ist ja oft weit entfernt vom Sinn und Inhalt des Friedensgrußes Christi; es ist oft ebensowenig geeignet, das gesunde Sehnen des Menschenherzens und den echten Lebensdrang der Völker zu befriedigen. Friede ist die aus der rechten Ordnung erblühende Ruhe (tranquillitas ordinis), ist die Harmonie des Vielen in der Einheit, das Lebensgefühl eines wohlgegliederten, gesunden Organismus. Wie stark erschüttert war dieser Friede vor dem Kampfe auch im deutschen Gemeinwesen, wie gefährlich bedroht durch revolutionäre Strömungen, soziale Unzufriedenheit, nationale Gegensätze und Reibungen! Und wie rasch hat der Sturmwind des Krieges diese Wetterwolken verjagt, alten Haß und Streit zum Schweigen gebracht! Überrascht sehen wir: das deutsche Gemeingefühl ist durch sozialistische Agitation noch lange nicht erstickt, die Entfremdung zwischen Arm und Reich ist in wenigen Tagen durch den Gedanken an das eine Vaterland überbrückt worden. Wie durch ein Wunder hat sich die scheinbar hoffnungslose nationale Zersplitterung in Österreich ausgeglichen; der beutegierige Panslavismus wird sein eigener Totengräber. Alles klagte – und nicht mit Unrecht – über den materialistischen Zug der Zeit, über den Mangel an sittlichem Idealismus und Opfersinn. Dieselbe Überraschung auch hier: ein Insichgehen des äußerlichen, leichtfertigen Menschen, ein Heraustreten des besseren, innerlichen Menschen! Wieviel unverbrauchte sittliche Kraft im eigentlichen Volke schlummert, das wußten alle, die in lebendiger Berührung mit ihm standen; aber soviel echtes Gold, soviel feurige Begeisterung für Kaiser und Vaterland, soviel rührende Teilnahme für alle Volkskinder, soviel überströmenden Mut in der Jugend, ihr Leben dem Ganzen zu opfern, hatte niemand erwartet. Das Zutrauen in die Tüchtigkeit der Staates und Heeresleitung war niemals erschüttert – trotz aller deutschen Lust am Kritisieren; allein wie glänzend wurde es übertroffen, als man sah, wie das gewaltige Werk der Mobilmachung in imponierender Ruhe und Sicherheit sich entfaltete. Die Hochblüte der äußeren Kultur hat überall einen Hang zur Üppigkeit, eine Gefahr sittlicher Verweichlichung hervorgerufen; der Krieg bringt ernste Gedanken, erschütternde Beispiele der Entbehrung, der Nichtigkeit und Schmerzlichkeit alles Endlichen. Er setzt aber auch von selbst die Kultur auf eine einfachere Stufe herab und zerschlägt den üppigen Firlefanz und Luxus der Gesellschaftssitten; vom Kleinsten angefangen wird alles auf eine schmälere Portion gesetzt: Kriegsbrot statt Feingebäck, Bummelzug statt Expreß, bescheidener Spaziergang statt Alpenreise, wenig Briefe und Zeitungen, alles rauschende Vergnügen aufgehoben, aller lockende Gewinn eingeschränkt. Wie überall in Zeiten falschen, faulen Friedens hatte sich die feige Liebe zum Leben, die Vergötterung des langen, schmerzlosen Erdendaseins in die Volksseele eingeschlichen; schnöder Mißbrauch der Ehe und Versündigung am Kindesleben, um das eigene zu schonen, das war die naturgemäße, naturzerstörende Folge. Nun schwingt der Krieg seine Geißel, nun zerreißt er das Lügengewebe der Eigenliebe und das Schreckgespenst der Übervölkerung! Nun zeigt er die Unerbittlichkeit und den Adel des Todes und mahnt uns an die Pflicht, das Leben nicht als der Güter höchstes zu betrachten, sondern es mutig hinzugeben, wo immer es gilt, Heiligeres zu schirmen, im Kampfe oder im Frieden. Ein starker Freiheits- und Lebensdrang durchzog die Frauenwelt, ein halb edles, halb selbstisches Rufen nach Recht und Gleichheit mit dem Manne. Nun fällt es allen in die Augen, daß die Ungleichheit das Gesetz des Völkerlebens, das Gesetz vor allem des Krieges ist, und daß sie dem Manne die furchtbarsten Opfer aufbürdet zum Schutze des Ganzen, zum Schutze auch der Frauen. Nun durchdringen sich bei Tausenden von Frauen Liebe und Sehnsucht und stolzes Vertrauen zu den fernen Gatten und Söhnen mit einem Gefühl der Beschämung über das eigene Geborensein. Nun erwachen die alten Frauentugenden, Ernst und Frömmigkeit und Heldengeist, in einer Stärke, daß wir erstaunt und gerührt dastehen vor Müttern, die ohne Klage acht und zehn Söhne zu den Schlachtfeldern senden! Schon wehrt sich auch der reine deutsche Frauensinn stärker gegen die modernen Auswüchse der Freiheit und Lebenslust, gegen die Betonung des Sinnlich-Reizenden in Kleidung und Auftreten; in einer Zeit, wo die Erscheinung des Kriegers alles Auffallende und Glänzende zu vermeiden sucht, wo der Prunk der Kürasse und Helme vor der schlichten ‚feldgrauen Uniform' gewichen ist, da muß es auch der echten Frau völlig unwürdig erscheinen, durch eitle Modekunst bewundernde und begehrende Blicke auf sich zu ziehen.

Gewiß, es sind vielfach Tugenden des Augenblicks, heroische Aufwallungen, außerordentliche, der höchsten Not entsprungene Opfer, die wir bewundern; sie vermögen nicht die stillen Tugenden des Friedens, ihr stetiges Mühen um Veredlung des Charakters und Hebung der Menschheit zu ersetzen. Ein gewaltiges Schicksal, die höchste Todesnot kann unmöglich sittliches Leben aus dem Nichts erwecken; nein, was stille, verborgene Friedensarbeit an sittlichen Kräften dem Volke eingesenkt hat, das wird nun ‚bewährt' wie Gold im Feuerofen, das wird nun strahlend offenbart, schmerzvoll geläutert und ins Heldenhafte gesteigert. Ein solches Schauspiel hat in diesen Tagen das deutsche Volk geboten – zum Troste allen, die es lieben, zur freudigen Überraschung mancher, die schon an ihm irre geworden waren. Und wahrlich, der katholische Volksteil steht dabei nicht unrühmlich zurück; seiner gediegenen religiösen und moralischen Bildung, seiner eindringenden sozialen und politischen Schulung, seiner Mitarbeit an allen großen Werken der Gesetzgebung ist viel von diesem gesunden Kern im Volke zu verdanken. Wenn sich so, vom schwersten Druck gehoben, alle Mächte des Guten vereinen und zum Springquell emporsteigen, dann geschieht es wohl, daß sie in raschem Strudel manches Hemmnis, manches Geröll hinwegschwemmen, das sonst noch lange die Friedensarbeit behindert hätte. ‚Mit ihrem heil'gen Wetterschlage –

Mit Unerbittlichkeit vollbringt – Die Not an *einem* großen Tage, – Was kaum Jahrhunderten gelingt!' (Hölderlin.)

5.
Auch die Volksweisheit kennt von altersher die Macht der Not; eine physische Macht, die Ketten zerreißt: ‚Not bricht Eisen'; eine seelische Macht, die Menschensatzungen abschüttelt: ‚Not kennt kein Gebot'; aber auch eine religiöse Macht, die Geist und Gemüt zu Gott kehrt: ‚*Not lehrt beten*'! Das Glück verweichlicht nicht bloß die menschlichen Sitten, es verblendet auch die für Gott bestimmte Seele, daß sie den Zug zum Ewigen vergißt und sich im Irdischen heimisch macht; im Dunkel der Bedrängnis werden die himmlischen Sterne wieder sichtbar. Der ruhige Kulturgenuß langer Friedensperioden wiegt die Menschheit in satte Selbstzufriedenheit; die Erfolge der Technik geben ihr das Gefühl der Allmacht, die Wissenschaft träumt von Allwissenheit, die staatliche Kultur- und Wohlfahrtspolitik erscheint als irdische Vorsehung, die allgegenwärtig die fleißigen Bürger umgibt und schützt, gegen Feuer und Hagel, Alter und Unfall ‚versichert'; – kein Wunder, daß solche Zeiten die ‚Kultur' als höchste Göttin und als letztes Ziel des Menschenlebens verherrlichen! Im Kriege gerät dieser ganze stolze Bau ins Wanken. Wir nennen in der Litanei den Krieg und sein Gefolge zusammen mit der ‚Geißel des Erdbebens'; – in der Tat, die menschliche Kultur erbebt in ihren Grundfesten, wenn die Faust des Krieges sie rüttelt, so wie der ruhig-starke Bau der Natur beim Erdbeben Menschenwerke brechen zusammen, Menschenkraft und -sicherheit sinken dahin, Menschengunst und -liebe verlieren ihren Trost; wie mit Gewalt steigt dann auch der Springquell innersten Hoffens, religiösen Lebensdrangs über das Zeitliche zu Gott empor. Wo noch halbverschüttet Glaube und Gottesfurcht im Herzen leben, da dringen sie neubelebt hervor, wagen sich auch, ganz unmodern, gesellschaftlich hervor, schließen sich zusammen mit dem Glauben und Beten anderer zu dem starken, drängenden Strom des Flehens wie in alten Zeiten: ‚Vater, ich rufe dich'! Und erst in den gesunden, tiefgläubigen Kreisen des Volkes, welch ein rührendes Bild kraftvoller, im Gottvertrauen, in Jenseitshoffnung wurzelnder Frömmigkeit! Welch ein Zeugnis auch des inneren Friedens, den die Gnadenmittel unserer Kirche gewähren, der prakti-

schen Aneiferung und Stärkung, die diese ‚mystische' Tröstung und Gottverbindung in sich schließt, wenn wir sehen, wie diese kräftigen Männer vom Tische des Herrn so seelenruhig und tapfer dem Tode entgegenschreiten! Im Feldzuge 1870 sagte ein französischer Offizier zu einem belgischen Kriegsberichterstatter über unsere Soldaten: ‚Diese Leute haben eine Ruhe, ein Vertrauen, das nichts erschüttert. Man dächte, sie betrachteten sich als die Vollstrecker des göttlichen Willens.'

Dieser Eindruck wird sich im bevorstehenden Kampfe noch stärker geltend machen. Die Kreuzzugsstimmung: ‚Gott will es' ist heute noch viel wuchtiger zum Durchbruch gekommen. Nicht die passive Not, die den Willen Gottes ‚erleidet', sondern die aktive, heilige Notwendigkeit, die den Willen Gottes ‚vollstreckt', hat die Massen auf den Ruf des Kaisers in die Knie gezwungen, – zum Gebet, aber auch zum Schwur der ritterlichen Treue, zur Weihe des für Volk und Recht gezückten Schwertes.

Die gewaltigen religiösen Akzente, die die Herrscher in ihren Ruf ans Volk hineingelegt, haben mächtig eingeschlagen und seinem verletzten Rechtsempfinden eine Vertiefung, Läuterung und Weihe gegeben, die unerhört dasteht in der Geschichte der Menschheit. Diese einzigartige, stürmische Zustimmung und Begeisterung von mehr als hundert Millionen Menschen, des eigentlichen Herzens Europas, ist ein Siegel geworden auf jene Proklamationen, zuverlässiger und heiliger als das Votum eines internationalen Schiedsgerichts, nachleuchtend für die fernsten Zeiten der Geschichte. Wenn Nietzsche meint, der Fürst an der Spitze seiner Regimenter sei zwar ein prachtvoller Ausdruck für die Selbstsucht und Selbstüberhebung eines Volkes, er sei aber eine Fälschung, eine Mißgeburt vom Standpunkt der christlichen Religion, so hat er damit sowohl der Idee des gerechten Krieges wie dem Wesen des Christentums schweres Unrecht getan. Es mag auf den ersten Blick befremdlich erscheinen, daß von den führenden Persönlichkeiten der Weltgeschichte der Phantasie und dem Herzen des Volkes am nächsten stehen die großen Männer der Religion und des Krieges, die Heiligen und die Helden, – weit näher als die Künstler, Erfinder, Denker und Staatsmänner. Aber dies erklärt sich in etwa dadurch, daß über den priesterlichen und kriegerischen Helden die Macht des Jenseits schwebt, eine göttliche Vollmacht, zu segnen oder zu strafen, über Leben und Tod zu entscheiden, eine Macht, vor der alles Menschliche und Irdische erbleicht, von der es aber auch seine kühnsten Wendungen und Siege erwarten darf.

So rufen wir denn den hinausziehenden Kämpfern zu: ‚*Seid stark im Herrn* und ergreifet die Waffenrüstung Gottes!' Diese innere Kraft und Wehr wird euch doppelt unbesiegbar machen: der Schild des Glaubens, der Heim der Hoffnung des Heiles, der Gurt der Wahrheit und Treue, der Panzer der Gerechtigkeit! (Eph. 6, 13 ff.). In dieser Rüstung liegt eine moralische Macht, eine Überlegenheit über rohe Leidenschaft und Zügellosigkeit, die den Sieg den Waffen erleichtert, zugleich aber sittliche Hochachtung erzwingt, geistige Triumphe und Eroberungen feiert. Diese geistliche Waffenrüstung sollen aber auch wir andere anlegen, die nicht äußerlich gerüstet ins Feld ziehen; auch für uns gilt es in diesen bösen Tagen, alles Niederdrückende zu ‚bewältigen', gegen alles Widerstrebende ‚aufrecht zu bleiben'. Die erste, schlimmste Zeit der Unklarheit und Beklemmung, des Zusammensturzes friedlicher Luftschlösser ist ja vorüber; um so deutlicher zeigt sich aber jetzt auch die Größe der Gefahren und Schwierigkeiten. Bleiben wir innerlich stark und fröhlich; nicht die Zahl und die Masse entscheidet, sondern die gesammelte, disziplinierte Kraft, die Schlagfertigkeit, der gehobene Geist, die Kunst und Einheitlichkeit der Führung, – und über diesem allem die göttliche Allmacht und Weisheit, die dem Rechte zur Seite steht, die schon so oft im Kriege brutale Gewalt zuschanden werden ließ. – Das zarte Gemüt erbebt vor den Schrecken und Greueln des Krieges; es malt sich teilnehmend die Furchtbarkeiten, die Leiden Unschuldiger aus und kann sie nicht vereinigen mit seinem Glauben an Gottes Güte und Liebe. Allein das Menschenleben birgt im Frieden dieselben schmerzlichen Rätsel, nur daß wir sie aus Gewöhnung als unvermeidlich hinnehmen; der Tod von feindlicher Kugel ist leichter als das Hinsterben in qualvollem Siechtum; aufreibende, bittere Not und Anstrengung sind das tägliche Los unzähliger Armen und Sklaven, die dabei noch das natürliche Hochgefühl der Kriegsstimmung entbehren. Die Erde soll uns nicht nur durch ihre Schönheit und Harmonie, sondern mehr noch durch ihre Widersprüche und Leiden dem Gott der Liebe, der wahren, ewigen Seelenheimat in die Arme führen. – Die Ungewißheit über das Schicksal geliebter Verwandten, das tödliche

Warten auf Entscheidungen, dazu das Unerhörte, Niedagewesene der heutigen Lage, bietet für andere eine harte Probe der Geduld und des Gottvertrauens. Aber heißt nicht Geduld: in Ruhe warten und aushalten? Heißt nicht Gottvertrauen: das Nichtgeschaute in freudigem Hoffen fürwahrhalten, das Nichtseiende im Anschluß an Gottes Kraft wirklich machen? Gerade diese Kriegszeit will uns belehren, in welcher Art, in welcher Festigkeit wir uns an Gottes Vorsehung anklammern müssen, auch wenn sie auf brennende Fragen keine Antwort gibt. Der Große Generalstab hüllt sich in Schweigen trotz unserer Ungeduld, er gebietet allen Wissenden dasselbe Schweigen, um seine Pläne nicht zu verraten; wie dürfen wir also murren gegen den erhabenen Lenker der Welt, dessen Wege unerforschlich, dessen Gerichte unergründlich sind, gegen den stillen, majestätischen Gang seiner Vorsehung. – Steht es denn, so fragen andere, wirklich in der Macht des christlichen Hoffens und Betens, den Sieg mit Sicherheit auf unsere Fahnen herabzuziehen? Wenn aber eine solche Sicherheit nicht besteht, erhebt sich dann nicht vor uns, wenigstens als Möglichkeit, eine furchtbare, unerträgliche, hoffnungslose Zukunft, wie das Wort ‚Sein oder Nichtsein' sie andeutet? Gewiß, der Gegenstand der christlichen Hoffnung, der unfehlbare, gottverbürgte, ist allein unser sittliches Endziel, das ewige Leben; nicht das irdische Lebensglück, auch nicht die Macht und Größe der Nation. Auch ein gläubiges, betendes Volk kann tief gedemütigt werden, auch ein gerechter Krieg kann unglücklich geführt und beendet werden. Wäre es anders, sähen wir Glaube und Gerechtigkeit immer irdisch belohnt und gekrönt, so würde die Folge sein: Gottesfurcht und Tugend erschiene uns nicht mehr als die Schule der selbstlosen Treue, der innerlichen Heiligkeit, der Nachfolge Christi, sondern vielen, vielen als eine irdische Glücksversicherung, als eine ‚Attraktion'. ‚Ertragen' müßten wir es in sittlichem und christlichem Geiste, wenn Gott es zuließe, daß die stolz erblühte deutsche Macht erniedrigt würde, daß statt unserer reichen, ungehemmten Kulturbewegung ein Zustand ärmlicher, bescheidener Enge wiederkehrte, wie er vor Jahrzehnten bestand, ja daß Volk und Volkstum wieder die Schrecken einer Fremdherrschaft erlebten wie vor hundert Jahren. Mag uns eine solche Aussicht unmöglich, untröstlich erscheinen: die sittliche Kraft zu leben, den religiösen Halt des Glaubens und Gottvertrauens dürften wir auch dann nicht aufgeben. Gab es ja auch in jenen dunkeln Zeiten Männer und Frauen, die groß und würdig lebten, die tapfer und trostvoll starben; hat doch damals ein Th. Körner gesungen: ‚Tief führt der Herr durch Nacht und durch Verderben, – So sollen wir im Kampf das Heil erwerben, – Daß unsere Enkel freie Männer sterben!'

Nur, um durch alle Schwankungen und Katastrophen hindurch den letzten, unverrückbaren Fels der Sicherheit zu zeigen, nur, um die Seele hinweg über alles Zeitliche und Zufällige zur unerschütterlichen Freiheit und Ruhe in Gott zu erheben, haben wir einen Augenblick in dieses Dunkel hineingeblickt. *Si fractus illabatur orbis, impavidum ferient ruinae!* Das Wirklichkeitsdenken, das natürliche wie das christliche, verscheucht diese Vorstellungen als Gespenster, es erkennt dieser ‚Möglichkeit' keine realpolitische Bedeutung, keine sittliche Begründung und Berechtigung zu. Mag die Lage der Zeit, mag die ernste Rückschau und Umschau über unser Soll und Haben uns allen die Pflicht der Selbsteinkehr und Buße auferlegen: das deutsche Volk hat sich trotz mancher Verführung und Ankränkelung einen so gesunden Kern der körperlichen, sittlichen und wirtschaftlichen Tüchtigkeit bewahrt, es hat auch seine politische Stellung nach den Siegen von 1870 so selbstlos und rühmlich zum Besten der Menschheit ausgenutzt, daß wir mit höchster Zuversicht auch von dieser neuen Kraftprobe einen glänzenden Sieg und damit den Aufstieg zu einer höheren, umfassenderen Machtstellung deutschen Wesens und deutscher Kultur erwarten dürfen. Nichts wäre unwürdiger, als nach dem freudigen Begeisterungssturm der ersten Tage nun kleinmütigen Gedanken Raum zu geben. Seien wir ‚stark im Herrn', stark aber auch im Selbstvertrauen auf unsere Kraft; stark im Bewußtsein des Rechtes und der Wahrheit, stark in der herrlich entfalteten, alle Gaue und Stämme, alle Konfessionen und Stände umspannenden und versöhnenden Einheit!

VII.
Das Schwert des Geistes (1917)

Kriegsworte von Münsters Domprediger
Dr. Adolf Donders[1]

1.
WEIHNACHTSVORBEREITUNG
Von Dr. Donders[2]

„In eurer Mitte steht derjenige, den ihr nicht kennt" (Joh. 1, 26).

Weihnachten naht heran: die geweihte Nacht, die heilige Nacht. Unter allen Nächten, die je über diese Erde sich niedersenkten, ist sie die größte, größer als jene, da Gott sein Volk aus Ägypten führte und wunderbar aus der Knechtschaft errettete. Aber die Menschheit ahnte die Größe und Weihe dieser Nacht gar nicht. Bethlehem geht zur Ruhe wie auch sonst. Seine Bewohner hören nicht den Engelsgesang, nicht die frohe Botschaft des Heiles, nicht die Aufforderung, zur Krippe zu gehen. „Er kam in sein Eigentum, aber die Seinigen nahmen ihn nicht auf" (Joh. 1, 11). Es war kein Platz für ihn in der Herberge (Luk. 2, 7). Das ist ein schmerzliches Wort, jenem andern gleich, das dreißig Jahre später der Bußprediger am Jordanstrand sprach: „In eurer Mitte steht derjenige, den ihr nicht kennt" (Joh. 1, 26).

Kameraden! Gilt das auch uns? Gilt es heute von der Menschheit noch bei der dritten Kriegsweihnacht? Oder wollen wir unsere Herzen bereiten und schmücken zum heiligen Feste und „Platz in der Herberge" unserer Seele schaffen für den König, der kommen will?"

---

[1] Textquelle I SCHWERT DES GEISTES 1917 = Das Schwert des Geistes. Feldpredigten im Weltkrieg – in Verbindung mit Bischof Dr. Paul Wilhelm von Keppler und Domprediger Dr. Adolf Donders hrsg. von Dr. Michael von Faulhaber, Bischof von Speyer. Freiburg i.Br.: Herder 1917. – Zu Donders vgl. SCHWARTE 2015. (m. Übersicht z. Sekundärliteratur).

[2] Textquelle I SCHWERT DES GEISTES 1917, S. 11-15. – Nachfolgende Auswahl pb.

I.

„Es war kein Platz für ihn in der Herberge."

Wie sind Gottes Gedanken doch weit fern von den Gedanken der Menschen! Die Weihnacht erzählt uns vom römischen Kaiser Augustus und der Stadt Rom und der Volkszählung im ganzen Lande. Sollte der erwartete Messias etwa zu Rom im Kaiserpalast geboren werden? Doch nein! Alle Königspracht wollte er ja in seinem Himmel lassen. Nur eines hatte und kannte der Himmel nicht, die Armut, das Verstoßensein. Das konnte nur die Erde ihm bieten, aber nicht an den Prunkstätten ihres Glanzes inmitten großer Weltreiche und ihrer Hauptstädte, sondern abseits der Weltstraßen. Von dem kleinen Bethlehem hatte der Prophet geweissagt: „Und du, Bethlehem Ephrata im Lande Juda, bist keineswegs die kleinste unter den Fürstenstädten Judas. Denn aus dir wird der Fürst kommen, der mein Volk Israel regieren soll" (Mich. 5, 2). Dort sollen die ewigen Ratschlüsse Gottes nun in der Fülle der Zeiten sich verwirklichen, als die beiden armen Pilger über die Landstraße nach Bethlehem ziehen, „in die Stadt Davids", um sich aufschreiben zu lassen in die Stammrollen. Da wird ihnen eine bittere Enttäuschung: an allen Türen klopfen sie an – vergebens, in der Herberge bitten sie um Einlaß – vergebens: „Es ist kein Platz." Die morgenländische Herberge bot weiten, großen Raum für die Menschen und auch noch für ihre Lasttiere. Wer war denn damals in der Herberge? Menschen, deren Namen heute niemand kennt und nennt, die allesamt längst vergessen sind; aber der eine, dessen Namen heute der Himmel und die ganze Erde nennt, der von dieser Nacht anfangend eine neue Zeitrechnung herbeiführte, der zu ihrer aller Rettung vom Himmel herabkam, dieser eine war verstoßen: „Es ist kein Platz."

Brauchte er denn so viel Platz? War er gar so anspruchsvoll? Er, „dessen Eigentum die Erde ist und ihre Fülle" (Ps. 23, 1), er, „der sein Zelt von Süd bis Norden, Welten hat zum Throne", er „kam in sein Eigentum, und die Seinigen nahmen ihn nicht auf". In ihrer Mitte stand er, und sie kannten ihn nicht. So ist er denn heimatlos auf dieser Erde gewesen vom ersten Augenblick an, und heimatlos ist er geblieben bis zum letzten Augenblick: damals hatte er keinen Platz, geboren zu werden; als er alles vollbracht hatte, da gab's für ihn keinen Platz zum Sterben: „Die Füchse haben ihre Höhlen, die Vögel des Himmels haben ihre Nester, aber der Menschensohn hat nicht, wohin er sein Haupt legen kann" (Luk. 9, 58). Von wem widerfuhr ihm das? Von seinen erklärten Feinden? Nein, von den Seinen selbst: „Die Seinigen nahmen ihn nicht auf." „Das Licht leuchtete hinein in die Finsternis; aber die Finsternis hat es nicht begriffen" (Joh. 1, 5). Die ihn, den Emanuel des Volkes, herabgefleht hatten, die ihn hatten verkündigen gehört von den Propheten, die weisen ihn nun ab. Nur wenige nehmen ihn voll Liebe und Treue auf, Maria, seine gebenedeite Mutter, Joseph, der Getreue, Gerechte, Demütige, die frommen Hirten, diese einfachen, kindlichen Seelen: bei ihnen fand er seinen Platz, zwar einen ärmlichen Platz der Not; aber dieser Platz ward ihm von der Liebe erwärmt und verklärt.

II.

Meine lieben Kameraden! Gleicht nicht das Leben der meisten heutigen Menschen jener Herberge von Bethlehem und den Bewohnern dieses Städtchens? So viel Geschäftigkeit und Hast und Eile, so viel aufs Irdische allein gerichteter Sinn, so viel Nachlässigkeit gegenüber dem Ewigen! Was ist die Hauptgefahr dabei? Daß man den Heiland und das Heil vollends hinausdrängt aus der Seele.

Nicht der Kampf um Christus und wider Christus ist heute bei vielen das Schlimmste. Es sind derer sehr viele, die ihn nicht bekämpfen; aber verdrängt wird er: „Es ist kein Platz", – sie haben keine Zeit für ihn, keine Zeit für dasjenige, wofür man die meiste Zeit haben müßte, für Gott und die Seele. Das ganze Haus der Seele ist angefüllt von äußeren Dingen und Eindrücken und Anliegen und Sorgen: da bleibt kein Platz und keine Zeit für Jesus Christus, den Gottes- und den Menschensohn. Christus kommt zum Verstande und will sein König sein. Aber darin regiert mehr das Wissen als die Weisheit – und dem Glauben will er nicht demütig sich beugen. Christus kommt zum Willen und will sein König sein und dadurch den Menschen beglücken. Aber der ganze Eingang ist bereits vollgepackt mit Plänen, Entwürfen, Hoffnungen, die nur der Erde und dem Diesseits gelten. Christus kommt zum Herzen und will sein König sein in einer heiligen Liebe. Aber so viel unheilige Liebe erfüllt es schon ganz und gar. Es ist inmitten all der Fortschritte und des Reichtums der neuen Zeit viel Armut über uns gekommen, es ist ein Geschlecht herangewachsen, das auf das Ewige und Göttliche, das Unendliche und schließlich doch allein Wichtige vergißt, und auch der Krieg und die von ihm weit ausgerissenen Tore der Ewigkeit haben noch längst nicht alle zur Einkehr und Umkehr und Heimkehr gebracht, daß sie in sich gingen und den Mahnruf hörten: „Tuet Buße und bekehret euch: das Himmelreich ist nahe" (Matth. 3, 2). Der Geist unserer Zeit ist der Geist Bethlehems am heiligen Abend: der Geist einer Welt, die ihren Gott vergessen hat.

Darum „machet Platz für ihn", d. h. benutzet diese letzten Tage vor dem heiligen Feste zur Seelenvorbereitung: „Bald kommt dein Heil, Emanuel, frohlock und jauchze, Israel."

1. Machet Platz für ihn: erkennet ihn an als euern Herrn und Gott, euern Heiland und Erlöser! Einen andern haben wir nicht. Im Glauben finden wir ihn mit den Hirten und den Weisen, im Glauben beten wir ihn an. Denn das göttliche Kind wird nur vom Kindersinn verstanden und geliebt, im Glauben. Bethlehems Bewohner erkannten „die Stunde der Heimsuchung" nicht. „Wenn sie den Herrn der Herrlichkeit erkannt hätten, sie hätten ihn nicht gekreuzigt", sagt der Weltapostel, und jene hätten ihn nicht verstoßen.

2. Machet Platz für ihn: öffnet ihm weit die Tore eurer Seele im heiligen Verlangen und in der tiefen Sehnsucht nach Gnade, Friede, Freude! Zuerst muß man seine Not und Armut im Zustande der Sünde und Schuld, den Unfrieden des belasteten Gewissens wirklich verspüren. Dann steigt ein heiliges Verlangen nach Befreiung von alledem im Herzen auf, ein Verlangen so groß, wie das der Kinder nach dem heiligen Abend ist, wie das der lieben Gottesmutter am Abend der Verstoßung war.

3. Machet Platz für ihn: schaffet alles hinaus, was nicht sein ist! Wo die Sünde in der Menschenseele wohnt, meine lieben Freunde, da kann doch Gott nicht wohnen. Rein soll das Menschenherz sein, das gläubig und freudig Weihnachten feiern will; rein soll es sein, wie die Hände der heiligen Jungfrau und Mutter rein waren, die das Gotteskind von Bethlehem in der ersten heiligen Nacht auf das Stroh der Krippe gelegt haben. Sie, die eine, die Reine, helfe uns allen, unsere Seelen zu befreien von aller Schuld und „rein zu waschen im Blute des Lammes".

Darum kommt zahlreich in diesen Tagen zur Weihnachtsbeichte. Benutzet die euch gebotene Gelegenheit. Machet Frieden mit eurem

Gott und Herrn. Dann wird es Weihnachten in eurem Innern, Weihnachten trotz aller äußeren Entbehrungen, Weihnachten trotz der Trennung von der Heimat, die der Soldat gerade an solchen Festtagen zwar tief fühlt, aber auch ergeben opfert!

Einst war Friede. Er lag wie ein Abglanz der Himmelsseligkeit über der noch nicht von der Sünde berührten Erde. Er wich von ihr, als das sich trennte, was so eng zusammengehört, Gottes Ehre und der Menschheit Glück; denn Gottes Ehre ist der Menschheit Glück. Er ist nur wiedergekommen und er wird nur wiedergefunden, wenn es wieder wahr wird, was uns die heilige Nacht bringen soll: Gott im Himmel die Ehre und auf der Erde Frieden den Menschen, die eines guten Willens sind.

2.

WEIHNACHTEN:
DIE FREUDENBOTSCHAFT DER HEILIGEN NACHT
Von Dr. Donders[3]

„Siehe, ich verkündige euch eine große Freude, die allem Volke widerfahren wird: Heute ist euch der Heiland geboren, der da ist Christus der Herr, in der Stadt Davids. Und dies sei euch zum Zeichen: ihr werdet ein Kind finden, in Windeln eingewickelt und in der Krippe liegend" (Luk. 2, 10-12).

Diese alte und doch ewig neue Engelsbotschaft hält heute ihren Siegeszug durch die Welt. Sie übertönt für kurze Zeit sogar den Donner der Kanonen. Sie läßt die Menschen stillestehen und niederknien wie einst in glücklichen Kindertagen vor der Krippe des Weltheilandes in Bethlehem.

Das also ist das Zeichen, an dem der Erlöser der Welt bei seinem Einzug in diese Welt soll erkannt werden: „Ihr werdet finden ein Kind"? Und das ist der Königsglanz und die Königspracht, die ihn

---

[3] Textquelle | SCHWERT DES GEISTES 1917, S. 15-19.

umgibt, nachdem er den Thron seiner ewigen Herrlichkeit verließ: eine arme Krippe im Stall und die Windeln der Armut? Und das ist sein Hofstaat: nur diese Tiere unter dem schützenden Dach? Und das ist sein Königseinzug: von den Menschen bei Nacht verstoßen, nur von seiner Mutter und dem sorgenden Nähr- und Pflegevater umgeben und sonst unbeachtet von der großen Welt? – Ja, so ist es! Und damit wir es glauben, was uns unglaublich erscheint, darum leuchtet ein Strahl himmlischen Lichtes in die heilige Nacht hinein: „Und die Herrlichkeit Gottes umleuchtete sie"; darum nahen sich aus Himmelshöhen die Herolde des Allerhöchsten und verkünden der aufhorchenden Menschheit die Freudenbotschaft: „Heute ist euch der Heiland geboren", eine Botschaft, deren Echo hinklingt durch die Jahrhunderte, von einer Weihnacht zur andern, in diese dritte Kriegsweihnacht hinein. Horchet auf die Botschaft aus der Höhe!

er spricht nicht vom Vater, sondern – – – –

I. Ihre Tatsache

„Siehe, ich verkündige euch eine große Freude!"

Freude – große Freude? Ist denn das Wahrheit? Das haben wir unter dem Druck des Ernstes der Zeiten ja fast verlernt, was Freude, große Freude ist. Freude? Einst war Freude am Weihnachtsfest, damals, als wir noch Kinder waren und wie die Kinder glaubten und anbeteten und frohlockten und glücklich waren. Kinder haben so leicht Freude. Aber weil unsere Zeit und Menschheit nicht genug Kind mehr war, darum zog die Freude aus ihr fort. „Mehr Freude!" so mußte man ihr allen Ernstes zurufen. Aber jetzt gar, in dieser schweren Kriegszeit, ist es da nicht gewesen, als sei die Freude ganz und gar ausgezogen aus Erden und von dannen gegangen?

Da kommt nun in der heiligen Nacht der Engel Gottes wieder herab und verkündet trotz Völkerhaß und Kriegsdonner, trotz aller Toten und aller Leidenden des Weltkrieges dennoch seine alte Freudenbotschaft aufs neue, und „allem Volke" soll sie widerfahren: uns, den Kriegern an der Front, den Brüdern in den Lazaretten, den Familien daheim, zu denen heute mehr und inniger als sonst je die Gedanken der Liebe hinübergehen; – „allem Volke", ja allen Völkern leuchtet die

Botschaft dieser einen heiligen Nacht. So wie die Sterne der Weihnacht weithin, so weit das Firmament sich dehnt, erglänzen, so diese Botschaft aus Engelsmund: im Erlöser allein, im Christentum und seinem Heil finden die entzweiten Völker sich wieder, kann Friede und Freude uns kommen und die Menschheit glücklich machen: „Freude, die allem Volke widerfahren wird."

II. Ihr Inhalt

„Heute ist euch der Heiland geboren, der da ist Christus der Herr, in der Stadt Davids." Das ist es, was wir alle zur wahren Freude brauchen, einen Heiland, einen Erlöser von Schuld und Sünde und Not und Tod. Das war die Sehnsucht von abertausend langen Jahren: „Wann kommst du, Trost der ganzen Welt?" „Dem Volke, das im Finstern sitzt, geht ein helles Licht aus" (Js. 9, 2). Das ist die Sehnsucht der Menschenkinder auch heute noch: es zieht eine so tiefe Erlösungssehnsucht durch die Welt; sie fühlt es, daß mit allen Ausstiegen der Kultur und ihren Triumphen doch ihr Friede nicht größer, ihr Glück nicht tiefer, ihre Freude nicht vollkommener, ihr eigentlicher Reichtum nicht beglückender geworden ist. Warum nicht? Weil man arm an Gnade und Frieden in der Seele blieb. Diese Armut nimmt nur einer von uns, derjenige, „der da ist Christus der Herr, in der Stadt Davids", der Heiland und Retter der Seelen. Gerade gilt den Zeiten hochgesteigerter äußerer Kultur verlangt das innerste Menschenherz am tiefsten nach ihm, nach seinem Herzensfrieden, nach seiner Seelenfreude: könnte man sie heute doch nur hineinläuten in die arme, zerklüftete Menschheit, diese Freude, die über unsere Seelen kommt im Glauben an das Gotteskind von Bethlehem, das „da ist Christus der „Herr"; im Hoffen auf seine Gnade und seine Erlösung; in der Liebe zu ihm, von dem wir singen und beten: „Christus der Retter ist da!" „Erschienen ist die Güte und Menschenfreundlichkeit Jesu Christi, unseres Heilandes" (Tit. 3, 4), erschienen ist sie im lieblichen Geheimnis des Kindes von Bethlehem.

Da wollen wir vor der Krippe niederknien und beten: Komm auch zu mir, du Christkind der heiligen Nacht, sei auch mir ein Heiland und Erlöser! Rette mich von aller Sündenschuld und mache mich glücklich in deinem heiligen Frieden! Komm wieder zur Erde hernieder, du Christkind der heiligen Nacht, und gib ihr den Frieden! Kann es aber nach Gottes Plänen noch nicht der Friede der Völker sein, dann laß es um so mehr den Frieden der Herzen sein für alle diejenigen, „die eines guten Willens sind". „Heute ist euch geboren der Heiland, der da ist Christus der Herr, in der Stadt Davids."

III. Ihre Zeichen

„Und dies sei euch zum Zeichen: ihr werdet ein Kind finden in Windeln eingewickelt und in der Krippe liegend." Heilige Zeichen in der heiligen Nacht. Zeichen freilich so ganz anders, als Menschengedanken sie erdacht hätten: unser Gott ein Kind, damit wir Menschenkinder Gotteskinder würden. „Welch Geheimnis ist ein Kind!" Welch Geheimnis ist dieses gottmenschliche Kind in seiner Einfachheit und der Armut und den Entbehrungen und der Liebe! Ja, der Liebe: sie leuchtet aus dem unschuldigen Auge, sie streckt verlangend einer ganzen Menschheit die kleinen Arme entgegen, sie ruft alle zu sich, die arm und elend, mühselig und beladen sind, sie kommt wie eine große Rettung über die Welt, und erstaunt zuerst, halb ungläubig, dann vertrauend und zuletzt selig rufen die Menschen aus: Die Liebe ist da, die große, heilige, göttliche Liebe, – erschienen in einem Kinde, „in Windeln eingewickelt und in der Krippe liegend".

Du Gotteskind von Bethlehem, mache uns Männer des Kampfes heute zu Kindern im Glauben, zu Kindern im stillen Glück dieser Weihnacht, zu Kindern, die anbetend wie ehedem an deiner Krippe knien, dir danken, dich lieben!

„Stille Nacht, heilige Nacht." Der Friede ist aus der Welt gewichen, es ist Abend geworden, so vielen ist die Sonne ihres Glaubens und darum auch die Sonne ihres Glückes untergegangen, es will Nacht werden. Das Christlind mache sie ihnen zur Weihnacht! Du Gotteskind von Bethlehem, komm wieder und bringe uns allen dein Heil und deinen Weihnachtsfrieden, diese kostbarste aller Weihnachtsgaben: „Ehre sei Gott in der Höhe und Friede den Menschen auf Erden, die eines guten Willens sind."

3.
ERSTER SONNTAG NACH DREIKÖNIG:
EIN EVANGELIUM DES GEHORSAMS (LUK. 2, 41-52)

Von Dr. Donders[4]

„Darüber freute ich mich, daß mir gesagt ward:
In das Haus des Herrn gehen wir" (Ps.121, 1).

Kameraden! Die Sonntage nach Dreikönig sind zunächst dem Jugendleben des Heilandes gewidmet. Da singen freilich keine Engel mehr, da leuchten keine Wunderlichter mehr wie in der Weihenacht. Dunkel umhüllt das heilige Jugendleben des Weltheilandes. Der Stern von Bethlehem, der die Weisen an die Krippe führte, hat sich zurückgezogen, und es ist Wahrheit, was der hl. Augustinus (In epist. 1 Ioan. 3) einmal sagt: „Gott gab dem Christentum nicht einen leuchtenden Stern als sein Zeichen mit auf den Weg, sondern ein Kreuz als sein Diadem." Jesus nimmt dieses Kreuz und verschwindet damit in der stillen Talsenke von Nazareth. Ein vieljähriges Opferleben beginnt, das Spiegelbild unseres Lebens, unseres Alltagslebens daheim, unseres Feld- und Zeltlebens hier draußen.

Nur ein einziges Mal hat der Erlöser diese Stille durchbrochen. Wie in dunkler Sommernacht manchmal plötzlich ein Blitz aufzuckt, für einen Augenblick die ganze Landschaft tageshell erleuchtet, im nächstfolgenden sie aber wieder in nächtliche Finsternis zurücksinken läßt, so dies eine und einzige Ereignis aus seiner Jugendzeit, Jesu Tempelgang nach Jerusalem, wo er für kurze Zeit das „Licht unter dem Scheffel" zum „Licht auf dem Leuchter" werden läßt.

Höret, was dieses Jugendevangelium unseres göttlichen Führers und Vorbildes uns predigt: einen dreifachen Ruf zum Gehorsam, dieser ersten und echtesten Soldatentugend.

---

[4] Textquelle | SCHWERT DES GEISTES 1917, S. 36-41.

I. Aus Gehorsam hinauf nach Jerusalem

Das war der alten Israeliten heilige Losung: „Hinauf nach Jerusalem", zum Feste des ganzen Volkes, zur heiligen Stadt mit der glorreichen Geschichte, zum Tempel, der dem frommen Juden alles galt. Dreimal im Jahre pilgerten sie hinaus, getreu den Worten des Psalmensängers: „Darüber freute ich mich, daß mir gesagt ward: In das Haus des Herrn gehen wir." So war es das Gesetz des Alten Testaments, und das Alte Testament hatte in seiner Art so gut wie das Neue seine Kirchengebote und hielt sie heilig. So oft also das Osterfest ins Land zog, da ward es im Heiligen Land aus allen Straßen lebendig, da zogen die Wallfahrerscharen aus, Männer und Frauen und Kinder, in langen Prozessionen.

So durfte in seinem zwölften Jahre auch der heranwachsende Jesusknabe an der Wallfahrt teilnehmen. Das war die Unterbrechung seines Stillebens und der täglichen Arbeit in einfacher Werkstatt. Er durfte mitgehen. Kameraden, gedenket eurer eigenen Jugendzeit: was bedeutet es für ein Kind, wenn es zum erstenmal, von seiner Mutter begleitet, an einer Wallfahrt des Heimatdorfes teilnehmen darf! Und nun diese Osterwallfahrt des ganzen Landes nach Jerusalem hinauf, in das Jerusalem der Väter, getreu dem heiligen Gesetze!

So war es Gottes Gesetz: „Dreimal im Jahre sollt ihr meine Feste feiern. ... Dreimal im Jahre soll alles Männliche vor dem Herrn, deinem Gott, erscheinen" (2 Mos. 23, 14 ff.). Dem unterwarf sich auch der menschgewordene Sohn Gottes. So sprach das Gesetz, und er antwortete sein Ja und Amen, und er zog mit hinaus nach Jerusalem, Psalmen singend und Psalmen betend, in denen von ihm selber die Rede war und die ja seinem Kommen galten: „Kommen wird er in seinen Tempel, der Herr und Herrscher, den ihr suchet, der Engel des Bundes, nach dem ihr verlanget" (Mal. 3, 1).

Das Gesetz sprach, und er kam. Das Gesetz über alles! Dem Gesetze getreu! Kameraden! Wo das Gesetz spricht, ruft, gebietet, da sind auch wir zur Stelle. Wir geben „dem Kaiser, was des Kaisers ist", weil wir „Gott geben, was Gottes ist".

Auf dem Gehorsam beruht die ganze Weltordnung, auf dem Gehorsam gegen den Schöpfergott beruht die Ordnung der Sternenchöre. Ohne Gehorsam würden diese Welten da droben über unsern Häuptern gegeneinanderfliegen, Trümmer und Ruinen müßten die Wege der Empörung bezeichnen. Aus dem Gehorsam gegen den Schöpfergott beruht der Wechsel der vier Jahreszeiten, beruht Wachstum und Ernte, beruht Ebbe und Flut des Meeres, beruht der Sonnenaufgang und Sonnenuntergang; – auf dem Gehorsam beruht die ganze Weltordnung. Die ganze Welt ruft es aus, und wir sprechen es mit: „Wir haben ein Gesetz" (Joh. 19, 7).

II. Aus Gehorsam hinein in des Vaters Haus

Hinein in den Tempel auf Sion: dorthin zog es ihn mit heiliger Gewalt. Dorthin, wo durch die Jahrhunderte geopfert und gebetet worden war, wo der Hohepriester ungezählte Male es versucht hatte, das Volk zu entsündigen, wo das Blut der Opfertiere zur Sühne geflossen war, dorthin zog es ihn, in des Vaters Haus. „Da bin ich, Herr; denn du hast mich gerufen" (1 Kön. 3, 5), sprach einst der Knabe Samuel, als er zur Nachtzeit die Stimme Gottes hörte und sich erhob. „Da bin ich, Herr; denn du hast mich gerufen", so sprach der König der Propheten in jener Stunde; „Brandopfer und Sühnopfer hast du nicht mehr gewollt, Vater", so war es da das Morgengebet seines jungen Lebens, wie Paulus im Hebräerbrief es ihm abgelauscht hat; „aber einen Leib hast du mir bereitet; da bin ich, ich komme, um deinen Willen zu erfüllen" (Hebr. 10, 5 ff.).

Als die Tage des Festes erfüllt waren und seine Eltern „wieder zurückkehrten, da blieb der Knabe Jesus in Jerusalem, und seine Eltern wußten es nicht. ... Und es geschah, nach drei Tagen fanden sie ihn im Tempel. ... Und seine Mutter sprach zu ihm: Kind, warum hast du uns das getan? Siehe, dein Vater und ich haben dich mit Schmerzen gesucht. Und er sprach zu ihnen: Was ist's, daß ihr mich gesucht habt? Wußtet ihr nicht, daß ich in dem sein muß, was meines Vaters ist?" (Luk. 2, 43 ff.)

Also: der Gehorsam gegen den Vater im Himmel ging ihm über alles! Kameraden, merket auf: Dies ist das erste Wort, das wir im Evangelium aus dem Munde des menschgewordenen Gottessohnes vernehmen. Es ist ein Wort der Unterwürfigkeit unter den Vater. Sein letztes

Wort im Leben, das letzte seiner sieben Kreuzesworte auf Golgatha, ist abermals ein Gruß an den Vater. Und der ganze lange Weg, der dazwischen liegt, der Weg vom ersten Tempelgang bis zur letzten Opferstunde, war nur ein einziger Weg im Gehorsam gegen den Vater: „Meine Speise ist es, daß ich den Willen dessen tue, der mich gesandt hat, auf daß ich sein Werk vollbringe" (Joh. 4, 34). Kameraden! Welch ein Vorbild für uns! Diese schwere, ernste Zeit für unser Volk und Vaterland erfordert eine eiserne, militärische Disziplin, erfordert es, daß alle Glieder des einen Körpers, der da heißt „Heer", ihren treuen Dienst tun und keines gegen die andern den Dienst aufsage. Gewiß, oft ist es schwer. Oft fordert diese Disziplin vom einzelnen Mann hohe Opfer. Warum nun sie halten? Der Gottes- und Menschensohn predigt es uns: „Nicht nur aus äußerlichen Gründen, nicht aus Zwang, nein, um des Gewissens willen, um Gottes willen, aus sittlichen Beweggründen, aus ewigen Rücksichten: „Da bin ich, Herr; denn du hast mich gerufen." „Wußtet ihr nicht, daß ich in dem sein muß, was meines Vaters ist?"

Dann lernen wir auch, im Vorgesetzten Gottes Stellvertreter zu sehen und zu ehren, so wie der Heiland es tat, der nach dem Gottes-Dienst im Tempel wieder heimkehrte, seinen Eltern „untertan war" und als dritten Ruf uns heute predigt:

III. Aus Gehorsam hinab nach Nazareth

„Und er zog mit ihnen hinab und kam nach Nazareth und war ihnen untertan" (Luk. 2, 51). Herrliches Beispiel für uns, meine lieben Kameraden, daß wir tun, wie er es getan, daß wir in den Vorgesetzten die Stellvertreter Gottes sehen und ihnen gehorchen wegen der Autorität, mit der Gott sie umkleidet hat. In den ersten Kämpfen wider das Christentum warf der Heide Celsus (Orig., C. Gels. c. 6, 16 24) es den Christen wie in einem bittern Hohn vor, Christi „Mutter sei eine einfache Arbeiterin und sein Vater ein armer Zimmermann gewesen". Und doch „war er ihnen untertan".

Warum tat er das, und warum so lange Jahre und in solcher Verdemütigung und solchem Verzicht? Seht, Ungehorsam war einst die Tat des Menschen gewesen. Sie hatte die Menschheit ins Unglück gestürzt.

Gehorsam sollte die Tat Gottes – des menschgewordenen Sohnes Gottes – sein. Er sollte die Menschheit aus ihrem Unglück wieder erretten. Darum war „er ihnen untertan". Darum ging er in die kleine Stadt, von der man sagte: „Kann wohl aus Nazareth etwas Gutes kommen?" (Joh. 1, 46.) Darum predigt er es uns allen: „Hinab nach Nazareth! Ihr Menschen, die ihr so sehr zur Auflehnung neigt, zur Kritik, zur Verneinung, zur Selbstüberhebung, lernet im Kriege Gehorsam, übet den Gehorsam, füget euch in die Ordnung eurer gottgegebenen Verhältnisse hinein, seid untertan, wie ich es zu Nazareth war!" Und damit wir nie dies sein Wort vergessen, hat er es gefügt und gewollt, daß noch über seinem Kreuze zu lesen stände für ewige Zeiten: Iesus Nazarenus – „Jesus von Nazareth".

Kameraden! Vir obediens loquetur victorias – „Der Gehorsame wird von Siegen reden können" (Spr. 21, 28). Nicht im Herrschen besteht das Glück. Im Gehorchen liegt der Sieg. Glaubet es, die da Kronen tragen, tragen schwer daran. Herrscherkronen sind Dornenkronen. Viel glücklicher macht es, dienen zu dürfen als herrschen zu müssen. Darum sprach der gehorsame Gottes- und Menschensohn von Nazareth später das herrliche Wort: „Wer unter euch der Erste sein will, der sei der Diener aller, gleichwie auch der Menschensohn nicht gekommen ist, sich bedienen zu lassen, sondern zu dienen" (Mark. 10, 44 f.). Wer als einfacher Soldat, auch auf dem allerletzten und bescheidensten Posten, pflichttreu seinen Dienst tut – loquetur victorias –, der darf mitreden vom Sieg, der ist in den Sieg mitverflochten, der hat seinen Pflichtteil zum Siege beigetragen. Dieses Bewußtsein darf jeden von uns tief erfüllen und erfreuen. In ihm wurzelt unsere Kraft und unsere Freude. Es macht uns stolz und glücklich. Es macht uns tapfer in der Stunde des Kampfes. Es macht uns froh am Tage des Sieges. Amen.

4.
PASSIONSSONNTAG:
DAS VERHÜLLTE UND DAS ENTHÜLLTE KREUZ
Von Dr. Donders[5]

1. In den heimatlichen Kirchen werden heute die Kreuzbilder auf allen Altären verhüllt. Über die Gestalt und das Bildnis des Erlösers, der „wie ein Wurm zertreten und wie ein Lamm zur Schlachtbank hingeführt ward", ist ein Schleier gezogen. Soll uns die Erinnerung an ihn, an sein Leiden und seinen Kreuzestod aus der Seele fortgenommen werden? Aber nein! Im geraden Gegenteil: der heutige Sonntag heißt der Passionssonntag; er eröffnet die heilige Zeit, die in ganz besonderer Weise dem Andenken an Jesu Christi große Liebe, an sein heiliges Leiden und seinen blutigen Kreuzweg und sein Sterben am Kreuze geweiht ist.

Die Kreuze werden verhüllt im Andenken an das Wort des Evangeliums: „Jesus aber verbarg sich und ging hinweg aus dem Tempel." Sie werden verhüllt in der Absicht, daß unsere Seele um so mehr und um so tiefer sich in die Welt seiner heiligen Passion hinein versenken soll, je weniger sie von außen her daran erinnert wird, daß das Geistesauge um so anhaltender auf das heilige Blut und die leuchtenden fünf Wunden des Heilandes schauen möge, je weniger das leibliche Auge sie sieht.

Am Karfreitag wird das verhüllte Kreuz feierlich wieder enthüllt: Ecce lignum crucis – „Sehet da das Holz des Kreuzes, an dem das Heil der Welt gehangen: kommet, lasset uns anbeten!" Das ist eine tiefergreifende Zeremonie.

So wollen wir einige Augenblicke stillestehen und in Andacht und Sammlung die Predigt des heute verhüllten und später wieder enthüllten Kreuzes hören.

„Gotteslamm, nimm weg die Sünden,
Laß uns büßend Gnaden finden."

---
[5] Textquelle I SCHWERT DES GEISTES 1917, S. 75-79.

„Lasset uns mit ihm hinausziehen vor die Tore der Stadt, um seine Schmach mit ihm zu teilen" (Hebr. 13, 13).

2. Die tiefsten und die höchsten Gedanken Gottes sind uns Menschen stets verhüllt, so lange bis unser Gott selber sie uns vom Himmel auf die Erde herabträgt, sie uns erklärt und in der Sprache, die der Mensch verstehen kann, enthüllt.

Verhüllt war der Menschheit, was es eigentlich Furchtbares und Schweres um die Sünde, die frevelnde Übertretung des göttlichen Gesetzes, der Gebote der zwei steinernen Tafeln vom Sinai ist. Wohl kannte die Menschheit das feierliche „Du sollst, du sollst nicht". Wohl redete Gott" zu ihr im Gewissen eine königliche Sprache seiner heiligen, unerbittlichen Kronrechte und ihrer unveräußerlichen Untertanenpflichten. Wohl traten die Propheten unter ihnen auf, sprachen Feuerworte und heilige Drohungen, daß Sünde ein Treubruch und ein grenzenloser Undank und ein unglaublicher Unverstand des kleinen, armen Menschenkindes gegen den unendlichen Gott sei, ein frevelhaftes Angeben unseres Eigenwillens gegen den allheiligen Gotteswillen. Und doch trank die Menschheit die Sünde weiter wie Wasser und folgte nicht der inneren Stimme und den Prophetenworten: „Mich, die Quelle des lebendigen Wassers, haben sie verlassen, und sich Zisternen gegraben, die kein Wasser halten" (Jer. 2, 13).

Es dauert ja stets so lange, bis der Mensch es tief und klar erkennt, was es Schweres und Schlimmes um die schwere Sünde ist, um diese Schuld, die doch „der Übel größtes ist". Es bleibt uns lange verhüllt, weil wir Gottes Heiligkeit und die Gerechtigkeit seiner Majestät nicht genug kennen und erkennen.

Nun steht das Kreuz vor uns: es enthüllt sie uns. Es beginnt zu predigen: Also schaut Gott die Sünde an. Also straft Gott die Sünde. Also hat er sie für uns an seinem eingeborenen Sohne gestraft, der unsere Schulden auf sich nahm und den Schuldbrief, der wider uns lautete, an das Kreuz hinauf trug, zerriß und mit seinem Blute auslöschte (vgl. Kol. 2, 14). Das Kreuz enthüllt uns Gottes Gedanken über die Frevelhaftigkeit der schweren Sünde. Das enthüllte Kreuz predigt uns von Gottes unendlicher Heiligkeit und von seiner Gerechtigkeit gegenüber aller Schuld und Sünde der Menschheit, auch der unsrigen. Saget nicht: „Ich habe gesündigt; was ist mir denn Böses widerfahren?" Saget nicht: „Wie kann denn meine Sünde etwas so Furchtbares und Schlimmes sein; sie ist meine menschliche Schwäche und Armseligkeit, – aber Schuld, große Schuld?" Nein, saget das nicht. Höret vielmehr, was das Kreuz predigt: Groß ist unser Gott in der Allmacht, mit der er das Meer schuf und das Land und die Berge. Groß ist unser Gott in der wunderbaren Güte und Liebe, mit der er den Menschen erschuf und ihn zu seinem Kinde machte. Groß ist unser Gott in der Weisheit, mit der er die ganze Welt und Weltgeschichte leitet und ihren ewigen Zielen, seinen heiligen Plänen entgegenführt. Aber groß ist er auch in der ewigen Heiligkeit und Gerechtigkeit, mit der er über das Innehalten des Sittengesetzes wacht. „Ich bin der Herr, dein Gott", darum höre mein „Du sollst, du sollst nicht"; darum wandle vor mir und sei vollkommen; darum wisse, daß ich die sittliche Weltordnung nicht ungestraft übertreten lasse, daß ich meinen eingeborenen Sohn so sehr strafte um euretwillen, ihr Menschenkinder, um deinetwillen, du Menschenseele! – Wisse das, und dann gelobe vor seinem Kreuze: Keine Sünde mehr!

3. Verhüllt sind uns auch die tiefsten und höchsten Gedanken der Liebe Gottes. Wohl verkündet uns unser Gott durch den Mund der Propheten: „Mit ewiger Liebe habe ich dich geliebt und erbarmend zog ich dich an mich" (Jer. 31, 3). „Könnte auch eine Mutter ihres Kindes je vergessen, so will ich doch deiner nicht vergessen: in meine Hände habe ich dich geschrieben" (Js. 49, 15). Wohl sagt er es uns immer wieder, daß er nur Gedanken der Liebe und nicht Gedanken des Zornes über uns denkt. Aber wir Menschen schwingen uns mit dem schweren Leib von Erde und irdischem Gewicht nur so wenig zu den Höhen Gottes hinauf. Wir Menschen können das nicht fassen, was die Himmel der Himmel und die ganze Welt nicht fassen können, Gottes wunderbare Liebe. Sie bleibt uns verhüllt.

Das Kreuz aus der Höhe von Golgatha enthüllt sie uns. Es predigt so laut und so eindringlich: „So sehr hat Gott die Welt geliebt, daß er seinen eingeborenen Sohn für uns dahingab, auf daß alle, die an ihn glauben, nicht verloren gehen, sondern das ewige Leben haben" (Joh. 3, 15). Es predigt uns so laut und eindringlich: „Eine größere Liebe hat niemand, als wer sein Leben hingibt für seine Freunde" (Joh.15,13). „Der Menschensohn ist gekommen, zu suchen und selig zu machen, was verloren war, und damit er sein Leben hingäbe für die vielen" (Mark.10, 45). Ja, für die vielen! Auch für mich. Denn „er hat mich geliebt und sich für mich dahingegeben" (Gal. 2, 20). Gottes Liebe konnte nicht sterben. Aber töten konnte sie ihn, den Menschensohn und Gottessohn, den Heiland und Erlöser; töten konnte sie ihn, und getötet hat sie ihn für mich: „Er starb für mich." Er ward zum Tode verurteilt, damit ich vom Tode errettet wäre. Er starb, damit ich lebte. Er ward an sein Kreuz genagelt, damit ich befreit würde. So groß ist die Liebe Gottes für mich gewesen. Das Kreuz enthüllt sie uns. Das enthüllte Kreuz predigt sie uns. So lasset uns abermals antworten: Nein, keine Sünde mehr!

4. „Könnte ich – so hat einmal ein Gelehrter (Joubert) es sich gewünscht – alle Wissenschaft der Erde zusammenfassen in ein einziges Buch, und alles Wissen dieses einen Buches in ein einziges Blatt, und alles Wissen dieses einen Blattes in eine einzige Seite, und alles Wissen dieser einen Seite in einen einzigen Satz, und alles Wissen dieses einen Satzes in ein einziges Wort!" Er hat es nicht gekonnt, und kein irdisches Wissen wird das fertig bringen. Es gibt nur ein Wort, das alles Wissen zwischen Himmel und Erde, der Welt Gottes und der Welt des Menschen, der Zeit und Ewigkeit zusammenfaßt: *Crucifixus!* Der Gekreuzigte und sein Kreuz. salve, sancta crux, spes unica – „Sei uns gegrüßt, du heiliges Kreuz, du unsere einzige Hoffnung, sei uns gegrüßt!" Amen.

5.
OSTERN: LUMEN CHRISTI
Von Dr. Donders[6]

"Er ist auferstanden, er ist nicht hier" (Mark.16,6).
Tagesevangelium: Matth. 16, 1-7.

Alle Großtaten Gottes in der Heilsgeschichte der Menschheit sind eingehüllt in das Dunkel der Nacht. Als er die Welt schuf, „lagerte Finsternis über dem Abgrund"; als er seinen Sohn in die Welt sandte, war es Nacht, die Weihnacht; als er das heiligste Sakrament einsetzte, war es Nacht; als er sein Leiden begann, war es Nacht; als er am Kreuze starb, da ward es Nacht: Finsternis über alles Land; als er von den Toten auferstand, war es Nacht, die selige Osternacht: O vere beata nox – „O wahrhaft selige Nacht, die allein die Stunde zu schauen gewürdigt ward", so sang die Kirche am gestrigen Karsamstag.

Aus dieser Nacht war der Tag geboren, aus dem Dunkel das Licht, und nun freuen wir uns heute des neuen Lichtes, das der Auferstandene in die erlöste Welt hinausstrahlen läßt, so wie gestern die heilige Kirche frohlockend ausrief: Lumen Christi – Deo gratias! Neues Licht, weil neues Leben. Denn Ostern ist das Fest des Lebens und des Lichtes. Ostern ist das stärkste Lebenswort wider allen Tod. Ostern ist das beste Trosteswort wider alle Trauer. Ostern ist das sicherste Linderungswort wider alle Tränen. Ostern ist das schönste Hoffnungswort wider alle Verzweiflung Ostern ist das heiligste Gotteswort wider alles Menschenwerk, das sich gegen Gott erheben wollte: „Ihr suchet Jesus von Nazareth, den Gekreuzigten. Er ist auferstanden, er ist nicht hier. Sehet da die Stätte, wo sie ihn hingelegt hatten" (Mark. 16, 6). So predigt vom weggewälzten Grabstein wie von einer Felsenkanzel aus der Engel Gottes es in die Menschheit hinein, und Osterlicht strahlt hell aus, wie eine siegende Sonne, die aus Wolkendunkel hervorbricht: „Alleluja, er lebt!"

---

[6] Textquelle I SCHWERT DES GEISTES 1917, S. 91-97.

I. Osterlicht – über Christi Grab

1. In einem Garten war einstmals die erste Sünde geschehen. Da hörte die Menschheit das harte Wort des Fluches: Morte morieris – „Du wirst des Todes sterben" (1 Mos. 2, 17). In einem andern Garten, dem Garten Josephs von Arimathäa, lag das Felsengrab, aus dem der Überwinder des Todes, der Wiederbringer des verlorenen Paradieses, siegreich hervorgehen sollte. Aus ihm ging er hervor, wie Joseph von Ägypten aus dem Kerker, wie Moses aus dem Nil, wie Daniel aus der Löwengrube, wie Jonas aus dem Bauche des Fisches. Dort im Garten und im Felsengrab ist das Leben Sieger geblieben; dort ist ein Durchbruch des Lebens gelungen, so wunderbar, daß hinter ihm der Tod niemals mehr seine Front wird schließen können. Dort im Garten und im Felsengrab hat der Auferstandene, der Sieger über Tod und Grab und Hölle, diese ganze feindliche Einkreisung gesprengt, die so klug ausgedacht war und doch so wenig standhielt. Dort im Garten und im Felsengrab hat er sich in der Kraft des allmächtigen Gottes von allen Todesbanden und der Macht des Grabsteins triumphierend freigemacht: „Er ist auferstanden, er ist nicht hier."

> „Das Grab ist leer, der Held erwacht,
> Der Heiland ist erstanden.
> Da sieht man seiner Gottheit Macht,
> Sie macht den Tod zuschanden.
> Ihm kann kein Siegel, Grab noch Stein,
> Kein Felsen widerstehn,
> Schließt ihn der Unglaub' selber ein,
> Er wird ihn siegreich sehn!"

2. Dieser Grabstein sollte den Gekreuzigten von Golgatha auf ewig im Verlies des Todes festhalten und begraben; er sollte seine Beute nicht wieder herausgeben; er sollte allen Feinden des nun Getöteten endlich, endlich Ruhe schaffen, Ruhe vor diesem Verhaßten; er sollte zentnerschwer sich auf diesen Toten legen, um ihn nicht mehr freizulassen.

Darum wurden ihm die Siegel der Synagoge angehängt. Darum wurden Wächter „aus den römischen Legionssoldaten bei ihm aufgestellt: „Sie gingen hin und verwahrten das Grab mit „Wächtern und versiegelten den Stein" (Matth. 27, 66). Darum stand nun aber auch an diesem Grabstein alles in Frage. Leben oder Tod, Sein oder Nichtsein des Gottesreiches, Glaube oder Unglaube, Hoffnung oder Verzweiflung – das mußte nun hier sich entscheiden. Darum waren die Augen von ganz Jerusalem auf diesen Garten und das Felsengrab in ihm, auf diesen Grabstein und die ihn bewachenden Soldaten gerichtet.

3. Die Blätter des Buches der Richter schildern uns Samson, den Helden in Israel, wie er in die Stadt Gaza der Philister eindrang und seine Feinde ihn festhalten wollten. Darum stellten sie Wächter durch die ganze Stadt hin aus, damit er ihnen nicht entkäme. „Als aber die Mitternacht vorüber war und die ganze Stadt schlief, auch die Wächter, weil sie meinten, nun könne er nicht mehr entweichen, da kam Samson aus seinem Versteck hervor, schlich sich an die Stadttore heran, hob mit Riesenkraft die beiden Torflügel aus den Angeln, trug, sie auf die der Stadt gegenüberliegende Anhöhe und ging von dannen. Kein Tor war stark und fest genug, einen solchen Helden festzuhalten und einzusperren (16, 2 f.).

So war es auch in Jerusalem am Morgen des dritten Tages: „Es erbebte die Erde", wie sie beim Sterben Jesu auf Golgatha erbebt war: der Gefangene des Todes war entkommen. Das Grab ward die Wiege eines neuen Lebens, der Grabstein ward der Grundstein eines neuen Glaubens und einer neuen Hoffnung, die Kanzel der Osterbotschaft: „Ihr suchet Jesus von Nazareth, den Gekreuzigten. Er ist auferstanden, er ist nicht hier: sehet da die Stätte, wo sie ihn hingelegt hatten" (Mark.16, 6). Der zweite Samson hatte die Tore seines Grabes in göttlicher Kraft gehoben und von dannen getragen: „Er lebt". Durch ganz Jerusalem wogt diese Osterbotschaft: „Er lebt". Sie geht von den Wächtern zur Synagoge, von den Feinden zu den Freunden, von den Juden zu den Aposteln, von den Frauen zu den Scharen der Jünger: „Was suchet ihr den Lebendigen bei den Toten?" (Luk. 24, 5.) „Tod und Leben stritten in wunderbarem Zweikampf", so singt heute frohlockend die Kirche des Auferstandenen, die ihren König grüßt, den Fürsten des Lebens, der von sich selber gesagt und heute es erfüllt hat: „Zerstöret diesen Tempel, und nach drei Tagen will ich ihn wieder aufbauen. Er meinte damit aber den Tempel seines Leibes" (Joh. 2, 19).

Jesus lebt. Dieser unser Glaube feiert heute seinen Triumph. Jesus lebt. Daran gründet sich alles im Reiche Gottes: „Wäre Christus nicht auferstanden, so wäre unsere Predigt vergeblich, vergeblich auch euer Glaube" (1 Kor. 15, 14). Jesus lebt. In den heimatlichen Kirchen haben sie gestern die Osterkerze am neuen Osterfeuer angezündet. Aus den heimatlichen Bergen flammen heute abend die Osterfeuer aus, dem Auferstandenen zu Ehren. Jesus lebt. Osterlicht leuchtet auch uns. Lumen Christi – Deo gratias. Der Auferstandene schreitet segnend durch die Menschheit. Er ist „das Licht der Welt". Wir glauben an ihn.

II. Osterlicht – über die Gräber unserer Toten

1. Der auferstandene Heiland steht heute vor uns als „der Erstling der Entschlafenen" (1 Kor.15, 20), wie Paulus ihn nennt, als „das Haupt, das nun die Glieder nach sich zieht", als der Herr über Leben und Tod, als der Sieger im Reiche des Todes und der Toten. „Den Fürsten des Lebens hatten sie getötet; Gott aber hat ihn wieder von den Toten auferweckt: dessen sind wir alle Zeugen" (Apg. 3, 15). Ihn sehen wir heute über die weiten Friedhöfe unserer gefallenen Brüder hinschreiten, durch die langen Gräberreihen hin, die Toten mit seinem heiligen Kreuze segnend, ihnen winkend mit seiner Osterfahne des Sieges: „Wer an mich glaubt, der hat das ewige Leben, und ich werde ihn auferwecken am Jüngsten Tage" (Joh. 11, 25).

Unsere toten Brüder, die als Helden für Volk und Vaterland gestorben sind, haben heute, am Ostertag im Kriegsjahre 1916, ein doppeltes Anrecht auf seinen Ostergruß: „Der Friede sei mit euch!" und auf seinen Ostersegen, denn sie sind „Tote, die im Herrn starben" (Offb. 14, 13); sie sind darum auch Tote, die im Herrn leben: „Ich bin die Auferstehung und das Leben: wer an mich glaubt, der wird leben, wenn er auch gestorben" (Joh. 11, 25). Auf dies sein Wort bauen wir. Mit dem Psalmisten können sie heute ausrufen: Non moriar, sed vivam – „Ich werde nicht sterben, sondern leben, und die Werke des Herrn verkünden!" (Ps.1·17, 17.) Non omnis moriar – „Ich sterbe nicht ganz!"

Am letzten Meilenstein des Lebens, – unter dem Donner der Geschütze, im Hagel der Geschosse, im Ansturm der Feinde, – ward die Harfe zerschlagen, der Leib von Staub; das Lied aber, das ewige, unsterbliche Lied stieg triumphierend über die Welten und die Wolken und die Sonnen empor, zum Vater droben, der sie rief, zum Reich seines seligen Lebens und seiner ewigen Liebe. „Ich glaube an die Auferstehung des Fleisches und das ewige Leben", so beten wir im Apostolischen Glaubensbekenntnis; so beten wir heute mit verdoppelter Freude und im neuen Osterlicht seliger Hoffnung.

2. Alles in uns ruft: „Leben, leben wollen wir, und nicht sterben." Und dann kommt doch ein Karfreitag des Sterbens. Denn „der Tod ist der Sünde Sold" (Röm. 6, 23). Aber auf diesen Karfreitag des Todes folgt ein Ostertag des Lebens, eines ewigen Lebens. Das sagt heute uns der Glaube, der sich auf den Grabstein des Auferstandenen gründet. Das verkündet uns das Osterlicht, das im Engelsglanz aus dem Grabe Jesu Christi in die erlöste Welt hinausströmt: „Ich glaube an die Auferstehung des Fleisches und das ewige Leben."

Das Grab behält seine Toten nicht zurück. Es wird einmal ein Ostertag des ewigen Sieges und des ewigen Lebens kommen, an dem es sich erfüllen wird, was der Herr über Leben und Tod einst gesprochen hat: „Es kommt die Stunde, und sie ist schon da, daß die Toten die Stimme des Sohnes Gottes hören werden, und die sie hören, werden leben. ... Und es werden hervorgehen, die Gutes getan haben, zur Auferstehung des Lebens, die aber Böses getan haben, zur Auferstehung des Gerichtes" (Joh. 5, 25 ff.). „Eure Grabhügel will ich auftun, und euch, die ihr mein Volk seid, aus euern Gräbern wieder herausführen und euch bringen in das Land Israel" (Ezech. 37, 12). Darum schrieben sie einst auf die Grabstätten der gefallenen Märtyrer die Worte: Vivas in Deo – „Bist du auch tot für diese Welt, in einer andern Welt mögest du leben in und mit Gott". Darum nannten sie die Stätte des Todes und der Toten *Coemeterium* – „Stätte von Schlafenden": sie schlafen nur. Darum hoffen wir heute mehr als sonst jemals im Jahr auf den ewigen Sieg und Triumph des Lebens über alles Sterben.

Wollen wir aber einstens zu solchem Sieg gelangen, dann tut es uns not, mit dem Auferstandenen selber aufzuerstehen aus dem Grabe der Sünde und „in neuem Leben zu wandeln" (Röm. 6, 4), Ostern zu halten mit dem Auferstandenen in Osterbeicht und Osterkommunion, im Osterlichte des Auferstandenen zu wandeln – einem ewigen Ostermorgen entgegen. Amen.

6.
DRITTER SONNTAG NACH OSTERN: TRAUER UND FREUDE
Von Dr. Donders[7]

Tagesevangelium: Joh. 16, 16-22.

1. Zeiten großer Freude kommen uns stets sehr kurz vor, Zeiten großer Leiden und Mühsale sehr lang. Verschütteten, die nicht wieder ans Licht hinaus können, allen denen, die im Kugelregen und im Granatfeuer stehen, den Verwundeten, die hilflos auf dem Schlachtfeld liegen und warten müssen, werden Minuten zu Stunden und Stunden zu einer ganzen Ewigkeit.

Vor den Augen Christi aber, die die Weltzeit überschauen, liegt die lange Dauer von vielen Jahren der Trennung nur wie „eine kleine Weile": noch „eine kleine Weile – so sagt er – und ihr werdet mich nicht mehr sehen, und abermals eine kleine Weile, so werdet ihr mich wiedersehen. Denn ich gehe zum Vater" (Joh. 16, 17). Dann gedenkt er des Trennungsschmerzes in ihrem Herzen. Er vergleicht das Jetzt und das Einst miteinander und spricht ihnen Mut und Trost zu, daß sie nicht verzagen und nicht allzu großer Trauer sich überlassen dürfen: „Ihr habt jetzt zwar Trauer, aber ich werde euch wiedersehen, und euer Herz wird sich freuen, und eure Freude wird niemand von euch nehmen" (Joh. 16, 22).

Diese Sätze gelten Wort für Wort auch uns, liebe Kameraden, uns heute mehr noch als sonst; darum merket auf und höret, was sie uns zu sagen haben.

2. Trennungstage sind Trauertage: „Ihr habt jetzt zwar Trauer." Wir Menschenkinder gleichen jenen Blumen der Erde, die sich immerfort dem Lichte der Sonne zukehren und im Tageslauf vom Morgen zum Abend ihr stets nachblicken, als wollten sie im kleinen den Kreis beschreiben, den die Sonne auf ihrer Weltenbahn im großen zieht. Das Menschenherz ist diesen Blumen ähnlich. Was es liebgewonnen hat, danach schaut es stets sich um, das wünscht es immer vor sich zu haben, und es wird unglücklich, wenn es ihm aus der Nähe und der leib-

---

[7] Textquelle | SCHWERT DES GEISTES 1917, S. 100-104.

haftigen Gegenwart nun im Scheiden entzogen wird. Trennungstage sind Trauertage. Die treue Jüngerschar konnte es nicht fassen und nicht ertragen, den Herrn und Meister zu verlieren, mit dem sie durch drei hellauf leuchtende, selige Jahre hin verbunden gewesen war: „Darum, weil ich dies zu euch gesprochen habe, hat Trauer euer Herz erfaßt" (Joh. 16, 6).

Diese Jüngertrauer verstehen wir gut, liebe Kameraden; sie findet in unsern Herzen ihr Echo. Wenn wir der Tage gedenken, da wir ins Feld hinauszogen, um draußen für Volk und Vaterland zu kämpfen, da wir mutig und begeistert den Fahnen folgten, da wir uns den Hunderttausenden in unsern großen, siegreichen Armeen anschlossen, ja da lebte nur ein Hochgefühl der Freude, des Opfermutes, der Hingabe für die Brüder, der Begeisterung für die heilige, gerechte Sache in uns, und es machte uns glücklich und riß uns alle mit fort. Aber, gesteht es nur ein: bei alledem, was groß und leuchtend war, der heimliche Trennungsschmerz, der Abschied von Heimat und Familie war doch auch wahrhaftig nicht leicht. Es ehrt den Soldaten nur, wenn er sich selber und den andern das ehrlich eingestehen darf. Wäre es anders, so wäre es unnatürlich, unschön, unrecht. Trennungstage sind Trauertage, und dieses Gefühl ist erlaubt und gut begreiflich.

Nur darf es in uns nicht übermächtig werden und wachsen. Im Felde schirmt ja auch schon der gemeinsame Sinn aller, die gemeinsamen Arbeiten und Kämpfe, Mühen und Gefahren, Strapazen und Aufgaben den einzelnen Soldaten vor quälenden Stimmungen. Man darf sich nicht in trübe, traurige Gedanken hineinbohren; sonst würde der Tornister uns eben dadurch noch viel schwerer, und es gälte auch uns das Wort des Apostels: „Die Traurigkeit der Welt wirkt den Tod" (2 Kor. 7, 10).

3. Aus aller trüben und traurigen Stimmung und Gesinnung will unser Heiland uns herausreißen mit seinem Trostwort in der Trauer: „Aber ich werde euch wiedersehen, und euer Herz wird sich freuen!" Wie das froh und verheißend, beglückend und ermutigend klingt! Das ist eine große schöne Verheißung für die trauernde Jüngerschar gewesen: „Ich werde euch wiedersehen, und euer Herz wird sich freuen." Das war ein starker Trostgrund für diese trauernde Schar. Das war ihnen eine Kraftquelle, eine nun nie mehr versagende und versiegende

Kraftquelle neuen Mutes und neuer Begeisterung zum Aushalten alles Schweren, das auf sie wartete, zum Durchhalten in allen Kämpfen, denen sie entgegengehen mußten: „Wahrlich, wahrlich, ich sage euch, ihr werdet weinen und wehklagen; die Welt aber wird sich freuen; ihr werdet traurig sein, aber eure Trauer wird in Freude verwandelt werden" (Joh. 16, 20).

Christus blickt mit allsehendem Auge über die Zeiten hinaus, und wenn er auch gut und tief das Leid der Abschiedsstunde und die Trauer ihrer Herzen versteht, so ist ihm das alles doch nur eine rasch vergangene Trauer, eine „Trauer, die in Freude wird verwandelt werden" und deshalb erträglich ist, eine Trauer, die nicht ewig dauert, der vielmehr Trost, Freude, Friede und Seligkeit folgen. Er erinnert die Seinen an die bangende Trauer der Mutter in ihren Wehen und Nöten vor der Geburt ihres Kindes, aber auch an die Freude ihres Herzens, „sobald das Kind zur Welt geboren ist" (Joh. 16, 21).

Wie die Sonne hinter den Wolken, so ist Gott hinter unserer Trauer und aller trüben Stimmung unserer Seele verborgen. Das Trostwort Jesu an seine Jünger ist auch uns zum Troste in ernster, schwerer Zeit gesagt. Als wir auszogen und von der lieben Heimat Abschied nehmen mußten, da klang's aus tausend Herzens, jedes voll Zuversicht: „In der Heimat, in der Heimat, da gibt's ein Wiedersehn." Dieser Gedanke ist unser Anker, unser schönster Trost- und Ermutigungsgedanke im Feld und unter allen Mühsalen des Krieges: es wird ein Tag kommen, und wir hoffen, ihn mitzuerleben, an dem Friedensglocken läuten und ein Siegeszug uns zu den Unsrigen daheim zurückführen wird. Dann gibt's ein Wiedersehen und einen Umschlag aller früheren Trauer in selige Freude, ein neues Glück, das uns die Mühsale der Kriegsmonate ehrlich verdient haben: „Ich werde euch wiedersehen, und euer Herz wird sich freuen." Das ist Jesu verbürgtes Wort und ein Willkommgruß in alle schweren Stunden hinein.

4. „Ich werde euch wiedersehen." Wir gedenken, liebe Kameraden, wenn wir dieses Wort heute hören, auch mit heiliger Trauer im Herzen der vielen gefallenen Brüder. Sie werden die irdische Heimat nicht wiedersehen, und der Gedanke an sie könnte unsere Trauer steigern und vermehren. Aber schaut empor! Sursum corda! Es gibt für den Christen eine Heimat dort oben über den Wolken und den Sternenwel-

ten, die Heimat, von der der scheidende Heiland sprach, als er den Jüngern offenbarte: „Ich gehe zum Vater." An diese unsere ewige Heimat glauben wir. Auf sie hoffen wir. Zu ihr erheben wir unsere Häupter. Wir gedenken der toten Brüder und wir erinnern uns an Jesu heiliges Wort, das ja von der ewigen Heimat am eigentlichsten gilt. Dort werden wir ihn wiederfinden und mit ihm unsere lieben Toten, in seinem seligen Reich, wohin er uns voranging, von wo er „kommen und uns zu sich holen will", damit, wo er ist, auch wir, seine Brüder, seien. Der Tod bedeutet nicht eine dauernde Trennung derer, die sich auf Erden einstens gekannt und geliebt haben; nein, er ist nur eine zeitweilige Trennung, der ein Wiedersehen und eine ewige Vereinigung beim Vater folgt: „Und eure Freude wird niemand von euch nehmen."

Diesen Glauben- diese Hoffnung wollen wir heute erneuern und tiefer in unserer Seele befestigen. Daraus quillt uns der wirksamste Trost und Balsam für alle Trauer. Und zugleich geloben wir unsern toten Brüdern neu, ihrer nicht zu vergessen in unsern Gebeten. Dann ist die Brücke nicht abgebrochen zwischen ihnen und uns. Wir bleiben geistig mit ihnen vereint, und sie mit uns, bis uns unser Gott später ein Wiedersehen in ewigem, unzertrennlichem Glück schenkt. Amen.

7.
CHRISTI HIMMELFAHRT:
DIE ERSTÜRMER DES HIMMELREICHES
Skizze von Dr. Donders[8]

*„Das Himmelreiche wird erstürmt,
und nur die Stürmenden reißen es an sich"* (Matth. 11, 12).

„Aufgefahren in den Himmel, sitzet er zur rechten Hand Gottes, des allmächtigen Vaters, von dannen er kommen wird, zu richten die Lebendigen und die Toten." Die ewigen Tore haben sich weit, weit „aufgetan, auf daß der König der Herrlichkeit einziehe", derjenige, der aus dem heißen, blutigen Kampf als Sieger hervorging, derjenige, der nun vor den ewigen Thron seines himmlischen Vaters hintreten und sprechen konnte: Vater, ich habe das Werk vollendet, das du mir aufgetragen hast; deinen Namen habe ich den Menschen kundgetan, dich habe ich verherrlicht auf Erden. Und jetzt, Vater, verherrliche deinen Sohn mit der Herrlichkeit, die ich bei dir hatte, ehe die Welt war (Joh. 17, 4 ff.). Und der Vater erfüllt seine Bitte, er verherrlicht seinen Sohn: „Setze dich zu meiner Rechten, bis ich deine Feinde lege zum Schemel deiner Füße" (Ps. 109, 1).

Als Sieger und Triumphator zieht der Erlöser in seinen Himmel ein. Kameraden, – „Sieger und Triumphator": wieviel besagt das heute uns Kämpfern ohne Rast und Ruh! Christus hat sich den Himmel erobert, und wir müssen es von unserem Führer und Feldherrn neu lernen, den Himmel zu erobern. Er hat ihn sich wahrhaftig vieles kosten lassen, hat alles für seinen ewigen Sieg eingesetzt, und nun ruft er uns zu: „Mir nach! Folget mir! Seid meine Jünger auf Kreuzespfaden! Erobert euch das ewige Reich! Erstürmt es!" – „Von den Tagen Johannes des Täufers an bis jetzt wird das Himmelreich", so lautet die wörtliche Übersetzung des Urtextes der Heiligen Schrift, „erstürmt, und nur die Stürmenden reißen es an sich" (Matth. 11, 12). Ein treffendes Bild, das am heutigen Tage eindringlich zu uns redet.

---

[8] Textquelle | SCHWERT DES GEISTES 1917, S. 108-111.

Welcher Art sind die Gesinnungen des Soldaten, wenn gestürmt wird, wenn Sturm angesetzt ist? Was geht dann im Herzen des Soldaten vor sich? Nun gilt's, nun gilt's, – so sagt er sich:

I. Das Ziel fest ins Auge gefaßt

Dann nur mehr an dieses Ziel denken, es vor Augen haben, nirgendwohin sonst schauen, nicht rückwärts, nicht seitwärts, nur vorwärts aufs Ziel: so wird gestürmt.

Das muß die Stimmung und Gesinnung des Christen sein: „Mein Sohn, blicke den Himmel an" (2 Makk. 7, 28). Denke daran, meine Seele: „Ich glaube an das ewige Leben." Das ist der goldene Hintergrund meines Diesseitslebens, der unablässigen Diesseitsarbeiten, der Diesseitskämpfe: Glaube an die Ewigkeit, an die Unsterblichkeit, an das ewige Leben. Was wären „wir ohne solchen Höhenflug, ohne dieses Höhensteuer?

Wie oft schaut ihr in den stillen, klaren Nächten zum Sternenhimmel hinauf, und ihr grüßet diese Millionen Lichter da droben, angezündet von Gottes allmächtiger Vaterhand, diese Sterne, die mit euch die Nachtwache über die schlafende Welt halten. Drüben weit von hier in der Heimat schauen auch eure Lieben hinauf, und sie grüßen mit euch das friedliche Sternenzelt: „Wie hoch, wie hoch!" – Aber die Gedanken des Christen gehen noch höher hinauf, zum ewigen Himmelsdom, zum Vaterhause unseres Gottes, dorthin, wohin unser Herr und König uns vorangegangen ist. Dort erst ist unsere wahre Heimat, unser höchstes Glück, unser letztes und größtes Ziel: In meines Vaters Haus sind der Wohnungen viele. Ich gehe hin, sie euch zu bereiten, und wenn ich sie euch bereitet habe,. dann will ich kommen und euch zu mir holen, damit, wo ich bin, auch ihr, meine Diener, seid (Joh. 14,2 f.).

Aufgeschaut! Sursum corda! Das himmelhohe Ziel fest ins Auge gefaßt. „Wir haben hienieden keine bleibende Stätte, die zukünftige suchen wir" (Hebr. 13, 14). Vorwärts den Blick und das Himmelreich erstürmt: „Wer die Hand an den Pflug legt und zurückschaut, der ist nicht tauglich für das Reich Gottes" (Luk. 9, 62).

II. Alle Kraft nun ausgeboten und allen Mut nun eingesetzt

Ein großes Ziel ist der Anspannung aller Kräfte, des höchsten Mutes, des wagenden Einsatzes von Leben und Blut wert. Und nur so kann ein gewagter Sturm gelingen.

1. Das Christenleben ist wahrlich nichts Leichtes; es spannt alle Fibern und Fasern an zum Kampf wider Sünde und Leidenschaft, wider alles, was uns ablenken könnte vom Ziel und von der Seligkeit im Vaterhaus. Das erfordert heiße Kämpfe, deren Triumphe im Jenseits liegen. Das bringt unblutige Schlachten, deren Siege nur von Gott und seinen Engeln geschaut werden: Kampf um des Himmels willen!

2. Das Christenleben ist wahrlich nichts Feiges; es braucht einen hohen Mut, alles zu wagen, sich selber zu verleugnen und zu kreuzigen, alle Entbehrungen, Arbeiten, Berufspflichten mutvoll auf sich zu nehmen: Mut um des Himmels willen!

III. Der Erfolg ist uns sicher

1. Erfolg als Sieg. Ja, beim Einsatz aller Kraft kann es nicht fehlgehen. Leicht ist es zwar wahrhaftig nicht. Auch Christus hat es sich nicht leicht gemacht. Es hat ihm Blut und Leben gekostet. Sehet ihn: er geht zur Himmelfahrt mit seinen Jüngern den gleichen Weg zum Ölberg, den er früher so oft mit ihnen gegangen war, den er vor allem damals ging, als sein Leiden begann. Damals war es Abend, und es senkte sich die furchtbarste Nacht auf die Erde nieder, die sie je erlebte; jetzt ist es ein beglückender, strahlender Morgen. Damals nahm er nur wenige der Seinen mit sich, daß sie Zeugen seiner Angst seien; jetzt nimmt er sie alle mit: die junge Kirche steht um ihn aus dem Ölberge. Damals zog er aus zum schweren Kampf, jetzt geht es zum Triumph. Sein Weg ist auch unser Weg, sein Wort unser Wort: „Mußte nicht Christus alles dieses leiden und so in seine Herrlichkeit eingehen?" (Luk. 24, 26.)

2. Erfolg als Lohn. Der Weg zum Erfolg geht durch schwere Kämpfe, an Kreuzwegstationen vorüber, über ein Golgatha vieler Leiden und Nöten. Der Erfolg aber ist uns sicher. Vom reichen Lohn hat der Meister so oft geredet. Nicht so, als ob wir das Gute nur tun würden um des

Lohnes willen. Wir sind keine Lohndiener, keine Lohnsklaven. Aber wir dürfen doch auch an das Heilandwort denken: „Freuet euch und frohlocket, euer Lohn wird groß sein im Himmelreich." Auch die Märtyrer, unsere leuchtenden Vorbilder, haben das getan: Coelum praemium – „Der Himmel ist unser Lohn!" so riefen sie einander zu, wenn es in die Arena hinabging zum Sturmangriff der Löwen, zum Bekenntnis voll Mut und im Blut: „Der Himmel winkt uns als Lohn und Siegespreis und Krone."

Als man dem König Philipp von Mazedonien über die Schönheit Athens, der herrlichen, leuchtenden Stadt, erzählte, rief er aus: „Diese Stadt muß mein eigen werden, sei es durch Feuer, sei es durch Gold, sei es durch Blut." So sagen auch wir: Die Himmelsstadt muß mein eigen werden, sei es im Feuer des Kampfes gegen die Leidenschaften auf Leben und Tod, sei es durch das Gold unserer Gebete, sei es in der Hingabe des Blutes und Lebens. „Wenn ihr nicht bis aufs Blut widerstanden habt, so habt ihr noch nichts geleistet." Wir wollen den Sturm wagen, unsere Augen und Herzen emporrichten zu Christus, dem Könige der Ewigkeit und Unsterblichkeit. In ihm und mit ihm werden wir Sieger sein: „Sei getreu bis in den Tod, dann will ich dir die Krone des Lebens geben" (Offb. 2, 10). Amen.

8.
DREIFALTIGKEITSSONNTAG: DAS TAUFGELÜBDE, DER FAHNENEID DES CHRISTEN

Von Dr. Donders[9]

"Lehret alle Völker und taufet sie im Namen des Vaters und des Sohnes und des Heiligen Geistes!"
(Matth. 28, 19.)

Das Siegel des dreieinigen Gottes an unserer Seele – das ist die Taufe. Das heilige Gottessiegel, daß seine Gnade uns zuteil geworden ist, daß wir nun aber auch ihm gehören auf Leben und Sterben, dem Vater, der uns aus nichts erschaffen, dem Sohne, der mit seinem kostbaren Blute uns erlöst, dem Heiligen Geiste, der uns im Wasser der Taufe geheiligt und zu seinen Tempeln eingeweiht hat. „Alles ist dein Eigentum", am meisten wir Menschen, die Erlösten Jesu Christi, die begnadeten Kinder unseres Gottes.

Das Siegel des dreieinigen Gottes an unserer Seele, – das ist die Taufe. Wir unserseits haben den Bund mit unserem Gott feierlich besiegelt im Taufgelübde. Schon der Märtyrer Justinus bezeugt, daß die Täuflinge der jungen Kirche, ehe sie zum Taufbade geführt wurden, sich öffentlich zur Lehre Christi bekennen, dem Satan abschwören und geloben mußten, nach dieser Lehre Christi ihr ganzes Leben einzurichten. Dann erst wurden sie in die Kirche aufgenommen.

So gilt es auch heute noch. Der Taufbund, das feierliche Taufgelübde, ist wie der Fahneneid des Christen vor seinem Gott. Darum sei uns das heutige Fest des dreieinigen Gottes, dem wir alles verdanken, was wir sind und haben, in dessen Hand wir täglich und stündlich stehen, eine Gewissenserforschung über unser Taufgelübde, – nämlich:

---

[9] Textquelle | SCHWERT DES GEISTES 1917, S. 122-127.

I. Eine Erinnerung an den Fahneneid des Christen

1. Ein alter Kirchenschriftsteller, Tertullian, nennt bereits in seiner Schrift „an die Märtyrer" (Kap. 3) das Taufgelübde „den Fahneneid des Christen" und feiert ihn in begeisterten Worten:
„Wir sind zum Kriegsdienste des lebendigen Gottes berufen schon dann, wenn wir die Worte des Fahneneides nachsprechen. Kein Soldat zieht mit lauter Annehmlichkeiten in den Krieg; keiner stürmt aus seinem Schlafgemach in die Schlacht, sondern nur aus den aufgeschlagenen engen Zelten, wo Strapazen und Unannehmlichkeiten aller Arten zu finden sind. Es geht vom Schatten in die Sonnenhitze, von der Sonnenglut wieder in die Kälte, von lautloser Stille zum Feldgeschrei, von der Ruhe in das Getümmel. Ihr seid im Begriffe, euch einem herrlichen Wettkampf zu unterziehen, bei dem euer Preisrichter der lebendige Gott selber ist, euer Herold der Heilige Geist, euer Siegeskranz die „Belohnung mit der Ewigkeit bei allen heiligen Engeln."

Ja, das Christenleben ist ein Wettlaufen und ein Kampf: „Diese zwar", so sagt der Apostel, „kämpfen, um eine vergängliche Krone zu gewinnen, wir aber, um eine ewige zu erlangen" (1 Kor. 9, 25).

2. Was ist es Großes um die Taufe! „Wer nicht wiedergeboren wird aus dem Wasser und dem Heiligen Geiste, der kann in das Himmelreich nicht eingehen" (Joh. 3, 5). „Wer glaubt und getauft ist, der wird selig sein" (Mark. 16, 16), sprach der Heiland beim Scheiden. Die Taufe ist das Bad der Wiedergeburt zu einem neuen Leben. Die Taufe ist unser Durchgang durch das Rote Meer des Blutes Jesu Christi! Die Taufe gibt uns das verlorene Paradies wieder: Heute noch wirst du mit mir im Paradiese sein, im Paradiese der Gnade und Kindschaft deines Gottes, ein Gotteskind und ein Himmelserbe. Schau, welche Gnaden und Reichtümer dein Gott dir in der Taufe geschenkt hat.

3. Wo aber Großes uns geschenkt wird, da wird auch Großes von uns gefordert. Die durch ihre Abstammung vom ersten Adam in die Erbsünde verstrickt sind, die sollen auch, wenn sie vom zweiten Adam entsühnt sein wollen, der Sünde entsagen, der Schlange abschwören und Christo geloben, ihm und seinem heiligen Reiche zu glauben, zu vertrauen, anzugehören auf immer und ewig: „Widersagst du dem Teufel? Und aller seiner Pracht? Und allen seinen Werken?" – „Ich wi-

dersage!" – „Glaubst du an Gott den allmächtigen Vater, den Schöpfer Himmels und der Erde? Und an Jesum Christum" ... (usw.). – „Ich glaube." – Das sind heilige Treueide und große Gelöbnisse gewesen. Das war der Fahneneid der Christen am Taufbrunnen, als „der Geist Gottes schwebte über den Gewässern" ... Vergesset ihn niemals!

II. Eine Frage nach dem Fahneneid des Christen

1. Die Stunde jenes Gelöbnisses liegt schon weit hinter uns. Damals waren wir noch Kinder und wußten es nicht einmal, daß „Großes an uns getan hat, der da mächtig und dessen Name heilig ist" (Luk. 1, 49). Vielleicht weinten wir gerade, wie es ja oftmals im Leben geschieht, daß der Mensch weint und es nicht einsieht, wie heilig die vom Schmerz geweihten Stunden und Tage doch eigentlich sind.

„Es ist schon lange her. Aber dann kam ein Feiertag, an dem wir den Taufbund, den heiligen Treubund mit unserem Gott neu geschlossen und neu besiegelt haben: der Tag unserer ersten heiligen Kommunion. Da klang es neu: „Wir widersagen. Wir glauben. Ja, wir geloben!" – Habt ihr diesen euern Fahneneid gehalten oder habt ihr das heilige Siegel Gottes verletzt und zerbrochen?

2. Bei der Taufe wurde euch zum erstenmal das heilige Kreuzzeichen feierlich auf Stirn und Mund gezeichnet, das Zeichen des Heiles. Habt ihr es hoch und heilig bewahrt und es stets bedacht: „In diesem Zeichen muß ich siegen?" Bei der Taufe wurde über euch zum erstenmal das heilige Vaterunser gebetet. Habt ihr es treulich seither nachgebetet und an keinem Tag unterlassen? Bei der Taufe wurde euch die brennende Kerze in die Hand gegeben, das Zeichen dafür, daß auch ihr „wandeln sollet im Lichte" und daß „Finsternis nicht in euch sei". Bei der Taufe empfinget ihr das weiße Kleid, das Sinnbild der heiligmachenden Gnade: „Nimm hin das weiße Kleid und trage es unbefleckt vor den Richterstuhl Gottes!" Habt ihr es rein bewahrt, frei von aller schweren Sünde, frei von aller Unsittlichkeit und Untreue? Oder habt ihr es in den Staub der Gasse, in den Schmutz der Straße gezogen? Und wenn das, habt ihr es dann „wieder reingewaschen im Blute des Lammes" (Offb. 22, 14)? Bei der Taufe habt ihr eurem heiligen Glauben die

Treue, eurer heiligen, katholischen Kirche den Gehorsam gelobt, der Sünde aber und dem Fürsten des Reiches der Finsternis, dem Lügner von Anbeginn, den Krieg erklärt auf Leben und Tod" Habt ihr diese Treue bewahrt, „treu bis in den Tod", seid ihr darum „würdig einer Krone des ewigen Lebens"? Bei der Taufe seid ihr, wie einstens der hl. Bernhard die Kreuzfahrer mahnte, „aus Soldaten des Teufels Soldaten Jesu Christi, des höchsten Königs, geworden. Habt ihr diesem eurem Feldherrn und Führer die starke, stolze Mannentreue gehalten?

Wo ist eure Krone von damals nun heute, meine lieben Kameraden? Müsset ihr mit dem Propheten schmerzerfüllt klagen: „Gefallen ist die Krone von meinem Haupte. Wehe mir, daß ich gesündigt habe" (Klagel. 5, 16)?

Dann „erhebet eure Häupter" heute von neuem zu eurem Gott empor, erhebt eure Hände von neuem und leget heute im Geiste wieder ab:

III. Ein neues Bekenntnis zum Fahneneid des Christen

Für die meisten von euch wird es so sein, daß die Paten von ehedem längst schon tot sind, die an eurer Stelle damals das Taufgelübde gesprochen und euch auf ewig eurem Gott und Heiland feierlich geweiht haben. (Vergesset ihrer nicht ganz; man bewahrt ihnen meistens ein nur zu geringes und kurzes Andenken.)

Nun seid ihr ernste, herangereifte junge Männer geworden, und ihr gelobet „nun aufs neue – eurem Gott die ew'ge Treue". Nun folgte auf die Wassertaufe im Frieden der Heimatkirche die Feuertaufe des Krieges auf dem Schlachtfelde. Nun gilt es, den heiligen Treubund abermals zu besiegeln. Seht, ein guter Anfang ist etwas Schönes und Großes, aber er ist noch längst nicht alles, er ist nicht einmal unser Verdienst, er ist nur Gottes Gnade zuzuschreiben: Dank dafür dem dreieinigen Gott! Größer, weit größer als der gute Anfang an seiner Hand ist die Treue, die „Treue bis in den Tod", die den Fahneneid durchhält bis zum letzten Atemzuge, die das mit Entschiedenheit und Mut und Mannhaftigkeit festhält und ausführt, was einstens die Begeisterung eures jungen Herzens in einer feierlichen Stunde Gott gelobt hatte.

Ein Feigling der Kamerad, der den Soldateneid, den Eid auf die Fahne des Regiments nicht hält: verachtet von allen andern. Ein Feigling der Christ, der den Fahneneid des Christen, sein Taufgelübde, nicht hält, dem sein Gott und Gottes Engel und Gottes Kirche trauernd sagen müssen: Dieses eine haben wir wider dich, daß du von deiner ersten Liebe (zu Gott) abgelassen hast. „Bedenke es, wie du herabgesunken bist! Tue Buße und tue die ersten Werke wieder! Wenn nicht, so werde ich über dich kommen und deinen Leuchter von dir wegrücken, wenn du nicht Buße tust!" (Offb. 2, 4 f.) Wenn der Leuchter dir weggerückt, wenn die brennende Kerze dir weggenommen würde, wie wäre das namenlos traurig, mein lieber Kamerad! Nein, das soll und darf nicht sein. Nein, es sollen Gottes Engel nicht bei dir es klagend sagen: „Lasset uns von dannen ziehen, lasset uns von dannen ziehen!" Nein nein: Ich will als ein wahrer katholischer Christ leben und sterben.

So gelobet heute es neu, und der Segen Gottes wird diesen Treubund wieder siegeln und anerkennen. „Wer ausharrt bis ans Ende, der wird selig sein" (Matth. 24, 13). „Der heilige König Ludwig feierte nie seinen Geburtstag, sondern stets seinen Tauftag, seinen Namenstag: „An jenem Tage", so sagte er, „empfing ich eine irdische Krone, an diesem aber das Anrecht auf eine himmlische Krone." Mit ihm halten auch wir es, und geloben heute unserem Gott aufs neue diese felsenfeste Treue, jenem Gott, der „mit ewiger Liebe uns geliebt und erbarmend uns an sich gezogen hat" (Jer. 31, 3), Gott dem Vater, und dem Sohne, und dem Heiligen Geiste! Amen.

9.
Rosenkranzfest:
Der Rosenkranz, ein Zeichen des Sieges
Von Dr. A. Donders[10]

„Das ist der Sieg, der die Welt besiegt, unser Glaube" (1 Joh. 5, 4).

„Nicht einen glänzenden Stern, wie er einst über der Krippe von Bethlehem aufstrahlte, hat der Erlöser als heiliges Zeichen dem Christentum mit auf den Weg gegeben, sondern ein Kreuz" (S. Aug., In Evang. Ion, tr. II). Es ist das Kreuz von Golgatha, das eigentliche Zeichen des Christentums, ein Zeichen des Kampfes, „ein Zeichen, dem man widersprechen wird" (Luk. 2, 34), aber auch ein Zeichen des Sieges und des Segens.

Es gibt noch ein anderes Zeichen im christlichen Leben, das dieses Geschick teilt, jenes Zeichen, nach dem wir in diesem Oktobermonat mehr noch als sonst greifen, mit unsern Lieben in der Heimat vereint, jenes Zeichen, dem die Feier des ersten Oktobersonntags gilt, das Zeichen des heiligen Rosenkranzes. Auch dieses ist ein Zeichen des Kampfes, ein Zeichen, dem widersprochen wird, und ein Zeichen des Sieges und des Segens. Für so viele um uns ist der Rosenkranz nur ein Zeichen, das man nicht versteht; über das man lächelt, als sei es ein alter, längst überholter Brauch aus verschollenen Zeiten; über das man mitleidig die Achseln zuckt, als sei es vielleicht ein Gebet für Frauen und Kinder, aber nicht für Männer und Krieger: „ein Zeichen, dem widersprochen wird".

Wer aber nicht an der Oberfläche haften bleibt, wer nicht bloß die Perlen dieser Gebetsschnur mechanisch durch die Hand gleiten läßt, sondern die hohen und heiligen Gedanken Jesu Christi hineinkettet, der wird reich belohnt; wer in die Tiefen dieses Goldschachtes nachdenklich suchend hinabsteigt, der wird auch Gold finden, wer in den Geist dieses alten Christengebetes eindringt, dem wird es ein Zeichen des Sieges sein: „Das ist der Sieg, der die Welt besiegt, unser Glaube" (1 Joh. 5, 4).

---

[10] Textquelle I Schwert des Geistes 1917, S. 161-167.

I. Ein Zeichen, das von Siegen redet

1. Es redet von Siegen in der Kirche Jesu Christi. Ist doch der Rosenkranz selber die Erinnerung an einen der größten Siege des Christentums im Kampf gegen seine Widersacher. (Die Schlacht von Lepanto, 7. Okt. 1571.) Seitdem der heilige Papst Pius V. damals den Sieg der christlichen Waffen ganz besonders dem anhaltenden Rosenkranzgebet der Christenheit zuschrieb, seitdem hat es sich mehr und mehr eingebürgert und ausgebreitet und seinen Segen durch die christliche Welt getragen.

„Gebt mir eine Armee von Betern, und ich werde die Welt aus den Angeln heben", so hat ein Papst des vorigen Jahrhunderts, Pius IX., gesprochen. Sein Nachfolger Leo XIII. hat die katholische Welt zu einer solchen Armee zusammengeschlossen, indem er in seinen leuchtenden Rundschreiben über den Rosenkranz zur Förderung, Vertiefung und Verinnerlichung des religiösen Lebens mahnte – mit vielem Erfolg. Da, wo der rechte Geist dieses innerlichen Gebetes herrscht, wo es wahrhaft verstanden und richtig geübt wird, da folgen ihm Aufschwung und Erneuerung echter Religiosität, da schafft es die Christenheit um zu einer siegreichen Armee und zu einer großen Macht im Kampf wider die Gewalten der Finsternis und der Sünde. Warum das?

2. Er redet von dem höchsten Sieg, den die Erde je erlebt hat, dem Sieg Jesu Christi in seiner Erlösung.

Nicht das äußere Wiederholen der gleichen Worte, nicht die Perlen der Gebetskette sind das Wichtigste in diesem Gebet, nein, seine Seele, sein Herz, das ist das Leben, Leiden und Sterben Jesu Christi unseres Erlösers, jene Welt des Glaubens, von der der Evangelist sagt: „Das ist der Sieg, der die Welt besiegt, unser Glaube." Christi Sieg in seiner Menschwerdung tritt vor uns hin. Wir betrachten denjenigen, „den du, o Jungfrau, vom Heiligen Geiste empfangen, zu Elisabeth getragen, geboren, im Tempel aufgeopfert und wiedergefunden hast", Christus, den menschgewordenen Gottessohn. Wir gedenken jenes Tages, an dem der Himmel sich auf die Berge Galiläas herniedersenkte, und „das Wort ist Fleisch geworden und hat unter uns gewohnt". Wir gedenken des stillen Nazarethlebens, da der Heiland auf den Bergen des Heiligen Landes stand und betete und seine Arme sehnsüchtig der gesunkenen

Welt entgegenstreckte, die er wieder erheben und retten wollte, voll Verlangen, den Riesenkampf auszukämpfen und zum Sieg zu führen.

Wir betrachten Christi Sieg in seinem Kreuzesleiden und Kreuzestod: „Der für uns Blut geschwitzt hat, der für uns ist gegeißelt und mit Dornen gekrönt worden, der für uns das schwere Kreuz getragen hat, der für uns ist gekreuzigt worden." In seinem Heroismus am Ölberg und auf Golgatha, an der Geißelsäule und unter der Dornenkrone ward das große Werk der Erlösung vollendet: „Es ist vollbracht. Vater, in deine Hände befehle ich meinen Geist." Da war der Sieg über die finsteren Gewalten der Sünde und der Hölle errungen. Die Menschheit war erlöst.

Wir schauen Christi Sieg in seiner Vollendung, wie er einzieht in seines Vaters herrliches Reich, wie er gekrönt wird bei seiner Auffahrt, wie er seiner Kirche den Heiligen Geist der Stärke und des Trostes sendet, wie er seine Mutter nach sich zieht und „mit Glorie und Herrlichkeit krönt", das Vorbild aller seiner Getreuen in seinem Gottesreiche.

Das alles soll die Seele bedenken und überdenken, während die Perlen der Gebetsschnur, eine um die andere, uns durch die Hand gleiten. Das brauchen keine gelehrten Gedanken zu sein, aber fromme Bilder, die euch während des Betens vor der Seele stehen und euch davor behüten sollen, daß ihr dieses inhaltreiche Gebet inhaltlos hersaget und dann am Ende nichts dabei gedacht habt.

Christi Sieg: Das ist des Rosenkranzes ganzer Inhalt. Man braucht wirklich einem Mann, einem Soldaten, noch nicht sein Christentum und seine Liebe und Zugehörigkeit zur Kirche abzusprechen, weil er nicht den Rosenkranz täglich betet oder weil er ihn nicht bei sich führt. Wenn er aber auch den Geist verwürfe, der in ihm lebt, wenn er die heiligen und hohen Geheimnisse nicht anerkännte, die da unsere Seele erfassen wollen, dann würde er damit das Werk, den Sieg und den Segen selber verwerfen. Dann hätte er auch nicht die rechte Liebe zur gebendeiten Gottesmutter, die an ihrer Mutterhand uns näher zu ihrem göttlichen Sohn führen, die mit uns beten und mit uns kämpfen will, auf daß wir den vollen Sieg und Segen der Erlösung Jesu Christi für unsere eigenen Seelen ganz empfangen.

II. Ein Zeichen, das zu Siegen führt

Auf dem majestätischen Deckengemälde Michelangelos in der Sixtinischen Kapelle „Das Jüngste Gericht" findet man einen Menschen, der am Rosenkranz sich hinaufzieht aus der Tiefe, in die er schon zu stürzen droht, zu den Höhen Gottes empor. Ein schönes Sinnbild. So vielen, die ihren Rosenkranz treu gebetet und hoch in Ehren gehalten haben, ist er eine heilige Kette geworden, die sie mit Millionen von Betern verband und zum ewigen Sieg emporzog.

Wie vielen von euch gab die Mutter oder die Frau beim Auszug aus der Heimat einen Rosenkranz still in die Hand hinein, daß er euer Schild und Schutz, eure Wehr und Waffe sei: „Vergiß Gott nicht und deine Mutter nicht!" Und in Stunden der Not und Angst und Gefahr griffet ihr nach dem heiligen Zeichen, hieltet es fest in der Hand, und es ward euch ein Zeichen des Sieges, ein Zeichen des Heiles. Gerade für den Soldaten ist der Rosenkranz so leicht zu tragen, ein leichtes Gepäck, das keinen Tornister beschwert und reichen Segen bringt. Warum? Weil er ist:

1. Ein Gebet der Gemeinsamkeit. Wohl verlacht man ihn oft und alle jene, die treu und gern ihn beten. Aber nur deshalb, weil man ihn nicht versteht, den Geist nicht versteht, den heiligen Geist, der aus ihm spricht, jenen heiligen Geist, der in diesem Herzensgebet uns mit dem Heiland und seiner lieben Mutter, mit den ungezählten Scharen frommer Beter, mit allem Hohen und Heiligen aus den Großtaten Gottes uns fest verknüpft: eine goldene Kette. Es ist ein Gebet der Gemeinsamkeit. Da schlingt sich diese heilige Kette um die Betenden. Sie beten zu Haus im Familienkreis, und beten im gemeinschaftlichen Gebet im Gotteshaus; beten auf stillen Wallfahrtswegen, auf der Landstraße am Abend und am Gnadenorte, zu dem sie gepilgert sind. Wir beten ihn vor der Schlacht. Durch wie viele Hände gleiten diese fünfzig Perlen Tag um Tag! Um wie viele Beter schlingt sich dieses Gebet wie ein Kranz von Rosen, wie eine himmlische heilige Kette. Das ist etwas Großes. Gemeinschaftsleben ist allemal etwas so Starkes, Gemeinschaftsarbeit etwas so Wertvolles, Gemeinschaftsstreben etwas so Schönes. Gut denn: „Wo zwei oder drei in meinem Namen versammelt sind, da bin ich mitten unter ihnen", sagt der Heiland. Welch große

Schar von Betern jetzt im Rosenkranzmonat in den weiten Hallen aller Gotteshäuser daheim, in den Domen und in den Dorfkirchen! Ein goldenes Band schlingt sich um alle, das jeden einzelnen mit den Besten seiner Brüder und Schwestern verknüpft und letzten Endes mit dem Himmel selbst, mit dem Thron Gottes und der Königin an Gottes Thron, die wir grüßen: „Ave Maria!"

2. Ein Gebet der Beharrlichkeit. – „Betet ohne Unterlaß", so hat der Heiland uns gemahnt. „Immer dasselbe", sagen wegwerfend die Vorurteilsvollen. „Immer dasselbe", sagen beglückt die Verstehenden. Gewiß, die Worte wiederholen sich. Es hat der Heiland dem andauernden Beten seinen Erfolg und die Erhörung verheißen. Wir sollen dem ungestümen Freunde gleichen, der anpocht, und immer wieder anpocht, und nicht nachläßt. Da öffnet der andere ihm schließlich, nicht weil er der Freund, sondern weil er der Störenfried ist. Nur die Ausdauer kann und wird einen Krieg gewinnen. Ein kühner Angriff schützt und ist am sichersten. So laufen wir Sturm auf das Herz Gottes und lassen nicht nach, wiederholen stets unsere Bitten, gleich Bettlern, und finden endlich Erhörung Denn die Liebe hat ja doch eigentlich nur ein Wort, und das wiederholt sie endlos immer wieder. Das Kind ruft immer wieder nach der Mutter, und wir Erdenkinder rufen immer wieder unsere himmlische Mutter an, und lassen nicht nach: „Ave Maria!"

3. Ein Gebet wahrer Innerlichkeit. Nicht endlos gleichmäßig: die Gedanken verketten sich in die erhabenen Geheimnisse der Erlösung durch Christus. Stets neue Bilder schaut das Auge, stets neue Gedanken faßt das Herz. Durch Jesu und Mariä Leben pilgern wir. Sie stehen im Mittelpunkt unseres Denkens. Es ist ein Gebet der Innerlichkeit. Die uns schelten, verstehen uns nicht und haben einen Rosenkranz nie verstanden. Da kann man auch sagen: „Ein versiegelter Brunnen bist du" (Hohel. 4, 12). Man muß an langer Kette den Eimer der Gedanken hinabgehen lassen und wieder emporziehen. Du sollst nicht bloß äußerlich beten. Das wäre Lippengebet. Du sollst vielmehr Sorge tragen, den Heiland nicht aus den Augen und die liebe Muttergottes nicht aus dem Sinn zu verlieren; dann dein eignes Tun und Arbeiten im Spiegel ihres Lebens, Opfers, Leidens beschauen und von ihnen dir alles deuten lassen. „Der für uns Blut geschwitzt hat, gegeißelt, gekreuzigt worden,

auferstanden ist", der hat und weiß uns so viel zu sagen. „Werdet innerliche Menschen!" so predigt uns der Rosenkranz. Seine heilige Gebetskette will in den tiefen Schacht hinabgelassen werden, in den Schacht, der da heißt: Leben, Leiden und Sterben Jesu Christi und seiner heiligen Mutter. Und dann sollen im Förderkorb lauter gute, schöne, heilige Gedanken wieder emporkommen, nach oben hin, in unser Denken und Leben hinein. Ein Gebet der Innerlichkeit, nicht ein äußerliches Lippengebet will und soll er uns sein, ein „Gebet im Namen Jesu", weil Jesus der lebendige Mittelpunkt, der Herzpunkt ist. Und mit ihm und mit uns betet seine gebenedeite Mutter. Sie ist die Vorbeterin im ganzen Chore, denn sie führt uns an ihrer Mutterhand durch Jesu Leben und Leiden bis zu seinem ewigen Throne. Da kann die Erhörung nicht fehlen.

Im ersten Buch der Könige wird uns berichtet, daß David auf der Flucht vor Saul den Priester Achimelech fragte: „Hast du denn nicht ein Schwert zur Hand? Ich habe mein Schwert und meine Waffen nicht mit mir genommen, weil der Auftrag des Königs eilig war." Und der Priester antwortete ihm: „Sieh hier, da ist das Schwert Goliaths des Philisters, den du erschlagen hast im Terebinthental. Willst du es nehmen, so nimm es; es ist kein anderes hier als dieses." David sprach: „Kein anderes ist diesem gleich. Gib es mir!" (1 Kön. 21, 8 ff.)

So nehmen auch wir das geistige Schwert, den Rosenkranz, in diesen Oktobertagen in die Hand. So viele haben es durch ihr Leben getragen: es war ihnen ein Kampfes- und Siegeszeichen. Und wenn der letzte Erdenkampf ausgefochten und der letzte Sieg errungen war, dann pflanzte man ihnen ein Kreuz als Siegeszeichen auf das Grab und einen Rosenkranz gab man ihnen noch im Grab als Siegeszeichen in die Hand. Da wirkt er dann wie ein Schlüssel, der die Tore des himmlischen Jerusalem den treuen Kämpfern weit ausschließt, daß sie siegreich einziehen zum ewigen Frieden. Amen.

10.
SCHUTZENGELFEST: EHRE DEINEM SCHUTZENGEL!
Skizze. Von Dr. A. Donders[11]

1. Als der Patriarch Jakob auf der Flucht vor seinem Bruder Esau beim Anbruch der Nacht müde in der Wüste sich niederlegte, da fühlte er sich auf dem harten, kalten Stein, der ihm als Kopfkissen diente, ganz und gar verlassen. Dunkel lag die Zukunft vor ihm. Während oben am Himmel die stillen Sterne ihre friedlichen Bahnen zogen, war sein Innerstes von wildem Sturm durchschüttelt Quälende Gedanken durchzogen seine Seele, und mit schwerer Angst sann er darüber, ob auch Gott im Himmel ihn nun verlassen würde. Da erschien ihm im Traum eine Leiter, die von der Erde zum Himmel reichte. Gottes Engel stiegen auf und nieder. Dieses Bild verscheuchte alle Bangigkeit aus der Seele des Flüchtlings. Es erfüllte ihn wieder mit neuem Mut und heiligem Vertrauen. Er wußte nun, daß ein Vaterauge über uns Menschen wacht, auch wenn wir glauben, ganz verlassen zu sein. Er wußte, daß Erde und Himmel nicht durch eine unübersteigbare Kluft voneinander geschieden, daß vielmehr Himmelsfürsten allezeit unterwegs sind, Gottes heilige Engel, die unsere Gebete und Nöten und Sorgen nach oben hinauf- und Gottes Segen und Hilfe wieder zu uns herniedertragen, die schützend und schirmend uns umschweben und geleiten.

Sind nicht auch wir Pilger und Flüchtlinge in weiter, wegloser Wüste, wir Menschenkinder alle? Sind nicht auch unsere Herzen oft genug beklommen und voll Sorgen, weil der Weg so finster und die Nacht so grauenhaft einsam ist? Wo werden und sollen wir Hilfe finden? Seht da öffnen sich vor unsern Augen heute am Schutzengelfest die Tore der Ewigkeit. Das Geheimnis einer lichten Geisterwelt, der Engelscharen, wird vor uns entschleiert. Die Kluft zwischen Himmel und Erde ist überbrückt, Gottes Engel steigen auf und nieder, um uns Führer und Freunde, Gefährten und Begleiter auf der Pilgerreise zu sein.

2. „Siehe, ich sende meinen Engel, daß er vor dir hergehe und dich bewahre auf dem Wege und dich führe an den Ort, den ich dir bereitet habe"(2 Mos.23,20).

---
[11] Textquelle | SCHWERT DES GEISTES 1917, S. 168-170.

Das ist ja der heiligen Schutzengel heilige Aufgabe – so sagt es uns der Glaube –, jedes Menschenleben zu begleiten, neben uns unsichtbar einherzuwandeln, ähnlich und doch wieder anders wie jener Engel Gottes, der den jungen Tobias auf seiner Reise begleitete. Engel Gottes haben den Erlöser auf seinem Erdenweg stets umschwebt, in der Weihnacht von Bethlehem und in der Wüste auf dem Berg des Fastens und auf dem Ölberg und an seinem Grab und auf dem Berge seiner Himmelfahrt. Einen Fürsten des Himmels gab unser Gott, unser himmlischer Vater, uns Pilgern mit auf den Weg der Erdenpilgerschaft, daß er „vor dir hergehe, dich bewahre und dich führe an den Ort, den ich dir bereitet habe", ins ewige Vaterhaus."

Erneuert euren frohen Kinderglauben an den heiligen Engel, der neben uns einherschreitet, so recht wieder in diesen Tagen. Saget nicht mit den vielen: „Wir glauben nur, was wir sehen." Das ist ja kein „Glauben" mehr. Das ist ein Alles-wissen-wollen. Nein, haltet den Glauben der seligen Kinderzeit fest, und betet täglich mit heiligem Vertrauen wie ehedem: „Heiliger Schutzengel mein, – laß mich dir empfohlen sein, – in allen Nöten steh mir bei, – und halte mich von Sünden frei, – an diesem Tag, ich bitte dich, – bewahre und beschütze mich!" Wie mancher, der so gebetet, hat auch im Krieg den Schutz seines heiligen Engels wunderbar erfahren, Wie mancher andere, für den Gott es nach ewigem Plan anders bestimmt hatte, erfuhr den Schutz seines heiligen Engels dadurch, daß seine Seele im entscheidenden Augenblick bereit war, sich auf die Flügel des Engels zu legen und sich hinauftragen zu lassen ins ewige Vaterhaus, ins lichte, selige Reich der Engel Gottes dort droben.

3. Du aber habe acht auf ihn und höre auf seine Stimme und denke nicht, ihn verschmähen zu dürfen" (2 Mos. 23, 21). Ehre deinem Schutzengel! In der Nähe deines Fürsten tust du nichts, was seiner unwürdig wäre. Vergiß also doch auch nicht, wer unsichtbar bei dir ist. „Habe acht auf ihn" und tue nichts, was das Auge deines Engels betrüben, was ihn an deiner Seele traurig stimmen müßte: tue keine Sünde! „Höre auf seine Stimme und denke nicht, ihn verschmähen zu dürfen." Sei achtsam! Leise Mahnungen dringen in dein Herz: horche auf. Dein guter Engel sagt dir etwas in die Seele: „Meide die Gefahr" Laß dich nicht verführen. Überwinde das Böse durch das Gute." Er kämpft mit

uns und kämpft für uns, er verläßt uns nie auf einen einzigen Augenblick, er will uns in den tausend Versuchungen unseres Lebens stählen und festigen: „Hab acht auf ihn, höre auf seine Stimme und denke nicht, ihn verschmähen zu dürfen."

Ist es nicht ein erhabener Gedanke, ein beglückendes Bewußtsein: die ganze Schöpfung ist voll von heiligen Engeln Gottes. Tag und Nacht geleiten sie uns Menschenkinder, hören unsere Worte, kennen unsere Werke, sind die lebendigen Zeugen aller unserer Lebenstage und Lebenstaten.

Ehre deinem Schutzengel!

11.
ALLERHEILIGEN: ZWEI ALLERHEILIGENFRAGEN
Von Dr. A. Donders[12]

„Die da angetan sind mit weißen Kleidern, welche sind's und woher sind sie gekommen?" (Offb. 7, 13.)

Allerheiligen halten wir auf den Schlachtfeldern des Todes. Die Heiligen sind die Helden in der Religion Jesu Christi, die „den guten Kampf gekämpft, den Lauf vollendet, den Glauben bewahrt haben". Nun ist ihnen die Krone der Gerechtigkeit von ihrem gerechten Richter zuteil geworden. Die Heiligen sind die glänzende Leibgarde Jesu Christi, des ewigen Königs in seinem himmlischen Gottesreich, in dem er thront und regiert „im Glanz seine Heiligen" (Ps. 109, 3). Die Heiligen sind unsere verklärten Brüder an Gottes Thron, die uns vorangingen und nun, „angetan mit weißen Kleidern und Palmen in den Händen tragend, dem Lamme folgen, wohin es geht", ungezählte Tausende, eine endlose Prozession.

An diesem großen Erntefest der Kirche Gottes ist es uns, als sei der Vorhang des Himmels weiter zurückgeschlagen, der sonst die Welt des Jenseits uns im Diesseits noch verhüllt. Es ist uns, als klängen vom

---

[12] Textquelle | SCHWERT DES GEISTES 1917, S. 174-179.

ewigen Himmelsdom selige Lieder zu uns Erdenpilgern hernieder, Lieder der Heimat und Lieder des Friedens, als klängen sie hinein in diese wilde Kampfeszeit.

sursum corda! Schauet empor! Höret die zwei Fragen des Evangelisten aus Patmos: „Die da angetan sind mit weißen Kleidern, welche sind's und woher sind sie gekommen?"

I. „Welche sind's?"

1. Wenn wir die Allerheiligen-Litanei beten, zieht die ganze lange Reihe jener vielen an uns vorüber, die im Gottesreiche auf Erden heilig geworden sind und die, von der Kirche dann heilig gesprochen, auf die Altäre erhoben wurden, alle die heiligen Söhne und Töchter jener einen heiligen Mutter, von der wir beten und bekennen: „Ich glaube an die eine, heilige Kirche", alle die Glieder jener „Gemeinschaft der Heiligen", die schon ihr ewiges Ziel gekommen sind: die Heiligen Gottes. Ihrer hat der Himmel ungezählte Tausende: „Ich sah eine große Schar aus allen Völkern und Stämmen und Geschlechtern und Sprachen, die niemand zählen konnte: sie standen vor dem Throne, im Angesichte des Lammes" (Offb. 7, 9), ein ganzer „christlicher Sternenhimmel", eine lange Litanei von hohen und heiligen Namen, ein reicher Kalender, der an jedem Tag wieder neue und andere feiert: „eine große Schar, die niemand zählen kann". Wie reich ist doch unsere heilige katholische Kirche, wie glänzend im Schmuck aller ihrer Heiligen! Einst befahl ein römischer Kaiser einer Mutter, ihre Schätze zu holen. Da holte sie ihre Söhne. Denn alle andern Reichtümer hatte sie durch Unglück verloren. „Schätze und Geschmeide habe ich nicht. Meine Perlen und Diamanten, das sind meine Söhne." So spricht heute auch die heilige Kirche, die Mutter der Gläubigen: Arm bin ich und von der Pracht der Welt frei. Meine Reichtümer und Schätze sind meine Kinder, diese Millionen Heiligen aus allen Zeiten und Zonen, aus allen Völkern und Nationen. Die sind „meine Krone und meine Freude" (Phil. 4, 1), weil ich in ihnen die Verheißung meines Gottes erfüllt sehe: „Mehren will ich deine Kinder wie die Sterne des Himmels" (1 Mos. 22, 17).

2. „Welche sind's", die wir heute feiern? Nicht bloß jene Heiligen" im engsten und eigentlichsten Sinne, jene, die da „heilig" gesprochen wurden. Heute weitet sich der Blick, heute dringt das Auge in größere Fernen, heute ist das Erntefest des Gottesreiches, das alle jene feiert, die da „auszogen und unter Tränen ihre Saaten ausstreuten, die aber frohlockend heimkehren und ihre Garben tragen" (Ps. 125, 6). Heute feiern wir auch jene „Heiligen", die als „Heilige" nicht im irdischen Kalender stehen, wohl aber „in den Büchern des ewigen Lebens", die den Himmel erobert haben im heißen Ringen, im Trommelfeuer der Kämpfe ihrer Leidenschaften, die durch die Zeit hindurchgingen unter den schwersten Opfern und durch die Pforten des Todes einzogen zum „ewigen Leben. „Freuet euch und frohlocket, denn euer Lohn wird groß sein im Himmelreiche" (Matth. 5, 12). Was macht den Heiligen zum Heiligen? Nicht die Wunder. Nicht die Großtaten. Nicht das Auffallende und Außerordentliche in seinem Leben, sondern die Treue im Kleinen, der Heroismus der Gottesliebe, die Freudigkeit in der Erfüllung des Gotteswillens an jedem Tag. Sie waren „Fleisch von unserem Fleisch und unsere Brüder", sie hatten ihre Neigungen und Leidenschaften wie wir, sie taten ihre Nazaretharbeit wie wir. In unserer Mitte haben sie gelebt, in unsern Reihen sind sie gestanden, mitten unter uns und um uns sind sie gefallen, und Gott hat sie·heimgeholt in sein ewiges Vaterhaus.

Wir grüßen sie heute, unsere verklärten Brüder an Gottes Thron. Während wir in heiliger Trauer noch um sie weinen, frohlocken sie schon droben, sind sie schon unsere Fürbitter bei Gott, und sie grüßen uns: „Es grüßen euch alle Heiligen Gottes"(2Kor.13,12).

Schauet auf! Dort oben im seligen Gottesreich ist unsere ewige Heimat. Dorthin müssen und wollen auch wir. Heilige sollen wir werden. Erschreckt euch das? Saget ihr: „Es ist unmöglich"? Aber nein! Nichts ist unmöglich, was wir ernstlich wollen. Der Wille kann, was er will. Mein Geheimnis ist es, an nichts Unmögliches zu glauben. Lernet das von den Luftfahrern und den Tauchbootführern, von der ganzen Technik unseres Krieges! Nichts ist unmöglich, und erst recht „bei Gott ist kein Ding unmöglich" (Luk. 1, 37). Gerade in der Religion Jesu Christi war stets die Kraft vorhanden, unmöglich Scheinendes möglich zu machen. Das taten alle Heiligen, die „großen" und die „kleinen"

Heiligen, denn sie hörten Gottes Ruf: „Seid heilig, wie ich heilig bin", „seid vollkommen, wie euer Vater im Himmel vollkommen ist" (Matth. 5, 48).

II. „Woher sind sie gekommen?"

Der Evangelist stellt sich auch diese zweite Frage. Er weiß aber nicht sogleich sie zu beantworten. Da sagt er sich: „Mein Herr, du weißt es" (Offb. 7, 14). Dann läßt er sich vom Herrn die Antwort sagen.
„Jene sind's, die aus großer Trübsal kommen." – Wie verschieden sind doch die Lose und Lebenswege der Menschenkinder: in ihren hundert verschiedenen Ständen, ihren Lebensangaben, ihren Pflichten, ihren Anlagen, ihren Leistungen – so viel Verschiedenheiten, wie die Blätter am Baum sie haben, deren keines dem andern völlig gleich ist. Aber in einem sind diese so verschiedenen Menschenkinder sich so ähnlich: sie müssen alle durch die Schule der Trübsal hindurch, sie müssen Kampfestage erleben, sie müssen Leidenswege gehen. Das bleibt keinem von ihnen erspart. Sie müssen sich hindurchquälen durch den Berg der Läuterung ehe sie ihr glorreiches Ziel erreichen können: „Selig! Selig!"

So geht es auch uns jetzt in den Tagen der großen Trübsal, Kameraden. Traget sie geduldig und auf Gott vertrauend! Seid Helden! Auch die Heiligen haben ihre Narben und Wunden empfangen. Alle ihre Kämpfe und Kreuze des Lebens haben redlich dafür gesorgt. Bei ihrem Einzug ins ewige Gottesreich waren sie wie die aus der Schlacht Zurückkommenden: „Sie kamen aus großer Trübsal." Dafür empfingen sie dann die leuchtenden, weißen Gewänder, und Palmen gaben Gottes Engel ihnen in die Hände: „Euer Lohn wird groß sein im Himmelreich."

2. „Woher sind sie gekommen?" – „Jene sind's, die ihre Kleider reingewaschen haben im Blute des Lammes", also die aus einem Bad der Reinigung, aus einer Wiedergeburt kommen, und im Erlösungsblute Jesu Christi neues Leben, in der reinigenden Buße eine zweite Unschuld wieder gefunden haben. „Wahre Buße ist wie eine neue Unschuld." Da finden wir in den Reihen der Heiligen Büßende, die einstens arme Sünder waren wie wir; einen Petrus und eine Magdalena,

einen Schächer und alle die vielen, die der Herr begnadigt hat, der die Sünder aufnahm und mit ihnen zu Tische saß.

Das soll heute uns Mut machen. Sie waren nicht Heilige, aber sie sind es geworden. Wir brauchen also nicht zu verzweifeln. Jeder, der da fiel, kann sich wieder erheben! Jeder der eine Zeitlang auf Irrwegen weitab von Gott ging, kann wieder zu seinem Gott zurückkehren – kann ein Heiliger werden. Vergeßt das nie! Reiniget eure Seelen oft im Blute des Lammes, im Bade der Wiedergeburt!

Wie einst Moses auf dem Nebo stand und ins Gelobte Land hinüberschaute, so stehen wir Christen in diesen Tagen des Allerheiligenfestes stille und richten Auge und Herz himmelwärts. Vor allem in solch schweren, heißen Kampfestagen, wie die gegenwärtige Zeit sie uns bringt. sursum corda! Es muß einmal ein Allerheiligentag kommen, da auch wir zu den Gefeierten gehören! Amen.

12.
LETZTER SONNTAG NACH PFINGSTEN:
DIE WELT ODER DIE SEELE?
Von Dr. Donders[13]

„Was nützt es dem Menschen, wenn er die ganze Welt gewinnt, aber Schaden leidet an seiner Seele?" (Matth.16, 26.)

Als der Völkerapostel Paulus in Cäsarea weilte, ließ ihn der römische Landpfleger Felix zu sich rufen, um seine Predigt zu hören. Von Soldaten bewacht, stand Paulus vor ihm. Kaum hatte der Apostel Jesu Christi einige Sätze gesprochen, da begann Felix am ganzen Leibe zu zittern. Was war der Grund, daß ihn plötzlich solche Angst erfaßte? Die Apostelgeschichte berichtet es uns: „Als Paulus anfing zu reden von der Gerechtigkeit und von der Keuschheit und von dem kommenden Gerichte, da fing der Landpfleger an zu zittern und sprach: ‚Zu einer andern Zeit will ich dich wieder hören!' (Apg. 24, 25). Diese „andere Zeit"

---

[13] Textquelle I SCHWERT DES GEISTES 1917, S. 193-199.

ist niemals gekommen. Das Wort vom Gerichte hatte den Römer in solchen Schrecken versetzt. Sollte das gleiche Wort nicht auch uns mit heiliger Furcht erfüllen, wenn wir heute, am Ende des Kirchenjahres, in solch furchtbarem Ernst aus dem Munde Jesu, des göttlichen Richters, selber davon hören? Sollte der Untergang der ganzen Welt, den er uns ankündigt, uns nicht wieder neu antreiben, auf das am meisten zu achten, was allein bestehen bleibt, auf unsere unsterbliche Seele?

Das wäre die beste Vorbereitung auf das Weltgericht Gottes, wenn wir Gottes Kriegsgericht treu benutzten für unsere Seele: „Was nützt es dem Menschen, wenn er die ganze Welt gewinnt, aber Schaden leidet an seiner Seele?" Dies Wort des Weltheilandes könnte man unter das Gerichtsbild schreiben. Es redet uns ernst und streng in die Seele:

I. Vom Vergehen dieser Welt.

II. Vom Bestehen unserer Seele.

I. Vom Vergehen dieser Welt

1. Liebe Kameraden! Es ergreift uns eine tiefe Wehmut, so oft wir vom Untergange großer Städte, ganzer Völker, ragender Werke der Menschenhand hören, die plötzlich der Zerstörung anheimgefallen sind. Wenn ein Erdbeben in wenigen Sekunden die Werke langer Jahrhunderte vernichtet, wenn Blitz und Ungewitter rasend in die Welt der Schöpfung hineinfahren, das hat immer für uns etwas Erschütterndes an sich. Erst recht jetzt im Kriege. Der Krieg ist ja Tag um Tag der große Zerstörer, der Zerstörer von Menschenleben ohne Zahl und Wahl, der Zerstörer des ganzen Landes, in dem er wütet, der Zerstörer ungezählter und unzählbarer Werte. Wohin wir blicken, sehen wir die furchtbaren Ruinenfelder rings um uns her.

Vor solch jähem Untergange von Menschenglück und Menschenwerk bebt unsere Seele zurück. Dafür hat sie die Welt und ihre Werke zu lieb, den Gottesdom des Schöpfers und die große Werkstätte von tausend Werken der Menschenhand. Und doch kommen wir nicht daran vorbei, den Worten des Erlösers zu glauben, der uns heute verkündigt: Einst wird ein Tag kommen, da wird „kein Stein mehr auf dem andern bleiben" (Matth. 24, 2). Einst wird eine Zeit kommen, da wird diese ganze große Welt in Trümmer gehen: „Himmel und Erde werden vergehen."

2. Majestätische Worte hat er darüber gesprochen, Worte, die wie ein feierliches Trauergeläute durch die Geschichte der Völker hinhallen, so feierlich ernst wie in der Stunde, da der Herr sie damals sprach: Er war mit seinen Jüngern im Tempel gewesen, in dem leuchtenden, hochaufragenden Tempel auf Sion, im Nationalheiligtum seines Volkes. Sein Volk hatte ihn verworfen, ihm nicht glauben wollen. Da ging er hinaus, hocherhobenen Hauptes, gesenkten Blickes, schwermütigen Herzens. Seine Jünger folgten. Vom gegenüberliegenden Ölberge schauten sie zurück, und von Bewunderung erfüllt über die im Glanze der Morgensonne strahlende Pracht des Tempels riefen sie aus: „Meister, schau, welch ein Bau und welche Steine!" Welch ein Werk höchster Pracht! Der Meister aber sagt nicht ja – sagt nicht nein. Er schaut über den Bau und den Berg weg in die ferne Zukunft hinein: „Wahrlich, ich sage euch, kein Stein davon wird auf dem andern bleiben." Nicht die weißen Marmorquadern, auf denen sich das hohe Tempelhaus aufbaute, nicht die terrassenförmig aufsteigenden Vorhöfe mit ihren Hallen und Portalen konnten es ihm antun. Er wollte ja nicht bloß einen Dom aus Steinen, er wollte vor allem das Reich Gottes in den Seelen, einen inneren Dombau, dessen Allerheiligstes vom lebendigen Gott selbst erfüllt war: die gottgeschaffene, unsterbliche Menschenseele im Leuchten der Gottesgnade und Gottesliebe. Daran lag ihm alles. Jerusalem hatte diese Gnade weggeworfen, diese Liebe seinem Gott nicht geschenkt. Das war sein tiefster Schmerz. Nun ging sein weitschauender Blick von der nächsten in die fernste Zukunft hinüber: im nahenden Untergange der herrlichen Stadt, die vor ihnen lag, wie eine Fürstin und Königin geschmückt, sah er prophetisch den Untergang der ganzen Welt am Ende der Zeiten. Jahrtausende sind ja vor ihm wie ein Tag. So nahen sich seinem Geiste die Gottesgerichte am Ende der Zeiten, die Völkergerichte, die Abrechnungen mit dieser ganzen weiten Welt und allen den Millionen, die je gelebt haben, und ruhig, sicher, schaurig spricht er vom Untergange der Zeit und vom Bleiben der Ewigkeit, vom Versinken alles dessen, was Menschenwerk ist, und vom Überdauern alles dessen, was Gotteswerk ist: „Himmel und Erde werden vergehen, aber – meine Worte werden nicht vergehen!"

3. Vom Untergang Jerusalems schaut er prophetisch in die weite, letzte Zukunft, aus das Ende der Welt, auf jene Tage, da alle Völker werden vor seinem Throne stehen, da, die Bücher aufgeschlagen werden, da Gericht gehalten und Urteil gesprochen wird, da das Zeichen des Menschensohnes am Himmel erscheinen wird.

So sicher nun – das will er sagen – der Untergang Jerusalems sich erfüllt, so sicher auch der Untergang der Welt. Jerusalem ging unter. 40 Jahre später hatte alles sich erfüllt. Ein furchtbares Gottesgericht kam über die Stadt nieder, ein Kriegsgericht der Römer. 600.000 Tote wurden über die Mauern geworfen, 200.000 lagen drinnen als Leichen. Der Tempel ging in Flammen aus. Kein Stein blieb auf dem andern. So sicher wie diese Stadt unterging, so wird auch die ganze Welt dereinst vergehen – das will der Heiland sagen –, und nur die Seelen, die unsterblichen Seelen bleiben bestehen.

4. Uns Menschen erfüllt ein Gefühl der siegenden, stolzen Kraft, wenn wir unsere Werke, unsere ganze aufragende Kulturwelt schauen. Und wir haben Grund, stolz zu sein, ganz gewiß. Es sind Großtaten des Geistes, Wunderwerke der Menschenkraft und des Menschenfleißes. Dann aber auch seufzen wir wieder: „Eitelkeit aller Eitelkeiten." Soviel tausend Kulturwerke gingen bereits unter, wie wir im Krieg es erlebten. So viele Kulturen haben in der Weltgeschichte einander schon abgelöst: Babylon, Tyrus, Rom, Athen, Venedig. Man wird immer die Menschen von heute eingraben und die Steine von gestern ausgraben, die von der alten Kultur zeugen. Man wird die Menschengeschlechter hinsinken sehen, und neue kommen, um neue Kulturarbeit zu tun. Die Völker sterben. Und am Ende der Tage sinkt diese ganze, ganze Welt, und „es wird ein neuer Himmel und eine neue Erde". Was predigt uns das heute?

Welten vergehen. Menschen sterben. Reiche verschwinden. Kulturen stürzen, Völker kommen und gehen wieder. Nur du, du allein bleibst, unsterbliche Menschenseele, bleibst ewig, wie dein Gott ewig ist. Über allen Ruinen strahlst du. Also, Menschensohn, vergiß es nicht: „Was nützte es dem Menschen, wenn er die ganze Welt gewänne, aber Schaden litte an seiner Seele?"

II. Vom Bestehen unserer Seele

Nun rückt uns das Heilandswort schon näher: „Was nützte es dem Menschen?"

1. Es ist, als nähme der Heiland zwei Wagschalen: auf die eine legt er die ganze weite Gotteswelt, auf die andere eine unsterbliche Menschenseele. Und dann sagt er, die erste Wagschale schnellt federleicht hoch hinaus, die zweite sinkt tief hinunter: so schwer wiegt die Seele; so schwer, daß die ganze Welt sie nicht aufzuwiegen vermag.

Es muß also ein großes Geheimnis um eine Menschenseele schweben, daß kein Preis dieser Erde hoch genug ist, sie einzulösen. Woher das? Weil diese Menschenseele eine gottgeschaffene Seele ist, der Gott in der heiligen Taufe aus ewig sein Siegel aufgeprägt hat, daß sie sagen muß: Tuus sum ego – „Dein bin ich, o Herr!" – Weil diese Menschenseele eine gotterlöste Seele ist, für die der Heiland alles getan hat. Es gab für ihn nur eine Angst und eine Furcht: „Fürchtet nicht diejenigen, die nur den Leib töten können, die Seele aber nicht; fürchtet nur denjenigen, der euch mit Leib und Seele zur Hölle verdammen kann" (Matth.10, 28). Für jede einzelne Seele hat er alles getan und alles gelitten: Wert aller Werte, das bedeutet ihm darum jede in seinem Blut erkaufte Seele: Wisset, daß ihr nicht um vergängliches Gold und Silber erkauft seid, sondern um den Lösepreis des Blutes Jesu Christi (1 Petri 1, 18 f.).

2. Diese Seele allein bleibt, während alles vergeht. Nach einigen Jahren oder Jahrzehnten, vielleicht auch schon viel früher, wird unser Leib sterben und zur Erde zurückkehren, von der er genommen ist: die Seele aber lebt und bleibt und altert nicht. Nach einigen Jahrhunderten wird auf dieser Welt unendlich vieles verändert sein, vieles von dem untergegangen, was heute sie schmückt; alle werden gestorben sein, die heute leben, und unsere Seele lebt und bleibt und altert nicht. Und wenn einst das Ende aller Tage gekommen ist, wenn die Engel zum Gerichte rufen, wenn die Toten auferstehen, wenn die Völker der Erde alle werden versammelt, wenn die Schuldbücher aufgeschlagen werden, wenn das letzte Urteil gesprochen wird, wenn die Welt vergeht mit ihrer Pracht", eines nur besteht, meine Seele lebt und bleibt und altert nicht. Wenn einer dann eine ganze Welt gewonnen, seine Seele

aber verloren hätte – was nützte es ihm? Und wenn er eine ganze Welt verloren, seine Seele aber gewonnen hätte, was schadete es ihm?

Hat also der Heiland recht, wenn er so eindringend uns mahnt, für die Seele zu sorgen und alles andere dagegen hintanzusetzen? Es gibt Worte, die einen hellen, ehernen Klang haben, die wie Posaunentöne und wie Fanfarengeschmetter uns Menschen aufwecken können; dazu gehört das Wort Seelenheil! „Was nützte es dem Menschen?"

3. Darum, liebe Kameraden, ziehet eure Folgerungen: „Schauet auf und erhebet eure Häupter."

Erste Folgerung: Ich will mich nicht an Scheinfreuden hängen und an Scheingüter der Welt verlieren. Die Vergänglichkeit ist nicht groß genug für eine zum unvergänglichen Leben geschaffene Seele. Fort mit allen Dingen, die da zur Sünde führen und verführen.

Zweite Folgerung: Ich will wachen über meine Seele. Es gibt für mich nichts Kostbareres: Die Seele gewonnen – alles gewonnen. Daß ich nur niemals an ihr Schaden leide! „Sanguine empta – sanguine tuebor.

Dritte Folgerung: Ich will da, wo ich's kann und soviel ich's vermag, auch die Seelen der andern schirmen, so wie ich in der Schlacht den Kameraden schütze und decke und rette, so gut ich's nur kann; ich will nie einem andern zur Gefahr und zur Sünde werden, denn ich habe mit meinen eigenen Sünden und meiner eigenen Seele genug zu tun; ich will nicht auch noch fremde Schuld auf mich laden, damit mich nicht das Prophetenwort treffe: „Wenn du nicht sorgst, daß der Gottlose seinen Weg verläßt, so wird er zwar sterben, aber ich will sein Blut fordern von deiner Hand" (Ez. 33, 8). „Bin ich denn der Hüter meines Bruders?" Jawohl! Das bin ich. – Also will ich ihn schützen und behüten.

„Himmel und Erde werden vergehen, aber meine Worte werden nicht vergehen." Glückselig jene, die Jesu Worte hören und erfüllen: „Nicht wer zu mir sagt: Herr, Herr! wird ins Himmelreich eingehen, sondern wer den Willen meines Vaters tut, der im Himmel ist, der wird in das Himmelreich eingehen." Glückselig jene, die dann, wenn alles vergeht und endet, ihre Seele für alle Ewigkeit gerettet haben. Glückselig sind sie, wie wir Krieger es sein werden, wenn wir als Sieger einziehen in unser geliebtes Vaterland. Amen.

13.
Der Glaube macht alles neu
Von Dr. Donders[14]

"Und seine Jüngers glaubten an ihn" (Joh. 2, 11).

Das war die Frucht des ersten Wunders Jesu: der Glaube seiner Jünger. Das, worum er geworben hatte, das begannen sie nun ihm zu schenken, ihren lebendigen Glauben. Der Glaube, ein Schreckenswort für viele moderne Menschen der heutigen Zeit, ein Lebenswort und ein Seligkeitswort für den ganzen Christen. „Durch den Glauben hatten sie Königreiche erworben" (Hebr. 11, 33), sagt·der Weltapostel. Wahrhaftig, der Glaube gibt uns Königreiche, eine neue Welt. Durch ihn traten die Jünger in eine neue Welt ein, gleich dem Wanderer, der aus seiner Ebene zum ersten Male in das Hochgebirge kommt und die überwältigenden Schönheiten der Höhen und der Fernen sieht. Denn der Glaube ist eine neue Welt, eine Welt Gottes. Darum hat auch er die Kraft, uns das Wasser des alltäglichen Berufslebens zu verwandeln in den Wein göttlicher Freuden. Wer wahrhaft im Glauben und aus dem Glauben lebt, der wird reich und glücklich.

Der Glaube gibt uns eine neue Welt

Haben wir denn noch nicht genug an dieser großen Welt, die uns von allen Seiten umgibt, und an dieser kleinen Welt, die wir selber sind? Nein. In uns allen lebt die Sehnsucht eines Kolumbus, hinauszufahren, um neue Welten zu entdecken und zu erobern: „Es muß ein Landwestwärts geben." In uns allen steckt ein Entdecker und Eroberer neuer Welten.

Immer und überall stehen wir inmitten der sichtbaren Schöpfung Gottes, der Welt der Natur: „Die Himmel verkünden des Ewigen Ehre, und das Firmament die Werke seiner Hände" (Ps. 18, 1). „Herr, unser Herr, wie herrlich ist dein Name auf der ganzen Erde" (Ps. 8, 1). Das menschliche Auge nimmt die Schönheiten dieser Gotteswelt in sich auf,

---
[14] Textquelle I SCHWERT DES GEISTES 1917, S. 200-203.

und das menschliche Herz dankt sie dem Vater im Himmel, der sie uns gab. „Ich glaube an Gott, den allmächtigen Vater, den Schöpfer Himmels und der Erde."

Hinter dieser Welt der sichtbaren Natur steht eine zweite Welt, das ist die Welt der Gesetze, die jene Welt der Natur tragen und halten: eine Geisteswelt, eine unsichtbare Welt. Wie dringen wir da hinein? Mit dem leiblichen Auge nicht. Im Gegenteil, wir erkennen sie am besten, wenn wir die Augen schließen und sinnend darüber nachdenken, wie der Gelehrte es tut. Denn in diese Welt gelangt man durch das angestrengte Denken unserer Vernunft. Sie läßt und lehrt uns diese ewigen Gesetze finden, nach denen die Gestirne droben ihre Bahnen wandeln, nach denen Frühling, Sommer, Herbst und Winter miteinander wechseln, alle jene Gesetze, die Gott der Schöpfer in die Welt hineingelegt hat.

Aber über diese Welt der Natur und über die Welt der Gesetze hinaus muß es noch eine dritte Welt geben, das ist die Welt der Wunder Gottes, des Schöpfers, selbst; denn zu ihm zieht uns die ewig ungestillte Sehnsucht unseres Herzens. Wohin unsere Fernrohre nicht reichen, wohin unsere Lastschiffe nicht tragen, dorthin zieht es unser Herz: „Suche über dir" (St. Augustin), immer höher und höher, bis du landest am Throne des Ewigen-Unendlichen, – Gottes selbst. Dieses dritte Reich – wer erschließt es uns? So stand einst Kolumbus an der Küste des Meeres. Sein Blick schweifte in die Ferne hinaus. Dann begann er seine Fahrt, die neue Welt zu entdecken. Ihm gleichen wir Menschen: es gibt ein Gebiet des Geistes, das ewig unausgefüllt bleibt, wenn er nicht das Unendliche erfaßt hat, das er ahnt, – wenn er dieses Unendliche nicht in sich hinein versenken kann, ein userloses Meer. Es gibt ein Gebiet des Herzens, das ewig unbefriedigt bleibt, wenn nicht das Ewige und Unendliche es ausfüllt, so wie Augustinus es gesagt hat: „Für dich, o Gott, hast du uns erschaffen, und unser Herz ist unruhig, bis es Ruhe findet in dir."

Wie aber steigen wir in diese übernatürliche Welt hinaus? Nicht mit dem Auge. Nicht mit der Vernunft allein. Zu den Sternen des Himmels führt uns keine Leiter von der Erde empor. Dahin führt nur der Glaube: der erschließt uns eine ganze Wunderwelt von Geheimnissen und Offenbarungen Gottes, die da hoch sind wie der Himmel, tief wie das

Meer, unendlich reich und herrlich wie der unendlich reiche und herrliche Gott selbst Das ist diese Lichtwelt Gottes, seines Lebens und Waltens und Wirkens, seiner Schöpfung, seiner Erlösung aus der Sünde. Das ist die Welt Jesu Christi, seines Lebens und seiner Lehre, seiner Worte und Werke und Wunder. Das ist die Welt des Reiches Gottes auf Erden, der heiligen Kirche mit allen ihren Gnadengaben und ihrem Segen über die Menschen.

In diese Höhenwelt führt uns nur der Glaube. Weil Gott spricht, horchen wir auf, und das, was er spricht, nehmen wir auf. Denn Gottes Worte sind Königsworte, und an Königsworten soll man nicht deuteln.

Sagt ihr: „Aber solcher Glaube erfordert die Unterwerfung des Verstandes"? Ja, gewiß. Aber wer bist du denn, o Mensch, daß du dieses Opfer der Unterwerfung deines armen Verstandes nicht bringen möchtest? Es ist so seltsam: alles auf der Welt glauben wir; was Vater und Mutter, was Lehrer und Seelsorger, was wahre Führer und auch was falsche Propheten, was Zeitungen und Bücher uns verkünden, alles das glauben wir so willig und so gläubig. Wenn aber der unendliche Gott zu uns spricht, wenn er uns an der Hand nimmt und in eine ganz neue Welt uns hineinführen will, in seine Hochwelt der wunderbarsten Offenbarungen, dann weigern wir uns, statt zu danken; dann zweifeln wir, statt uns zu freuen; dann wollen wir ihm entfliehen, statt niederzuknien, – dann fragen wir immer nur: „Wie kann das geschehen?" statt demütig auszurufen: „Eine Leuchte ist dein Wort für meine Füße" (Ps. 118, 105). Dann bleiben wir ein ungläubiger Thomas," statt mit dem bekehrten Thomas zu bekennen: „Mein Herr und mein Gott!"

Das ist nicht recht getan. Wenn unser Gott zu uns spricht, dann sollen wir aufhorchen und demütig glauben. Wenn unser Gott zu uns spricht, dann sollen wir dankbar sein für seine Offenbarung und ihm antworten: „Herr, ich glaube. Hilf meinem Unglauben! Hilf meinem schwachen Glauben!" Wenn unser Gott zu uns spricht, so sollen wir an Gottes Hand beglückt in diese neue Welt des Glaubens eintreten und staunend und anbetend in ihr verbleiben.

Soldaten! Haltet euern Glauben hoch und verratet und verleugnet ihn nicht! Auch nicht, wenn andere höhnen und spotten! Gewiß, ihr achtet und ehrt die religiösen Überzeugungen anderer und werdet sie niemals darin stören und mißverstehen. Aber dann haben wir auch ein heiliges Recht, zu erwarten, daß die andern auch unsere Überzeugungen achten und ehren. Kriegszeiten sind wahrhaftig nicht danach angetan, Glaubensdispute zu führen, erst recht nicht im Felde; Kriegszeiten sind aber um so mehr danach angetan, von uns zu fordern, das Glaubensleben eifrig zu pflegen und als treue Soldaten Jesu Christi alle religiösen Pflichten eifrig zu erfüllen. „Ich weiß, wem ich geglaubt habe" (2 Tim. 1, 12), so sagen wir mit dem Weltapostel in demütigem Stolz. Denn wir glauben an Jesus Christus, den göttlichen Wundertäter, der uns eine neue Welt erschlossen hat. Amen.

14.
CHRISTUS UNSER RETTER IN ALLER NOT
Von Dr. Donders[15]

Homilie über Matth. 8, 23-27.

Kameraden! Ob Jesus auch auf das Schlachtfeld gehöre? – so hat man wiederholt in dieser Kriegszeit gefragt. Ob Jesus auch im Kampfeslärm und Kanonendonner uns etwas zu sagen habe? Ob Jesus auch uns, denen in den Schützengräben und im Schlachtgetümmel, Kraft zu geben, Trost zu spenden, Worte des Lebens zu uns zu sprechen wisse? Eine Antwort auf diese Frage gibt uns die Wundertat auf dem See Genesareth, die ihr soeben vernahmt. Der Sturm auf dem Meere ist ja nicht bloß eine Heilandtat, die damals sich zum Troste der Jünger vollzog. Sie will uns allen und den Menschen aller Zeiten zugleich ein Heilandwort sein, das uns sein Pfand der Verheißung gibt: Menschenleben segelt stets unter Gottes Schutz. Auch durch die Stürme und Nöten hin führt er es in einen friedvollen Hafen.

Christus ist uns immer ein Heiland; Christus wird uns immer zum Helfer und Retter in der Not.

I. Er führt uns aus der Ruhe in den Sturm.

II. Er führt uns aus dem Sturm wieder in die Ruhe.

---

[15] Textquelle | SCHWERT DES GEISTES 1917, S. 213-218.

So blicket ehrfürchtig einige Augenblicke zu ihm auf und betet still: „Christ Kyrie, komm zu uns über die See!"

*I. Christus führt uns
aus der Ruhe in den Sturm*

Kameraden! Es ist etwas Furchtbares um die Kraft und Wucht der Elemente. Wenn Feuer oder Wasser oder Sturm, wenn Blitze oder Erdbeben uns arme Menschenkinder überfallen, wie klein werden wir dann, wie machtlos und auch mutlos! Wir kommen nicht dagegen auf. Auch alle unsere Fortschritte und Erfindungen nicht.

Seesturm. Was weiß der friedliche Stadtbewohner von seiner unheimlichen Gewalt? Wenn die See aufgewühlt ist, wenn die Wellenberge hoch sich auftürmen, wenn stolze Schiffe auf und nieder geworfen werden wie Nußschalen? Dann werden auch Mutige mutlos, dann lähmt Angst die Glieder und Gemüter, und mancher macht seine Rechnung mit dem Leben und mit seinem Gott und betet wieder. Mit Recht sagt ein altes Wort: Qui nescit orare, eat ad mare – „Wer beten lernen will, der gehe auf die See". Der große Mörder Ozean weiß ein Lied davon zu singen.

So kam damals, am Abend eines friedlichen Tages im Leben des Heilandes, der Sturm von den Bergen Galiläas herniedergefahren – plötzlich, wie es auf jenem kleinen See häufig geschah, und dabei doch hochgefährlich. Und was für leichte und gebrechliche Fahrzeuge waren das damals im Vergleich zu unsern Ozeandampfern von heute!

„Und siehe, es erhob sich ein großer Sturm auf dem Meere, so daß das Schifflein mit Wellen bedeckt wurde. Jesus aber schlief. Und seine Jünger traten herzu, weckten ihn und sprachen: „Herr, hilf uns, wir gehen zugrunde!"

Es gibt nur wenige Menschen, die den Sturm lieben, die Mehrzahl fürchtet ihn und schreckt vor ihm zurück. Nur die Tapfern, die Hochgemuten, die Helden lieben den Sturm in den Wäldern, der die Bäume durchschüttelt, den Sturm auf den Bergen, der da braust, als wolle er die wetterfesten Riesen der Jahrhunderte stürzen, den Sturm auf der hohen See; – nur wenige lieben solchen Sturm, wie der mutige Soldat den Sturmangriff liebt, wenn zum Vorrücken auf die feindlichen Stellungen gerufen wird.

Die Apostel, die Fischer vom See, liebten den Sturm nicht, obschon der See ihre Heimat war. Sie verloren den Kopf. Unruhig liefen sie hin und her. Und sie waren doch sonst schon der Stürme nicht ungewohnt. Dieses Mal können sie gegen die tobende Macht der Elemente nicht aufkommen. Und – wie es oftmals geht – der Sturm von draußen weckt den wilden Ansturm drinnen in ihrem Innern: Angst, Furcht, Verzagtheit, Bilder des Todes, der ihnen sicher scheint, und dazu ihre größte Sorge: „Jesus aber schlief." Daß der Meister in solchem Wettergetöse noch friedlich schlafen konnte! Daß er ihrer Nöten so gar nicht zu gedenken schien! Daß er ruhte, während sie sich verzweifelt wider die Wellen und Winde abmühten! Das war es, was ihre Seelen am tiefsten niederbeugte.

Sie dachten nicht mehr daran, daß „derjenige nicht schläft, der Israel behütet". Sie dachten nicht mehr daran, daß er ihnen gesagt, es solle kein Haar uns vom Haupte fallen, es sei denn, daß der Vater im Himmel es wisse. Sie dachten nicht mehr daran, daß er sie gemahnt: „Seid nicht ängstlich besorgt."

Ihr göttlicher Meister sandte ihnen den Sturm von den Bergen hernieder. Er wußte, was er tun wollte. Er wollte sie aus der Ruhe in den Sturm hineinführen, um dann um so heller vor ihren Augen seine göttliche Macht und Majestät zu erweisen und sie zu erretten.

Meine lieben Kameraden!– Belebet heute vor diesem biblischen Bilde euren Glauben an das Walten der göttlichen Vorsehung, an das Heilandwalten, das auch im Wettersturm und in der Gewalt des Krieges täglich über uns schwebt. Lebensstürme kommen. Seelenstürme kommen. Kriegsstürme sind über uns gekommen. Um alle diese Stürme aber weiß unser Gott. Er prüft uns, prüft unsern Glauben, prüft unser Vertrauen, prüft unsere Kraft, prüft unsern Mut, daß wir mit dem Weltapostel Paulus, der dreimal auf dem Meere Schiffbruch litt, immer wieder sagen: „Wir geraten in Bangigkeit, aber wir verzagen nicht" (2 Kor. 4, 9). Gewiß, „Jesus aber schlief". Es ist uns, als höre und sehe er nicht mehr auf uns, als sei der Himmel über uns von Blei, gleichwie in den Tagen des Propheten Elias, als gebe unser Gott im Himmel auf unser Rufen und Flehen so wenig Antwort, wie einstens der Götze Baal auf das Rufen seiner Diener. „So wird auch uns der Sturm des Verzagens, Zweifelns und gar des Verzweifelns im Herzensgrunde noch lauter und gewaltiger als der Sturm von außen: es ist, als schlügen die Wellen hoch über uns zusammen und als müßten wir gleich den Jüngern versinken: „Jesus aber schlief."

II. Christus führt uns aus dem Sturm wieder in die Ruhe

„Wenn die Not am größten ist, dann ist Gottes Hilfe am nächsten." Angsterfüllt wecken die Jünger den Schläfer: „Herr, hilf uns, wir gehen zugrunde." Furcht legt immer dichte Schatten über die Seelen. Furcht weckt immer Gespenster und unheimliche Gestalten und Gewalten. Furcht umflort die Augen und macht uns klein und schwach. Darum des Heilands Tadelwort: „Was seid ihr so furchtsam, ihr Kleingläubigen?" Habet ihr denn gar keinen Glauben? Keinen Glauben an meinen Schutz? Keinen Glauben an meine Worte des Lebens? Keinen Glauben an meine Macht, meine göttliche Wundermacht, deren Zeugen ihr doch schon oftmals waret? – „Dann stand er auf, gebot den Winden und dem Meere, und es ward eine große Stille."

Wie mächtig und majestätisch steht unser Heiland da vor seinen Jüngern, während sie zagend und. verzagend zu ihm aufblicken. Dem Meere und dem Sturme ruft er gebietend entgegen: „Schweig und verstumme!" und die erregten Wellen warfen sich abbittend ihm zu Füßen, und der Wind floh in die Berge zurück, aus denen er gekommen war: „Und es ward eine große Stille."

Die Geschichte weiß von einem alten Könige, Kanut dem Großen, zu berichten, dem die Schmeichler und die Mächtigen seines Reiches sagten, ihm sei alle Macht gegeben. Da nahm er sie mit sich ans Meer und befahl den Meereswogen: „Haltet ein!" – aber sie stürzten sich kühn und keck über ihn und die Seinen alle her. –

Nein, Kameraden, nur einer hat es vermocht, den Winden und Wellen zu gebieten: das ist jener Heiland, der sich erwies als den Herrn der Natur, den Herrn des Meeres und Sturmes, den Herrn über Leben und Tod, den Herrn über die Krankheiten und bösen Geister, den Herrn des Tempels und des Volkes, er, von dem sie verwundert fragten: „Wer ist dieser, daß ihm auch die Winde und das Meer gehorsam sind?" Christus ist's, der Gottes- und der Menschensohn, der Retter aus aller Not, derjenige, der auch uns, Kameraden, aus dem Sturm wieder in die Ruhe, aus dem Krieg wieder in den Frieden führen wird.

Ist so auch wirklich sein Eindruck auf uns? Ist er nicht dieser eine und dieser Mächtige, auf den auch wir in aller Not hoffen und bauen dürfen?

„Wenn Gott mit uns ist – wer kann dann wider uns sein?" (Röm. 8, 31.) „Denen, die Gott lieben, gereichen alle Dinge zum Heil" (Röm. 8, 28).

Wenn Gott im Schiffe ist, dann tragen auch die Stürme es in den Hafen. Wenn Gott uns führt, dann können wir an seiner Hand durch Todesschatten und dunkle Pforten gehen; – sie werden uns doch Ausgänge zum Licht, zu einem ewigen Licht. Wenn Gott uns in Gethsemanestunden der Angst, in Golgathastunden des Gekreuzigtwerdens führt, – „Confidite: habet Vertrauen"! Werfet den Anker eurer Hoffnung in den ewigen Felsengrund, der da heißt Gott. Wenn wir Vertrauen haben, unbesiegliches, heiliges Gottvertrauen, dann kommt auch in unser Leben etwas hinein von der großen Stille nach dem Sturm.

Meine lieben Kameraden! Ihr alle wißt es: Wenn zum Sturmangriff gerüstet wird, wenn auf den morgigen Tag ein entscheidender Kampf angesagt ist, dann will – naturgemäß – die Stimmung der Jünger auf dem See auch unsere Herzen verzagt machen: „Werde ich ihn überleben? Wer von uns kommt wieder? Wer bleibt zurück?" Diese Fragen stürmen auf unsere Seelen ein. Kameraden, dann klammert euch im Aufblick nach oben und im Vertrauen auf Christus, den Retter in aller Not, an die Hand des lebendigen Gottes, und betet im kurzen Stoßgebet, mit der Inbrunst und ganzen Kraft eures Herzens, wie der gottselige Thomas von Kempen uns beten lehrt:

„O mein Gott! Gebiete du den Winden und den Stürmen, sag dem Meere: ‚Sei ruhig', und dem Nordwind: ‚Wehe nicht', und es wird eine große Stille werden" (Nachf. Christi 3. Buch, Kap. 23).

Kameraden! Einst fand man bei einem Meeressturm, als andere schon sich in die Kabinen geflüchtet hatten, das Kind des Kapitäns ruhig auf dem Verdeck- sitzen. Mit der einen Hand hielt es sich an einem Schiffstau fest, mit der andern spielte es. Ein Matrose sah es und nahm es auf seinen starken Arm.. „Aber, mein Kind, hattest du denn gar keine Furcht?" – „Furcht? Wie soll ich Furcht haben?·Mein Vater sitzt doch am Steuer!"

Sei das unsere Losung, jetzt im Krieg und später im Frieden; für alle Lebenstage, in allen Lebenslagen: „Mein Vater sitzt doch am Steuer!" Amen.

15.
UM DAS KREUZ GESCHART
Von Dr. Donders[16]

„Laßt uns mit ihm ziehen, daß wir mit ihm sterben" (Joh. 11, 16).

Soldaten sind von jeglichem Fasten befreit, weil sie unter den großen Strapazen im Felde anderweitig genug und übergenug Gelegenheit haben, Buße zu üben. Soldaten sind aber nicht davon befreit, in der Fastenzeit in stiller, treuer Anbetung das Auge zum Kreuz und zum Gekreuzigten empor zu heben. Um das Kreuz auf Golgatha schart sich die erlöste Menschheit. Zu allen Zeiten ging und geht ein großes stilles Leuchten von diesem Zeichen der Erlösung aus, und doppelt in Kriegszeit. Zu allen Zeiten trug es und trägt es eine himmlische Kraft in sich, und doppelt in Kriegszeit. Zu allen Zeiten zog es und zieht es die Menschenherzen hinauf zu seinen Höhen, um dort Trost und Frieden und Mut und Ergebung aus den Quellen des Erlösers zu schöpfen.

1. Um das Kreuz von Golgatha scharen sich unsere jungen Helden: Es redet ihnen so eindringlich in die Seelen hinein, es spricht von jenem einen Helden, der sein Blut als den großen Lösepreis für die andern dahingab, der also ihnen allen es zuvorgetan hat, was sie jetzt, in diesem furchtbar schweren Krieg opfern und hingeben. Die einzelnen sterben, damit das ganze Volk und Vaterland lebe: „Es ist besser, daß einer sterbe für das Volk und nicht das ganze Volk zugrunde gehe" (Joh.11, 50). „Daran haben wir die Liebe Gottes erkannt, daß er sein

---

[16] Textquelle I SCHWERT DES GEISTES 1917, S. 219-221.

Leben für uns hingab. Auch wir müssen für die Brüder das Leben hingeben" (1 Joh. 3, 16). So fassen wir am Fuße des Kreuzes neuen Mut, uns hinzuopfern und unsern Kreuzweg weiter zu gehen, – mit ihm, dem Einen und Einzigen.

2. Um das Kreuz von Golgatha scharen sich unsere Verwundeten. Sein Bild hängt ihnen zu Häupten in so vielen Krankenzellen und auf so vielen Schmerzenslagern. Sie blicken auf zu ihm, der aus tausend Wunden blutete, dessen Leib grausam zergeißelt und zerschlagen war, wie wenn ungezählte Granatsplitter an ihm herumgerissen hätten: „Es ist weder Gestalt noch Schönheit an ihm. Um unserer Sünden willen ward er verwundet, um unserer Missetaten willen ward er geschlagen. Wie ein Lamm ward er zur Schlachtbank geführt, und er tat seinen Mund nicht auf" zu einer Klage (Js. 53, 2 4 5). Im Kreuze liegt ein Geheimnis der Leidenskraft in stillen Schmerzenstagen. Der Gekreuzigte mit seinen Wunden an Händen und Füßen redet eine eindringliche Sprache: „Haltet aus! Im Kreuz ist Heil. Im Opfer liegt Segen. Auf jeden Karfreitag folgt ein Ostertag, auf jede Nacht ein Tag, auf jeden Sonnenuntergang ein Sonnenaufgang, auf gutes Sterben ein ewiges Leben. Haltet aus, – mit mir, dem Einen und Einzigen." Laßt uns mit ihm ziehen und mit ihm leiden!

3. Um das Kreuz von Golgatha scharen sich die Leidgebeugten der Heimat. Es ist ja jetzt so wahr und immer neu erleben wir es: In der Heimat bluten alle Wunden noch weiter, wenn sie auf dem fernen Schlachtfeld schon längst verbunden sind; zucken die Seelen noch im brennenden Schmerz, wenn die auf der Walstatt des Todes längst ausgelitten haben; werden alle Schmerzen um die verlorenen Gatten und Söhne an jedem Tage wieder lebendig. Kein Morgen, an dem sie nicht mit uns aufstehen, kein Abend, an dem sie nicht mit uns schlafen gehen. – Ist das jetzt eine Welt voll Leid und Weh, voll Not. und Tod! Wo Trost finden! Woher die fast übermenschlichen Kräfte nehmen, die wir aufbieten müssen, um in solchen Seelenqualen auszuhalten und durchzuhalten und nicht zu verzagen und nicht zu sagen: „Mein Gott, mein Gott, warum hast du mich verlassen?" Wer hilft? Der Ausblick zum Kreuz und zu dem gekreuzigten König auf Golgatha. „Laßt uns mit ihm ziehen, daß wir mit ihm sterben" – mit ihm, dem Einen und Einzigen.

4. Um das Kreuz von Golgatha scharen sich die Toten – die vielen Tausende, die da fielen, wie er gefallen ist, die da starben für die höchsten Güter, die fielen und starben mit dem Gebetsruf: „Vater, in deine Hände empfehle ich meinen Geist!" Ist es uns nicht in dieser Fastenzeit des Kriegsjahres 1917, als ragte sein Kreuz, das eine große Kreuz auf Golgatha, als ihr Grabkreuz über allen Gräbern der Unsrigen im fernen Land empor – sie segnend, ihre Gräber behütend und betreuend, diese Toten schirmend bis zum ewigen Ostermorgen seliger Auferstehung!

Sei uns gegrüßt, du Kreuz auf Golgatha! Segne uns und unsere teuren Toten!

16.
DREI SOLDATENTUGENDEN
Von Dr. Donders[17]

Lesestück: Matth. 5, 20-24.

Kameraden! Die Bergpredigt ist das Programm für die Kinder des Reiches Gottes auf Erden. Ihre ernsten Worte sind Königsworte, und an Königsworten soll man nicht deuten und nicht drehen. Was die zwei steinernen Tafeln der Gottesgebote in Moses Hand auf dem Sinai für den Alten Bund waren, dass sind für den Neuen Bund die Worte der Reichspredigt Jesu Christi auf dem Berge der Seligkeiten. Sie gibt uns die klaren Richtlinien für unser tägliches Christenleben: „Wer meine Gebote hat und sie hält, der ist es, der mich liebt" (Joh. 14, 21).

Aus dieser Bergpredigt habe ich euch soeben jenen kleinen Abschnitt vorgelesen, der für den heutigen Sonntag (5. Sonntag nach Pfingsten) bestimmt ist. Darin werden uns drei Christentugenden anempfohlen, die zugleich drei Soldatentugenden sind, drei Kernpunkte des christlichen Lebens und der wahren christlichen Frömmigkeit: soldatische Geradheit, soldatische Kameradschaftlichkeit, soldatische Opferwilligkeit.

---

[17] Textquelle I SCHWERT DES GEISTES 1917, S. 272-279.

I. Soldatische Geradheit

„Wenn eure Gerechtigkeit nicht größer sein wird als die der Pharisäer und Schriftgelehrten, so werdet ihr in das Reich Gottes nicht eingehen."

Das sind ernste, drohende Worte: „nicht eingehen in das Reich Gottes"; also ausgeschlossen sein und bleiben von der Gemeinschaft der Erlösten Jesu Christi, das ist etwas Hartes. Und wen trifft es? Denjenigen, dessen Gerechtigkeit „nicht größer ist als die der Pharisäer und Schriftgelehrten". Der Heiland, sonst so milde und sanft, wurde immer gar so streng und so hart, wenn er von den Pharisäern sprach, wenn er zu den Pharisäern sprach.

Warum das, meine lieben Kameraden? „Pharisäer" – das war damals ein stolzer Name, das war eine hochangesehene Menschenklasse. Welch einen andern Klang hat dieses Wort heute! „Er ist ein Pharisäer!" – könnte es einen schwereren und herberen Vorwurf für uns geben? Keiner aus euch möchte und würde und dürfte ihn auf sich sitzen lassen. Woher dieser Unterschied zwischen dem Damals und dem Heute, dem Einst und Jetzt? Daher, daß Christus dieser ganzen Schar die Maske vom Gesicht heruntergerissen, sie entlarvt hat, sie als das zeigte, was sie waren:

„Heuchler, Natterngezücht, übertünchte Gräber", Männer, die nur sagen konnten: „Tut nach meinen Worten, aber nicht nach meinen Werken", Männer, die viele schöne Worte im Munde führten, vorne vor allen andern im Tempel standen, alles taten, um von den Menschen gesehen und gelobt zu werden, Männer von äußerer Tünche, von glänzendem, gleißendem Firnis, aber nicht von gediegener, kernechter Frömmigkeit. Darum Jesu Wort: „Wenn eure Gerechtigkeit (Frömmigkeit) nicht größer ist als die der Pharisäer und Schriftgelehrten, – non intrabitis in regnum coelorum!" Das Reich Gottes braucht und will ehrliche Seelen, gerade Charaktere, keine Heuchler, es will wahrhaftige Heilige, keine Scheinheiligen!

1. Kameraden! Alles am Christen soll Ehrlichkeit, Geradheit, Aufrichtigkeit sein: nicht nach außen etwas zeigen, was nicht aus den Tiefen der innersten Christenseele ehrlich und wahr heraus- und heraufkommt; nicht Lug und Trug machen; nichts anderes scheinen wollen, als was du innerlich bist; nur kein Pharisäer sein, das wäre „dem Rei-

che Gottes, das in euch ist" (Luk. 17, 21), direkt zuwider gehandelt. Denn „das Reich Gottes ist nicht Speise und Trank, sondern Gerechtigkeit, Friede und Freude im Heiligen Geiste" (Röm. 14, 17). Es ist aber nicht Unehrlichkeit, Heuchelwesen, Verstellung.

2. Alles am Manne soll Ehrlichkeit, Geradheit, Aufrichtigkeit sein. Es ist so viel Schein, so wenig wahres, echtes Sein in unserer heutigen Welt gewesen. Der Krieg hat allem Scheinwesen seinen Zauber genommen und alles, was nur Blendwerk und Scheinwerfertum war, zerschlagen; er hat das wahre Wesen der Menschen ans Licht gestellt. Es ist jedes Mannes unwürdig, sich anders zu geben, anders zu erscheinen, etwas anderes vorstellen zu wollen, als was er·wahrhaftig und wirklich ist. Da gilt das alte schöne Wort: „Was sein du willst, das sollst du ganz auch werden; weh' jeder Halbheit, die sich selber äfft. Was ich erkannt, muß ich im Leben sein. Was auf die Fahne groß ich mir geschrieben, dafür muß ich auch kämpfen in der Schlacht!" So allein ist es des Mannes würdig. Alles andere wäre Pharisäertum, und das ist seiner unwürdig

3. Alles am Soldaten soll Ehrlichkeit, Geradheit, Aufrichtigkeit sein. Meine lieben Kameraden, der Soldat muß aus einem Guß sein. Der Soldat darf nichts nach außen hin „markieren" wollen, was an ihm und in ihm nicht ganz echt ist; darf keiner Tat und keinem Wort eine „falsche Marke" aufkleben wollen; darf nicht trügen und betrügen. Sonst rächt es sich bitter und bald wie alles Heuchlerwesen und jedes Pharisäertum. Der Soldat darf nicht in der Nähe und der Gegenwart seines Vorgesetzten plötzlich anders tun und anders sein als wie sonst unter seinen Kameraden. Der Soldat, der echte und treue, muß allezeit, im Schützengraben wie in der Etappe, beim Sturmangriff wie in der Ruhestellung, nur eines kennen, auf eines schauen, eines suchen: seine Pflicht, die Treue, unerbittliche und unentwegte gegen sein Gewissen, – Gott und die Pflicht, an jedem Punkte und zu aller Zeit, das allein gibt ihm den Ausschlag. Der Soldat muß so sehr unter dem Gedanken des allsehenden Auges Gottes stehen, so sehr unter dem Bewußtsein, einer großen Sache zu dienen, daß man sich unbedingt und in jeglicher Lage auf ihn verlassen kann.

Dieses Pflichtbewußtsein, dieser Geist der Treue, diese Geradheit der Seele und des Tuns ziert jeden von euch unsichtbar mit einem Eisernen Kreuze; es ist euer höchster Ruhm, eure schönste Tat, aufrechte, ehrliche Männer zu sein. Nur nicht wie die Pharisäer!

II. Soldatische Kameradschaftlichkeit.

„Ihr habt gehört, daß zu den Alten ist gesagt worden: ‚Du sollst nicht töten. Wer aber tötet, wird dem Gericht verfallen.' Ich aber sage euch: Jeder, der seinem Bruder zürnt, soll dem Gericht verfallen sein; und wer zu seinem Bruder spricht: ‚Du Rakal!', der ist dem Hohen Rat verfallen; wer aber sagt: ‚Du Gottloser!', der verfällt dem Feuer der Hölle."

Das ist auf der ganzen Linie das große Gebot des Christentums: den Bruder lieben! Dem Bruder nicht zürnen, den Bruder nicht beschimpfen, den Bruder nicht verachten, nein, den Bruder lieben, so wie der göttliche Meister der Bergpredigt, der König des Gottesreiches, uns alle, alle als seine Brüder geliebt und sich für uns hingegeben hat.

Kameraden! Ich rede jetzt nicht von der Frage, wie denn dies „Du sollst nicht töten" und dieses Gebot Jesu Christi doch mit dem Krieg in Einklang zu bringen sei. Wir haben zu anderer Zeit darüber schon genügend gesprochen: für die Tage der Notwehr eines ganzen Volkes und Landes andern Völkern und andern Ländern gegenüber gelten auch die Gesetze der Notwehr im Großen.

Hier handelt es sich heute für uns darum, uns neu wieder zu besinnen auf die heilige Pflicht, voll wahrer Liebe gegen die Brüder des eigenen Landes und Volkes und Regimentes zu sein, – handelt es sich darum, heute einmal wieder alle Harfen unserer Seelen einzustimmen auf die volltönenden Akkorde der Bruderliebe; handelt es sich darum, jeden Gedanken in uns, jede Tat und jedes Wort, jeden Weg im gleichen Schritt und Tritt vollbewußt hineinzustellen in den Geist warmer, sonniger Bruderliebe, goldechter Kameradschaftlichkeit. –

„Kameraden sein", – das ist uns nicht ein inhaltleeres, rasch gesprochenes Wort, nein, das ist uns „Geist und Leben", Wahrheit und Wirklichkeit. Wir fühlen uns hier im Felde doppelt und dreifach, ja zehnfach als Brüder, – Menschen, die im Seesturm auf dem gleichen Schiffe miteinander gefahren sind; Menschen, die dem drohenden Tode wochen- und monatelang in jeder Gefahr kühn und mutvoll ins Auge gesehen haben; Menschen, die da fern der Heimat, im fernen Land, im Feindesland Kampf- und Leidens- und Todesgenossen geworden sind. Ja, deren Bruderliebe ist geweiht und hält stand, ist Geist vom Geiste der Bergpredigt Jesu Christi, singt das hohe Lied der Liebe des Christentums in hellen Tönen, trotz Not und Tod, – nein, vielmehr gerade um der Not willen, um des Todes willen!

Alles in der wahren christlichen Bruderliebe für die Brüder tun, das sei täglich neu unsere heilige Losung: „Ich suche meine Brüder."

„Jeder Tag bietet hundert Gelegenheiten, danach zu tun. Wir machen ja keine schönen, tönenden Worte. Dafür ist der Krieg viel zu blutig und unsere Ausgabe viel zu ernst und unsere gemeinsame Pflicht viel zu groß. Aber diese vielen Gelegenheiten, einander zu helfen, zu dienen, zu erfreuen, in den kleinsten Kleinigkeiten, und wenn es sein könnte, in den größten Diensten und Werken der Lebensrettung, die wollen wir nicht versäumen, nicht nutzlos vorübergehen lassen. – Lasset uns „die Brüder lieben"! Lasset uns einander als Brüder lieben, „nicht im Worte, sondern in der Tat und in Wahrheit"!

III. Soldatische Opferwilligkeit

„Wenn du also deine Gabe zum Altare bringst und dich dort erinnerst, daß dein Bruder etwas gegen dich hat, so laß deine Gabe dort vor dem Altar und gehe hin, versöhne dich zuerst mit deinem Bruder, und dann komm und opfere deine Gabe."

Gut genug wissen wir es, daß dieser Geist einer wahrhaft liebevollen, echt brüderlichen Gesinnung nicht ohne Opfer abgeht; daß zu den Taten der Bruderliebe auch ein rechter Opfergeist und eine frohe Opferwilligkeit erfordert ist. Wir scheuen vor ihr nicht zurück.

„Wenn du deine Gabe zum Altare bringst", – ist das nicht unser täglicher Gang, meine lieben Kameraden? Der eine große Opferaltar steht ja seit Kriegsanfang in unserer Mitte, und „wir treten zum Beten", wir treten zum Opfern, wir treten zur Hingabe unseres Lebens mit jedem neuen Tag neu an ihn heran, uns selbst zu opfern auf dem Altare des Vaterlandes. Jeder von uns wiederholt täglich sein Opfergebet, wie Samuel einstens es vor seinem Gott gesprochen: „Dem Herrn ein Opfer zu bringen, dazu bin ich hierher gekommen" (1 Kön. 16, 5). Ein einziger, leuchtender Opfergedanke also ist es, der uns alle bis in das innerste Herz hinein beherrscht und uns so ganz erfüllt: „Eine größere Liebe hat niemand, als wer sein Leben hingibt für seine Freunde" (Joh. 15, 13). Ein Volk ist niemals größer, und eines Volkes Opferflamme flammt niemals heller auf, als wenn zusammen gestorben sein muß: nicht, wenn zusammen gearbeitet, nicht, wenn zusammen gelitten, nicht, wenn zusammen gekämpft wird, nein, wenn zusammen gestorben sein muß. Dann ist der Opfergeist auf seiner höchsten Höhe.

Gut denn, liebe Kameraden, wenn das die tiefinnere Grundstimmung der Seele, die Grundgesinnung bei uns allen ist, gut denn, dann lasset uns „vom Altare Gottes Flammen nehmen", lasset uns „Opferfeuer vom Altare" uns mitnehmen, heiliges Opferfeuer für all die vielen kleineren und größeren Opfer eines jeden Tages und einer jeden Nacht, die Opfer des Aushaltens und Durchhaltens bis zum Siege, die Opfer des Einanderertragens und Nichtverzagens, die Opfer der allezeit freudigen Pflicht, die Opfer der kameradschaftlichen Treue und Liebe, – Opfer, früh und spät, Opfer, willig und gern, Opfer, die doch letzten Endes alle ja nur dem einen und großen Opfer eingefügt sind, auf das wir uns eingeschworen haben in der Liebe zum Volk und Vaterland, die da bereit ist, das Leben hinzugeben für die Brüder!

Um solchen Geist, um solche Gesinnung, um solch hingebende Opferwilligkeit des Soldaten ist es etwas wahrhaft Großes, Heiliges, Edles. Das ist der Geist der Bergpredigt, der Geist des wahren Christentums unseres Erlösers. Den lasset uns hüten und pflegen und fördern, Kameraden, damit wir innerlich reifer und reicher werden, damit unsere Seele unter den Glutstrahlen dieser heißen Kampfestage in der Liebe Gottes und der Brüder wachse, wie auf den Feldern die Ähren wachsen, damit wir tun nach dem Worte des Apostelfürsten Petrus, das uns heute in der Epistel wie ein Choral zu diesen Mahnungen des Evangeliums der Bergpredigt klingt:

„Brüder, seid alle einmütig im Gebet, mitleidig, brüderlich, barmherzig, rein und demütig. Vergeltet nicht Böses mit Bösem, sondern segnet; denn ihr seid berufen, Segen zu erben. Und das Auge des Herrn ruht auf dem Gerechten, und seine Ohren merken aus sein Flehen" (1 Petri 3, 8 f.). Amen.

17.
AN DEN ERFOLG GLAUBEN!
Von Dr. Donders[18]

"Frucht bringen in Geduld" (Luk. 8, 15).

„Frucht bringen in Geduld!" In diese Mahnung klingt die tiefsinnige Parabel Jesu vom Sämann aus. Ein kostbares Wort, namentlich für uns, meine lieben Kameraden, in der langen Geduldprobe dieses Krieges, der kein Ende nehmen will. Frucht wollen wir sehen, gewiß, Frucht um jeden Preis, und keine Mühe und keine Arbeit ist uns dafür zu groß, kein Kampf zu schwer. Was wäre es denn auch sonst, was uns locken und beglücken könnte, als dies eine: wir wollen die Frucht aller dieser blutigen Kriegssaat sehen. „Aber wann kommt sie?" fraget ihr. Und der Herr antwortet uns: Wartet nur, habt Geduld. Nicht alle Frucht reift rasch. Es gilt auch für uns, Frucht bringen in Geduld. Alle gute Saat, so will er uns sagen, in gutes Erdreich geworfen, geht eines Tages auf; jede gute Tat, in guter Absicht vollbracht, findet einmal ihren Lohn, erlebt einmal ihren Erfolg. Glaubet an den Erfolg! – so ruft der göttliche Lehrer uns allen heute zu; – glaubet an ihn auch dann noch, wenn ihr selber ihn noch nicht mit euern Augen sehen und mit euern Händen greifen könnt.

1. Wie einfach und alltäglich ist doch der Naturvorgang, den der Heiland da uns schildert. Der Landmann streut den Samen aus. Die Erde nimmt ihn willig auf. Dann wird es still, ganz still. Der Sämann ist heimgegangen. Das Ackerland liegt genau so da wie auch zuvor. Nichts ist zu sehen. Scheinbar also ist es eine verlorene Arbeit gewesen.

Doch habt Geduld, wartet! Alles Wachstum geht langsam, geht im verborgenen, ganz still vor sich. Es kommt ein Etwas aus dem Erdboden herauf. Das will ans Licht. Wie Gras sieht es aus. Und allmählich wächst es und wird zum Halm, und der Halm trägt die Ähre, die Frucht kommt hervor. Monate vergehen darüber. Gewiß, das ist wahr, es braucht Zeit. Aber die Frucht kommt doch. Darum, ihr Menschenkinder, lernet das Warten, lernet es: „Frucht bringen in Geduld."

---

[18] Textquelle I SCHWERT DES GEISTES 1917, S. 279-283.

2. Es gilt: Nicht den Erfolg anbeten. Wir Menschen alle sind Erfolganbeter. Wir suchen und spähen nach ihm aus. Unsere Zeit trug ja das eigentümliche Gepräge großer Erfolge an ihrer Stirn: alle ihre Fortschritte, ihre Erfindungen und Entdeckungen, alle ihre Aufstiege und Höhenflüge, – welch eine Welt von Erfolgen bedeuteten sie. Das stieg den Menschenkindern in den Kopf. Diese Erfolge berauschten sie; denn, gewiß, solche Triumphe haben etwas Berauschendes an sich. Es ist etwas Feierliches und Herrliches um jeden Sieg, um den Sieg des Erfinders in seinen Werken, um den Triumph des Forschers in der Wissenschaft, um den Sieg des Soldaten in der Schlacht. So ist es gekommen, daß wir alle als Kinder unserer Zeit und des Zeitgeistes allzu sehr den Erfolg anbeten und uns vor ihm beugen lernten. Und weil unser Leben gar so schnell fliegt, darum wollen wir auch eilend schnell seine Erfolge sehen und nicht lange auf sie warten.

3. Es gilt: Nicht stets und nur an den Erfolg zu denken. Wie hat denn Jesus, unser göttlicher Führer und Feldherr, über den Erfolg gedacht und gesprochen? – Nichts hat er darüber gesprochen, gar nichts, als nur dies eine: „Frucht bringen in Geduld!" Er hat nicht vom Erfolg geredet; auch nicht viel vom Mißerfolg; er hat zeitlebens auch wenig sichtbaren und greifbaren Erfolg gehabt: wie groß war denn am Tage seines Todes die Zahl der Seinen unter dem Kreuze von Golgatha, wie groß war sie am Tage seiner Himmelfahrt? Erst hernach, als sein Tod und sein Blut wirksam wurden, wuchs die Schar seiner Getreuen. Nein, er hat nicht stets gezählt und gemessen. Er war wie der Sämann mit dem freien, weiten Schwung des Armes; er streute die Saat aus, freigebig, verschwenderisch, in göttlicher Fülle seines Reichtums, und dann überließ er den Segen oder den Regen dem Vater, der im Himmel ist.

So haben seine Apostel es von ihrem Meister gelernt, und es liegt gerade im Wesen des Apostolates, zu säen, ohne selbst zu ernten; sich zu mühen, ohne selber den reichen und reifen Nutzen zu sehen; sein Leben hinzugeben, ohne selber zu wissen, wieviel es der heiligen Sache, für die sie lebten und starben, voranhalf. „Der eine säet, der andere erntet" (Joh. 4, 37). Darum sagt Paulus, der Größte von ihnen: „Gott ist es, der das Gedeihen gibt" (1 Kor. 3, 7).

So sollen auch wir es halten und danach handeln: das Gute tun um des Guten willen, das Gute aus Pflichtgefühl tun, das Gute tun um des einen und einzigen willen, um des höchsten Gutes willen, um Gottes willen, wie die Heiligen es getan haben.

Soldaten! Wie mannigfache Gelegenheit zu solch stillem Zuwarten und einsamem Hoffen, zur einfachen Pflichttreue, die ihren dornigen Weg geht, unbekümmert um den Erfolg, bietet uns hier jeder Tag! Der einzelne Kämpfer kennt ja gar nicht einmal die Pläne des Großen Generalstabes; – er kennt ja nur seine einzelne Aufgabe; – wie wäre es möglich, daß er glauben könnte, den vollen Erfolg schon bald und greifbar sehen zu können? – So kann er seine Pflichttreue doppelt zeigen. Dennoch nun auszuharren auf dem Posten der Pflicht, dennoch an jedem Tag und in jeder Nacht, bei Sturm und Regen, im ersten Schützengraben oder hinter der Front treu seine ganze Aufgabe zu erfüllen, das ist etwas Großes vor Gott und vor dem ganzen Volke, das heißt mitwirken am Sieg der ganzen Armee, das bringt inneres Glück und den Frieden des Gewissens.

4. Es gilt dabei aber dann trotz allem: An den Erfolg glauben und in Geduld ihn erwarten. Er wird einmal kommen. Wann, – das wissen wir nicht. Wie und wo und wodurch, – das wissen wir im einzelnen auch nicht. Aber er wird kommen. Es gibt im Reiche der Natur ein Gesetz, daß nichts an Kraft verloren geht. Dieses Gesetz gilt auch sonst in der Welt Gottes und der Menschen. Es gilt auch im Reiche der Übernatur. Die Kraft des Guten, das je einmal getan wurde, geht nicht verloren. Gott sorgt dafür, daß es, wenn auch nur unterirdisch und unsichtbar, dennoch wächst, daß einmal ein Tag kommt, da die Frucht ans Licht tritt, und wäre es auch erst dereinst in der Ewigkeit, als Lohn nach allen ausgestandenen Mühen: „Euer Lohn wird groß sein im Himmelreich" Wohl geht es oft seinen eigentümlich geheimen Weg, den keines Menschen Auge verfolgen kann, es steigt in die Tiefen und das Dunkel hinab. Und doch gilt es, auch dann an den Erfolg zu glauben und in Geduld ihn zu erwarten. Wie viele von den Unsrigen sind schon gefallen! Mit trauerndem Herzen standen wir auf kurze Zeit an ihren Gräbern. Nie werden sie nun wieder heimkehren. Nie werden sie die hohe, heilige Stunde erleben, da der Friede allem Volk zuteil wird. Nie werden sie die Siegesglocken läuten hören. Nie werden sie an dem siegreichen Einzug in die Heimat teilnehmen dürfen. Das alles mußten sie hinopfern und sterbend preisgeben. Sie wußten es, und es hat in ihnen wirk-

sam gerade dieser Gedanke gelebt: „Wenn ich nun auch im Feindesland falle, wenn ich auch einsam hier begraben werde am Waldesrand, wenn dann auch die Schlacht weiter voranstürmt und später von den Meinigen niemand an mein Grab kommt, so wird mein Leben und erst recht mein Sterben doch nicht vergeblich gewesen, und es wird mein Blut nicht vergeblich geflossen sein; es wird auch mein hingeopfertes junges Leben und mein Name mithineingehören in den Sieg der Zukunft, und mein Blut wird ein heiliger, fester Kitt im Tempelbau des zukünftigen Deutschlands sein. Darum sterbe ich gern. Darum bringe ich willig mein Leben zum Opfer."

Das ist wahre Pflichttreue, Opfergeist, ein heiliger Glaube an die Zukunft, so für Volk und Vaterland zu sterben, ohne selber den Erfolg zu sehen; sich für die andern zu verzehren, wie die brennende Kerze auf dem Altare sich verzehrt, und das ewige Licht vor dem Tabernakel; sich selber in die Fundamente einstampfen zu lassen, weil doch die da drunten tief eingemauerten Steine am allerschwersten tragen; sein Blut zu vergießen, damit aus diesem Blute eine neue Saat aufsprieße, ähnlich wie „das Blut der Märtyrer der Same neuer Christen wurde", – ja, wahrhaftig, – meine Freunde, das ist ein heiliger Glaube an die Zukunft, ein starker Glaube an den Erfolg, und eigentlich ein großer Glaube an Gott, an Gottes Vorsehung und an Gottes Walten und Wirken im Kleinsten wie im Größten.

5. Einer ist, der hat Geduld, eine wahrhaft himmlische Geduld, das ist unser Gott. Er kann warten, und er wartet. So oft schien es und immer wieder scheint es, als sei so vieles vergeblich gewesen, was er für die Welt getan hat, vergeblich seine Vaterliebe, vergeblich seine Erlösung, vergeblich seine reichlichen Gnadenspenden, vergeblich seine Hirtensorge, die uns stets nachgeht. Aber er wartet. Vor ihm sind „tausend Jahre wie ein Tag, und ein Tag wie tausend Jahre", und die Ewigkeit ist lang genug, um alle seine Pläne zu erfüllen.

Gott hat es uns verheißen, daß er auch den Trunk kalten Wassers uns lohnen wird, den wir einem Armen reichten, daß er nichts unbelohnt lassen werde. Allen unsern Arbeiten hat er seinen Segen, den Erfolg, einen ewigen Lohn verheißen, wenn anders sie in Wahrheit gute Saat waren, auf gutes Erdreich gestreut, und wenn wir „Frucht bringen in Geduld". Amen.

18.
DER HEILIGE GEIST IM BUßSAKRAMENTE
Von Dr. Donders[19]

„Empfanget den Heiligen Geist! Denen ihr die Sünden nachlasset, denen sind sie nachgelassen" (Joh. 20, 22 f.).

Fastenzeit ist Bußzeit: „Siehe, nun ist die gnadenreiche Zeit, nun sind die Tage des Heiles" (2 Kor. 6, 2). Osterzeit ist Auferstehungszeit: „Stehe auf, der du schläfst, und Christus wird dich erleuchten" (Eph. 5, 14). Darum werden wir gerufen zur „Buße und zur geistigen Auferstehung „in der Neuheit des Lebens" (Röm. 6, 4), wir werden gerufen zum Empfang der österlichen Sakramente. Darauf wollen wir unsere Seelen vorbereiten, um das, was unsere heilige Pflicht ist, auch mit großem Nutzen zu tun.

Die Beichte ist das Ostergeschenk des Auferstandenen an die erlöste Welt. Er kam aus blutigem Kampf. Er hatte sein Werk der Erlösung aller vollbracht. Er hatte sein Wort eingelöst: „Der Menschensohn ist gekommen, zu suchen und selig zu machen, was verloren war, und damit er sein Leben hingebe für die vielen" (Luk. 19, 10); er hatte es erfüllt für die ganze Menschheit. Nun wollte er jedem einzelnen die Gnaden der Erlösung zuwenden, wollte den Strom seines kostbaren Blutes hinfließen lassen über jede einzelne erlöste Seele, um sie von dem schwersten Druck zu befreien, von Sünde und Schuld, wollte sie wieder aussöhnen mit ihrem Gott, wollte das verirrte Schäflein wieder in die Arme des Guten Hirten, den verlorenen Sohn in die Vaterarme Gottes führen.

Darum schenkte er am Abend seines glorreichen Auferstehungstages der Menschheit das Sakrament der sittlichen Auferstehung, der Auferstehung aus dem geistigen Tod und dem Sündengrab zum neuen Leben; darum sprach er das Wort des Segens: „Der Friede sei mit euch; wie mich der Vater gesandt hat, also sende ich euch" (Joh. 20, 22f.); darum hauchte er sie an, wie wenn er aufs neue „den Odem des Lebens" ausgießen wollte, und sprach: „Empfanget den Heiligen Geist:

---

[19] Textquelle I SCHWERT DES GEISTES 1917, S. 316-321.

denen ihr die Sünden nachlasset, denen sind sie nachgelassen." Es waltet also im Bußsakramente derselbe Heilige Geist, der am Pfingstfest über die Apostelschar und die junge Kirche herabkam, der in der Taufe in unsere Seelen einzog und in der Firmung jeden von uns in besonderer Weise begnadete: es waltet im Bußsakramente

1. Der Heilige Geist der Wahrheit

„Geist der Wahrheit", so nannte der Heiland den Heiligen Geist: „Wenn der Geist der Wahrheit kommen wird, so wird er euch in alle Wahrheit einführen" (Joh. 16, 13).

Dieses Sakrament ist auf Wahrheit und Wahrhaftigkeit aufgebaut. Es duldet keine Unwahrheit, keine Unwahrhaftigkeit, keine Unaufrichtigkeit. Es verlangt gebieterisch von uns, daß wir wahr seien gegen uns selbst, gegen unsern Gott, gegen den Stellvertreter Gottes, vor dem wir knien: „Ich armer, sündiger Mensch."

Wie sind wir in unserem tagtäglichen Leben vielfach unwahr, unaufrichtig, unwahrhaftig! So viel Schein, so wenig Sein regiert die Welt. Die Menschen von heute wissen es so gut und so geschickt, unter äußerem Glanz und all dem Glitzern und Gleißen nach außen ihre innere Armut und Armseligkeit zu verbergen, ihre Fehler zu verstecken.

Bei der Beichte hört das auf. Die Beichte ist der ehrlichste Augenblick im Leben des modernen Menschen. Denn da ist die erste Vorbedingung Wahrheit und Wahrhaftigkeit, unerbittliche Aufrichtigkeit: „Komm, Heiliger Geist, du Geist der Wahrheit!" Das gilt

a) schon in der *Erforschung* des Gewissens, wenn wir das „Jerusalem unserer Seele mit Laternen durchsuchen", ohne Rücksichtnahme auf uns selbst, auf unsere Scham und unser Erröten vor uns selbst. Da müssen wir das alles, was wir gefehlt und gesündigt haben, uns ehrlich eingestehen, da müssen wir uns ganz ohne Bemäntelung und ohne Verschleierung genau so geben, wie wir vor Gott und vor unserem Gewissen es erkannt haben und sind. Denn das Gewissen ist die größte Majestät. Vor ihr haben wir uns zu beugen. Darum heißt es das Gewissen befragen, – nicht oberflächlich und leichthin, aber auch nicht ängstlich und überpeinlich. Das Beichten soll kein Foltern der Seele sein.

b) in der *Anklage*. Gewiß, es ist nichts Leichtes, grundehrlich und wahr das ungeschminkte und unverhüllte mea culpa zu sagen. Nein, das ist nicht leicht. Aber es ist nötig. Denn unser Heiland hat uns alle an den Priester gewiesen, er hat diesem wohl große und erhabene Gewalten, aber keine Allwissenheit zum Tiefblick in die Seelen gegeben. Deshalb müssen wir vor diesem Gericht unsere eigenen Ankläger und Zeugen sein, in voller Ehrlichkeit und Aufrichtigkeit. Sei wahr gegen dich selbst, gegen deinen Gott und gegen den Stellvertreter deines Gottes! Sonst gälte dir das furchtbare Wort: „Ananias, nicht Menschen hast du vorgelogen, sondern Gott" (Apg. 5, 4). Sei wahr gegen dich selbst! Dem Soldaten sollte ohnehin alles unwahre Wesen weit fernliegen. Erst recht in der heiligen Stunde, da er sich mit seinem Gott wieder aussöhnen will, soll er wahr und ehrlich und aufrichtig vor seinen Gott hintreten: „Vater, ich habe gesündigt vor dem Himmel und vor dir" (Luk. 15, 21).

2. Der Heilige Geist der Liebe

Der Heilige Geist ist die Liebe zwischen Gott dem Vater und dem Sohne im innersten Leben der allerheiligsten Dreifaltigkeit. Liebe, unendliche Gottesliebe waltet und offenbart sich in diesem Sakramente.

a) Das Siegel der *Liebe Gottes zu uns* Menschen leuchtet an diesem Sakramente göttlichen Erbarmens und wunderbaren Begnadigens aus. Alles ist da Liebe, – die Liebe Gottes des Vaters, der „nicht den Tod des Sünders will, sondern daß er sich bekehre und lebe" (Ez. 33, 11), der es uns verheißen hat und hier wahr macht: „Wären eure Sünden rot wie Scharlach, sie sollen weiß werden wie der Schnee" (Js.1, 18), der seine Vaterarme weit ausbreitet, um den verlorenen Sohn wieder aufzunehmen und an sein Vaterherz zu ziehen. Es ist die Liebe des Erlösers, der auf Erden stets sich der Sünder am meisten annahm und die Verlorenen wieder zurückführte, „der die Sünder aufnahm und mit ihnen aß" (Luk. 15, 2), der einen Zachäus und Matthäus, einen Petrus und den Schächer am Kreuz, eine Ehebrecherin und Magdalena wieder in Gnaden annahm und die Sündenschuld von ihnen fortnahm. Sein Blut „reinigt uns von aller Sünde" (1 Joh. 1, 7).

Damit uns aber das Geständnis und Bekenntnis nicht gar zu schwer sei, hat er in seiner erbarmenden Liebe uns nicht an die Engel gewiesen, sondern an Menschen, die die Schwachheit und Armseligkeit des Menschen selber kennen und erfahren, die darum Mitleid und Verständnis mit der Not des armen Sünders haben und unser Vertrauen verdienen. Sieh in dem Priester den Freund deiner Seele, den Boten der Erbarmungen Gottes und deines Friedens!

b) Solcher Liebe unseres Gottes muß unsere Liebe zu Gott entsprechen. Nur Reue und Liebe tilgen die Schuld. Ohne Reue keine Vergebung. Ohne Reue kann Gott selbst uns nicht vergeben. In der Sünde haben wir uns abgekehrt von unserem Schöpfer und ewigen Ziel. In wahrer Reue vollziehen wir die Umkehr, in neuer Liebe: „Vater, ich habe gesündigt vor dem Himmel und vor dir" (Luk. 15, 21). Ohne Reue hätte auch ein Petrus und der Schächer in der elften Stunde keine Begnadigung gefunden. Darum vergesset es nie, eine tiefe innere Reue über alle Sünde und Schuld in der Seele zu erwecken: „Gotteslamm, nimm weg die Sünden, laß uns büßend Gnade finden!"

3. Der Heilige Geist des Trostes

Den „Tröster" hat der Heiland ihn genannt. „Der Tröster aber, der Heilige Geist. ..." (Joh. 14, 26). Eine Fülle des Trostes gießt er in diesem Sakramente über unsere sündige Seele aus, den ganzen Trost der Verzeihung.

a) Wie sicher ist diese Verzeihung! Der verlorene Sohn kehrt zurück ins Vaterhaus, das er einst trotzig und aufständig verlassen, und sinkt dem Vater zu Füßen: „Vater, ich habe gesündigt vor dem Himmel und vor dir, ich bin es nicht wert, dein Kind genannt zu werden. Nimm mich auf als einen deiner Tagelöhner." Und der Vater schließt ihn in seine Arme, gibt ihm den Kuß des Friedens, und alles ist wieder gut. Der hat des Vaters Güte selbst erfahren. Er ist ihrer sicher, ganz felsenfest sicher. Es gibt eine Verzeihung, bei der nichts gesprochen wird und nichts geschieht. Das ist jene, die sich verborgen in Seelentiefen abspielt durch die vollkommene Reue. Nur weiß dann der sündige Mensch es nie recht, ob sie wirklich vollkommen war, ob er die volle Verzeihung empfing, ob alles ausgetilgt und der selige Gottesfriede wiedergefunden ist. Das Menschenherz will dafür ein sichtbares Zeichen, ein äußerlich hervortretendes Unterpfand. So hat die Güte des Auferstandenen es uns gegeben. An das Bekenntnis und die Lossprechung im Namen und im Zeichen seines Kreuzes hat er es geknüpft. Wenn der Priester als Stellvertreter Gottes die geweihte Rechte erhebt: „Ich spreche dich los von deinen Sünden", dann ist der Augenblick der Verzeihung da, und wenn im übrigen alles das getan war, was getan werden mußte, dann ist diese Verzeihung sicher, ganz und gar sicher. Unser Gott täuscht uns nicht. Auf ihn können wir bauen und vertrauen mit Felsenfestigkeit. „Wenn du deine Sünden verheimlichst, wird es dir nichts nützen; wenn du sie aber bekennst und zurückläßest, wirst du Erbarmen finden" (Spr. 28, 13). Denn „seine Barmherzigkeit geht über alle seine Werke" (Ps. 144, 9). Das erfahren wir in diesem gnadenreichen Sakramente „Geh hin in Frieden, deine Sünden sind dir vergeben" (Luk. 7, 50), dieses Wort schließt eine ganze Welt von innerstem Glück und wahrstem Trost in sich.

b) *Wie leicht ist diese Verzeihung!* Manche halten die Beichte für schwer, einige für unmöglich. Ist sie das wirklich? Und wenn unser Gott uns tausendmal Schwereres auferlegt hätte, müßten wir nicht auch das freudigen Herzens auf uns nehmen, nur um von der Schuld freizukommen? Denn Böseres, Drückenderes, Härteres als die Schuld und das quälende, belastende Gewissen gibt's doch nicht. Ist etwa dem Heiland unsere Erlösung leicht gewesen? Oder war sie ihm nicht auch etwas unsagbar Hartes und Schweres? Gewiß, es ist klar, in den Beichtstuhl geht keiner gern. Zu sagen: „Ich armer, sündiger Mensch habe gefehlt" und dann sein ganzes Register von Sünden herzusagen, ist gar nichts Angenehmes. In einen Beichtstuhl geht aber auch niemand, um Komplimente zu hören. Jeder weiß genau, um welch ernste, schwere Dinge es sich da handelt. Und doch, ist es uns eigentlich denn nicht doch noch leicht gemacht? Hatten eine Magdalena, ein Schächer am Kreuz, ein Petrus es leichter, um deren Beichten die ganze Welt erfahren hat? Hatten die Christen jener ersten Jahrhunderte mit ihren strengen Kirchenbußen und ihren öffentlichen Strafen es nicht hundert- und tausendmal schwerer als wir? Soll denn nicht ein einziger Mensch auf Erden – und der doch nur im Namen Gottes – dich wirklich so kennen und sehen dürfen, wie du in aller Ehrlichkeit vor Gott und vor dir selber bist? Ein einziger Mensch nur, der ja auch dazu alles in die Tiefen eines Grabes hinein versenkt, aus dem nie, nie mehr etwas davon wieder aufsteigt?

Nein, es ist uns nicht zu schwer gemacht. An viel härtere Bedingungen hätte Gott uns die Vergebung knüpfen können. Nun aber, wo er es uns gar so einfach und so leicht gemacht hat, wollen wir auch kommen, eifrig, ehrlich, mutig, reuig, und mit dem Dank des Geretteten, mit der Freude des Begnadeten, mit dem Trost des verlorenen und wiedergefundenen Sohnes werden wir heimgehen. Amen.

19.
SÜNDENVERGEBUNG DURCH VOLLKOMMENE REUE
Von Dr. Donders[20]

„Sei getrost, mein Sohn, deine Sünden sind dir vergeben" (Matth. 9, 2).

Sündenvergebung: ein großes Wort, das Wort des höchsten Trostes. Wem sie zuteil ward, der hört den Heiland sprechen: „Sei getrost, mein Sohn." Sündenvergebung: ein schweres Werk. „Dieser lästert Gott." Denn „wer kann Sünden vergeben, als nur Gott allein?" (Mark. 2, 7.) Antwort: Ja, nur Gott und derjenige, dem Gott dazu Auftrag und Vollmacht gegeben. Christus war der göttliche Seelenheiland. In seinen Händen trug er himmlische Gewalten. Er hinterließ sie seiner Kirche, den Aposteln und dem Priestertum. Er gab ihnen das Sakrament der Buße zur Sündenvergebung. Davon sprachen wir schon oft, und immer wieder habe ich euch gemahnt zum treuen Empfang des heiligen Bußsakramentes, so oft sich die Gelegenheit dazu bot.

Aber oft fehlt euch diese Gelegenheit. Im Krieg regieren ja auch beim besten Willen meist außerordentliche Verhältnisse. Und doch wünschet ihr sehnlichst, eure Seele stets in der Gnade Gottes zu halten,

---

[20] Textquelle I SCHWERT DES GEISTES 1917, S. 322-328.

oder wenn ihr in eine schwere Sünde geraten waret, möglichst rasch und sicher aus ihr wieder herauszukommen.

Dazu gibt es noch ein anderes Mittel der Sündenvergebung, das ist die vollkommene Reue.

Erwecket sie oft. Übet sie treu. Lasset eure Seelen durch sie in steter Verbindung mit eurem Herrgott bleiben.

I.

Reue: ein tiefernstes Wort. Reue: ein hocherhabenes Wort. „Wenn der Sünder Buße tut über alle seine Sünden, dann soll er leben" (Ez. 18, 21). Der erste Schritt zu diesem „Buße tun" aber ist die Reue.

Jede Tat des Menschen trägt ihren Lohn oder ihre Strafe in sich selbst. Das Gewissen ist der unbestechliche Richter. In jeder schlechten Tat liegt auch schon ihre Verurteilung durch das eigene Innere. In jeder schweren Sünde, die gegen Gottes sittliche Weltordnung angeht, liegt eine ganze Hölle. Wenn Gott als strenger Richter aller Sünden dem, der wider seine Gebote gefrevelt hat, sagen würde: Ich werde dich in die Hölle stoßen, so könnte der Arme ihm antworten: Das brauchst du nicht mehr, denn ich habe in meinem Sündenleben schon stets eine ganze Hölle in mir getragen.

Ja, der Übertreter und Verächter der göttlichen Gebote trägt schon eine qualvolle Hölle in sich, denn nichts auf Erden ist mit den Qualen eines von Sünde und Schuld bedrückten Gewissens zu vergleichen.

Fällt einer der irdischen Gerechtigkeit und ihren Strafen anheim, so müßte er ein tiefgesunkener Mensch sein, stiege nicht aus seinem Innersten die Erkenntnis seiner Tat in ihm aus und damit Reue über sie. Aber das wäre noch nicht jene Reue, die ihren Wert vor Gott hätte. „Zerreißet eure Herzen, nicht euere Kleider", sagt der Prophet (Joel 2, 13). „Ein zerknirschtes und gedemütigtes Herz wirst du, o Gott, nicht verachten" (Ps. 50, 19). Auf die Gesinnung des Herzens über die Tat kommt es an, nicht auf die erlittene Strafe; denn diese Strafe ist doch nicht des Menschen größtes Unglück. Es ist ein rechter Jammer, wenn der Mensch sein wahres Glück nicht kennt und sein tiefstes Unglück nicht einsehen will. Mag er es auch nicht glauben wollen, er muß es doch glauben; mag er sich auch dagegen sträuben, es hilft ihm doch nichts: „Du sollst es wissen und erkennen, daß es bitter und böse ist, den Herrn, deinen Gott, verlassen zu haben" (Jer. 2, 19). Über die natürliche Reue muß er hinaus und hinaufsteigen zu einer übernatürlichen. Über die Reue, die nur an sich denkt, muß er hinaus und hinaufsteigen zu einer Reue, die an Gott denkt, an den Gott, gegen den wir in der Sünde gefrevelt haben. Denn alle wahre Reue ist ein Schmerz der Seele und ein Abscheu über die begangenen Sünden, ein Schmerz über den Frevel gegen unsern Gott und über die Beleidigung Gottes, die in jeder schweren Sünde liegt.

Warum bedenken wir denn doch so wenig, was für eine Torheit und Bosheit in dem Anstürmen des kleinen, schwachen Menschen gegen die Gesetze der zwei steinernen Tafeln unseres großen Gottes liegt, gegen sein majestätisches „Du sollst – du sollst nicht"? Warum trinken wir die Sünde wie Wasser so gleichgültig und kennen nicht das „Mysterium der Bosheit", wie Paulus es nennt, und bleiben in unserem Taumel in Sünde und Schuld und halten keine Einkehr und keine Umkehr und werden nicht erschüttert von den Stürmen der Reue, die unser Innerstes durchschütteln sollten? Weil wir oberflächlich sind und nicht die Schwere der Sünde und die Größe der Schuld überdenken! Kain, der Mörder, hörte eine Stimme, die ihn anrief, überhörte sie, und – keine Reue. Die Menschen der Sündfluttage wurden vor Gottes Gericht gewarnt, und – keine Reue. Judas wurde erschüttert vom unschuldig verratenen Blut, und – keine Reue. Der Schächer zur Linken Jesu verspottete noch sterbend ihn und auch seinen Leidensgenossen – keine Reue. Und Hunderte von uns taumeln weiter, wie alle diese – keine Reue. Das ist der Menschenseele schwerstes Unglück; denn dann ist eines Tages die Stunde der göttlichen Barmherzigkeit abgelaufen, die Gerechtigkeit tritt in ihre Rechte ein, und wo keine Reue ist, da kann auch Gott selber nicht mehr verzeihen und vergeben.

Wo aber die Reue aus Seelentiefen stark hervorbricht, da ist sie der Erbarmung und Verzeihung Gottes gewiß; denn „seine Erbarmungen gehen über alle seine Werke" (Ps. 144, 9). Sehet die ersten Menschen schuldbeladen, aber reuig vor den Toren ihres verlorenen Paradieses: die Reue macht alles wieder gut. Höret einen David seinen Bußpsalm Miserere beten, höret den verlorenen Sohn sprechen: „Vater, ich habe gesündigt wider den Himmel und wider dich, ich bin's nicht wert, dein Kind zu heißen" (Luk. 15, 18 f.), die Reue macht alles wieder gut. Sehet einen Petrus „hinausgehen und bitterlich weinen" und eine Magdalena zu den Füßen Jesu knien: die Reue macht alles wieder gut. Höret einen Schächer in der elften Stunde um" Vergebung flehen: die Reue macht alles wieder gut, sie öffnet ihm im Sterben die Pforten eines ewigen Paradieses: „Wahrlich, ich sage dir, heute noch wirst du mit mir im Paradiese sein" (Luk. 23, 43). Für alle diese löschte die Reue vor Gott alle Schuld aus, machte sie wieder zu Gotteskindern, erweckte sie vom Tode zum neuen Leben und brachte sie dem Vaterherzen Gottes wieder nahe.

II.
So kommt nun, wir wollen vor das Angesicht Gottes hintreten und alle Schuld und alle Sünden unseres Lebens bereuen. Vier Blicke wollen wir tun, auf daß wir Verzeihung und Erbarmen finden.

Schauet *rückwärts*! Am Anfang unseres Lebens steht unser Gott als unser Schöpfer und darum unser Herr, als unser größter Wohltäter, „von dem ich Ehre und irdisches Gut zu Lehen trage und Fleisch und Blut und Seele und Atem und Leben". Alles gab er uns, zeitliches und ewiges, leibliches und geistiges Leben, die Fülle der Gnaden von der Taufe an. „Lobpreise, meine Seele, den Herrn, und alles, was in mir ist, seinen heiligen Namen" (Ps. 102, 1). Ja, er ist in Wahrheit mein Vater: „Vater unser, der du bist in den Himmeln." „Was soll ich dem Herrn vergelten für alles, was er mir getan?" (Ps. 115, 3.) Habe ich es ihm immer vergolten? Oder tat ich Sünde und vergalt ihm Gutes mit Bösem, seine Wohltaten mit meinen Missetaten? Dann müßte ich sagen: „Vater, ich habe gesündigt wider den Himmel und wider dich. Ich bin's nicht wert, dein Kind genannt zu werden" (Luk. 15, 18 f.).

„Schauet *abwärts*! Schauet in die Tiefen der Ewigkeit, in die Abgründe ewiger Strafen. Der da gesprochen hat: „Ich bin der Herr, dein Gott, du sollst – du sollst nicht", der hat auch die Macht, seine Gebote zum Triumph zu führen. Er hat es wahr gemacht und macht es ewig wahr, daß niemand ungestraft sein Gesetz übertreten kann. Es gibt eine ewige Strafe der schweren Sünde. Es gibt eine ewige Hölle: „Die Gottlosen werden eingehen in die ewige Pein" (Matth. 25, 46). Der sonst so milde Erlöser hat diese furchtbaren Worte gesprochen. Wenn die Zeit der Barmherzigkeit abgelaufen, tritt Gottes Gerechtigkeit in ihre Rechte ein. Hast du jemals sie verdient gehabt, diese Hölle? – Wenn du Gottes Gebote in großer Sache mit Wissen und Willen übertratest, ja, dann hast du sie verdient, und dann ist es nur „des Herrn Barmherzigkeit, daß wir nicht sind verzehrt worden" (Klagel. 3, 22).

Schauet *aufwärts*! Es ragt ein Kreuz auf Golgatha auf, und dieses Kreuz steht vor dem Abgrund der Hölle, uns zu warnen; diese ausgespannten Arme wollen dich retten. Dieser Gekreuzigte stirbt, damit du lebest: „Ich will nicht den Tod des Sünders, sondern daß er sich bekehre und lebe" (Ez. 33, 11). „So sehr hat Gott die Welt geliebt, daß er seinen eingebornen Sohn dahingab, auf daß alle, die an ihn glauben, nicht verlorengehen" (Joh.3,16). „Er hat mich geliebt und sich für mich dahingegeben" (Gal. 2, 20), denn er ist „der gute Hirt, der sein Leben hingibt für seine Schafe" (Joh. 10, 11), der dich sucht und dir nachgeht und voll Milde dir zuruft: Das tat ich für dich. Was tatest du für mich?

Herr, ich tat nichts für dich. Beleidigt und gekreuzigt habe ich dich. Aber sieh, nun will ich unter deinem Kreuze mit Petrus meine Sünden beweinen, mit Paulus beim Gedanken an deine Wunden und deine Dornenkrone alle Schuld sühnen, mit Maria Magdalena und dem büßenden Schächer alle Sünde im Reueschmerz tilgen, weil ich dich liebe, o mein Heiland, der du mich zuvor geliebt hast.

Schauet *vorwärts*! Da steht unser Gott am Ende unseres Lebens. Er ist unseres Lebens Ziel und Verheißung, Krone und Lohn: „Ich selbst will dein übergroßer Lohn sein." Er wird uns, wenn wir ihm treu und willig gedient, eine unendliche Glückseligkeit im ewigen Gottesreiche geben: „Kein Auge hat es gesehen, kein Ohr hat es gehört" (1 Kor. 2, 9).

Doch nein, nicht an den Lohn für uns wollen wir denken, nur an diesen unendlichen Gott, an ihn, den Ewigen und Allheiligen, den unendlich Gütigen und Getreuen, der mich zu seinem Kinde gemacht und mein Vater ist und sein will auf ewig, an ihn, der mich liebt von Ewigkeit her, und den ich lieben will mit meinem ganzen Herzen – auch wenn es keinen Himmel zum Lohne und wenn es keine Hölle gäbe, in der ich ewige Strafe empfangen könnte –, den ich lieben will, weil er das unendliche, höchste, liebenswürdigste Gut ist: „Mein Herr und mein Gott! Mein Gott und mein alles!"

Vor seinem Thron knien wir nun nieder und beten mit aller Inbrunst aus den Tiefen unserer schuldbeladenen Seele: „O mein Gott und Herr, alle Sünden meines ganzen Lebens sind mir leid von Grund meines Herzens, weil ich dadurch verdient habe, von dir, meinem gerechten Richter, zeitlich oder ewig gestraft zu werden; weil ich gegen dich, meinen größten Wohltäter, so undankbar gewesen bin; besonders aber, weil ich dich, das höchste und liebenswürdigste Gut, dadurch beleidigt habe. Ich nehme mir ernstlich vor, mein Leben zu bessern und nicht mehr zu sündigen. O Jesus, gib mir deine Gnade dazu!"

Solche Reue führt aus dem Tode zum Leben. Sie bringt geistigerweise das fertig, was der göttliche Wundertäter einst unter den Toren Naims vollbrachte, als er ausrief: „Jüngling, ich sage dir, stehe auf" (Luk. 7, 14).

Solche Reue kommt nie zu spät, sie macht alles wieder gut; sie kann ein ganzes, langes Sündenleben in wenigen Augenblicken reinwaschen, sie kann Tote wieder zum Leben aufwecken: „Dieser mein Sohn war tot und ist wieder lebendig geworden."

So erweckt sie oft, diese vollkommene Reue: an jedem Abend in jeder Gefahr, vor jedem Kampf, so oft es in Stellung geht, erweckt sie ernst und innerlich, nicht mit vielen Worten, nicht mit langen Formeln, nicht aus dem Buch, sondern aus dem Herzen, aus jenem „gedemütigten und zerknirschten Herzen", das Gott nicht verachten wird. Dann seid ihr allzeit gerüstet, dann seid ihr stets bereit, vor Gott zu erscheinen, dann „wird im Himmel Freude sein über einen Sünder, der Buße tut" (Luk. 15, 7).

20.
Von Gottes Gnaden: Zum Kaisertag
Von Dr. Donders[21]

"Ehret den König!" (1 Petri 2, 17.)

Der Kaisertag ist in Friedenszeiten alljährlich ein Familientag, ein freudiges Familienfest des ganzen Volkes. Denn ein Volk wie unser Volk ist eine große Familie und feiert seine Freudentage und Opferstunden in heiliger Einheit und Gemeinsamkeit. Der Kaisertag in Kriegszeiten, zum drittenmal gefeiert unter dem Donner der Geschütze, ist dreifach mehr noch ein Familienfest des ganzen Volkes, das wie eine Mauer von Erz und Eisen seinen König umgibt und schirmt, das sich gerade in solcher Zeit noch enger und fester um seinen Fürsten zusammenschließt, froh bereit, alles zu opfern und alles zu wagen unter seinem Zepter. Darum ruft der Kaisertag dem Volk im ganzen Lande es wieder von neuem zu: „Ehret den König", ehret den König „von Gottes Gnaden"!

1. Der Weltapostel sagt: „Alle Vaterschaft stammt von Gott" (Eph. 3, 15). Also auch die Vaterschaft des „Landesvaters" im Vaterland. Alle Autorität stammt von Gott: „Du hättest keine Macht, wenn sie dir nicht von oben her gegeben wäre", sprach Christus in königlicher Majestät vor Pilatus (Joh. 19, 11). „Durch mich herrschen die Könige und geben die Gewaltigen der Erde ihre Gesetze" (Spr. 8, 15). An der Totenbahre eines der mächtigsten Herrscher der Geschichte rief einst ein Prediger aus: „Gott allein ist groß!" – Ja, wahrhaftig, Gott allein ist König auf der weiten Erde. Er ist derjenige, der den Trägern der Kronen ihre Macht verleiht. Darum sehen wir auf jeder goldenen Königskrone das Funkeln und Leuchten jenes höheren Glanzes, der aus dem Lichte Gottes kommt. Darum ist jede Königskrone aber auch eine Dornenkrone, weil eine schwere und große Verantwortung vor Gott auf ihr ruht. Darum nennen wir den König einen Herrscher „von Gottes Gnaden", nicht „von seines Volkes Gnaden", weil er herrscht im Namen Gottes.

---
[21] Textquelle | Schwert des Geistes 1917, S. 267-370.

2. So ehren wir unsern Kaiser, getreu der apostolischen Mahnung: „Fürchtet Gott und ehret den König!" Deutschlands Söhne waren von jeher „die Mannen der Heerbanntreue": wenn bei den alten Germanen der durch Gotteslos zum Führer für den Krieg bestellte Herzog seinen „Heerbann" ausrief, dann kamen sie alle herbei. Jeder setzte sein Höchstes und Bestes ein. Oft deckten ihre Leiber im Tode noch den toten Führer: sie waren „seine Getreuen" geblieben. Der Wille ihres Herzogs erschien ihnen als Gottes Wille. Diese Auffassung durchzieht unsere ganze Geschichte. Sie ist uns heilig als Deutschen. Sie ist uns heilig als Soldaten. Sie ist uns heilig als Katholiken.

Dem „Könige von Gottes Gnaden", dem Herrscher, der die Krone trägt, um Gottes willen die ganze Treue zu bewahren, dazu mahnt uns auch unsere katholische Pflicht, unser katholisches Gewissen; so hat das katholische Volk immer und allenthalben dem Könige von Gottes Gnaden den Treueid geleistet, die Treue bewahrt. Von den schlimmsten Zeiten, den Zeiten der Märtyrer des Urchristentums, erzählt der Bischof Epiphanius: Wenn die Christen für ihren Glauben starben, dann hatten sie als letztes Gebet auf ihren Lippen den Segenswunsch: „Gott segne den Kaiser! Er schenke ihm weise Ratgeber, ein tapferes Heer und ein treues Volk!" Dann gingen sie in den Tod.

3. Solche Treue fordert von uns unser Gewissen. Aber solche Treue halten wir freudig, mit dankerfülltem Herzen, wenn sie einem Könige gilt, der „Gott gibt, was Gottes ist": dann gibt sein Volk um so lieber „dem Kaiser, was des Kaisers ist". Solche Treue halten wir um so freudiger, wenn sie einem Könige gilt, der in tiefem Gottesglauben stets Gott, dem höchsten Könige, die Ehre gibt und vor ihm sich neigt und beugt. Solche Treue leisten wir als Soldaten doppelt gern, nicht gezwungen, sondern mit freiem Willen, mit freudigem Sinn, mit frohem Herzen, mit dankbarer Seele.

Für unsern ritterlichen Kaiser aber ist es auch etwas viel Herrlicheres und Größeres, von Millionen Freien ein König, als von Millionen Sklaven ein Bezwinger zu sein. Nein, kein Zwingherr, ein Vater ist er seinem Volke.

4. Erst recht in dieser schweren, blutigen Zeit des Krieges ist diese Liebe gewachsen: mögen die andern ihn mißkennen und mißachten, wir ehren und lieben ihn nur um so mehr; mögen die andern ihn jetzt

oft höhnen, wir schauen um so begeisterter zu ihm auf; mögen die andern ihm stets aufs neue „kriegerische Gelüste" vorwerfen, wir schützen und schirmen ihn mit unserem Leib und Leben. Noch lebt sie in uns allen, jene seine Großtat des Friedensangebotes vom 12. Dezember 1916, die doch jedem, der guten Willens war, die Augen hätte öffnen müssen über alle falschen Anklagen und falschen Darstellungen – jene Großtat, dies auch mitten im Weltkrieg uns nur noch mehr bewegt, ihn zu nennen, wie wir mit Ehrfurcht und Dank ihn früher stets nannten: *„den Friedenskaiser"*. Nicht seine Schuld ist es, daß sein Heer zum drittenmal den Kaisertag unter Waffenlärm feiert; – nicht seine Schuld ist es, daß die Welt, die den Frieden doch so sehr ersehnt, ihn immer noch nicht empfängt. Aber eben darum, weil das nicht seine Schuld ist, kämpfen wir um so tapferer und treuer, halten wir um so wackerer aus, weichen wir keinem Feinde, geloben wir es unserem obersten Kriegsherrn heute um so fester: Treu zu ihm und zu seiner Krone, treu zu ihm und zu seinem Throne, treu mit ihm für Volk und Vaterland! Stärker als Festungen, fester als Mauern von Stein und Eisen, enger als alle Wälle schützen die Reihen seiner Soldaten mit ihrer Brust den Thron ihres Königs, die erhabene Person ihres Kaisers.

So lasset uns für ihn beten, wie einst die ersten Christen beteten: „Gott segne den Kaiser! Er schenke ihm weise Ratgeber, ein tapferes Heer und ein treues Volk!" Herr, unser Gott, laß deine Gnade groß werden über Wilhelm II., unserem Kaiser und Herrn! Segne ihn und erhalte ihn uns noch lange Jahre, auf daß er in Friedenszeiten sich dessen erfreue, was wir in diesem Kriege verteidigt und errungen haben!

Soldaten! „Fürchtet Gott und ehret den König!" Amen.

21.
CHRISTUS UND DIE KRANKEN
Von Dr. Donders[22]

Lesestück: Matth. 9, 1-8.

1. Es gibt ein Bild, das den Heiland und Erlöser aller Krankheiten und allen Elendes darstellt. Arme und Leidende aller Art umdrängen den göttlichen Arzt: Blinde, Lahme, Gichtbrüchige, Aussätzige, Verlassene, alle, die da mühselig und beladen sind. In ihrer Mitte steht er, der gütige, mitleidige Heiland. Mit dem Auge der Liebe schaut er sie alle an. Er breitet weit seine Arme aus: „Mich erbarmet des Volkes!" „Kommet alle zu mir, die ihr mühselig und beladen seid. Ich will euch erquicken, und ihr werdet Ruhe finden für eure Seelen" (Matth. 11, 28). Friede und Trost, Gnade und Glück, Hilfe und Heil geht von ihm aus.

2. Das ist das Bild der Evangelien. Dort ist es auf jeder Seite zu finden. Wie herrlich leuchtend hat Lukas es uns gemalt: „Als die Sonne unterging, brachten alle, welche Kranke bei sich hatten, die mit allerlei Übeln behaftet waren, diese zu ihm hin. Und er legte ihnen einzeln die Hände auf und heilte sie" (Luk. 4, 40). Mit welcher Heilandsliebe hat er sie alle angeschaut, mit seinem treuen Heilandsherzen hat er sie voll Liebe aufgenommen, mit seinen göttlichen Heilandshänden hat er ihnen geholfen: „Der Herr hat alles wohlgemacht: die Tauben macht er hörend, die Stummen macht er redend" (Mark. 7, 37). Ist nicht jene Begebenheit, die ich euch soeben verlesen habe, die Heilung des Gichtbrüchigen, ein Teilbild aus jenem großen Gesamtbilde göttlicher Heilandsarbeit? Christus und die Kranken, welch schönes Gemälde!

3. Was wollten die Kranken von Christus, wenn sie ihn umdrängten und den Saum seines Gewandes berührten, daß er es fühlte: „Es ist eine Kraft von mir ausgegangen"? Sie wollten Heilung und Hilfe in ihren leiblichen Gebrechen, in allen ihren körperlichen Nöten: „Jesu, du Sohn Davids, erbarme dich unser!" Keiner hielt sich in seiner Nähe für unheilbar. Alle hofften auf seine allmächtige Gotteskraft. Glückselig, wer

---

[22] Textquelle I SCHWERT DES GEISTES 1917, S. 408-410.

in schweren, trüben Krankheitstagen noch hoffen kann, wer da Glauben und Vertrauen auf den göttlichen Arzt hat, wer mit aller Hingabe den Saum seines Gewandes umklammert, um wieder gesund zu werden! Wie viele mögen es in jenen gesegneten Tagen wohl gewesen sein, die so zu Christus kamen? Wie viele mag er geheilt haben? Das Evangelium nennt keine Zahlen, aber es läßt sie uns ahnen.

4. Was empfingen die Kranken von Christus? Nicht immer und alsogleich das, was sie von ihm erhofften, die Heilung ihrer leiblichen Krankheit. Der dem Gichtbrüchigen zuallererst sagte: „Sei getrost, mein Sohn, dir sind deine Sünden vergeben", und dann erst: „Steh auf, nimm dein Bett und geh in dein Haus", der hat stets ihnen gesagt, daß die Sorge für die kranke Seele noch wichtiger ist als die Sorge für den kranken Leib.

Nicht immer gab und gibt der Heiland allen Heilung. Oft blieb und bleibt das Leiden, aber über die innerste Seele kommt eine starke tiefe Kraft, es zu ertragen und willig hinzunehmen. „Erlöse uns von dem Übel!" Ist es keine Erlösung von dem Übel, so ist es eine Erlösung in dem Übel, und vielleicht ist sie vor Gott und für die Ewigkeit die größere Gnade.

5. Wie dankten die Kranken ihrem Christus? Viele gar nicht. Andere mit lautem Lobpreis und in der Ergriffenheit ihres Herzens. Der Blindgeborene verkündete allen seine Heilung, aber von den zehn Aussätzigen kam nur einer zurück, und der war ein Samaritan, so daß der Heiland enttäuscht sprechen mußte: „Sind nicht zehn geheilt worden? Wo sind denn die Neun?"

Vergesset den Dank nicht! Seid nicht undankbar! Nicht bloß der göttliche Seelenarzt, auch eure unermüdlich besorgten Pfleger und Pflegerinnen, die Ärzte und die Krankenträger, sie alle verdienen euren Herzensdank. Vergesset nicht diesen Dank!

Krankheitstage sollen Segenstage werden.

22.
CHRISTUS TRAUERT MIT UNS AM GRABE
Von Dr. Donders[23]

Als Jesus hinkam (nach Bethanien), lag Lazarus bereits vier Tage im Grabe. „Und Martha sprach zu Jesus: ‚Herr, wenn du hier gewesen wärest, mein Bruder wäre nicht gestorben! Doch auch jetzt noch weiß ich, daß Gott dir alles geben wird, was du von ihm erbittest!' Jesus sprach zu ihr: ‚Dein Bruder wird auferstehen.' Martha erwiderte ihm: ‚Ich weiß, daß er auferstehen wird bei der Auferstehung am Jüngsten Tage.' Jesus sprach zu ihr: ‚Ich bin die Auferstehung und das Leben. Wer an mich glaubt, wird leben, auch wenn er gestorben ist. Und jeder, der lebt und an mich glaubt, wird nicht sterben in Ewigkeit. Glaubst du das?' Sie sagte zu ihm: ‚Ja, Herr, ich glaube, daß du bist der Christus, der Sohn des lebendigen Gottes, der in diese Welt gekommen ist!' ... Und Jesus weinte. Da sprachen die Juden: ‚Sehet, wie lieb er ihn hatte!'" (Joh.11, 17-36.)

Unsere oftmalige Pilgerfahrt zu den Heldenfriedhöfen des Weltkrieges und den Gräbern der gefallenen Kameraden läßt uns in diesem feierlichen und ergreifenden Augenblick des heiligsten Pilgers gedenken, der je an einem Freundesgrabe stand – Christus', des Gottessohnes, am Grabe seines Freundes Lazarus. Unsere Herzen trauern, ein heiliger Ernst liegt auf unsern Zügen, Tod und Ewigkeit sind uns nahegerückt, Christus steht mit uns am Grabe unseres Freundes. Die Kirche betet zu ihm in den Totengebeten: „Der du den Lazarus aus dem Grabe erweckt hast."

„Jesus weinte": Jesus, der Mann, weinte. Er weinte nicht in seinem Leiden. Er sprach zu den Frauen auf dem Kreuzweg: „Weinet nicht über mich." Nur zweimal sagt das Evangelium, daß er geweint habe: beim Gedanken an die Zerstörung des alten Jerusalem und hier am Freundesgrab.

1. Warum seine Trauer? Er fühlte eine tiefe Teilnahme mit dem Leid der beiden Schwestern im traulichen Bethanien. Ihr Schmerz war sein Schmerz, ihre Trauer seine Trauer. Ergeht es nicht auch uns in diesen

---

[23] Textquelle I SCHWERT DES GEISTES 1917, S. 411-413.

Zeiten so? Wenn wir diese Gräber des Krieges umstehen, dann gedenken wir der fernen Angehörigen aller unserer toten Brüder, und jedem von uns ist es zumute, „als knieten viele ungesehn – und beteten mit mir". Die Heimat hat der Toten so viele mehr, aber der Gräber so viele weniger: das verdoppelt noch ihr Leid, und wir fühlen es hier um so tiefer mit all den Trauernden daheim, denen in kurzer Zeit die Trauerbotschaft vom Tode dieses jungen Helden zukommen wird: ihre Trauer ist unsere Trauer.

2. Warum Jesu Trauer? Er fühlte, wieviel er an dem toten Freunde verloren hatte: „Da sagten die Juden zueinander: Seht nur: wie lieb er ihn hatte" (Joh. 11, 36). Ergeht es nicht auch uns in diesen Zeiten so? Wie lange Wochen hindurch hattet ihr alle mit diesem eurem gefallenen Kameraden alles geteilt, Speise und Trank, die Tagesarbeit und den Nachtdienst, die frohen und die ernsten Stunden. Da waret ihr untereinander Freunde geworden. Nichts vereint die Herzen ja so fest als solch gemeinsam getragene Nöten und solch gemeinsam durchgefochtene Gefahren.

3. Nun ist er gefallen, gleich so vielen andern, und trauernd umstehen wir auch dieses Heldengrab im Feindesland. Wer tröstet uns? „Schauet auf und erhebet eure Häupter", Christus der Tröster steht neben uns. Er versteht unsere brüderliche Trauer. Er tadelt unsern Freundesschmerz nicht. Er sagt es uns auch an diesem frischen Grabhügel: Es gibt eine heilige und geheiligte Christentrauer. Denn Gräber sind wie Altäre. Auf beiden wird geopfert, wird das Liebste und Beste geopfert, was wir haben.

Der Apostel sagt uns aber auch: „Trauert nicht wie jene, die keine Hoffnung haben" (1 Thess. 4, 12). Der gleiche Weltheiland, der trauernd am Grabe des Lazarus stand „und weinte", sprach zur Witwe von Naim das Wort: „Weine nicht!" Denn: „Selig sind die Toten, die im Herrn sterben. Von nun an, spricht der Geist, sollen sie ausruhen von ihren Mühen, und ihre Werke folgen ihnen nach" (Offb. 14, 13). Im Herrn sind sie gestorben – das hoffen wir zu Gott –, sie alle, die hier ihr Blut und Leben für die Brüder hingaben. Wer aber im Herrn gestorben ist, der ruht in Gottes Hut, und wer in Gottes Hut ruht, dem wollen wir „die ewige Ruhe" gönnen. – Darum löst sich unsere stille Trauer jetzt im frommen Gebete auf: „Herr, gib ihm die ewige Ruhe, und das ewige Licht leuchte ihm. Laß ihn ruhen im Frieden."

Wir glauben an eine Unsterblichkeit der Seele über Tod und Grab hinaus. Wir glauben an eine Ewigkeit. Wir glauben an einen ewigen Lohn des Guten. Darum „trauern wir nicht wie jene, die keine Hoffnung haben".

Unsere Trauer in dieser Stunde und an dieser Stätte, die der Heiland mit uns teilt, wird uns vom Heiland auch verklärt: „Ihr habt zwar jetzt Trauer, aber ich werde euch wiedersehen, und euer Herz wird sich freuen, und eure Freude wird niemand von euch nehmen" (Joh. 16, 22).

23.
CHRISTUS BETET MIT UNS AM GRABE
Von Dr. Donders[24]

Der Evangelist Johannes erzählt uns den Gang des Menschensohnes zum Grabe seines Freundes Lazarus und ein Gebet des Menschensohnes bei jenem Begräbnis in Bethanien. Höre die Worte des vierten Evangelisten, der uns das Evangelium des göttlichen Herzens und der Liebe Jesu geschrieben hat:

> „Jesus, wiederum in sich erschauernd, kam zum Grabe. Es war eine Höhle und ein Stein war davorgelegt. Da sprach Jesus: ‚Nehmet den Stein weg!' Martha, die Schwester des Verstorbenen, sagte zu ihm: ‚Herr, er hat schon den Leichengeruch; denn er liegt bereits vier Tage!' Jesus sprach zu ihr: ‚Habe ich dir nicht gesagt: Wenn du glaubst, wirst du Gottes Herrlichkeit schauen?' Sie nahmen also den Stein weg. Und Jesus hob seine Augen empor und sprach: ‚Vater, ich danke dir, daß du mich erhört hast. Ich wußte wohl, daß du mich allezeit erhörest; aber um des Volkes willen, das da ringsumher steht, habe ich es gesagt, damit sie glauben, daß du mich gesandt hast!'" (Joh. 11, 38-42.)

---

[24] Textquelle I SCHWERT DES GEISTES 1917, S. 413-416.

Der Menschensohn betet am Grabe. In den Plänen seiner Allmacht lag ein Wunder: „Wenn du glaubst, wirst du Gottes Herrlichkeit schauen." Dann schaute er zum Himmel auf und betete: „Vater, ich danke dir, daß du mich erhört hast. ..." Betend steht Christus am Grabe seines toten Freundes.

Schauet von jenem Tage aus weiter vorwärts! 1. Er ist „der große Hohepriester, der immerfort für uns betet" (Hebr. 7, 25). Er ist das betende Herz der Menschheit. Er betet alle Tage auf tausend Altären für jene, „die uns vorangegangen sind im Zeichen des Glaubens und nun ruhen im Schlafe des Friedens". Gleichwie das Kreuz zwischen Himmel und Erde als Zeichen der Mittlerschaft des Erlösers aufragt, so auch unsere Altäre, auf denen er sich in seinem Blut hinopfert, betend zum Vater für die Toten: „Ihnen allen, o Herr, und allen in Christus dort Ruhenden gib die Stätte der Erquickung, des Lichtes und des Friedens." Und Gottes Engel steigen auf und nieder, die Seelen zu befreien, die unter den Toren der Ewigkeit noch warten und büßen, „bis der letzte Heller bezahlt ist".

2. Wir beten am Grabe unserer lieben Toten, mit ihm vereint. Das ist ja unser schönster Trost, daß wir über Tod und Grab hinaus ihnen unsere Liebe beweisen können durch das treue Gebet. „Vergiß, mein Volk, die treuen Toten „nicht!"

a) Die Toten bedürfen unseres Gebetes, wenn und solange sie noch nicht zur seligen Anschauung Gottes eingegangen sind: „Wenn du der Sünden gedenkst, Herr, wer wird vor dir bestehen? Aber bei dir ist Vergebung und überreiche Erlösung" (Ps. 129, 3).

b) Die Toten hoffen auf unser Gebet, denn wir sind reich, und sie sind arm; wir sind reich in Christus und in den Gnadenschätzen des Reiches Gottes auf Erden, wo die Gnadenquellen des heiligen Opfers fließen und der siebenfache Strom der Sakramente sich durch den ganzen Tempel hin ergießt (Ez. 47, 9); wir haben noch die Zeit des Wirkens, den vollen Tag; für sie kam „die Nacht, in der man nicht mehr wirken kann" (Joh. 9, 4); wir haben noch Christus, den Heiland und Erlöser, bei uns, der mit uns betet und opfert, in jeder heiligen Messe, in jeder heiligen Kommunion, in jedem Ablaß, der ein Gnadengeschenk aus seinen durchbohrten Händen ist.

c) Die Toten danken uns unser Gebet. Wie gern würden wir den Gefallenen noch etwas Liebes und Gutes getan haben. Da wurden sie plötzlich von unserer Seite hinweggerafft. Können wir nun nichts mehr ihnen tun? Doch, gewiß: wir können betend ihre Freunde und Beschützer bleiben, auch in die anderes Welt hinein. Glückselig wir, wenn unser Gebet sie rasch aus dem Fegfeuer befreit." Oder falls sie selber dort nichts zu büßen haben, weil sie schon auf der Erde ein wahres Fegfeuer durchgemacht hatten, dann wird es sie beglücken, wenn unser Gebet andern zugute kommt und andere errettet. „Vergiß, mein Volk, die treuen Toten nicht!"

„Nein, ihr toten Kameraden, wir vergessen euch nicht, heute nicht und morgen nicht und niemals in unserem Leben. Ihr sollt es erfahren, daß es noch Menschen gibt, auf deren Lippen das Wort „unvergeßlich" keine leere Phrase ist. Das Gebet schlingt heilige Bande um uns und euch, um die Lebenden und die Toten. Das Gebet baut goldene Brücken vom Diesseits zum Jenseits hinüber. Das Gebet eint die Freunde, die der grausame Tod des Schlachtfeldes getrennt hat – eint uns alle am Vaterherzen Gottes, zu dem wir nun gemeinsam beten wollen, wie der betende Heiland es uns gelehrt hat: Vater unser, der du bist in den Himmeln. ...

24.
CHRISTUS DER SIEGER ÜBER DEN TOD
Von Dr. Donders[25]

„Nachdem er (Jesus) dies gesagt, rief er mit lauter Stimme: ‚Lazarus, komm heraus!' Und der Verstorbene kam sogleich heraus, an Händen und Füßen mit Binden umwickelt, und sein Angesicht war in ein Schweißtuch gehüllt. Jesus sprach zu ihnen: ‚Bindet ihn los und lasset ihn gehen!' Viele von den Juden, die zu Maria und Martha gekommen waren, und sahen was Jesus tat, glaubten an ihn" (Joh. 11, 43-45).

1. Vom Leben hatte der Erlöser allezeit gesprochen. Sich selbst hatte er „das Leben" genannt: „Ich bin der Weg, die Wahrheit und das Leben." Das Leben hatte er der Menschheit verheißen. Er wollte also der Überwinder des Todes sein, der Triumphator über die dunkeln Gewalten dieses Sohnes der Sünde: „Wer an mich glaubt, der wird leben, auch wenn er schon gestorben ist" (Joh. 11, 25).

Damit kommt er dem tiefsten und höchsten Verlangen des Menschenherzens entgegen, in dem tausend Stimmen rufen: „Leben, leben wollen wir und nicht sterben"; in dem jeder Herzschlag der Sehnsucht nach der Unsterblichkeit und dem Leben gilt, dem ewigen Leben.

„Lazarus, komm heraus!" Es ist der Sohn des lebendigen Gottes, der am Grabe also spricht. Sein Wort durchdringt die Ewigkeiten und holt die Seele des Toten von den Gestaden der jenseitigen Welt wieder: „Und der Tote kam sogleich heraus." So erweist sich Christus am Grabe als Herr über Leben und Tod, als König, der den Tod besiegt, als „der starke Bewaffnete", der dem Imperator mors die Macht aus den Händen windet und die Toten dem Leben wieder zurückgibt: „Tod, wo ist nun dein Sieg? Tod, wo ist dein Stachel?" (1 Kor. 15, 55.)

2. Er gibt auch uns unsere Toten wieder. Das ist der größte Trost für uns in dieser schmerzlichen Stunde an einem frischen Grabe. Niemand auf der Welt kann uns das Letzte und Schwerste unseres Schmerzes über die vielen gefallenen Kameraden abnehmen. Aber Trost, seligen Trost gibt uns der lebendige, starke Glaube. Das Grab ist stumm und

---

[25] Textquelle | SCHWERT DES GEISTES 1917, S. 416-418.

verschwiegen. Und doch ist es, wie wenn unsere toten Brüder aus den Tiefen zu uns sprächen: „Trauert nicht gar zu sehr, ihr Freunde; lasset euren Schmerz vom sonnigen Glaubenslicht, vom Ewigkeitslicht verklären. In meines Vaters Haus sind viele Wohnungen. Ich gehe hin, sie euch zu bereiten" (Joh. 14, 2). Non moriar, sed vivam (Ps.117, 17). Nur den sterblichen Leib habt ihr hier zu seiner letzten Ruhe bestattet. Aber auch für ihn kommt einmal ein seliger Morgen, ein Glorientag der Auferstehung: „Es kommt die Stunde, da alle, die in den Gräbern sind, die Stimme des Sohnes Gottes hören werden, und die sie hören, werden leben" (Joh. 5, 28). Credo carnis resurrectionem et vitam venturi saeculi. – Nicht der Tod spricht das letzte Wort, sondern das Leben. Es ist Leben vom Leben desjenigen, der gesprochen hat: „Ich bin die Auferstehung und das Leben", der uns sein heiliges Fleisch und Blut im heiligen Sakramente als Unterpfand ewigen Lebens gab: „Wer von diesem Brote ißt, der wird leben in Ewigkeit" (Joh. 6, 59), der in seinem Tod und Auferstehen unsern frühen Tod geheiligt und uns eine Hoffnung auf die Auferstehung vom Tode gegeben hat: spes immortalitate plena (Weish. 3, 4).

So reden die Toten zu uns, und diese stumme Beredsamkeit der Toten ist doch die größte und stärkste, der wir lauschen können.

Da leuchtet die Hoffnung auf den seligen Ostermorgen der Auferstehung über die Gräber unserer toten Helden hin und macht uns wieder ruhig, ja glücklich; denn da werden wir alle einst wieder vereinigt werden.

Wie reich sind wir, meine Freunde, im vollen Trost dieses Glaubens! Wie arm sind jene, denen der Tod ein Versinken in ewige Nacht und Nebel und Nichts bedeutet! Wir glauben, und weil wir glauben, darum hoffen wir; denn dem Glauben folgt die Hoffnung auf dem Fuße nach: Christus gibt uns unsere Toten wieder! Es kommt einst der große Tag, da „die Erde und das Meer ihre Toten wieder herausgeben", da es lebendig wird „auf den Feldern des Todes, und Gebein fügt sich an Gebein", und sie alle erheben sich aus ihren Gräbern (vgl. Ez. Kap. 37).

Das ist der große Tag Gottes und der große Tag aller der Menschen, „die an Gott geglaubt, auf Gott gehofft haben und darum in ihm ewig glücklich geworden sind.

Dieser Glaube, diese Hoffnung leuchten uns wie helles Sonnenlicht in das Wolkendunkel dieser Trauerstunde hinein. Darum pflanzen wir das Kreuz von Holz auch auf dieses Grab. Es sagt uns und allen, die je hierherkommen werden: Hier liegt ein tapferer junger Held, der an den Gekreuzigten geglaubt und auf ihn gehofft hat. Er wird es erfahren:
„Auf dich, o Herr, habe ich gehofft, ich werde in Ewigkeit nicht zuschanden werden."

25.
Getreu bis in den Tod
Von Dr. Donders[26]

„Sei getreu bis in den Tod, dann will ich dir
die Krone des Lebens geben" (Offb. 2, 10).

1. Es ist etwas Großes um die Treue, um das Ausharren auf dem Wege, um das Treubleiben, dies sich selber und seinem Bruder und seinem Gotte Treubleiben, um das Vollenden des mutig und tapfer Begonnenen. Gewiß, auch ein froher und alles wagender Anfang ist schon etwas Herrliches. Aber herrlicher noch ist dies Festhalten und Durchführen, das keine Schwierigkeiten kennt und vor keinerlei Hindernissen zurückschreckt. Herrlicher noch ist die stahlfeste Treue, die mit unerbittlicher Zähigkeit das hält, was einstmals in der Stunde der Begeisterung ein kühner Gedanke und ein rascher Entschluß eilig gelobt hatten, – die es festhält bis in den Tod.

2. Von diesen Gedanken aus, meine lieben Kameraden, vermögen wir hier, am Grabe eines lieben Toten, unseres Freundes und Kameraden, das tröstliche Wort der Heiligen Schrift in neuem Lichte zu sehen und zu verstehen, das ich euch heute tief in die Seelen schreiben möchte: Esto fidelis ... – „Sei getreu bis in den Tod: dann will ich dir die

---

[26] Textquelle | Schwert des Geistes 1917, S. 421-423.

Krone des Lebens geben." Gewinnt dies Wort nicht schon lange für uns alle einen neuen Klang? Wie viele, die da treu gewesen sind, ruhen hier auf diesem Heldenfriedhof, Reihe um Reihe, Mann an Mann nebeneinander. Sie alle waren und blieben treu, „treu bis in den Tod", treu sich selbst, treu ihrem Fahneneid, treu ihrem König, treu ihrem Vaterlande, treu ihrer Heimat, treu ihrer Pflicht, – „treu bis in den Tod".

Wie vielfach können wir alle als ihre Kronzeugen das Hohe Lied der Treue, der echten Soldatentreue, der ritterlichen Treue singen, die da alle unsere gefallenen Brüder bewiesen haben, vom Tage ihres Ausmarsches angefangen bis zur Stunde ihres Heldentodes. Wozu sie sonst in solcher Art gar keine Möglichkeit und Gelegenheit gehabt hätten, im Feuerofen geprüft und bewährt zu werden wie Gold im Feuer, im Granatfeuer und Kugelregen, im Donner der Geschütze und in hundert Gefahren ihre felsenfeste Treue zu bewähren, dazu gab der Krieg ihnen ungezählte Gelegenheiten, ungeahnte Möglichkeiten. Sie haben sie freudig aufgegriffen. Sie haben die Feuerprobe bestanden.

3. Was könnten wir diesem unserem toten Bruder, dem wir jetzt den letzten Gruß weihen, Schöneres ins Grab hinein nachrufen und auf das Grabkreuz schreiben als dies kostbare Zeugnis: „Er hat's erfüllt, das heilige Mahnwort: Sei getreu! Er war getreu, getreu bis in den Tod." Kann es höhere Worte des Lobes und Dankes, des Friedens und des Trostes an einem Grabe geben als diese? Wer da die Treue hielt, wer sie in Not und Tod hochhielt, so wie der Soldat die Fahne seines Regiments hochhält, dessen Leben war wie aus einem Guß, dessen Sterben war der würdige Schluß eines Lebens, das sich für Gott und die Pflicht, für sein Volk und sein Vaterland, für seine Brüder verzehrt hat. So hat dieser unser junger Held es gehalten. So steht sein Bild und die Erinnerung an ihn vor unsern Augen. So wird uns diese Trauerstunde eine Weihestunde: Er war „getreu bis in den Tod".

4. Mit der Sprache, wie nur die Toten sie sprechen, und wie man nie sonst sie so deutlich hört, als nur wenn man an einem frisch ausgeworfenen Grabe steht, redet er nun auf uns ein: „Seid getreu! Reichet mir die Hand, ihr Lebenden, ihr Brüder! Reichet einander die Hände, schließet den Kreis; seid ganz und gar eines Herzens und eines Sinnes in dieser Stunde; seid alle ein Wille, eine Liebe, eine Kraft; seid eins in der Treue: Estote fideles – Seid getreu!"

Wir hören diese Botschaft Aus solchem Munde ist sie uns doppelt heilig und teuer. Wir folgen ihr, und wir geloben es in dieser Stunde und an diesem Grabhügel, ihr unverbrüchlich treu zu bleiben, „treu bis in den Tod". Denn das Beispiel der Treue unserer gefallenen Helden ist uns allen ein kostbares Vermächtnis, auf Leben und Sterben.

5. „Sei getreu bis in den Tod, dann will ich dir die Krone des Lebens geben." Also solcher Lohn winkt. Er winkt ihm nun, unserem lieben Toten hier, über den Tod und das Grab hinaus. Er winkt uns allen. Als Stephanus unter dem sausenden Steinhagel seiner Feinde zusammenbrach, sah er „den Himmel offen und Jesum zur Rechten Gottes stehen". Eine unsichtbare Krone schwebte schon über seinem Haupte. Die Hand seines ewigen Königs streckte sich ihm aus den Wolken her entgegen: „Ich selbst will dein übergroßer Lohn sein", spricht Gott der Herr. Es gibt einen Tag, an dem alle irdischen Kronen sinken, die Kronen der Macht, der Ehre, des Reichtums, des Glückes – das ist der Tag des Todes. Das ist der Tag, an dem nur eine einzige Krone bleibt – die Krone des Lebens. Ist sie auf ewig gewonnen, dann ist alles gewonnen, wenn auch das irdische Leben verloren ist und alle seine vergänglichen Kronen mit ihm.

Nach ewigen Kronen laßt uns trachten, meine Freunde, nach einer „Krone des Lebens", die allen Tod überdauert und überwindet. Amen.

26.
Im Herrn sterben
Von Dr. Donders[27]

Offb. 14,13.

So oft wir an einem Grabe stehen, so oft unser Trauerweg uns zu den Massengräbern des Krieges hinführt, schauen wir uns nach einem Trostwort um, das uns die schwere Stunde erleichtert und die Trauer mit dem Balsam göttlichen Trostes verklärt. Wir lauschen auf die Stimmen von oben:

1. „Und ich hörte eine Stimme vom Himmel, die da sprach: Schreibe: Selig die Toten, die im Herrn sterben."

Wie, hören wir es richtig? „Selig die Toten?" Wir meinen ja stets: Selig die Lebenden! Selig die, denen noch der volle, strahlende Tag des Lebens beschieden ist. Selig jene, denen das Licht noch leuchtet und das Glück noch lacht. Aber nun hören wir aus dem Munde Gottes: „Selig die Toten." Selig jene, die „den guten Kampf ausgekämpft, den Lauf vollendet, den Glauben bewahrt haben": ihnen ist nun aufgespart die Krone des Lebens. Selig jene, die alles überstanden haben, all das Schwere und Rauhe und Harte des Lebens und des Leidens auf der Erde: „Ein Kriegsdienst ist des Menschen Leben auf der Erde." Der Tod bedeutet Friedensschluß und Sieg.

2. „Die im Herrn sterben." Nicht alle Toten sind selig zu preisen. Nur jene, „die im Herrn sterben". Wie es ein zweifaches Leben in der Seele des Menschen während des Erdentages gibt, eins mit Gott, eins ohne Gott – er hat zu wählen –, so gibt es auch ein zweifaches Sterben, eins mit Gott, eins ohne Gott, eines in Gottes Gnade, eines in Gottes Ungnade. Wie wir sterben, darauf kommt es an: Selig sind nur jene Toten zu preisen, „die im Herrn sterben". Denn sie werden auch im Herrn ewig leben. So hoffen wir es zu Gott von unserem Freunde und Kameraden, an dessen Grabe wir hier stehen: weil er im Herrn gelebt hat, fromm, rein, rechtschaffen, ein gerader, aufrechter Charakter, darum, wir hoffen es, ist er auch im Herrn gestorben. Darum dürfen wir

---

[27] Textquelle I Schwert des Geistes 1917, S. 441-443.

ihn zu jenen Toten zählen, die die Offenbarung Gottes „selig" preist, darum dürfen und wollen wir bei aller unserer Freundschaft nicht übermäßig „trauern, wie solche, die keine Hoffnung haben" (1 Thess. 4, 12). Darum wollen wir lieber seine mahnende Stimme aus einer andern, ewigen Welt hören: Lebet auch ihr im Herrn, damit ihr einstens im Herrn sterbet. Kameraden, bewahret euch die Gnade Gottes; werfet nicht ab das hochzeitliche Gewand, dann seid ihr allezeit bereit, vor Gottes Richterstuhl zu treten. Wenn der dunkle Fährmann Tod euch „winkt in seinen Nachen, dann gebe Gott ein seliges Erwachen!"

3. „Von nun an, so spricht der Geist, sollen sie ausruhen von ihren Mühen, und ihre Werke folgen ihnen nach."

Im Tode erst gibt es Ruhe. Das Leben ist lauter Unruhe. Im Tode gibt es Frieden. Das Leben ist lauter Kampf. Im Tode gibt es den Lohn des Feierabends. Das Leben ist lauter mühselige Arbeit unter des Tages Last und Hitze. Dann erst, in der Todesstunde ist aller Erdenkampf ausgekämpft, das Erdentagwerk vollbracht. Der müde Pilger legt sein Haupt zur Ruhe, der Kampf ist ausgefochten, das Leben ausgestritten, das Leiden ausgelitten. Nun ist's heilige Ruhe. Darum nannten die ersten Christen die Grabstätten der im Kampf gefallenen Märtyrer „Zömeterien", d. i. Stätten von Schlafenden, die da müde vom Arbeitstag nun sich niedergelegt haben zur „ewigen Ruhe".

„Und ihre Werke folgen ihnen nach." Da findet jede Tat ihren Lohn, jeder Kampf seine Krone, jedes Leid seinen Triumph, jedes Gebet seine Erhörung, jedes gute Werk seine ewige Vergeltung; „denn unsterblich ist das Gute". Es begleitet uns durch die Tore einer andern Welt hinüber vor den Richterstuhl und den Thron des dreieinigen Gottes, der da gesprochen hat: „Rufe die Arbeiter und gib ihnen ihren Lohn."

Graphik des Münsteraners Augustinus Heumann (1885-1919)
aus „Karl Wagenfeld: Daud un Düwel, 1912"

VIII.
„Die große Volksmission"

Kriegstexte eines münsterländischen Dichterpriesters

Augustin Wibbelt

„Kommt die Gefahr an dich heran, so entlaste deine Seele durch ein kurzes Reuegebetlein, empfiehl dich dem Herrn und dann tritt kühn auf deinen Weg. Er führt dich zu einem herrlichen Ziele, wenn auch vielleicht durch den Tod." (Augustin Wibbelt: Soldatenspiegel, 19.02.1915)[1]

1.
„IM BUNTEN ROCK"
AUS WIBBELTS TAGEBÜCHERN 1884/85

„Das Soldatenwesen ist
ein Jungbrunnen für die Volkskraft."[2]

Freiburg, 23. März [1885][3]

Das war der Kaisertag mit seiner Parade und Abendfeier. Gott sei Dank, daß es überstanden ist! In der letzten Zeit haben wir soviel Parademarsch geübt, daß man fast zum Automaten wurde; Tag und Nacht klang mir das schnarrende Kommando des Alten in den Ohren: „Parrademarsch! Bataillo–o–on marsch!" Und dann links – rechts – links – rechts – dahergestampft über den Karlsplatz – Beine heraus – Brust vor – Zehen herunter – Knie durch.

---

[1] Hier zitiert nach: TAUBKEN 2016, S. 133. – Nachfolgende Auswahl pb.
[2] Sentenz Augustin Wibbelts aus der 1914 erschienenen erweiterten Ausgabe der Tagebuchedition für die eigene Soldatenzeit 1884/85; hier zitiert nach: TAUBKEN 2016, S. 126.
[3] Textquelle I WIBBELT 1901*, S. 40-41.

Und alle Tage wurde der Alte wütiger und grimmiger. „Marschieren die Kerls wie lahme Kröten! Die Einjährigen da, wollen Sie die Beine vorwerfen! (Wenn's möglich gewesen wäre, hätten wir sie sogar fortgeworfen.) Hier wird nicht getänzelt, sondern marschiert! Donnerwetter, der lange Einjährige da – kommt ja vorbeigehüpft wie eine Mücke, die's Bein gebrochen hat – wollen Sie sich zusammenreißen!"

Wir waren froh, als endlich der Kaisertag gekommen war. Eine Stunde vor Beginn der Parade haben wir auf dem Platze gestanden und wurden gemustert und gerügt und gemahnt, eine halbe Stunde vorher haben wir Richtung und Vordermann genommen, und die Parade selbst mochte gerade ein Viertelstündchen dauern. Wir präsentirten unter klingendem Spiel, und die Exzellenz, bunt wie ein Wiederhopf, schritt die Front ab, gefolgt von einer langen Queue, die nach dem Ende zu immer mehr Glanz abnahm gleich dem Schwanze eines Kometen. Eine kurze Ansprache – Hurra-Rufen – sodann der Parademarsch und vorüber war die große Feier.

Nun muß man doch sagen, es liegt etwas Imponierendes in der Einheit und Disziplin und in dem Glanze des Soldatenwesens; man mag über das Einzelne spötteln, daß Ganze ist in seiner Art groß: die junge Kraft des Landes, so fest zusammengeschweißt, daß ein Wille alle beherrscht und bewegt, als lebe nur eine Seele in diesem gewaltigen Körper. [...]

Hasel, 5. Oktober [1885] abends[4]

Ich sitze hier im stillen Gastzimmer des stillen Dorfes im stillen Thale und schreibe und sinniere. Hierher dringt nicht der Lärm der Städte, hier wohnt der Friede und die einfache Sitte, hier gilt noch Autorität, und das Kruzifix dort an der Wand bezeugt, daß der Glaube hier noch als oberste Norm des Lebens anerkannt wird. Das Gesetz des Gehorsams, das alle Ordnung trägt, ist hier noch in voller Kraft: Gehorsam gegen Gott, gegen die Eltern und gegen die Obrigkeit.

Der Maler Ittenbach hat den Knaben Jesus dargestellt, wie er die Tafel der zehn Gebote in der Hand hält und mit dem Finger auf Nummer

---

[4] Textquelle I WIBBELT 1901*, S. 142-143.

vier zeigt. Dies sinnvolle Bild enthält zwei Mahnungen zum Gehorsam; Gottes Wille im vierten Gebote und Jesu Beispiel.

Die Natur gehorcht dem Herrn, ohne es zu wissen und zu wollen. Die Gestirne wandeln auf den angewiesenen Bahnen, und in allen Jahrtausenden hat noch kein einziges Sternlein seinem Schöpfer den Gehorsam aufgekündigt. Tag und Nacht kommen und gehen; Frühling, Sommer, Herbst und Winter folgen einander, wie Gott es vorgeschrieben hat. Was wächst und blüht, was atmet und lebt auf Erden, hält sein Gesetz mit unverbrüchlicher Treue. Die ganze Schöpfung predigt den Gehorsam, und aus dem Gehorsam kommt ihre Ordnung und Schönheit.

In der Höhe herrscht ein ewiger seliger Gehorsam. Die Engel sind wie schnelle Winde und Feuerflammen bereit auf jeden Wink des Herrn. In der Tiefe herrscht der Ungehorsam. Die bösen Geister widerstreben stets dem Willen Gottes in ewig vergeblicher und unseliger Empörung. In der Mitte steht der Mensch. Er hat zu wählen zwischen Gehorsam und Ungehorsam, zwischen oben und unten, Himmel und Hölle.

Wer nicht gehorchen kann, ist untauglich für Gottes Armee. Nur der kann ihn gebrauchen, der zuerst gesprochen: „Ich will nicht dienen!" Das war Luzifer, der Heerführer der bösen Engel, der erste Empörer.

Wer Gehorsam üben will, muß sich selbst überwinden, seinen Willen verleugnen, seine Neigungen zurückdrängen: er muß Charakter haben, er muß ein Mann sein. Ungehorsam sein kann jeder unreife schwächliche nichtsnutzige Mensch; der Gehorsam ist das Kennzeichen einer starken Seele. Das ist auch ein Vorzug des Soldatenwesens, daß so mancher junge Bursche gehorchen lernt, der es zu Hause nicht gelernt hat. Und ohne Gehorsam kann die Welt nicht bestehen. – [...]

2.
DIE GROßE VOLKSMISSION GOTTES
Ein ernstes Mahnwort in schwerer Zeit[5]
(1914, Auszüge)

Von Dr. Augustin Wibbelt, Pfarrer

Vieltausend Glocken und Glöcklein hangen in Kirchen und Kapellen, hoch auf dem Turm oder unter dem kleinen Hute der Dachreiterlein, und in den Missionen mögen sie auch wohl draußen an einem Baume hangen. Alle diese Glocken und Glöcklein läuten tagtäglich und mitunter auch in dunkler Nacht, bald laut bald leise, bald freudig jubelnd bald klagend; an hohen Tagen tun sie ein Uebriges und vereinigen sich zu einem Chore, der machtvoll über das Land dahinwallt auf seinen tönenden Schwingen. [...]

Die Narrenschellen der falschen Propheten

Was klingt und klingelt auf dem weiten Jahrmarkt der Welt, wo die Menschen sich drängen und stoßen unter Lachen und Weinen und Fluchen? Falsche Propheten stehen an allen Ecken und sie haben Narrenschellen und führen ein lustiges Geläute auf; so wild und wirr, so grell und frech tönt der tausendstimmige Lärm, daß man das Rufen der Glocken nicht mehr hört. Die armen Glocken gehen unter in diesem Gewoge, kaum, daß hie und da ein ernster klagender Ton emportaucht, um gleich verschlungen zu werden.

Am lautesten klingt die Narrenschelle des Götzen Mammon. Hat Moses das goldene Kalb wirklich zerschlagen am Fuße des Berges Sinai? Gestorben ist dieser Abgott nicht, wenn sein Bild auch vernichtet wurde; er lebt und regiert und hat tausend Tempel, und die halbe Welt, wenn nicht noch mehr, tanzt nach dem Takte seiner grellen Narren-

---

[5] Textquelle | WIBBELT 1914b = Augustin Wibbelt: Die große Volksmission Gottes. Ein ernstes Mahnwort in schwerer Zeit. Warendorf: J. Schnellsche Verlagsbuchhandlung (C. Leopold) 1914. [Imprimatur: Münster, 26. Oktober 1914, Dr. Hasenkamp.]

schelle. Und wer sich betören läßt, bringt große Opfer für Nichtigkeiten und ist schließlich bereit, seine Seele zu verkaufen für kaltes, hartes Metall. Laut lockt auch die Narrenschelle des Ruhmes, sie hat einen hohen, hellen Ton, der über dem andern Geklingel schwebt, als wenn er etwas Besseres zu künden hätte. Aber der leere Schall ist alles, er verweht im Winde. Doch was tun die Menschen nicht für den leeren Schall des Ruhmes! Die Narrenschelle der ungläubigen Wissenschaft klingt eben so stolz und feierlich, aber kälter noch und schärfer; der Ton fällt wie Frost in die Seele und tötet das junge warme religiöse Leben. Sie kann auch den edlen Seelen gefährlich werden, während gemeinere Naturen lieber auf die Unmäßigkeit lauschen, die mit klingenden Bechern läutet, oder dem lustigen Saitenspiel der Genußsucht, oder dem berückenden Geigenstrich der Sinnlichkeit, die mit zarten Tönen zu fesseln versteht, um in den groben Schlamm des Sumpfes zu locken.

Ach, wer zählt sie alle auf, die Narrenschellen auf dem Markte der Welt! Die einen klingen noch lauter und zudringlicher als die andern, alle singen von Glück und Freude, aber es sind falsche Propheten, die mit diesen Schellen läuten. Jahrtausende lang haben sie die Welt schon betrogen, und die Welt ist noch nicht klüger geworden bis auf diesen Tag, ja, es hat den Anschein, als ob sie immer törichter würde. Alle suchen das Glück und jagen ihm nach auf falscher Fährte.

Und der Herrgott muß es ansehen und anhören, es schrillt und schillert zu ihm empor mit frevelhaftem Spott. In aller Langmut läßt er seine Glocken läuten und ruft die Menschen auf den rechten Weg zurück; sie aber taumeln dem Abgrund zu, lachend und jauchzend hinter den Narrenschellen der falschen Propheten. Wird der Herr es noch lange dulden, wird er immer zuwarten? Oder wird er mit einer andern Glocke läuten? Er hat noch eine andere.

Die uralte Missionsglocke

Der Herr steht auf.

Er selber will eine Mission halten für das betörte Volk, und nun befiehlt er, die uralte Glocke zu läuten, die Glocke mit dem furchtbaren

Klange. Sie hängt irgendwo in einem hohen Turm und ist schwer zu läuten; wohl haben frevle Menschenhände mitunter nach dem Seil gegriffen, aber die Glocke bewegt sich nicht, wenn der Herr nicht dem angestellten Glöckner zunickt, daß er läuten soll. Dann grinst der Glöckner mit weißen Zähnen im fleischlosen Gesichte, richtet die leeren Augenhöhlen empor und faßt den Strang mit knöchernen Händen. Der Glöckner heißt Tod, und der die Glocke erdacht und gegossen und zu allererst geläutet hat, schon vor dem Anbeginn der Erdenzeit, der heißt Luzifer. Die Glocke ist auch getauft, aber nicht auf einen heiligen Namen, sie heißt – Krieg.

Hat nicht Luzifer den Krieg erfunden und zum erstenmal Sturm geläutet im hohen Himmel? Er ist herabgestürzt worden aus der Höhe und seine vermaledeite Glocke mit ihm; sie lag in der Hölle drunten und glühte im ewigen Feuer. O daß sie doch zerschmolzen und zerronnen wäre! Wären die Menschen in der Gnade Gottes und im Paradiese des Friedens geblieben, niemals hätte diese Glocke läuten dürfen auf der Welt. Aber die Sünde hat sie wieder heraufgeholt aus der Hölle, die Sünde mit ihrem furchtbar starken Arm, und der Teufel hat geholfen mit allen Kräften und von Herzen dazu gelacht. Gott der Herr aber, der alles zum Guten zu wenden weiß, hat den Tod zum Glöckner bestellt; der Tod läutet die Glocke gern und freut sich jedesmal, denn er hat alsdann ein hohes Fest. Wenn die Kirchenglocken nicht mehr gehört werden, wenn die Narrenschellen der falschen Propheten gar zu laut klingen, wenn eine außerordentliche Völkermission notwendig wird für die Welt, dann läßt der Herr die alte Teufelsglocke anschlagen – und das geschieht in unsern Tagen.

Der Herr steht auf und winkt.

Lustig wirft der Glöckner Tod seine Sense zur Seite, sie arbeitet gut, aber ihm immer noch nicht gut genug; jetzt gibt es eine andere Ernte. Der Glöckner Tod ruft seine rüstigsten Knechte und Mägde, daß sie helfen, die schwere Glocke zu ziehen, und sie kommen von Ost und West, von Nord und Süd: der Haß mit seinem brutalen Grinsen, der Neid mit seinen scheelen Augen, die Rachsucht mit ihren starken Krallen und die Habgier mit ihrem schleichenden Hyänentritt. Sie alle wollen helfen, und der Grimm sprüht in hellen Funken aus ihren Augen. Das wird ein Geläute werden, wie die Welt es noch nie gehört hat!

Krieg – –

Ein Schatten huscht über das goldene Gefild, und die Aehren zittern und rauschen. Das Leben, das laute, frohe, bunte Leben hält den flinken Fuß an und lauscht mit stockendem Herzen; kaum kann die Brust noch atmen in der Schwüle, die wie ein Hauch aus der Hölle über die bange Welt weht. Ein tausendstimmiger Seufzer steigt klagend auf, die Hände recken sich beschwörend in die Höhe, und wie ein Schwarm geängstigter Tauben fliegen die Gebete mit tränenfeuchten Schwingen zu Gott empor – vor Pest, Hunger und Krieg, vor Krieg bewahre uns, o Herr! Seufzer und Tränen und Gebete und Klagen ersticken unter den wilden Tönen der alten Teufelsglocke, die markerschütternd, mit grellem Mißklang durch die Länder stürmt. Es klingt wie Kanonendonner und Pferdegestampf und grausiges Knattern und Heulen, wie Stöhnen und Jammern und Wimmern, und es zischt und braust dazwischen wie von rasenden Feuerflammen – ein entsetzliches Läuten, vor dem das Blut erstarrt in den Adern.

Nun versteht es wohl, ihr bleichen Menschenkinder! Ihr erschreckten Gotteskinder und ihr aufgestörten Weltkinder, versteht es wohl, was das Läuten bedeutet! Die Narrenschellen sind verstummt, aber die Kirchenglocken schweigen nicht, sie mischen ihren frommen Ton mahnend und tröstend in das wilde Geläute. Mag der Glöckner Tod sich auch die Knochenhände reiben in grauser Freude, daß seine Knechte und Mägde so gewaltig zu läuten verstehen: sie alle müssen frönen im Dienste des Herrn, und die alte Teufelsglocke selber muß dienen als die große Missionsglocke Gottes.

Die erste Predigt – von der Eitelkeit der Welt – hält der Glöckner Tod

Der Tod steigt auf die Kanzel. Er wirft die Kapuze zurück, daß seine ganze Häßlichkeit sichtbar wird im grellen Lichte, und stützt die Knochenfinger auf die Brüstung. Dann hebt er an mit heiserer Stimme:

Kennt ihr mich? Ich bin euer Henker, ich bin von altem Geschlechte, meine Mutter heißt die Sünde. Ich bin geboren im Paradiese, wenn man es mir auch nicht ansieht, daß ich aus diesem Wonnegarten stamme, aus dem schönen Garten, den Gott für euch gepflanzt hatte, und den ihr verloren habt durch eure Schuld. Ihr geht mir so gern aus dem Wege, aber ich trete euch immer wieder in den Weg; ihr sucht nach Mitteln, um euch meiner Hand zu entziehen, aber gegen mich und meine Macht ist kein Kraut gewachsen; ihr möchtet mich verscharren in dunkler Erde mit Hacken und Schaufeln, aber ich spotte eurer und stehe hinter euch, ohne daß ihr es ahnt. Mir gehört die ganze Welt. Ich habe ihr meinen Stempel aufgedrückt, und alles, was lebt und grünt, was blüht und lacht, was sich stolz emporreckt auf festem Grunde und für die Ewigkeit zu stehen wähnt, alles, was gleißt und glänzt in Schönheit und Pracht, es muß fallen unter meiner Hand, und ich breche jede Kraft und streife alle Schönheit ab. Mir gehört ihr alle zumal, und ich habe für jeden von euch den Tag schon notiert. Ich vergesse keinen. Schaut euch um in dieser Zeit, denn ich feiere jetzt einen großen Festtag und entfalte meine Macht in ihrer ganzen Stärke. Die Felder prangen in Fülle und Reichtum, ich trete sie nieder; Städte und Burgen und Festungen habt ihr gebaut, ich zermalme sie zu Staub; die Blüte der Jugend und das Mark ganzer Völker stolziert einher in breiten Heereszügen, ich mähe sie wie Gras auf der Wiese. Berge von Leichen und Ströme von Blut – seht, das ist mein Lustgarten!

[...]

Die zweite Predigt – von Gott – hält Sankt Michael

Ein Singen geht durch die Höhe wie von Taubenschwingen, und weißes Licht umlodert die Kanzel. Blitzend fällt eine geharnischte Faust nieder mit hellem Klange, in goldener Rüstung steht Sankt Michael und spricht:

Lobet den Herrn, all' ihr Engel des Herrn, und alle Kreatur lobe den Herrn! Wer ist wie Gott?

Der Stolz ist der Anfang der Sünde. Er wollte seinen Stuhl über die höchsten Sterne setzen und sprach: Ich will nicht dienen! Da entspann sich ein Kampf im Himmel, und Luzifer mit seinem ganzen Anhange wurde in den Abgrund geworfen und mit Ketten der Hölle gefesselt, weil er sich empört hatte gegen den Herrn Gott Zebaoth. Des Satans Kind ist die Lüge, und das erste Wort der Lüge war: Ihr werdet sein wie Gott! Ihr törichten Menschen, die ihr durch diese Lüge betrogen worden seid um das Paradies, ihr seid noch immer nicht klug geworden. Ja, ihr habt es noch weiter gebracht in der Lüge als euer Widersacher, der Teufel; der Teufel glaubt an Gott und zittert, ihr aber sprecht in eurem törichten Herzen: Es gibt keinen Gott! So sprecht ihr mit der Zunge, die Er euch gegeben hat, und mit dem Atem, den Er euch eingehaucht hat, und ihr braucht doch nur um euch zu schauen und in euch zu lauschen, und tausendfältiges Zeugnis zu finden für den Herrn und Schöpfer. [...]

Gott ist in der Welt, Gott ist in deiner Seele, Gott ist auch in der Geschichte und im Leben. Völker kommen und gehen, Reiche steigen auf und sinken, über all diesem Wechsel und Wandel aber waltet ein ewiges Gesetz, das Gesetz der Vergeltung, und nach diesem Gesetze muß das Böse endlich unterliegen, mag es sich auch gürten mit blutiger Macht, während das Gute aus seiner Schwäche zum Triumphe emporsteigt. Sind eure Augen so blöde, daß ihr über dem wirren Getriebe der Weltgeschichte die Wage Gottes nicht schweben sehet, die jedem Volke das Geschick zuwägt, das es verdient? Und wenn du das weite Leben der Völker mit deinem Blicke nicht zu umspannen vermagst, so schau dein kurzes Leben an, denn auch darin ist Gottes Hand zu spüren. Wie oft hat diese Hand dich gnädig geführt, wie oft auch gnädig gezüchtigt, und wenn du aufmerktest, war es dir nicht, als ob diese geheimnisvolle Hand mitunter auftauchte aus dem Dunkel, das ihr Walten umschleiert? Wie kannst du sie leugnen, diese Hand, die dich leitet, die dir alles gibt, die dich trägt und hält, daß du nicht zurücksinkest in das Nichts, woraus du gekommen bist! [...]

Die dritte Predigt – von Paradies und Sünde –
hält der Erzvater Adam

Aus dem Jubelreigen der Schöpfung tritt der Mensch hervor, der erste Mensch Adam, der Vater und Fürst des ganzen Geschlechtes. Er stützt seine Kraft, daß der Stab sich biegt, und schüttelt die grauen Locken, und der goldene Reif blitzt auf, der seine königliche Stirn umschließt. Mit schwerem Seufzer nimmt er das Wort und spricht:

[...] Und was habt ihr gemacht aus dem Reiche des Friedens, von dem die Engel euch gesungen haben in der Weihenacht, und das der Friedensfürst selber unter euch begründen wollte? Ueber alle Länder sind die Friedensboten ausgezogen und haben die Friedensbotschaft verkündet, und der Friede könnte das Jammertal umgestalten, denn unter seinem milden Zepter sänftigt sich das Leid und wächst das Glück. In frohem Wetteifer bauen die Menschen an der allgemeinen Wohlfahrt, dehnen ihre Herrschaft aus über die Erde, die ihnen zum Besitze übergeben ist, und holen emsig alle Güter und Schätze herauf aus den verborgenen Schächten. Millionen Hände einen sich zu großen Werken und durchwirken die Welt mit den Kräften des Geistes, das Rohe bändigend, das Ungestalte formend und das Niedere erhebend und verklärend. Alle verstehen einander und alle helfen einander und alle sind miteinander und füreinander, eine große Völkerfamilie, ein Paradies auf Erden. Aber ihr habt den Frieden vom Throne gestürzt, ihr habt ihn erwürgt und den Krieg entfesselt, das Ungeheuer aus dem Abgrunde. Weil ihr der Sünde Raum gebet und keinen Frieden habt mit Gott, darum habt ihr auch keinen Frieden unter euch. Ein Sohn der Sünde ist der Krieg und ein Vater des Jammers. So bereitet ihr euch selber auf Erden schon einen Vorgeschmack der Hölle; wenn ihr aber der Sünde nicht entsaget, meine Kinder, dann werdet ihr dereinst der ewigen Hölle nicht entfliehen und auch jenes Paradies noch verlieren, das Gottes Güte euch in der Ewigkeit gegründet und das Christi Blut euch von neuem erschlossen hat. Nehmet euch das Wort zu Herzen, das euer Vater, der erste Büßer der Welt, zu euch spricht: Bekehret euch und tuet Buße, damit ihr eure Seele rettet! [...]

Die vierte Predigt – vom Heile – hält Sankt Petrus

Ueber die weinende Gemeinde hebt Sankt Petrus segnend die Hand. Der weiße Rauchmantel wallt in großen Falten um seine Gestalt, und auf seinem Haupte flammt die Papstkrone mit den drei goldenen Reisen. Er faßt den Hirtenstab fester und spricht:

[...] Geliebte, euer Herz ist schwer wegen der Prüfung, die über euch kommt wie Feuerglut; aber werdet nicht irre, als wenn euch etwas

Fremdes und Unbegreifliches widerführe. Freuet euch vielmehr, daß ihr teilnehmt am Leiden Christi, denn so wird auch seine Herrlichkeit an euch offenbar werden mit Frohlocken In den letzten Tagen werden. Spötter kommen und sie werden sprechen mit spottenden Lippen: Wo ist die Verheißung des Herrn und wo bleibt seine Wiederkunft? Geht es nicht immer weiter mit dem Laufe der Welt, wie es von Anbeginn war? Laßt sie spotten, Geliebte, und harret aus in Geduld! Früh genug kommt der Herr für einen jeden von euch, und was er verheißen hat, wird er erfüllen, aber er handelt mit Langmut. Früh genug wird auch kommen der große Tag des Herrn, von dem alle Trübsale der Zeiten nur Vorspiele sind. Wenn aber der große Tag kommt, dann werden die Himmel vergehen in Glut und alle Elemente zerschmelzen in der Lohe des Feuers. Wenn das von Himmel und Erde gilt, was ist dann der Mensch und sein Leben? Der Mensch ist wie Gras und seine Herrlichkeit wie die Blume des Grases; das Gras wird dürr, und die Blume fällt ab. Das Wort des Herrn aber bleibt in Ewigkeit. [...]

Die fünfte Predigt – von der zweifachen Vollendung hält Sankt Johannes

[...] Wenn aber jemand sagt, er liebe Gott, und hasset seinen Bruder, so ist er ein Lügner, und die Wahrheit ist nicht in ihm. Gott verbirgt sein Angesicht, aber dein Bruder steht vor dir. Wie kannst du Gott lieben, den du nicht siehst, wenn du deinen Bruder nicht liebst, den dir siehst? Wer seinen Bruder liebt, bleibt im Lichte, und es ist in ihm kein Anstoß zur Sünde. Wer aber seinen Bruder haßt, ist in der Finsternis und wandelt in der Finsternis und weiß nicht, wohin er geht, denn die Finsternis macht seine Augen blind. Wer seinen Bruder hasset, ist ein Menschenmörder. Wehe, meine Kindlein, ich suche die Liebe und finde sie nicht, denn sie ist geflüchtet vor dem Haß, der alle Fesseln gebrochen hat! Ist denn die Zeit schon gekommen, die ich vorausgesehen habe, da das andere Roß, das feuerfarbene, auszieht und durch die Welt stürmt? Und der auf ihm sitzt, dem wurde gegeben, den Frieden hinwegzunehmen von der Erde, daß die Menschen einander schlachten – – und sind doch Brüder!·Und ihr Vater wohnt im Himmel und schaut auf sie hernieder.

Meine Kindlein, liebet einander, aber liebet nicht mit dem Wort und mit der Zunge, sondern im Werk und in der Wahrheit. Doch es ist nichts Großes, die zu lieben, die uns lieben, denn das tun auch die Heiden. Unser Herr und Meister hat gesagt: Liebet eure Feinde, tut Gutes denen, die euch hassen, betet für die, welche euch verfluchen und verfolgen. Sehet, nun sind die Tage gekommen, da ihr diese Worte erfüllen sollt. Lasset euch nicht überwinden von euren Feinden; wenn ihr aber dem Hasse Eingang gewährt, so seid ihr überwunden, und eure Liebe ist besiegt. Eure Liebe soll stärker sein, als der Haß der ganzen Welt. Bedenket wohl: nur wer in der Liebe bleibt, ist aus Gott geboren, wer aber Haß trägt, kann nicht ein Kind Gottes sein. Hat nicht der Herr uns ein Beispiel gegeben? Nicht bloß gebetet hat er für seine Feinde, als er an das Kreuz geschlagen wurde, sondern er hat sein Blut für sie vergossen. Und wenn diese Liebe das Menschenmaß übersteigt, so gilt doch in alle Ewigkeit sein Wort: Liebet eure Feinde! Saget nicht, meine Kindlein, das Gebot ist hart; ich sage euch, die Gebote Gottes sind nicht schwer, denn seine Gnade hilft, wo die Natur versagt. Ihr wisset, daß der Herr gesagt hat: Wenn ihr nicht verzeihet, so wird euch mein Vater im Himmel eure Sünden auch nicht verzeihen. Nur wer in der Liebe ist, kann eingehen zu dem, der selber die Liebe ist; nur wer zur Vollendung der Vollkommenheit gelangt ist, kann eingehen zur Vollendung des Lebens. [...]

*

Das große Tedeum

Die Mission dauert fort, und noch kann niemand sagen, wann das Ende sein wird. Noch immer tönt die Kriegsglocke durchs Land, der zerstampfte Boden schüttert unter den Donnerschlägen der Kanonen, und die Menschen fliehen, irre vor Furcht, über die blutgetränkten Felder. Bald hier, bald da lodert die Brandfackel auf und rötet den Himmel mit ihrer Glut, und die Verschmachtenden essen das bittere Brot der Tränen. Schwer liegt auf den Ländern die Hand des Herrn, sein Zorn fährt gewaltig über die Wogen des weiten Meeres. Tuet Buße und flehet zu Gott in unablässigen Gebeten, aber zerreißet nicht eure Kleider, sondern eure Herzen! Der Herr spricht: Wenn ihr mich in Wahrheit suchet, so will ich mich finden lassen.

Kommen wird der Tag, den der Herr gemacht hat, der Tag des Friedens und der Freude. Harre in Geduld, du treues Volk, und trage starkmütig die Lasten, die der Herr dir auferlegt. Harret in Geduld, ihr lieben, wackern Krieger, die ihr den Purpur eures Blutes opfert und mit euren Leibern eine lebendige Mauer bauet um die Heimat, wo eure Mütter wohnen und eure Bräute harren und eure Frauen beten und eure Kinder spielen. Der Herr stärke euer Herz und eure Hand mit Kraft, das schwere Werk zu vollenden, und führe euch wohlbehalten durch alle Todesschrecken hindurch, bis endlich das Morgenrot des großen Tages aufsteigt. Kommen wird der Tag!

Dann wird die alte Teufelsglocke schweigen, der Herr wird ihren Mund verschließen, und alle Freudenglocken werden erwachen im ganzen Lande. Mit weißen Taubenflügeln fliegen ihre Lieder jauchzend über die aufatmende Erde und stürmen den Himmel mit endlosem Alleluja. Dann flechten wir Eichenkränze für die Helden, die siegreich heimkehren, und wenn die Eiche nicht grünt zur Zeit, so muß der Lorbeer her: mit lebendigem Grün wollen wir sie schmücken, die ihr junggrünes Leben für uns eingesetzt haben. Dann stehen alle Pforten an den Heiligtümern weit offen, und wir wallen hinein in Feierkleidern und gießen unser Herz aus vor den Stufen des Altares in Danksagungen und Freudentränen. Niemand wird zurückbleiben, und die der Krieg zu Witwen und Waisen gemacht hat, sollen den Ehrenplatz haben; sie werden ihre Trauer vergessen, wenn sie sehen, welch' herrlicher Segen aus ihrem Verluste erblüht ist. Niemand wird fehlen: sollte Gott nicht auch denen, die für das Vaterland gefallen sind, vergönnen, daß sie den herrlichen Tag mit uns feiern im Geiste? Dann wird das große Tedeum gehalten, ein Sturm des Jubels braust empor: Großer Gott, wir loben dich!

Kommen wird der Tag, den der Herr gemacht hat, der Tag des Friedens und der Freude – – o Herr Jesu, du Fürst des Friedens, komme bald!

3.
WEIHNACHTSBRIEF AN DIE SOLDATEN IM FELDE[6]
(1914, Auszüge)

Augustin Wibbelt

„Diesen Brief schreibt euch ein alter Kamerad, der vor rund 30 Jahren des Königs Rock getragen und dem alten Heldenkaiser Wilhelm I. im Manöver zugejubelt hat; noch jetzt schlägt ihm das Herz schneller unter der schwarzen Uniform eines anderen Königs, so oft er den strammen Gleichschritt einer marschierenden Truppe hört. Als der Heerruf unseres obersten Kriegsherrn erscholl und ganz Deutschland, heiligen Zornes voll, wie Ein Mann sich erhob gegen die frechen Störer unserer treuen Friedensarbeit, da regte sich auch in mir der heiße Wunsch, mit den jungen Kameraden, mit den tapferen Jünglingen und ernsten Männern hinauszuziehen an die Front. Wer einmal mit Leib und Seele ein Soldat gewesen ist, in dem bleibt etwas stecken sein Leben lang." (Seite 3)

„Haltet die Ehre Gottes hoch auch im Felde, so dass euer Kriegsdienst zugleich ein Gottesdienst sei! Wenn ihr das wollt, Kameraden, dann übt euer schweres blutiges Handwerk als eine heilige Pflicht, in christlichem Gehorsam, in Starkmut und Vertrauen und mit Ergebung in Gottes heiligen Willen, und dann meidet alles, was euer Herz und eure Hand beflecken würde. Das Blut, das ihr vergießen müßt, befleckt euch nicht; aber Grausamkeit und Hass, Ungerechtigkeit und Unzucht würden häßliche Flecken sein auf dem blanken Schilde eures Gewissens." (Seite 7)

„Ihr wißt, Deutschland hat keinen Krieg gewollt, und wenn es jetzt Krieg führt, so geschieht es, um die eigene Existenz zu sichern und

---

[6] Textquelle | Auszüge hier zitiert nach: TAUBKEN 2016, S. 131 (Quellenangabe dort: Augustin Wibbelt: Weihnachtsbrief an die Soldaten im Felde. M.-Gladbach: Verlag Kühlen 1914, S. 3, 7 und 9f.; das 12seitige Heft erhielt die kirchliche Druckerlaubnis des Bistums Köln am 20.11.1914).

einen Frieden zu erringen, den auch die böswilligsten Gegner nicht mehr zu stören vermögen. Diese Überzeugung sei euch ein Trost und stärke euch Mut und Kraft. Laßt die Kanonen donnern, es muß sein; hinter ihnen her werden die Sieges- und Friedensglocken läuten." (Seite 9-10)

‚Sankt Petrus und die deutschen Soldaten an der Himmelspforte'
(Illustration „An de Hiemmelspaot" zu: WAGENFELD 1914a)

4.
KRIEGSBRIEF AN DAS DEUTSCHE VOLK[7]
(1915)

Von Dr. Augustin Wibbelt

Wenn ich es unternehme, ein Wort an das deutsche Volk zu richten, so bin ich mir wohl bewußt, daß ich mich der Gefahr aussetze, anmaßend zu erscheinen. Ich habe vor der großen Öffentlichkeit keinerlei Autorität, die mir als Legitimation dienen könnte. Wollte man mich fragen: Wer hat dich gesandt, zu deinen Volksgenossen zu sprechen? so müßte ich antworten: Niemand hat mich gesandt, ich bin nur eine Stimme aus dem Volke; aber mein Herz, das diese große Zeit im Innersten miterlebt und in diesem Erleben sich seiner tiefen Liebe zum eigenen Volk und Vaterland erst recht bewußt geworden ist, drängt mich, ein offenes Wort zu sprechen. Auch will mir scheinen, daß einer, der in keiner Weise durch Rang und Würde, durch Stellung und Verantwortlichkeit beschwert ist, umso freier und unbekümmerter sprechen kann. Was ich zu sagen habe, ist keine große Weisheit; Hunderte und Tausende könnten es vielleicht besser und nachdrücklicher sagen. Aber ebensowenig wie eine anmaßliche Gesinnung mich treibt, ebensowenig soll eine [//3//] falsche Bescheidenheit mich abhalten, das zu sagen, was im schlimmsten Falle überflüssig sein könnte, was aber doch, wie ich hoffe, einigen Nutzen stiften wird.

Meine deutschen Volksgenossen, was über uns gekommen ist, mußte kommen. Ich sehe mit meinen Augen und fühle mit ganzer Seele das furch[t]bare Elend des Krieges, und doch sage ich aus innerster Überzeugung: Wir haben uns im Grunde genommen nicht zu beklagen, schon deshalb nicht, weil man sich über Notwendigkeiten nicht beklagt. Es geziemt der Würde und Selbstachtung, sie mit ruhiger Fassung hinzunehmen. Die Schuldfrage für den Ausbruch des Krieges steht für sich; sehen wir von ihr ab. Daß ein aufsteigendes Volk sich auseinanderzusetzen hat mit andern Völkern, namentlich mit solchen,

---

[7] Textquelle | Augustin Wibbelt: Kriegsbrief an das deutsche Volk. M.-Gladbach: Kühlen 1915. [11 Seiten]

die eine gleiche innere Kraft nicht mehr aufzuweisen haben, ist unausbleiblich. Es wird angegriffen, denn schon sein Gedeihen und Wachsen wird von andern als Angriff empfunden. Das Deutsche Reich, das in schwerem Ringen gegründet worden ist, muß in einem noch schwereren Ringen seine Existenzberechtigung vor der Weltgeschichte erweisen und seinen gebührenden Plan sich endgültig sichern. Die Schicksalsstunde hat geschlagen, und wir sind der großen Entscheidung mit festem Mute entgegengeschritten, im Bewußtsein des guten [//4//] Rechtes, im Vertrauen auf Gott und unsere Kraft. Ein einziger Wille kettete uns zusammen, der Wille zu siegen und zu leben, der Wille, den Existenzkampf mit äußerster Anspannung zu führen, und sei es gegen die ganze Welt. Wir wußten, daß wir stark waren. Daß wir so stark waren, daß wir militärisch, finanziell und wirtschaftlich so wohlgerüstet dastanden, wie es sich jetzt zeigt, wußten wir selber nicht; daß wir gegen eine große feindliche Übermacht eine so günstige Lage erringen würden, wie wir sie jetzt einnehmen, konnten wir anfangs kaum hoffen: um so mehr Grund haben wir, die Siegeszuversicht unerschütterlich festzuhalten, in der Ausdauer nicht zu erlahmen und alle Opfer willig zu bringen, die unser Vaterland in seiner heiligen Not von uns fordern muß. Es geht um das Ganze, und was wir dafür einsetzen, darf nicht weniger sein als alles. Wenn wir das nicht wollen oder nicht vermögen, dann verdienen wir, was unser Los sein wird: Wir müssen zurücktreten in die Ohnmacht und die Armut, die in früheren Zeiten so lange und so schwer unser geliebtes Vaterland niedergedrückt haben. Diese Erwägung muß an erster Stelle stehen, und vor ihr müssen alle anderen Gedanken und Wünsche und Bestrebungen weichen. Wir wollen nicht fragen, wie lange der Krieg noch dauern werde, wir wollen nicht zurückschauen auf die Gräber, die [//5//] unser Liebstes bergen; unsere Seele mit ihrer ganzen Kraft muß vorwärts gerichtet sein. Es gibt kein Rechts, es gibt kein Links für uns, es gibt nur ein Vorwärts.

Wenn wir gleichsam Atem schöpfen, wenn wir uns auf uns selber, auf unsere Lage und aus unsere Zukunft besinnen, dann wollen wir weder jammern und klagen, noch auch in verfrühten und überspannten Hoffnungen uns berauschen. Überlassen wir die wilden Weltverteilungspläne jenen, die es nötig haben, ihren Mut gewaltsam aufzupeitschen. Der wahren Kraft geziemt Mäßigung und Besonnenheit, und diese Mäßigung und Besonnenheit wird uns dereinst doppelt nötig sein, wenn es gilt, nach siegreicher Beendigung des Krieges die Abrechnung zu halten. Möge das deutsche Volk auch nach einer glänzenden Niederwerfung seiner Feinde bewahrt bleiben vor jenem Übermut, der sich wie im Leben des einzelnen, so auch in der Geschichte der Völker immer rächt, der gerade jetzt in dieser großen Stunde der Weltgeschichte, so hoffen wir fest, an einem anderen Volke mit wohlverdienter Strenge gestraft werden soll. Es gibt nur ein Weltimperium, das ein Volk ungestraft erstreben darf, das ist das Imperium des Geistes; auf dem Gebiete der Wissenschaft und Kultur den Primat unter den Völkern zu besitzen, soll unser Ehrgeiz sein. Ein solches Imperium [//6//] ist nicht drückende Tyrannei, sondern lebendig quellender Segen für die übrige Welt. Daß eine angemessene politische und wirtschaftliche Stellung und Sicherstellung der selbstverständliche Lohn unserer großen Kriegsopfer ist, braucht kaum gesagt zu werden. Was uns aber jetzt not tut, ist ein dankbares Besinnen auf das, was wir durch den Krieg schon gewonnen haben und was wir als einen köstlichen Besitz für alle Zukunft bewahren müssen.

Wer ein deutsches Herz in der Brust trägt, dem wird es in heißer Rührung gezittert haben in den ersten Augusttagen des verflossenen Jahres. Als die Kriegsnot urplötzlich mit wuchtigen Hammerschlägen an alle Tore des Reiches pochte, da ging zuerst ein Erschrecken durch unser friedliebendes, arbeitsfreudiges Volk und dann ein kraftvolles, stolzes Sichaufrecken. Wie eine lodernde Flamme schlug die Liebe zum bedrohten Vaterlande gen Himmel und verschmolz alle Risse und Spalten; wie ein einziger eherner Block stand das ganze Volk da, von einem Willen durchglüht. Was jeder von uns mit frohem Staunen empfand, hat der Kaiser ausgesprochen: „Ich kenne keine Parteien mehr, ich kenne nur noch Deutsche." Diese Einigkeit ist bis heute die feste Gewähr geblieben für unseren endgültigen Sieg. Diese Einigkeit ist ein herrliches Geschenk, das die Not uns gebracht hat, und das die Sicherheit des [//7//] Friedens uns nicht wieder nehmen darf. Sind wir stark genug, diese Einigkeit festzuhalten für die Zukunft? Wenn wir dies vermögen, dann werden wir auch all den Gewinn festhalten können, den der herrlichste Ausgang des Krieges uns bescheren mag. Und wenn, was wir nicht zu fürchten brauchen, ein widriges Geschick uns träfe, so würde es uns nicht zu erdrücken vermögen. Das Deutsche Reich ist ein mannigfaltiges Gebilde, es umfaßt verschiedenartige Volksstämme und ein reichentwickeltes Partei- und Wirtschaftsleben und ist außerdem in zwei große christliche Konfessionen geschieden. Diese Unterschiede werden bleiben, und die besonderen Interessen werden auch in Zukunft sich aneinander reiben Und miteinander ringen. Das ist unvermeidlich und ist kein Übel. So lange der Kampf die Einigkeit in den großen, gemeinsamen, alles übergreifenden Interessen nicht stört, dient er dem gerechten Ausgleich, der gesunden Anregung, dem Wetteifer, kurz dem Leben. Aber zu dem alten Parteihader und Klassenkampf und erst recht zu der konfessionellen Verbitterung dürfen wir nicht wieder zurückkehren. Die Augen sind uns aufgegangen, und wir sehen, daß wir wenige Freunde haben in der Welt; es wäre Sünde gegen uns selber, wollten wir die innere Entfremdung und Zerrissenheit wieder aufkommen lassen. Ist es eine Täuschung, oder regt sich schon [//8//] jetzt wieder der alte Geist des Zwiespaltes und des gegenseitigen Mißtrauens, sobald nur von den künftigen Friedensbedingungen die Rede ist? Alle Staaten, alle Stände und alle Parteien im Reiche haben ihre Schuldigkeit getan im Kriege und müssen die gebührende Berücksichtigung finden beim Abschluß des Friedens. Die Regierung hat die Zusicherung gegeben, daß nach diesem Weltkriege das Volk, das geblutet hat, auch mitsprechen soll. Wollen wir diesem Worte kein Vertrauen schenken? Kein Staatsmann würde es wagen, dies Vertrauen zu täuschen.

Außer der Einigkeit hat der Krieg uns noch ein Zweites geschenkt: er hat uns wieder gehorchen gelehrt und das willige und freudige Vertrauen zur Autorität in uns neu befestigt. Wer ehrlich sein will, muß gestehen, daß wir gut dabei fahren. Er muß aber auch gestehen, daß wir bisher auf dem besten Wege waren, den Sinn für die Autorität im Volke zu untergraben und die heilsamen, ja notwendigen Bindungen zu lockern, angefangen von der Familie und der Schule. Die Freiheit ist ein hohes Gut, aber in ihrem Namen ist von altersher viel gesündigt worden. Vor allem sind wir es der Jugend schuldig, daß wir ihr den Sinn für die Autorität nicht durch eine gewisse vorzeitige Mündigsprechung rauben, sondern sie zu ihrem Heile an feste Zucht gewöhnen. Daß unsere liebe deutsche [//9//] Jugend aus gutem Holze geschnitzt ist, hat sie in dieser Zeit herrlich gezeigt; sie ist es, welche die Früchte des Krieges pflücken wird, und sie ist es wert. Nehmen wir sie in treue Hut, daß sie es wert bleibt!

Eine Befreiung hat uns der Krieg gebracht, wenigstens dürfen wir es hoffen, die Befreiung von einem Joche, dass wir uns selbst aufgelegt hatten und das uns lächerlich machte in den Augen unserer Nachbarn. Es ist die Ausländerei, die Nachäffung des Fremden. Hoffentlich sind wir nun kuriert von aller Französelei und Engländerei. Hoffentlich haben die deutschen Frauen sich wieder auf ihre Würde besonnen, um den welschen Modetand, der von Dirnengeist durchtränkt ist, abzuweisen. Der alte Nationalfehler der Deutschen aber, den Jakob Grimm in berechtigtem Zorne mit dem scharfen Worte „nationale Charakterlosigkeit" bezeichnete, hängt zusammen mit einem Vorzuge, den wir uns unbedingt wahren müssen, weil er mit dem deutschen Wesen innerlich verknüpft ist und gewissermaßen die providentielle Aufgabe unseres Volkes bedingt. Wir machen in dieser Kriegszeit die überraschende Erfahrung, daß nicht bloß unsere Gegner, sondern durchweg auch die neutralen Völker kein Verständnis für uns haben; es fehlt ihnen der objektive und universale Geist, der das Andersgeartete zu [//10//] würdigen versteht. Wir Deutsche sind stets zum geistigen Weltbürgertum geneigt gewesen, wir haben uns liebevoll in alles Fremde und Ferne versenkt, wir haben von andern das Gute immer gern angenommen, wir haben allen, die kamen von Ost und West, von Süd und Nord, Gastrecht gewährt, und es ist eine bezeichnende Tatsache, daß viele fremde Dichter und Künstler durch unsere Vermittlung in der übrigen Welt und selbst in ihrer eigenen Heimat bekannt und berühmt geworden sind. Einige von diesen haben uns jetzt in häßlichem Undank mit Schmähungen gelohnt; die Selbstachtung zwingt uns, das nicht zu vergessen. Im übrigen aber wollen wir niemals Grenzpfähle setzen im geistigen Leben, unsertwegen nicht und der anderen wegen nicht. Wir wollen fortfahren, die Geistesschätze zu sammeln aus der ganzen Welt, um sie in schöpferischer Arbeit zu mehren; so werden wir selber reich und können die Aufgabe erfüllen, die uns gestellt ist. Schon unsere Lage im Herzen Europas weist darauf hin, daß wir vermitteln sollen zwischen den Nationen, daß durch unsere Hand und durch unsern Geist der Austausch der geistigen Werte sich vollziehen soll. Sind sie nicht alle bei uns in die Schule gegangen, auch die, welche uns jetzt als Barbaren schmähen und dadurch zeigen, daß sie das Beste von uns nicht gelernt haben? In Zukunft werden wir die Schulmeisterrolle nicht mehr mit der alten naiven Vertrauensseligkeit spielen, aber Deutschland soll und wird die hohe Schule und der große Weltmarkt des Geistes bleiben. Das ist unser schönster Ruhm und unsere ehrenvollste Ausgabe. Wenn die andern die jetzt zerrissenen Fäden der geistigen Beziehungen zu uns nicht wieder anknüpfen wollen, so werden sie selber den größten Schaden davon haben. Uns aber darf die Aufregung des Krieges und auch die berechtigte Empörung nicht verleiten, daß wir den hohen Standpunkt einer besonnenen und gerechten Würdigung des Fremden und auch des Feindlichen verlassen. Rings um uns erschallt es wie ein wildes Indianergeheul, und Männer stimmen ein, die durch Amt und geistige Bedeutung vor solcher Verirrung geschützt sein sollten. Wahren wir die Würde, bleiben wir ruhig und gelassen, zeigen wir auch dadurch unsere Überlegenheit.

Und nun das Letzte und Wichtigste! Der Krieg hat uns neben unsäglicher Trauer einen unermeßlichen Segen gebracht durch die religiöse Erneuerung des Volkes. Die Tagesgötzen wankten im Sturm, und ihre lärmenden Propheten wurden sehr still und kleinlaut; der alte treue Gott aber stand uns zur Seite und gab uns Kraft und Trost. Sollten nicht auch jene, die das Glück des Glaubens nicht·mit uns teilen, jetzt erkannt haben, welche reiche [//12//] Kraftquelle die Religion ist für das Volk? Und sollten sie nicht Zukunft von dem frevlen Versuch ablassen, diese Quelle zu verschütten? Wird nicht wenigstens das deutsche Volk, das sich in schwerer Zeit mit seinem Gott so innig zusammengefunden hat, solche Versuche entschieden zurückweisen und dem Heiligsein die Treue wahren? Der Herr hat es so gefügt, daß nicht ein leichterrungener Sieg die religiöse Erneuerung sogleich wieder in Frage stellen konnte; sie sollte sich vertiefen und befestigen in langer Prüfung und wird nun hoffentlich zu einem bleibenden Gewinn. Möge dieser goldene Segen, der aus der blutigen Hand des Krieges gekommen ist, nie wieder verloren gehen! Das ist der beste Wunsch, den ich weiß.

5.
DES DEUTSCHEN VOLKES SCHUTZPATRON[8]
(1915)

Dr. Augustin Wibbelt,
Pfarrer in Mehr

Vor aller Menschenzeit ist der erste Krieg geführt worden. Die Geheime Offenbarung sagt darüber: „Und ein großer Kampf entstand im Himmel; Michael und seine Engel kämpften mit dem Drachen; und der Drache kämpfte und seine Engel, und sie konnten nicht obsiegen, und wurden nicht mehr gefunden im Himmel." (Offb. 12, 7) Michael heißt „Wer ist wie Gott?" Seinem Namen treu, hat er Gottes Sache verfochten gegen die Empörer; sein Kriegsdienst war Gottesdienst. Weil Gottes Kraft mit ihm war, so war ihm auch der Sieg gewiß; er hat den Himmel gesäubert und den Drachen mit Anhang in den Abgrund geworfen. Sankt Michael ist von alters her der Schutzpatron des deutschen Volkes. Unsere hochgemuten Vorfahren griffen hoch in ihrer Wahl; der höchste Fürst und Held des Himmels war ihnen gut genug. Zu ihm sandten sie ihr Heerlied, wenn sie in die Schlacht zogen:

> O unbesiegbar starker Held,
> Führ' du das deutsche Heer ins Feld,
> Herzog Michael!

Noch heute trägt unser Volk von ihm den Beinamen „der deutsche Michel", und die ersten Worte unseres Kriegsspruches „Mit Gott für König und Vaterland" klingen an die Bedeutung des Namens Michael an. Einen besseren Patron und ein schöneres Vorbild findest du nicht. Wie Michael, so mußt auch du kämpfen – für Gott und mit Gott – dann ist auch dir die Siegeskrone sicher.

---

[8] Textquelle | SANKT MICHAEL 1918, S. 11 (entnommen aus: Augustin Wibbelt: Soldatenspiegel. M.-Gladbach: Kühlen [1915]). – Zu ‚Sankt Michael als nationalreligiöser Mythos' vgl. FLIEGE 2006.

Sankt Michael ist nach einem frommen Glauben der Führer der abgeschiedenen Seelen. Die Kirche singt in der Seelenmesse: „Der heilige Michael trage ihnen die Fahne vor und führe sie zum heiligen Lichte." Ein Grund mehr, um diesen Erzengel als Kriegspatron zu verehren. Der Krieger steht immer mit einem Fuß im Grabe. Wer hier getreulich dem Fähnlein Sankt Michaels gefolgt ist, der wird an ihm einen guten Führer und Fürsprecher finden, wenn die Nacht des Todes seine Seele umfängt.

(Illustration zu Wibbelts Text „Des Deutschen Schutzpatron" aus: SANKT MICHAEL 1918)

6.
KRIEGSGEDICHTE IN MÜNSTERLÄNDISCHER MUNDART[9]
(1915)

Augustin Wibbelt

Michel

Sünte Michel, du starke Mann,
Treck din beste Staohlwamms an,
Nimm de Peik met langen Schaft,
Nimm tohaup dine ganze Kraft!
Help us, Sünte Michel!

Häs den Draken un sine Rott
Deip in de Höll harunnerstott:
Denk an dinen grauten Krieg,
Denk an dinen schönen Sieg!
Help us, Sünte Michel!

Nied un Haß steiht Hand in Hand
Gieggen dat leiwe dütske Land,
Gieggen din trüe dütske Volk –
Smiet den Fiend in den swatten Kolk!
Help us, Sünte Michel!

Engelskünink un Schutzpatron,
Dräggs den Helm un dräggs de Kron,
Driäg us auk de Fahn vöran!
Hei, wi folget di, Mann för Mann!
Help us, Sünte Michel!

---

[9] Textquelle | So weit nicht anders angegeben stammen alle ausgewählten Mundartgedichte aus „Augustin Wibbelt: De graute Tied. Kriegsgedichte in Münsterländer Mundart. Essen: Fredebeul & Koenen 1915" (Textwiedergabe hier nach dem privaten digitalen Archiv von Paul Baumann, Greven; Abgleich mit: WIBBELT 2000).

De Leutnant

Up dinen Diägen ligg en Glanz,
De nümmer bleeken draff,
Üm dinen Helm en grönen Kranz,
Do fällt kin Blatt von af.

So junk du bis, du bis en Held,
Vull Manneskraft un Mot,
Du geihs vöran, un wenn et gellt,
Du gifs din raude Blot.

Du steihs in Ähren, swiegen mott
De Nied un Unverstand:
Du häs begraben allen Spott
Met dine starke Hand.

De Besten

Den Guott us giebben mögg, den Sieg,
Betahl' wi'n auk to düer?
Ick fröcht', ut düssen grauten Krieg
De Besten kummt nich wier.

De Besten sind alltied vöran –
Guott, help met dinen Siägen,
Süß fallt se alle, Mann för Mann,
In'n dichten Kugelriägen.

In'n Stacheldraoht

Äs Fleigen sick fanget in'n Spinnkoppeln-Nest,
So höngen se fast in'n Stacheldraoht.
Se wullen stürmen un sprüngen heran,
Wi läggen in'n Schützengraben praot.

Wi laiten se kummen, dann gonk et laoß –
Dat is en Rattern un Knattern west!
Wat konn, dat laip. Dat annere honk,
Äs Fleigen sick fanget in't Spinnkoppeln-Nest.

De een was daut, de annere nich –
Man konn't nich häören, man konn't nich seih'n!
Dat weggede sick in den Stacheldraoht
Un was bi Dag' un Nacht an't Schrei'n.

Se können nich liäben un stiärben nich,
Von iähre Kameraoden verlaoten in Naut,
Un wenn wi helpen wullen – o Guott!
Dann schüötten us iähre Kameraoden daut.

De Emden

Et geiht en Sank dör't dütske Land:
O Emden, use Emden!
Du wackere Schiepp, so swank un stolt,
Din leiwe Nam' de löcht't äs Gold,
Rund üm de ganze Welt bekannt.
O Emden, use Emden!

En Lachen geiht dör't dütske Volk:
Haha, dat is de Emden!
Ligg up de Wacht bi Dag un Nacht,
Hät ümmer Glück, versteiht de Jagd,
De kleine Hecht in'n Kruskenkolk!
O Emden, leiwe Emden!

Et geiht en Söcht dör't Engelland:
Bewahr us vör de Emden!
Se buohrt us alle Schiepp in'n Grund
Un slött us up den grauten Mund
Met iähre kleine hatte Hand.
O Emden, leige Emden!

Un of se wacker üm sick slog,
De Emden, use Emden!
Se häfft se doch üm't Liäben bracht
Met iähre butte Üöwermacht.
Doch waocht, se söllt us düer genog
Betahlen use Emden.

Westfaolenart

Kommando Sturm! Se sprüngen,
Et foll te teihnte Mann.
Nieder! – De Kugeln süngen –
Voran! – Nieder! – Voran!

So gonk dat ümmer wieder,
Do raip de een den annern to:
„Aowat, ick flait up Nieder!
Män drup! Alloh!"

O graute Tied!

O swaore Tied!
De ganze Welt vull Nied un Striet!
Et drägg en jeder sine Last,
De Truer is bi us to Gast
In't Armenhus un in'n Palast.
O swaore Tied!

O düere Tied!
Se tiährt den langen trüen Fliet,
Se kost't so männigen Druoppen Blot,
Se kost't so bittre Träönenflot,
Se füördert grauten starken Mot.
O düere Tied!

O graute Tied!
Wat wät dat Hiätt us warm un wiet!
Dat ganze Volk steiht Hand in Hand,
Un himmelhauge slött de Brand:
„Et gellt dat leiwe Vaderland!"
O graute Tied!

De hillige Sturm

    Do steeg en Sturm tohöcht.
    Ut deipe, deipe Naut,
    En dusendfäöltgen Söcht,
    En Schreien, hillig graut:

„Erbarm di, leiwe Häer!
Wi liggt up blaute Äer,
Wi liggt up use Knei.
Verlaot us nich in düsse swaore Tied,
In düssen Striet!
Dat annere all is enerlei.
Wi mött't de halwe Welt bestaohn,
De halwe Welt vull Haß un Nied!
Se willt us rein to Buodden slaohn,
Se willt us twingen up de Knei –
Un haft iähr nicks to leede daohen.
Help us in düssen Striet!
Dat annere all is enerlei.
Nu gaoht se, Mann för Mann,
Un laot't us trügg alleen.
Nu fänk dat graute Truern an –
O Guott, wi häfft kin Hiätt von Steen!
Din leiwe Suohn, he sölwer green,
Äs he den Fröhd begraben fann.
Bi di, o Här, steiht
Alles, wat kümp un geiht:

Nimm use Träönen gnäödig an
Un reek us dine starke Hand,
Bewahr dat leiwe Vaderland!"

Dör alle Wolken steeg
De Sturm bis an den Thron:
Do satt de Här un sweeg –
Un nickede met de Kron.

Von allen Sieden

Von allen Sieden stigg't harup,
Von allen Sieden kümp't heran
Und dreiht de Augen rund in'n Kopp
Un wiß us grell den witten Tann.

Von Außen kümp't, von Westen kümp't
Äs wille Wülwe, Rügg an Rügg,
Äs swatte Rawen, Kopp an Kopp –
De Äer krüpp, de Himmel flügg.

Von Naoern, wo de griese See
Dat Land begnaget met Gehül,
Do gnaostert ächter seine Schiepp
De graute, fräche Lügenbül.

Un gintern, wo de leiwe Sunn
De Muorgens ut dat Water stigg,
Do reckt sick up en giäll Gewüörm,
Wat lange up de Luer ligg.

Nu, Michel, nimm de Peik tor Hand
Un stell di fast up beide Been!
Haoll trü met dinen Broer stand!
Iähr sind der viell – ji sind alleen.

De Krieg äs Smett

Wat slött he drup met sinen Hamer!
He slött un lött de Funken stuwen.
Dat Isen mott tosammenwassen
In glainige Glot, aohn' Niet un Schruwen.

Wat päck he to met sine Tangen
Un stött un stäck dat Stück in't Füer
Un ritt't harut un smitt von nieen
Den Hamer drup – et biewwt de Müer.

O Krieg, du Smett, du wille Sliäger!
Din erste Wiärk dat wiß den Mester:
Üm't dütske Riek en Rink von Isen,
De Enigkeit – kin Rink is fester.

Dat Erste is't – wat sall no kummen?
Du häs no Kraft un Glot un Isen,
Din Amboß steiht, et flügg din Hamer –
Wat kummen sall, dat mott sick wiesen.

De Sunndagsmiß!

De aolle Här Pastor stonn alleen
Vör't belgske Kiärksken up den Träppensteen
Un keek bedröwt de stille Straot entlank.
En Jüngsken trock in'n Taorn den Klockenstrank.
Fief Möderkes un Kinner vlicht en Dutz
Satt in de Kiärk – dat Volk is doch nicks nutz!
Verlaoten wät van Guott, well em verlött
Un sine Hand verwiägen trüggestött.
Do üm den Eck harüm – en Sunnenblitz –
Ne Kumpanie, den Hauptmann an de Spitz,
In all de jungen Augen Muorgenglanz,

Un in de jungen Gliedder Takt un Danz.
Iähr kamm de Sunndagsmiß so rächt to Paß.
De Här Pastor wuß nich, wu em was,
Äs in dat Kiärksken trock de heele Strank,
Un von de erste bis tor lesten Bank
Satt Mann an Mann. Un dann dat Üörgelspiell
Un dann dat Singen – 't was binaoh toviell.
Tweehunnertfiftig süngen Steen un Been,
An't Altaor stonn de aolle Här un green.
Dann trock de Kumpanie met frohen Sinn
De Straot hendahl in Fiendesland harin.

Siebbenteihn Jaohr

Siebbenteihn Jaohr, rank un swank
Äs ne Wiehenroh',
Small Gesicht, de Augen blank,
Lichten Sinn un lichte Schoh.

Hät sick söwst un sin Gewiähr
Ganz in de Gewaolt:
Fleigt de Kugeln krüs un quiär,
glaiht sin Hiätt, de Hand bliff kaolt.

Dat du mi, o leiwe Daut,
Düssen nich bedröwst!
Owwer dat sin Blot all flaut,
dat versteiht sick ganz von söwst.

Holl sick jä dat isern Krüs,
Dat versteiht sick auk,
Un dat krigg man nich ümsüß,
Oder bloß för Pulverrauk.

Siebbenteihn Jaohr, en Kind, en Mann,
Beides ganz togliek!
Häs du viell von sücke, dann,
Dütskland, ja dann bis du riek.

England

England, wi sind daor west,
häfft ährlick dine Fröndschopp socht.
Du hukes up din Inselnest
Un glieps us an vull Haß un Frocht.
Den guten Willen lauhns du slächt –
Waocht män, du kriggs din Rächt!

Dör alle Meere geiht din Schiepp,
Kin Land is di to wiet, to heet.
Dat Krüs vöran – un dann de Swiepp.
Du süggs di fett an frümden Sweet
In'n Welten-Kruskendiek, du Hecht.
Waocht män, du kriggs din Rächt!

Dat stolte England bis de west,
Dat falske England bis du nu,
Un wäern saß du dann tolest
Dat kleine – äher giff't kin Ruh.
Ja, duk di ächter die Gefrächt!
Waocht män, du kriggs din Rächt!

In't Laigen bis du üöwergraut,
Du gröttste Schandfatt up de Welt!
Häs Kugeln, well de Düwel gaut –
O wenn Gerechtigkeit no gellt,
Dann eget di ne heele Drächt –
Waocht män, du kriggs din Rächt!

Et kümp – o kaim't dör use Hand!
Härguott, o wör dat us vergunnt,
Dat falske Lügen-Engelland
To duken in den döppsten Grund!
England, England, du kenns us slächt –
Waocht män, du kriggs din Rächt!

*

Is't no nich nog?[10]

Wi häfft de Russen nütten kloppt,
England höllt sine Schiepp verstoppt,
Frankriek röpp sinen lesten Mann,
Italien kümp kin Tratt vöran,
Ut Serbien makt wi us ne Brügg',
De Dardanellen-Sak löpp trügg,
In Belgien geiht de dütske Plog –
Is't no nich nog?

En Wunner[11]

Äs laoßgonk raip de ganze Welt:
Rußland hät Volk, England hät Geld –
Dütskland geiht unner,
Süß wör't en Wunner!

Nu owwer hät dat Blatt sick dreiht,
De ganze Welt verwünnert steiht:
Paßt up, metunner
Geschüht en Wunner!

---

[10] Textquelle | Erstveröffentlichung in: Plattdütsch Land un Waterkant. Ein Blatt von un for plattdütsche Lüd. Rutgewen von den Vereen ‚Quickborn' in Hamborg. 1. Jahr, To Wihnachten 1915, S. 6. – Wiedergabe hier nach: WIBBELT 2000, S. 69.
[11] Textquelle | Erstveröffentlichung in: Plattdütsch Land un Waterkant. Ein Blatt von un for plattdütsche Lüd. Rutgewen von den Vereen ‚Quickborn' in Hamborg. 1. Jahr, To Wihnachten 1915, S. 10. – Wiedergabe hier nach: WIBBELT 2000, S. 69.

Holzkruzifix auf dem „Berg der Kreuze" nahe Šiauliai, Litauen – Aufnahme: Dudva 2012
https://commons.wikimedia.org/wiki/File:Wooden_crucifix_
on_the_Hill_of_Crosses,_Lithuania

IX.
Vertrauliche Denkschrift Clemens August von Galens zur Ansiedlung in Kurland

(Gedruckte Denkschrift, Mai 1916)[1]

Berlin, im Mai 1916
Königgrätzerstr. 106

Vertraulich!

Auf den Generalversammlungen des Vereins katholischer Edelleute ist in den Jahren 1910 und 1911 eingehend über die Stellung, den Beruf und die Aussichten der nachgeborenen Söhne des Adels gesprochen worden. Besonders im Jahre 1911 beschäftigte man sich mit der Frage der Ansiedlung unserer jungen Leute in den Kolonien. Mit den vielen Einschränkungen und Vorbehalten wurde eine solche Ansiedlung empfohlen. Praktische Versuche sind daraufhin m. W. aus unseren Kreisen nur zwei gemacht, die infolge des Krieges auch vorläufig gescheitert sind: Adolf Weichs ging auf eine Farm in Argentinien und Joseph Stolberg trat in Ostafrika in den Kolonialdienst. – Jedenfalls hat die Ausführung im Großen viele Schwierigkeiten und vorläufig wenig Aussicht auf Verwirklichung.

Einig war man sich aber und ist es wohl noch heute, daß die Ansiedlung nach der Vergangenheit und auch nach den ererbten Anlagen für viele Söhne des Adels der natürlichste Beruf wäre und ihnen am sichersten eine Tätigkeit und eine Stellung schaffen würde, die dem Ideal adeligen Lebens, zum Nutzen auch des Volksganzen entspräche.

---

[1] Textquelle | *Denkschrift Cl. Aug. von Galen zur Ansiedlung in Kurland*" (Mai 1916): Landschaftsverband Westfalen Lippe, Archivamt für Westfalen in Münster: in: LWL Archivamt, Ass, F 1159 (ohne Paginierung; Sperrungen im Original). – Vgl. zum Kontext im vorliegenden Band den Forschungsbeitrag →II (Ron Hellfritzsch). rh

I.

„Ansiedlung" steht jetzt überall auf der Tagesordnung. Man will eine dichtere Besiedlung des Landes, eine Vermehrung der Landbevölkerung und damit auch eine intensivere Ausnutzung des heimischen Bodens herbeiführen, in der richtigen Erkenntnis, daß nur das eigene Land uns die nötigen Reserven an Menschen und Nahrungsmitteln für die Zukunft bieten kann. – Man denkt zunächst an die aus dem Kriege heimkehrenden gesunden und auch beschädigten Soldaten, denen das Vaterland möglichst eine eigene Heimstätte und eine glückliche Zukunft in einigermaßen selbstständiger Stellung bieten möchte.[2] In allen Provinzen werden Siedlungsgesellschaften gegründet die mit staatlicher und kommunaler Hilfe, gestützt auf die Rentenbanken das Ansiedlungsgeschäft in die Hand nehmen wollen. – Den kriegsbeschädigten Soldaten soll durch Kapitalisierung ihrer Rentenbezüge die Ansiedlung erleichtert werden.

Aber man denkt nicht nur an Ansiedlung auf bisher deutschem Boden: die baltischen Provinzen, die einst durch den deutschen Adel christianisiert und kolonisiert wurden, sollen, soweit der Krieg sie in unsere Hand bringt, nach den Worten des Reichskanzlers vom 5. April 1916, auf keinen Fall an Rußland zurückgegeben werden. In irgendeiner Form sollen Polen, Litauen, Kurland wenigstens militärisch und wirtschaftlich an die Mittelmächte angeschlossen bleiben. In welcher Form das geschehen soll, ist nicht gesagt, vielleicht noch nicht beschlossen. Polen mag eine gewisse Selbstständigkeit erhalten oder an Oesterreich angelehnt werden; Litauen und Kurland dürften wohl in recht enge Verbindung mit Preußen kommen. Und das ist allgemeine Ueberzeugung: Kurland und Litauen sind das auserwählte deutsche Ansiedlungsland der Zukunft. Ihre dünne Bevölkerung läßt Raum für noch viele deutsche Einwanderer. Die riesigen fiskalischen Besitzungen, besonders Waldungen, ermöglichen eine weitgehende Ansiedlung ohne Antastung des Privateigentums der Landesbewohner. [//2//]

---

[2] Zur Idee der so genannten „Kriegerheimstätten" und der Ansiedlung von Kriegsinvaliden: Thomas KOINZER: Wohnen nach dem Krieg. Wohnungsfrage, Wohnungspolitik und der Erste Weltkrieg in Deutschland und Großbritannien (1914–1932), Berlin 2002, S. 67–163.

Litauen ist das weniger fruchtbare, dabei aber dichter bevölkerte Gebiet. Es kommt daher für die Ansiedlung erst an zweiter Stelle in Betracht. Als fast ganz katholisches Land bietet es freilich dem katholischen Ansiedler manche Vorteile gegenüber dem überwiegend protestantischen Kurland.

Kurland hat eine Flächenausdehnung von 26 561,6 qkm, aber nur ca. 750 000 Einwohner. (Die Rheinprovinz hat 26 996 qkm und 6.435778 Einwohner.) Im Durchschnitt kommen auf 1 qkm 27,4 Menschen. (In Mecklenburg-Strelitz 35; in Ostpreußen 52; in Hannover 72; in Westfalen 179; im Rheinland 238.) 25,7 % der Einwohner leben in Städten (nur Mitau, Libau und Windau haben über 10 000 Einwohner), 74,3 % in den Landgemeinden.

Der Abstammung nach sind von den Einwohnern:
7,5 % Deutsche; 75 % Letten, 5,88 % Russen, 5,59 % Juden, 2,92 % Polen, 2,45 % Litauer. – Davon waren 29,1 % Analphabeten.

Dem Stande nach waren:
1,15 % Erbadel, 0,48 % Beamte, 0,12 % Geistliche, 0,36 % bürgerliche Patrizier, 15,5 % Kleinbürger, 81,54 % Bauern.

Die Nähe des Meeres bewirkt ein verhältnismäßig mildes Klima. Der Durchschnitt der Jahrestemperatur ergibt + 6°; der Jahresniederschläge 550 mm. – Das Land ist meist hügelig und reich an Wasserläufen und Seen. Die Aa ist bis Mitau, die Windau bis Goldingen schiffbar, 7 – 10 m tief.[3] Ein guter Humusboden ist fast überall vorhanden; doch gelten 11,20 % des Bodens als unproduktiv.

Von dem produktiven Lande sind:
25,83 % Acker- und Gartenland, 32,4 % Wiesen und Weiden, 30,55 % Wald. Im nördlichen Teile ist fast 50 % des Bodens mit Wald bedeckt.

Der Ertrag der Landwirtschaft ist für russische Verhältnisse günstig: nach der Statistik von 1910 brachte 1 ha bebaute Fläche im Durchschnitt 1141 kg Getreide. Im einzelnen wurden geerntet:
172 971 t Roggen, 145 178 t Hafer, 79 315 t Gerste, 38 289 t Weizen, 328 487 t Kartoffeln, 11 560 t Hülsenfrüchte.

---

[3] Gemeint sind die Flüsse Kurländische Aa (lettisch: Lielupe) und Windau (lettisch: Venta), die beide, von Litauen kommend, das Gebiet des damaligen Gouvernements Kurland nach Norden durchqueren und in die Ostsee münden.

Nach den Ergebnissen der Viehzählung kamen auf je 100 Einwohner:
19 Pferde, 58 Rinder, 46 Schafe und Ziegen, 26 Schweine.
Von dem Grund und Boden sind etwa:
10 500 qkm im Besitz adeliger Großgrundbesitzer, 648 Rittergüter;
09 800 qkm im Besitz von Bauern, 28 281 Bauernhöfe
05 800 qkm im Staatsbesitz, 200 Domänen, davon über 4000 qkm Wald.

Die einzelnen Domänen und Rittergüter sind durchschnittlich 1000 bis 2 500 ha groß. Die lettischen Bauerngüter ca. 50 ha. Die Ansiedlungsstellen auf fiskalischem Boden wurden in letzter Zeit mit durchschnittlich 28 ha ausgestattet, auf ritterschaftlichem Besitz neuestens mit 15 – 20 ha.

Die dichtere Besiedlung Kurlands lag schon im Plane der russischen Regierung. Im Frühjahr 1914 hatte sie beschlossen, den kurländischen Domänenbesitz aufzuteilen und glaubte 300 000 russische Bauern darauf ansiedeln zu können. Nach der lettischen Revolution 1905/06[4] haben die deutschen Großgrundbesitzer im Westen Kurlands begonnen, auf ihren Gütern deutschsprechende Bauern aus dem Innern Rußlands anzusiedeln. Mit welch überraschend günstigem Erfolg zeigt an einem Beispiel der Kurländer Silvio Broedrich-Kurmahlen in einem überaus

---

[4] Die Ostseeprovinzen bildeten einen der Hauptschauplätze der Russischen Revolution des Jahres 1905. Besonders in den überwiegend von Letten bevölkerten Gebieten – dem Gouvernement Kurland sowie dem Süden des Gouvernements Livland – hatten die Ereignisse zeitweise einen bürgerkriegsähnlichen Charakter angenommen. Im Deutschen Reich war darüber intensiv berichtet worden. 1906 veröffentlichte der Historiker und Notar der Livländischen Ritterschaft, Astaf von Transehe-Roseneck, in Berlin eine Abhandlung, in der die Unruhen und Gewaltausbrüche als Folge einer von Sozialdemokraten und Panslawisten betriebenen „künstlichen" Verhetzung der Letten gegen die Deutschen dargestellt wurden. Das Buch trug den Titel „Die Lettische Revolution" und fand insbesondere in konservativen Kreisen in Deutschland viel Beachtung: Peter KRUPNIKOV: Der Meinungskampf in der Publizistik Deutschlands über die sozialen und nationalen Probleme der Revolution von 1905 in Lettland, in: Ezergailis, Andrew / Gert von Pistohlkors (Hg.): Die Baltischen Provinzen Russlands zwischen den Revolutionen von 1905 und 1917 / The Russian Baltic provinces between the 1905/1917 revolutions, Köln 1982, S. 173–185. So ist es kein Zufall, dass auch Clemens August von Galen von einer „lettischen Revolution" sprach.

lehrreichen Artikel in Nr. 4 Band VIII, 1916 des „Archiv für innere Kolonisation". (Siehe die Literaturangaben am Schluß.)

Der Plan, Kurland nach dem Kriege mit Deutschen vor allem mit deutschen Bauern zu kolonisieren, ist nach der Besetzung des Gebietes durch unsere Truppen zunächst m. W. von privaten Kräften mit Begeisterung aufgegriffen worden und wird vielfach erörtert. Im November 1915 fand zu Berlin unter dem Vorsitz des Oberpräsidenten von Ostpreußen, Herrn von Batocki, eine Sitzung der „Studienkommission für Erhaltung des Bauernstandes" statt, in der an zwei Tagen unter Teilnahme bedeutender Nationalökonomen und sonstiger Interessenten, [//3//] z.B. des Vorsitzenden des „Bundes der Landwirte," Freiherrn von Wangenheim und des genannten Kurländers Broedrich-Kurmahlen die Frage der Besiedlung des „Neuen Ostlandes" eingehend erörtert und günstig beurteilt wurde.[5] Seit einigen Monaten erscheint in Berlin eine Zeitschrift „Der Osten," die viele interessante Beiträge zu der Frage bringt.[6] Neben den bezüglichen Artikeln in Zeitschriften sind

---

[5] Die Protokolle dieser Versammlung waren Ende 1915 in Broschürenform veröffentlicht worden: Vereinigung für exakte Wirtschaftsforschung. Studienkommission für Erhaltung des Bauernstandes, für Kleinsiedlung und Landarbeit. Vierte Sitzung am 15./16. November 1915. III. Rücksiedlung von Auslandsdeutschen und Sammlung deutsch-russischer Kolonisten in Kurland. V. Ausschaltung der Bodenspekulation im neuen Ostland, Rostock 1915. Clemens August von Galen dürfte diese Veröffentlichung vorgelegen haben, da sich manche der darin enthaltenen Ausführungen in seiner Denkschrift wiederfinden. Die Bezeichnung „Neues Ostland" geht auf die Broschüre Silvio Broedrichs „Das neue Ostland" zurück, die im August 1915 erstmals erschien und die 1916 in zweiter Auflage herausgebracht wurde: Silvio BROEDRICH-Kurmahlen: Das neue Ostland, Charlottenburg 1915, S. I–II; Silvio BROEDRICH-Kurmahlen: Das neue Ostland (2. Aufl.), Charlottenburg 1916, S. I–II.

[6] Die Wochenschrift „Der Osten" wurde seit September 1915 vom „Verein für das Deutschtum im Ausland" als Journal für osteuropäische Themen herausgegeben. Zunächst trug sie den Namen „Ostland" und wurde später in „Ostlande", „Ostpreußenhilfe" und schließlich im April 1916 in „Der Osten" umbenannt. „Der Osten" trat entschieden für eine Annexion der Ostseeprovinzen durch Deutschland ein und verfügte über gute Verbindungen zu den deutschen Besatzungsbehörden in Kurland: ANONYM.: „Ostland", in: Alldeutsche Blätter, Jg. 25, Nr. 42 (16.10.1915), S. 368; Alfred GEISER: Umschau im Osten, in: Ostland, Jg. 1, Heft 1 (18.09.1915), S. 18–20; ANONYM.: Der Osten, in: Der Osten, Jg. 2, Heft 14 (08.04.1916), S. 183–186. Im Verlag der Zeitschrift, dem „Ostlandverlag" in Charlottenburg, wurde die von Silvio Broedrich verfasste Broschüre „Das neue

eine ganze Reihe Bücher über die „Deutschen Ostseeprovinzen" im letzten Jahre erschienen. Einige werden am Schluß dieser Zeilen namhaft gemacht.

Die Frage der deutschen Ansiedlung in Kurland ist im Fluß. Zahlreiche und einflußreiche Männer beschäftigen sich mit dem Plan ihrer Lösung. Man wird unzweifelhaft an die zuständigen Regierungsstellen herantreten oder bereits herangetreten sein, um mit ihnen die Mittel und Wege zu vereinbaren und sofort nach Eintritt friedlicher Verhältnisse die Hand ans Werk zu legen. Voraussichtlich wird ein großer Teil der praktischen Ansiedlungsarbeit privaten, staatlich kontrollierten Gesellschaften anvertraut werden. Fast alle Kenner der Verhältnisse warnen vor allzu großer Einmischung des Bürokratismus, der sich in der preußischen „Ansiedlungskommission" nicht gerade bewährt habe. Der größte Teil der nötigen Barmittel dürfte freilich wohl durch ein den preußischen Rentenbanken ähnliches Kreditinstitut beschafft werden, während der Staat den Boden, wenigstens soweit es sich um bisher russischen Staatsbesitz handelt, unentgeltlich zur Verfügung stellt, was aus Privatbesitz hinzugenommen werden soll, zum Selbstkostenpreis angibt. Man hat schon bei der Regierung angeregt, den freihändigen Verkauf von Grund und Boden bis auf Weiteres in den besetzten Gebieten zu verbieten, bis das Ansiedlungswerk organisiert und mit dem nötigen Grund und Boden ausgestattet ist und dann für Bodenverkäufe den Durchschnittspreis der letzten drei Jahre vor dem Kriege als Höchstpreis festzusetzen. Dieser Durchschnittspreis wird mit 80 Mark für den Morgen angegeben.

Man denkt zunächst hauptsächlich an die Ansiedlung deutscher Bauern, evtl. auch ländlicher Handwerker und Arbeiter. Aber es dürfte nicht möglich und auch nicht wünschenswert sein, ausschließlich deutsche Kleinbetriebe, Bauern-, Handwerker-, Arbeiterstellen zu schaffen. Von den weitausgedehnten Forsten muß im Interesse des Landes und des ganzen Vaterlandes ein großer Teil erhalten bleiben. Rationelle Forstwirtschaft ist aber nur im Großbetrieb möglich. Aber auch größere landwirtschaftliche Güter werden zu vergeben sein, als Restgüter aus

---

Ostland" herausgegeben, siehe hierzu die Anzeige für Broedrichs Broschüre in: Der Osten, Jg. 2, Heft 29 (23.07.1916), S. 373.

den aufgeteilten Domänen oder auch neu geschaffen, um als Musterwirtschaften und als Rückhalt für die deutschen Kleinbetriebe zu dienen. Sonst werden die Ansiedler gar leicht genötigt sein, an den einheimischen Großgrundbesitz, der zum guten Teil nicht, oder nur der Sprache und Abstammung nach deutsch ist, Anschluß zu suchen und dadurch in Gefahr kommen, das Deutschtum zu verlieren.

So ist es tatsächlich noch im letzten Jahrhundert den zuwandernden mecklenburgischen und pommerischen Bauern ergangen (s. Dukmeyer, S. 35). Die einheimischen Großgrundbesitzer (und Patrizier) halten zwar zum großen Teil fest an der ererbten deutschen Sprache und Kultur, sind aber doch noch weit davon entfernt, sich als nationale Einheit mit den Deutschen des Mutterlandes zu fühlen. Ihr Deutschtum, ihre deutsche Sprache ist vielen von ihnen vor allem ein Vorrecht und unterscheidendes Merkmal gegenüber der tiefer stehenden lettischen Bevölkerung, das Zeichen der ererbten Herrenstellung, die sie seit Jahrhunderten einnehmen. Bauern und Arbeiter mochten lettisch sprechen und Letten bleiben; die Deutschen haben ihnen Volksschulen mit ausschließlich lettischer Sprache eingerichtet, haben durch Jahrhunderte kaum etwas getan, um die unteren Schichten für die deutsche Nationalität zu gewinnen, ja, auch nur die zuwandernden deutschen Bauern und Arbeiter dem Deutschtum zu erhalten. – Diese Feststellung soll kein Vorwurf sein, sie mag in den bisherigen Verhältnissen ihre volle Erklärung und Rechtfertigung finden. Aber sie zeigt, dass der kurländische Großgrundbesitz sich bisher nicht als Verbreiter und Erhalter des deutschen Wesens für die untern Volksschichten bewährt hat.

Man wird daher dafür sorgen müssen, dass die deutschen Ansiedler nicht ausschließlich den untern sozialen Schichten angehören. Ihr Deutschtum wird sonst leicht in Gefahr kommen, dem Einfluß nicht deutsch fühlender Grundherren und dem Lettentum zu erliegen. Mit Beamten allein wird man den natürlichen Einfluß einer nicht deutschen sozialen Oberschicht und Umgebung nicht aufwiegen können. – Auf die Dauer muß auch das Land selbst seine Führer, seine Regierungs- und Kommunalbeamten hervorbringen. Nur durch die Ansiedlung besser gestellter deutscher Familien wird das ohne Gefährdung für das Deutschtum möglich sein.

[//4//]

So dürften sich für Abkömmlinge aller Schichten unserer Landbevölkerung, vom Großgrundbesitzer bis zum Land- und Forstarbeiter, bei der deutschen Besiedlung Kurlands frohe Zukunftshoffnungen und Aussichten auf eine arbeitsreiche, aber auch mehr oder minder unabhängige Stellung auf eigenem Grund und Boden (Rentengüter) eröffnen.

Soll nur der Adel, vielleicht gar nur der katholische Adel von der Ansiedlung im „neuen Ostland" ausgeschlossen bleiben? Soll er zu spät kommen, wenn alle Möglichkeiten der Ansiedlung schon von anderen mit Beschlag belegt sind und dann sich wieder mit den Aussichten auf Anteil an der Kolonisation in fremden Erdteilen trösten? – Einst ist es seine Aufgabe gewesen, die Ostseeprovinzen dem deutschen Reich und dem Christentum zu gewinnen. Der deutsche, besonders der niederdeutsche, rheinisch-westfälische Adel hat einst unter großen Opfern mit heldenhafter Begeisterung diese Aufgabe erfaßt und zu seinem Ruhm, zum Segen für Volk und Land gelöst. Heute steht die gleiche Aufgabe vor uns. Ist der deutsche katholische Adel heute zu klein und schwach, um sich an der Lösung wenigstens wirksam zu beteiligen?

Wenn die Ansiedlung in den neu erworbenen Gebieten beginnt und, wie es naturnotwendig erscheint, auch größere lebensfähige Güter zur Verteilung kommen, werden vielleicht manche unserer adeligen Familien gewillt und in der Lage sein, zur Vergrößerung des Familienbesitzes oder auch zur Gründung neuer Familienzweige, entsprechende Siedlungsgüter zu erwerben. – Anwärter für solche Aufgaben werden im Adel wohl genug zu finden sein. Viele der jungen Männer, die jetzt durch Jahre dem Vaterlande gedient haben, werden die militärische Laufbahn wieder verlassen. „Im Felde da ist der Soldat noch was wert," – aber nachher? Er muß wieder Schüler werden, bestenfalls Referendar o. ä., und darf hoffen, nach Jahren eine Stellung zu erringen, wo er wieder „was wert ist!" – Da würden viele es gewiß freudig begrüßen, wenn sie als Ansiedler in dem auch durch ihre treue Pflichterfüllung erworbenen Gebiet eine zwar arbeitsreiche, aber doch selbstständige und verantwortliche Stellung sich schaffen könnten, zumal ihnen diese nach Familientraditionen und Erziehung sympatisch [sic] erscheinen muß.

Aber die Zahl der Familien, die aus eigener Kraft ihren Söhnen eine selbstständige Stellung als Landedelmann verschaffen könnten, wird nicht groß sein. Um es einer größeren Anzahl zu ermöglichen, müßte wenigstens frühzeitig dafür gesorgt werden, daß die Kreditbeschaffung durch die Ansiedlungs-Rentenbank im Gegensatz zu der Praxis der bestehenden preußischen Rentenbanken, auch für größere Land- und Waldgüter ermöglicht wird. – Jedenfalls müßte man die evtl. sich eröffnenden Möglichkeiten zur Ansiedlung der nachgeborenen Söhne des Adels schon jetzt ins Auge fassen und mit den die Besiedlung des „neuen Ostlandes" betreibenden Kreisen in Verbindung treten, um orientiert zu sein und im ersten günstigen Augenblick die Interessenten aus unseren[7] [*Kreisen* (?)] benachrichtigen und beraten zu können. Dafür wäre m. E. eine „Kommission für Ansiedlung des Adels" oder wenigstens ein uneigennütziger Sachverständiger und Berater aus unseren Kreisen notwendig.

Jedoch könnte durch solche Ansiedlung einzelner höchstens den Betreffenden eine erfreuliche Zukunft angebahnt werden. Unseren idealen Zielen wäre damit wenig gedient. Ja, die organisierte Ansiedlung in den verschiedensten Teilen des neuen Gebiets könnte direkt eine Gefahr für die betr. Familie werden: weit von Kirche und Schule, angewiesen auf den Verkehr mit einer Ueberzahl einheimischer Protestanten oder auch andersgläubiger Ansiedler, wäre für sie der Verlust adeliger Gesinnung und Lebensführung, ja selbst des Glaubens auf die Dauer zu befürchten. Nur eine organisierte und zwar unter Berücksichtigung dieser Gefahren organisierte Ansiedlung könnte da Schutz bieten.

In welche Verhältnisse werden unsere Ansiedler aller Stände kommen, wenn wir die tatsächliche Ansiedlung dem Staate, resp. beliebigen, etwa aus Mitgliedern des Ostmarkenvereins gebildeten Gesellschaften allein überlassen?

[//5//]

---

[7] [sic; hier folgt kein Substantiv]

II.

Kurland war einst ein katholisches Land. Der hl. Bruno hat dort im Jahre 1008 für die Predigt des katholischen Glaubens sein Blut vergossen.[8] Katholische Bischöfe, Priester und Ordensleute, vor allem die Ritterorden der Schwertbrüder und Deutschherren haben das ganze Land unter dem Schutze der allerheiligsten Jungfrau Maria der katholischen Kirche gewonnen. Aber die „Terra Mariana", das „Wittum der seligsten Jungfrau Maria" ist in der sog. Reformation vom Glauben abgefallen. 1559 verkaufte der letzte Bischof von Kurland, Johann von Mönninghausen, sein Bistum, das „Stift Pilten", an den König von Dänemark und ging außer Landes. Die ganze Bevölkerung, Deutsche und Letten, wurde protestantisch. Als Kurland unter polnischer Lehenshoheit stand, gewährte Herzog Friedrich Religionsfreiheit. Aber die Katholiken blieben und sind heute eine kleine, wenig beachtete Minderheit.

Die Zahl der Katholiken wurde vor dem Kriege auf etwa 100 000 angegeben. Ungefähr die Hälfte gehört zum „Dekanat Semgallen," das den südöstlichen Zipfel Kurlands, gegenüber Dünaburg, an der Düna bildet. Dort gibt es acht katholische Pfarreien. Im ganzen großen übrigen Teil Kurlands gibt es nur 10 katholische Pfarreien, die im „Dekanat Kurland" vereinigt sind. Außer den größeren städtischen Pfarreien in Mitau und Libau handelt es sich um weit zerstreute Diasporagemeinden, die meist in der Kirche eines Ritterguts ihren Mittelpunkt haben. Obgleich das Verhältnis zwischen den Konfessionen als ein friedliches geschildet wird, und in allen Ständen Katholiken gefunden werden, ist doch der Einfluß der Katholiken naturgemäß gering. Schon die politische Einteilung des Landes in (protestantische) „Kirchenspiele" (103) und „Sprengel" (8) zeigt die überragende Stellung der protestantischen Landeskirche. In der Litteratur wird die „evangelisch-lutherische Kirche" wiederholt gerühmt, als eine der „Lebenswurzeln des baltischen

---

[8] Sicherlich eine Bezugnahme auf den Missionar Brun von Querfurt, der im Jahre 1009 im Grenzgebiet zwischen Preußen und Litauen von heidnischen Pruzzen oder Litauern erschlagen wurde. Kurland dürfte *Brun von Querfurt* allerdings nicht erreicht haben: Hanns Leo MIKOLETZKY: Brun von Querfurt, in: Neue Deutsche Biographie, Band 2: Behaim–Bürkel, Berlin 1955, S. 674–675.

Deutschtums." – Wenn die bei der Ansiedlung maßgebenden Kreise mit dieser Ueberzeugung ans Werk gehen, werden katholische Ansiedler wohl kaum auf Berücksichtigung ihrer berechtigten Wünsche inbetr. Kirche und Schule rechnen dürfen.

Bis 1798 unterstanden die Katholiken Kurlands dem Erzbischof von Gnesen; dann wurden sie dem Metropolitanverband von Mohilew unterstellt. Seit 1847 gehört Kurland zum Bistum Samogitien, dessen Bischof in Miednicki (Litauen) residiert.

Können wir unter solchen Verhältnissen katholischen Ansiedlern mit gutem Gewissen empfehlen, die sich in Kurland bietenden Ansiedlungsgelegenheiten unterschiedslos anzunehmen? Werden sie dort in einigermaßen erreichbarer Nähe katholische Kirchen, katholische Schulen für ihre Kinder finden? Werden die jedenfalls nicht zahlreichen litauischen und einheimischen Priester imstande sein, die so über das ganze Land zerstreuten eingewanderten deutschen Familien zu pastorieren, daß sie den Glauben bewahren und ungetrübt ihren Kindern vererben?

Wenn man diese Gefahren nicht frühzeitig ins Auge faßt, ihnen nicht rechtzeitig begegnet, werden wir in Kurland bald Diasporaverhältnisse haben, die an die schlimmsten Zeiten der preußischen, sächsischen Diaspora erinnern. Und, wie es in dieser ergangen ist, so wird es auch dort gehen: ein großer, wenn nicht der größte Teil der katholischen Zugezogenen und ihre Nachkommen werden ihren Glauben verloren haben, bevor in jahrzehntelanger Arbeit Seelsorgstationen und katholische Schulen in etwa überall gegründet sind. Die protestantischen Landesbewohner, die Ueberzahl protestantischer Ansiedler, für die jedenfalls sofort deutsche protestantische Schulen eingerichtet werden, die Stellungnahme der überwiegend protestantischen Beamten, die in der „evangelisch-lutherischen Kirche eine der Lebenswurzeln des baltischen Deutschtums" sehen, werden es den selten oder nie von fremdsprachigen katholischen Priestern besuchten Familien fast zur Unmöglichkeit machen, den katholischen Glauben auf die Dauer zu bewahren. Und doch wird es sich um neue Zweige oder Nachkommen unserer besten und treuesten deutschen Familien handeln, um ein Land, das einst vom deutschen katholischen Adel der Mutter Gottes geweiht, eine Zierde und Freude der hl. Kirche war.

Da heißt es vorschauen und vorbauen. Eine bestehende Diaspora erfordert unverhältnismäßige Aufwendungen an Personal, Arbeitskraft und Geld. In Kurland ist noch keine Diaspora deutscher Katholiken. Vielleicht wäre es bei frühzeitig erwogenem planmäßigen Vorgehen möglich, ihr Entstehen ganz zu verhindern. [//6//]

III.

Vorurteilsfreie Sachverständige, z.B. der schon genannte Broedrich-Kurmahlen, haben es bereits ausgesprochen, daß es nicht gut ist, Ansiedler verschiedenen Glaubens in derselben Kolonie anzusiedeln. Auch die preußische Ansiedlungskommission gründet mit Vorliebe rein protestantische, in neuester Zeit aber auch rein katholische Dörfer. Dieser Gedanke muß möglichst propagiert und möglichst allen mitwirkenden Stellen, als im Interesse einer friedlichen Entwicklung der Ansiedlungen, klargemacht werden.

Ein zweiter durch die Erfahrungen der Ansiedlungskommission und der deutschen Bauernkolonien in Rußland bestätigter Grundsatz verlangt, daß man möglichst die stammes- und heimatgleichen Ansiedler in gemeinsamen Kolonien vereinigt. Nicht nur für den Anschluß der Nachbarn an einander und die gegenseitige nachbarliche Hilfe bietet die Durchführung dieses Grundsatzes große Vorteile: die heimatgleichen Ansiedler werden auch leichter die Verbindung mit der Heimat und so mit dem Deutschtum im Mutterlande bewahren. Dieser das nationale Interesse eminent fördernde Grundsatz wird leicht den für die Ansiedlung interessierten Kreisen deutlich zu machen sein.

An diese beiden Erfahrungstatsachen anknüpfend, müßte man versuchen, die Organisation der Ansiedlung entsprechend zu schaffen oder wenigstens wirksam zu beeinflussen. Die Organisation muß in der Heimat gebildet werden, kann nicht jenen überlassen bleiben, die sich ansiedeln wollen; diesen fehlt bisher die Sachkenntnis, jetzt die Zeit, um solche zu erwerben (sie stehen meist im Felde), vor allem auch die finanzielle Kraft, um wirksam ein solches Unternehmen anzugreifen.

Die Ausführung der Ansiedlung müßte von nach Provinzen oder Landesteilen getrennten Gesellschaften bewirkt werden. Dadurch würde sich die Trennung der Ansiedlung und der Ansiedler nach Konfessionen von selbst leicht und unbezwungen ergeben. Schon zum Zweck der Anwerbung und Ausbildung geeigneter bäuerlicher Ansiedler wird man der Mitarbeit der heimischen landwirtschaftlichen Vereinigungen nicht entbehren können. Diese (Bauernvereine etc.) sind nach Landesteilen und Wirtschaftsgebieten getrennt organisiert. Vielleicht wäre es möglich, gerade aus diesen Kreisen oder im Anschluß an sie, jene Gesellschaften zu bilden, die unter Fühlung mit einander, und staatlicher Mithilfe und Kontrolle die Besiedlung an Ort und Stelle durchführen. Diesen Gesellschaften wäre dann, je nach ihrer Größe und Bedeutung, je ein mehr oder weniger ausgedehnter Teil des Ansiedlungsgebietes zur allmählichen Besetzung mit deutschen Ansiedlern aus dem betreffenden Heimatsgebiet zu übergeben. –

Für alle Arten von Ansiedlungsstellen, für Gutsbesitzer-, Bauern-, Handwerker- und Arbeiterstellen wird das katholische Deutschland Bewerber liefern. Aber schmerzlich würde es sein, wenn wir sie in die traurigsten Diasporaverhältnisse ziehen lassen müßten. Das wird nur zu vermeiden sein, wenn wir uns frühzeitig für die Ansiedlungsfrage interessieren, ihre Entwicklung aufmerksam beobachten, mit den sie betreibenden staatlichen und privaten Stellen Fühlung nehmen, und möglichst großen Einfluß darauf zu gewinnen suchen.

Wenn jeder von uns in seinem Kreise in diesem Sinne wirkt, und wir die gemachten Erfahrungen und Beobachtungen selbstlos zum allgemeinen Besten austauschen, müßte es doch möglich sein, rechtzeitig unter Führung des katholischen Adels eine z.B. „Rheinisch-Westfälische Ansiedlungs-Gesellschaft" ins Leben zu rufen, die einen großen und damit schwerwiegenden Teil des Ansiedlungsgebietes zur Besiedlung übernimmt. Dort würden wir die größeren Betriebe mit Familien aus unseren Kreisen, die Kleinbetriebe mit uns nahestehenden Leuten aus den Bauernvereinen, den katholischen Handwerker-(Gesellen-) und Arbeitervereinen besetzen. Das würde dem Einzelnen Halt und nachbarliche Hilfe gewährleisten. Der Adel würde die katholische Oberschicht der eingewanderten deutschen Bevölkerung bilden, die nicht ignoriert und mißachtet werden kann, die alsbald die Führer des

Volkes, die kommunalen und staatlichen Beamten liefern könnte. Bei solch konzentrierten katholischen Ansiedlern würden die Kirchen- und Schulfragen leicht ihre Lösung finden. Eine starke und ausgebreitete katholische Kolonie würde bald schon selbst ihre Seelsorger und Lehrer hervorbringen, und imstande sein, den vielleicht nach anderen Teilen versprengten Katholiken hilfreich die Hand zu bieten. So würden wir, anknüpfend an die Heldentaten unserer Vorfahren, „der Ahnen wert," in friedlicher Eroberung [//7//] der Allerheiligsten Jungfrau wenigstens einen Teil ihres verlorenen „Wittums" zurückerwerben.

Der „Verein katholischer Edelleute" hat sich statutenmäßig die „Verteidigung des Glaubens" und die „Förderung der Interessen des Grundbesitzes" zur Aufgabe gemacht. Daher müssen in seinen Reihen die Männer zu finden sein, welche die hier skizzierten Ziele als erstrebenswert erkennen, und ihre Verwirklichung mit festem, selbstlosem Willen in die Hand nehmen.

Clemens A. Graf von Galen

[//8//]

Neue Litteratur zur deutschen Ansiedlung in Kurland:

Silvio Broedrich-Kurmahlen, Das neue Ostland. Ostlandverlag, Charlottenburg, 1916 (21.–40 Tausend) Preis 60 Pf.
Derselbe, Gründung der deutschen Bauerngemeinden Kurmahlen-Planetzen in Kurland, Kreis Goldingen, und
Derselbe, Schnelle Besiedlung in Kurland – vor und nach dem Kriege, im „Archiv für innere Kolonisation," Band VIII, Heft 4 und 7, 1916, Deutsche Landbuchhandlung, Berlin, Dessauerstr. 7.
„Der Osten", Wochenschrift, Ostlandverlag, Charlottenburg.
Friedrich Dukmeyer, Die Deutschen in Rußland. Puttkamer & Mühlbrecht, Berlin 1916.

A. Freiherr von Engelhardt, Die deutschen Ostseeprovinzen Rußlands. Georg Müller Verlag, München 1916.

Dr. Valerian Tornius, Die baltischen Provinzen. Teubner, Leipzig und Berlin, 1915.

Alfred Geiser, Die deutschen Ostseeprovinzen. Velhagen & Klasing, Bielefeld und Berlin.

Prof. Dr. Max Friedrichsen, Die Grenzmarken des europäischen Rußlands. L. Friedrichsen & Co. Hamburg 1915.

Dr. Arend Buchholtz, Die deutschen Ostseeprovinzen. Verlag des evangelischen Bundes, Berlin 1915.

Divisionspfarrer Blum, Eine unbeachtete Kulturmacht in Kurland, in der „Allgemeinen Rundschau" Heft 20, S. 359, München 1916.

Kirchenlexikon, Bd. VII, S. 1259. Art. „Kurland" von Weber.

X.
Referat über Ansiedelung im Osten nach dem Kriege

(Außerordentliche General-Versammlung des
Vereins katholischer Edelleute, 30. November 1916)[1]

Von Graf Clemens August von Galen

Hochwürdigster Bischof![2] Meine Herren! Die Weltgeschichte, die wir erleben, führt unsere Volksgenossen und auch unsere Gedanken zu Völkern und in Gebiete, von denen die Weltgeschichte, die wir in der Schule lernten, uns kaum etwas erzählt hat. Im Westen, an der flandrischen Küste und im Artois, stehen unsere Heere an den Grenzen des alten römischen Reiches Deutscher Nation, auch im Osten haben sie teilweise altes deutsches Gebiet zurückerobert: Im Jahre 1207 erhielt Bischof Albert von Riga, der Eroberer und Apostel Livlands, die jetzt sog. russischen Ostseeprovinzen vom Deutschen Könige Philipp von Schwaben zum Lehen und wurde damit Reichsfürst, und 1530 wurde diese Stellung dem großen Ordensmeister Walter von Plettenberg[3] auf

---

[1] Textquelle I *„Referat des Grafen Cl. Aug. Galen über Ansiedlung im Osten nach dem Kriege"*, 30. November 1916, Anlage 1 zum Protokoll der außerordentlichen General-Versammlung des Vereins katholischer Edelleute Deutschlands vom 30. November 1916, in: Landschaftsverband Westfalen Lippe, Archivamt für Westfalen in Münster: Dep. VKA 85 (ohne Paginierung). – Vgl. zum Kontext im vorliegenden Band den Forschungsbeitrag →II (Ron Hellfritzsch). rh

[2] Der Bischof, den von Galen zur Begrüßung anspricht, ist der Paderborner Weihbischof Dr. Heinrich Haehling von Lanzenauer (1861–1925), der als Ehrenmitglied des Vereins katholischer Edelleute bei dessen außerordentlicher Generalversammlung am 30. November 1916 anwesend war: Protokoll der außerordentlichen General-Versammlung des Vereins katholischer Edelleute Deutschlands, Münster, den 30. November 1916, in: LWL Archivamt Dep. VKA 234 (ohne Paginierung).

[3] Wolter von Plettenberg (ca. 1450–1535) war der bedeutendste Landmeister des livländischen Zweiges des Deutschen Ordens. Er wurde auf der Burg Meyerich bei Soest geboren. Seinem Wirken verdankte das mittelalterliche Livland eine fast sechzigjährige Frie-

dem Reichstage zu Augsburg nochmals feierlich zuerkannt. – Dieser Name sagt uns schon, daß die Geschichte der baltischen Provinzen für uns von besonderem Interesse sein muß: ist es doch der Name eines heute noch unter uns blühenden deutschen Adelsgeschlechtes, dessen Haupt zu den Mitgliedern unseres Vereinsvorstandes zählt. Auch andere Namen aus der livländischen Geschichte klingen uns bekannt und vertraut: ich nenne nur die Ordensmeister Recke, Fürstenberg, Galen, Ketteler. Noch heute blühen in jenen fernen Landen Zweige unserer einheimischen Familien, z.B. Korff, Vittinghof, Nesselrode.

Es war gewiss ritterlicher Wagemut und der Wunsch, im heiligen Kampf gegen die Ungläubigen Ehre und Ruhm zu ernten, der die Söhne deutscher, besonders westfälischer Adelsgeschlechter zur beschwerlichen Waffenfahrt über das baltische Meer bestimmte, um sich dem livländischen Zweige des Deutschen Ordens anzuschließen oder sich als Ministerialen des Ordens oder der Bischöfe im fernen Ordenslande niederzulassen; aber es war auch freudige Begeisterung für Schutz und Mehrung des Reiches und die Sehnsucht, das Reich Gottes auf Erden auszubreiten, das Licht des Wahren Glaubens, christliche Gesittung den heidnischen Völkern jenseits der Ostsee zu bringen. „Terra Mariana", „das Wittum der Jungfrau Maria" nennen alte Urkunden das Deutschordensland an der Düna. (Graf Bernhard zur Lippe, der Gründer von Lippstadt, verließ in gereiftem Alter seine Familie und das Erbe seiner Väter, wurde Mönch in Marienfeld, das er fundiert hatte, dann Abt von Dünamünde, endlich, durch die Hand seines eigenen Sohnes, des Erzbischofs von Utrecht geweiht, Bischof von Semgallen. – Wilhelm von Fürstenberg wollte lieber in russischer Gefangenschaft sterben, als zum Schisma überzutreten und Livland vom Großfürsten zu Lehen nehmen.[4]) Deutsch und katholisch sind die Balten geblieben,

---

densphase, die zu einem ökonomischen, demographischen und kulturellen Aufschwung in der Region führte: Norbert ANGERMANN: Wolter von Plettenberg, in: Stadt Herne – Der Oberbürgermeister (Hg.): Westfalen und das Baltikum. 1200–2000, Herne 2007, S. 59–61.
[4] Johann Wilhelm von Fürstenberg (1500–1568) war der vorletzte Landmeister des Deutschen Ordens in Livland. 1558 trat er von seinem Amt zurück. 1560 wurde Fürstenberg vom russischen Zaren Iwan IV. gefangen genommen und nach Jaroslawl gebracht. Angebote des Zaren, als Feldherr in russischen Diensten Livland zu erobern und als weltliches Herzogtum zu übernehmen, lehnte er ab. Bemühungen um Fürstenbergs Freilassung

bis in den traurigen Wirren der sog. Reformationszeit das deutsche Reich sie im Stiche ließ und sie der Uebermacht slavischer Eroberer erlagen. In jener Zeit sind leider die Reste des Deutschordens, ist die ansässige Ritterschaft zum größten Teil und mit ihr das unterworfene und christianisierte Volk, die Letten und Esten, vom katholischen Glauben abgefallen, haben sich dem Luthertum angeschlossen und sind lutherisch geblieben bis heute. Aber trotz der politischen Trennung von der deutschen Heimat sind die Adelsgeschlechter in Kurland, Livland, Estland deutsch geblieben, haben sie die deutsche Sprache, ja deutsches Recht, deutsche Sitten und Lebensgewohnheiten bewahrt bis auf den heutigen Tag.

Als wir im Jahre 1906 hier in der Versammlung des Vereins katholischer Edelleute über die etwaige Unterstützung der durch die Revolution geschädigten baltischen Standesgenossen berieten,[5] ahnte keiner, daß nach 10 Jahren ihre Wohnsitze zum Teil diesseits der deutschen Schützengräben liegen würden. Die westlichste der drei Provinzen, Kurland, steht heute unter deutscher Verwaltung. Die deutschen Bewohner hoffen, daß der Friedensschluß sie und ihre Brüder in Livland und Estland dauernd mit dem Deutschen Reich vereinigen wird. Und wir hoffen es mit ihnen.

M.H. Daß es der ernste Wille unserer Staatslenker ist, den russischen Koloß möglichst nach Osten zurückzudrängen, beweist die Rede des so vorsichtigen Reichskanzlers v. 5. April dieses Jahres: Bethmann erklärte, daß Deutschland freiwillig die Völker zwischen Ostsee und den wolhynischen Sümpfen nicht wieder an Rußland ausliefern wird,

---

blieben vergebens, er starb in russischer Gefangenschaft: Werner SAURE: Wilhelm von Fürstenberg (1500–1568), in: Michael Gosmann (Hg.): Fürstenberger Skizzen. Streifzüge durch 700 Jahre westfälische Familien und Landesgeschichte, Arnsberg 1995, S. 33–38.

[5] Die gewaltsamen Ausschreitungen im Zuge der Russischen Revolution von 1905 hatten zur Flucht zahlreicher Deutschbalten nach Deutschland geführt. Auf Initiative Clemens August von Galens beschloss der Verein katholischer Edelleute am 11. Januar 1906 die Einrichtung eines Unterstützungsfonds für geflüchtete deutschbaltische Adlige: Protokoll der LII. Ordentlichen General-Versammlung des Vereins katholischer Edelleute, Münster, den 11. Januar 1906, in: LWL Archivamt Dep. VKA 234 (ohne Paginierung). Siehe auch: Anmerkung 4 zu Quelle →IX im vorliegenden Band.

mögen sie nun Polen, Litauer, Balten oder Letten sein.[6] Wir hoffen zu Gott und vertrauen auf unser siegreiches Heer, daß wir auch nicht unfreiwillig dazu gezwungen werden.

Was soll nach dem Friedensschluß mit diesen Landstrichen und Völkerschaften geschehen?

Die polnische Frage ist in entfernten Umrissen gelöst durch die Errichtung des Königreiches Polen am 5. November dieses Jahres.[7] Litauen und Kurland dürften wohl in noch engerem Anschluß an das deutsche Reich kommen. Damit rechnen wenigstens schon heute weite Kreise unseres Volkes. Ich verweise auf die umfangreiche Litteratur, die im letzten Jahre in dieser Voraussetzung entstanden ist. (Z.B. A. Freiherr von Engelhardt, Die deutschen Ostseeprovinzen Rußlands, München 1916, – Otto Kessler, Die Baltenländer und Litauen, Berlin 1916, – Silvio Broedrich-Kurmahlen, Das neue Ostland, Charlottenburg 1916, – Kasimir Brunavietis, Der Weltkrieg und Litauen, M. Gladbach 1916, – Johannes Wronka, Kurland und Litauen, Freiburg i. B. 1917.) Das ist jedenfalls allgemeine Ueberzeugung: Wenn es uns gelingt, diese weiten Gebiete zu behaupten, und zu festen, dauernden Anschluß an das deutsche Vaterland zu bringen, so würde das für uns eine Stärkung in politischer wirtschaftlicher und militärischer Hinsicht bedeuten, die der Erwerbung vieler Millionen Quadratmeilen Kolonialland in Afrika und Asien vorzuziehen wäre.

---

[6] Reichskanzler Theobald von Bethmann-Hollweg wurde wegen seiner Zurückhaltung in der Kriegszielfrage von den Befürwortern von Annexionsforderungen stark kritisiert. Am 5. April 1916 allerdings verkündete Bethmann-Hollweg vor dem Reichstag, dass Deutschland die von ihm und seinen Bundesgenossen besetzten westlichen Gebiete des Zarenreiches nicht wieder unter russische Herrschaft gelangen lasse. Die Mehrheit der Reichstagsabgeordneten pflichtete den Worten Bethmann-Hollwegs freudig bei: Verhandlungen des Reichstags. XIII. Legislaturperiode, II. Session, Bd. 307. Stenographische Berichte von der 35. Sitzung am 22. März 1916 bis zur 60. Sitzung am 6. Juni 1916, Berlin 1916, S. 852–853.

[7] Am 5. November 1916 war im Namen der Kaiser Deutschlands und Österreich-Ungarns ein Manifest über die Errichtung eines formell „selbstständigen", jedoch eng an das Deutsche Reich und Österreich-Ungarn angelehnten Königreiches Polen proklamiert worden. Die Grenzen des künftigen polnischen Staates sollten einer künftigen Regelung vorbehalten bleiben: Robert SPÄT: Die „polnische Frage" in der öffentlichen Diskussion im Deutschen Reich, 1894–1918 (= Studien zur Ostmitteleuropaforschung 29), Marburg 2014, S. 276–277.

Kurland hat   26 000 qkm   mit etwa   760 000 Einwohnern,
Litauen hat   82 000 qkm   mit etwa 4.000 000 Einwohnern
Zusammen 108 000 qkm   mit etwa 4.760 000 Einwohner

(Bayern, Württemberg und Baden haben zusammen 110 000 qkm, 10 Millionen Einwohner.)

Auf 1 qkm kommen durchschnittlich:
in Kurland   28 Einwohner,
in Litauen   48 Einwohner,
(in Mecklenburg 35, in Ostpreußen 52, in Hannover 72, in Westfalen 179, im Rheinland 238)

Im Besitz des *Staates*	des *Adels*	der *Bauern* sind:
In Kurland 494 000 ha	1023 000 ha	1030 000 ha
In Litauen 801 000 ha	3213 000 ha	4254 000 ha
1295 000 ha	4236 000 ha	4254 000 ha

Von dem Staatsbesitz	ist *Wald*	ist *landwirtschaftlich genutzt*:
In Kurland	425 000 ha	69 000 ha
In Litauen	636 000 ha	165 000 ha
	1061 000 ha	234 000 ha

(Die Zahlen geben nicht ein unbedingt zuverlässiges Bild, da die russische Statistik zu ungenau ist.)

Unter Litauen verstehe ich hier das litauische Sprachgebiet, das die Gouvernements Kowno und Suwalki und die nördlichen Teile von Grodno und Wilna umfaßt.)

M. H. Soll aus der Angliederung dieser Gebiete dem deutschen Reiche Kräftigung, den Bewohnern Wohlfahrt und glückliche Entwicklung erwachsen, so genügt es nicht, sie äußerlich, nur durch Verlegung der Reichsgrenzen in das deutsche Rechts- und Wirtschaftsgebiet einzubeziehen: wir müssen danach streben, das Land innerlich mit uns zu verbinden; die Bewohner müssen Deutsche werden, nicht notwendig alle der Sprache nach, aber durch Gesinnung und Interesse am deutschen Vaterland, durch die bereitwillige Mitarbeit zu seinem Wohle.

Das ist eine schwierige Aufgabe. Am ehesten wird sie in Kurland zu lösen sein: dort finden wir Anknüpfungspunkte in der Vergangenheit; deutsches Recht, deutsche ständische Verfassung haben dort geherrscht bis in die neueste Zeit. Der Adel auf dem Lande, auch der wohlhabende Bürgerstand in den Städten, sind nach Abstammung, Sitte und Sprache Deutsch. Die Letten sind es von altersher gewohnt, zu den Deutschen als zu ihren natürlichen Führern heraufzuschauen. Freilich hat die kulturelle Entwicklung auch des Deutschtums in den Baltenländern mit jener im Mutterlande nicht Schritt gehalten. Und die baltischen Deutschen sind ein knorriges Geschlecht, das stolz ist auf seine Vergangenheit, das in selbstbewußtem, zähen Widerstand auch gegen die Regierung seine alten Rechte und Freiheiten zu verteidigen gewohnt ist.

Viel schwieriger noch dürfte die Aufgabe in Litauen sein. Das Land hat niemals in politischer Verbindung mit Deutschland gestanden, dagegen durch Jahrhunderte unter polnischem Einfluß; der reiche und mächtige Adel ist ganz polonisiert. Seit 1863 hat die russische Regierung versucht, das Land mit Gewalt russisch zu machen, die Bewohner zum russischen Schisma zu „bekehren". Gerade für ihren katholischen Glauben haben die Litauer viel gelitten. Unter diesem Drucke ist eine kräftige national-litauische Bewegung entstanden, ist die angestammte Liebe zum katholischen Glauben zu hingebendem Opfermut erstarkt.

Man wird ungeheuer vorsichtig und bedachtsam vorgehen müssen, wenn man diese Völkerschaften zu innerem Anschluß an das deutsche Reich führen will. Man wird ihre Eigenart studieren, ihre Rechte und Gewohnheiten berücksichtigen und schonen müssen, um langsam ein Gemeinschaftsgefühl zu erziehen, das allein eine dauernde glückliche Verbindung gewährleistet.

Ob die deutschen Beamten, welche die Verwaltung der neuen Landesteile übernehmen werden, stets und überall das nötige Taktgefühl besitzen und beweisen werden? Bisher hat sich der deutsche Bürokratismus in dieser Beziehung nicht immer bewährt. Wenn wir nur Beamte in die neuen Gebiete senden, ist zu befürchten, daß sich die wenig erfreulichen Schwierigkeiten wiederholen werden, die in den polnischen Landesteilen und in Elsaß-Lothringen noch heute nicht überwunden sind. Dem landfremden Beamten fehlt gar zu leicht auch beim besten Willen das natürliche Empfinden für die Eigentümlichkeiten, Anlagen und Schwächen des Volkes; das Volk wieder empfindet oft leicht sogar die pflichtmäßige Genauigkeit und Strenge als Härte oder gar Chikane eines fremden Machthabers. So kann sich ein Gegensatz entwickeln, der zumal bei so ausgedehnten und exponierten Gebieten geradezu verhängnisvoll wirken würde.

Die Bewohner Litauens und Kurlands müssen deutsch fühlen, müssen mit Achtung und Liebe zum deutschen Vaterland aufblicken lernen.

Man hat vorgeschlagen, zur Stärkung des Deutschtums deutsche Kolonisten, besonders deutsche Bauern im „neuen Ostland" anzusiedeln. Schon im November 1915 wurde dieser Plan in einer Versammlung der „Studienkommission für Erhaltung des Bauernstandes" in Berlin unter dem Vorsitz des Oberpräsidenten v. Batocki eifrig besprochen und warm befürwortet.[8] Das Land ist ja schwach bevölkert; ein Teil der Bewohner ist von den Russen fortgetrieben. Auch sonst steht dem Staat viel Land zur Verfügung. Rußland hat denselben Plan verfolgt, um die Gebiete russisch zu machen: die kurländischen Domänen sollten aufgeteilt und 300 000 russische Bauern dort angesiedelt werden. Die deutschen Großgrundbesitzer in Kurland hatten vor dem Kriege mit der Gegenarbeit begonnen, hatten deutsche Bauern aus Wolhynien herangezogen und angesiedelt. Auf der eben erwähnten Versammlung rechnete ein Kenner des Landes[9] aus, daß man in Litauen und Kurland 3 Millionen ha für die Ansiedlung deutscher Bauern freimachen könne. Dazu müßte freilich der polnische Großgrundbesitz in Litauen gewaltsam enteignet werden.

---

[8] Die Protokolle der Versammlung waren 1915 als Broschüre veröffentlicht worden, siehe: Anmerkung 5 zu Quelle →IX im vorliegenden Band.

[9] Der Nationalökonom Max Sering, siehe: Vereinigung für exakte Wirtschaftsforschung. Studienkommission für Erhaltung des Bauernstandes, für Kleinsiedlung und Landarbeit. Vierte Sitzung am 15./16. November 1915. III. Rücksiedlung von Auslandsdeutschen und Sammlung deutsch-russischer Kolonisten in Kurland. V. Ausschaltung der Bodenspekulation im neuen Ostland, Rostock 1915, S. 189–207. Auf Veranlassung der Reichskanzlei hatte Sering im Sommer 1915 eine zweimonatige Studienreise durch Litauen und Kurland unternommen. Hierbei hatte ihn Silvio Broedrich als landeskundiger Führer begleitet: Silvio BROEDRICH - Kurmahlen: Kampf um deutschen Lebensraum, o.O. 1943 / 1987, S. 562–571.

Zu solchen bedenklichen Gewaltmitteln wird man hoffentlich nicht seine Zuflucht nehmen. Im Uebrigen ist gewiß der Gedanke der Bauernansiedlung zu begrüßen. Wir wollen uns über jede Stärkung des deutschen Bauernstandes freuen, nicht nur wegen der erhöhten Produktion von Lebensmitteln, sondern besonders auch, weil sie eine Kräftigung des christlich konservativen Volksteils bedeutet. Wir sollten daher, m. E., nach Möglichkeit unseren Einfluß dahin geltend machen, daß auch die uns nahestehenden bäuerlichen und ländlichen Kreise auf die Ansiedlung im Osten hingewiesen werden, daß geeignete Personen, nachgeborene Söhne unserer Bauern und Kötter die Gelegenheit zur Ansiedlung wahrnehmen. Zumal in das katholische Litauen gehören katholische Kolonisten. Sonst wird der Gegensatz litauisch = katholisch; deutsch = protestantisch den Hauptzweck der Ansiedlung, die Assimilierung der Landesbewohner im Sinne des Deutschtums, nicht gefördert sondern gefährdet.[10]

Aber die Bauernansiedlung allein wird m. E. diesen Zweck überhaupt nicht erreichen lassen. Zunächst schon aus dem einfachen Grunde, weil es garnicht möglich sein dürfte, in absehbarer Zeit den der Zahl nach starken und damit einflußreichen deutschen Bauernstand zu schaffen. Von dem zunächst disponiblen staatlichen Grundbesitz ist ja bisher nur ein kleiner Teil in landwirtschaftlicher Kultur; das übrige ist meist kulturfähig, aber heute noch bewaldet, vielfach versumpft, und infolge der russischen Wegeverhältnisse für Kleinbetriebe ganz ungeeignet. Die meisten Gebiete müssen in jahre- und jahrzehntelanger Arbeit erst vorbereitet werden, bis sie geeignet sind, deutschen Bauern eine Heimstätte zu bieten. – Dann aber auch: Woher sollen die 200 000 deutschen Ansiedlerfamilien kommen, von denen auf der oben erwähnten Versammlung die Rede war? Gewiß werden nach dem Kriege sich viele junge Leute nach eigener Häuslichkeit, nach dem Frieden eines geordneten Familienlebens sehnen. Ob aber viele bereit und geeignet sind, sich das eigene Heim in schwerer Arbeit als Kolonisten selbst zu gründen? – Unser Landvolk muss noch mehr wie bisher, zur Wertschätzung des Landlebens und der Landarbeit, zu gesundem

---

[10] [Intendiert war vermutlich folgende Fassung des Satzes: „Sonst wird *durch den* Gegensatz ... *der* Hauptzweck ... nicht gefördert, sondern gefährdet."]

Standesbewußtsein und Heimatliebe erzogen werden, nicht nur durch Aufklärung über das unsichere, vielfach schwankende Lebensglück der Stadtbewohner, sondern auch durch bewußte und planmäßige Pflege und Steigerung der Glücks- und Freudenquellen, die das Landleben den einzelnen und den Familien bietet. Nur so werden wir nach und nach die oft beklagte Landflucht überwinden. Dazu wird es aber noch einer langwierigen, zielbewußten Arbeit des Staates und der bäuerlichen Vereine, wohl auch des Klerus und des grundbesitzenden Adels bedürfen. –

Für die Ansiedlung in Litauen und Kurland rechnet man freilich auf die von der russischen Regierung seit Kriegsbeginn gewaltsam enteigneten deutschen Bauern aus Wolhynien und Südrußland.[11] Es wäre gewiß zu begrüßen, wenn beim Friedensschluß unser Volk sich dieser um ihrer deutschen Abstammung willen verfolgten Stammesgenossen annähme, und ihnen die Rückkehr ins deutsche Vaterland, die Ansiedlung innerhalb der deutschen Reichsgrenzen ermöglichte. Auch unter ihnen gibt es viele Katholiken: in Südrußland besteht ein eigenes deutsches Bistum Saratow. Aber werden viele von ihnen kommen? – Jedenfalls müssen bäuerliche Ansiedler sofort landwirtschaftlich benutzbaren Boden finden; für sie kommen bestenfalls zunächst die 230 000 ha in Betracht, die von den staatlichen Domänen bereits in landwirtschaftlicher Kultur sind. Aber was ist das neben den 5 Millionen ha im Besitze der litauischen und lettischen Bauern!

An sich ist sonst der Plan, zur Stärkung des Deutschtums im Osten Bauern anzusiedeln, gewiß zu begrüßen und zu unterstützen. Er hat ja auch in der Vergangenheit sich bewährt. Das ganze Land jenseits der Elbe ist durch deutsche Einwanderung deutsch geworden. Mit den deutschen Rittern, Klöstern, Kaufleuten sind auch deutsche Bauern eingewandert, haben sich zwischen den Ureinwohnern, Wenden, Sorben

---

[11] Mehrere von der russischen Regierung am 2. Februar 1915 erlassene Gesetze richteten sich gezielt gegen die in den westlichen Grenzregionen des Zarenreiches lebenden deutschen Bauern, indem sie deren Pachtverträge aufhoben und die Liquidation von Grundeigentum vorschrieben. Darüber hinaus war mit der Zwangsumsiedlung von Deutschen aus frontnahen Gebieten ins Innere Rußlands begonnen worden: Ingeborg FLEISCHHAUER: Die Deutschen im Zarenreich. Zwei Jahrhunderte deutsch-russische Kulturgemeinschaft, Stuttgart 1986, S. 495–508.

etc. angesiedelt und diese nach und nach dem Deutschtum zugeführt. Da in alter Zeit die damalige Großmacht Litauen die sichere Landverbindung nach den Baltenländern nicht gestattete, ist der deutsche Bauer nicht bis Kurland vorgedrungen.[12] Wir tun gewiß gut, jetzt, wo die Landverbindung durch Litauen hergestellt wird, das damals versäumte nachzuholen.

Der deutsche Bauer kam über die Elbe in der Gefolgschaft der Ritter und Klöster. Die deutschen Herren, Adel und Klerus, waren seine Führer, die ihm das Land anwiesen, die seine Rechte schützten, die ihm die Verbindung mit der Heimat und damit das Deutschtum bewahrten.

Wird heute eine verhältnißmäßig kleine Minderheit deutscher Bauern[,] die wir etwa im „neuen Ostland" ansiedeln können, ohne solche Führer [*vom Redner weggestrichen*: ohne den Rückhalt an eine deutsche Oberschicht] sein Deutschtum bewahren, ja es verbreiten, der Masse fremdstämmiger Standesgenossen[,] die sie umgibt, mitteilen können?

Das ist doch unser Ziel: nicht die einheimische Bevölkerung, die Letten und Litauer zu verdrängen oder gar auszurotten, sondern sie selbst zu deutschem Denken und Fühlen, zu Hochachtung und Liebe für das neue Vaterland zu erziehen. Das wird eine kleine Schar deut-

---

[12] Seit ungefähr der Mitte des 19. Jahrhunderts war in der deutschsprachigen Historiographie, u. a. in den Arbeiten Heinrich von Treitschkes, immer wieder darauf hingewiesen worden, dass das mittelalterlichen Livland, im Gegensatz zum preußischen Ordensland oder etwa zur Mark Meißen, nicht vollständig germanisiert worden sei, da hier keine deutschen Bauern einwanderten: Heinrich von TREITSCHKE: Das deutsche Ordensland Preußen, in: Ders. (Hg.): Historische und politische Aufsätze vornehmlich zur neuesten deutschen Geschichte, Leipzig 1867, S. 1–67, hier S. 18. Der aus Kurland gebürtige Historiker und Journalist Ernst Seraphim prägte schließlich an der Wende zum 20. Jahrhundert ein Narrativ, laut dem die durch litauisches Gebiet unterbrochene Landverbindung zwischen dem preußischen und dem livländischen Ordensgebiet sowie die angebliche Furcht der niedersächsischen Bauern, eine Reise über die Ostsee anzutreten, es verhindert hätten, dass neben Rittern, Priestern und Kaufleuten auch bäuerliche Siedler aus deutschsprachigen Gebieten nach Livland zogen und die „Kolonisierung" bzw. Germanisierung der dortigen Bevölkerung zum Abschluss brachten: Ernst SERAPHIM: Baltische Geschichte im Grundriß, Reval 1908, S. 39; Ernst SERAPHIM: Gutsherr und Bauer in den baltischen Provinzen, in: Deutsche Monatsschrift für Rußland, No. 4 vom 15. [28.] April 1912, S. 289–306, hier S. 289. In diesem Sinne erblickten die deutschen Kriegszielagitatoren des Ersten Weltkrieges in der Besetzung litauischer und kurländischer Gebiete die Möglichkeit, jene historische Entwicklung zu „korrigieren".

scher Bauern nicht vermögen; sie selbst wird in Gefahr sein, ihr Deutschtum zu verlieren, wenn ihnen nicht eine deutsche Oberschicht einen Rückhalt bietet, ihr Führer und Vorbilder stellt. Führer und Vorbilder, die durch eigenen Grundbesitz mit dem Lande verwachsen, Freud und Leid mit dem Volke teilen, unabhängig und treu die wahren Interessen des Deutschtums und der Volksgenossen vertreten. Auch die Interessen der neuen fremdstämmigen Volksgenossen: Soll deutsche Gesinnung und Liebe zum Deutschen Vaterland in den Herzen der Litauer und Letten gepflanzt und gepflegt werden, so müssen wir deutsche Art und deutsches Wesen, deutsche Gerechtigkeit, Uneigennützigkeit und Ehrenhaftigkeit ihnen nahebringen, nicht nur in den starren Formen des preußischen Bürokratismus, sondern durch das Walten und Wirken edeler deutscher Männer und Frauen, die selbstlos und treu die besten Traditionen der deutschen Vergangenheit im neuen deutschen Lande pflegen. Sie sollen das Deutschtum in seiner edelsten Form bei den neuen Volksgenossen vertreten, zugleich aber auch Vertreter der berechtigten Interessen der Bewohner jener neuen Landesteile gegenüber dem alten Vaterlande sein.

In Kurland ist deutscher Großgrundbesitz vorhanden. Der ansässige deutsche Adel begrüßt, wie man hört, durchweg freudig den Anschluß an die alte deutsche Heimat, will die Ansiedlung deutscher Bauern tatkräftig unterstützen. Wenn die Regierung sich geschickt die Mitarbeit dieser deutschen Oberschicht sichert, die deutsche Ansiedlung fördert, die nicht deutsche Bevölkerung gerecht und wohlwollend behandelt, so darf man wohl hoffen, daß die innere Annäherung bald erfolgt, das ganze Volk im neuen Vaterland heimisch wird. Die Letten sind größtenteils protestantisch: das dürfte manche sonst in Preußen übliche Reibungen hintanhalten.

In Litauen dagegen fehlt bis heute die deutsche Oberschicht. Der Adel, die natürlichen Führer des Volkes, ist polnisch; er wird kaum geeignet, vielleicht nicht einmal gewillt sein, das Volk zum inneren Anschluß an Deutschland zu erziehen; an ihm wird auch das Deutschtum der etwa angesiedelten Bauern nicht Halt und Stütze finden. Ohne höherstehende Führer aber werden diese ihr Deutschtum verlieren, oder, durch den mühsam behaupteten Gegensatz gegen die umwohnenden Litauer, der erwünschten inneren Verbindung der neuen

Volksgenossen mit dem deutschen Vaterland eher ein Hindernis als eine Förderung sein. Geradezu wie eine Kampfansage würde es wirken, wenn man als Vertreter des Deutschtums nur Protestanten, Beamte und Bauern, in das katholische Litauen senden würde.

In Litauen also gilt es, eine deutsche Oberschicht erst zu schaffen. Wir müssen dem dortigen Volke, dem einheimischen sowohl, wie dem einwandernden, Führer stellen, die mit treudeutscher Gesinnung lebendige Kenntnis von Land und Leuten, Liebe zum Volke und Interesse für seine Bedürfnisse verbinden. Die durch Bildung und Besitz, nicht, wie etwa angesiedelte Bauern, neben, sondern über dem einheimischen Volke stehen, und doch in Glauben und Heimatliebe ihm verbunden, durch Leben und Wirken ihm zeigen, wie Treue zur katholischen Kirche und zum heimischen Boden sich wohl vertragen mit der Hingebung an das deutsche Vaterland. Deutscher Großgrundbesitz muß in Litauen geschaffen werden. Katholische deutsche Familien müssen sich dort niederlassen, müssen dort Wurzel schlagen, Heimatrecht erwerben, auf eigenem Grund und Boden, der durch Umfang und Ertrag ihnen die Führerstellung gegenüber den umwohnenden litauischen und etwa deutschen Bauern anweist, der sie auch unabhängig macht und stark genug, um die Rechte und Interessen des Volkes selbstlos zu vertreten. Durch deren pflichttreues, opferwilliges Wirken dürfen wir hoffen, die neuen Volksgenossen zum inneren Anschluß an das deutsche Vaterland zu erziehen, die neuen Landesteile zu unlöslicher Einheit mit dem deutsche Reiche zu verschmelzen.

M.H. Als die besten Pioniere des Deutschtums haben sich im Mittelalter die Klöster und die katholische Ritterschaft bewährt. Ihnen verdankt der deutsche Osten die deutsche Kultur; sie führten den deutschen Bauern über die Elbe, waren ihm Wegweiser, Führer und Halt. Unter ihrem Einfluß wurde das Volk trotz fremdstämmigen Ursprungs ein einiges deutsches Volk. Heute hoffen wir des Reiches Grenzen abermals nach Osten auszudehnen; ein edles, lange unterdrücktes und darum kulturell zurückgebliebenes katholisches Volk soll sich zu dauernder Schicksalsgemeinschaft mit uns verbinden; Deutschland soll ihm Fortschritt und Kultur, aber auch Gerechtigkeit und Freiheit [*vom Redner weggestrichen*: und den ungeschmälerten Besitz seines Kostbarsten Gutes, seines katholischen Glaubens] bringen. Wollen wir abseits stehen, wenn dem Vaterlande solche Aufgaben erwachsen, Aufgaben, deren Lösung einst das Vorrecht und das Verdienst des deutschen katholischen Adels waren? Treue zum Glauben und Treue zum Vaterland, unabhängige Gesinnung und unbestechliche Gerechtigkeit, Arbeitsfreude und Selbstlosigkeit müssen die Pioniere des Deutschtums mitbringen, soll [*vom Redner weggestrichen*: das Volk des „neuen Ostlandes"] das litauische Volk zum inneren Anschluß an das neue Vaterland erzogen, die Verbindung zu einem einigen deutschen Volk zur Wahrheit werden. Das sind Eigenschaften, die wir von den Vorfahren ererbt, die wir bewahrt zu haben hoffen. Darum sollte der katholische deutsche Adel vor allen anderen Ständen sich berufen fühlen und bereit halten, das Deutschtum weiter nach Osten zu tragen, dem katholischen Volke in neu erworbenen Lande Führer und Vorbilder zu stellen.

Deutscher Großgrundbesitz muß in Litauen geschaffen werden: das ist m. E. die Vorbedingung zu einer zweckdienlichen Bauernansiedlung in größerem Maßstab. Einst haben wir hier im Edelleuteverein unseren jungen Leuten die Ansiedlung in den deutschen überseeischen Gebieten empfohlen. Ist es doch für viele der nachgeborenen Söhne des Adels ein leider meist unerreichbares Ideal, nach der Väter Weise auf eigenem Grund und Boden schalten und walten zu könne. Werden nicht viele derselben zumal unsere Krieger begrüßen, wenn ihnen nach dem Kriege [*vom Redner weggestrichen*: im neuen deutschen Osten] Gelegenheit geboten wird, als Ansiedler in dem auch durch ihre treue Pflichterfüllung erworbenen Gebiet eine zwar arbeitsreiche, aber selbstständige und gemeinnützige Stellung sich zu schaffen?

Katholische Völkerschaften sollen beim Friedensschluß unserem Vaterland angegliedert werden. Gerade die Vermehrung des katholischen Volksteils in Deutschland werden wir als Katholiken freudig begrüßen. Im Interesse des Vaterlandes und der Kirche müssen wir wünschen, daß sie geschützt und gestärkt im heiligen Glauben, „um des Gewissens willen" freudig mitarbeiten am Wohl des ganzen Vaterlandes. Darum müssen wir ihnen Führer senden, Männer und Frauen, die ihnen Vorbilder sind in Glaubenstreue und Vaterlandsliebe. Bis heute ist es Pflicht und Stolz des katholischen Adels, dem katholischen Volke solche Führer und Vorbilder zu stellen. Möge er auch im „neuen Ostland" diese wichtige und heilige Aufgabe übernehmen.

XI.
Feldbrief für die Kolpingsöhne an der Front
Köln, im Mai 1916[13]

Clemens August von Galen, Präses des Gesellenvereins Berlin

———

FELDBRIEF NR. 4

C ö l n, im Mai 1916

Meine lieben Kolpingsöhne!

Ein wackerer Gesellenpräses hat mir einen Feldpostbrief zur Verfügung gestellt, den er eigentlich nur für die Mitglieder seines Vereins geschrieben hatte. Der Brief ist so schön, bietet so viele Anregungen, daß ich ihn Euch nicht vorenthalten möchte.

Ausgehend von dem hehren Ostergeheimnis will er Euch ermuntern zur Nachfolge des auferstandenen, verklärten Heilandes, der Tod und Hölle überwunden hat. Er will Euch die rechte Lebensauffassung vermitteln und Euch eine Waffe in die Hand geben gegen die Angriffe des Unglaubens, der auch in diesem großen Völkerringen seine Versuche, neuen Boden in unserem Vaterlande zu gewinnen, nicht eingestellt hat. Ich glaube, Euch daher einen Dienst zu erweisen, wenn ich Euch diese trefflichen Ausführungen ins Feld sende. Sie werden Euch neuen Mut und neues Gottvertrauen geben und Euch mit neuer Begeisterung erfüllen für den, der unser Heerführer im Lebenskampfe ist, den der Apostel „den König der Könige und den Herrscher der Herrscher" nennt.

In herzlicher Liebe   Euer Generalpräses
  Msgr. Fr. Schweitzer

---

[13] Textquelle I „Feldbrief Nr. 4 (‚Meine lieben Kolpingsöhne'), Cöln, im Mai 1916" [Heft, sechszehn paginierte Seiten; Exemplar im ‚Nachlass Christoph Bernhard von Galen']. – Ein Digitalisat dieses Druckes hat freundlicherweise PD Dr.phil. habil. Maria Anna Zumholz (Universität Vechta) zur Verfügung gestellt. – Unsichere Ergänzungen bei ‚Lücken' (Lochung) stehen in eckigen Klammern; Sperrungen werden *kursiv* wiedergegeben. pb

[Clemens August Graf von Galen,
Präses des Gesellenvereins in Berlin¹⁴:]

[//2//]

I.
Mußte nicht Christus solches leiden, und so in seine Herrlichkeit eingehen?" so sprach der Heiland zu den beiden Jüngern, denen er auf dem Wege nach Emmaus erschien. Sie waren traurig und enttäuscht. Sie hatten gehofft und erwartet, daß Jesus von Nazareth der Erlöser ihres armen, von den habsüchtigen, mächtigen Römern grausam unterdrückten und ausgesaugten Volkes werden würde. Sie hatten gehofft, er würde sie von diesem Druck befreien, die Macht der Römer stürzen, sie von deren Habsucht und Erpressung erretten. Er schien ja die Macht zu solcher Befreiungstat zu haben: die Krankheiten heilte er, der Armen und Bedrückten nahm er sich an, selbst Tote kamen auf sein Wort aus ihren Gräbern. Und auch die unvernünftige Natur, Wind und Wellen gehorchten ihm ja, die Teufel mußten sich seinen Befehlen beugen. „Wir hofften, er würde Israel erlösen", so sagten sie. – Und nun war alles ganz anders gekommen: Er, der anderen geholfen hatte, hatte sich selbst nicht geholfen. Der Tote aus den Gräbern rief, war selbst elend am Kreuz gestorben. Die Führer des Volkes, das er zu einer glänzenden Zukunft hätte führen können, hatten selbst „ihn der Verurteilung zum Tode überliefert und gekreuzigt". – Gern und begeistert waren ihm seine Jünger gefolgt, hatten teilweise Beruf und Familie verlassen, in der Hoffnung auf den „hundertfältigen Lohn", den er seinen Nachfolgern verheißen hatte, und jetzt: er war tot und begraben, und die ihm nachgefolgt waren, fühlten sich enttäuscht, fürchteten, sich getäuscht zu haben. Statt der Befreiung von der Römerherrschaft hatte das Volk selbst diese Fremdherrschaft anerkannt: „Wir haben keinen König, als den Kaiser", so hatten sie geschrien. Statt der Ehre und des Ruhmes, die ersten Diener des siegreichen Führers in Israel zu sein, war den Jüngern Jesu Schmach und Schande geworden, daß sie einem

---

¹⁴ Nachweis der Verfasserschaft Galens, gemäß einem Exemplar des Kolping-‚Feldbriefs Nr. 4' im Nachlass Christoph Bernhard von Galen (Privatbesitz), in: ZUMHOLZ 2007, bes. S. 166-171.

„Volksverführer und Gotteslästerer" angehangen hätten. Statt des erhofften „hundertfältigen Lohnes" blieb ihnen die bittere Notwendigkeit, wieder mit der mühsamen Arbeit für den täglichen Unterhalt zu beginnen.

Was wäre wohl aus ihnen geworden, wenn ihnen der Auferstandene nicht erschienen wäre, wenn sie nicht seinen Worten geglaubt hätten; wenn sie nicht durch ihn und sein Beispiel belehrt, jetzt endlich den wahren Sinn ihrer Messiashoffnungen, die wahre Bedeutung der Verheißungen Christi begriffen hätten? In ihrer Enttäuschung und Verbitterung, im berechtigten Zorn auch gegen die Römer und die eigenen Vorsteher, die Christus getötet, und so alle ihre Hoffnungen vernichtet hatten, waren sie wirklich in Gefahr, dem ersten besten Volksverführer und Aufwiegler sich anzuschließen, um mit Gewalt, soweit möglich, die Hoffnungen auf Macht und Besitz wahr zu machen, die jene mit ungerechter Gewalt so grausam zunichte gemacht hatten.

Sie haben es nicht getan; die wahren Anhänger Christi haben niemals Revolution gemacht, oder denen zugestimmt, die vorgaben, durch gewaltsamen Umsturz der bestehenden Ordnung könne man der Ungerechtigkeit in der Welt, der Bedrückung der Schwachen, der ungleichmäßigen Verteilung der irdischen Güter ein Ende machen. „Ehret [//3//] alle," schreibt einer der damals so schwer enttäuschten Jünger, Simon Petrus, „liebet die Brüder, fürchtet Gott, ehret den König. *Seid untertan* in aller Ehrfurcht den Vorgesetzten, nicht allein den gütigen und milden, sondern auch den unleidlichen. Denn das ist Gott wohlgefällig, wenn jemand aus Gewissenhaftigkeit Widerwärtigkeiten erträgt, indem er unverschuldet leidet. Wenn ihr Gutes tut, und dabei geduldig leidet, so ist das wohlgefällig bei Gott. Denn dazu seid ihr berufen, da ja auch Christus für uns gelitten und uns ein Beispiel hinterlassen hat, damit ihr in seine Fußstapfen tretet."[15]

Nein, die Apostel und Jünger, die sich getäuscht sahen in ihrer Hoffnung auf Freiheit, Macht, irdischen Besitz, sind nicht grollend und verbittert übergegangen in das Lager der Feinde der bestehenden Staatsordnung, haben ihren Anhängern nie gestattet, durch Umsturz und Gewalttat nach der Verbesserung ihrer Lage zu streben. „Wer sich der

---

[15] [Vgl. 1. *Petrusbrief* 2]

Obrigkeit widersetzt, widersetzt sich der Anordnung Gottes; und die sich dieser widersetzen, ziehen sich selbst Verdammnis zu", schreibt der heilige Paulus an die Christen in Rom[16], zu einer Zeit, wo die ganze obrigkeitliche Gewalt in den Händen grausamer und habsüchtiger heidnischer Machthaber lag, die mit ungerechter Gewalttat Ruhe und Eigentum, ja, Leib und Leben der Christen bedrohten.

Warum haben die Apostel und ersten Christen auf Aufruhr und Empörung gegen ungerechte Gewalt, ja sogar auf kraftvollen Widerstand gegen die übermütige Roheit der damaligen Obrigkeit verzichtet? Haben sie, von Gott getröstet, die Schmach und Bitterkeit ungerechter Behandlung nicht gefühlt? Haben sie, wunderbar gestärkt, die grausamen Qualen der Folter, die Flammen des Scheiterhaufens, die Krallen und Bisse der wilden Tiere nicht gespürt? Haben die Martyrer, in grenzenlosem Gottvertrauen sich nicht gesorgt um ihre Familien und Kinder, die sie schutzlos und mittellos in der grausamen Welt zurückließen, wenn sie selbst, aus bitterer Todespein befreit, den Flug zum Himmel nahmen? Meine lieben Gesellen, auch die Apostel und Märtyrer waren Menschen; Menschen wie wir, deren Ehrgefühl sich aufbäumt und empört gegen Ungerechtigkeit und schmachvolle Zurücksetzung; Menschen gleich uns, deren Herz zurückbebt vor Schmerz und Wunden und Tod; Menschen, denen die Not und das Elend ihrer Lieben das Herz zusammenkrampft. Und doch haben sie Schande und Schmach, Wunden und Schmerzen, Sorge und Todesangst auf sich genommen, im Hinblick auf den, der als Gottessohn die Schmach des „Gotteslästerers", als König der Herrlichkeit Geißelhiebe und Dornenkrone, als Herr des Lebens die trostloseste Todesqual auf sich genommen hat. [Da] haben sie mit des Gekreuzigten Gnade gekämpft und gelitten, nicht Widerstand leistend der rohen Gewalt, mit der die rechtmäßige Obrigkeit ihre Macht mißbrauchte, sondern mutig und tapfer widerstehend der eigenen Feigheit und Schwäche, der Furcht vor Mißachtung und Schmerzen, der bleichen Angst vor dem Tode. *Das waren Helden!* – Christliche Helden können und wollen auch wir sein! „Wenn wir mit Christus leiden, werden wir auch mit ihm verherrlicht werden!" –

---

[16] [*Römerbrief* 13]

II. Dennoch, meine lieben Freunde, so schön dieser Gedanke ist, und so trostvoll für den, der Mißachtung und Ungerechtigkeit, Schmerzen und Mühen, Sorgen und Todesnot durchkosten muß, er enthält doch nicht das eigentliche Lebensprogramm des Christen, er reicht nicht aus als einziger Antrieb für die Lebensarbeit des Christen. Wenn unser [//4//] einziges Lebensziel wäre, Christus nachzufolgen in Leiden und Schmach, in Armut und Bitterkeit, wenn es unsere einzige Hoffnung wäre, durch Not und Tod zum Glück des Jenseits zu gelangen, dann dürften vielleicht unsere Gegner das Christentum höhnen als eine Religion der „Lebensverneinung"; dann würden sie mit dem Schein von Recht uns vorwerfen, daß wir für den Fortschritt der Menschheit hier auf Erden untüchtig seien, daß wir, verzweifelnd an jeglichem Glück auf dieser Welt, unser ganzes Streben gründen auf den „Zukunftswechsel eines unsichtbaren Glückes in einer anderen Welt." Wirklich, wenn das einzige irdische Ziel des Christen wäre: Armut, Schmach, Leid und Tod, weil Christus dieses alles für uns getragen hat, dann wäre Arbeit eine Torheit, denn sie schützt uns vor Armut; dann wäre Tüchtigkeit ein Fehler, denn sie bringt uns Ehre; dann wären Selbsterhaltung und Selbstverteidigung, ja euer ganzes tapferes Ringen, euer wackeres Kämpfen, euere herrlichen Siege im Lichte des Christentums wertlos, ja, [gar] verwerflich, denn ihr ringt und kämpft und siegt ja, um das irdische Glück, den Wohlstand und die Ehre des Vaterlandes und euerer Volksgenossen zu erhalten und zu vermehren. Nein, gerade *euer christliches Gewissen verlangt* von euch das treue Ausharren in diesem furchtbaren Krieg, tapferes Kämpfen für das Glück der Brüder, Anspannung aller Kräfte, um die Ehre und Wohlfahrt des Vaterlandes zu verteidigen und sicher zu stellen. Also kann die Nachfolge Christi in Schmach und Armut und Schmerz nicht das einzige und erste Ziel des Christen sein.

Und doch ist *die Nachfolge Christi die Lebensaufgabe des Christen*: sein Weg ist für uns der *einzige* Weg zum Himmel. „Ich bin·der Weg", sagte er, und: *„Folget mir nach."* –

Christus sagt ein anderes Mal: „Willst du zum Leben eingehen, so halte die Gebote." – Merkt ihr, worin der Trugschluß der Gegner des Christentums liegt: Christus sagt nicht: „Willst du zum Leben eingehen, so mußt du mir in allem wirklich gleich werden, mußt gleich mir die Armut, Erniedrigung, Schmerzen, grausamen Tod erwählen", sondern: „Willst du zum Leben eingehen, *so halte die Gebote*". Halte die Gebote der Gottes- und Nächstenliebe; fürchte und ehre Gott, gehorche der Obrigkeit, achte und liebe den Nächsten, besonders deine Eltern und die dir sonst nahestehen, hüte dich das Leben, die Reinheit, das Eigentum, den guten Namen eines Menschen ungerecht zu verletzen. Halte so die Gebote mit Treue und Ausdauer und unbeugsamen Mut, auch wenn es Mühe und Arbeit und Verzicht auf manche Lust kostet. Halte die Gebote, selbst wenn die Welt dir deine Treue mit Schmach und Zurücksetzung, Ungerechtigkeit und Benachteiligung, [gar] mit Verfolgung und Tod lohnen sollte. Folge mir nach, indem du meine Gebote befolgst, nicht weil dieser Weg immer, wie bei mir, durch Zurücksetzung, Leiden und Tod führt, *sondern obgleich* diese Nachfolge dich, wie mich, in Armut, Schmach vor der Welt, Schmerzen und Tod führen kann. – Wenn der Christ diese zeitlichen Uebel nur vermeiden kann durch Uebertretung der Gebote, dann freilich muß er den Geboten gehorsam sein, gleich Christus „bis zum Tode am Kreuze". Aber sonst, auf dem Weg der Gebote, darf und soll er nach Wohlstand, wahrer Ehre, Glück und Freude auch auf dieser Welt für sich und den Nächsten streben.

Auch das ist Nachfolge Christi: Christus hat uns nicht nur das Beispiel der Geduld im Leiden, der Zufriedenheit in der Armut, der [//5//] Sanftmut in der Schmach, der Ergebung im Tode gegeben: er hat *den größten Teil seines Lebens*, 30 Jahre, im glücklichsten Familienleben mit seiner heiligen Mutter und seinem Pflegevater, in der einfachen weltlichen Arbeit, in dem pflichttreuen Streben nach dem irdischen Glück der ihm nahestehenden Personen zugebracht. Und damit hat er die Gebote Gottes, seines himmlischen Vaters, aufs Vollkommenste erfüllt, treu und beständig; ja freilich, so treu war er dem Gehorsam gegen die göttlichen Gebote, daß er auch den Kelch des Leidens annahm und ihn leerte bis zur Hefe, als Gottes erbarmende Liebe für uns ihm diesen bittern Trank darreichte. „Vater, wenn es möglich ist, laß diesen Kelch an mir vorübergehen; aber nicht mein, sondern dein Wille geschehe."

Nein, das Christentum ist nicht eine Religion der „Lebensverneinung": gerade seine Gebote fordern von uns treue Arbeit im irdischen [Be]ruf, gerechtes Streben nach irdischem Besitz, gewissenhafte Sorge für Ehre und guten Namen, Schaffen und Kämpfen um das irdische Glück für uns und unsere Lieben.

Freilich, das irdische Glück ist für den Christen nicht das einzige Glück. „Wir haben hier keine bleibende Stätte": das wissen wir alle, wissen auch unsere Gegner. Und *was dann*? wenn früher oder später unser Leben zu Ende geht, und alles irdische Glück uns entschwindet? Fragt sie, die Leugner der christlichen Wahrheit, was dann? Sie müssen verstummen! – Wir aber antworten freudig und zuversichtlich mit dem heiligen Paulus: „Wir trachten nach der zukünftigen!" Nach der herrlichen Stätte ewigen Friedens, Besitzens, Genießens, „wo der Tod nicht mehr sein wird, noch Trauer, noch Klage, noch Schmerz"; wo „die Gerechten leuchten werden wie die Sonne im Hause ihres Vaters!" Das ist nicht ein „Ammenmärchen" oder „Kindergeschwätz", sondern die untrügliche Zusicherung des wahrhaftigen und getreuen Gottes.

Die „*Gerechten* werden eingehen in das ewige Leben", die es „recht" gemacht haben im zeitlichen Leben, die jedem sein Recht zuteil werden ließen; Gott dem Herrn das Recht auf Ehre und Anbetung, dem Nächsten das Recht auf Liebe, Sorge und Achtung, sich selbst *das Recht* auf den geordneten Genuß der irdischen Güter, wie Gottes Gebot es uns vorschreibt. Um dieser „Gerechtigkeit" willen sind wir bereit, wenn nötig, auch auf Besitz und Ansehen, und Freude und Glück zu verzichten; uns Christen wird mit solchem Verzicht das Leben nicht wertlos und freudenlos: das Beispiel unseres Herrn und Erlösers läßt auch in bitterster Not uns seiner Nachfolge treu bleiben: „Mußte nicht auch Christus solches leiden und so in seine Herrlichkeit eingehen!"

Meine lieben Soldaten! Das ist das christliche Lebensprogramm, das ist die Lebensarbeit des Christen: die Güter der Erde erwerben, besitzen, gebrauchen, genießen, erhalten und verteidigen für uns und den Nächsten, nach Anweisung der Gebote Gottes und mit der frohen Sicherheit, daß diese Treue in der Nachfolge des Gottmenschen uns durch ein glückliches Leben in eine noch glücklichere Ewigkeit führen wird. Darum kämpft und leidet und blutet und sterbet, wenn's sein muß, auch ihr, christliche Helden: für den Bestand und die Sicherheit und die Mehrung und die Erhöhung der Ehre und des Besitzes des Vaterlandes, des Glückes und der Wohlfahrt eurer Volksgenossen. Dafür seid ihr bereit, euer eigenes Glück, ja, jede irdische Hoffnung, selbst das Leben [//6//] hinzugeben. Denn, wenn er fällt im heiligen Kampf fürs Vaterland, darf der Christ mit St. Paulus sprechen: „Ich habe den guten Kampf gekämpft, den Lauf vollendet, den Glauben bewahrt. Darum ist mir die Krone der Gerechtigkeit hinterlegt, die der Herr mir verleihen wird, der gerechte Richter."

III. Mit ähnlichen Gedanken mag der auferstandene Erlöser am frohen Osterfeste die betrübten Jünger getröstet haben, denen er erschien auf dem Wege nach Emmaus. Sie hatten geglaubt, Jesus werde durch äußere Gewalt die Herrschaft der heidnischen Eroberer brechen, Willkür und Habsucht aus dem Lande verbannen, ein irdisches Reich der Gerechtigkeit und Freiheit aufrichten, und Wohlstand, Glück und Freude ihnen und dem armen unterdrückten Volke für alle Zeiten sichern. Sie hatten sich getäuscht: Jesus selbst hatte es vor Pilatus ausgesprochen: „Mein Reich ist nicht von dieser Welt." Die Hoffnungen, die sie auf die irdische Macht ihres Meisters gesetzt hatten, waren für immer dahin. Und doch eilten sie noch in derselben Stunde freudig den Weg zurück, den sie vorher unter so traurigen Reden gegangen waren, nach Jerusalem, um den Aposteln glückstrahlend zu berichten, „was sich auf dem Wege zugetragen hatte", wie sie mit „brennendem Herzen" gelauscht hatten, „als er auf dem Wege zu uns redete und uns die Schrift aufschloß." Jetzt erst hatten sie den wahren Sinn der Glücksverheißungen der Propheten und der Worte Jesu über das von ihm zu gründende Reich verstanden. Jetzt erst hatten sie begriffen, wie die Nachfolge Jesu zum wahren irdischen Glück der Menschen und darüber hinaus, vielleicht durch Not und Tod, sicher zum ewigen Glücke führt. Wie „unverständig" mögen ihnen selbst jetzt ihre früheren Träume und Erwartungen von Besitz und Ruhm und Freiheit und Macht für sich und ihr Volk vorgekommen sein, und ihre Hoffnung, daß mit dem Aufhören der Römerherrschaft Ungerechtigkeit und Habsucht und Bedrückung der Schwachen von der Welt verschwinden würden. Wenn die Mächtigen und Herrschenden nicht aus Gottesfurcht und Nächstenliebe auf den Mißbrauch ihrer Gewalt verzichten, wird Gewalt und irdische Macht immer mißbraucht werden, mag der Machthaber durch Geburt und Abstammung oder durch die Wahl des Volkes oder Parlamentes zur Herrschaft gelangt sein. So lange die Menschen irdischer Güter zum Leben bedürfen und mit größerem Besitz sich größeren Genuß verschaffen können, wird es Neid und Habsucht auf Erden geben und zu Ausnützung und Bedrückung des Schwächeren führen, wenn nicht das Gesetz der Gerechtigkeit und aufrichtige Nächstenliebe die Selbstsucht in Schranken hält und zu tätiger mitfühlender Teilnahme am Geschick des schwächeren Bruders antreibt.

Das haben schon die ersten Christen erkannt und aus den Lehren ihres göttlichen Meisters gelernt. Auf gewaltsame Erhebung gegen die Bedrücker, auf Auflehnung gegen die Obrigkeit, auf Umsturz der bestehenden Ordnung haben sie ein für allemal verzichtet. Aber *nicht* verzichtet haben sie auf ihr Ziel, Ungerechtigkeit, Habsucht, Mißbrauch der Macht von sich und ihren Volksgenossen, ja, von der ganzen menschlichen Gesellschaft abzuwenden. Und dieses Ziel haben sie verfolgt, nicht mehr nach den „unverständigen", kurzsichtigen Plänen, die menschliche Klugheit, ja, in etwa wieder die eigene Habsucht, Begehrlichkeit, Ehrsucht erdacht hatte, sondern nach dem großzügigen heilbringenden Plan, den göttliche Weisheit entworfen, göttliches Erbarmen ihnen durch den Mund des Auferstandenen enthüllt hatte.
[//7//]
Und ohne viel Geschrei und Aufhebens davon zu machen, legten sie Hand ans Werk; legten Hand ans Werk, die Ungerechtigkeit zu bekämpfen, dort die Habsucht, Ehrsucht, ungeregelte Begehrlichkeit zu überwinden, wo diese Feinde sich ihnen in greifbarer Nähe zeigten, wo der Sieg ihnen mit Gottes Gnade sicher war: im eigenen Herzen! Das ist der große göttliche Heilsplan zur Weltverbesserung, zur Förderung auch des zeitlichen Glückes des Menschengeschlechts: die Reform der menschlichen Gesellschaft durch die Reform jedes einzelnen Menschen; ein Plan, den nicht menschliche Kurzsichtigkeit, sondern göttliche Weisheit entworfen hat.

IV. Die menschliche Gesellschaft ist krank, – wer wollte es leugnen, – seitdem die erste Sünde im Paradiese den Giftkeim der bösen Lust, der Augenlust, Fleischeslust, Hoffahrt, dem Urstamm des Menschengeschlechtes einpflanzte. Jeder Mensch bringt mit der Erbsünde die [*Keime* (?)] des Bösen mit auf die Welt: werden sie nicht beschnitten, bekämpft, mit Gottes Gnade überwunden, so treiben sie üppige Schößlinge, um so üppiger, je mehr sie in der Freiheit einer unabhängigen Stellung sich ungehindert entwickeln können, je mehr der Sonnenschein irdischen Besitzes und Reichtums ihnen Nahrung und Saft gibt. Und die giftigen Früchte sündhafter Triebe sind rücksichtslose Selbstsucht und Ungerechtigkeit, sind Neid und Habsucht, sind Zurücksetzung und Unterdrückung des Schwächeren, sind Mißbrauch der Macht und rohe Gewalttat. Immer wieder zeigen sich die Ausbrüche der ererbten Krankheit am Körper der menschlichen Gesellschaft: bald als Versuchung, Kampf, Niederlage, Gewissensbisse im Herzen des einzelnen; bald als Untreue, Unfrieden, selbstverschuldetes Unglück im Familienleben; bald als Ungleichheit, Ungerechtigkeit, Bedrückung im Leben der Gemeinde und des Staates. Ist nicht auch dieser Krieg, den Habsucht, Rachsucht, Herrschsucht unserer Feinde entfesselte, ein furchtbarer Ausbruch jener alten Krankheit, deren Giftkeime aus der ersten Sünde stammen, und die sich als traurige Erbschaft fortpflanzen von Geschlecht zu Geschlecht? Von den ältesten Zeiten an, von Solon in Athen und den Gracchen im alten Rom bis auf unsere Tage hat es unzählige Menschen gegeben, die glaubten, die rechten Mittel gegen die alte Krankheit gefunden zu haben, die behaupteten, mit ihren Arzneien könne man die kranke Menschheit heilen. Sie wenden sich an die Massen, vor allem an jene, die durch die Macht der Reichen, der Herrschenden geknechtet, bedrückt, ausgebeutet sich fühlten; sie schildern die Habsucht und Selbstsucht der Besitzenden, die Ungerechtigkeiten und Gewalttaten der Mächtigen in den grellsten Farben: und in vielem haben sie recht. Dieser Freimut, diese rücksichtslose Offenheit in Aufdeckung vorhandener Mißstände, dieses warme Eintreten für die Not und Bedrückung des armen Volkes zieht die Massen an; man hört auf sie, man glaubt und vertraut ihnen, man folgt ihnen und hofft, unter ihrer Führung die alte Krankheit heilen, eine gesunde, glückliche Zukunft dem Menschengeschlecht erringen zu können.

Einen solchen Arzt für die Gebrechen ihres unterdrückten Volkes hatten die Jünger Jesu anfangs auch in ihrem Meister gesehen. „Wir hatten gehofft, daß er es sei, der Israel erlösen würde", so sagten sie auf dem Wege nach Emmaus. Sie hatten gehofft, – jetzt hofften sie nicht mehr. Hofften wenigstens nicht mehr auf ihn, als Führer im Kampf gegen Ungerechtigkeit und Bedrückung: er war ja tot und begraben.

Jetzt, meinten sie, mußten sie wieder „auf einen anderen warten". Denn einmal [//8//] muß doch ein Erlöser kommen, das sagte ihnen die innerste Glückssehnsucht ihres Herzens, das hatten ja auch die von Gott gesandten Propheten verheißen. –

Nein, sie brauchten nicht mehr auf einen anderen zu warten: der Erlöser der Welt war wirklich schon gekommen, der göttliche Arzt für die Krankheit des Menschengeschlechts ging an ihrer Seite. „O ihr Unverständigen und langsamen Herzens", sprach er zu ihnen, „wie schwer ist's, euch zu glauben, was die Propheten geredet haben!" Unverständig ist es, von den Heilmitteln menschlicher Klugheit die volle Gesundung der kranken Menschheit zu erwarten. Kann es denn helfen, die vielleicht mißbrauchte Macht gewissenlosen Machthabern zu nehmen, um sie anderen ebenso gewissenlosen zu übergeben? Werden diese die Gewalt nicht auch mißbrauchen? – Kann es denn helfen, den Besitz habsüchtigen, erbarmungslosen Reichen zu rauben, um ihn der Habsucht ebenso lieberloser selbstsüchtiger Menschen zu überliefern? Werden diese nicht ebenso rücksichtslos den schwächeren Mitbruder unterdrücken? –

Die vielleicht gut gemeinten Ratschläge menschlicher Volksbeglücker mögen ausreichen, um diese oder jene Erscheinung der alten Erbkrankheit des Menschengeschlechts zu heilen, den Ausbruch oder das Umsichgreifen des Übels an einer Stelle zu hindern oder einzudämmen: die eigentliche Heilung der Krankheit zu bewirken, sind sie nicht imstande. Mag man danach streben, die öffentliche Macht in die geeignetsten Hände zu legen: die Gefahr des Mißbrauchs bleibt, wenn die Macht Menschen anvertraut ist, einem oder vielen, so lange diese die Herrschaft nicht gewissenhaft und selbstlos nach Gottes Willen gebrauchen. – Mag man sich bemühen, die Güter dieser Erde möglichst allen zuzuwenden, jedem ein ausreichendes Einkommen zu sichern: [so] lange die Menschen nicht sparsam sind im Gebrauch, nicht maßvoll im Genuß, wird immer wieder die Selbstsucht und Habsucht zu Ungerechtigkeit und Unterdrückung des Schwächeren führen. – Die starke Gewerkschaftsbewegung und die Parlamentsherrschaft in England und die sozialistische Regierung der französischen Republik haben ihre Länder und Völker ebensowenig von diesem ungerechten, grausamen Krieg zurückgehalten, wie die unbeschränkte Macht des russischen

Zaren. Und in Italien hat die Freimaurerei, die sich rühmt, die Pflanzstätte allgemeiner „Bruderliebe" zu sein, das Volk in den mörderischen Krieg gehetzt. Freies Wahlrecht und Steuerreform, Wohnungsreform und Gewinnbeteiligung, Koalitionsrecht und soziale Gesetzgebung, Schiedsgerichte und Friedenskongresse mögen nützlich und erstrebenswert sein und manche klaffende Wunde am Körper der menschlichen Gesellschaft schließen: ein Allheilmittel sind sie nicht; weder einzeln, noch alle vereint, noch durch tausend ähnliche Maßregeln vermehrt. Wer mit solchen unzureichenden Mitteln die Welt beglücken und heilen will, der gleicht dem eigensinnigen törichten Kranken, der den Arzt verschmäht und mit dem „Hustentee" oder der „Wundsalbe der seligen Großmutter" jede Krankheit, Schwindsucht wie Krebs, heilen will. Hustentee und Wundsalbe mögen gut sein für eine kleine Erkältung, für eine leichte Verletzung. Aber ein Allheilmittel sind sie nicht. Wer sie als solche anpreist, ist ein Kurpfuscher, vor dem sich vernünftige Menschen in acht nehmen; wer für solchen Betrug Reklame macht, gar noch die kundigen Aerzte, die bewährten Heilmittel verdächtigt und verleumdet, ist selbst ein Betrüger, der unschädlich gemacht und von vernünftigen Menschen verachtet werden sollte. Und doch: „die Dummen werden nicht alle!" Wie jeder Quacksalber und Kurpfuscher noch seine Kunden findet, die ihm glauben und ihr gutes Geld für törichte [//9//] „Wunderkuren" ausgeben, so findet auch jeder Weltverbesserer und Weltbeglücker gläubige Anhänger, die von seiner Kur allein die Heilung der kranken Gesellschaft erwarten, mag sie nun Zukunftsstaat oder Humanität, Nationalismus oder internationale Zivilisation, „freie Wissenschaft" oder „freie Liebe" heißen.

Da[ß] etwas krank ist, fühlen alle. Daß Ungerechtigkeit und rohe Gewalt, Habsucht und Genußsucht das Glück der Mitmenschen beeinträchtigen und verhindern, fühlen am meisten jene, denen die Macht und die Mittel fehlen, aus eigener Kraft ihre Lage zu verbessern. Wie leicht wird's da diesen Volksbeglückern und Weltverbesserern, ihre „Wunderkuren" anzupreisen, Anhänger zu gewinnen. Mit freimütiger Offenheit schildern sie die bestehenden Mißstände, und das erwirbt ihnen das Vertrauen der oft in ihrer Hoffnung getäuschten Unterdrückten. Mit emsiger Findigkeit spüren sie den Krankheitszeichen nach, enthüllen die verborgenen, [verg]rößern und verallgemeinern die gefundenen, um dann mit marktschreierischer Reklame ihr Allheilmittel anzupreisen. Und wenn sie dann noch den wahren Arzt und Erlöser der Welt verleumden und verdächtigen, seinen Heilsplan und seine Heilmittel verhöhnen, seinen Anhängern das Vertrauen auf ihn rauben: was fehlt dann noch zum Bilde des Kurpfuschers und Betrügers? –

1914.

V. Es gibt einen *wahren* Arzt und Erlöser der Welt. – *Der Krieg ist es nicht.* Manche haben das geglaubt, in den ersten Wochen heldenhafter Begeisterung bei Ausbruch des Krieges. Als die Vaterlandsliebe hell aufflammte, daß selbst die bisher internationale Sozialdemokratie ihren Mitgliedern nationalen Patriotismus gestattete, als Parteigezänk und Bekämpfung der Religion vor dem ehernen Klang der Waffen verstummte und der „Burgfriede" verkündet wurde, da hofften viele, daß der äußere Krieg uns im Innern den Frieden bringen würde. – Zu Tausenden strömten unsere Männer zu den Waffen, auf Heimat, Stellung, Genuß verzichtend, um in selbstlosem Opfermut Lebensglück und Lebenshoffnung für das Heil des Vaterlandes dranzugeben; und unsere Frauen und Mädchen standen nicht zurück in Erweisen hingebender Nächstenliebe: es schien, als sei Selbstsucht und Genußsucht[,] die Wurzeln so vieler Zurücksetzung und Verbitterung aus unserem Volke ausgerottet. Gold und Silber und lang aufgehäufte Schätze wurden von den Besitzenden dargeboten und auch der Arme trug sein Scherflein bei, um die Kriegsnot zu lindern: man konnte meinen, Neid und Habsucht und die Gier nach Geld und Gut, die so viel Ausbeutung und Bedrückung verursacht hatten, wären mit einem Schlage aus allen Herzen verbannt. – Einträchtig standen Reich und Arm, der Mann der Wissenschaft und der ungelernte [Tage]löhner, in Reih' und Glied nebeneinander, teilten Anstrengungen [der] Kämpfe, Leiden und Entbehrungen, ja den letzten Bissen Brot in brüderlicher Liebe miteinander: man hätte glauben können, die schroffen Gegensätze der Gesellschaftsklassen, aller Dünkel und Übermut der Höhergestellten, aller Haß und Groll der Unterdrückten wären für immer überwunden und vergessen. Und wenn man sah, wie alle Kirchen und Gotteshäuser sich füllten, fast das ganze Volk auf den Knien lag, um nach unseres gottesfürchtigen Kaisers Befehl, „zu Gott zu beten für unser braves Heer", wie jede religiöse Überzeugung geachtet, nur Gottlosigkeit verachtet wurde, da hätte man hoffen mögen, das ganze deutsche Volk werde in Zukunft, wie in den glorreichsten Tagen seiner Vergangenheit, auch Gott sein Recht zuteil werden lassen, ihn anerkennen, ihn ehren, ihn lieben, und in Treue seine Gebote halten. Fast schien es, als ob das Wort [//10//] eines alten Weisen sich bewahrheiten sollte, daß „der Krieg der Vater alles Guten" sei.

Es schien so; und es war ein schöner Schein: wie die Morgenröte eines glücklichen Tages. Der Krieg hat viel Gutes hervorgelockt; er hat gezeigt, daß noch unzählige heilsame Kräfte, Wurzeln einer besseren Zukunft in unserem Volke schlummern. Die Gluthitze gemeinsamer Not, das helllichte Aufflammen eines gemeinsamen großen Zieles hat sie zum Treiben, zu rascher, herrlicher Blüte gebracht. Wie ein zündender Blitzstrahl hat der Krieg für einen Augenblick die finsteren Nebel der Genußsucht, der Habsucht, der Herrschsucht zerrissen; in seinem grellen Licht haben wir alle erkannt, daß nur Selbstlosigkeit und Selbstzucht, Gerechtigkeit und Nächstenliebe, Gottesfurcht und Gottvertrauen unser Volk und alle seine Schichten und Klassen zur Versöhnung, zum Frieden, zum wahren Glück führen kann. Für einen Augenblick haben wir alle diese Wahrheit erkannt. Haben wir aber auch alle diese Wahrheit uns *dauernd* eingeprägt, und [die] Forderungen uns zur unverletzlichen Lebensregel gemacht?

VI. *Vielleicht nicht alle.* Der Krieg dauert lange, der erste Schrecken ist längst überwunden; noch hören wir das Grollen fernen Donners, noch blitzt es auf am Horizont wie Wetterleuchten, aber dank Gottes gnädiger Hilfe, dank eurer unvergleichlichen Tapferkeit, sind wir beruhigt und voll Zuversicht: es wird nicht einschlagen in unser Haus; wir dürfen auch ferner uns des Lebens freuen, dürfen uns freuen der Macht, des Reichtums, des Genusses: und schon erscheinen wieder hie und da die Anzeichen der alten ererbten Krankheit; schon hört man gelegentlich von manchem Mißbrauch anvertrauter Machtstellung, von Ungerechtigkeit und Ungleichheit im Austeilen von Lob und Lohn; *Herrschsucht und Ehrsucht sind noch nicht ganz erstorben.* – Schon hört man von „Kriegsgewinn" und „Kriegswucher" und „Ausnützen der günstigen Konjunktur", d.h. der allgemeinen Not, zur eigenen Bereicherung: Selbstsucht und Habsucht treiben auch im Kriege noch ihre giftigen

Blüten. – Die Varietätentheater und Kaffeehäuser, die Tingeltangel und Kneipen, die bei Kriegsbeginn fast leer standen, weil niemand Lust hatte, schlüpfrige Zoten zu belachen, sein gutes Geld für Leckereien auszugeben, sind heute wieder Tag für Tag angefüllt, und auch aus der Etappe und den besetzten Gebieten kommen traurige Nachrichten, daß sogar bei unseren Kriegern in Feindesland die Genußsucht und rohe Sinnlichkeit nicht selten häßliche Früchte zeitigt.

Die alte Krankheit ist noch da: einen Augenblick ließ das Aufflammen der allgemeinen Begeisterung uns ihre Merkmale übersehen, die allgemeine Kriegsnot ihre Ausbrüche unterdrücken; aber schon wagen sich vielfach die Anzeichen innerer Krankheit, gleich widerlichen Eiterbe[ulen] ans Tageslicht, schon seufzen wieder hier oder dort Schwache, Un[ter]drückte, „Enterbte" des Volkes unter dem Drucke der Herrschsucht, der Habsucht, der Genußsucht eigener Volksgenossen.

Die Krankheit ist noch da: und mit ihr wagt sich auch der Schwarm der Quacksalber und Kurpfuscher, die gleich feigen Spatzen beim ersten Donnerschlag des Kriegsgewitters in blassem Schrecken sich verkrochen hatten, wieder ans Tageslicht. Mit frechem Geschrei streifen sie über die Straße, die das edle deutsche Volk in ernster, treuer Pflichterfüllung, im Glanze siegreicher Waffen, dahinschreitet, und fallen mit befriedigtem Kreischen über jeden Unrat her, den sie am Wege finden: der wird durchgesucht und durchgestöbert; wenn es auch verächtliche Arbeit ist, sie bringt doch was ein für den eigenen Vorteil. Jede Ungerechtigkeit gegen einen [//11//] Untergebenen, jede Uebervorteilung des Schwächeren, jede Ausschweifung der Genußsucht eines Besitzenden, wird gierig aufgestöbert, eifrig gebucht, unter der Hand verbreitet: und Unzufriedenheit, Widerwillen, Auflehnung wird ausgesät. Das ist ihre Aussaat in die Furchen, die der Krieg gezogen; schon keimt und treibt in der Stille das Unkraut; und nach dem Kriege, so hoffen sie, da wird ihr Weizen blühen, und herrliche Frucht tragen.

Wollt ihr auf diese Quacksalber hören, die in der Stunde der Gefahr zitternd verstummten, sich feige verkrochen, ja, die damals vielfach sogar Gottesfurcht, Patriotismus, Nächstenliebe zur Schau trugen? Die jetzt erst wieder die geifernden Stimmen erheben, nachdem euere Heldentaten, euere gottesfürchtige Pflichttreue, euere patriotische Nächstenliebe ihnen die schlotternde Angst von der Verräterseele genommen, euer Siegeszug ihnen die Bahn frei gemacht hat, für ihr niedriges Treiben? Wollt ihr [zu de]nen gehören, die jedem Marktschreier und Quacksalber nachlaufen, [seine] Sprüchlein von der „Wunderkur" getreulich nachbeten, und ihm zu unverdientem Einfluß, zu Macht und Reichtum verhelfen? Wollt ihr sie unterstützen in ihrem niedrigen Gewerbe, ihnen jeden Unrat, den ihr am Wege findet, die traurigen Erfahrungen, die ihr vielleicht macht mit der noch nicht erstorbenen Herrschsucht, Habsucht, Genußsucht, zutragen?

VII. Der Krieg ist nicht das Allheilmittel für die Gebrechen der kranken Menschheit. Wer das vielleicht glaubte in seinen ersten glorreichen Tagen, der hat sich getäuscht. Die vielen, die auf ihn ihre Hoffnung setzten, sind enttäuscht und bedrückt, wie die Jünger auf dem Emmausgang Sie hatten gehofft, der Krieg werde Ungerechtigkeit und Bedrückung, Neid und Erbitterung ein Ende machen: er wird vorübergehen, und die alte Krankheit, Herrschsucht, Habsucht, Genußsucht sind noch da. Und in ihrer Enttäuschung und Verbitterung sind die Unterdrückten, die Schwachen, die „Enterbten" gleich den ersten Jüngern Jesu, in Gefahr, sich dem ersten besten Volksverführer und Aufwiegler anzuschließen, um mit Gewalt, soweit möglich, die Hoffnungen auf Macht und Besitz wahr zu machen, die auch dieses Mal so grausam enttäuscht wurden. Denn einmal *muß doch ein Erlöser kommen*, das sagt uns die innerste Glückssehnsucht des Herzens.

Müssen auch wir wieder „auf einen anderen warten?" Erwarten wir immer noch die Heilung der Menschheit, die Errettung von Ungerechtigkeit und Mißbrauch der Macht, von Selbstsucht und Ausschweifungen der Genußsucht von den kurzsichtigen Plänen menschlicher Klugheit? Soll jeder Kurpfuscher und „Wunderdoktor" uns an der Nase herumführen und in seiner gläubigen Gefolgschaft sehen?

„O ihr Unverständigen und langsamen Herzens!" Wißt ihr denn nicht, daß *der wahre Erlöser der Welt*, der göttliche Arzt ihrer Wunden, *längst erschienen ist*? Er ist zwar kein Maulheld und Marktschreier: „Er wird nicht zanken und lärmen; nicht hört man sein Geschrei auf den Gassen. Das geknickte Rohr wird er nicht zerbrechen, und den glimmenden Docht nicht auslöschen. Aber er bringt das Recht zum Siege. Und auf seinen Namen sollen die Völker hoffen." Nicht mit großsprecherischem Lärm bietet er seine Heilmittel an, nicht wirbt er mit unerprobten Versprechungen für seine Nachfolge. Und doch ergeht seit 19 Jahrhunderten seine menschenfreundliche Einladung an die arme, bedrückte, kranke Menschheit: „Kommet alle zu mir, die ihr mühselig und beladen seid, und *ich werde euch erquicken. Nehmet mein Joch auf euch und lernet von mir;* denn ich bin [//12//] sanftmütig und demütig von Herzen. So werdet ihr *Ruhe finden für euere Seelen!*"

Meine lieben Soldaten! Kennt ihr die Stimme? Ist diese Einladung nicht auch schon an euch ergangen? *Göttlicher* Mund hat sie gesprochen, *göttliche* Wahrhaftigkeit bürgt für ihre Sicherheit und Treue. „Ihr werdet Ruhe finden für euere Seelen!" Ist das nicht eine herrliche Verheißung? eine Verheißung, die das höchste Erdenglück umschließt. – Ruhe der Seele kann die Macht nicht geben: sie läßt das Herz unruhig und in Furcht, daß ein Mächtigerer sie entreißt. – Ruhe der Seele kann der Reichtum nicht geben: wie haften und jagen die Reichen oft nach immer größerem Besitz; – Ruhe findet die Seele nicht im Genuß der Erdengüter: auf einen Augenblick des Genusses folgen oft Stunden der Übersättigung und des Ekels, und wiederum der Hunger nach neuem Genuß.

„Ihr werdet Ruhe finden für euere Seelen!" Wann hat j[e ein] Mensch seinen Anhängern solch volles Glück zu versprechen gewagt: [Ruhe] im Gebieten und Ruhe im Gehorchen; Ruhe im Besitz und Ruhe in der Not; Ruhe bei Lob und Anerkennung und Ruhe bei Spott und Zurücksetzung; Ruhe in der Freude und Ruhe im Schmerz. – Könnt ihr euch ein glücklicheres Leben denken? Und dieses Glück hat der wahrhaftige und getreue Gott seinen Nachfolgern versprochen! Menschen mögen euch Macht, Reichtum, Genuß versprechen, mögen Mittel ersinnen, und anpreisen, um dazu zu gelangen. Volles Glück, allgemeines Glück können sie euch nicht verheißen; als Allheilmittel haben sich noch niemals und nirgendwo die Ratschläge menschlicher Klugheit bewährt. Genuß, Reichtum, Macht können nicht einmal ein einzelnes Menschenherz dauernd befriedigen; können nicht der kleinsten Gemeinschaft, einer einzelnen Familie dauerndes Glück verbürgen. Wie sollten sie imstande sein, die Wunden der ganzen Gesellschaft zu heilen, das ganze Menschengeschlecht glücklich zu machen!

„Nehmet mein Joch auf euch und lernet von mir. So werdet ihr Ruhe finden für euere Seelen." Jeder einzelne soll das Joch des Heilandes tragen, das Joch der göttlichen Gebote willig auf sich nehmen; so findet jeder einzelne die Ruhe der Seele, den Frieden des Herzens, das wahre Glück. Und wenn so alle Glieder der menschlichen Gesellschaft das Glück gefunden haben, dann wird auch das ganze Menschengeschlecht glücklich, die Welt von der alten Erbkrankheit geheilt sein. Reform der menschlichen Gesellschaft nicht durch Auflehnung und Empörung, nicht durch gewaltsamen Umsturz der bestehenden Ordnung, nicht durch Unruhe und Unfrieden, sondern durch die Reform jedes einzelnen Menschen, durch allgemeine, treue Befolgung der göttlichen Gebote, die jedem einzelnen und allen zusammen Ruhe, Frieden, Glück verbürgt.

Das ist *der göttliche Heilsplan* für die Errettung [der] „Mühseligen und Beladenen", ja, der ganzen Menschheit. *Göttliche Weisheit* hat ihn erdacht, *der Gottessohn* hat ihn auf die Erde gebracht und den mutlosen Menschen enthüllt, *göttliche Treue* verbürgt den vollen Erfolg.

VIII. Neunzehn Jahrhunderte geht Christi Einladung durch die Welt, dringt seine Glücksverheißung an das Ohr der Menschen. Und doch gilt heute noch das Wort des Täufers: „In euerer Mitte steht er, den ihr nicht kennt." Die Juden haben ihren Erlöser, den Heiland der Welt verworfen, weil er nicht ihre „unverständigen" Hoffnungen und Erwartungen erfüllte, weil er die Heilung des Menschengeschlechts nicht mit Umsturz und Gewalt, sondern durch Umgestaltung des Einzelnen [//13//] plante, weil er nicht Macht, Reichtum, Genuß, sondern Ruhe und Frieden des Herzens verhieß. Sie haben ihn nicht nur verworfen: sie haben ihn verlacht, verhöhnt, verspottet, ja, schließlich in grausamer Lust ans Kreuz geschlagen und ermordet. Sie wollten nicht sich selbst verbessern, sondern nur ihre äußere Lage verbessern, um der eigenen Herrschsucht, Habsucht, Genußsucht die Zügel schießen zu lassen. Sie haben den wahren Führer zum Heil verlassen, und sind anderen Führern gefolgt, die ihren Gelüsten schmeichelten und die Ratschläge menschlicher Klugheit als Allheilmittel anpriesen. Und haben sich führen lassen zu ihrem Verderben: die Auflehnung, der Aufruhr, die Revolution hat ihr letztes Glück vernichtet: sie haben die freie Selbständigkeit, die Heimat, das letzte Erbe ihrer Väter verloren.

Neunzehn Jahrhunderte geht das Christentum durch die Welt: wo sind denn seine Erfolge für das Glück der Menschen? Ja, darf man es dem Arzt verübeln, daß die Krankheit nicht weicht, wenn der Kranke die Heilmittel zurückweist? – Auch jene, die sich Christen nennen, waren oft nur laue, nachlässige Nachfolger Christi; nahmen oft nur widerwillig und schwankend das Joch der göttlichen Gebote auf sich, lehnten sich auf und warfen die Bürde ab. Konnte da die Glücksverheißung, die der Treue in der Nachfolge Christi versprochen ist, allgemein in Erfüllung gehen? Wer von uns darf denn mit voller Wahrheit von uns sagen, was der Jüngling im Evangelium, den Jesus so liebte, von sich behauptete: „Alles dieses habe ich von Jugend auf erfüllt?" Wo ist die Familie, deren Glieder alle nie abweichen vom Wege gottgegebener Pflichten? – Wo ist der Betrieb, die Gemeinde, der Staat, deren Einrichtungen und Anordnungen allewege im Einklang stehen mit den Geboten und Anweisungen des göttlichen Gesetzes; der seine Bürger stets anhält und ermuntert zu Gottesfurcht und Nächstenliebe, sie abhält von Ungerechtigkeit und rücksichtsloser Selbstsucht? Gibt es einen solchen wahrhaft christlichen Staat, dann wird er sicher seine Bürger zu Freiheit und Wohlstand führen. – Gibt es eine solche Arbeitsstätte, eine solche Gemeinde, wie leicht und glücklich wird das soziale Leben in ihr sich gestalten! – Beherrscht Christi Gesetz einen Hausstand, eine Familie, das Verhältnis der Gatten, das Verhalten der Eltern und der Kinder, der Herrschaft und der Dienstboten, dann wird Friede im Hause wohnen, und wahres inneres Glück. Hast du dich selbst in Zucht, deine Wünsche, Triebe und Neigungen geregelt nach Gottes heiligem Willen, alle deine Gedanken, Worte und Werke abgewogen und ausgeführt im Einklang mit Gottes Geboten, dann wohnt Gottes Friede in deinem Herzen, dann, nur dann kannst du erfahren, was es heißt: „Ihr werdet Ruhe finden für euere Seelen." –

IX. „Suchet zuerst das Reich Gottes und seine Gerechtigkeit, und alles andere wird euch zugegeben werden". Das ist der göttliche Plan der Weltverbesserung, der Welterlösung. So haben ihn die Jünger Jesu aus seinem Munde vernommen, da sie mit „brennendem Herzen" ihm lauschten, „als er auf dem Wege zu ihnen redete und ihnen die Schrift aufschloß". Darum machten sie sich freudig auf in derselben Stunde nach Jerusalem, um den Aposteln und Jüngern zu erzählen, „was sich auf dem Wege zugetragen". *Weltverbesserung durch Selbstverbesserung;* das ist Christi göttlicher Erlöserplan.

Mochte das unglückliche, verblendete Volk, das seinen wahren Heiland verworfen hatte, „auf einen anderen warten". Mochten jene, denen Christi Joch zu schwer erschien, „die die gesunde Lehre nicht ertragen, nach eigenen Gelüsten sich Lehrer über Lehrer nehmen, lüstern nach [//14//] dem, was den Ohren schmeichelt, und das Gehör von der Wahrheit abwendet, törichten Fabeln nachjagen". „Sie haben mich, spricht Gott, den Quell lebensspendenden Wassers verlassen, und sich Gruben gegraben, die kein Wasser halten." – Die Jünger Jesu aber legten Hand ans Werk, nach Christi Heilplan die Welt zu erneuern. In Gottesfurcht, Gerechtigkeit und Nächstenliebe arbeiteten sie an der eigenen Heiligung und am Glück der Brüder. „Alle, welche glaubten, hielten zusammen und hatten alles gemeinschaftlich. Ihr Hab und Gut verkauften sie und verteilten es unter alle, so wie ein jeder bedürftig war. Sie verharrten täglich einmütig im Tempel, und brachen das Brot in den Häusern und genossen die Speise mit Fröhlichkeit und Einfalt des Herzens. Sie lobten Gott und waren beliebt bei dem ganzen Volke." So schildert die Apostelgeschichte die Ausführung von Christi Heilsplan in der ersten Christengemeinde. Und weiter: „Die ganze Menge der Gläubigen war ein Herz und eine Seele. Keiner sagte, daß das, was er besaß, sein eigen s[ei …]. Es war kein Dürftiger unter ihnen. … Es wurde einem jeden so viel zugeteilt, als er nötig hatte." Seht ihr, daß der göttliche Plan zur Beseitigung der Ungerechtigkeit, der Herrschsucht, Habsucht und Genußsucht ausführbar ist, und längst mit bestem Erfolg erprobt? Und wenn die geschilderten sozialen Einrichtungen der ersten kleinen Gemeinde von Jerusalem vielleicht auch nicht in derselben Weise durchführbar sind in den großen Verbänden unserer modernen Staaten und Gemeinden, wenn auch vielfache traurige Erfahrung uns vorsichtiger machen muß, daß nicht Arbeitsscheu und Betrug die Mildtätigkeit zum Schaden wahrer Not mißbraucht, wie das bei den „Heiligen" zu Jerusalem nötig war: der Geist, der die ersten Christen beseelte, Christi Geist, die aufrichtige Gesinnung und allgemeine Übung der Gerechtigkeit, Nächstenliebe und Barmherzigkeit würde auch heute noch „alle Mühseligen und Beladenen erquicken", den Einzelnen „Ruhe bringen für ihre Seelen", das „Recht zum Siege führen".

Neunzehn Jahrhunderte geht Christi Einladung durch die Welt, hat Christi Nachfolge unzähligen Einzelseelen, Familien, Gemeinschaften Herzensfrieden, Ruhe und Glück gebracht. Und doch tönt immer noch die Welt wider von dem wüsten Geschrei „kreuzige ihn", wie am ersten Karfreitag. „Wir wollen nicht, daß dieser über uns herrsche", so rufen sie, wie einst die Mitbürger des Herrn. Wir wollen nicht einen Erlöser, der Selbstzucht und Mäßigkeit, Gerechtigkeit und Barmherzigkeit, Gehorsam und Gottesfurcht von uns fordert. Wir wollen Macht, um die bisher Mächtigen zu unterdrücken; wir wollen Reichtum, um die Reichen zu übertrumpfen; wir wollen den Becher der Lust bis zur Neige leeren. „Hinweg mit ihm, kreuzige ihn!" Und Hohn und Spott und Läs[terung] und Verachtung ergießt sich über den armen gekreuzigten Gott, der aus Liebe zu uns Menschen und „um unseres Heiles willen" vom Himmel herabkam. Und Hohn und Spott und Lästerung und Verachtung ist vielfach der Anteil seiner Anhänger und Jünger, die seiner Einladung folgend, seinem Wort gehorchend mit Maria und Johannes mutig unter dem Kreuze ausharren; die in tapferer Selbstverleugnung durch Befolgung der göttlichen Gebote seinen Heilsplan verwirklichen, sich selbst die „Ruhe der Seele" erkämpfen, in der Welt „das Recht zum Siege führen". Er hat es ja vorhergesagt: „Wenn euch die Welt haßt, so denket daran, daß sie mich vor euch gehaßt hat. Haben sie mich verfolgt, so werden sie auch euch verfolgen. Frieden hinterlasse ich euch, meinen Frieden gebe ich euch: nicht wie die Welt gibt, gebe ich euch. Suchet zuerst das Reich [//15//] Gottes und seine Gerechtigkeit, so wird euch alles andere zugegeben werden. Fürchte dich nicht, du kleine Herde; denn es hat dem Vater gefallen, euch das Reich zu geben."

Wollt ihr ihm folgen, unserem göttlichen Führer, oder könnt auch ihr „die gesunde Lehre nicht ertragen", wollt ihr euch „Lehrer über Lehrer nehmen, lüstern nach dem, was den Ohren schmeichelt und das Gehör von der Wahrheit abwenden?". Wollt ihr, ihm vertrauend, „Ruhe finden für eure Seelen", und für ihn kämpfend, sein Reich ausbreitend, „das Recht zum Siege führen", oder wollt ihr der eigenen Ehrfurcht, Habsucht, Begehrlichkeit nachgebend, die Übel in der Welt nicht beseitigen sondern vermehren? Wollt ihr der Weisheit des göttlichen Arztes eure kranken Seelen, die kranke Menschheit anvertrauen, oder sollen die „Wunderkuren" menschlicher Kurzsichtigkeit wieder die Taschen marktschreierischer Quacksalber und Kurpfuscher füllen und ihnen unverdientes Ansehen [und] Macht verleihen?

Was haben wir doch erlebt am Anfang des Krieges? Was war es doch, das uns damals die Hoffnung einer besseren Zukunft so glückverheißend aufstrahlen ließ? Waren es die glänzenden Phrasen von Humanität und Menschheitsverbrüderung und Volkssouveränität? Waren es die niemals verwirklichten Fabeln von „Zukunftsstaat", von der Gleichheit des Besitzes, allgemeiner „Zivilisation und schrankenloser Freiheit"? Ach nein, an diese lächerlichen „Wunderkuren" hat zu so ernster Stunde niemand gedacht. Wo waren damals, in der Stunde der Gefahr, die Weltverbesserer und Weltbeglücker, die sich sonst stets aufspielten als die einzigen wahren Führer des Volkes? Verschwunden waren sie, und wenn man sie fragte, gestanden sie kleinlaut: Ja freilich; jetzt gebietet die Stunde etwas anderes; unsere alten Rezepte sind jetzt nicht zu brauchen. – Und wo waren sie, die Gottesleugner und Christushasser, die für Glauben und Gottesfurcht nur ein mitleidiges Lächeln, ja Spott und Hohn und Verachtung hatten? Verstummt waren sie und sprachlos vor Schrecken; und in der schlotternden Angst, daß die Langmut des alten Gottes im Himmel droben erschöpft sei und er Strafgericht halten wolle mit dem frechen Menschlein da unten, das seine unendliche Majestät zu lästern wagte, kamen alte, halbvergessene Worte aus der Kindheit auf die bebenden, ach des Betens längst entwöhnten Lippen: „Vater unser, der du bist im Himmel."

Habt ihr das nicht selbst erlebt und gesehen, meine lieben Soldaten? Habt ihr's schon ganz vergessen? Wollt ihr es erlauben und euch gefallen lassen, daß diese Großsprecher einst, wenn das Gewitter vorüber ist, wieder ihre geifernden Stimmen erheben und verleugnen, was in der Stunde [der] Not ihre eigene letzte Zuflucht war? Wollt ihr wieder diesen angeb[lichen], aber in der Stunde der Gefahr schlecht bewährten „Führern des Volkes" euer Ohr und euere Unterstützung leihen, wenn sie das durch eueren Heldenmut gerettete Vaterland verunglimpfen? Wollt ihr Betrügern oder Betrogenen die Taschen füllen, von ihren „Wunderkuren" das Heil erwarten, wo ihr doch kennt den wahren Heiland der Welt, den göttlichen Arzt für die kranke Menschheit.

X.

Seine Gedanken, seine Heilspläne, seine Heilmittel allein haben sich damals, in der Stunde der Gefahr einzig bewährt. Was gab uns damals die freudige Hoffnung, daß unser Volk von der alten Krankheit genesen werde, daß eine schönere Zukunft uns beschieden sei? Selbstloser Opfermut der Männer, hingebende Nächstenliebe der Frauen ließen uns hoffen, daß Selbstsucht und Genußsucht, Unterdrückung und [//16//] Verbitterung aus unserem Volk verschwinden würden. Freigebige Barmherzigkeit regierte die Stunde und Mitleid mit jeglicher fremder Not, statt Neid und Habsucht und Gier nach Geld und Gut. Dünkel und Übermut der Höhergestellten, Haß und Groll der bisher Unterdrückten waren ausgetilgt und vergessen; Güte und Wohlwollen und gegenseitige Achtung und gemeinsamer Kampf um gemeinsames Ziel verband alle Schichten des Volkes zu einem „ewigen Volk von Brüdern".

Woher stammen diese Gedanken, diese edlen Gesinnungen, die sich wirksam erwiesen, als alle menschlichen Weltverbesserungspläne verblaßten? Wer hat diese Heilmittel uns gebracht, ihre Anwendung uns gelehrt, als alle irdischen Lehrmeister zitternd verstummten, ihre vielgepriesenen Vorschläge selbst nicht mehr anzupreisen wagten? Was hat uns stark gemacht und mutig, als alle menschlichen Stützen wankten, und der Feinde Übermacht wie eine Sturmflut von allen Seiten über uns hereinbrach? Der Glaube an den allmächtigen Gott, die Hoffnung [auf] den barmherzigen Gott, das Vertrauen auf den gerechten Gott. Go[ttes]furcht, Nächstenliebe, Gerechtigkeit, Barmherzigkeit, unser einziger Halt in höchster Not, das Unterpfand einer glücklichen Zukunft, wer hat sie uns gebracht, uns gelehrt? *Jesus Christus*, der Sohn Gottes, der Heiland der Welt! – Sollen und wollen wir auf einen anderen warten?!

Laßt uns mit den Aposteln und Jüngern niederknien zu den Füßen des Auferstandenen und mit dem heiligen Petrus sprechen: *„Herr, zu wem sollten wir gehen? Du hast Worte des ewigen Lebens, und wir haben geglaubt und erkannt, daß du bist Christus, der Sohn des lebendigen Gottes."*

XII.
Wo liegt die Schuld?

Gedanken über Deutschlands Niederbruch und Aufbau[1]
(1919)

Von Clemens Graf von Galen, Kurat in Berlin

Wer ist schuld an dem furchtbaren Unglück, das Deutschland, das Europa, das die Welt durch den Krieg, durch das vierjährige entsetzliche Völkermorden mit all seinen grausigen Begleiterscheinungen und Folgen an Völkerhaß und Einzelleiden getroffen hat? Die eine Partei, die Sieger im Streit haben als Ankläger und Richter zugleich das Urteil schon gesprochen, haben die andere Partei, die Besiegten, genötigt, im schmachvollen sogenannten Friedensvertrag das Urteil selbst zu unterschreiben: Deutschland ist schuld! Die deutsche Regierung hat mit Zustimmung der Nationalversammlung das unterschrieben – nicht weil sie es für wahr hält: die überwältigende Mehrheit des deutschen Volkes ist tief innerlich überzeugt, daß *Deutschland*, daß seine alte Regierung, daß vor allem *der Kaiser den Krieg nicht gewollt hat*, daß nur Notwehr es war, die uns das Schwert in die Hand drückte, um die Anstifter und Beschützer des Mörders von Serajewo von unseren Grenzen fernzuhalten. Es mag sein, daß unsere Diplomatie vor dem Krieg, wie während des Krieges Fehler gemacht hat, daß manches temperamentvolle Wort frohen Kraftgefühls [//222//] der Welt wie eine deutsche Kriegsdrohung klang. Aber das deutsche Volk war in seiner Masse friedliebend fast bis über die Grenze nationaler Selbstachtung hinaus, der Kaiser und seine verantwortlichen Ratgeber haben durch mehr wie 25 Jahre trotz mancher Herausforderung mit fast ängstlicher Sorgfalt den Frieden Europas behütet. Eine unbefangene Geschichtsschreibung

---

[1] Textquelle | GALEN 1919* = Clemens Graf von Galen: Wo liegt die Schuld? Gedanken über Deutschlands Niederbruch und Aufbau. In: Historisch-politischer Blätter für das katholische Deutschland 164. Band (1919), S. 221-231 und S. 293-305. – Sperrtext-Passagen hier *kursiv*; pb.

wird einst Wilhelm II., der in den letzten vier Jahren das deutsche Heer in beispiellosem Siegeszug bis vor die Tore von Paris und Petersburg, über die Alpen und bis an den Euphrat führte, trotzdem den Ehrennamen des „Friedenskaisers" nicht versagen. Jetzt aber heißt es noch: „Vae victis"; das grausame Wort des heidnischen Römervolkes setzt eine von Gerechtigkeits- und Humanitätsphrasen überströmende Welt mit blutigem Hohn aufs neue in die Wirklichkeit um und zwingt das deutsche Volk zu einem bewußt unwahren Schuldbekenntnis; unsere Regierung unterschreibt es, auf das Zeugnis der Nationalversammlung hin, daß unser Volk nicht mehr die moralische Kraft besitzt, „sein Letztes zu setzen an seine Ehre". Und um die Abkehr von der Geschichte des „christlichen" Europa zu vollenden, fordert man den *letzten weltlichen Herrscher „von Gottes Gnaden"*, der nach seiner verfassungsmäßigen Stellung und nach seiner eigenen tiefempfundenen und oft feierlich bekundeten Überzeugung Gott und *nur Gott und seinem Gewissen für seine Regierungshandlungen verantwortlich war*, für diese vor ein menschliches Tribunal, das sich nur im Gegensatz zum Natur- und Völkerrecht für zuständig erklären kann!

Deutschland ist schuldig, der Kaiser ist schuldig! So urteilt eine haßerfüllte, durch planmäßige Lügen verhetzte Welt. Und wir haben keine Kraft mehr, dem Unrecht zu widerstehen. Uns bleibt nur der Protest vor dem Tribunal der Weltgeschichte, uns bleibt nur der Appell an die ewige Gerechtigkeit, an den König der Könige und Herrn der Herrscher, der nicht richtet nach dem Schein, der nicht entscheidet nach dem Erfolg, dessen Wissen Wahrheit ist und [//223//] dessen Urteil Gerechtigkeit: „Er wird nicht zanken und lärmen, nicht hört man sein Geschrei auf den Gassen. Das geknickte Rohr wird er nicht zerbrechen und den glimmenden Docht nicht auslöschen. *Aber er führt das Recht zum Siege. Auf seinen Namen sollen die Völker hoffen!"* (Matth. 12, 19-21.)

Armes, gedemütigtes, entehrtes deutsches Volk: auf seinen Namen sollst du hoffen! *Wenn du zu ihm zurückkehrst, zu ihm, der dich einst vor allen Völkern auserwählte, im römischen Kaisertum deutscher Nation seiner geliebten Braut, der heiligen Kirche, den Schirmvogt und Beschützer zu stellen*, der dir Ansehen gab im Mittelalter und Macht von der flandrischen Küste bis zum Peipussee, von der Nordsee bis zum Mittelmeer, nicht durch Waffengewalt und physische Macht so sehr als *durch das gesunde organische innere Leben* deiner Stämme, das sich unter der segnenden Hand seiner Kirche zu herrlichster Blüte entfaltete, dann, nur dann, aber dann auch sicher darfst du auf Genesung hoffen und neuen Aufstieg aus tiefstem Fall. Er wird deinen glimmenden Docht nicht auslöschen, er wird das geknickte Rohr nicht brechen! *Er wird auch dein Recht zum Siege führen!*

Wer ist Schuld? Die *internationale* Schuldfrage ist vor dem menschlichen Gericht vorläufig gegen uns entschieden, dadurch, daß der Sieger brutal sein bluttriefendes Schwert in die Wagschale der Gerechtigkeit warf. Aber wer ist Schuld, daß unsere Feinde solche Macht gewannen, daß unser unbesiegtes Heer den Kampf aufgab, die Waffen von sich warf, nicht nur Erobertes preisgab, sondern selbst den mit soviel deutschem Blut heldenmütig verteidigten Heimatboden, den „deutschen Rhein" ohne Widerstand dem stets besiegten Feinde überließ? *Die nationale Schuldfrage ist noch nicht entschieden. Sie brennt mit glühender Scham in jeder deutschen Seele*, sie will in niederziehendem Pessimismus uns jede Hoffnung ersticken mit der verzweifelnden Frage: Ist noch eine Gesundung möglich und [//224//] ein Aufstieg für ein Volk, *dessen moralische Kraft versagte, ehe die physische aufgezehrt war*, für ein Volk, dem seine gewählten Vertreter es nicht mehr zuzutrauen wagen, daß es den Tod lieber erdulde als die Schmach?

Wer ist Schuld? *Diese Frage bohrt viel tiefer* als das betrübende Zeitungsgezänk um Friedensresolution und U-Bootkrieg, um Erzberger und Ludendorff. Gewiß, wer als Verräter entlarvt, wem nachgewiesen würde, daß er in frevelhaftem Siegesübermut ohne Not kostbares deutsches Blut geopfert habe, der soll der verdienten Verachtung, womöglich Bestrafung nicht entgehen. Die Frage, ob es solche unter uns gab, mag notwendig sein und Antwort erheischen, um die Vergangenheit zu bereinigen, um erwiesene Schädlinge für die Zukunft unschädlich zu machen. Aber mit der Feststellung und Bestrafung einzelner Schuldiger ist noch nicht erklärt, warum unser Volk als Gesamtheit versagte, wie es die moralische Kraft verlor zum Aushalten und Durchhalten, *die moralische Kraft, die uns so nötig wäre zum Aufbau und Neubau*, nötiger als je, da der sog. Friede unsere letzten materiellen Hilfsmittel den Feinden überantwortet.

Nächste Schuld unserer Niederlage trägt die Revolution. Es ist heute eine müßige Frage, wie lange unsere Front noch dem Ansturm einer ganzen Welt standgehalten hätte, ob es möglich gewesen wäre, vielleicht auf einer verkürzten Linie in Feindesland bis zum Versagen der feindlichen Angriffskraft auszuhalten, ob vielleicht gar noch ein neuer Angriff unsererseits die deutschen Fahnen wie schon so oft zum Siege geführt und endlich den Kriegswillen der Gegner gebrochen hätte. Tatsächlich ist das alles nicht geschehen, ist es unmöglich gemacht durch die Revolution, die unserem geschwächten, aber unbesiegten Heer den Dolch in den Rücken stieß. Was ist unbestreitbare Tatsache. Das bis dahin unbesiegte deutsche Volk wurde besiegt, *als ihm die Revolution die Waffen aus der Hand schlug, weil die Revolution der deutschen [//225//] Kraft das Rückgrat brach.* Wie der Krieg ausgegangen wäre ohne Revolution, ob der Friede ohne sie ein schlimmer geworden wäre, weiß Gott allein. *Daß wir besiegt wurden im November 1918, daß wir einen Schmachfrieden unterzeichnen mußten im Juni 1919, das ist tatsächlich eine Folge der Revolution, und die Schuld daran trägt, wer Schuld hat an der Revolution.*

Wer ist nun Schuld an der Revolution? Schmach und Schande und die Verachtung aller kommenden Geschlechter ist eine zu geringe Strafe für Männer, die für den Judaslohn feindlicher Bestechungsgelder, um des eigenen Vorteils willen das Vaterland in seiner höchsten Not verraten, die Treue und Vaterlandsliebe im Heere untergraben, die glimmende Unzufriedenheit eines leidenden Volkes zur zerstörenden Glut hell lodernden Aufruhrs angeblasen haben. Möge man ihre Namen erforschen und diese neben den des Ephialtes in die ehernen Tafeln der Geschichte eintragen zum abschreckenden Beispiel!

Wer ist Schuld am Erfolg der Revolution? Die eigentlichen Verräter, die bestochenen sind nur wenige. Es wäre zum Verzweifeln, wenn es anders wäre. *Wie kam es also, daß die Revolution siegte, daß viele, vielleicht die Mehrheit des Volkes sie nicht nur schweigend ertrug, sondern sie etwa als ein Glück, als eine Erlösung begrüßte?* Daß viele ehrliche, unbescholtene Männer mit sauberen Händen und idealer Gesinnung sich ihr anschlossen, in ihren Dienst stellten?

Anstifter der Revolution waren nach eigenem Geständnis die Unabhängigen Sozialisten und Kommunisten. Sie haben Geld von Rußland erhalten und angenommen zur Vorbereitung der Revolution und zum

Ankauf von Waffen für den erwarteten Bürgerkrieg. Aber sie waren doch nur eine Minderheit, sogar im sozialistischen Lager. – Nicht Anstifter vielleicht in diesem Augenblick, aber stets Anhänger und Förderer der Revolution waren die Mehrheitssozialisten [//226//], Scheidemann und Ebert, die als kaiserliche Staatssekretäre am 9. November 1918 die sozialistische Republik ausriefen, nachdem der letzte Reichskanzler Prinz Max von Baden seinen kaiserlichen Herrn für abgedankt erklärt hatte. Diese alle tragen vor dem deutschen Volk der Gegenwart und Zukunft ihr Teil an der Schuld der Revolution und damit an der Schuld für den Sieg unserer Feinde, für unsere gänzliche Wehrlosigkeit und den Schmachfrieden, den man uns aufgezwungen hat. – Aber fast ist man geneigt, den Sozialisten mildernde Umstände zuzubilligen: sie haben sich stets als Gegner der Monarchie, als Republikaner bekannt, ihre alten Führer schon hatten die Revolution als befreiende Tat gepriesen und ihre Anhänger für den Völkerfrühling begeistert, den auf den Trümmern der gestürzten Gesellschaftsordnung die Völkerverbrüderung des internationalen Proletariats hervorzaubern werde. Jedoch im deutschen Volke waren diese Utopisten (die jetzt schon nach halbjähriger Herrschaft die Undurchführbarkeit ihrer Träume erkennen müssen und notdürftig mit den Resten von Beamtentreue und militärischer Zucht, die sie aus dem alten Regime übernommen haben, die äußere Ordnung aufrecht erhalten), eine Minderheit, die sich genötigt sah, während der Kriegszeit *um der Volksstimmung willen* Kriegskredite zu bewilligen und zur bewaffneten Verteidigung des bedrohten Vaterlandes aufzumuntern. Nein, das *deutsche* Volk war in seiner überwältigenden Mehrheit nicht revolutionär, es war *monarchisch und staatstreu* gesinnt und brachte Opfer an Gut und Blut fürs Vaterland, wie kein Volk vor ihm in der Weltgeschichte.

Aber es verlangte nach Frieden. Für den Frieden hatte es das Schwert gezogen, um den Frieden hatte es gekämpft drei, vier lange, blutige Jahre. Und man redete ihm vor, der Friede sei zu erringen nicht durch Kampf, sondern durch Einstellung des Kampfes. – Es verlangte nach Gerechtigkeit und Versöhnung, nicht nach Eroberungen; und man sagte ihm: Gerechtigkeit und Versöhnung bringen [//227//] dir die Feinde, du kämpfst nur noch und blutest und stirbst für die unersättliche Kriegslust und Eroberungssucht der herrschenden Clique von Alldeutschen und Militaristen, von Annektionisten und Kriegsgewinnlern. Kann man es verstehen, daß unser armes Volk auf solche Stimmen hörte, daß es lauschte auf die süßen Sirenenklänge, die über den Ozean zu ihm tönten von Menschenliebe und Völkerbund und Gerechtigkeit und ewigem Frieden? Daß es irre wurde an seinen eigenen Führern, die stets neue Blutopfer verlangten und Entbehrungen? Der Krieg ist hart, aber manch unnötige Härte kam vor. Der Krieg verlangt Opfer an Hab und Gut; aber mußten sie mit solch rücksichtsloser Schärfe eingetrieben werden? Der Krieg verlangt Disziplin und Gehorsam; aber konnte man dafür nicht auf anderen Gebieten mehr Freiheit und Selbstbestimmung gewähren?

Daß solche Fragen gestellt wurden, ist natürlich. Daß sie nicht klar, nicht befriedigend beantwortet wurden, *ist Schuld der Regierung.* Daß sie parteipolitisch ausgenutzt, ausgeschlachtet und zum Verderben des Vaterlandes bis zur Krisis getrieben wurden, ist Schuld der öffentlichen Meinung, ist Schuld der Presse, ist Schuld, unsühnbare Schuld vor allem jener Männer, in deren Hände das Volk durch die Wahl zum Parlament seinen Anteil an der Regierungsgewalt gelegt hatte. So wurde die heilige Friedenssehnsucht umgemünzt in unheilige Unbotmäßigkeit; so wurde berechtigte Unzufriedenheit umgesetzt in unberechtigtes Mißtrauen. So wurde die eherne Entschlossenheit, dem Feinde zu widerstehen, umgebogen nach rückwärts: *der Feind steht nicht draußen, der Feind steht im Land,* deine eigenen Führer sind es, die dir den Frieden vorenthalten. So kam es zur Revolution und zur Niederlage und zum schmachvollen sog. Frieden!

Viele Schuldige gibt es in allen Parteien, die, wenn sie ehrlich beurteilen, was sie 1917 und 1918 getan und gesagt haben, ihr „mea culpa" sprechen müssen. Viele Schuldige, *aber doch wohl nur wenig moralische Schuld.* Wohl [//228//] Schuld der Unzulänglichkeit, die vergaß, daß kritisieren viel leichter ist als besser machen; wohl Schuld des Ehrgeizes, der den eigenen Aufstieg zu Macht und Einfluß für einen Aufstieg des Volkes hielt; wohl Schuld ungeregelten Eigennutzes, der den eigenen Vorteil oder den Vorteil der Partei mit dem Wohl des Volkes verwechselte. *Aber wenig oder gar keine Schuld der Bosheit,* die bewußt und sehenden Auges das Verderben des Vaterlandes wollte. Mag sein, daß das Gebahren der kleinen Gruppe der echten „Alldeutschen", denen das Deutschtum wie eine Religion, seine Ausbreitung und Herrschaft in der Welt als die Verkündigung eines völkerbeglückenden Evangeliums erscheint, geeignet war, den Vernichtungswillen der Feinde zu stärken; aber jene fehlten nicht durch Mißachtung des deutschen Wesens, sondern durch eine verblendete und mißleitete Liebe zu ihrem Volke. Mag sein, daß der Widerstand der Konservativen gegen Demokratisierung und Parlamentarisierung kurzsichtig war und unklug, da er dem tiefen Sehnen des deutschen Volkes nach Freiheit und Selbstbestimmung alle Berechtigung abzusprechen schien, aber sie wollten doch im Grunde nur nicht in dem Augenblick die Grundmauern und das innere Gefüge des deutschen Hauses einem Umbau unterziehen, wo Sturm und Wasserfluten die Außenwerke erschütterten. Die Friedensresolution von 1917 hat nicht den Erfolg gebracht, den ihre Urheber von ihr erhofften, um dessentwillen die Mehrheit des deutschen Reichstages ihr zugestimmt hat. Ihr Inhalt entsprach gewiß der Gesinnung der großen Mehrheit des deutschen Volkes. Aber ihre Urheber haben sich getäuscht, als sie glaubten, sie werde wirksamen Widerhall finden bei den feindlichen Völkern, obgleich deren Führer unentwegt den Vernichtungskrieg gegen Deutschland predigten; sie haben sich getäuscht, als sie glaubten, die aufkeimende Unzufriedenheit und das beginnende Mißtrauen im eigenen Volke damit beschwichtigen zu können; faktisch hat die Friedensresolution, wenigstens sicher der Kampf um sie und seine Begleiterscheinungen die Siegeshoffnung unserer Feinde nicht erschüttert, [//229//] den inneren Zwiespalt verschärft und vertieft und dem Umsturz den Weg bereitet. Irren ist menschlich und den Irrtum eingestehen keine Schande, sondern der Beweis wahrer Seelengröße. Aber unendlich erbärmlich ist es, das, was die Folge als Irrtum und Schaden erwiesen hat, eigensinnig zu verteidigen und als Großtat erlesener Staatsweisheit zu preisen. Mag sein, daß die Friedensresolution Erfolg gehabt, wenigstens nicht schädlich gewirkt hätte, wenn ihre Gegner alle Bedenken gegen Form und Zeitpunkt zurückgestellt und in weiser Selbstverleugnung ihre unvermeidliche Annahme zu einer einstimmigen Kundgebung des tatsächlichen Friedenswillens des deutschen Volkes gemacht hätten. Wer kann das heute entscheiden? Der darum entbrannte Streit ist ebenso traurig wie beschämend. Man sollte ruhig und ehrlich beiderseits eingestehen, daß der innere Kampf tatsächlich zum Unglück Deutschlands beigetragen, der Katastrophe den Weg geebnet hat, *aber auch gegenseitig sich den redlichen, wenn auch vielleicht irregeleiteten Willen zugestehen,* für das Wohl des deutschen Volkes nach bestem Wissen einzutreten.

Solch *redlicher Wille ist auch jetzt auf vielen Seiten vorhanden.* Das Ausräumen des bitteren Streites über Vergangenes, nicht mehr zu Änderndes könnte uns zu fruchtbarem Schaffen am Werke des Neubaus zusammenführen. Soll dieser aber zu einer Gesundung der tief kranken Volksseele, zu einem Wiedererstarken der fast erstorbenen moralischen Kräfte, die schließlich einzig den dauernden Zusammenhalt und das Gedeihen eines Volkskörpers verbürgen, führen, so heißt das Gebot der Stunde, dem guten Willen *die rechten Bahnen zu weisen, ihn vor der Wiederholung alter verhängnisvoller Irrwege zu bewahren.*

Wir haben in kurzem Überblick die letzte Wegstrecke zur Revolution und zum Zusammenbruch betrachtet. Wir glauben zu sehen, daß Regierung und Volksvertretung, geborene und gewählte Führer des Volkes, die öffentliche Meinung, [//230//] wie die Presse, meist ohne es zu wollen und zu erkennen, auf diesem Wege Fehler begangen haben, die den Eintritt der Katastrophe schließlich herbeigeführt haben. Und doch glauben wir die Frage noch einmal stellen zu müssen: Wo liegt die Schuld? All das Gesagte scheint uns die Frage noch nicht zu lösen: Wie kam es, daß das deutsche Volk widerstandslos die Revolution hinnahm, sich so schnell mit dem Umsturz der gesammten Staatsordnung, unter der es doch unleugbar zu bedeutender Kraft, zu blühendem Wohlstand herangereift war, abfand; daß kaum eine Anhänglichkeit an die alte Gesellschaftsordnung sich zeigt, daß kaum irgend jemand die Zustände der äußerlich so blühenden Vorkriegszeit wiederherstellen möchte? Hat wirklich erst der Krieg die Staatsverdrossenheit erzeugt, hat wirklich unser Volk in fabelhafter Gedächtnisschwäche über den Leiden der letzten vier Jahre das allgemeine Glück, die allen berechtigten Wünschen entsprechenden öffentlichen Verhältnisse des jetzt zerstörten Bismarckschen Reichsbaues vergessen?

Oder war vielleicht dieser äußerlich machtvolle Bau schon innerlich morsch, waren die Fundamente zu schwach, so daß nur ein glänzender Schein den heimlichen Mauerfraß und die Risse verhüllte? Wenn das so wäre, ließe sich Vieles erklären, die Leichtigkeit des Sieges der Revolution, die allgemeine Gleichgültigkeit gegen den Sturz aus der nur künstlich hochgeschraubten Weltstellung, der erstaunliche Mangel an Widerstandskraft in dem dann nur mechanisch zusammengefügten, nicht organisch in sich verwachsenen Bau. In der Tat: die Revolution und ihre letzten Vorboten, der innere Kampf haben diese Stimmung nicht geschaffen, sondern nur gefördert und ans Licht, schließlich zum grundstürzenden Ausbruch gebracht. *Sie war schon lange da, diese Krankheit des deutschen Volkskörpers*, eigentlich schon ein Geburtsfehler, der dem neuen deutschen Reich seit seiner ersten Stunde anhaftete, der seine gesunde Entwicklung hinderte, der, nie überwunden, zum Tode führte, als der vierjährige [//231//] Weltkrieg das äußere Gefüge in blutigen Wunden zerfetzte. *Mit dieser Erkenntnis glauben wir in den tiefsten Quellbrunnen der „nationalen Schuld" zu sehen, glauben wir aber auch das Heilmittel für die Zukunft zu erblicken*, frohe Hoffnung schöpfen zu dürfen für die Gesundung unseres Volkes und für neue Blüte unseres geliebten deutschen Vaterlandes. – Wir wollen nicht die Vergangenheit anklagen, aber wir *wollen aus der Geschichte lernen*, die Fehler zu meiden, deren traurige Folgen uns heute umdüstern, die Hemmungen zu beseitigen, mit denen eine kurzsichtige Staatsweisheit unser Volksleben einschnürte, die Keime eines gesunden organischen Lebens des deutschen Volkes nach seiner natürlichen Anlage, nach seinen berechtigtsten Bedürfnissen vorurteilsfrei aufsuchen, liebevoll pflegen, sorgsam entwickeln, – und dann das Wachstum und Gedeihen vertrauensvoll von Gottes Güte erwarten. „Er hat ja Alles erschaffen, daß es *lebe*; und *heilbar gemacht die Nationen des Erdkreises*" (Sap. 1, 14).

Wir wollen von der Quelle der Springflut reden, die unser Haus weggespült hat samt seinen Fundamenten, und von Einzelerscheinungen und verderblichen Konsequenzen nur, soweit die Illustration des Gesagten es erfordert. Wir wollen nur auf die Keime und Wurzeln neuen gesunden Lebens hinweisen, und für die Pflege und Entwicklung derselben auf die Einsicht der Beteiligten, auf den guten Willen derer vertrauen, denen die Vorsehung heute die Leitung des Ganzen, die Pflege des öffentlichen Wohles anvertraut hat.

[Teil II] [//293//] In einer Rede im August 1918 zu Köln konstatierte der jetzige preußische Wohlfahrtsminister Gewerkschaftssekretär Adam

Stegerwald: *Den „breiten Volksschichten fehlt das innere Zuneigeverhältnis zum Staate. Daran zu arbeiten, es herzustellen ist das Gebot der Stunde"*, und stellte die Forderung auf: „Es soll ein angemessenes Verhältnis zwischen Staat und Volk mit all seinen politischen Auswirkungen herzustellen versucht werden". Wenn das so ist, wenn die breiten Volksschichten sich nicht Eines fühlen mit dem Staat, wenn sie zum Staat keine Zuneigung, vielleicht sogar Abneigung gegen ihn haben, dann ist es nicht zu verwundern, daß sie dem Sturz dieses Staatswesens gleichgültig zuschauen, vielleicht selbst mit Hand anlegen zu seiner Zerstörung, keinen Finger rühren, um es in der alten Form wieder aufzurichten.

Und es ist so: Preußen-Deutschland hat es nicht verstanden, die innere Zuneigung seiner Staatsangehörigen zu erwerben; statt des natürlichen Verhältnisses, daß Volk und Staat sich Eines fühlen, stand das deutsche Volk dem Staate fast wie einem fremden Machthaber gleichgiltig, ja oft feindselig gegenüber. Wir glauben nicht, daß diese heute allgemein anerkannte Tatsache aus Einzelerscheinungen allein zu erklären ist: nicht aus der längst als unabänderlich hingenommenen Säkularisation und Besitznahme der alten geistlichen Fürstentümer Norddeutschlands, nicht aus dem Bruderkrieg von 1866 mit seinen Annektionen deutscher Staaten, nicht aus dem Kulturkampf und der fortgesetzten mißtrauischen [//294//] Haltung gegen den katholischen Volksteil, nicht aus dem Ungeschick in der Auswahl der höheren Verwaltungsbeamten, nicht aus dem manchmal brutalen Mißbrauch, der mit der an sich notwendigen eisernen Disziplin im Heere, besonders in der Kriegszeit, vorgekommen sein mag. All dieses und was man an Einzelheiten zur Begründung der Staatsverdrossenheit hinzufügen mag, scheint uns nicht die Quelle des Übels, sondern bereits seine Auswirkung und Konsequenz zu sein. *Der Fehler liegt u.E. tiefer, liegt in der Grundidee des preußischen Staates, die 1871 auch zur Grundlage des neuen deutschen Reiches gemacht wurde.*

Preußen ist groß geworden in der Zeit des staatlichen Absolutismus. Wenn das „l'état c'est moi" des vierzehnten Ludwig auch hier gemildert wurde durch das schöne friederizianische Wort: „Der König ist der erste Diener des Staates", so war und blieb doch der Grundgedanke des Absolutismus von der Allgewalt der Regierung im preußischen Staate wie in keinem anderen lebendig und wirksam, nur daß im 19. Jahrhundert an die Stelle des persönlichen Königs unter dem Einfluß der Hegelschen Philosophie der unpersönliche Staat trat. Vor dem Staat, neben dem vom Staate Verliehenen, gibt es kein Recht. Der Staat ist alles, der Einzelmensch ist nichts; er hat keine Freiheit, kein Recht, keine Selbstbestimmung, *außer jener, die ihm der Staat verleiht; der Staat ist die einzige Quelle des Rechts.* Der Staatsbürger darf in keinem Hause wohnen, das nicht der Staat durch die Wohnungspolizei freigegeben hat, er darf keine Familie gründen, wenn nicht der Staat auf dem Standesamt es gutgeheißen und registriert hat, er darf keinem Verein angehören, den nicht der Staat als unschädlich anerkannt hat; er darf seine Kinder nicht in eine Schule schicken, in der nicht staatlich abgestempelte Weisheit verzapft wird; er darf keiner religiösen Genossenschaft sich anschließen, deren Niederlassung nicht zwei Staatsminister bis auf Widerruf gestattet haben u.s.w. Gewiß, [//295//] das widerwärtige Bild, daß der absolute König selbstsüchtig nur für sich, rücksichtslos zum Schaden der Untertanen seine Macht mißbrauchte, ist dem preußischen Staat dank der Pflichttreue und idealen Gesinnung seiner Herrscher durchweg erspart geblieben. Auch der absolute Staat hat im allgemeinen seine unumschränkte Macht nicht zum Schaden, sondern vielfach zum Nutzen der Staatsbürger gebraucht. Ein pflichttreues Beamtentum, unbestechlich wie keines in der Welt, hat sich redlich bemüht, für alle als berechtigt erkannten Bedürfnisse der Staatsbürger zu sorgen. Aber eben auch diese gutgemeinte allgemeine Fürsorge des Staates, für Jeden und für Jedes, dieses Denken für Jeden, Wachen über Jeden, *diese beständige Vormundschaft des Staates, das ist es vor Allem, was ihm seine Angehörigen entfremdet hat*, was bewirkte, daß der selbstbewußte Mensch sich immer in seiner natürlichen Freiheit vom Staate bedrängt und bedroht fühlte, daß er das Gute, was er vom Staate empfing, mit Mißtrauen aufnahm, weil es ihm als Gnadengeschenk bewilligt und so auch wieder entzogen werden konnte. So war es im absoluten Staat des 18. Jahrhunderts, so war es im bürokratischen Polizeistaat der folgenden Zeit, *so blieb es auch im sogenannten konstitutionellen Staat der letzten Jahrzehnte*. Der sogenannte Liberalismus hat dieses Erbstück preußischer Staatsidee treulich übernommen, sorgsam gehütet, und *dem neuen deutschen Reiche als Pfropfreis vom preußischen Stamme allsogleich eingepflanzt*, nur daß jetzt nicht mehr eine allmächtige Beamtenschaft allein das Denken, Fühlen und Wollen statt des beschränkten Untertans besorgte, nach Willkür Freiheit gewährte und beschränkte, natürliche Rechte wie Gnaden austeilte und entzog, *sondern eine allmächtige Mehrheit von Volksvertretern. Der Absolutismus blieb; die Idee vom omnipotenten Staat,* der mit unbeschränkter Macht dem Einzelbürger und seinen natürlichen Vereinigungen und Verbänden freundlich fördernd oder feindlich beschränkend gegenübersteht, dem keine [//296//] Freiheit heilig, dem kein wohlerworbenes Recht unantastbar ist, *wurde sogar in das Programm des angeblich volksbefreienden Sozialismus mit hinübergenommen. Er schickt sich an, es auf den Trümmern Preußen-Deutschlands zu verwirklichen* mit „Einheitsstaat" und „Einheitsschule", „Einheitssteuern" und „Einheitsarbeitstag". Wenn es nach ihm ginge, hätten wir bald auch die „Einheitsreligion" und den „Einheitsarbeitgeber und Brotherrn" für alle, den allmächtigen Staat, der mit der Freiheit und dem Recht der Einzelnen schaltet und waltet, wie er will und die zufällig herrschende Mehrheit es befiehlt. Dann fehlt nur noch die Einheitskost und die Einheitskleidung, *und das deutsche Haus ist ein Zuchthaus, mag auch über dem Dache als falsche Flagge die Fahne der Freiheit wehen!*

Ist es zu verwundern, daß der freie Mann, der selbstbewußte Bürger einem solchen unbeschränkten und unberechenbaren Gewalthaber mit dem tiefsten Mißtrauen gegenübersteht? Daß er sein Wohlwollen beängstigend und seine Geschenke verdächtig findet? Daß er in steter Besorgnis um seine ungeschützte Freiheit, um sein gegen Staatseingriffe unverbürgtes Recht *keine Zuneigung fassen kann zu dem Staate, in dem er nur am Wahltag ein wenig Subjekt, sonst immer nur Objekt der politischen Tätigkeit ist?* Wenn es so war (und es war so), dann ist's nicht zu verwundern, daß den „breiten Volksschichten das innere Zuneigeverhältnis zum Staate" fehlte; daß sie teilnahmlos seinem Sturze zusahen, daß sie keine Hand rühren, um diesen steten Bedroher der Freiheit und des Rechtes wieder aufzurichten. Da liegt der Kernpunkt der nationalen Schuld, das ist die Krankheit, an der unser deutsches Reich trotz äußeren Glanzes dahinsiechte und zu Grunde ging.

Wir stehen vor dem Neubau. Soll dieses Erbstück aus der Zeit des deutschen Absolutismus, was sage ich, *diese Antiquität aus der Zeit des römischen Sklavenstaates,* [//297//] die humanistische Gelehrte der Renaissancezeit zum *Verderben der deutschen freiheitlichen Staatsordnung* ausgegraben und zu Nutz und Frommen selbstsüchtiger Fürsten in

Umlauf gesetzt haben, *soll die Idee vom allmächtigen, allsorgenden Staat wieder ins Fundament des deutschen Hauses eingesenkt, und so der Krebsschaden, der den Bismarck'schen Prachtbau vernichtete, fast als einziges altes I[n]ventarstück beibehalten werden? Soll wieder der allgewaltige Staat als übermächtiger Fremdling dem vereinzelten Bürger gegenüberstehen,* der seinen Wohltaten mißtraut und seine Gewalttaten in ohnmächtigem Groll hinnimmt? Bis wieder ein äußerer Sturm das künstlich geschichtete Bauwerk erschüttert und die Sehnsucht nach Freiheit das Gefüge von innen heraus sprengt und alles mühsam Geschaffene in Trümmer legt?

Wir haben es erlebt und mitangesehen. Wir haben erfahren, wie recht Stegerwald hatte, als er die Aufgabe, ein angemessenes Verhältnis zwischen Staat und Volk herzustellen, das Gebot der Stunde nannte. Jetzt ist die vielleicht für lange Zeit entscheidende Stunde. *Jetzt heißt es, der echten Freiheit eine Gasse bahnen, sie, die lange verkannte, mißachtete, in ihr Gegenteil verzerrte, aus Schutt und Trümmern zum Licht führen.*

Man hat versucht die Kluft zwischen Volk und Staat durch das gleiche Wahlrecht zu den gesetzgebenden Körperschaften zu überbrücken. Man glaubte, durch möglichste Ausdehnung des Wahlrechts dem Einzelnen das Bewußtsein der Teilnahme an der Gestaltung des Staatslebens, der Mitverantwortung für die Taten der Staatsgewalt zu geben. Der Versuch ist mißlungen: das deutsche Reich hatte das freieste Wahlrecht der Welt, und dennoch stand Staat und Volk sich fremd, oft feindlich gegenüber. *Allzu schmal ist die Verbindung vom einzelnen zur Staatsgewalt,* wenn er nur alle drei oder fünf Jahre den einzigen Akt [//298//] der Teilnahme an derselben ausüben kann durch Bezeichnung eines Vertreters, dem er dann die Ausübung des Mandats unter eigener Verantwortung überlassen muß; geradezu wirkungslos ist dieser Versuch die Verbindung herzustellen, wenn der Erwählte nicht die Mehrheit der Wahlstimmen erhält, wenn er in Ausübung des Mandats überstimmt wird.

Mag man immerhin den Versuch fortsetzen und einem nach neuzeitlich verbesserten Kopfzahlwahlrecht gewähltem Gesamtparlament (Verhältniswahl) die Teilnahme an der Staatsgewalt, das Mitbestimmungsrecht *für bestimmte* alle deutschen Länder, Stämme, Verbände und Bürger gleichmäßig betreffende *Gesetzgebungsgebiete einräumen. Aber man hüte sich, die gesamten Rechte und Freiheiten der Bürger* seiner

Willkür auszuliefern, von seiner Bewilligung abhängig zu machen. Der schlimmste Despotismus ist der Despotismus der Menge. Mag sich ein Volk vielleicht eine Zeitlang die Gewaltherrschaft eines überragenden Kopfes, eines imponierenden Genies gefallen lassen: die Tyrannei Gleichgestellter, die Vergewaltigung von Recht und Freiheit durch die rohe Kraft, durch eine blinde, vielleicht von selbstsüchtigen Demagogen irregeführte Mehrheit ist schier nicht zu ertragen, führt zum Kampf aller gegen alle und zu blutiger Selbstzerfleischung.

Auch dem Parlament gegenüber gilt es der Freiheit eine Gasse bahnen, wenn anders die dauernde Verbindung zwischen Staat und Volk hergestellt werden soll.

Wir fordern daher nicht Gewährung der Freiheit, soweit es der Staatsgewalt beliebt, sondern Anerkennung der Freiheit, als einer allen Menschen verliehenen Gottesgabe, soweit nicht Gottes Gesetz und das Wohl der Gesamtheit oder wohlerworbene Rechte anderer eine Einschränkung fordern. In diesem Sinne fordern wir Freiheit des Individuums, nicht nur sich zu betätigen; sondern auch sich frei zu binden und mit andern zu verbinden. [//299//]

Wir fordern Freiheit der religiösen Überzeugung und Betätigung, Freiheit der Kirche und ihrer Organe, Einrichtungen und Verbände.

Wir fordern Freiheit der Familie zu ihrem gottgewollten Eigenleben: der allmächtige Staat hatte es gewagt, in ihr Heiligtum einzudringen, Ehen zu verbinden und zu lösen, die Erziehung und den Unterricht der Kinder in seine fürsorgliche Hand zu nehmen. Der klassische Sozialismus will die Freiheit zur lebenslänglichen Ehe ganz aufheben, die Kinder den Eltern entreißen, um sie wie von Sklaven geborene Sklaven sich ganz anzueignen. Mag der Staat immerhin die geschlossenen Ehen registrieren, eine Mindestausbildung für seine heranwachsenden Bürger verlangen: *aber an diesen Grenzen muß er Halt machen und die Freiheit der Familie, der Eltern respektieren.*

Wir fordern Freiheit der Gemeinde, als der ersten natürlichen Gemeinschaft der durch den gleichen Wohnort vereinten Familien; Freiheit, ihre eigenen Angelegenheiten unter Berücksichtigung des Gesamtwohles zu ordnen, ihre besonderen Interessen und die Interessen ihrer Glieder wahrzunehmen; *Freiheit nicht nur sich zu betätigen, sondern auch sich zu schützen gegen unwillkommene Elemente,* die an der Wohltat des gemeinsamen Wohnorts teilnehmen wollen, aber durch ihre Person oder ihre Beschäftigung das wahre Wohl der Gemeinde bedrohen. Der Liberalismus hat dieses natürliche Recht, diese Freiheit der Gemeinde mißkannt und vernichtet, indem er mit der allgemeinen Freizügigkeit die Gemeinde wehrlos machte gegen das unberechtigte Eindringen einzelner Schädlinge und ganzer Betriebe, die den geschichtlichen Aufbau der Gemeinde sprengten und ihr Lasten aufbürdeten, denen sie nicht gewachsen ist. *Ein typisches Beispiel, wie unter dem Deckmantel der Freiheit die wahre Freiheit vernichtet [//300//] wurde.* Da gilt es jetzt der echten Freiheit eine Gasse bahnen!

Wir fordern Freiheit für die natürlichen weiteren Verbände, für die Kreise und Provinzen, besser gesagt, für die verschiedenen deutschen Stämme und Länder. Trotz jahrelangen Bemühens des allmächtigen Staates, der für alle denkt, alle leitet, und darum von einem Punkte aus die, wie er sich einbildet, gleichmäßige Masse seiner beschränkten Untertanen, wie die Figuren eines Brettspiels, wie eine Kompagnie Soldaten dirigieren möchte, hat sich die Eigenart und Verschiedenheit der deutschen Länder und Stämme bis heute erhalten. Und unser Volk liebt seine ererbten Rechtsgewohnheiten und Eigentümlichkeiten, seine engere Heimat mit ihren geschichtlichen Erinnerungen und Gebräuchen. *In dieser Liebe wurzelt seine Liebe zum ganzen deutschen Vaterland,* das nur in der heimatlichen Ausprägung für es Gestalt gewinnt. Wer die Freiheit, sie festzuhalten und zu pflegen, das Recht nach den ererbten Rechtsgewohnheiten zu leben, nach ihnen das Gemeinschaftsleben einzurichten, antastet, „verletzt und empört das deutsche Wesen in seiner innersten und berechtigtsten Natur", denn er will die Wurzeln der Vaterlandsliebe aus dem Herzen des Volkes reißen. Das hat der allmächtige Staat, auch in seiner konstitutionellen Form, gar oft getan. Das möchte der sozialistische Absolutismus jetzt bis in die letzten Konsequenzen durchführen. Die Gelegenheit scheint ja günstig: Jetzt, nachdem durch die Abdankung der deutschen Fürsten die Grenzen der deutschen Länder, wie sie, freilich oft unnatürlich genug, dynastische Willkür aus dem Wiener Kongreß gezogen hatte, verwischt sind, *möchte er am liebsten den deutschen „Einheitsstaat" errichten,* in dem alle Sonderrechte und geschichtlichen Erinnerungen ausgemerzt sind, den man nach geraden Linien, die man im Quadrat über die Karte von Deutschland zieht, einteilt und nach Nummern unterscheidet. Dann hat er es leicht, an einem Punkte, von Berlin aus, für alle zu denken, die atomisierte Masse der Untertanen [//301//] nach Willkür zu leiten, die Vereinzelten vom Heimatboden losgelöst, den natürlichen Rechtsverbänden entrissen, wie Schachfiguren hin und her zu schieben. Kann man sich wundern, daß das freie deutsche Volk, vielleicht des Grundes sich nicht bewußt, solchen Bestrebungen ablehnend, ja feindlich gegenüber steht? daß es zu dem Staate, der solches erstrebte und erstrebt, keine Zuneigung fassen, sich nicht mit ihm Eines fühlen kann? *Heut ertönt laut durch alle deutschen Gaue der Ruf: „Los von Berlin!" Hier sehen wir seinen Grund und seinen berechtigten Kern.* Nicht Reichsverräter erheben ihn und Feinde eines einigen deutschen Vaterlandes, sondern die Edelsten und Besten des Volkes, die begeistert die deutsche Einheit lieben und gerade um die Einheit zu erhalten und zu stärken, sie auf ihrer wahren Grundlage, der Liebe zur engeren Heimat, statt auf dem mechanischen Einerlei eines zufällig in denselben Grenzen wohnenden Menschenhaufens aufbauen wollen. Aus Liebe zum ganzen deutschen Vaterlande und um seiner echten Einheit willen *fordern wir also Freiheit für die deutschen Stämme und Länder von der öden Gleichmacherei einer zentralistischen Gewaltherrschaft. Wir fordern für sie freie Selbstverwaltung ihrer eigenen Angelegenheiten. Wir fordern das Recht, die eigenen Gebräuche und bewährten Gewohnheiten durch eigene Gesetze festzulegen und festzuhalten,* soweit nicht das erweisliche Wohl des Gesamtvaterlandes ihr Aufgeben unbedingt fordert. *Wir fordern für sie die Freiheit, die Regierungs- und Verwaltungsbeamten aus dem eigenen Stamm,* aus den bewährtesten Stammesbrüdern selbst zu bestimmen; nur solche können das Volk verstehen, seine Rechte und Beschwerden mitempfinden; nur solche können ihm die Staatsgewalt in solcher Weise nahe bringen und vertreten, daß es diese nicht mehr als fremden Machthaber, sondern als einen Teil seines eigenen Seins betrachtet.

Wir fordern endlich Freiheit und Selbstverwaltung [//302//] *für alle natürlichen Vereinigungen und Verbände der Staatsbürger.* Der allmächtige Staat hat sie in der Zeit des sogenannten Liberalismus zerschlagen und vernichtet. Mag sein, daß die alten Innungen und Zünfte, die alte ständische Gliederung des deutschen Volkes veraltet und verknöchert und in der bestehenden Form nicht mehr zeitgemäß waren. Aber die Freiheit der sozialen Bindung und Gliederung abschaffen, den Einzelmenschen losgelöst von seinen Standes- und Berufsgenossen, „dem freien Spiel der Kräfte" d. h. der Vergewaltigung durch den Stärkeren überlassen, der rücksichtslosen Allgewalt des bürokratischen oder konstitutionellen Staates preisgeben, das konnte nur verstiegener Doktrinarismus als Freiheit preisen. Der gesunde Sinn des deutschen Volkes, die zwingende Logik der natürlichen Entwicklung haben den Fehler schon teilweise korrigiert. In *allen Ständen* und *Berufen regt sich der Drang nach sozialer Verbindung und gemeinsamer Behandlung und Vertretung der gemeinsamen Angelegenheiten.* Und gerade der durch den sogen. Liberalismus am meisten geschädigte, weil atomisierte·und der Willkür des materiell Stärkeren schutzlos preisgegebene Stand der besitzlosen Lohnarbeiter hat sich sein Recht auf freien Zusammenschluß und organisierte Betätigung trotz vielfacher Hemmungen und des Mißtrauens der Staatsgewalt am ehesten erkämpft und am erfolgreichsten verwirklicht. Heute hat er seine Angehörigen fast ausnahmslos in großen standesbewußten Verbänden zusammengeschlossen und steht mächtig, fast übermächtig den anderen Ständen, dem Staate gegenüber. Heute verlangt er schon nicht nur das Recht und die Freiheit, seine eigenen Angelegenheiten zu ordnen, sondern er strebt nach politischer Macht, nach bestimmendem Einfluß auf das ganze Staatsleben; *er will die Einheit mit dem Staat verwirklichen, indem er die gesamte Staatsgewalt an sich reißt.* Das ist der Sinn des Rufes nach der „Diktatur des Proletariats", der tiefere Grund des Verlangens: „Alle Macht den Arbeiterräten". Gewiß[,] kein einsichtiger Volksfreund [//303//] kann die ungerechte Einseitigkeit dieses Verlangens verkennen, auf den schärfsten Widerstand gegen die Errichtung solcher Gewaltherrschaft verzichten. Aber auf *sicherem Boden kämpft* gegen solch unbilliges Fordern *nur der, der prinzipiell und konsequent gegen jede Gewaltherrschaft, gegen die ganze Idee des omnipotenten Staates Stellung nimmt.* Der jedem Stand die Freiheit der·Organisation zur Ordnung der eigenen Angelegenheiten einräumt, aber auch das Recht der öffentlichen Vertretung und geordneten Einflußnahme auf·das Staatsganze. Der „Rätegedanke" ist in der russischen Form einer einseitigen Gewaltherrschaft der besitzlosen Volksschichten sicher zu verwerfen und im Interesse des Volksganzen im Dienste wahrer Freiheit aufs schärfste zu bekämpfen. *Aber sein berechtigter Kern, daß der Staatsbürger berufen ist,* nicht nur am Wahltage höchst unvollkommen und vorübergehend, sondern *durch seine ständische Organisation dauernd bestimmenden Einfluß auf das gesamte Staatsleben auszuüben, sollte freudig begrüßt, sorgsam und allseitig entwickelt und zu einem Fundamentstein des neuen deutschen Reichsbaues gemacht werden.* Wir fordern also Freiheit für die ständischen und beruflichen Verbände und Vereinigungen der Staatsbürger; nicht nur Freiheit zur Selbstverwaltung und Pflege ihrer inneren Angelegenheiten, sondern auch Freiheit, ihre berechtigten Interessen den andern Ständen und dem Staate gegenüber wirksam zu vertreten; ja Freiheit, direkt auf die Ausgestaltung und Leitung des gesamten Staatslebens mitbestimmenden Einfluß auszuüben. Das Wie mag weiterer Überlegung der dazu Berufenen überlassen bleiben, auch die Gestaltung der alles überragenden Spitze, die die Einheit verbürgt und den Ausgleich der Interessen. Wir denken, sie muß sich als Krönung des organischen Aufbaus und aus ihm erwachsend fast von selbst ergeben.

Wenn diese natürlichen Rechte und Freiheiten [//304//] *des Individuums, der Familie, der Gemeinde, der deutschen Stämme, der Berufsstände* in der deutschen Staatsverfassung *anerkannt und verbürgt,* im deutschen Staatsleben rückhaltlos und ehrlich mit allen Konsequenzen *verwirklicht würden,* wie ganz anders würde dann in Zukunft der deutsche Bürger dem Staate gegenüberstehen, als es bisher der Fall war. Bisher ein vom Allvater Staat mit bescheidenen Rechten und Vollmachten ausgestattetes Wesen, das den Besitz und Gebrauch derselben durch Wohlverhalten sich erkaufen soll, behandelt bald wie ein unmündiges Kind, dem man fürsorglich Messer und Feuerzeug fortnimmt, bald wie ein verdächtiges Subjekt, dem man das Schlimmste zutrauen kann, jedenfalls *ohne eigenes Recht und eigene Freiheit, sondern in allem abhängig von einer ihm innerlich fremden absoluten Macht,* mag sie nun monarchischer, bürokratischer, konstitutioneller oder sozialistischer Staat heißen, seine politischen Rechte beschränkt auf die magere Bettelsuppe einer fast einflußlosen Wahlstimme, aus deren mechanischer Summierung sich der fremde Gewalthaber Staat von Zeit zu Zeit neu erzeugt. – Diese Unfreiheit wurde nicht immer klar empfunden, aber auch goldene Ketten drücken. Und dann: *ein freier Mann* mit weitem gesicherten Spielraum für die Betätigung seiner Kräfte, im festverbürgten Besitz *ererbter und erworbener Rechte,* ausgestattet mit der Befugnis und Pflicht, nicht nur im flüchtigen Wahlakt sondern in der *dauernden aktiven Teilnahme am öffentlichen Leben* der Gemeinde, des Kreises, des Heimatlandes, des Gesamtstaates das Wohl des ganzen Volkes zu fördern, mit dem wohlbegründeten Bewußtsein, *als Glied des organischen Aufbaues der Staatsgewalt an dieser selbst teilzunehmen,* und wiederum in und durch seine Berufsorganisation in Gesetzgebung und Verwaltung Einfluß auszuüben: Dann wird das „angemessene Verhältnis zwischen Staat und Volk mit all seinen [//305//] *politischen Auswirkungen",* das Stegerwald forderte, hergestellt sein; *dann ein inniges Zuneigeverhältnis die breiten Volksschichten mit dem Staate verbinden.* Dann wird das Volk das Wohl des Staates als sein eigenes Wohl empfinden und erstreben, dann wird es nie mehr wie heute dem Unglück des Staates teilnahmslos zusehen. Dann wird ein Zusammenbruch des Staates, wie wir ihn heute erleben, aus eigener Schuld durch Versagen des eigenen Volkes niemals wieder zu befürchten sein.

Wo liegt die Schuld? Viele Angeklagte haben wir gesehen und viele vielleicht Mitschuldige. Aber der eigentlich Schuldige ist nicht unser im Grunde so braves, pflichttreues deutsches Volk. Wirklich Schuldige finden wir nur wenige unter den deutschen Männern. *Der wirklich Schuldige,* der uns ins Verderben stürzte, der den Haß des Volkes verdient und ewige Landesverweisung, *ist ein Fremdling und Eindringling auf deutschem Boden,* der seit Jahrhunderten das deutsche Staatsleben verfälschte und vergiftete, *der sich wie ein schleichendes Gift auch im Neubau des deutschen Hauses als ungebetener Gast heimisch machen will.* Der wahrhaft Schuldige ist überhaupt nicht ein Wesen von Fleisch und Bein, er ist ein Schemen, eine Idee, ein spukender Geist aus der heidnischen Römerzeit, der seit dem Ausgang des Mittelalters in deutschen Landen umgeht, das lebendige gewachsene deutsche Staats- und Gemeinschaftsleben in starren, toten Mechanismus verwandelnd. *Es ist die Idee vom Staatsgott, vom allgewaltigen, unbeschränkt mächtigen, niemand verpflichteten Staat.*

Deutsches Volk, das ist der Schuldige an deinem Unglück und deiner Schmach, das ist der Feind deiner Freiheit, deiner Ehre, deines künftigen Aufstiegs und Glückes! Schlag ihn tot!

XIII.
Die „Pest des Laizismus" und ihre Erscheinungsformen

Erwägungen und Besorgnisse
eines Seelsorgers über die religiös-sittliche Lage
der deutschen Katholiken[1]

Von Graf Clemens von Galen
Pfarrer in Münster
(1932)

„Viele katholische verantwortliche Stellen sahen und sehen immer noch nicht, daß man solche Erscheinungsformen nicht hinnehmen kann, ohne zugleich den hinter ihnen stehenden Grundsätzen zum Siege zu verhelfen."
(Kardinal Erzbischof Schulte von Köln)

Vorwort

Mit einem gewissen Zagen übergebe ich die nachstehenden Ausführungen der Öffentlichkeit. Nicht das ist mein Bedenken, daß ich mich etwa scheue, meine Ansichten über unsere religiös-sittliche Lage in der Gegenwart öffentlich auszusprechen und der Kritik auszusetzen: durch Gottes Gnade Priester geworden und seit mehr als 25 Jahren mit den Aufgaben eines Seelsorgers, früher in der Reichshauptstadt Berlin, jetzt in einer katholischen Provinzstadt betraut, ist es meine Pflicht, immer

---

[1] Textquelle | GALEN 1932 = Graf Clemens von Galen (Pfarrer in Münster): Die „Pest des Laizismus" und ihre Erscheinungsformen. Erwägungen und Besorgnisse eines Seelsorgers über die religiös-sittliche Lage der deutschen Katholiken. Münster: Aschendorffsche Verlagsbuchhandlung 1932. – „Imprimatur: Monasterii, die 9 Aprillis 1932 – No. L 728 – Meis, Vicarius Episcopi Generalis". – Sperrtext-Passagen nachfolgend *kursiv*; pb.

wieder von der Kanzel aus nicht nur die geoffenbarte Wahrheit zu verkünden, sondern auch ihre Bedeutung und ihre Forderungen für die jetzige Zeitlage öffentlich zu besprechen, und damit auch diese meine persönlichen Schlußfolgerungen der Zustimmung oder dem Widerspruch der Öffentlichkeit preiszugehen. Ein Grund meines Zagens ist vielmehr, daß ich in dieser Schrift den Versuch mache, *Schäden* und *Schwächen* in unserem *eigenen katholischen* Lager aufzudecken und damit der Öffentlichkeit, auch den Gegnern des Christentums bekanntzumachen. Es ist schmerzlich, öffentlich von Tatsachen und Vorgängen zu sprechen, die uns selbst, die meinen eigenen katholischen Glaubensbrüdern und Kampfgenossen nicht zur Ehre gereichen; die nicht nur dem Freunde, sondern auch dem Gegner die Stellen bezeichnen, wo *unsere Front* zur Verteidigung und Ausbreitung der uns durch Gottes Gnade anvertrauten Heilsgüter schlecht bewacht, geschwächt, vielleicht sogar schon brüchig erscheint, wo vielleicht sogar schon der Feind und seine widerchristlichen Ideen „unter dem falschen Schein des Wahren und Guten" in *unser Lager* eingedrungen sind und Fuß gefaßt haben. – Trotzdem habe ich mich zur Veröffentlichung entschlossen. Ich sehe kein anderes Mittel, um diese Gefahrenpunkte und Schwächen unserer Schlachtreihe, die nach meiner Überzeugung „zu baldigen Katastrophen" führen werden, wenn nicht „radikale Umkehr in letzter Stunde Rettung" bringt, den katholischen Kampfgenossen und Volksgenossen als *Seelsorger* in aller Liebe zu zeigen, mit der innigen *Bitte*, die Reihen zu schließen und in energischer Abwehr aller den katholischen Grundsätzen feindlichen Ideen, die geschwächten Punkte unserer Kampffront mit frischem Mute neu zu besetzen und die Vorposten der unchristlichen Ideen, die etwa schon in unsere Reihen eingebrochen sind, in „klarer Einsicht" der drohenden Gefahr, ohne Säumen zurückzudrängen.

„*In aller Liebe*" möchte ich sprechen. Und da muß ich ein zweites Bedenken unterdrücken, das mich hindern könnte, die nachstehenden Ausführungen der Öffentlichkeit zu übergehen. Es kann sein, daß katholische Freunde und Kampfgenossen den Eindruck erhalten, als wolle ich sie und ihr Tun als minderwertig und schwächlich gegenüber den Angriffen unserer gemeinsamen Gegner brandmarken; als wolle ich Vorwürfe und Anklagen gegen sie erheben wegen mangelnder

Wachsamkeit und ungenügender Gegenwehr bei den Vorstößen und Einbrüchen unchristlicher Ideen. Ich bitte, mir zu glauben, daß ich *niemand persönlich* angreifen, anklagen oder gar verurteilen will. Der eigenen Kurzsichtigkeit und Schwäche mir wohl bewußt, glaube ich, daß, wenn und wo auf unserer Seite gefehlt wurde, begreiflicher, durch den „falschen Schein des Wahren und Guten" herbeigeführter Irrtum und menschliche Schwäche, nicht leichtfertiges oder absichtliches Übersehen der Gefahr, oder gar bewußtes Streben nach verderblichen Zielen die Schuld tragen. Ich bitte daher herzlich alle jene deutschen Katholiken, die in den nachstehenden Ausführungen gewisse Anschauungen und Bestrebungen kritisiert finden, die sie selbst gehegt und gefördert haben, in mir nicht einen *persönlichen* Gegner oder Ankläger zu sehen, sondern *in Ruhe* aufmerksam zu *prüfen*, ob meine Darlegungen und Schlußfolgerungen den Tatsachen entsprechen und darum beachtlich sind.

Ich kann in voller Ehrlichkeit hinzufügen, daß mir *nichts Lieberes* geschehen könnte, als wenn der *überzeugende Gegenbeweis* erbracht würde, daß die Zusammenhänge, die ich zu sehen glaube, nicht bestehen, daß die Besorgnisse, die ich wegen des Vordringens feindlicher Ideen in die Anschauungen der Katholiken hege, unbegründet sind, daß also von dieser Seite *keine Gefahr* einer Katastrophe droht.

Katholische Freunde, die imstande sind, diesen *Gegenbeweis* zu führen, die also mit besserer Einsicht, wie ich sie habe, die religiös-sittliche Lage der Gegenwart übersehen und die Aussichten für die Zukunft beurteilen können, *bitte ich dringend*, nun ihrerseits einmal die Ursachen aufzusuchen und aufzuzeigen, weshalb unsere katholische Front augenscheinlich nicht mehr Terrain erobert, sondern dauernd in die Defensive gedrängt ist, ja tatsächlich an Festigkeit und an Boden *verliert*. Es ist doch in unseren Reihen so viel starkes, lebendiges Christentum: seit mehr als hundert Jahren haben wir Bischöfe, die fast ausnahmslos mit wissenschaftlicher Hochbildung, selbstloser Hirtensorge und unermüdlicher Wachsamkeit ein heiligmäßiges Leben verbinden. Unser Klerus hat eine beachtliche wissenschaftliche Vorbildung in Philosophie und Theologie, ist durchweg seeleneifrig, ist aszetisch so geübt, daß Priesterskandale verhältnismäßig selten sind und jedenfalls nicht geduldet, sondern beseitigt werden. Wir haben die Hilfe des Gebetes und der Arbeit zahlreicher frommer Ordensleute. Unter den Laien haben wir viele Männer und Frauen, die in ihrer Pflichttreue und Frömmigkeit sogar für uns Geistliche Vorbilder sind. Große Scharen von Gläubigen stehen in festem, ja begeistertem Anschluß an das Lehramt und das Hirtenamt der Kirche, sind eifrig in der Benutzung der Gnadenmittel, nehmen es ernst mit der Wertschätzung und Bewahrung der religiösen Heilsgüter; vielleicht ernster, als zu Zeiten, wo man sich in unangefochtenem Besitz alles dessen, was Offenbarung und Erlösung der Menschheit geschenkt haben, kaum mehr des *Gnadenvorzuges* bewußt war, ein Kind der katholischen Kirche zu sein. Äußere Stürme und Verfolgungen, die auch noch im letzten Jahrhundert die Kirche in Deutschland bedrohten, haben die katholische Kampffront nicht erschüttert. Die direkten Angriffe der Staatsgewalt sind abgeschlagen, zurückgedrängt, zur Zeit fast ganz eingestellt. *Und doch*, trotz all dieser erfreulichen Verbesserungen unserer religiösen Lage, gelingt es uns nur in verschwindenden Ausnahmefällen, der Kirche *Fernstehende* zum Anschluß an sie und zum Glück des vollen Besitzes des wahren Glaubens zu führen, wie es doch *einst* die siegende Kraft des sich ausbreitenden Christentums *vermocht hat*. Trotz hingebendster Seelsorgsarbeit vieler Priester und opferbereiter Laienhelfer, *trotz* weitreichender organisierter und freier Liebestätigkeit unter der Leitung der Kirche, trotz vorbildlicher Pflichttreue vieler Katholiken im Familien- und Wirtschaftsleben, *trotz einflußreicher* Mitarbeit bekenntnistreuer Katholiken im kommunalen und politischen Leben wird doch das öffentliche Leben *immer mehr entchristlicht*; sogar in überwiegend katholischen Orten und Gegenden erleiden wir dauernd *Verluste,* indem die Lauen, die Schwachen, die Gestrauchelten (und solche hat es immer gegeben, wird es immer geben) nur zum *allerkleinsten* Teil zur Wärme des Glaubens, zu energisch christlichem Leben, zu beharrlich sittlichem Handeln zurückgeführt, zum größten Teil in das *gegnerische Lager* hinübergezogen werden.

Gewiß, wir müssen Heilige sein, Heilige werden, wenn wir der Hoffnung leben wollen, in absehbarer Zeit das Ziel unserer Sehnsucht, die Wiederherstellung der Einheit des Glaubens in unserem lieben Vaterlande, zu erreichen. All das Gute, das oben angeführt wurde, muß noch mehr bewußt geübt, gepflegt, gefördert werden. Aber gibt es nicht neben ihm vielleicht doch *schwache Stellen* in unserer Kampffront, *unbeachtete* Frontabschnitte, wo, den Beteiligten auf unserer Seite unbewußt, schon ein harmlos *freundschaftlicher Verkehr mit dem Gegner* stattfindet, wo der Böse, „während die Menschen schliefen", Unkrautsamen auf das uns anvertraute Saatfeld ausstreuen konnte, der jetzt unerkannt und „unter dem falschen Schein des Wahren und Guten" anerkannt bereits aufgeht, seine giftigen Früchte bringt und so *unsere Widerstandskraft lähmt, siegreiches Vordringen vereitelt?*

Die nachstehenden Ausführungen sollen dazu anregen, unsere Kampffront wieder einmal zu untersuchen, um *schwache Stellen*, auch unter Aufopferung liebgewordener Anschauungen und Bestrebungen zu *verstärken*; sie sollen den Blick schärfen für etwa *bisher unbeachtetes* Unkraut auf unserem Acker, für heimliches Bröckeln und Mauerfraß in unseren Bollwerken, damit „baldige Katastrophen" vermieden werden. Wenn sie *das* erreichen, haben sie den Zweck erfüllt, den *der Verfasser mit dieser Veröffentlichung beabsichtigt*, selbst wenn die ausgesprochenen Erwägungen und Besorgnisse sich als irrig erweisen sollten.

Münster, den 19. März 1932.

Der Verfasser.

Die „Pest des Laizismus"
und ihre Erscheinungsformen

„Viele katholische verantwortliche Stellen sahen und sehen immer noch nicht, daß man solche Erscheinungsformen nicht hinnehmen kann, ohne zugleich den hinter ihnen stehenden Grundsätzen zum Siege zu verhelfen."
(Kardinal Erzbischof Schulte von Köln.)

Erwägungen und Besorgnisse
eines Seelsorgers über die religiös-sittliche Lage
der deutschen Katholiken

Von

Graf Clemens von Galen
Pfarrer in Münster

Münster i. W. 1932
Verlag der Aschendorffschen Verlagsbuchhandlung, Münster i. W.

DER LAIZISMUS
UND SEINE ERSCHEINUNGSFORMEN

Die Krankheit, von der die menschliche Gesellschaft „wie von einer ansteckenden Seuche" befallen ist, nennt Papst Pius XI. „*die Pest des Laizismus* und dessen Irrtümer und frevelhaften Bestrebungen" (Quas primas), den „*Naturalismus unserer Tage*" (Infinita Dei). (Siehe Anhang.)

„*Wie von einer ansteckenden Seuche*": Ist der katholische Volksteil von dieser Ansteckung frei geblieben? „Kaum war der furchtbare Krieg beendet, das Staatsleben von Parteihader durchwühlt, da haben zügellose Bestrebungen die Herzen der Menschen befallen und Verkehrtheiten des Denkens, und man muß nunmehr befürchten, daß *selbst gute Christen*, ja Priester, vom falschen Schein des Wahren und Guten verlockt, *beklagenswerter Ansteckung* durch Irrtümer erliegen" (Ubi arcano). – „Die modern-heidnische Umwälzung der Sittlichkeitsbegriffe und -Anschauungen, der unser Volk in unheimlichem Grade immer mehr zum Opfer fällt, hat leider auch in *katholische* und *bewußt katholisch sein wollende* Kreise eine sittliche Verwirrung getragen, die unausweichlich *auch* hier zu baldigen Katastrophen führen muß, wenn nicht *klare Einsicht* und radikale Umkehr noch in *letzter Stunde* Rettung bringen" (Kard. Schulte am 16. Januar 1925, siehe Anhang).

Der „*Laizismus* und dessen frevelhafte Bestrebungen" zielen dahin, das ganze menschliche Leben nach *rein diesseitigen*, von der geoffenbarten Religion unabhängigen Gesetzen zu regeln: „Christi Religion setzte man falschen Religionen gleich und stellte sie in höchst unwürdiger Weise mit diesen auf dieselbe Stufe. Man unterwarf sie der staatlichen Gewalt und überließ sie der Willkür der Regenten und der weltlichen Obrigkeit. Man ging noch weiter, indem man an Stelle der göttlichen Religion eine natürliche Religion, eine *Art Naturtrieb der Seele* annehmen zu müssen erklärte. Ja, es gibt Staatswesen, die vermeinen, sie könnten *ganz ohne* Gott auskommen, und deren Religion in Gottlosigkeit und Mißachtung Gottes besteht" (Quas primas).

Eine Art natürliche Religion, die nicht mehr Unterwerfung der Menschen unter Gott, sondern höchstens ein *naturhafter Trieb* des Menschen zum „Göttlichen" wäre, will der Laizismus annehmen. Dieser „Naturalismus unserer Tage" verneint alles Übernatürliche; *er leugnet die Lehren der übernatürlichen Offenbarung*, er *verzichtet* auf die übernatürlichen Hilfen durch *Erlösung und Gnade*. Solcher Laizismus ist weitverbreitet: wer glaubt denn außerhalb der katholischen Kirche noch fest an die Lehre vom *Sündenfall* im Paradiese, von der Schwächung der Menschennatur durch die Erbsünde, an die Lehre des Konzils von Trient, daß sogar im Getauften „die *böse Begierlichkeit* und der Zunder der Sünde bleiben"? Wer aber das nicht weiß oder leugnet, kommt *fast notwendig* zu dem Schluß: Die *menschliche Natur ist gut*; alle Anlagen und Triebe der menschlichen Natur sind gut; alles also, wonach die gesunde, gut entwickelte menschliche Natur verlangt, ist gut. Wenn menschliche Taten, die aus den natürlichen menschlichen Anlagen und Begierden entsprangen, üble Folgen haben, sich als schädlich erweisen, so kann der Grund *nicht* in der Verderbtheit dieser Anlagen und Begierden liegen, sondern nur in den Umständen, in persönlichen krankhaften Verbildungen der guten Natur, in mangelnder Erkenntnis, unentwickelter Kraft, kurz in *unzureichender* menschlicher „*Kultur*". Diese also gilt es zu heben, zu verbreiten, allen Menschen zuzuführen, dann werden Elend und Not und Zwietracht und Verbrechen nicht mehr wie bisher die Erde zu einem Tränental machen. Sünde und böse Lust, Erlösung und Gnade sind *überholte Begriffe*, für die in dieser naturalistischen Weltanschauung kein Raum mehr ist.

Dagegen erinnert Pius XI. an das Wort des hl. Jakobus: „Woher die Kriege, die Streitigkeiten unter euch? Nicht daher: aus *eueren Begierden*?" und fährt dann fort: „Es läßt sich keine verderblichere Seuche denken, als die *Fleischeslust*, das ist die Begierde nach sinnlichem Genuß, die nicht nur die Familien, sondern auch die Staatswesen in Verwirrung bringt. – Aus der *Augenlust*, das ist dem unmäßigen Streben nach äußeren Gütern, gehen jene bitteren Kämpfe hervor zwischen den bürgerlichen Schichten, von denen jede in übertriebener Weise nur den eigenen Vorteil sucht. – Von der *Hoffart des Lebens*, das ist der Sucht, alle anderen zu beherrschen, verführt, gewöhnen sich die politischen Parteien daran, sich gegenseitig so zu zerfleischen, daß sie sogar weder vor Majestätsverbrechen, noch vor Hochverrat, noch selbst vor Vernichtung des eigenen Vaterlandes zurückschrecken" (Ubi arcano).

Weltanschauliche Theorien, welche das außer acht lassen, welche also die menschliche *Natur* als ungeschwächt und *gut voraussetzen*, die

„dreifache böse Lust" in der Menschenbrust und damit auch die Erbsünde leugnen, stehen in *unüberbrückbarem* Gegensatz zum christlichen Glauben. Denn wenn der Mensch von Natur gut ist, *bedarf er nicht*, wie der christliche Glaube es lehrt, der *Gnade*, um gut zu sein und gut zu handeln. Wenn aber der Mensch nicht der Gnade bedarf, dann ist auch der Urquell der Gnade, die *Erlösung* durch den menschgewordenen Gottessohn *überflüssig*; dann erscheint die Menschwerdung der zweiten göttlichen Person, das Evangelium von Christi Leben und Werk, als ein Märchen. In der Weltanschauung des Naturalismus und Laizismus ist für die Grundlehren des christlichen Glaubens kein Platz.

Sind *alle Katholiken* sich der Tragweite dieser Ideen bewußt und *ihres Einflusses auf unser öffentliches Leben*, in Literatur und Presse, in Theater und Kino, in Geselligkeit und Sport, in Sitte und Mode, in Erziehung und Schule, in Gesetzgebung und Strafgerichtsbarkeit, in Politik und Wirtschaft? *Sehen sie klar* diese „Krankheit, von der die menschliche Gesellschaft befallen ist", diese „Seuche, die ansteckend um sich greift"? Und sind sie in Wachsamkeit und Abwehr gefeit gegen die schleichende Infektion, die, *wenn wir ihr erliegen*, die Grundlagen des christlichen Glaubens *in uns zu zerstören droht*? Pius XI. befürchtet, daß „selbst gute Christen, ja Priester, vom *falschen Schein* des Wahren und Guten verlockt, beklagenswerter *Ansteckung* durch Irrtümer erliegen"!

Da erscheint es notwendig, einmal in *ernster Selbstbesinnung* die Gefahrenpunkte aufzusuchen, die Stellen, wo unsere Front zur Verteidigung der Wahrheit geschwächt sein könnte, wo vielleicht schon der Irrtum und seine Vorposten, „unter dem falschen Schein des Wahren und Guten" in unseren Reihen *Fuß gefaßt haben* mögen.

I. Im Jahre 1925 haben die deutschen Bischöfe in ungewöhnlicher Form eine oberhirtliche Mahnung an alle Katholiken herausgegeben unter dem Titel: „*Katholische Leitsätze und Weisungen* zu verschiedenen modernen Sittlichkeitsfragen". Mit einem tiefernsten Schreiben hat Kardinal Schulte, Erzbischof von Köln, unter dem 16. Januar 1925 diese Leitsätze und Weisungen allen katholischen Vereinen und Verbänden übersandt. (Siehe Anhang.)

Anlaß und Grund zur Herausgabe der „Leitsätze und Weisungen" war, wie Kardinal Schulte in diesem Schreiben ausführt, „die modernheidnische Umwälzung der Sittlichkeitsbegriffe und Anschauungen, der unser Volk in unheimlichem Grade immer mehr zum Opfer fällt". Es war also *nicht* an erster Stelle die beklagenswerte Häufigkeit der *Sünden* gegen Sitte und Sittlichkeit, vor allem gegen das 6. Gebot, die den Bischöfen Anlaß gab, in so ungewöhnlicher Form als Lehrer und Hirten uns „Leitsätze und Weisungen" zu gehen. Solche Sünden sind immer vorgekommen, werden immer vorkommen, solange Adamskinder hier auf Erden die Folgen der Erbsünde zu tragen haben. Sondern es war die „*sittliche Verwirrung*, die durch die modern heidnische Umwälzung der Sittlichkeitsbegriffe und -Anschauungen *auch in katholische und bewußt katholisch sein wollende Kreise* getragen" ist, welche die Bischöfe zu ihrem Erlaß veranlaßt hat. Also eine geistige Krankheit, eine ansteckende Seuche aus dem modern-heidnische[n] Lager hat bereits in unser Lager übergegriffen, hat in unseren Schlachtreihen Verwirrung angerichtet, die, wie die Bischöfe sagen, zu „baldigen Katastrophen" führen muß.

Welches sind die Symptome dieser Ansteckung im katholischen Lager, an welchen Stellen beginnt das schleichende Gift der Seuche bereits unsere Kampffront zu zermürben?

In ihren Leitsätzen und Weisungen behandeln die Bischöfe ausdrücklich nur ein Gebiet, das freilich vor vielen andern wichtig ist, weil es jeden einzelnen Menschen persönlich angeht: das Verhältnis von *Seele und Leib*. Beide sind von Gott erschaffen und waren ursprünglich zu einer wunderbaren Harmonie im Menschenwesen vereinigt. Durch die heiligmachende Gnade übernatürlich erhoben, sollte der Mensch mit Leib und Seele hier an der Herrschaft Gottes über die Erde, droben an der Herrlichkeit Gottes im Himmel teilnehmen. Aber die *Sünde* hat diese Harmonie und Ordnung *zerstört*. Mit der heiligmachenden Gnade verlor der Mensch nicht nur das Erbrecht des Himmels, sondern auch die mühelose Herrschaft über die Erde: „Dornen und Disteln soll sie dir tragen". Da der Menschengeist sich auflehnte gegen seinen Schöpfer und Herrn, lehnt sich die Körperwelt auf gegen den zur Herrschaft über sie berufenen Menschengeist. Nicht nur die äußere Körperwelt: auch jener Teil der Körperwelt, der als menschlicher Leib in wesenhafter Verbindung zu einer Natur mit der geistigen Seele vereinigt ist. *„Das Fleisch gelüstet wider den Geist"*, sagt der hl. Paulus. „Es schlummert im Menschen eine Neigung zur *bösen Lust*, die die durch Sittengesetz und Gewissen gezogenen Schranken als lästige Fesseln zu durchbrechen strebt. Aufgabe des Menschen ist es, in lebenslänglichem *sittlichen Kampf*, wie ihn der hl. Paulus so ergreifend schildert, mit Hilfe der *göttlichen Gnade* über diese Neigung Herr zu werden und jene Harmonie wiederzuerstreben." (Leitsatz 2.)

Und jetzt sprechen die Bischöfe es aus, daß *moderne Bestrebungen* sich offen oder versteckt auf den *entgegengesetzten Standpunkt* stellen. Sie sagen oder setzen voraus: Die Harmonie zwischen Seele und Leib ist von Haus aus im Menschen vorhanden; die Herrschaft der sinnlichen Triebe ist *keine* Gefahr für diese Harmonie; daher ist kein Kampf gegen sie vonnöten: er wäre ja eine Vergewaltigung der gesunden Natur; wenn aber kein Kampf, dann auch keine Niederlage, dann auch kein Meiden der Gefahr einer Niederlage. (Leitsatz 3.) Das Sittengesetz, das christliche Gewissen verlangen standesgemäße Keuschheit: die *öffentliche Meinung* spricht von „gesunder Sinnlichkeit", proklamiert das „Recht auf Erotik". (Leitsatz 4.) – Die Bischöfe nennen Schamhaftigkeit und Sittsamkeit die „Schutzmauern, die Gott um die Keuschheit gelegt" hat: die öffentliche Meinung erklärt Schamhaftigkeit und Sittsamkeit als Prüderie und Engherzigkeit, als ungesunde Reste einer früheren Kulturepoche, die, durch Erziehung und Gewöhnung entstanden, vor den Forderungen der fortgeschrittenen Körperkultur weichen müssen. (Leitsatz 5.) – Zarteste Pflege der Schamhaftigkeit und Sittsamkeit verlangen die Bischöfe für die Jugend: die *moderne* Erziehung will vielfach gerade die heranwachsende Generation zur Harmonie „schöner Menschlichkeit" heranbilden, indem sie vorzüglich den gesunden, starken, schönen Körper pflegt, *ohne Rücksicht* darauf, ob Schamhaftigkeit und Sittsamkeit verletzt werden und verloren gehen. (Leitsatz 6.) – Gewiß, nicht alles, was die moderne sog. Körperkultur erstrebt, ist in sich schlecht und verwerflich: „Eine gesunde Körperpflege ist nicht nur mit den Lehren des Christentums vereinbar, sondern geradezu geboten. – Auch die vom Christentum gewollte Körperpflege erstrebt den gesunden, starken, geschickten und schönen Körper, aber im Rahmen der Gesamterziehung und in Unterordnung des Körperlichen unter das Seelische. Die hierdurch gezogenen *Grenzen* liegen da, wo die Gefahrzone für Gesundheit, *Schamhaftigkeit und Sittsamkeit* wie für die Charakterbildung anfängt." (Leitsatz 1 u. 7.)

In der „Gefahrzone für die Gesundheit" mögen wohl fast alle ernsten Vertreter moderner Körperkultur mit den Bischöfen eine Grenze der Körperpflege sehen; die Edlen unter ihnen auch in der „Gefahrzone für die Charakterbildung". Aber daß auch die „Gefahrzone für die *Schamhaftigkeit* und Sittsamkeit" eine *Grenze absteckt*, werden alle jene nicht erkennen und anerkennen, die von der Erbsünde nichts mehr wissen, die die Schwächung der menschlichen Natur durch den Sündenfall und die *„böse Begierlichkeit"* im Menschen leugnen.

Und darum, weil die Vertreter der modernen Körperkultur, die offen oder versteckt sich zu der *Lehre bekennen*: Es gibt keine böse Begierlichkeit; alle Anlagen der menschlichen Natur sind gut; was der gesunde, gut entwickelte, schöne Körper verlangt, ist *gut*, die öffentliche Meinung, die Presse, die Kunst, die Mode, ja auch Gesetzgebung und Politik beherrschen oder doch maßgebend beeinflussen, *darum wird Schamhaftigkeit und Sittsamkeit* auf allen Straßen und Gassen, in der Stadt und auf dem Lande, in Zeitungsberichten und illustrierten Blättern, in Kunstsalons und Romanen, in Theater und Kino, in Kleidung und Mode, bei Festen und Bällen, beim Turnen und Baden, in voller Öffentlichkeit und sogar im Heiligtum der Familie rücksichtslos beiseite gesetzt und – nach und nach ausgelöscht. Und *darum* steigt der *Schlamm der Unkeuschheit* unserem Volke fast schon bis an die Kehle, und droht nicht nur seine ererbte christliche Kultur, sondern sogar seine Lebensfähigkeit gänzlich *zu ersticken*. – Und unser Volk, das doch noch überwiegend christlich sein soll, *wehrt sich nicht*, sieht das ruhig mit an, kauft und *unterstützt* noch jene Presse, jene Mode, macht jenen heidnischen „Körperkult" mit, der nicht nur unzählige Seelen in Sünde und Verderben stürzt, sondern auch durch Verbildung der Gewissen die Furcht vor der Sünde erstickt und so den Wiederaufstieg zu christlicher Kultur, ja zum Leben fast unmöglich macht!

„Es haben auch genug *katholische verantwortliche* Stellen", schreibt der Kardinal von Köln, „den zynischen Spott der sittlich Laxen und den wohlfeilen Vorwurf der Prüderie, Zimperlichkeit, Rückständigkeit, Weltflucht, Kulturscheu, Leibesverachtung, finsteren Aszese viel, viel mehr gefürchtet, als das tatsächliche, *unaufhaltsame* Hinabgleiten vom Christentum ins Heidentum. Viele *katholische verantwortliche* Stellen sahen und sehen noch immer nicht, daß die bedeutsamsten Erscheinungsformen der in unseren Leitsätzen und Weisungen verurteilten einseitigen Körperkultur in *unlösbarem* Zusammenhang mit philosophierenden bzw. weltanschaulichen Theorien stehen, und daß man solche Erscheinungsformen nicht hinnehmen kann, ohne zugleich den hinter ihnen stehenden Grundsätzen zum Siege zu verhelfen, die nicht nur zur erprobten christlichen Sitte, sondern auch zum christlichen Glauben überhaupt in unüberbrückbarem Gegensatz sich befinden."

„Man kann die Erscheinungsformen nicht hinnehmen, ohne zugleich den hinter ihnen stehenden Grundsätzen zum Siege zu verhelfen."

Ein furchtbar ernstes mahnendes Wort! Das also ist der Grund, weshalb die Bischöfe an die oben erwähnen „Leitsätze" (die manchen von uns wohl so sehr altbekannt erschienen, daß wir kaum verstanden, warum die Bischöfe uns daran erinnert haben) „Weisungen" anschließen, „praktische Regeln, die von jedem Katholiken *gewissenhaft befolgt werden müssen*". (Leitsatz 8.) Nicht alles, was diese Weisungen gebieten und diese Regeln zu beobachten verlangen, ist an sich und unter allen Umständen für jeden notwendig, der entschlossen ist, die Sünde zu meiden. Einzelne mögen der ehrlichen, durch Erfahrung bestätigten Überzeugung sein, daß sie persönlich sich bisher von Sünde frei halten konnten, obgleich sie diese Regeln, z. B. in betreff des gemeinsamen Turnens oder Badens nicht beobachtet haben. Warum denn jetzt diese Verbote, mit der *strengen Verpflichtung* für jeden Katholiken, sie gewissenhaft zu befolgen?

Das eben angeführte Wort des Kardinals von Köln gibt uns den Grund an: Es sind „Erscheinungsformen" einer *Weltanschauung*, die Erbsünde und böse Lust leugnet, die Schamhaftigkeit und Sittsamkeit für Prüderie, Zimperlichkeit, Rückständigkeit, finstere Aszese erklärt, die die Grenze *nicht* anerkennt, welche Schamhaftigkeit und Sittsamkeit für die berechtigte Körperpflege ziehen, die auf *Erlösung und Gnade verzichtet* und glaubt, durch Förderung einer rein diesseitigen Kultur die Übelstände auf sittlichem Gebiete bannen zu können, die daher zum *christlichen Glauben* in unüberbrückbarem *Gegensatz* steht!

Man kann die Erscheinungsformen nicht hinnehmen, ohne den dahinter stehenden Grundsätzen zum Siege zu verhelfen! *Warum?* Die „Erscheinungsformen", die Sitten, Gebräuche, äußeren Handlungen des Menschen sind ihrer Natur nach *Ausdruck seiner Gesinnung,* seiner Grundsätze. Gewiß, der Mensch *kann* sich verstellen, er kann äußere Handlungen setzen, die eine andere Gesinnung vortäuschen, als er sie wirklich hegt, die in Wirklichkeit mit seinen Grundsätzen in Widerspruch stehen. Aber das ist Lüge und Heuchelei. Die Vernunft verlangt, daß Wort und Handlung mit der inneren Meinung und Gesinnung übereinstimmen sollen, deren *natürlicher Ausdruck* nach außen sie sind. Wer anders handelt, tut sich selbst Gewalt an. Dieser Vergewaltigung kann sich der Mensch in doppelter Weise entwinden: *entweder* bringt er die äußere Haltung in Übereinstimmung mit der inneren Gesinnung; oder aber er *stellt sich innerlich* um, gleicht seine Gesinnung der äußeren Haltung und Handlung an, *nimmt innerlich* jene Grundsätze an, welche der äußeren Haltung entsprechen. Wer sich im Gotteshaus zu ehrfürchtiger Haltung zwingt, wird leichter innere Andacht finden, als jener, der in nachlässiger, „ungesammelter Haltung" dem Gottesdienst beiwohnt. Wer innerlich andächtig betet, wird von selbst sich gedrängt fühlen, auch äußerlich eine ehrfurchtsvolle, „gesammelte" Haltung anzunehmen.

Wer Erscheinungsformen einer „einseitigen Körperkultur" hinnimmt, mitmacht, welche auf die Grenze der Schamhaftigkeit keine Rücksicht nimmt, weil sie von Erbsünde und böser Lust im Menschen nichts mehr weiß, wird unwillkürlich *gedrängt,* jene Grundsätze *anzunehmen,* welche die menschliche Natur als gut und unverdorben, die menschlichen Triebe als durch allein diesseitige Kultur zur vernunftgemäßen Ordnung befähigt annimmt. *Darum* haben die Bischöfe in ihren Weisungen jedem Katholiken Dinge verboten, die teilweise an sich noch nicht immer und für jeden Sünde sind, die vielleicht zu andern Zeiten unter anderen Verhältnissen erlaubt sein würden. Jetzt, unter unseren Verhältnissen sind sie, dafür bürgt uns die Gewissenhaftigkeit und Autorität unserer Bischöfe, als Erscheinungsformen einer widerchristlichen Weltanschauung verboten; weil sie, wenn wir sie hinnehmen, mitmachen, unterstützen, zum mindesten uns in Gefahr bringen, durch *Angleichung unserer Gesinnung* an diese Erscheinungsformen, dieser Weltanschauung auch in uns zum Siege zu verhelfen.

Ist vielleicht das unachtsame tatsächliche Hinnehmen solcher Erscheinungsformen seitens vieler Katholiken eine jener „Verkehrtheiten", die bewirken, daß, wie Pius XI. sagt, „selbst gute Christen, ja Priester, vom falschen Schein des Wahren und Guten verlockt, beklagenswerter *Ansteckung durch Irrtümer* unterliegen"? Die „Leitsätze und Weisungen" unserer Bischöfe *bejahen* augenscheinlich diese Frage. Sie zeigen uns einen der *schwachen Punkte* unserer Kampffront, wo unbeachtet die „Pest des Laizismus", des modernen „Naturalismus" bereits in *unseren Reihen* Fuß gefaßt hat, und rufen uns zu *„radikaler Umkehr"* auf! „Es ist vorauszusehen," schrieb Kardinal Schulte im Jahre 1925 (und diese Voraussicht ist leider vielfach eingetroffen), „daß da und dort die Ansicht auftauchen wird, die Leitsätze und Weisungen gingen zu weit und zögen die Grenzen zu eng. Demgegenüber möge bestimmt betont werden, daß es *höchste Zeit* geworden ist, gegen eine allgemeine Strömung anzukämpfen, wenn wir überhaupt noch die *Volkssittlichkeit retten* wollen. Da muß der einzelne das Interesse der Gesamtheit wahrnehmen und auch persönlich auf Dinge *verzichten*, die für ihn selber möglicherweise noch keine Gefahr bedeuten."

II. Den Ursprung und die Grundanschauungen der allgemeinen Strömung, welche auf dem Gebiet der Körperpflege die Volkssittlichkeit bedroht, haben wir im Vorstehenden erkannt im *„Laizismus* mit seinen Irrtümern und frevelhaften Bestrebungen", welcher das Glück der Menschen mit einer rein diesseitigen, auf den Kräften der angeblich ungeschwächten guten menschlichen Natur gegründeten „Kultur" aufbauen will, im *„Naturalismus* unserer Tage", der die Notwendigkeit der Gnade zum guten Handeln leugnet, und darum auf die Erlösung durch den menschgewordenen Gottessohn *verzichtet*.

Ist nur auf diesem Gebiet, in der Auffassung des Verhältnisses von Seele und Leib, eine Auswirkung dieser christentumfeindlichen Grundanschauung zu spüren? Oder finden wir auch auf *anderen* Gebieten unseres öffentlichen Lebens „Erscheinungsformen" jener Grundsätze und Theorien, die „mit dem christlichen Glauben in unüberbrückbarem Gegensatz" stehen? Und haben wir vielleicht auch hier unbedachtsam uns verleiten lassen, solche „Erscheinungsformen", die „unter dem falschen Schein des Wahren und Guten" von der starken Welle der öffentlichen Meinung an uns herangebracht wurden, hinzunehmen? Dann würde auch da die Gefahr bestehen, vor der der Kardinal von Köln warnt: „Man kann solche Erscheinungsformen nicht hinnehmen, ohne den dahinter stehenden Grundsätzen zum *Siege* zu verhelfen". Dann ist auch an diesen Stellen unsere Kampffront geschwächt, der Feind vielleicht schon in unsere Linien eingebrochen.

Papst Pius XI. führt nicht nur die Fleischeslust, die Begierde nach sinnlichem Genuß an, wenn er, warnend vor Laizismus und Naturalismus, die „zügellosen Begierden" nennt, welche die „Herzen der Menschen befallen" haben, und die, freilich „bemäntelt durch den Schein des öffentliches Wohles und der Liebe zum Vaterland" die Feindseligkeiten und die Eifersüchteleien unter den Völkern verursachen. (Ubi arcano.) Er nennt ausdrücklich im Anschluß an 1 Joh. 2,16 auch „die *Augenlust*, das ist das unmäßige Streben nach äußeren Gütern", als die Quelle der „bitteren Kämpfe zwischen den bürgerlichen Schichten, von denen jede in übertriebener Weise nur den eigenen Vorteil sucht"; und „die Hoffart des Lebens oder die Sucht, alle anderen zu beherrschen", welche die politischen Parteien zu das Vaterland bedrohenden und vernichtenden Kämpfen verleiten. Die Weltanschauung des Laizismus und Naturalismus, welche die Erbsünde nicht kennt und auf die angeblich ungeschwächte Güte der menschlichen Natur ihre Hoffnung setzt, muß *konsequent erwarten*, daß durch natürliche Kultur allein auch die Unordnungen im *Wirtschaftsleben* (äußere Güter) und im politischen Leben (Staatswesen) beseitigt werden können, und *dementsprechende* Einrichtungen anstreben.

Sind vielleicht auch auf dem Gebiet der Wirtschaftsordnung und der Staatsordnung Erscheinungsformen dieser Weltanschauung bereits hervorgetreten und „unter dem falschen Schein des Wahren und Guten" *auch von Katholiken* „hingenommen", mitgemacht und unterstützt worden? Dann würde auch hier „klare Einsicht und radikale Umkehr" *notwendig* sein, wenn wir nicht mitschuldig werden wollen an „dem Sieg der hinter ihnen stehenden *Grundsätze*, die zum christlichen Glauben in unüberbrückbarem Gegensatz sich befinden".

Die *Wirtschaftsideen des Liberalismus* und des Manchestertums gingen offenbar von der Voraussetzung aus: die menschliche Natur ist gut: „Laisser faire, laisser aller", nur keinen Eingriff in das wirtschaftliche Handeln der Menschen von dritter Seite, oder aus nicht reinwirtschaftlichen, etwa religiösen Gesichtspunkten; *die Natur hilft sich selbst.* Das freie Spiel der Kräfte wird, wie in der vernunftlosen Natur, so auch in der menschlichen Gesellschaft den Ausgleich aller Spannungen und damit volle Harmonie herbeiführen. Die in dieser Auffassung begründete Wirtschaftsordnung hat zwar zu einer ungeheuren Steigerung der menschlichen Gütererzeugung geführt, zugleich aber, weil sie eben die menschliche Natur und ihre tatsächliche Schwächung durch die Erbsünde *mißkannte*, die davon beherrschten Völker und unzählige Einzelmenschen unglücklich gemacht: am Ende dieser Epoche steht einer verhältnismäßig kleinen Gruppe von Kapitalisten, d. h. Besitzern und Beherrschern der Produktivgüter, ein ungeheures Heer von „Proletariern" gegenüber, die in „Daseinsunsicherheit" und steter Sorge um die notwendigsten äußeren Güter unzufrieden dahinleben und vielfach den Bestand der Gesellschaftsordnung und des Staates bedrohen. Der Fluch dieser Theorie ist so offenkundig geworden, daß heute kaum einer mehr, selbst wenn er noch praktisch nach ihr handelt, es wagt, sie öffentlich als richtig zu vertreten.

Der *Sozialismus* hat den Liberalismus abgelöst: *nicht zwar* hat er die Grundlage verlassen, die Annahme, daß die hinreichend entwickelte menschliche Natur vermöge ihrer *natürlichen Güte* imstande sei, eine alle befriedigende Wirtschaftsordnung herbeizuführen; aber er gibt vor, nach *Abschaffung des Privateigentums* an Produktivgütern durch die Fürsorge der Gesellschaft die gleichmäßige Bedarfsdeckung für alle Genossen herbeiführen zu können. Der Liberalismus lehrte, das freie Spiel der konkurrierenden Kräfte werde jeden Menschen in den Besitz des zum Leben notwendigen Eigentums bringen und damit die als Prinzip angenommene „Gleichheit der Menschen" auch auf diesem Gebiet durchführen. Das absolute Versagen dieser Theorie bringt den Sozialismus dazu, „die Gleichheit", d. i. die gleiche Wirtschaftslage für alle dadurch herbeizuführen, daß er allen den *Privatbesitz* an Produktivgütern nimmt, alle gleichmäßig von der Bedarfsdeckung durch den gesellschaftlich betriebenen Wirtschaftsprozeß abhängig macht.

„Die Sozialisten behaupten, zur Beseitigung dieser Übel müsse der private Besitz aufhören, um der Gemeinsamkeit aller im Besitz der bisher den einzelnen gehörenden Güter Platz zu machen, welche durch die Vorsteher der Gemeinden oder auch des Staates zu verwalten wäre ... Aber dieses Programm ist weit davon entfernt, die Frage zu lösen. Es *schadet* vielmehr den *arbeitenden Klassen* selbst. Es ist ferner sehr ungerecht, weil es die rechtmäßigen Besitzer *vergewaltigt*. Es ist endlich der Aufgabe der Staatsgewalt zuwider und bringt das Staatswesen in *völlige Unordnung.*" (Rerum novarum.)

Kann man heute noch von einer Vergewaltigung der rechtmäßigen Besitzer sprechen? Es ist doch heute bereits so, daß viele bisherige Besitzer von Produktivgütern, von Land- oder Forstbesitz, von Fabriken und Häusern ihres Besitzes gar nicht mehr froh werden; ja, viele wären geneigt, ihn *freiwillig aufzugeben*, wenn sie dafür eine sichere und standesgemäße Versorgung durch die Gesellschaft, durch den Staat eintauschen könnten! Die Produktivgüter bringen vielfach nicht mehr den hinreichenden Ertrag, daß daraus der Wirtschaftsbetrieb und dazu noch die Kosten einer standesgemäßen Lebenshaltung für den Besitzer und seine Familie bestritten werden können. Unzählige leben von der Vermögenssubstanz, entweder indem sie, um den Lebensunterhalt zu bestreiten, Teile derselben abstoßen, verkaufen, oder indem sie den Besitz mit Schulden belasten, die aus Einkommen zurückzuzahlen weder sie noch ihre Erben jemals imstande sein werden, wenn die Verhältnisse sich nicht ändern, und die daher über kurz oder lang zum *sicheren Verlust* des bisherigen Besitzes führen. Tägliche Zahlungseinstellungen und Konkurse bisher gewissenhaft und klug geführter Privatwirtschaften, die früher erhebliche Revenuen abwarfen, zeigen ja bedrohlich diesen Weg. Und diese Entwicklung wird gefördert durch den von unzähligen Aufgaben und Ausgaben *fast erdrückten Staat*, „der seinen Angehörigen so *hohe Steuern* auferlegt, daß das private Eigentum derselben dadurch *aufgezehrt* wird". (Rerum novarum.)

Ob es zur Zeit ein Mittel gibt, diese Entwicklung aufzuhalten, diese Übelstände abzustellen, mag zunächst hier unerörtert bleiben. Aber es mehren sich die Anzeichen, daß weite Kreise bisher besitzender Schichten, der jetzigen Lage überdrüssig, *bereit sind*, auf ihren Privatbesitz an Produktivgütern, der ihnen nur Last, Sorge und immer neue Auflagen bringt, ohne ihren Lebensbedarf sicher zu stellen, zu *verzichten* zugunsten der Gemeinde oder des Staates, wenn diese ihnen dafür volle Bedarfsdeckung an Konsumptivgütern garantieren würden; erst recht, wenn die „Gesellschaft", wie es der „Zukunftsstaat" des Sozialismus verspricht, auch noch die Versorgung der Kinder übernimmt. So erzieht die Not der Zeit die einzelnen immer mehr zum *„sozialistischen Denken"*.

Die „Proletarier", die ohne fruchtenden Eigenbesitz einzig von ihrer Hände Arbeit leben, hat die soziale Gesetzgebung der letzten Jahrzehnte ja schon daran gewöhnt, daß das *Mehr an Arbeitsverdienst*, welches ihr Brotherr über den Mindestbedarf für das tägliche Leben ihnen gewährt, durch *zwangsweise* Einlegung in staatliche Versicherungskassen ihnen nur im vorgesehenen Versicherungsfall (Krankheit, Unfall, Invalidität, Alter, Erwerbslosigkeit usw.) als *Rente, niemals aber als freier Besitz* zugute kommt.

Das harte Geschick endlich der von Staatsunterstützung kümmerlich lebenden sog. Kleinrentner, die durch höhere Macht, Krieg und Inflation, ihren mühsam erarbeiteten, ersparten *Besitz verloren* haben, ist für viele tatsächlich zu einer Warnung vor Sparsamkeit geworden.

Für alle diese Kreise erscheint das Streben nach Privatbesitz, nach Bedarfsdeckung aus den Erträgnissen eigener Produktivgüter, heute fast *völlig aussichtslos*; die einzige Möglichkeit, zu einigermaßen gesicherter standesgemäßer Lebenshaltung zu kommen, sieht man nur mehr in der Zuteilung von Konsumptivgütern (Gehalt) *durch die Gesellschaft*, den Staat. Daher das Streben nach Beamtenstellen mit Pensionsanspruch; daher wiederum der übergroße und unvernünftige Andrang zu den höheren Schulen, deren Berechtigungszeugnisse den Zugang zu Beamtenstellen eröffnen. So wird allmählich der *„sozialistische Mensch"* erzogen, dessen wirtschaftliche Triebe so umgestellt und eingestellt sind, daß er bereit ist, unter Verzicht auf Erwerb von Privateigentum, seine Kräfte in bestimmtem, für alle gleichem Maße (Maximalarbeitstag) der „Gesellschaft" zur Verfügung zu stellen, wenn ihm nur persönlich die standesgemäße Bedarfsdeckung von der Gesellschaft gewährleistet wird.

Für solches Denken hat die „Sozialisierung", die Konfiskation der Produktivgüter durch den Staat, nichts Abschreckendes mehr. Das Ideal einer *sozialistischen Gesellschaft*, die alles besitzt, alles verwaltet, aber auch für alle sorgt, erscheint gegenüber dem *jetzigen* oder in Bälde drohenden Zustand der *Verarmung ohne Sicherheit* der Hilfe als das *kleinere Übel*; ja es scheint gefordert für das „allgemeine Wohl", das doch der Daseinszweck des Staates ist, so daß selbst widerstrebende bisherige Privatbesitzer sich *nicht* über *Ungerechtigkeit* beklagen können, wenn sie zum Verzicht auf ihr Separateigentum gezwungen würden: Denn „Gemeinnutz geht vor Eigennutz". (Programm der N.S.A.P.) Zumal wenn man vorher, wie es *jetzt geschieht*, durch *Wirtschaftspolitik und Steuern* ihnen die Aussicht und die Hoffnung genommen hat, aus *ihrem Eigentum* den Lebensunterhalt bestreiten und es unvermindert ihren Erben hinterlassen zu können. „Volenti non fit injuria": bei *solcher Entwicklung* kann, so möchte es scheinen, doch von „Vergewaltigung der rechtmäßigen Besitzer", die Leo XIII. dem Sozialismus zum Vorwurf macht, nicht mehr die Rede sein!

Bei *solcher* Entwicklung! Liegt aber nicht schon in dieser Entwicklung *Gewalttätigkeit* und *Ungerechtigkeit*? „Die staatliche Gewalt handelt ungerecht und *unmenschlich*, wenn sie mehr, als billig ist, vom Privatvermögen der Untertanen als Steuer einzieht." (Rerum novarum.) „Selbstverständlich darf die Staatsgewalt nicht willkürlich verfahren: denn immer muß das *natürliche Recht*, Privateigentum zu besitzen und im Erbgang weiterzugeben, unberührt und unverletzt bleiben, denn der Staat hat keine Macht, es zu entziehen: der Mensch ist ja älter als der Staat; und die *Familiengemeinschaft* geht begrifflich und tatsächlich der staatlichen Gemeinschaft voraus. Darum hat schon Leo XIII. betont, daß es eine *Ungerechtigkeit* des Staates ist, wenn er das Privatvermögen seiner Bürger durch Steuern und Abgaben aufzehrt. Denn das Recht auf Privateigentum ist nicht durch Menschensatzung, sondern von der Natur verliehen, und die Staatsgewalt kann es nicht aufheben, sondern nur seinen Gebrauch regeln und mit dem Gemeinwohl in Einklang bringen." (Quadragesimo anno.)

Leo XIII. sagt: „Das sozialistische Programm, allen Privatbesitz zum Gemeinbesitz zu machen, *schadet* jenen, denen es angeblich nutzen soll." (Rerum novarum.)

Wie *beweist* er das? „Es liegt klar auf der Hand, daß die Absicht, welche den Arbeiter bei der Übernahme seiner Mühe leitet, keine andere ist, als die, daß er mit dem Lohn zu irgendeinem *persönlichen Eigentum* gelange ... Er sucht ein wahres und eigentliches Recht nicht nur auf die Zahlung, sondern auch auf die *freie Verwendung* des Arbeitslohns ... Wenn also die Sozialisten dahin streben, den Sonderbesitz in Gemeingut umzuwandeln, so ist es klar, wie sie dadurch die Lage der arbeitenden Klassen nur ungünstiger machen. Sie entziehen ihnen ja mit dem Eigentumsrecht die Freiheit, den erworbenen Lohn nach *eigenem Willen* anzulegen, und berauben sie jeder Aussicht, ihren Besitz zu vergrößern und ihre Stellung zu verbessern." „Ein heiliges Gesetz der Natur verlangt, daß der Familienvater den Kindern den Lebensunterhalt und alles Nötige verschaffe. Die Natur leitet ihn an, daß er seinen Kindern, in denen ja gleichsam seine Person fortlebt und sich erneuert, dasjenige erwirbt und hinterläßt, was nötig ist, damit sie den Wechselfällen des Lebens einigermaßen gerüstet entgegentreten können. Wie kann er das aber anders, als dadurch, daß er ihnen einen *fruchtbringenden* Besitz (Produktivgüter) als *Erbteil* hinterläßt? Das sozialistische System also, welches die elterliche Fürsorge beiseite setzen will, um eine allgemeine Staatsfürsorge einzuführen, versündigt sich an der natürlichen *Gerechtigkeit* und *zerreißt* gewaltsam die Familienbande." „Es ist klar, welche Verwirrung der Ordnung daraus entstehen müßte, und welch harte und hassenswerte Knechtung der Bürger daraus folgen müßte. Gegenseitiger Mißgunst, Zwietracht und Streitigkeiten würde Tür und Tor geöffnet. Mit dem Wegfall des Spornes zu Strebsamkeit und Fleiß würden auch die Quellen des Wohlstandes versiegen. Aus der *eingebildeten Gleichheit* aller würde nichts anderes entstehen als der gleiche *erbärmliche* und *schmähliche Zustand* für alle. Aus dem allen ergibt sich klar die Verwerflichkeit der sozialistischen Grundlehre, wonach der Staat den Privatbesitz einzuziehen und zu gemeinsamem Besitz zu machen hätte ... Bei allen Versuchen, den niederen Klassen zu helfen, ist also vor allem der Grundsatz festzuhalten, daß das *Privateigentum unverletzt erhalten werden muß.*" (Rer. nov.) Pius XI. bekräftigt diese Lehre: „Für alle Zeit muß das natürliche Recht, privates Eigentum zu besitzen und im *Erbgang weiterzugeben*, ungeschmälert und unverletzt erhalten werden; denn der Staat hat keine Macht es zu entziehen." (Quadragesimo anno.)

Ist diese Stellungnahme der katholischen Kirche nicht erstaunlich? Ist doch unter ihrer Leitung und mit ihrem Segen seit Jahrhunderten der Versuch erfolgreich gewesen, in gewissen Gesellschaften den Gemeinbesitz unter strengstem Ausschluß privaten Eigentums durchzuführen; in Gesellschaften, die sich dabei sogar auf das Evangelium berufen! Tatsächlich, es gibt eine Verwirklichung des sozialistischen Ideals, die sich seit Jahrhunderten *bewährt* hat: in den katholischen *Klöstern* und Ordensgenossenschaften. Da verzichtet der Einzelne freiwillig auf Besitz und Erwerb an Produktivgütern, da stellt der Einzelne selbstlos seine Arbeitskraft in den Dienst der Gemeinschaft, und diese wiederum gibt dem Einzelnen, soweit möglich, Bedarfsdeckung und Daseinssicherheit, Wohnung, Kleidung, Unterhalt, Altersversorgung usw. Hier ist erwiesen, daß das sozialistische Wirtschaftsprogramm im kleinen Kreise durchführbar ist. Freilich *nur im kleinen Kreise*: in dem einige wenige Führer den ganzen Betrieb mit Produktion und Verteilung übersehen können, und wo (und das ist wesentlich: wenn diese Voraussetzung fehlte, sind die Klöster zugrunde gegangen) ideal gesinnte Menschen *freiwillig* auf das natürliche Recht, Sondereigentum zu erwerben und zu besitzen, verzichten; wo sie *freiwillig* der dem Willen des Obern überlassenen Verteilung der Konsumptivgüter, ohne Rücksicht auf den persönlichen Anteil an der Beschaffung derselben, zustimmen; wo sie selbstlos nicht auf den eigenen, nur auf den gemeinsamen Vorteil bedacht, ihre Arbeitskraft zur Verfügung stellen; wo sie sogar in *freiwilligem* Gehorsam auf den größten Teil ihres natürlichen Selbstbestimmungsrechtes Verzicht leisten. Die *freiwillige* Ehelosigkeit schließt dabei die sonst natürliche Pflicht, für Kinder zu sorgen, aus.

Wird der Versuch auch im *großen Kreise*, im Staate, in der gesamten menschlichen Gesellschaft mit gleichem Erfolge durchgeführt werden können? Wird er nicht scheitern an der Größe der Aufgabe und an den Anlagen und *Mängeln der menschlichen Natur*? Wenn ein ganzes Volk, ein Staat die gesamte Produktion und die gleichmäßige Verteilung der Lebensgüter in die Hand nimmt, wächst die Aufgabe der Leitung und

Durchführung solcher Wirtschaftsführung ins Gigantische. Trotz aller Theorien von der Gleichheit der Menschen sind tatsächlich doch die Menschen und ihre Bedürfnisse unendlich verschieden nach Alter, Gesundheit, körperlichen und geistigen Anlagen; in größeren Bezirken kommt dazu die Verschiedenheit des Klimas, der Bodenbeschaffenheit usw. Eine schematische Durchführung gleicher Belastung und gleicher Versorgung aller Staatsbürger müßte an der *tatsächlichen Ungleichheit* der Menschen scheitern und würde der Versuch einer unerträglichen *Vergewaltigung* sein. „Es ist klar, ... welch harte und hassenswerte Knechtung der Bürger daraus folgen müßte." (Rerum novarum.) Der Versuch, nicht zwar eine gleiche, wohl aber eine „gleichmäßige" und alle berechtigten Einzelwünsche befriedigende Zuteilung von Leistung und Lohn für alle Glieder der Gesellschaft von Staats wegen durchzuführen, verlangt aber von den leitenden Stellen ein solches Maß von Wissen und Einsicht, von Umsicht, Erfahrung und gutem Willen, daß nur ein *wirklichkeitsfremder Optimismus* das dauernde Gelingen solchen Versuches erhoffen kann. Die Eingliederung aller Staatsbürger in diesen schematischen Wirtschaftsprozeß ist nur denkbar unter einem dauernden Zwang oder in der *utopischen Annahme*, daß Eigennutz, Neid, Habsucht, ja sogar der Sinn für Freiheit und freie Selbstbestimmung im „sozialistischen Menschen" ausgerottet wären.

Im „klösterlichen Kommunismus" der katholischen Orden ist Voraussetzung des geordneten und friedlichen Zusammenlebens der um Gottes willen freiwillig übernommene und durchgeführte *Kampf* jedes einzelnen gegen jene im Menschen nach der *Erbsünde* immer wieder sich regenden selbstsüchtigen Triebe; hier ist ferner nicht Zwang das Regulativ der Eingliederung, sondern der frei gewählte Gehorsam; hier bleibt endlich die Möglichkeit, sich der so viel Selbstverleugnung fordernden Gesellschaftsordnung durch Austritt aus dem Orden zu entziehen. Im sozialistischen Zukunftsstaat wird einerseits die Selbstsucht, das Verlangen nach bestmöglicher Befriedigung der eigenen Bedürfnisse, als höchstes Prinzip und allen gemeinsames Motiv herausgestellt, andererseits aber eine beständige Überwindung der Selbstsucht, ja schon des elementarsten Selbständigkeitsstrebens vorausgesetzt, oder durch eisernen Zwang, dem sich niemand entziehen kann (denn man kann nicht aus der Staatsgemeinschaft austreten), durchgesetzt. „Mit dem Wegfall des Sporns zur Strebsamkeit und Fleiß würden auch die Quellen des Wohlstandes versiegen. Aus der eingebildeten Gleichheit aller würde nichts anderes entstehen, als der gleiche erbärmliche und schmähliche Zustand für alle. Gegenseitiger Mißgunst, Zwietracht und Streitigkeiten wären Tür und Tor geöffnet. Es ist klar, welche Verwirrung der Ordnung daraus entstehen müßte." (Rerum novarum.)

Die Durchführung der sozialistischen Wirtschaftsordnung, der sozialistischen Gesellschaftsordnung *kann nur dann* befriedigend gelingen, wenn alle Glieder der Gesellschaft *freiwillig und konsequent* im Gehorsam der Freiheit, in der frei gewählten Armut dem Eigentumsrecht, in dauernder Abtötung den natürlichen Trieben entsagen. *Vor dem Sündenfall*, ehe Verstand und Wille durch die Erbsünde geschwächt, die dreifache böse Lust als Folge der Sünde erwacht war, mag solche Ordnung im Großen *möglich gewesen* sein. Möglich ist sie mit Hilfe der Gnade im kleinen Kreis frei sich bindender, zum steten Kampf gegen die böse Lust und aus höheren Motiven zur Entsagung bereiter Menschen. Darf der Sozialismus, der als Laizismus und Naturalismus von der *Erbsünde nichts weiß*, von Erlösung und Gnade nichts wissen will, hoffen, mit den Mitteln einer rein diesseitigen Kultur das ganze Menschengeschlecht zu solcher Höhe der Selbstlosigkeit und Entsagungsbereitschaft zu erziehen?

Hier liegt der *tiefste Gegensatz zwischen Sozialismus und katholischem Christentum: der Sozialismus setzt die Annahme* einer ungeschwächten, an sich guten, von Haus aus zu beständig gutem Handeln befähigten, durch „Kultur" zu solchem Handeln zu erziehenden *menschlichen Natur voraus*. Er glaubt mit natürlichen Mitteln eine Wirtschafts- und Gesellschaftsordnung durchführen zu können, die vielleicht im Paradies, vor dem Sündenfall möglich gewesen wäre. Die *katholische Kirche* rechnet mit der durch die Offenbarung verbürgten *Realität*, daß die Menschheit, durch die Sünde geschwächt und durch die böse Lust zur Selbstsucht verlockt, das Paradies und seinen Frieden hienieden nicht wiederherstellen kann; daß eine Ordnung, die dauernden Verzicht auf Befriedigung der berechtigten Forderungen der natürlichen Triebe verlangt, wohl angeraten und mit Gottes Gnade von einzelnen eingehalten, aber nicht allen zugemutet oder gar *aufgezwungen* werden kann; daß nur eine Ordnung, welche einerseits Freiheit zu vernünftiger Betätigung des *natürlichen Besitzstrebens,* andererseits aber auch äußere Hilfe zur Eindämmung des zu Exzessen anstachelnden *Trieblebens* leistet, die *größtmögliche Gewähr* zur Befriedigung aller berechtigten Bedürfnisse und für ein friedliches Zusammenleben der Menschen bietet. Darum lehrt Pius XI: „Der Sozialismus gründet sich auf eine ihm eigentümliche Gesellschaftslehre, die mit dem Christentum *durchaus in Widerspruch steht.* Religiöser Sozialismus, christlicher Sozialismus sind *Widersprüche* in sich; es ist *unmöglich,* zugleich ein guter Katholik und ein wirklicher Sozialist zu sein." (Quadragesimo anno.)

Gewiß, jene auf den Tatsachen der Offenbarung gegründete, Erbsünde und böse Lust in Rechnung stellende und doch zu allseitiger Befriedigung der berechtigten Bedürfnisse führende Gesellschaftsordnung, welche Papst Pius XI. in seinem Rundschreiben Quadragesimo anno: „Über die gesellschaftliche Ordnung, ihre Wiederherstellung und ihre Vollendung" als erstrebenswertes Ziel uns vor Augen stellt, ist *heute* bei weitem *nicht verwirklicht.* Ja, er spricht offen aus: „Es ist nicht zu viel behauptet, wenn man sagt, daß die *gesellschaftlichen* und *wirtschaftlichen* Verhältnisse der Gegenwart es einer ungeheuer großen Zahl von Menschen *außerordentlich* schwer machen, das eine Notwendige, ihr ewiges Heil zu wirken!"

Wenn aber der Sozialismus mit seinem Verlangen nach Abschaffung des Privateigentums und Sozialisierung der Produktivgüter, von den falschen und widerchristlichen Grundsätzen des Laizismus und Naturalismus ausgehend, „gerade denen schadet, denen er angeblich nutzen soll", dann kann es nicht wundernehmen, wenn Pius XI. ebenso, wie Leo XIII. gerade in der Erhaltung des Privateigentums, in der Zuteilung von Privateigentum an die besitzlosen Proletarier das Heilmittel sieht, das geeignet wäre, die Übel der Zeit zu bannen, eine bessere Gesellschaftsordnung herbeizuführen. „Jedem soll sein Anteil zukommen; die Verteilung der Erdengüter, die heute durch den ungeheueren Gegensatz von wenigen Überreichen und unzähligen Besitzlosen aufs schwerste gestört ist, muß wieder mit den Forderungen des Gemeinwohls oder der *sozialen Gerechtigkeit* in Einklang gebracht werden." (Quadragesimo anno.)

„So wahr es ist, daß der Zustand der Proletarität vom Pauperismus (Armut, ohne ausreichende Arbeitskraft, um für sich selbst zu sorgen) wohl zu unterscheiden ist, so ist doch die überwältigende Massenerscheinung des Proletariats gegenüber der ungeheuren Vermögensanhäufung bei einigen Reichen ein schlagender Beweis dafür, daß die Erdengüter, die in unserem Zeitalter des Industrialismus in so reicher Fülle erzeugt werden, *nicht richtig verteilt* sind und den verschiedenen Gesellschaftsklassen nicht, wie billig ist, zugute kommen.

„Darum ist mit aller Macht und Anstrengung dahin zu streben, daß wenigstens in Zukunft die *neu entstehende Güterfülle* nur in billigem Verhältnis bei den besitzenden Kreisen sich anhäufe, aber auch in ausreichendem Maße den Lohnarbeitern zufließe. Gewiß nicht, damit der Arbeiter von der Arbeit ablasse, sondern damit er durch Sparsamkeit *seinen Besitz mehre*, durch sorgsame Verwaltung desselben mit größerer Leichtigkeit und Sicherheit die Familienlasten bestreite und der *Daseinsunsicherheit, die so recht Proletarierschicksal ist*, überhoben, nicht bloß den Wechselfällen des Lebens gerüstet gegenüberstehe, sondern auch über dieses Leben hinaus die beruhigende Gewißheit habe, daß seine Hinterbliebenen nicht ganz unversorgt dastehen.

„Gehe man doch ohne Zögern endlich mit *Entschiedenheit* an die *Ausführung!* Täusche sich niemand! *Nur auf diese Weise* lassen sich öffentliche Ordnung, Ruhe, Frieden der menschlichen Gesellschaft gegen die Mächte des Umsturzes mit Erfolg behaupten!" (Quadragesimo anno.)

Wir haben gesehen, wie die Grundsätze, die sowohl hinter dem liberalen Wirtschaftsdenken und dem Manchestertum, wie hinter der vom Sozialismus erstrebten Wirtschaftsordnung stehen, die gleichen sind, wie jene, die wir oben als die „Pest des *Laizismus*", als den „*Naturalismus* unserer Tage" erkannt haben. Beide gehen aus von der Lehre, daß die menschliche Natur unverdorben und an sich gut, durch rein irdische Mittel, durch rein natürliche Kulturfortschritte zu einer Überwindung der aus dem Streben nach Erdengütern entstehenden Unordnungen, Habsucht, Neid, Diebstahl, Betrug, Eifersucht und Streitigkeiten, gelangen könne. Beide *verzichten* auf die übernatürlichen Kräfte der Erlösung und Gnade. Es ist klar, daß diese Grundsätze sich in einem unüberbrückbaren Gegensatz zum christlichen Glauben befinden. Dann gilt aber auch hier das ernste Wort des Kardinals Schulte: „Man kann die *Erscheinungsformen* solcher weltanschaulicher Theorien nicht hinnehmen, ohne zugleich den hinter ihnen stehenden *Grundsätzen* zum Siege zu verhelfen!"

Haben wir vielleicht auch auf diesem Gebiete unbedachtsam „Erscheinungsformen" hingenommen, mitgemacht, unterstützt, die tatsächlich Vorboten, Vorposten, Einbrüche der naturalistischen Grundsätze sind, so daß *auch hier* schon unsere Front zur Verteidigung des Christentums geschwächt, zermürbt, sturmreif erscheint?

„Erscheinungsformen" des *liberalen Naturalismus* machen alle jene katholischen Besitzer und Arbeitgeber mit, die gleich denen, die einzig auf die durch das freie Spiel der Kräfte und durch menschliche Kultur herzustellende Harmonie vertrauend, in rücksichtslosem Gewinnstreben die Arbeitsmarktlage ausnützen, um für einen Lohn, der nicht zur standesgemäßen Erhaltung des Arbeiters und seiner Familie, erst recht nicht zu Ersparnissen ausreicht, sich die Arbeitskraft des Proletariers zu sichern. Mögen sie *gewissenhaft prüfen*, was Pius XI. in seinem Rundschreiben „Quadragesimo anno" über den gerechten Lohn und die Pflichten der sozialen Gerechtigkeit autoritativ lehrt und fordert. Gewiß es kann sein, daß die allgemeine Wirtschaftslage und der Konkurrenzkampf der Unternehmungen den Einzelnen geradezu zwingen, *zeitweise* geringere Löhne zu bezahlen, als eigentlich nötig wäre, um den vollen Lebensunterhalt der Arbeiterfamilie zu bestreiten und sicher zu stellen. Der Papst selbst gibt zu, daß aus Gründen des allgemeinen Wohles, wenn z. B. bei höherer Lohnzahlung das Unternehmen zugrunde gehen würde und dadurch die Arbeiter erst recht in Not kämen, oder wenn nur bei geringerer Lohnzahlung der Arbeitslosigkeit vorgebeugt werden kann, im *Einzelfall* ein unter dem völlig zureichenden Familienlohn liegender Lohnsatz nicht ungerecht genannt werden kann. „Wenn das Unternehmen selbst nicht so viel Erträgnisse abwirft, daß es imstande ist, den Arbeitern den angemessenen Lohn zu zahlen, weil es entweder durch ungerechte Vorbelastungen (Steuern) erdrückt wird oder gezwungen wird, seine Erzeugnisse unter dem gerechten Preis zu verkaufen (mangelnder Zollschutz, Schmutzkonkurrenz), so machen sich *diejenigen, die das Unternehmen so bedrücken*, himmelschreiender Sünde schuldig: *sie sind es*, die den Arbeitern, die notgedrungen für einen Hungerlohn sich verdingen, den gerechten Lohn vorenthalten." (Quadragesimo anno.) Der einzelne Unternehmer wird immer wieder gewissenhaft die tatsächliche Lage seines Unternehmens prüfen müssen, und nur unter klar bewiesenem Zwang zu solchem Handeln sich mit einer objektiv unzureichenden Lohnzahlung abfinden können. Freiwillig und ohne Not abgeschlossene *Kartellverträge* mit anderen Unternehmungen, die solchen ungerechten Lohndruck bezwecken oder im Gefolge haben, sind unzulässig und mit dem christlichen Sittengesetz *unvereinbar*. Wenn andere solche Ungerechtigkeiten begehen, wenn die öffentliche Meinung sie billigt oder dazu schweigt, so ist das *keine Rechtfertigung* vor Gott und vor dem eigenen Gewissen. Wer „Erscheinungsformen" des Laizismus, des Naturalismus im Wirtschaftsleben hinnimmt, mitmacht, wird *mitschuldig* an dem Siege jener Grundsätze, die sich in unüberbrückbarem Gegensatz zum christlichen Glauben befinden. *Sache der in Gesellschaft und Wirtschaft führenden Personen,* der Staatsbehörden und der *gesetzgebenden Körperschaften* ist es, das bestehende Privateigentum zu *schützen, den Erwerb* von Privateigentum seitens der Proletarier zu *fördern,* und durch solche kluge und zielbewußte Wirtschaftspolitik die Hinnahme von „Erscheinungsformen" des liberalen Naturalismus unnötig zu machen und ihr vorzubeugen.

„Erscheinungsformen" der *sozialistischen* Weltanschauung, die gleichfalls, wie wir gesehen haben, auf der Irrlehre von der unverdorbenen Güte der Menschennatur fußt, und durch rein wirtschaftliche Mittel, durch Abschaffung des Privateigentums und Überführung desselben in Gemeinbesitz, die aus der „Augenlust", dem ungeordneten Verlangen nach Besitz, entstehenden Unordnungen in der Wirtschaftsordnung bannen will, sind alle jene Maßnahmen, die auf eine entschädigungslose und daher *ungerechte* Konfiskation, *Sozialisierung* des *Privateigentums* abzielen; sind alle jene Verhältnisse, die, wie wir oben gesehen haben, den Besitzern die Anhänglichkeit an ihren Besitz verleiden und die Hoffnung nehmen, daraus dauernd den standesgemäßen Lebensunterhalt zu beziehen: Die einstige preußische „Ergänzungssteuer" wurde seinerzeit von grundsätzlich denkenden katholischen Politikern *bekämpft,* weil sie nicht auf das Einkommen, sondern auf den Wert der Substanz des Besitzes umgelegt wurde, und daher als ein Angriff auf die *prinzipielle Unantastbarkeit* wohlerworbenen Privateigentums bewertet wurde. Die Besteuerung des Gatten- und Kindeserbes wurde grundsätzlich abgelehnt, weil sie als Eingriff in natürliche

Rechte, in das Recht „über das Leben hinaus", durch Hinterlassung des rechtmäßig Erworbenen die Hinterbliebenen einigermaßen sicherzustellen, betrachtet wurde. *Heute* ist die *„Vermögenssteuer"* fast bis zu konfiskatorischer Höhe ausgebaut; heute nimmt man eine *Besteuerung des Gatten- und Kindeserbes* hin in einem Ausmaß, das fast die *Absicht* vermuten läßt, zunächst einmal bei Gelegenheit des Erbganges wenigstens die großen Privatvermögen zum großen Teil zu sozialisieren. Es war ein damals führender *katholischer* Politiker, der, wenn auch sicher ohne „klare Einsicht", diese eigentumsfeindliche, das *Privateigentum* allmählich *vernichtende* Entwicklung eingeleitet hat, und der in der Nationalversammlung in Weimar den auf Aufhebung des Privateigentums an Produktivgütern drängenden Sozialisten die *Erfüllung ihrer Wünsche* in Aussicht stellte mit der Erklärung: „Der Reichsfinanzminister ist der beste *Sozialisierungsminister!"*

Sind sich alle Katholiken bewußt, daß mit der Duldung, Förderung dieser Entwicklung „Erscheinungsformen" hingenommen werden, die *grundsätzlich* einer unchristlichen, naturalistischen Weltanschauung entstammen, und daß solche Hinnahme den *Sieg* dieser Weltanschauung vorbereitet? Tun die in der *Wirtschaftspolitik einflußreichen Katholiken* alles, was in ihren Kräften steht, um Verhältnisse zu schaffen, die den Verzicht auf solche ungerechte Eingriffe in das Eigentumsrecht ermöglichen, um diese dann *zielbewußt wieder abzuschaffen*?

Die weit ausgebaute, die Not und Daseinsunsicherheit der „Proletarier" bis zu einem gewissen Grade mildernde, *zur Zeit unentbehrliche* sog. „soziale Gesetzgebung", die den Unternehmer und den Arbeiter *zwingt*, einen *Teil des verdienten Arbeitslohns* an staatliche Versicherungskassen abzuführen, aus denen dann im Versicherungsfall (Krankheit, Unfall, Invalidität, Alter, Erwerbslosigkeit) dem versicherten Proletarier Renten gezahlt werden, wurde in der *jetzt beliebten* und durchgeführten Form seinerzeit (1889, Alters- und Invalidenversicherung) von Windthorst, Hertling, Hitze, Bachem und anderen *grundsätzlich denkenden Katholiken* aufs schärfste bekämpft. (Siehe: Georg von Hertling, Erinnerungen aus meinem Leben, Bd. 2, S. 92 ff.) Daß einige katholische Politiker ihr zugestimmt hatten, empfand man als einen „Bruch mit der Vergangenheit, Bruch mit dem Programm" (S. 104). Gewiß wollte man die Unternehmer zwingen, ihrer naturrechtlichen

Verpflichtung nachzukommen und den Arbeitern einen gerechten, Daseinssicherung auch für die Zukunft gehenden Lohn zu zahlen. Aber der Zwang gegen den Lohnarbeiter, seine Ersparnisse *nicht* als *freies* Eigentum in Besitz nehmen, nicht frei darüber verfügen und sie *seinen Kindern hinterlassen* zu können, erschien dem konsequent christlichen Denken als ein *unberechtigter* Angriff auf natürliche Rechte. Der Zuschuß zu den Renten aus allgemeinen Steuermitteln gar erschien als eine Rechtfertigung ungenügender Entlohnung der Industriearbeiter seitens der Arbeitgeber, die durch öffentliche Steuermittel, von der Industrie fernstehenden Volksgenossen aufgebracht, ergänzt werden sollte. „Das Gesetz, welches jetzt der Beratung des Reichstags unterliegt, ist *keine sozialpolitische* Maßregel im großen Stile; es ist nur eine anderweitige Regulierung der *Armenpflege*", schrieb die Kölnische Volkszeitung am 6. Januar 1889 über das Gesetz der Alters- und Invalidenversicherung. Haben wir uns im Laufe der folgenden Jahrzehnte nicht gewöhnt, solche damals als prinzipiell falsch erkannte und bekämpfte, aus der naturalistischen Auffassung des Liberalismus und des Sozialismus (allgemeine Staatsfürsorge) geborene „Erscheinungsformen" nicht nur hinzunehmen, sondern selbst *mitzumachen* und als Fortschritt zu preisen?

Man kann aber solche „Erscheinungsformen" nicht hinnehmen, ohne zugleich den Sieg der hinter ihnen stehenden Grundsätze anzubahnen.

Gewiß, nach so langer *Vernachlässigung* wirksamer Maßnahmen, um den Proletarier in den freien Besitz erworbenen Eigentums zu bringen, muß man zunächst, um der äußersten Not vorzubeugen, diese „Erscheinungsformen" der sozialistischen, also laizistischen und naturalistischen Weltanschauung, als das zur Zeit kleinere Übel, fortbestehen lassen und weiterführen. *Pflicht* aber der in diesen Dingen sachverständigen und einflußreichen Katholiken ist es, „mit aller Macht und Anstrengung dahin zu streben, daß in Zukunft die neu entstehende Güterfülle ... in ausreichendem Maße den Lohnarbeitern zufließe; ... damit der Arbeiter durch Sparsamkeit *seinen Besitz mehre*, ... und der Daseinsunsicherheit, die so recht Proletarierschicksal ist, überhoben, nicht bloß den Wechselfällen des Lebens gerüstet gegenüberstehe, sondern auch über dieses Leben hinaus die beruhigende Gewißheit habe, daß seine

Hinterbliebenen nicht ganz unversorgt dastehen. Gehe man doch *ohne Zögern* endlich mit *Entschiedenheit an die Ausführung!*" (Quadragesimo anno.) Wenn diese ernste Aufforderung des obersten Hirten befolgt wird, werden jene als *Notmaßnahmen* zur Zeit noch unentbehrlichen „Erscheinungsformen" des Naturalismus von selbst überflüssig werden und abgeschafft werden können. Denn die zwangsweise Konfiskation eines Teiles des gerechten Arbeitslohns zugunsten der staatlichen Versicherungsanstalten, die *nur im Versicherungsfall* in etwa *gerechte Rückerstattung* leisten, ist grundsätzlich ebenso *Verletzung* des natürlichen Eigentumsrechtes, wie die Wegsteuerung der Vermögenssubstanz oder des väterlichen Erbgutes. Leo XIII. bezeichnet es ausdrücklich als *sozialistisches* Handeln, wenn man den Arbeitern die Freiheit entzieht, „ihren erworbenen Lohn nach *eigenem Ermessen* anzulegen: man raubt ihnen damit die Aussicht, ihren Besitz zu vergrößern und sich durch Fleiß zu einer besseren Stellung emporzuringen". (Rerum novarum.)

Gegen die *Konfiskation* des Vermögens, welche neben den jetzt sog. Kleinrentnern und anderen Besitzern auch die Kirche und fromme Stiftungen durch die unter *Mitwirkung* von *Katholiken* erlassenen sog. „Aufwertungsverordnungen" betroffen hat, haben seinerzeit die deutschen Bischöfe feierlich *Rechtsverwahrung* eingelegt: mit Berufung auf die grundsätzliche Unantastbarkeit des *Privateigentums* verlangen sie weitere Aufwertung, *sobald* die Wirtschaftslage des Staates diese irgendwie möglich erscheinen läßt.

An weitere „Erscheinungsformen" sozialistischer, dem Recht auf Privateigentum feindlicher Grundlehren, die auch von *Katholiken* in den letzten Jahren „hingenommen", ja von manchen sogar *leidenschaftlich gefordert* und erstrebt worden sind, sei nur noch kurz erinnert. Art. 153 der Reichsverfassung von Weimar bestimmt: „Das Eigentum wird von der Verfassung *gewährleistet*. Eine Enteignung kann nur zum Wohle der Allgemeinheit und auf gesetzlicher Grundlage vorgenommen werden. Sie erfolgt gegen angemessene *Entschädigung*, soweit nicht ein Reichsgesetz etwas anderes bestimmt. Wegen der Höhe der Entschädigung ist im Streitfall der Rechtsweg bei den *ordentlichen Gerichten* offen zu halten, soweit Reichsgesetze nichts anderes bestimmen." Wir haben es in den letzten Jahren mehrfach erlebt, daß *Katholiken* mit Sozialisten im Bunde *gegen* die Innehaltung dieses Artikels Sturm liefen; daß sie in

Einzelfällen gegenüber ihnen *politisch mißliebigen,* oder wegen der Größe ihres Privatbesitzes beneideten Personen oder Familien die verfassungsmäßige „Gewährleistung" des Eigentums *außer Kraft gesetzt,* die angemessene Entschädigung *verweigert* wissen wollten; daß sie die Entscheidung in Streitfällen *nicht* den ordentlichen Gerichten anheimgeben, sondern sog. Schlichtungsstellen, die unter dem *Einfluß politischer Parteien* stehen, übertragen wollten. Pius XI. hat *solche* Bestrebungen gewiß nicht anerkannt und gerechtfertigt, wenn er lehrt: „Es kann mit Recht behauptet werden, daß gewisse *Arten von Gütern* dem Staatsbesitz vorbehalten werden sollen, weil die Machtstellung, die ihr Besitz verleiht, so groß ist, daß man sie Privatpersonen nicht anvertrauen kann, ohne das Gemeinwesen in Gefahr zu bringen." (Quadragesimo anno.) Nein, jene Bestrebungen sind ein trauriges Zeichen, daß auch auf diesem Gebiet, in dem Verhalten der Menschen zu den äußeren Gütern, „Verkehrtheit des Denkens die Herzen der Menschen befallen hat, und man befürchten muß, daß selbst gute Christen, ja Priester, durch den falschen Schein des Wahren und Guten verlockt, beklagenswerter Ansteckung durch Irrtümer unterliegen". Auch im *katholischen* Lager scheint „die Erziehung zum sozialistischen Menschen" Fortschritte zu machen.

Wenn wir nicht wachsam sind, wenn wir weiter unbedachtsam „Erscheinungsformen" des sozialen Laizismus und Naturalismus hinnehmen, mitmachen, unterstützen, so wird das „sozialistische Denken" *auch bei uns* sich festsetzen. Und es wird die „auch in katholische und bewußt katholisch sein wollende Kreise getragene sittliche Verwirrung unausweichlich auch hier zu *baldigen Katastrophen* führen, wenn nicht klare Einsicht und radikale Umkehr noch in *letzter Stunde* Rettung bringen"!

———

III. Auch die dritte schlimme Folge der Erbsünde im Menschenherzen, die *„Hoffart des Lebens",* nennt Pius XI. als eine Ursache des Unfriedens, „der Kriege und Streitigkeiten" unter den Menschen. „Vom Streben, über alle zu herrschen, verführt, gewöhnen sich die politischen Parteien daran, einander so zu zerfleischen, daß sie weder vor Majestätsverbrechen, noch vor Hochverrat, noch selbst vor Vernichtung des Vaterlandes zurückschrecken". (Ubi arcano.) Also vor allem auf dem *Gebiet der Staatsordnung* sieht der Papst die Auswirkungen einer ungezügelten Herrschsucht. Auch hier führt die „Krankheit, von der die menschliche Gesellschaft wie von einer Seuche befallen ist", die „Pest des Laizismus", der „Naturalismus unserer Tage" zu „solchen Verkehrtheiten des Denkens, daß man nunmehr befürchten muß, daß selbst gute Christen, ja Priester, beklagenswerter Ansteckung durch Irrtümer unterliegen".

Gewiß will der Papst nicht sagen, daß gute Christen, daß Priester sich bewußt Parteien anschließen oder Bestrebungen unterstützen, die offen auf Verbrechen, auf Hochverrat und Vernichtung des Vaterlandes abzielen. Nein, „vom falschen Schein des Wahren und Guten verführt", sind sie in Gefahr, der beklagenswerten Ansteckung durch Irrtümer zu unterliegen. Sehen wir auch auf diesem Gebiete „Erscheinungsformen" des Laizismus und des Naturalismus, welche unbedachtsam hingenommen, allmählich „den hinter ihnen stehenden Grundsätzen zum Siege verhelfen, die zum christlichen Glauben in unüberbrückbarem Gegensatz sich befinden"?

Der *Naturalismus ignoriert* die Tatsache, daß die menschliche Natur, durch die Erbsünde geschwächt, nicht mehr aus eigener Kraft mit Sicherheit das wahrhaft Gute und Heilsame erkennen kann, daß der menschliche Wille „zum Bösen geneigt ist zu aller Zeit" (Gen. 5, 6) und verzichtet darum auf die Kräfte der Gnade und der Erlösung. Der *Laizismus* will mit den Mitteln einer rein diesseitigen, nur die *natürlichen Kräfte* des Menschen berücksichtigenden und entwickelnden *Kultur* die menschliche Gesellschaft zur Harmonie und zum Frieden führen.

Die Staatsideen der Aufklärungszeit und des *Liberalismus* gingen unzweifelhaft von solchen Anschauungen aus. J. J. Rousseau ließ im „Contrat social" die Staatsgewalt nicht nur, wie manche Vertreter der Scholastik, durch die Vereinbarung freier Menschen, die Obrigkeit mit der Wahrnehmung staatlicher Herrschaftsaufgaben zu *betrauen*, entstehen, sondern hielt auch diesen angenommenen Vertrag, im Gegensatz zu jenen Scholastikern, die ihn für *naturnotwendig* erklärten, für so sehr in das *Belieben* der an sich freien Kontrahenten gestellt, daß ihnen auch jederzeit die *Freiheit* zur Auflösung dieses „Vertrages" zustehen sollte, und damit das *Recht der Auflehnung* gegen die bestehende Obrigkeit und der beliebigen Neueinsetzung einer solchen. Der Wille der Obrigkeit sei in Wirklichkeit nur der *zusammengefaßte*, aus praktischen Gründen bestimmten Personen zur Ausführung delegierte Wille der Staatsbürger. Gesetzgebung und Regierung erfolgen im Namen und nach dem *Willen des Volkes*. Der Auftrag des Volkes ist ihre einzige Legitimation, der *Wille des Volkes* ihre Richtschnur.

Eigentlich müßte der Naturalismus, der die Menschennatur für an sich gut, die Triebe des Menschenherzens als auf das Gute hinzielend annimmt, überhaupt die Notwendigkeit einer Obrigkeit und der Unterwerfung unter ihre Anordnungen ablehnen. Der an Verstand und Willen unverdorbene und ungeschwächte Mensch müßte imstande sein, *stets* das tatsächlich für das Einzelleben und das Gemeinschaftsleben Beste klar zu erkennen; der natürlich *gute* Wille des Menschen müßte unbedingt und unentwegt immer nur das wirklich Beste erstreben. *Ohne die Erbsünde* und ihre Folgen wäre zum mindesten eine Obrigkeit, die Vollmacht hat, die Befolgung der Gesetze zu erzwingen, die Übertretung zu bestrafen, unnötig und fehl am Platze. – Der Naturalismus und der Laizismus weicht den Folgerungen aus der *Tatsache*, daß solche Obrigkeit *nicht* entbehrt werden kann, wenn Ordnung und Frieden in der Gesellschaft herrschen sollen, aus. Er weiß ja nichts und will nichts wissen von der göttlichen Offenbarung, die uns belehrt, daß im Menschen, sogar nach der Tilgung der Erbschuld durch die Taufe, die *dreifache böse Lust* und der Zunder der Sünde bleiben. So setzt er seine Hoffnung auf die segensreichen Folgen der fortschreitenden *menschlichen Kultur*. Wenn erst die „*Bildung*" alle Menschen erfaßt hat, wenn die „staatsbürgerliche Erziehung" die Nebel und Vorurteile, die frühere Jahrhunderte dem Menschen angewöhnt haben, zerstreut haben wird, *dann* wird der vollkommen einsichtige und für das wahrhaft Gute restlos eintretende Mensch die Regel sein, die kaum noch Ausnahmen hat, dann werden alle Staatsbürger in jedem Fall das für alle und für jeden einzelnen Beste *erkennen* und ohne Zwang, aus *freier* Selbstbestimmung zur Richtschnur ihres Handelns machen; dann wird die Obrigkeit, soweit sie überhaupt noch notwendig und in freier Vereinbarung bis auf Widerruf eingesetzt ist, nur mehr der Vollstrecker des unwandelbar guten gesammelten *Volkswillens* sein! Leider ist man noch nicht so weit. Leider sind die menschliche Bildung und Kultur noch nicht so weit fortgeschritten und befestigt, daß schon jetzt jeder das dem Gemeinwohl Zuträgliche klar erkennt und beharrlich anstrebt. Da man mit der Gesetzgebung und Regierung nicht so lange warten kann, bis jener erhoffte Hochstand der Volkskultur erreicht ist, versucht man die staatliche Willensbildung *wenigstens annähernd* auf diese Voraussetzung des von Natur guten menschlichen Wollens aufzubauen. Wenn auch noch nicht alle das Gute wollen, und daher vorläufig gegen Widerstrebende ein Zwang nötig ist, so ist doch anzunehmen, daß wenigstens die Mehrheit der Staatsbürger *auch jetzt* schon das wahrhaft dem Gemeinwohl Zuträgliche richtig erkennt: daher soll das Gesetz sein, was die *Mehrheit* des Volkes, sei es direkt, sei es durch gewählte Vertreter, beschließt. Daher soll so regiert werden, wie es die *Mehrheit* fordert: mag es auch einmal nicht das wahrhaft Beste und Zuträglichste sein (die Erfahrung in so, nach Mehrheitbeschlüssen, regierten Staaten weist zahlreich solche Irrtümer der jeweiligen Mehrheiten auf), so ist es doch wenigstens nach dem Willen der Mehrheit. An sich hat zwar keiner, auch keine Mehrheit von Menschen von Natur aus das Recht, den Willen ihm völlig gleichgeordneter Menschen zu zwingen. Aber da einmal Ordnung sein muß, und tatsächliches Widerstreben einzelner die Ordnung stört, erscheint es immerhin als das *kleinere* Übel, wenn nur wenige, wenn nur eine Minderheit überstimmt und zum Verzicht auf die Durchsetzung *ihres* Willens gezwungen werden, als wenn der Wille der Mehrheit sich einer *Minderheit* beugen müßte; als wenn gar die größere Zahl dem Willen eines einzelnen unterstellt würde, der etwa vorgibt „von Gottes Gnaden" mit der Leitung des Gemeinwesens betraut zu sein; und der nach eigenem Ermessen, freilich *schwer belastet* mit Verantwortung nicht gegenüber der Menge, aber *gegenüber Gott*, dem wahren Ursprung und einzigen Urheber aller das freie Handeln der Menschen *verpflichtend* bestimmenden Gewalt, die Gesetzgebung und Regierung des Staatswesens führt.

Wenn man tatsächlich Gott als den Ursprung der Staatsgewalt, und Gottes Willen als die Richtschnur der staatlichen Willensbildung beiseitesetzt – und das tut der Naturalismus und der Laizismus –, muß man *konsequent* zu solcher *Überschätzung* des Menschenwillens, zu solcher

Vollmachterteilung für den *Willen der Mehrheit* kommen, solange man überhaupt eine Ordnung und ein dem Faustrecht der Einzelnen entzogenes staatliches Leben will. Wer von der falschen *Grundanschauung* des Naturalismus ausgeht, daß die Menschennatur unverdorben, die natürlichen Triebe ungeschwächt auf das Gute gerichtet sind, der muß *wirklich* die Hoffnung hegen, daß nach Überwindung der unleugbar jetzt zu beobachtenden Unwissenheit und Willensschwäche durch fortschreitende Bildung und Kultur, ein in klarer Einsicht stets das wahre Gute erkennendes und in freudiger Übereinstimmung das dem Gemeinwohl Dienlichste erstrebendes Geschlecht, unter einer von ihm bestellten, nach seinen Wünschen regierenden Obrigkeit in paradiesischem Frieden dahinleben wird. Solche Anschauung statuiert freilich die absolute Herrschaft des Menschenwillens, die *Omnipotenz der Menge*, zunächst der größeren Kopfzahl. „Quod principi placuit, legis vigorem habet": als dieser Grundsatz in das Rechtsbewußtsein des alten Römerreiches eingegangen war, wurde es Sitte, dem princeps, dem römischen Kaiser, göttliche Ehren zu erweisen. Der naturalistische, laizistische Grundsatz heißt: *„Was der Menge, was dem Volke gefällt, soll Gesetz sein."* Liegt nicht darin auch eine Abkehr von der Anerkennung des *einen wahren Gottes*? Gewiß, der Menge, dem Volke wie einem Götzen wirklich Weihrauch zu streuen, als Symbol der Anbetung sichtbare Opfer zu bringen, dazu ist der Laizismus zu unfromm, zu gottlos, zu sehr nur dem Materiellen zugewandt; aber kann man nicht beobachten, daß manche aus Herrschsucht, oder auch aus anderen Gründen, meinetwegen weil sie sich befähigt glauben, das Volkswohl am besten fördern zu können, *der Menge* in geistiger Weise *Weihrauch* streuen, ihr schmeicheln und Ergebenheit bezeigen, um mit der Vertretung des omnipotenten Volkswillens in den staatlichen Körperschaften betraut zu werden?

Jedenfalls ist bei der *konsequenten Durchführung* solcher Gedankengänge für eine Gesetzgebung und Regierung nach dem in Naturrecht und Offenbarung uns erkennbar gemachten *Willen Gottes gar keine Gewähr* gegeben. Im *Gegenteil*: es ist Gefahr, daß die absolute Verbindlichkeit des Willens Gottes für das staatliche Leben immer mehr dem Bewußtsein entschwindet. Denn darin stimmen *alle überein: es soll gut regiert werden*. Wenn dieser Satz bestehen soll und *gleichzeitig* der andere:

es soll nach dem Willen des Volkes regiert werden, dann kommt man *unwillkürlich* zu dem Schluß: *Gut ist, was das Volk will.* Dann ist *nicht* mehr der absolute Wille *Gottes* der Maßstab dessen, was wir gut nennen, sondern der *Menschenwille.* Die ganze Sittlichkeit wird subjektiviert; der Mensch und sein Wille ist der *Maßstab des sittlich Guten;* mit dem wechselnden Willen der Menschen, mit den Moden, Gewohnheiten, Neigungen der Menschen *wechseln* auch die Sittlichkeit und ihre Forderungen.

Daß solche Grundsätze und Anschauungen mit dem christlichen Glauben sich in unüberbrückbarem Gegensatz befinden, bedarf *keines Beweises.*

Sind das Hirngespinste und Konsequenzmachereien, die mit dem *tatsächlichen* Geschehen in unserem Zeitalter keine Beziehung haben? Pius XI. spricht von dem Umsichgreifen eines *„moralischen, juristischen und sozialen Modernismus", „*den wir zugleich mit dem (bekannten) dogmatischen Modernismus nachdrücklich verwerfen". (Ubi arcano.)

Der Hauptsatz des Modernismus: „Die *Wahrheit* ist *nicht* unveränderlicher, wie der Mensch selbst, *da sie mit ihm, in ihm und durch ihn sich entwickelt",* der von Pius X. feierlich verworfen wurde (Lamentabili sane exitu), macht nicht nur den Wahrheitsgehalt der Dogmen von der subjektiven und wechselnden Erkenntnis des Menschen abhängig: er leugnet auch die *Unveränderlichkeit* der von den Menschen zu verwirklichenden *Sittlichkeit, Rechtsordnung, Gesellschaftsordnung.*

Wer die geistigen Grundlagen und *treibenden Kräfte* der Revolutionen und Verfassungskämpfe in den europäischen Staaten während der letzten 150 Jahre vorurteilsfrei studiert, wird erkennen, daß dieser Modernismus, diese *Subjektivierung* der sittlichen Normen und des Rechtes und die *Loslösung* derselben von der *objektiven* Sittlichkeit und Rechtsordnung, die in dem Willen Gottes ihren Ursprung und ihren Maßstab haben, *maßgebenden* Einfluß darauf ausgeübt hat.

Gewiß nicht *nur diese* Ideen haben die Umwälzungen und Kämpfe auf staatspolitischem Gebiet veranlaßt. *Nicht alle,* die dabei mitgewirkt haben, waren bewußte Vertreter dieses Naturalismus oder Laizismus. Die staatspolitischen Verhältnisse und Einrichtungen seit dem Ausgang des Mittelalters bis in die neueste Zeit waren wirklich nicht ideal, waren gar sehr *verbesserungsbedürftig.* Als diese Verhältnisse zur Diskussion gestellt, zur Neuordnung reif geworden waren, haben auch überzeugte Christen, *grundsatztreue Katholiken* geholfen, die Unordnungen zu beseitigen, die in der Zeit des *Fürstenabsolutismus* zum Schaden des Volkswohls sich festgesetzt hatten. Ideenmäßig ging ja auch der Fürstenabsolutismus von der Anschauung aus, daß Gesetzgebung und Regierung im *Menschenwillen*, eben im Willen des Fürsten, ihre letzte Norm und Richtschnur haben sollen. Wenn die Gesetze und Verordnungen sich in ihrem Vorspruch auf das Herrschertum „von Gottes Gnaden" beriefen, so war damit noch *keine Gewähr* gegeben, daß der Inhalt des Gesetzes auch wirklich dem absolut Guten angeglichen, dem Willen Gottes nicht widerstreitend war. Aber in dieser Einleitungsformel lag doch immer noch das Bekenntnis, daß der Fürst sich bewußt *sein mußte*, nur als Stellvertreter Gottes den freien Willen der Untertanen binden zu können, und daß er, wenn er dem Willen Gottes Entgegengesetztes gebot, seine Kompetenz und die Berechtigung, *Gehorsam zu fordern*, verlor; es lag in dieser Formel der Hinweis für die *Untertanen*, daß das Gesetz nur insoweit für sie *verbindlich* war, als es mit dem Willen des „Königs der Könige" nicht im Widerspruch stand.

Aber es war gewiß berechtigt und zweckmäßig, wenn man bei der Neugestaltung der Verfassungen die tatsächlich gegebene Willkürmacht des Fürsten so weit einschränken wollte, daß er in seinen Regierungsmaßnahmen an die Mitwirkung kluger und mit ihm für die Förderung des Gemeinwohls verantwortlicher Berater gebunden sein sollte: eben um den Auswirkungen der menschlichen Kurzsichtigkeit, der menschlichen Schwäche und Leidenschaftlichkeit vorzubeugen, denen *auch die Fürsten* als Adamskinder ausgesetzt sind. Auch das war noch nicht Konsequenz einer falschen *Überschätzung* der Güte des Volkswillens, wenn man die Mitglieder solcher mitberatender und mitbeschließender Körperschaften durch Mehrheitsabstimmung der Bevölkerung auswählen ließ, mit der in der Verfassung festgelegten Bestimmung: „Die Abgeordneten sind Vertreter des *ganzen* Volkes. Sie sind *nur ihrem Gewissen* unterworfen und an *Aufträge nicht* gebunden." (Weimarer Verfassung Art. 21.) Freilich verliert dies dem „Gewissen unterworfen sein" den an *objektive* Normen bindenden Sinn, sobald man von einer objektiven, von Gott gewollten Sittlichkeit und Rechtsordnung *nichts mehr* weiß, und statt dessen den subjektiven Menschenwillen zum schwankenden *Maßstab* dessen macht, was jeweils sittlich und gerecht genannt werden soll, was also das Gewissen vorschreibt. – Freilich verliert die *theoretische* Unabhängigkeit von „Aufträgen" sehr an *praktischem* Wert in einer Zeit, wo das ehrenvolle Amt eines „Volksvertreters" für viele zu einem Lebens- und Erwerbsberuf geworden ist, zur Gelegenheit zu lohnendem *Nebenverdienst*, zur aussichtsreichen *Vorstufe* für gutbezahlte und pensionsberechtigte Beamtenposten. Der Abgeordnete, der wirklich aus *Gewissensgründen* die Wünsche und „Aufträge" seiner Wähler oder der sie leitenden Partei nicht erfüllt, muß jedenfalls damit rechnen, daß diese Erwerbsquellen, diese angenehmen Zukunftsaussichten, bei der *nächsten Wahl* ihm verlorengehen. Und dazu dürfte manchen die moralische Kraft fehlen!

Aber hiervon abgesehen: Welche Anforderungen stellt ein modernes Wahlrecht, das „Reichswahlgesetz" vom 27. April 1920, an jene Volksgenossen, die das *passive Wahlrecht* besitzen, also als geeignet betrachtet werden, die sowohl weitgehende *Sachkenntnis* in allen staatlichen Angelegenheiten, als auch *Pflichttreue* und *Selbstlosigkeit* fordernde Aufgabe zu erfüllen, an der Gesetzgebung für ein ganzes Volk mitzuwirken? „*Wählbar* ist jeder Wahlberechtigte, der am Wahltage 25 *Jahre alt* und seit mindestens einem Jahre Reichsangehöriger ist." *Wahlberechtigt* ist, „wer am Wahltage Reichsangehöriger und 20 *Jahre alt* ist", wenn er nur nicht entmündigt oder durch Richterspruch der bürgerlichen Ehrenrechte beraubt ist. Weiteres wird *nicht gefordert*. Der Gesetzgeber hält jeden zwanzigjährigen Staatsbürger für reif, durch Ausübung des Wahlrechts die geeigneten Volksvertreter auszuwählen und mit der verantwortungsvollen Sorge für das Gemeinwohl zu betrauen. Der Gesetzgeber hält sogar jeden fünfundzwanzigjährigen Staatsbürger für *reif*, für hinreichend *gebildet* und *moralisch zuverlässig*, direkt an der staatlichen Willensbildung entscheidend mitzuwirken. Kein *Beweis* von Sachkenntnis und Urteilsfähigkeit, *keine Bewährung* in Pflichttreue und Selbstlosigkeit *wird gefordert*! Sieht das nicht aus wie ein geradezu *blindes Vertrauen* auf die natürliche Güte und Zuverlässigkeit der Menschen? Wie ein Außerachtlassen der Sorge, daß nach *objektiven* Sittlichkeits- und Rechtsnormen regiert werde? Oder sogar wie ein *Gleichsetzen von Menschenwille und sittlich Gutem*? Solche Gesetzesbestimmungen stehen doch mit *Recht im Verdacht*, „Erscheinungsformen" einer Weltanschauung zu sein, die von der Schwächung der menschlichen Natur durch die Erbsünde und von den Verlockungen der bösen Lust in der Menschenbrust *nichts mehr weiß*!

Und das in einer Zeit, von der Pius XI. sagt: „Durch die Auswüchse des Individualismus im gesellschaftlichen Lehen sind alle die zahlreichen und verschiedenartigen untergeordneten Vergemeinschaftungen, die einst blühten, *unterdrückt* und fast ausgerottet, so daß sich heute fast nur mehr der *Einzelmensch* und der *Gesamtstaat*, zum nicht geringen Schaden des Staatswesens selbst, gegenüberstehen. Dadurch hat der *Staat* die *wahre Form einer sozialen Gesellschaftsordnung* verloren und wird, nachdem er alle die schwierigen Aufgaben, welche einst jene Vergemeinschaftungen übernommen hatten, an sich gezogen hat, von unzähligen Geschäften und Verpflichtungen *überschüttet und fast erdrückt*. Es trifft freilich zu, was ja die Geschichte deutlich bestätigt, daß unter veränderten Verhältnissen viele Aufgaben, die früher von kleineren Gemeinschaften geleistet wurden, jetzt nur mehr von großen bewältigt werden können. Dennoch muß *fest und unverrückbar* der wichtige sozial-philosophische *Grundsatz* festgehalten werden, an dem nicht zu rütteln und zu deuteln ist: so wie es *Unrecht* ist, dasjenige, was der Einzelmensch aus eigener Initiative und mit seinen eigenen Kräften leisten kann, ihm zu *entziehen* und der Gesellschaftstätigkeit zu überantworten, so ist es *Ungerechtigkeit* und zugleich ein großer Schaden und eine *Verkehrung* der rechten Ordnung, dasjenige, was von kleineren und untergeordneten Gemeinschaften besorgt und geleistet werden kann, für die Tätigkeit der größeren und übergeordneten Gemeinschaft zu *beschlagnahmen*. Jede Gesellschaftstätigkeit ist ja an sich und ihrer Natur nach *nur zur Hilfeleistung* (subsidiär) für die Glieder des Sozialkörpers bestimmt; sie darf diese *niemals zerschlagen* oder aufsaugen. Angelegenheiten von geringerer Bedeutung soll die Staatsgewalt, die durch ihre Übernahme ja nur ihre Tätigkeit zersplittern müßte, den *untergeordneten Gemeinschaften* zur Erledigung überlassen; dadurch steht sie selbst um so freier, stärker und schlagfertiger da für die Aufgaben, *die ihr deshalb zustehen*, weil eben nur sie dieselben bewältigen kann: durch Leitung, Überwachung, Antrieb, Zügelung, wie es die Sache verlangt und die Notwendigkeit fordert. Darum mögen die staatlichen Machthaber sich überzeugt halten: je vollkommener durch Innehaltung des *Prinzips der ‚subsidiären' Aufgaben* die hierarchische Ordnung der verschiedenen Vergemeinschaftungen *festgehalten* wird, um so stärker und leistungsfähiger steht die soziale Autorität da, um so glücklicher und erfreulicher ist es mit dem Staatswesen bestellt." (Quadragesimo anno.)

Diese so bestimmt verkündeten sozialphilosophischen Grundsätze und Forderungen sind schon in der Zeit des Fürstenabsolutismus vielfach vergessen und praktisch mißachtet worden. Das sog. Merkantilsystem war eine Folge des Despotismus der Fürsten des 16. und 17. Jahrhunderts, deren Staatsomnipotenz keine Selbständigkeit in Handel und Industrie duldete. Wird aber die *Staatsomnipotenz des „souveränen Volkes"*, richtiger der Kopfzahl und der durch sie mit unbeschränkter Macht ausgestatteten politischen Parteien, *mehr Ehrfurcht* haben vor den Rechten und der Freiheit der Einzelnen und der kleineren, der Staatsmacht untergeordneten Vergemeinschaftungen? Wird sie *mehr Verständnis* und *Achtung* haben vor dem *„unverrückbar festzuhaltenden Grundsatz"*, daß es *Ungerechtigkeit* ist, ein großer Schaden und eine Zerrüttung der rechten Ordnung, dasjenige, was von den einzelnen Staatsbürgern, von den Familien, den Gemeinden, den Berufsständen und anderen untergeordneten Gemeinschaften besorgt und geleistet werden kann, für die Tätigkeit der größeren und übergeordneten Gemeinschaft zu *beschlagnahmen*?

Wer von *„Hoffart des Lebens"* und der ungeordneten Herrschsucht in der Menschenbrust *nichts mehr weiß*, und als Vertreter des Laizismus und Naturalismus auf die *angeblich* unverdorbene Güte der Menschennatur seine Hoffnung setzt, wird nicht besorgen, daß etwa bei der Übernahme neuer Aufgabengebiete und Pflichtenkreise durch die im Namen des Volkes und nach dem Willen der Mehrheit des Volkes gesetzgebenden und regierenden staatlichen Gewalten die freilich durch die Verhältnisse der neuen Zeit geweiteten, aber immer durch den erforderlichen *Nachweis* der Notwendigkeit solcher Ausweitung begrenzten Schranken überschritten werden und daß der Staat ungerecht und zu großem Schaden Aufgaben übernimmt, die von den Einzelnen oder von untergeordneten Gemeinschaften besorgt und geleistet werden können und daher nach den Forderungen der *Gerechtigkeit diesen* überlassen bleiben müssen.

Vielleicht hat man doch im Laufe der letzten Jahrzehnte, besonders aber seit der Ausweitung der Befugnisse des Staates und des Reiches in den neuesten Verfassungen und der fast unbeschränkten *Auslieferung* der Gesetzgebungs- und Regierungsgewalt an den *Volkswillen*, an die Parteien der jeweiligen Parlamentsmehrheit, bei der Übernahme der Aufgabengebiete und Pflichtenkreise durch die Staatsgewalt *nicht immer* an jene naturrechtlichen Schranken und die naturgegebenen Rechte der untergeordneten Gemeinschaften, ja nicht einmal an die Rechte der Einzelpersonen und Familien hinreichend gedacht, und sich vor Überschreitung dieser Schranken und vor Ungerechtigkeit nicht genug gehütet. Man denke an den Zwang, die Kinder *nur* staatlichen oder staatlich anerkannten *Schulen* anzuvertrauen. Man denke an die übertriebene und längst als verfehlt erkannte *Zentralisierung des Steuerwesens*. Man denke an die Bestrebungen und vielfachen Vorstöße, die auf Aufhebung der letzten *Reste von Staatshoheit* in den Staaten und Ländern des Reiches hinzielen. Sollte da nicht neben praktischen Erwägungen, vermeintlich einfacherer oder billigerer Geschäftsführung, auch eine gewisse *Herrschsucht* des in den gesetzgebenden und regierenden Stellen des Reiches in relativ größtem Ausmaß zusammengefaßten *angeblich* zuverlässig *guten Volkswillens*, Mehrheitswillens, zur Auswirkung gekommen sein? Dann wäre ein unbedachtes Hinnehmen, Mitmachen, Unterstützen dieser „Erscheinungsformen" der naturalistischen und laizistischen Grundsätze ein Mitschuldigwerden an dem zu befürchtenden Siege dieser Grundsätze über die Grundsätze des christlichen Glaubens.

Man kann solche Erscheinungsformen nicht hinnehmen, ohne zugleich den hinter ihnen stehenden Grundsätzen zum Siege zu verhelfen, die zum christlichen Glauben in unüberbrückbarem Gegensatz sich befinden.

„Erscheinungsform" einer naturalistischen Weltanschauung, die die Staatsgewalt aus dem Menschenwillen hervorgehen läßt, war für die liberalen *Erfinder* und *ersten Verteidiger* desselben der zweite Satz der Weimarer Verfassung: „Die Staatsgewalt geht vom Volke aus". Wenn *christliche* Politiker ihn hingenommen, ihm zugestimmt, und diese Zustimmung nachher verteidigt haben, so haben sie ihn *unzweifelhaft* in dem annehmbaren, ja nur Tatsächliches behauptenden Sinn verstanden: Die Träger der Staatsgewalt werden vom Volke *bestimmt* und damit in den Besitz der Gewalt gesetzt. Aber ein allzu begeistertes Betonen des jetzt statuierten *maßgebenden* Einflusses des *Volkswillens* auf Gesetzgebung und Regierung, ein an sich gedanklich kaum vertretbares und an Schmeichelei für die eingebildete politische Einsicht und Macht der Menge erinnerndes Hervorheben der Vortrefflichkeit des heutigen „Volksstaates" gegenüber dem früheren „Obrigkeitsstaate" auch seitens überzeugter und sicher wohlmeinender *Katholiken* (in den *Begriffen an sich* liegt ja kein Gegensatz: es gibt keinen Staat, der nicht zugleich Obrigkeits- und Volksstaat wäre; der Gegensatz wird eben *dadurch* in die Worte *hineingelegt,* daß man mit dem Worte „Volksstaat" die Unterordnung der Obrigkeit unter den *Volkswillen* betonen zu wollen *scheint*) legt die Befürchtung nahe, daß man nach Hinnahme der im angeführten Verfassungssatz formulierten „Erscheinungsform" einer widerchristlichen naturalistischen Auffassung über die Grundlagen der, Staatsgewalt auch in *unseren Kreisen* bereits solcher Auffassung *Raum gibt,* und sich damit ohne es zu wollen zum christlichen Glauben in unüberbrückbaren Gegensatz setzt.

„Wenn man das Recht zu gebieten *nicht auf Gott* als seinen Ursprung zurückbezieht, so ist das nichts anderes als der politischen Gewalt ihren schönsten Glanz rauben und ihren Lebensnerv durchschneiden. Wenn man sagt, sie hänge von der Willkür der Menge ab, so ist diese Meinung erstens *falsch*; zweitens läßt sie die obrigkeitliche Gewalt auf einem viel zu schwachen und wandelbaren Grunde ruhen ... Im vorigen Jahrhundert entstand aus einer fälschlich sogenannten Philolosophie [sic] das sogenannte moderne Recht, die *Volkssouveränität* und eine alles übersteigende Zügellosigkeit, die viele für das Wesen der Freiheit halten." (Diuturnum illud.) „Als im 16. Jahrhundert jene unheilvolle und beklagenswerte Neuerungssucht ausgebrochen war, da entstand zuerst eine Verwirrung in bezug auf Fragen der christlichen Religion; bald jedoch in konsequentem Fortschritt wurden auch die Philosophie und von hier aus alle Ordnungen der bürgerlichen Gesellschaft in Mitleidenschaft gezogen. Hier ist der Ausgangspunkt der neueren zügellosen Freiheitslehren, welche man unter den heftigsten Stürmen im vorigen Jahrhundert ersonnen und proklamiert hat, als Grundlehren und Hauptsätze eines ‚neuen Rechts', das, vorher unbekannt, nicht nur vom *christlichen*, sondern auch vom *Naturrecht* in vieler Beziehung *abweicht*. – Oberstes Prinzip aller dieser Lehren ist der Satz, alle Menschen seien, wie sie ihrer Natur und Art nach gleich sind, auch vollständig gleichstehend in der tatsächlichen Lebensstellung; jeder einzelne sei so unabhängig, daß er in keiner Weise der Autorität eines anderen unterworfen sei; es sei ihm freigestellt, zu urteilen über alles, wie er wolle, zu handeln, wie es ihm beliebe; niemand habe das Recht, anderen zu befehlen. Auf *Grund solcher Prinzipien* erkennt die Gesellschaft in der Regierung nur den Ausdruck des *Willens des Volkes*, das, völlig unabhängig, auf diese Weise *sich selbst regiert*: es wählt jene, denen es sich anvertraut, aus, und zwar so, daß es nicht das Recht zu regieren, sondern nur ein Amt überträgt, das sie dann im *Namen des Volkes* ausüben sollen. Die Oberherrschaft Gottes wird mit Stillschweigen übergangen, nicht anders, als wenn Gott nicht existierte, oder sich um die menschliche Gesellschaft gar nicht kümmern würde; oder als ob die Menschen, einzeln und in Gemeinschaft, Gott gegenüber zu nichts verpflichtet wären, oder als ob man sich eine Obrigkeit denken könnte, die ihren Ursprung, ihre Gewalt und ihre Autorität anderswo, als in Gott, hätte. Es ist klar, daß eine solche bürgerliche Gesellschaft nichts anderes ist, als eine Massenherrschaft." „Daß solche Anschauung von der Staatsregierung durchaus *von der Wahrheit abweicht*, legt schon die natürliche Vernunft überzeugend dar. Denn schon die Natur bezeugt, daß wo immer auf Erden eine Gewalt ist, sie aus Gott als aus ihrer tiefsten und heiligsten Quelle fließt. Die Idee der *Volksherrschaft*, die, wie man sagt, ohne jede Beziehung auf Gott von Natur im *Willen der Masse* ihren Grund hat, ist vorzüglich geeignet, der *Menge zu schmeicheln* und vielfachen Begierden freie Bahn zu schaffen; aber sie ruht auf *keinem erweisbaren Grund*, und ist nicht imstande, die Öffentliche Sicherheit und eine ruhige Ordnung zu gewährleisten." (Immortale Dei.)

Es handelt sich hier um die tiefsten Grundlagen der Staatsgewalt und der öffentlichen Ordnung, um *Bestand und Glück von Volk und Vaterland*. „Der Staat von Menschengnaden", wie ihn Bischof Ketteler in seiner Schrift: ‚Freiheit, Autorität und Kirche' nennt, *kann nicht Gehorsam fordern* „um des Gewissens willen". „Es bleibt durchaus *kein Mittel* der Verbindung, als die Gewalt. Der Kampf aller dieser *souveränen Individualitäten* (der völlig gleichgestellten Einzelbürger) *gegen* alle ist die *notwendige Konsequenz* dieses Systems, und die letzte Frage, die sich jeder dann stellen wird, ist nicht mehr: Was soll ich? Was darf ich? Sondern: *Was kann ich?* Das ist der Geist, der jetzt im Schoße der Menschheit kocht und wühlt; der in einzelnen Ereignissen bald hier, bald da, wie ein verheerender Feuerstrom hervorbricht; der an den Fundamenten der menschlichen Gesellschaft im Verborgenen frißt und nagt, wie ein Wurm an den Wurzeln eines mächtigen Baumes. Man kann eben *mit der Lüge nicht spielen. Wer sich ihr hingibt, wird von ihr verschlungen* ... Man kann das Fundament eines Hauses nicht ausgraben und zerstören, das Haus selbst aber in der Luft schwebend erhalten, um darin bequem fort zu wohnen. So kann man auch die Fundamente der Weltordnung *nicht zerstören lassen*, ohne unter den Trümmern endlich begraben zu werden."

Haben vielleicht auch *manche aus unseren Reihen*, „vom falschen Schein des Wahren und Guten verlockt", *mit der Lüge gespielt, Schlagworte* angenommen, „*Erscheinungsformen*" hingenommen, Ideen in sich aufgenommen, vertreten, verbreitet und verteidigt, die aus der *Weltanschauung des Laizismus und des Naturalismus stammend*, in Wirklichkeit an den Wurzeln der Kraft eines geordneten Staatswesens nagen, und die Fundamente zerstören, auf denen *allein* ein *nach Gottes Willen* geleitetes Gesellschaftsleben sicher ruht? „Die modern-heidnische *Umwälzung* der Sittlichkeitsbegriffe und -Anschauungen, *der unser Volk in* unheimlichem Grade immer mehr zum *Opfer fällt*, hat leider auch in *katholische* und *bewußt katholisch sein wollende Kreise* eine sittliche Verwirrung getragen, die *unausweichlich auch hier* zu baldigen Katastrophen führen muß, *Wenn nicht* klare Einsicht und radikale Umkehr noch in letzter Stunde Rettung bringen ... Viele katholische verantwortliche Stellen sahen und sehen noch immer nicht, daß man solche Erscheinungsformen nicht hinnehmen kann, ohne zugleich den hinter ihnen stehenden Grundsätzen zum Siege zu verhelfen, die ... zum christlichen Glauben überhaupt in unüberbrückbarem Gegensatz sich befinden."

———

Hier soll die Prüfung der Festigkeit und Kampfkraft unserer Front gegenüber dem „Laizismus" und „Naturalismus unserer Tage" abgebrochen werden. Wir haben jene drei Gebiete untersucht, die der Papst als die Gefahrenpunkte und *Krankheitsherde* für die durch die Erbsünde geschwächte Menschennatur bezeichnet, die aber unsere Gegner, von der Annahme ausgehend, daß im *Gegenteil* der Mensch von Natur gut, in seinen Trieben zum Guten geneigt und aus eigener Kraft *zum Guten befähigt* sei, heute nicht so sehr offen angreifen und berennen, als vielmehr „unter dem falschen Schein des Wahren und Guten" vernebelt, benutzen, um einen vermeintlich harmlosen und freundschaftlichen *Verkehr* über die Kampflinien hinweg und ein Niederlegen der Waffen, eine Angleichung der Gesinnung anzubahnen.

Im ersten Abschnitt hatten wir die autoritative Führung der Bischöfe, die in den „katholischen Leitsätzen und Weisungen zu verschiedenen modernen Sittlichkeitsfragen" uns klar und deutlich *den Gegensatz* zwischen der „modernen" Auffassung des Verhältnisses von Seele und Leib und der christlichen Wahrheit aufgezeigt haben, und damit die Grenze dessen, was wir beobachten und verteidigen müssen, damit nicht unbemerkt gegnerische Anschauungen in unseren Reihen Fuß fassen, unsere *Kampffront zermürben* und unsere *Niederlage* unabwendbar machen; weil man „Erscheinungsformen" widerchristlicher Grundsätze nicht hinnehmen kann, ohne zugleich den hinter ihnen stehenden Grundsätzen zum Siege zu verhelfen, verpflichten sie uns kraft ihres Hirtenamtes zu *gewissenhafter* Beobachtung der beigefügten „Weisungen", die manches gebieten und verbieten, was vielleicht zu anderen Zeiten, unter anderen Umständen nicht unbedingt erforderlich, resp. unerlaubt wäre, unter Berufung auf den allgemein gültigen Satz: „Der einzelne muß das Interesse der Gesamtheit wahrnehmen und auch persönlich auf Dinge verzichten, die für ihn selber möglicherweise noch keine Gefahr bedeuten."

In den beiden anderen Abschnitten, die von dem Verhältnis des Menschen zu den äußeren Gütern und von der Ordnung des gesellschaftlichen Lebens durch die staatlichen Einrichtungen handeln, haben wir noch nicht eine so zusammenfassende und konkrete Wegweisung durch unsere Bischöfe und Absteckung der Grenze dessen, was „von jedem Katholiken gewissenhaft befolgt werden muß. Vielleicht halten die Bischöfe die Zeit für noch nicht reif, uns für noch nicht reif und aufnahmefähig für solch klare Absteckung der Grenzen und entschlossene Abwehr der unter *„Vernebelung"* der Gefahrenpunkte vordringenden gegnerischen Ideen. Aber auch diese Frontabschnitte stehen unter dem scharfen Scheinwerferlicht der ernsten Warnung des Kardinal-Erzbischofs von Köln: „Man kann die *Erscheinungsformen* der (modernen laizistischen, naturalistischen) Grundsätze nicht hinnehmen, *ohne zugleich* den hinter ihnen stehenden *Grundsätzen* zum *Siege* zu verhelfen, die zum christlichen Glauben in unüberbrückbarem Gegensatz sich befinden." Leitsätze für die Aufdeckung und Beurteilung der Gefahrenpunkte dieser Frontabschnitte fanden wir zahlreich in den *Rundschreiben der letzten Päpste*. Möge jeder aus unseren Reihen – und wir alle sind als Christen berufen, als gefirmte Christen *auserwählt* und *befähigt*, Verteidiger und Vorkämpfer der in der katholischen Kirche hinterlegten *göttlichen Wahrheit* und des *absolut gültigen* göttlichen *Sittengesetzes* zu sein –, *ernstlich prüfen*, ob auch in seine Gesinnung „unter dem falschen Schein des Wahren und Guten" *Verkehrtheit des Denkens* eingedrungen ist; ob in seinem Leben und Handeln „Erscheinungsformen" unchristlicher Grundsätze *Duldung* und *Geltung* gefunden haben, die vielleicht an sich und unter anderen Umständen ungefährlich wären, die aber *heute* als *Vorposten* und Quartiermacher des „Laizismus" und des „Naturalismus" gefährlich und *mit aller Energie zurückzudrängen sind*.

Heute wie zu jeder Zeit gilt jedenfalls die Mahnung des ersten Papstes in der ersten Enzyklika (1. Petr. 5,8), die auf einem alten Bilde des hl. Petrus in der Lambertikirche zu Münster also wiedergegeben ist:

„Betet und waket, wante de Düwel nich enslapet!"
„Betet und wachet, weil der Teufel niemals schlafet!"

sonntags baden in der Ems

ANHANG

Aus dem Schreiben Sr. Eminenz des Kardinals
Karl Joseph Schulte, Erzbischof von Köln.

„Dem verehrlichen Verbande übersende ich im Auftrage der Fuldaer Bischofskonferenz ... in der Anlage ‚Katholische Leitsätze und Weisungen zu verschiedenen modernen Sittlichkeitsfragen" ...
Es ist vorauszusehen, daß da und dort die Ansicht auftauchen wird, die Leitsätze und Weisungen gingen zu weit und zögen die Grenzen zu eng. Demgegenüber möge bestimmt betont werden, daß es höchste Zeit geworden ist, gegen eine allgemeine Strömung anzukämpfen, wenn wir überhaupt noch die Volkssittlichkeit retten wollen. *Da muß der einzelne das Interesse der Gesamtheit wahrnehmen und auch persönlich auf Dinge verzichten, die für ihn selber möglicherweise noch keine Gefahr bedeuten.*
Die modern-heidnische Umwälzung der Sittlichkeitsbegriffe und -Anschauungen, der unser Volk in unheimlichem Grade immer mehr zum Opfer fällt, hat ja leider in auch katholische und bewußt katholisch sein wollende Kreise eine sittliche Verwirrung getragen, die unausweichlich auch hier zu baldigen Katastrophen führen muß, wenn nicht klare Einsicht und radikale Umkehr noch in letzter Stunde Rettung bringen ... Es haben auch genug katholische verantwortliche Stellen den zynischen Spott der sittlich Laxen und den wohlfeilen Vorwurf der Prüderie, Zimperlichkeit, Rückständigkeit, Weltflucht, Kulturscheu, Leibesverachtung, finsteren Aszese viel, viel mehr gefürchtet, als das tatsächliche, unaufhaltsame Hinabgleiten vom Christentum ins Heidentum. Viele katholische verantwortliche Stellen sahen und sehen noch immer nicht, daß die bedeutsamsten Erscheinungsformen der in unseren ‚Leitsätzen und Weisungen' verurteilten einseitigen Körperkultur in unlösbarem Zusammenhang mit philosophierenden bzw. weltanschaulichen Theorien stehen, und daß man solche Erscheinungsformen nicht hinnehmen kann, ohne zugleich den hinter ihnen stehenden Grundsätzen zum Siege zu verhelfen, die nicht nur zur erprobten christlichen Sitte, sondern auch zum christlichen Glauben überhaupt in unüberbrückbarem Gegensatz sich befinden. Nach dieser Richtung

wird noch viel Aufklärungsarbeit in unseren katholischen führenden Kreisen not tun. ...

Möge Ihr verehrl. Verband ... auf seine Mitglieder einwirken, daß sie ihre katholische Pflicht begreifen und mit der Kraft des urchristlichen und ur-katholischen Taufgelöbnisses: ‚Wir widersagen!' sich aufraffen zur unnachgiebigen Abwehr gegen die gekennzeichnete, uns von allen Seiten umgebende große Gefahr unserer Tage!

Köln, 16. Januar 1925.
Der Erzbischof von Köln:
gez.: Karl Joseph Kardinal Schulte."

KATHOLISCHE LEITSÄTZE UND WEISUNGEN
ZU VERSCHIEDENEN MODERNEN SITTLICHKEITSFRAGEN

1. Wie die Seele, so ist auch der Leib von Gott geschaffen. Der Leib des Christen ist durch die Sakramente geheiligt, ein Tempel des Heiligen Geistes. Darum ist der Leib des Christen heilig zu halten. Eine gesunde Körperpflege ist nicht nur mit den Lehren des Christentums vereinbar, sondern geradezu geboten. Aber höher als der Leib steht die Seele. „Körperkultur" darf daher nie zum Körperkult und so zum Schaden für die Seelenkultur werden.

2. Im Menschen sollte nach Gottes Anordnung Harmonie zwischen Leib und Seele bestehen. Die *Erbsünde* hat diese Harmonie zerstört. Es schlummert im Menschen eine Neigung zur *bösen Lust*, die die durch Sittengesetz und Gewissen gezogenen Schranken als lästige Fesseln zu durchbrechen strebt. Aufgabe des Menschen ist es, in lebenslänglichem sittlichen Kampfe, wie ihn der hl. Paulus so ergreifend schildert, mit Hilfe der göttlichen Gnade über diese Neigung Herr zu werden und jene Harmonie wiederzuerstreben. *Das ist fundamentale Lehre des Christentums.*

3. Alle *modernen Bestrebungen*, die offen oder versteckt sich auf den Standpunkt stellen, diese Harmonie sei bereits von Haus aus im Menschen vorhanden, *leugnen* die *Erbsünde*, sind also mit der Lehre der katholischen Kirche *unvereinbar*. Heidentum und Christentum stehen sich hier in ihren Anschauungen über das Verhältnis von Leib und

Seele unversöhnlich gegenüber, Perioden einseitiger „Körperkultur" in der Geschichte tragen sämtlich das Brandmal tiefer sittlicher Entartung.

4. Infolge des zerstörten Einklanges von Leib und Seele sucht der Leib mit seinen sinnlichen Trieben die Herrschaft über die Seele zu erringen. Daher sündigt der Mensch, wenn er sich oder andere ohne Not der Gefahr aussetzt, in diesem Kampf eine Niederlage der Seele zu erleiden. Solche *seelische Gefährdung* ist bei der gegenwärtig um sich greifenden heidnischen Überschätzung des Körpers in weitestem Maße gegeben.

5. *Schamhaftigkeit und Sittsamkeit* sind von Gott als Schutzmauern um die Keuschheit gelegt. Daher versündigt sich, wer unter dem Deckmantel der „Körperkultur" oder der Literatur oder der Kunst diese Schutzmauern untergräbt und einreißt. Es ist *alles* zu verwerten, was nur unter Verletzung von Schamhaftigkeit und Sittsamkeit möglich ist.

6. Dieser Grundsatz gilt ganz allgemein für alle Menschen. Er hat aber besondere Bedeutung für die *Jugend,* in deren Seele sogar vorübergehende, die Schamhaftigkeit und Sittsamkeit verletzende Eindrücke in ihren Nachwirkungen oft verhängnisvoll werden. Eltern und Lehrer, vor allem auch Turnlehrer und Turnlehrerinnen, sowie Leiter von Jugendvereinigungen und deren Turn- und Sportabteilungen, müssen sich der schweren Verantwortung vor Gott, die die Behütung von Schamhaftigkeit und Sittsamkeit ihnen auferlegt, in einer *Zeit sittlichen Verfalls* wie heute besonders bewußt sein.

7. Auch die vom Christentum gewollte „Körperpflege" erstrebt den gesunden, starken, geschickten und schönen Körper, aber im Rahmen der Gesamterziehung und in Unterordnung des Körperlichen unter das Seelische. Die hierdurch gezogenen Grenzen liegen da, wo die *Gefahrzone* für Gesundheit, *Schamhaftigkeit und Sittsamkeit* wie für die Charakterbildung anfängt.

8. Daraus ergeben sich u. a. folgende praktische Regeln, die von jedem Katholiken gewissenhaft *befolgt werden müssen*:

a) Das Turnen muß nach Geschlechtern getrennt geschehen, und der Turnunterricht muß von Lehrkräften des gleichen Geschlechtes wie die Turnenden erteilt werden. Die Turnkleidung darf das Schamgefühl nicht verletzen. Badeanzug beim Turnunterricht ist für Knaben wie für Mädchen nicht zu dulden. Nacktübungen jeglicher Art sind zu verwerfen. Für die Mädchen ist jede Turnkleidung abzulehnen, die die Körperformen aufdringlich betont oder sonst für weibliche Eigenart unangemessen ist. Mädchenturnen soll nur in Hallen oder auf Plätzen veranstaltet werden, wo die Öffentlichkeit ausgeschlossen ist. Sofern dies nicht möglich ist oder wenn eigne Turnkleidung nicht beschafft werden kann, muß man sich auf turnerische Übungen beschränken, die im gewöhnlichen Kleid ausführbar sind. – *Schauturnen und Wettkämpfe der Mädchen und Frauen* sind abzulehnen; sie wecken zumeist ganz unweibliche Art. Diese Ablehnung gilt auch für Veranstaltungen innerhalb von Vereinen.

b) Dieselben praktischen Gesichtspunkte gelten in erhöhtem Maße für *Baden und Schwimmen*. Die Geschlechter sind zu trennen. Das seitens der Schule angeordnete Baden ganzer Schulklassen darf nur von Personen gleichen Geschlechtes beaufsichtigt werden. *Schauschwimmen von Mädchen und Frauen* ist abzulehnen. – Bei Strandbädern (an See oder Fluß) ist vollständige *Trennung der Geschlechter* zu fordern und auf getrennte Aus- und Ankleideräume, zu deren Einrichtung die Ortsbehörden anzuhalten sind, sowie auf anständige Badekleidung und auf beständige Aufsicht zu dringen. – Dasselbe ist zu verlangen bei den immer mehr aufkommenden Freilicht-Luftbädern, und zwar sowohl für Erwachsene wie auch für Kinder.

c) Bei den von der Schule angeordneten ärztlichen Untersuchungen der Schulkinder muß die Schamhaftigkeit, namentlich der Mädchen, aufs peinlichste geschont werden. Die Schulverwaltung hat für die erforderlichen Einrichtungen zu sorgen, auch für die nötige Aufsicht durch Lehrer oder Lehrerinnen, je nachdem Knaben oder Mädchen untersucht werden.

d) Auch der Sport muß sich den gezeichneten Grundsätzen einfügen. Er darf daher nicht einseitig Höchstleistungen erstreben und muß alles meiden, wodurch Gesundheit, *christliche Sitte* und Charakter gefährdet werden. Die Erfüllung der religiösen Pflichten, namentlich der Besuch des Sonntagsgottesdienstes, muß unter allen Umständen sichergestellt sein. Vor dem *gemeinsamen Wandern* von *Jungen und Mädchen* wird eindringlich gewarnt.

e) Zu einer besonderen Gefahr werden heute für viele Kreise die sogenannten rhythmischen Schulen. Ein großer Teil derselben geht in den

Grundsätzen auf pantheistische, materialistische oder rein ästhetisierende Ideen zurück. Vielfach sieht man in der Rhythmik das Allheilmittel der Erziehung oder leistet theoretisch oder praktisch der *Nackt*kultur und der *Abstumpfung des Schamgefühls* Vorschub. – Da solche Schulen dem christlichen Sittengesetz zuwider sind, müssen sie abgelehnt werden, und Katholiken dürfen in sie nicht eintreten. Mit dieser Ablehnung soll die Verwendung einzelner einwandfreier rhythmischer Übungen beim Turnen nicht getroffen werden.

f) Die katholischen Kreise müssen bei der Pflege der Geselligkeit und Gastlichkeit zur alten Einfachheit und Sittsamkeit zurückkehren. Ausschweifungen und Schlemmereien jeglicher Art sind mit katholischer Auffassung unvereinbar. Moderne Tänze, die – fast alle von übelster Herkunft – *die Sittsamkeit und Schamhaftigkeit* bedrohen, dürfen unter keinen Umständen, auch nicht in angeblich verfeinerter Form, länger geduldet werden.

g) In der Bekämpfung der modernen Schmutzliteratur, die auf Verhöhnung der christlichen Moral, auf die Entwürdigung der Frau und auf die Verführung der Jugend direkt oder indirekt hinwirkt, müssen durchgreifende gesetzliche Maßnahmen in zähester Geltendmachung der richtigen sittlichen Grundsätze erstrebt werden. Dasselbe gilt von sittlich anstößigen Darbietungen in Kino und Theater, die überhaupt durchgreifendster Reform bedürftig sind. Es muß Grundsatz des katholischen Volkes werden, in Buchhandlungen und Kiosken, die solchen Schmutz öffentlich feilbieten, niemals zu kaufen. Es ist Pflicht der katholischen Buch- und Schreibwarenhändler, sich durch kein geschäftliches Interesse bewegen zu lassen, derartige Literatur zu führen oder gar zu empfehlen.

h) So wenig die katholische Moral gegen eine zweckmäßige und geschmackvolle Kleidung oder selbst auch gegen den Wechsel der Moden an sich einzuwenden hat, ebenso entschieden und bedingungslos muß sie die gegenwärtig herrschenden Modeunsitten mit ihrer tendenziösen Entblößung oder Herausstellung des Körpers, weil sie letzten Endes einer zynischen heidnischen Lebensauffassung ihren Ursprung verdanken und auf Reizung geschlechtlicher Sinnlichkeit berechnet sind, verwerfen und mit Abscheu ablehnen. Die gebildete katholische Frau muß sich hier der Verantwortung bewußt sein, die auch sie dem Volke

gegenüber als Hüterin reiner Sitte hat. Die Eltern, vor allem die Mütter sind verantwortlich für die Kleidung ihrer Töchter. Daß Frauen und Mädchen im Heiligtum des Gotteshauses und gar am Tische des Herrn sich anders als in durchaus ernster und ehrbarer Kleidung einzufinden wagen, muß in Zukunft ausgeschlossen sein schon durch das Beispiel und die Stellungnahme der katholischen Frauenwelt selber. Aufgabe des katholischen Volksteiles ist es, nicht nur die schlechte Mode zu bekämpfen, sondern sich nachdrücklich um die Schaffung und Einführung einer gediegenen und schönen Frauenkleidung zu bemühen.

i) In der ernstesten Weise werden die Eltern aufgerufen, dem eingerissenen unverantwortlichen Leichtsinn, die heranwachsenden Töchter und Söhne bei Geselligkeiten, besonders bei Tanzkursen oder bei sich anbahnenden Bekanntschaften unbeaufsichtigt zu lassen, in keiner Weise mitzumachen, sondern gemäß alter, ernster, christlicher Sitte ihre Elternpflicht zu tun.

k) Die katholischen Mitglieder der Volksvertretungen, besonders auch der kommunalen, müssen mit Energie und Ausdauer darauf hinwirken, daß Staat und Gemeinden gegen einen schmachvollen Niedergang des deutschen Volkes, der sich in dessen Entsittlichung drohend ankündigt, *umfassendere* und ernstere Maßnahmen treffen. Von den Zentral-, Bezirks- und Ortsbehörden erwarten wir Verständnis und Unterstützung für unsere dem wahren Volkswohle dienenden Grundsätze und Forderungen.

Insbesondere muß sich die katholische Presse der großen Verantwortung bewußt werden, die sie in der Vertretung und Durchführung *unserer katholischen Grundsätze* und Forderungen hat. Sie muß diese Richtlinien als maßgebend sowohl im Text als im Anzeigenteil und besonders auch bei der Auswahl von Illustrationen befolgen.

Im Januar 1925.

[ZITIERTE SCHRIFTEN]

Nachstehend genannte päpstliche Rundschreiben werden in möglichst sinngetreuer Übersetzung des lateinischen Textes zitiert:

Leo XIII.: „Diuturnum illud", über den Ursprung der Staatsgewalt, vom 29. Juni 1881.
Leo XIII.: „Immortale Dei", über die christliche Staatsordnung, vom 1. November 1885.
Leo XIII.: „Rerum novarum", über die Arbeiterfrage, vom 15. Mai 1891.
Pius X.: Syllabus: „Lamentabili sane exitu", vom 3. Juli 1907.
Pius XI.: „Ubi arcano", über den Frieden Christi im Reiche Christi, vom 23. Dezember 1922.
Pius XI.: „Infinita Dei", zur Ankündigung des Jubiläumsjahres 1925, vom 29. Mai 1924.
Pius XI.: „Quas primas", über die Einsetzung des Festes Jesu Christi, des Königs, vom 11. Dezember 1925.
Pius XI.: „Quadragesimo anno", über die gesellschaftliche Ordnung, ihre Wiederherstellung und ihre Vollendung, vom 15. Mai 1931.

Ferner werden wörtlich angeführt:

Wilhelm Emmanuel Freiherr von Ketteler, Bischof von Mainz: Freiheit, Autorität und Kirche, Mainz, Kirchheim, 1862.
Georg von Hertling: Erinnerungen aus meinem Leben. 2. Band. Kempten-München, Kösel, 1920.
Die Verfassung des Deutschen Reiches vom 11. August 1919 (Weimarer Verfassung) und das *Reichswahlgesetz* vom 27. April 1920.

C.
ANHANG

Graphik des Münsteraners Augustinus Heumann (1885-1919)
aus „Karl Wagenfeld: Daud un Düwel, 1912"

LITERATURVERZEICHNIS
(mit Kurztiteln)

Kurztitel zu Texten und Medien, die auch als Internetressourcen zugänglich sind, werden nach der Jahreszahl mit einem Sternchen* gekennzeichnet.

Der Buchbeitrag →„II. Die Wiedergewinnung der alten ‚Terra Mariana'" von Ron Hellfritzsch enthält in den Anmerkungen alle vollständigen Angaben zur dort benutzten Literatur (ohne Kurztitel), sie werden in diesem Gesamtverzeichnis nicht noch einmal aufgeführt.

ALY 2011 = Götz Aly: Warum die Deutschen? Warum die Juden? Gleichheit, Neid und Rassenhass 1800-1933 [= Lizenzausgabe für die Bundeszentrale für politische Bildung]. Bonn 2011.

BAADTE 1993 = Günter Baadte: Krieg, christliche Ethik und Völkerrecht. Zum politischen und publizistischen Engagement von Joseph Mausbach im Ersten Weltkrieg. In: Norbert Glatzel / Eugen Kleindienst (Hg.): Die Personale Struktur des gesellschaftlichen Lebens. Festschrift für Anton Rauscher. Berlin 1993, S. 511-528. [nicht eingesehen]

BECKER 2009 = Annette Becker: Religion. In: Gerhard Hirschfeld / Gerd Krumeich / Irina Renz (Hg): Enzyklopädie Erster Weltkrieg. Paderborn 2009.

BERGENTHAL 1953 = Josef Bergenthal: Westfälische Dichter der Gegenwart. Deutung und Auslese. Münster: Verlag Regensberg 1953.

BESIER 1984 = Gerhard Besier (Hg): Die protestantischen Kirchen Europas im Ersten Weltkrieg. Göttingen 1984.

BICHEL 1990 = Ulf Bichel: Karl Wagenfeld. Gedanken und Gedenken zu seinem 120. Geburtstag am 5. April 1989 und zu seinem 50. Todestag am 19. Dezember 1989. In: Augustin Wibbelt-Gesellschaft. Jahrbuch 6 (1990), S. 7-22.

BLUNCK 1915* = Hans Friedrich Blunck: Belgien und die niederdeutsche Frage. Jena: Diederichs 1915. [http://www.bookprep.com/read/ucl.b4154167]

BOLL 1997 = Friedhelm Boll (Hg.): Volksreligiosität und Kriegserleben. (Jahrbuch für historische Friedensforschung, Band 6). Münster: Lit 1997.

BORCHLING/QUISTORF 1929 = Conrad Borchling / Hermann Quistorf (Hg.): Tausend Jahre Plattdeutsch. Zweiter Band. Proben niederdeutscher Sprache und Dichtung von 1900 bis zur Gegenwart. Hamburg 1929.

BRAKELMANN 2015 = Günter Brakelmann: Protestantische Kriegstheologie 1914 – 1918. Ein Handbuch mit Daten, Fakten und Literatur zum Ersten Weltkrieg. Kamen: Spenner 2015. [Umfangreiches bibliographisches Hilfsmittel, z.T. unter Berücksichtigung „katholischer Themenstellungen".]

BÜRGER 1993 = Peter Bürger (Bearb.): Christine Koch. Liäwensbauk. Erkundungen zu Leben und Werk. [= Christine Koch-Werke. Ergänzungsband]. Eslohe: Maschinen- und Heimatmuseum 1993.

BÜRGER 2005* = Peter Bürger: Hiroshima, der Krieg und die Christen. Düsseldorf: fiftyfifty-Galerie 2005. [Auch als Internetausgabe: http://friedensbilder.de/christenkrieg /Hiroshima-Christen-Krieg.pdf]

BÜRGER 2007 = Peter Bürger: Kino der Angst. Terror, Krieg und Staatskunst aus Hollywood. Zweite, erweiterte Auflage. Stuttgart: Schmetterling Verlag 2007.

BÜRGER 2009 = Peter Bürger: Die fromme Revolte. Katholiken brechen auf. Oberursel: Publik-Forum 2009.

BÜRGER 2010 = Peter Bürger: Im reypen Koren. Ein Nachschlagewerk zu Mundartautoren, Sprachzeugnissen und plattdeutschen Unternehmungen im Sauerland und in angrenzenden Gebieten. Eslohe: Eigenverlag Museum 2010.

BÜRGER 2011 = Peter Bürger: Faschistische Volkstumsideologie und Rassismus statt Wissenschaft. Zur Studie „Mundart und Hochsprache" (1939) von Karl Schulte Kemminghausen. In: Niederdeutsches Wort. Beiträge zur niederdeutschen Philologie. Band 51 (2011), S. 1-24.

BÜRGER 2012a* = Peter Bürger: „Auch mit halbem Kopf kann ein Soldat glücklich sein". Soldaten-Veräppelung vor hundert Jahren – polemisch präsentiert aus aktuellem Anlass von Bundespräsident Gaucks Rede. In: Telepolis, 13.06.2012. http://www.heise.de/tp/artikel/37/37086/1.html

BÜRGER 2012b = Peter Bürger: Liäwensläup. Fortschreibung der sauerländischen Mundartliteraturgeschichte bis zum Ende des ersten Weltkrieges. Eslohe: Eigenverlag des Museums 2012.

BÜRGER 2012c = Peter Bürger: Deutsch-katholischer Dschihad. Die Kriegsbesessenheit des verfassten Christentums ist mitnichten aufgearbeitet und die militärfreundliche Assistenz dauert entsprechend an. In: Telepolis (Onlinemagazin bei heise.de), 01.09.2012. www.heise.de/tp/druck/mb/artikel/37/37531/1.html

BÜRGER 2016 = Peter Bürger: Friedenslandschaft Sauerland. Antimilitarismus und Pazifismus in einer katholischen Region. Norderstedt: BoD 2016.

BÜRGER/NEUHAUS 2022 = Peter Bürger / Werner Neuhaus: Am Angang war der Hass. Der Weg des katholischen Priesters und Nationalsozialisten Lorenz Pieper (1875-1951). Erster Teil. Schmallenberg: WOLL-Verlag 2022. [z.Zt. im Druck]

BUSSE 1915* = Deutsche Kriegslieder 1914/15. Herausgegeben und eingeleitet von Dr. Carl Busse. Bielefeld und Leipzig: Velhagen & Klasing 1915. [http://sammlungen.ulb.uni-muenster.de]

CHAOUI 2013 = Maren Chaoui: Seelsorge, Frömmigkeit und Kriegserfahrungen im Ersten Weltkrieg. Feldpost an den Pfarrer von Brochterbeck. (= Junges Forum Geschichte. Quellen und Forschungen zur Geschichte des Bistums Münster 7). Münster: dialog verlag 2013.

CHICKERING 2002 = Roger Chickering: Das Deutsche Reich und der Erste Weltkrieg. München 2002.

CLEMENS 1983 = Gabriele Clemens: Martin Spahn und der Rechtskatholizismus in der Weimarer Republik. (= Veröffentlichungen der Kommission für Zeitgeschichte – Reihe B, Bd. 37). Mainz: Matthias-Grünewald-verlag 1983.

CORDES/MÖHN 1983 = Cordes, Gerhard / Möhn, Dieter (Hg.): Handbuch zur niederdeutschen Sprach- und Literaturwissenschaft. Berlin 1983.

DAMBERG 1998 = Wilhelm Damberg: Die Geschichte des Bistums Münster. Fünfter Band: Moderne und Milieu 1802-1998. Münster: dialog verlag 1998.

DAUNLOTS* = daunlots. internetbeiträge des christine-koch-mundartarchivs am museum eslohe. nr. 1 ff. Eslohe 2010 ff. www.sauerlandmundart.de

DITT 2012 = Karl Ditt: Karl Wagenfeld 1869-1939. Dichter, Heimatfunktionär, Nationalsozialist? In: Matthias Frese (Hg.): Fragwürdige Ehrungen!? Straßennamen als Instrument von Geschichtspolitik und Erinnerungskultur. Münster 2012, S. 179-232.

DREWERMANN 2017 = Eugen Drewermann: Von Krieg zu Frieden. (= Kapital und Christentum. Band 3). Ostfildern: Patmos 2017.

DÜLFFER/HOLL 1986 = Jost Dülffer / Karl Holl (Hg.): Bereit zum Krieg. Kriegsmentalität im wilhelminischen Deutschland 1890-1914. Beiträge zur historischen Kriegsforschung. Göttingen: Vandenhoeck & Ruprecht 1986.

DÜLMEN 1974* = Richard van Dülmen: Der deutsche Katholizismus und der erste Weltkrieg. In: Francia – Forschungen zur westeuropäischen Geschichte. Band 2 (1974), S. 347-376. [https://journals.ub.uni-heidelberg.de/index.php/fr/article/view/46438/49582]

DÜLMEN 1989/2014 = Richard van Dülmen: Religion und Gesellschaft. Beiträge zu einer Religionsgeschichte der Neuzeit. Frankfurt: Fischer 1989. / Reprint ebd. 2014. [S. 172-203]

EICKHOFF 1902 = Prof. Dr. Eickhoff: Der Westfalen Charakter, Sprache und Vergangenheit. In: Jahrbuch des Vereins für Orts- und Heimatkunde in der Grafschaft Mark 15. Jg. (1900-1901). Witten 1902, S. 133-147.

ERNESTI 2016 = Jörg Ernesti: Benedikt XV. Papst zwischen den Fronten. Freiburg: Herder 2016.

FESTGABE WAGENFELD 1939 = Karl Wagenfeld – Festgabe zur Vollendung seines 70. Lebensjahres. (Herausgegeben von Friedrich Castelle unter Mitarbeit von Grete Wagenfeld). Münster: Aschendorff 1939.

FINDLISTE NACHLAß WAGENFELD 2011* = Nachlass Karl Wagenfeld. Universitäts- und Landes-bibliothek Münster. Dezernat Historische Bestände. – Findliste 2011. [http://miami.uni-muenster.de/servlets/DerivateServlet/Derivate-5893/findliste_wagenfeld.pdf]

FLIEGE 2006 = Thomas Fliege: „Mein Deutschland sei mein Engel Michael". Sankt Michael als nationalreligiöser Mythos. In: Gottfried Korff (Hg.): Alliierte im Himmel. Populare Religiosität und Kriegserfahrung. Tübingen: Vereinigung für Volkskunde e.V. 2006, S. 159-199.

FOERSTE 1987 = Lotte Foerste: Westfälische Mundartliteratur des 19. und frühen 20. Jahr-hunderts. Der Raum Westfalen. IV: Wesenszüge seiner Kultur. Fünfter Teil. Münster: Aschendorff 1987.

FOERSTER 1953 = Friedrich Wilhelm Foerster: Erlebte Weltgeschichte 1969-1953. Nürnberg: Glock und Lutz 1953.

FRANCKE 1914 = Jul. Francke: Krieg dem Fremdwort. In: Westmünsterland. Monatsschrift für Heimatpflege Jg. 1914. Bocholt: J. & A. Temming 1914, S. 245-248.

FUCHS 2004 = Stephan Fuchs: „Vom Segen des Krieges". Katholische Gebildete im Ersten Weltkrieg. Eine Studie zur Kriegsdeutung im akademischen Katholizismus. Stuttgart: Franz Steiner Verlag 2004.

GALEN 1919* = Clemens Graf von Galen: Wo liegt die Schuld? Gedanken über Deutschlands Niederbruch und Aufbau. In: Historisch-politischer Blätter für das katholische Deutschland 164. Band (1919), S. 221-231 und S. 293-305.

GALEN 1932 = Graf Clemens von Galen (Pfarrer in Münster): Die „Pest des Laizismus" und ihre Erscheinungsformen. Erwägungen und Besorgnisse eines Seelsorgers über die religiös-sittliche Lage der deutschen Katholiken. Münster: Aschendorffsche Verlagsbuchhandlung 1932.

GEHLE 2011= Irmgard Gehle: Im Krieg für Kaiser, Volk und Vaterland. Wie heilig war den Christen der 1. Weltkrieg? Zeugnisse zur Kriegsbereitschaft, Hintergrund und Reflexion. Nordhausen: Verlag Traugott Bautz 2011.

GERBER 2007 = Stefan Gerber: Legitimität, Volkssouveränität und Demokratie. Clemens August Graf von Galen und die Weimarer Reichsverfassung. In: Joachim Kuropka (Hg.): Streitfall Galen. Studien und Dokumente. Münster: Aschendorff 2007, S. 95-114.

GLEICHMANN 2011* = Ernst Gleichmann: Entfremdung. Wie die Süddeutsche Zeitung bei der Re-Militarisierung mithilft. 10. August 2011. http://www.nachdenken-in-duesseldorf.de/?p=1451

GRÖBER 1937 = Conrad Gröber (Hg.): Handbuch der religiösen Gegenwartsfragen. [„Mit Empfehlung des deutschen Gesamtepiskopates." „Neudruck mit unwesentlichen Änderungen 1937"]. Freiburg im Breisgau: Herder & Co 1937.

GRUMBACH 2018 = Salomon Grumbach: Das annexionistische Deutschland. Eine Sammlung von Dokumenten, die seit dem 4. August 1914 in Deutschland öffentlich oder geheim verbreitet wurden. Mit einem Anhang: Antiannexionistische Kundgebungen. Neu herausgegeben von Helmut Donat. Mit einer Einleitung von Klaus Wernecke und Beiträgen von Lothar Wieland und Helmut Donat. Bremen: Donat Verlag 2018.

HAMMER 1974 = Karl Hammer: Deutsche Kriegstheologie 1870-1918. (Zweite Auflage, zuerst 1971). München: dtv 1974.

HANSEN-DATENBANK NIEDERDEUTSCH* = Peter Hansen (Bearb.): Die niederdeutsche Literatur (Autorenverzeichnis, Bibliographie, virtuelle Bibliothek, Wörterbuch – fortlaufend ergänzt). https://www.niederdeutsche-literatur.de/ (letzter Abruf am 28.05.2022).

HEERING-DÜLLO 1989 = Cornelia Heering-Düllo: Lehrerheft zur Lesebuchreihe „Tungenslag". Hinweise und Materialien für die Unterrichtsvorbereitung. Mit Unterrichtsbeispielen von Heinz Lenkenhoff, Engelbert Rave und Karl-Heinz Stening. Herausgegeben von: Westfälischer Heimatbund, Lippischer Heimatbund, Landschaftsverband Westfalen-Lippe, Westfälisch-Lippischer Sparkassen- und Giroverband. Münster 1989.

HEINE 1905 = Gottfried Heine: Krümeln un Kuasten. Nigge Vertellekes iutem Surlande. Paderborn: Schöningh o.J. [1905].

HELLFRITZSCH 2020 = Ron Hellfritzsch: Die Wiedergewinnung der alten „Terra Mariana". Clemens August von Galens baltischer Siedlungsplan (1916-1919). In: Deutsch-Baltisches Jahrbuch Band 68 (2020), S. 40-70.

HEYDEBRAND 1983 = Renate von Heydebrand: Literatur in der Provinz Westfalen 1815-1945. Ein literaturhistorischer Modell-Entwurf. Münster 1983.

HIRSCHFELD/KRUMEICH/RENZ 2009 = Gerhard Hirschfeld / Gerd Krumeich / Irina Renz (Hg): Enzyklopädie Erster Weltkrieg. Dritte, erweiterte Auflage. Paderborn 2009.

HIRTENBRIEFE 1915 = Hirtenbriefe des deutschen Episkopats anläßlich der Fastenzeit 1915. Paderborn: Verlag der Junfermannschen Buchhandlung 1915.

HIRTENBRIEFE 1916 = Hirtenbriefe des deutschen Episkopats anläßlich der Fastenzeit 1916. Paderborn: Verlag der Junfermannschen Buchhandlung 1916.

HIRTENBRIEFE 1917 = Hirtenbriefe des deutschen Episkopats anläßlich der Fastenzeit 1917. Paderborn: Verlag der Junfermannschen Buchhandlung 1917.

HIRTENBRIEFE 1918 = Hirtenbriefe des deutschen Episkopats anläßlich der Fastenzeit 1918. Paderborn: Verlag der Junfermannschen Buchhandlung 1918.

HÖHER 1985 = Peter Höher: Heimat und Fremde. Wanderhändler des oberen Sauerlandes. Münster: Coppenrath 1985.

HOLTMANN 2014* = Antonius Holtmann: Was der Olfener Küster, Organist und Erzähler Bernhard Holtmann den Soldaten ins Feld schrieb „Van't Mönsterland in'n Unnerstand". In: Westfälische Nachrichten (Online), 20.08.2014. http://www.wn.de/Welt/Kultur/Auf-Roter-Erde/1692567-Was-der-Olfener-Kuester-Organist-und-Erzaehler-Bernhard-Holtmann-den-Soldaten-ins-Feld-schrieb-Van-t-Moensterland-in-n-Unnerstand

HOLZEM 2009 = Andreas Holzem (Hg.): Krieg und Christentum. Religiöse Gewalttheorien in der Kriegserfahrung des Westens. Paderborn: Schöningh 2009. [S. 656-751: Erster Weltkrieg]

HOLZEM 2015 = Andreas Holzem: Erster Weltkrieg. In: Volkhard Krech / Peter Dinzelbacher (Hg.): Handbuch der Religionsgeschichte im deutschsprachigen Raum, Band 6.1: 20. Jahrhundert – Epochen und Themen. Paderborn: Schöningh 2015, S. 21-60.

HUMMEL/KÖSTERS 2014 = Karl-Joseph Hummel / Christoph Kösters (Hg.): Kirche, Krieg und Katholiken. Geschichte und Gedächtnis im 20. Jahrhundert. Freiburg i.Br.: Herder 2014.

HÜRTEN 1994 = Heinz Hürten: Die katholische Kirche im Ersten Weltkrieg. In: Wolfgang Michalka (Hg.): Der Erste Weltkrieg. Wirkung, Wahrnehmung, Analyse. München / Zürich: Piper 1994, S. 725-735.

JOOS-KOCH 1988 = Christiane Joos-Koch: Evangelische Kirchengemeinde Jakobi zu Rheine. Chronik zum 150jährigen Bestehen der Kirchengemeinde (1838-1988). Rheine 1988.

K&W01 = Peter Bürger (Hg.): Katholische Diskurse über Krieg und Frieden vor 1914. Ausgewählte Forschungen nebst Quellentexten. (= Kirche & Weltkrieg, Band 1). Norderstedt: BoD 2020.

K&W02 = Ulrich Hentschel / Peter Bürger (Hg.): Protestantismus und Erster Weltkrieg. Aufsätze, Quellen und Propagandabilder. (= Kirche & Weltkrieg, Band 2). Norderstedt: BoD 2020.

K&W03 = Peter Bürger (Hg.): Frieden im Niemandsland. Die Minderheit der christlichen Botschafter im Ersten Weltkrieg. (= Kirche & Weltkrieg, Band 3). Norderstedt: BoD 2021.

K&W04 = Peter Bürger (Hg.): Katholizismus und Erster Weltkrieg. Forschungen und ausgewählte Quellentexte. (= Kirche & Weltkrieg, Band 4). Norderstedt: BoD 2020.

K&W05 = Franziskus Maria Stratmann: Weltkirche und Weltfriede [1924]. Neu hg. v. Thomas Nauerth. (= Kirche & Weltkrieg, Bd. 5). Norderstedt: BoD 2021.

K&W06 = Adolf von Harnack: Schriften über Krieg und Christentum. „Militia Christi" (1905) und Texte mit Bezug zum Ersten Weltkrieg. Bearb. v. Bodo Bischof & P. Bürger. (= Kirche & Weltkrieg, Band 6). Norderstedt: BoD 2021.

K&W07 = Dietrich Kuessner: Die Deutsche Evangelische Kirche und der Russlandfeldzug. Eine Arbeitshilfe. (Neuedition = Kirche & Weltkrieg, Band 7). Norderstedt: BoD 2021.

KAHLE 1967 = Maria Kahle: Heimkehr ins Dorf [hdt. Erzählung, ndt. Judaslied]. In: Sauerländer Hinkende Bote 1967 [Heimatkalender], S. 118-119.

KÄẞMANN 2014 = Margot Käßmann: Außenansicht. In: Süddeutsche Zeitung vom 02.07.2014, S. 2.

KIRCHLICHES AMTSBLATT MÜNSTER = Kirchliches Amtsblatt der Diözese Münster, Jahrgänge 1914 bis 1918.

KIRCHLICHES HANDBUCH 1914-1919 = Kirchliches Handbuch für das katholische Deutschland. Nebst Mitteilungen der amtlichen Zentralstelle für kirchliche Statistik. Jg. 1914-1919, Band 5-9.

KLEYBOLDT 1925* = Sammlung Kirchlicher Erlasse, Verordnungen und Bekanntmachungen für die Diözese Münster. Bearbeitet von Dr. jur. Chr. Kleyboldt, Päpstlicher Geheimkämmerer. Zweite Auflage. Münster: Verlag der Westfälischen Vereinsdruckerei 1925. [Als Online-Ausgabe der Universitäts- und Landesbibliothek Düsseldorf: URN urn:nbn:de:hbz:061:1-79874]

KORFF 2006 = Gottfried Korff (Hg.): Alliierte im Himmel. Populare Religiosität und Kriegserfahrung. Tübingen: Vereinigung für Volkskunde e.V. 2006.

KÖRNER 1914 = P. Körner: Bei den Franzosen in Friedrichsfeld. In: Westmünsterland. Monatsschrift für Heimatpflege Jg. 1914. Bocholt: J. & A. Temming 1914, S. 234-236.

KRIEGS-RUNDSCHAU 1915 = Kriegs-Rundschau. Zeitgenössische Zusammenstellung der für den Weltkrieg wichtigen Ereignisse, Urkunden, Kundgebungen sowie Schlacht- und Zeitberichte. Herausgegeben von der Täglichen Rundschau. Bd. 1. Berlin 1915, S. 43.

KRUMMEICH/LEHMANN 2000 = Gerd Krummeich / Hartmut Lehmann (Hg.): Gott mit uns. Nation, Religion und Gewalt im 19. und frühen 20. Jahrhundert. Göttingen: Vandenhoeck & Ruprecht 2000.

KUHN 1859* = Adalbert Kuhn: Sagen, Gebräuche und Märchen aus Westfalen und einigen andern, besonders den angrenzenden Gegenden Norddeutschlands. Erster Theil: Sagen. Leipzig: Brockhaus 1859. [books.google.com]

KUROPKA 1992 = Joachim Kuropka / Maria-Anna Zumholz (Hg.): Clemens August Graf von Galen. Sein Leben und Wirken. Cloppenburg: G. Runge 1992.

KUROPKA 2001 = Joachim Kuropka (Hg.): Clemens August Graf von Galen. Menschenrechte – Widerstand – Euthanasie – Neubeginn. Zweite Auflage. Münster: Verlag Regensberg 2001.

KUROPKA 2007 = Joachim Kuropka (Hg.): Streitfall Galen. Studien und Dokumente. Münster: Aschendorff 2007.

LANGE 2009 = Hendrik Martin Lange: Max Bierbaum. Ein katholischer Theologe in der NS-Zeit (Junges Forum Geschichte. Quellen und Forschungen zur Geschichte des Bistums Münster 4). Münster: dialog verlag 2009.

LANGER 1985 = Albrecht Langer (Hg.): Katholizismus, nationaler Gedanke und Europa seit 1800. Paderborn: Schöningh 1985.

LANGHANKE 2008 = Robert Langhanke: Karl Wagenfeld. Daud un Düwel. In: Robert Peters / Friedel Helga Roolfs (Hg.): Plattdeutsch macht Geschichte. Münster 2008, S. 189-192.

LÄTZEL 2014 = Martin Lätzel: Die Katholische Kirche im Ersten Weltkrieg. Zwischen Nationalismus und Friedenswillen. Regenburg: Pustet 2014.

LÖFFLER 1988 = Peter Löffler (Bearbeiter): Bischof Clemens August Graf von Galen. Akten, Briefe und Predigten 1933-1946. (= Veröffentlichungen der Kommission für Zeitgeschichte, Reihe A, Band 42, zwei Teile). Erste Auflage. Mainz: Matthias-Grünewald-Verlag 1988.

LÖFFLER 1996 = Peter Löffler (Bearbeiter): Bischof Clemens August Graf von Galen. Akten, Briefe und Predigten 1933-1946. (= Veröffentlichungen der Kommission für Zeitgeschichte, Reihe A, Band 42, zwei Teile). Zweite, erweiterte Auflage. Paderborn: Schöningh 1996.

LÖNNE 1986 = Karl-Egon Lönne: Politischer Katholizismus im 19. und 20. Jahrhundert. Frankfurt a.M.: suhrkamp 1986.

LOTH 2018 = Wilfried Loth: „Freiheit des Volkes". Katholizismus und Demokratie in Deutschland. Frankfurt: Campus 2018.

LUTZ 1963 = Heinrich Lutz: Demokratie im Zwielicht. Der Weg der deutschen Katholiken aus dem Kaiserreich in die Republik 1914-1925. München 1963.

LWA* = Walter Gödden / Iris Nölle-Hornkamp (Bearb.): Westfälisches Autorenlexikon Bd. I: 1750-1800. Paderborn 1993; Bd. II: 1800-1850. Paderborn 1994; Bd. III: 1850-1900. Paderborn 1997. – Zugrunde gelegt wird die vollständige, aktualisierte und stark erweiterte Version im Internet mit dem neuen Titel „Lexikon Westfälischer Autorinnen und Autoren 1750 bis 1950": http://www.lwl.org/literatur kommission/alex/ [http://www.literaturportal-westfalen.de]

MARCUS 1914 = E[li] Marcus: Westfaolenmoders Weigenleed. In: Westmünsterland. Monatsschrift für Heimatpflege Jg. 1914 (Heft 9, September). Bocholt: J. & A. Temming 1914, S. 211.

MARCUS 2003 = Eli Marcus. Ick weet en Land. Ein jüdischer Mundartdichter Westfalens. Ausgewählte Texte und ein Lebensbild. Herausgegeben von Manfred Schneider und Julian Voloj. Mit Beiträgen von Siegfried Kessemeier, Gisela Möllenhoff, Rita Schlautmann-Overmeyer, Friedhelm Wacker und Gisela Weiß. Münster: Aschendorff 2003.

MAUSBACH 1914a = Joseph Mausbach: Vom gerechten Kriege und seinen Wirkungen. Münster: Borgmeyer 1914.

MAUSBACH 1914b = Joseph Mausbach: Vom gerechten Kriege und seinen Wirkungen. Zeitgemäße Gedanken. In: Hochland 12. Jahrgang (Oktober 1914), S. 1-13.

MAUSBACH 1916 = Joseph Mausbach: Die Wahrung und Förderung des konfessionellen Friedens. In: Friedrich Thimme (Hg.): Vom inneren Frieden des deutschen Volkes. Ein Buch gegenseitigen Verstehens und Vertrauens. Leipzig 1916, S. 142-167.

MEISTER 1909 = Aloys Meister (Hg.): Die Grafschaft Mark. Festschrift zum Gedächtnis der 300jährigen Vereinigung mit Brandenburg-Preußen. Band 1 [*Politische Geschichte; Volkskunde und geistiges Leben; Wirtschaftsgeschichte*]. Dortmund: Ruhfus 1909.

MELCHIOR 1994* = Wolfgang Melchior: Vom Kulturkampf zur Regierungspartei. Zentrumspartei und politischer Katholizismus des Kaiserreichs im Wandel. [Hauptseminar Sommersemester 1994: „Nationalstaat und Nationalismus in Italien und Deutschland bis zum ersten Weltkrieg" bei Prof. Dr. Franz Bauer.] München 1994. [www.wmelchior.com; Abruf 25.10.2011]

MICHELSEN/MÜNS/RÖMMER 2004 = Dat 's ditmal allens, wat ik weten do, op 'n anner Mal mehr... 100 Jahre Quickborn, Vereinigung für niederdeutsche Sprache und Literatur e. V., Hamburg. Festschrift. Herausgegeben von Friedrich W. Michelsen, Wolfgang Müns und Dirk Römmer und unter Mitarbeit von Jürgen Meier. Hamburg: Quickborn 2004.

MISSALLA 1968 = Heinrich Missalla: „Gott mit uns". Die deutsche katholische Kriegspredigt 1914-1918. München: Kösel 1968.

MOMMSEN 2004 = Wolfgang J. Mommsen: Der Erste Weltkrieg. Anfang vom Ende des bürgerlichen Zeitalters. Bonn: Bundeszentrale für politische Bildung 2004.

MORSEY 1987 = Rudolf Morsey: Clemens August Kardinal von Galen. Bischöfliches Wirken in der Zeit der Hitler-Herrschaft. Düsseldorf: Landeszentrale für politische Bildung Nordrhein-Westfalen 1987.

MORSEY 2007 = Rudolf Morsey: Galens politischer Standort bis zur Jahreswende 1933/34 in Selbstzeugnissen und Fremdeinschätzungen bis zur Gegenwart. In: Hubert Wolf / Thomas Flammer / Barbara Schäfer (Hg.): Clemens August von Galen. Ein Kirchenfürst im Nationalsozialismus. Darmstadt: Wissenschaftliche Buchgesellschaft 2007, S. 122-158.

MÜHL 1990 = Hans Mühl: „Sölwst Geist nich un Sohn!" Augustin Wibbelts Bedenken zu einer Textstelle in Karl Wagenfelds „De Antichrist". In: Augustin Wibbelt-Gesellschaft. Jahrbuch 6 (1990), S. 23-33.

MÜNS 2007 = Ehren „Namen hefft" se „van dem schonen Springe ...". 100 Jahre Zeitschrift „Quickborn". Im Auftrag des Vorstandes der Vereinigung „Quickborn" herausgegeben von Wolfgang Müns. Hamburg: Selbstverlag der Vereinigung „Quickborn" 2007.

MÜNSTERISCHES PASTORAL-BLATT = Münsterisches Pastoral-Blatt – Monatsschrift für katholische Seelsorger, Jahrgänge 1914 bis 1918. Herausgeber: Dr. Adolf Donders, Domprediger in Münster.

NEGEL/PINGGÉRA 2016 = Joachim Negel / Karl Pinggéra (Hg.): Urkatastrophe. Die Erfahrung des Krieges 1914-1918 im Spiegel zeitgenössischer Theologie. Freiburg: Herder 2016.

NEUMANN 1995* = Johannes Neumann: Die Kirchen in Deutschland 1945: Vorher und nachher. Vortrag im Rahmen der Tübinger Universitätswochen 1995 in Albstadt-Ebingen. http://www.ibka.org/artikel/ag98/1945.html

NIPPERDEY 1988 = Thomas Nipperdey: Religion im Umbruch. Deutschland 1870-1918. München: C.H. Beck 1988.

NÜBEL 2008* = Christoph Nübel: Die Mobilisierung der Kriegsgesellschaft. Propaganda und Alltag im Ersten Weltkrieg in Münster. Münster: Waxmann 2008. [Als Internet-Ressource: https://www.academia.edu]

PADBERG 1982 = Magdalena Padberg: Als wir preußisch wurden. Das Sauerland von 1816 bis 1849. Fredeburg: Grobbel 1982.

PBuB* = Die Plattdeutsche Bibliographie und Biographie (PBuB). Bearbeitet von Peter Hansen; fortgeführt seit März 2009 vom Institut für niederdeutsche Sprache, Bremen. http://www.ins-db.de [Neu: HANSEN-DATENBANK NIEDERDEUTSCH*]

PESCH 1914 = Joh. Pesch: Kriegsstimmungsbilder. In: Westmünsterland. Monatsschrift für Heimatpflege Jg. 1914. Bocholt: J. & A. Temming 1914, S. 242-245.

PILKMANN-POHL 1991 = Reinhard Pilkmann-Pohl: Bi Fournes. Zu einem Kriegsgedicht Augustin Wibbelts. In: Augustin Wibbelt-Gesellschaft. Jahrbuch 7 (1991), S. 16-24.

POHL 1962* = Siegbert Pohl: Augustin Wibbelt als niederdeutscher Lyriker (= Nieder-deutsche Studien Bd. 8). Köln: Böhlau 1962. [http://www.lwl.org/LWL/Kultur/komuna/publikationen/niederdeutsche_studien]

PÖPPINGHEGE 2004* = Rainer Pöpppinghege: Westfalen im Ersten Weltkrieg. Textversion: 2004. In: Internet-Portal „Westfälische Geschichte". http://www.westfaelische-geschichte.de/web38

PRÜMER 1915 = [Karl Prümer]: Plattdeutsches Kriegslied. Junge, wann du wost, dann komm. Von K. P. Dortmund: Niederdeutsche Verlagsanstalt [1915]. [7S.]

PRÜMER 1916 = Karl Prümer: Pipenbrink im Schützengrawen un te Hus. Leipzig: Otto Lenz [1916].

PÜTTER 2005 = Josef Pütter: Sauerländisches Grenzland im Wandel der Zeiten. [Erstausgabe Balve 1965]. 2., überarb. Auflage. Balve: Heimwacht Balve e.V. 2005.

RECKINGER 1983 = Francois Reckinger: Krieg ohne uns! Paderborn: Bonifatius-Druckerei 1983.

RIESENBERGER 2008 = Dieter Riesenberger: Den Krieg überwinden. Geschichtsschreibung im Dienste des Friedens und der Aufklärung. Bremen: Donat Verlag 2008.

RUSTER 1994 = Thomas Ruster: Die verlorene Nützlichkeit der Religion. Katholizismus und Moderne in der Weimarer Republik. Paderborn/München/Wien/Zürich: Schöningh 1994.

SANDSTEDE-AUZELLE/SANDSTEDE 1986 = M.-C. Sandstede-Auzelle / G. Sandstede: Clemens August Graf von Westfalen, Bischof von Münster im Dritten Reich. Münster: Aschendorff 1986.

SANKT MICHAEL [1917/1919*] = Johann LEICHT, Domkapitular in Bamberg (Hg.): Sankt Michael. Ein Erinnerungsbuch aus schwerer Zeit zur Erbauung und Tröstung für die Katholiken deutscher Zunge. Mit einer Einführung von Dr. Paul Wilhelm von Keppler (Bischof von Rottenburg). Herausgegeben in Verbindung mit Dr. Franz Xaver Eberle (Domkapitular in Augsburg), Dr. Michael Gatterer S.J. (Professor in Klagenfurt), Prälat Dr. Jos. Mausbach (Professor in Münster), Msgr. H.F.M. Schweitzer (Generalpräses der kath. Gesellenvereine in Köln), Domherr Robert Weimann (Erzbischöflicher Generalvikar in Posen). Würzburg / Berlin / Wien: Deutscher Sankt-Michaels-Verlag G.m.b.H. [1917/1919?]. [= Veränderte, gekürzte Nachkriegsausgabe mit neuem Untertitel und ohne Eindruck des Erscheinungsjahres; „Imprimatur. Würzburg den 1. Juni 1917. Bischöfl. Ordinariat. Dr. Heßdörfer, Vic. gen."; 320 Seiten] [Archiv P. Bürger]

SANKT MICHAEL 1918 = Johann LEICHT, Domkapitular in Bamberg (Hg.): Sankt Michael. Ein Buch aus eherner Zeit zur Erinnerung, Erbauung und Tröstung für die Katholiken deutscher Zunge. Mit einer Einführung von Dr. Paul Wilhelm von Keppler (Bischof von Rottenburg). Herausgegeben in Verbindung mit Dr. Franz Xaver Eberle (Domkapitular in Augsburg), Dr. Michael Gatterer S.J. (Professor in Klagenfurt), Prälat Dr. Jos. Mausbach (Professor in Münster), Msgr. H.F.M. Schweitzer (Generalpräses der kath. Gesellenvereine in Köln), Domherr Robert Weimann (Erzbischöflicher Generalvikar in Posen). Würzburg / Berlin / Wien: Deutscher Sankt-Michaels-Verlag G.m.b.H. 1918. [Vorwort der Herausgeber von „Ostern 1917"; „Imprimatur. Würzburg den 1. Juni 1917. Bischöfl. Ordinariat. Dr. Heßdörfer, Vic. gen."; 376 Seiten] [Archiv P. Bürger]

SCHALKAMP 1933 = Gertrud Schalkamp: Augustin Wibbelt und die Dorfgeschichte. Würzburg: Richard Mayr 1933.

SCHATZ 2008 = Klaus Schatz: Kirchengeschichte der Neuzeit. Zweiter Teil. 3. Auflage. Düsseldorf: Patmos 2008.

SCHEIDGEN 1991 = Hermann-Josef Scheidgen: Deutsche Bischöfe im Ersten Weltkrieg. Die Mitglieder der Fuldaer Bischofskonferenz und ihre Ordinariate 1914-1918. (= Bonner Beiträge zur Kirchengeschichte, Band 18.) Köln/Weimar/Wien: Böhlau 1991.

SCHEPPER 1990 = Rainer Schepper, Rainer: Karl Wagenfeld – ein Wegbereiter des National-sozialismus. Spuren eines deutschen Heimatdichters. In: Quickborn. Zeitschrift für plattdeutsche Dichtung und Sprache 80. Jg. (1990), S. 104-120.

SCHILLING 2008 = Elmar Schilling: Karl Wagenfeld und Augustin Wibbelt. Kriegsgedichte. In: Robert Peters / Friedel Helga Roolfs (Hg.): Plattdeutsch macht Geschichte. Münster 2008, S. 195f.

SCHULTE 1939* = Wilhelm Schulte: Unser Karl Wagenfeld. Zu seinem 70. Geburtstag am 3. April 1939. In: Der Sauerländer. Heimatkalender für das Sauerland 1940, S. 61-64. [Digitales Archiv: http://www.sauerlaender-heimatbund.de]

SCHUPPENHAUER 1988 = Claus Schuppenhauer: Mundartdichtung im Kampf für's Vaterland. Über Augustin Wibbelts niederdeutsche Kriegslyrik. In: Augustin Wibbelt-Gesellschaft. Jahrbuch 4 (1988), S. 9-43.

SCHUPPENHAUER 1994* = Claus Schuppenhauer: Nedderdüütsch Dichten – ehrgüstern, güstern un vundaag. Eenmal verdwars dör uns' Literatur. In: Wolfgang Lindow / Claus Schuppenhauer: Die niederdeutsche Sprache. Nedderdüütsch Dichten. Leer 1994, S. 43-113. [Zitiert nach einer Kurzfassung auf der Internetseite des Instituts für niederdeutsche Sprache Bremen: http://www.ins-bremen.de/plattdeutsch/texten/plattdeutsche-literaturgeschichte.html] [Abgerufen 2012]

SCHWARTE 2015 = Hergard Schwarte: Adolf Donders (1877-1944). In: Friedrich Gerhard Hohmann (Hg.) / Burkhard Beyer (Red.): Westfälische Lebensbilder, Band 19. Münster: Aschendorff 2015, S. 121-139.

SCHWERT DES GEISTES 1917 = Das Schwert des Geistes. Feldpredigten im Weltkrieg – in Verbindung mit Bischof Dr. Paul Wilhelm von Keppler und Domprediger Dr. Adolf Donders herausgegeben von Dr. Michael von Faulhaber, Bischof von Speyer. Freiburg im Breisgau: Herdersche Verlagsbuchhandlung 1917.

SCHWIDETZKY/WALTER 1967 = Ilse Schwidetzky / Hubert Walter: Untersuchungen zur anthropologischen Gliederung Westfalens. = Der Raum Westfalen. Bd. V Mensch und Landschaft. Erster Teil. Hrsg. im Auftrag des Landschaftsverbandes Westfalen-Lippe. Münster: Aschendorff 1967. [Eine ‚Rassenkunde' 1967 !]

SÖMER 1909/1992 = Peter Sömer: Hageröschen aus dem Herzogtum Westfalen [Reihenfolge aller Texte identisch mit der Erstauflage von 1892]. Zweite Auflage. Paderborn: Bonifacius-Druckerei 1909. [Unveränderter Nachdruck der 2. Auflage: Olpe: Kreisheimatbund Olpe e.V. 1992.]

STADTARCHIV MÜNSTER 1990 = Ulrike Gattineau / Roswitha Link (Red.): Der Kaiserbesuch von 1907. Ein Blick auf Münster in Wilhelminischer Zeit. (Dokumentation einer Ausstellung des Stadtarchivs im Universitätsgebäude Fliednerstrasse vom 23.11. - 18.12.1987). Zweite, unveränderte Auflage. Münster: Eigenverlag Stadt Münster 1990.

STOFFERS 2014 = Johann Stoffers: Haltung der katholischen Kirche in Westfalen zum und während des Ersten Weltkrieg. In: Westfalen im Ersten Weltkrieg. Ein Projekt im Rahmen des Studiums im Alter an der Westfälischen Wilhelms-Universität Münster. Bearbeitet von Paul Alexander, Paul Boß, Hartmut Bringmann, Arnold Gieseke, Gabriele Pettendrup und Johann Stoffers. Herausgegeben von Veronika Jüttemann. Münster: Publikationsserver der WWU Münster 2014, S. 1-28. Internet-Ressource: https://nbn-resolving.de/urn:nbn:de:hbz:6-61329507244 [letzter Abruf am 29.04.2022].

STRÖTZ 2005 = Jürgen Strötz: Der Katholizismus im deutschen Kaiserreich 1871 bis 1918. Strukturen eines problematischen Verhältnisses zwischen Widerstand und Integration. (Bd. 1: Reichsgründung und Kulturkampf 1871–1890; Bd. 2: Wilhelminische Epoche und Erster Weltkrieg 1890–1918). Hamburg: Kovac 2005. [Nicht eingesehen.]

TAUBKEN 1994 = Hans Taubken: „Lieber Herr Bruder in Apoll!" Zu den Korrespondenzen zwischen Augustin Wibbelt und Karl Wagenfeld. In: Augustin Wibbelt-Gesellschaft. Jahrbuch 10 (1994), S. 51-66.

TAUBKEN 1996 = Hans Taubken: Bibliographie zum Werk Augustin Wibbelts. Teil 1: Selbständig erschienene Bücher und Schriften. In: Augustin Wibbelt-Gesellschaft. Jahrbuch 12 (1996), S. 7-46.

TAUBKEN 1997 = Hans Taubken: Bibliographie zum Werk Augustin Wibbelts. Teil 2: Periodika: Kalender, Zeitschriften und Zeitschriftenbeilagen. In: Augustin Wibbelt-Gesellschaft. Jahrbuch 13 (1997), S. 15-22.

TAUBKEN 2016 = Hans Taubken: Augustin Wibbelt und der Erste Weltkrieg. In: Niederdeutsches Wort. Beiträge zur niederdeutschen Philologie. Band 56 (2016), S. 125-143.

VINCKE 1857* = Sagen und Bilder aus Westfalen. Gesammelt und herausgegeben von Gisbert Freiherrn von Vincke [1856]. Zweite vermehrte Auflage. Hamm: Grote 1857. [Internetressource: books.google.com]

VOLOJ 2001 = Julian Voloj: „… en däftig Wüörtken Platt!" Biographische Notizen zum münsterländischen Heimatdichter Eli Marcus. In: Augustin Wibbelt-Gesellschaft. Jahrbuch 17 (2001), S. 97-107.

VON DER DUNK 2004 = Hermann W. von der Dunk: Kulturgeschichte des 20. Jahrhunderts. Band I. München 2004.

VON WEYHE 2020 = Josephine von Weyhe: Franz Graf von Galen (1879-1961). Ein „Miles Christianus" im Spannungsfeld zwischen Katholizismus, Adel und Nation. Münster: Aschendorff 2020.

WAGENFELD 1912* = Daud un Düwel. Dichtung von Karl Wagenfeld. Bilder von August Heumann. Zweite Auflage. Hamburg: Richard Hermes Verlag [1912]. [Dritte Auflage 1919 auch als Digitalisat im Internet: http://digital.ub.uni-duesseldorf.de/urn/urn:nbn:de:hbz:061:1-77039]

WAGENFELD 1914a = Karl Wagenfeld: Krieg. Gedichte in münsterländischer Mundart. Umschlagzeichnung und Buchschmuck von Augustin Heumann, Münster. [Bücherei Westmünsterland.] Bocholt: J. & A. Temming [1914].

WAGENFELD 1914b = Karl Wagenfeld: Rüter Daud [Gedicht]. In: Westmünsterland. Monatsschrift für Heimatpflege Jg. 1914. Bocholt: J. & A. Temming 1914, S. 238-241. [Text aus: Wagenfeld 1914a]

WAGENFELD 1915 = Karl Wagenfeld: Weltbrand. Neue Folge Kriegsgedichte in münsterländischer Mundart. Bocholt: J. & A. Temming 1915.

WAGENFELD 1916a = An'n Herd: Plattdeutsche Feldbriefe von Karl Wagenfeld. Erstes Heft. Warendorf: J. Schnellsche Verlagsbuchhandlung (Inhaber C. Leopold) [1916]. [49S.]

WAGENFELD 1916b = An'n Herd: Plattdeutsche Feldbriefe von Karl Wagenfeld. Zweites Heft. Warendorf: J. Schnellsche Verlagsbuchhandlung [1916]. [49S.]

WAGENFELD 1916c = An'n Herd: Plattdeutsche Feldbriefe von Karl Wagenfeld. Drittes Heft. Warendorf: J. Schnellsche Verlagsbuchhandlung [1916]. [46S.]

WAGENFELD 1916d = An'n Herd: Plattdeutsche Feldbriefe von Karl Wagenfeld. Viertes Heft. Warendorf: J. Schnellsche Verlagsbuchhandlung [1916]. [48S.]

WAGENFELD 1917a = An'n Herd: Plattdeutsche Feldbriefe von Karl Wagenfeld. Fünftes Heft. Warendorf: J. Schnellsche Verlagsbuchhandlung [1917]. [46S.]

WAGENFELD 1917b = An'n Herd VI.: Jans Baunenkamps Höllenfahrt, Therese Schulte Kloßfall u.a. Plattdeutsche Feldbriefe von Karl Wagenfeld. Warendorf: J. Schnellsche Verlagsbuchhandlung (C. Leopold) [1917]. [96S.]

WAGENFELD 1918 = Karl Wagenfeld: Usse Vader (Vater unser). Bocholt: J. & A. Temming 1918.

WAGENFELD 1919 = Karl Wagenfeld: Krieg und Stammesart. In: Münsterland. Monatsschrift für Heimatpflege. 6. Jg. (Mai 1919), Heft 5, S. 73-80.

WAGENFELD 1954/1983 = Karl Wagenfeld: Versdichtungen und Dramen [Daud un Düwel; Antichrist; Luzifer; Usse Vader; Hatt giegen hatt; Dat Gewitter; Dat Gaap-Pulver; Gedichte in Auslese]. = Gesammelte Werke, Band 1. Herausgegeben von Friedrich Castelle [1954]. Zweite Auflage. Münster: Aschendorff 1983.

WAGENFELD 1956/1985 = Karl Wagenfeld: Erzählungen. = Gesammelte Werke, Band 2. Herausgegeben von Friedrich Castelle und Anton Aulke [1956]. Zweite Auflage. Münster: Aschendorff 1985.

WAGENFELD 1983 = Karl Wagenfeld: Ick will di maol wat seggen. Sprichwörter und Redens-arten [...] und anderes mehr aus seinen volkskundlichen Schriften. = Gesammelte Werke, Band 3. Hg. Hannes Demming. Münster: Aschendorff 1983.

WAGENFELD 1992 = Karl Wagenfeld: Sipp, sapp, Sunne. Namens un Lüh. = Gesammelte Werke, Band 4. Hg. Hannes Demming. Münster: Aschendorff 1992.

WEBER 1990 = Ulrich Weber: Die niederdeutsche Dialektliteratur Westfalens im 19. Jahrhundert. Ihre Anfänge und ihre Ausbreitung. In: Augustin Wibbelt-Gesellschaft. Jahrbuch 7 (1991), S. 41-72.

WEIß 2014 = Otto Weiß: Kulturkatholizismus. Katholiken auf dem Weg in die deutsche Kultur 1900-1933. Regensburg: Pustet 2014.

WERMERT 2002 = Josef Wermert (Hg.): Olpe. Geschichte von Stadt und Land. Bd. 1. Olpe: Stadtarchiv 2002.

WESTFÄLISCHER HEIMATBUND 1929 = Volkstum und Heimat. Karl Wagenfeld zum 60. Geburtstag vom Westfälischen Heimatbunde. Münster: Aschendorff 1929.

WETTE 1914 = Hermann Wette: Westfälische Kriegsgedichte. Jena: Eugen Diederichs 1914. [35S.]

WETTE 1965 = Hermann Wette: Mauderspraok. Kleine Auswahl aus den Gedichten. Besorgt von Heinrich Luhmann. (= Kleine Westfälische Reihe Gruppe VI, Heft 27). Bielefeld 1965.

WETTE 2017 = Wolfram Wette: Ernstfall Frieden. Lehren aus der deutschen Geschichte seit 1914. Bremen: Donat Verlag 2017.

WIBBELT 1901* = Augustin Wibbelt: Im bunten Rock. Aus meinem Tagebuche. Essen: Fredebeul & Koenen 1901. Als Internetressource auf : https://sammlungen.ulb.uni-muenster.de/hd/content/titleinfo/6810318

WIBBELT 1914a = Augustin Wibbelt: Well sall't iähr seggen? [Erzählung]. In: Westmünster-land. Monatsschrift für Heimatpflege Jg. 1914 (Heft 11, November). Bocholt: J. & A. Temming 1914, S. 266-270.

WIBBELT 1914b = Augustin Wibbelt: Die große Volksmission Gottes. Ein ernstes Mahnwort in schwerer Zeit. Warendorf: J. Schnellsche Verlagsbuchhandlung (C. Leopold) 1914. [Imprimatur: Münster, 26. Oktober 1914, Dr. Hasenkamp.]

WIBBELT 1914c = Augustin Wibbelt: Weihnachtsbrief an die Soldaten im Felde. M.-Gladbach: Kühlen 1914. [12 Seiten]

WIBBELT 1915a = Augustin Wibbelt: Kriegsbrief an das deutsche Volk. M.-Gladbach: Kühlen 1915. [11 Seiten]

WIBBELT 1915b = Augustin Wibbelt: Soldatenspiegel. M.-Gladbach: Kühlen [1915].

WIBBELT 1918a = Augustin Wibbelt: Ut de feldgraoe Tied. De erste Deel: De graute Tied. Essen: Fredebeul & Koenen 1918.

WIBBELT 1918b = Augustin Wibbelt: Ut de feldgraoe Tied. De tweere Deel: De swaore Tied. Essen: Fredebeul & Koenen 1918.

WIBBELT 1925 = Augustin Wibbelt: Sünte Michel [I. Sünte Michel und Luzifer; II. Sünte Michel un dat Judenvolk; III. Sünte Michel un dat Christenvolk]. Essen: Fredebeul & Koenen 1925.

WIBBELT 1943 = Augustin Wibbelt: Ein neues Lied. In: Geseker Zeitung, 52. Jahrgang, Nr. 127, Sonnabend, den 23. Oktober 1943. [hochdeutsches Gedicht für die Soldaten von Geseke in der Wehrmacht des NS-Staates]

WIBBELT 1956 = Augustin Wibbelt: Gesammelte Werke. Herausgegeben von P. Josef Tembrink. Band V [Ut des feldgraoe Tied 1/2; De lesten Blomen]. Münster: Hermann Heckmann Verlag 1956.

WIBBELT 2000 = Augustin Wibbelt: „Dat ganze Volk steiht Hand in Hand". Kriegsgedichte und Feldpostbriefe in münsterländischer Mundart. Zusammengestellt von Hans Taubken. [= Augustin Wibbelt. Gesammelte Werke, Band 16]. Münster: Edition Heckmann 2000.

WIBBELT 2015 = Augustin Wibbelt: Ut de feldgraoe Tied. En Vertellsel ut'n Münsterlanne. De erste Deel: De graute Tied. Bearbeitet von Hans Taubken. (= Augustin Wibbelt. Gesammelte Werke, Band 17). Bielefeld: Edition Heckmann im Verlag für Regionalgeschichte 2015.

WIBBELT 2016 = Augustin Wibbelt: Ut de feldgraoe Tied. En Vertellsel ut'n Münsterlanne. De twedde Deel: De swaore Tied. Bearbeitet von Hans Taubken und Verena Kleymann. (= Augustin Wibbelt. Gesammelte Werke, Band 18). Bielefeld: Edition Heckmann im Verlag für Regionalgeschichte 2016.

WOLF/FLAMMER/SCHÄFER 2007 = Hubert Wolf / Thomas Flammer / Barbara Schäfer (Hg.): Clemens August von Galen. Ein Kirchenfürst im Nationalsozialismus. Darmstadt: Wissenschaftliche Buchgesellschaft 2007.

ZUMHOLZ 2007 = Maria Anna Zumholz: „Der Krieg ist nicht das Allheilmittel für die Gebrechen der kranken Menschheit". Clemens August von Galen und der Krieg. In: Joachim Kuropka (Hg.): Streitfall Galen. Studien und Dokumente. Münster: Aschendorff 2007, S. 166-187.

Die Herausgeber

Peter Bürger (geb. 1961 in Eslohe): Kriegsdienstverweigerer (Zivildienst), Theologiestudium in Bonn, Paderborn, Tübingen (Diplom 1987); examinierter Krankenpfleger (1991); psycho-soziale Berufsfelder, ab 2003 freier Publizist (Düsseldorf). Seit dem 18. Lebensjahr Mitglied der internationalen katholischen Friedensbewegung pax christi, später auch: Versöhnungsbund, DFG-VK, Solidarische Kirche im Rheinland, Bund der Antifaschisten. Mitarbeit im Ökumenischen Institut für Friedenstheologie. Themenschwerpunkte u.a.: Kirche der Armen, „Krieg & Massenkultur", pazifistische Beiträge zur Regional- und Kirchengeschichte, christliche Friedensdiskurse. Bertha-von-Suttner-Preis 2006 (Kunst & Medien). Studien zur Kriegskultur: Napalm am Morgen (2004); Kino der Angst (2005/2007); Bildermaschine für den Krieg (2007). Zur Kirchenreform: Das Lied der Liebe kennt viele Melodien (2001/ 2005); Die fromme Revolte - Katholiken brechen auf (2009). – Mehrere Auszeichnungen für die Forschungen zur niederdeutschen Mundartliteratur des Sauerlandes: LWL-Förderpreis für Westfälische Landeskunde (2010); Johannes-Sass-Preis (2014); Rottendorfpreis (2015). Initiator der Forschungs- und Editionsprojekte „leutekirche sauerland" (seit 2016; bislang 22 Bände) und „Kirche & Weltkrieg" (seit 2020; bislang 13 Bände). *Internetportale/Digitale Ressourcen*: www.friedensbilder.de – www.sauerlandmundart.de – www.kircheundweltkrieg.wordpress.com

Ron Hellfritzsch, geb. 1988 in Karl-Marx-Stadt (jetzt Chemnitz), studierte 2008 bis 2015 Geschichte, Politikwissenschaft und Neuere Geschichte in Jena und Riga (B.A.; M.A.) und promoviert aktuell im Bereich Osteuropäische Geschichte an der Universität Greifswald. Die Dissertation, die sich mit den 1914 bis 1919 entwickelten Plänen für eine deutsche Kolonisation des Baltikums befasst, wurde im Februar 2022 eingereicht. Ron Hellfritzsch war von September 2019 bis Dezember 2019 kommissarischer Geschäftsführer der Historischen Kommission für Thüringen e.V. in Jena. Anschließend arbeitete er im Universitätsarchiv der Friedrich-Schiller-Universität Jena. Seit Januar 2021 ist er als wissenschaftlicher Mitarbeiter und Projektkoordinator im Bereich der Provenienzforschung am Deutschen Optischen Museum in Jena tätig. Ron Hellfritzsch ist Vorstandsmitglied des Deutsch-Baltischen Kulturwerkes/Carl-Schirren-Gesellschaft e.V. in Lüneburg. – Der Beitrag im vorliegenden Sammelband beruht auf den im Rahmen seines Promotionsprojektes getätigten Forschungen.

Reihe *Kirche & Weltkrieg*

Band 1
Katholische Diskurse über Krieg und Frieden vor 1914.
Ausgewählte Forschungen nebst Quellentexten
Norderstedt 2020 – ISBN: 978-3-7526-7268-8

Band 2
Protestantismus und Erster Weltkrieg.
Aufsätze, Quellen und Propagandabilder
Norderstedt 2020 – ISBN: 978-3-7526-0414-6

Band 3
Frieden im Niemandsland.
Die Minderheit der christlichen Botschafter
im Ersten Weltkrieg – Ein Lesebuch
Norderstedt 2021 – ISBN: 978-3-7534-0205-5

Band 4
Katholizismus und Erster Weltkrieg.
Forschungen und ausgewählte Quellentexte
Norderstedt 2021 – ISBN: 978-3-7534-2805-5

Band 5
Franziskus Maria Stratmann O.P.: *Weltkirche und Weltfriede.*
Katholische Gedanken zum Kriegs- und Friedensproblem
Norderstedt 2021 – ISBN: 978-3-7534-3993-8

Band 6
Adolf von Harnack: *Schriften über Krieg und Christentum.*
Norderstedt 2021 – ISBN: 978-3-7534-1759-2

Band 7
Dietrich Kuessner
Die Deutsche Evangelische Kirche und der Russlandfeldzug
Norderstedt 2021 – ISBN: 978-3-7526-7109-4

Band 8
Heinrich Missalla
Die Kirchliche Kriegshilfe im Zweiten Weltkrieg.
Eine Organisation des Deutschen Caritasverbandes
Norderstedt 2021 – ISBN: 978-3-7534-9221-6

Band 9
Kriegsworte von Feldbischof Franziskus Justus Rarkowski.
Edition der Hirtenschreiben und anderer Schriften 1917 – 1944
Norderstedt 2021 – ISBN: 978-3-7543-2454-7
(Fester Einband ISBN: 978-3-7543-2143-0)

Band 10
Dietrich Kuessner
Der christliche Staatsmann.
Ein Beitrag zum Hitlerbild in der Deutschen
Evangelischen Kirche und zur Kirchlichen Mitte
Norderstedt 2021 – ISBN: 978-3-7543-2629-9

Band 11
Werner Neuhaus, Marco A. Sorace (Hg.)
August Pieper und das Dritte Reich.
Ein katholischer Annäherungsweg hin zum Nationalsozialismus
Norderstedt 2021 – ISBN: 978-3-7543-4708-9

Band 12
Wolfgang Stüken:
Hirten unter Hitler.
Die Rolle der Paderborner Erzbischöfe Caspar Klein
und Lorenz Jaeger in der NS-Zeit
Norderstedt 2021 – ISBN: 978-3-7557-6020-7

Verlag: Books on Demand
https://www.bod.de/buchshop/

Internetseite zum Editionsprojekt
https://kircheundweltkrieg.wordpress.com/